2026

물류
관리사
화물운송론

물류관리사 분야의 바이블!

- '기초개념 → 전문 내용 → 신유형'의 3단계 구성
- 기출&실력 다잡기로 최종 마무리

물류관리사 개요

1 물류관리사란?

물류 관련 업무의 전문가로서, 물류의 전반적인 과정을 기획하고 관리하는 역할을 수행합니다. 물류관리사의 주된 업무는 물품의 수송, 보관, 하역, 포장, 유통, 국제물류 등을 체계적으로 관리하여 비용을 절감하고 효율성을 극대화하는 것입니다.

물류관리사 자격증은 국가공인 자격증으로, 한국산업인력공단이 주관하는 시험에 합격해야 취득할 수 있습니다. 물류 전문가로서의 전문성을 인정받기 위한 필수 자격증이라고 할 수 있습니다.

2 물류관리사 자격증이 필요한 사람들

① 물류 분야 취업을 원하는 취업 준비생
② 물류 실무자로서 자격증과 이론에 대한 지식이 필요한 직장인
③ 인사고과 및 승진을 위한 직장인 등

3 물류관리사의 수행업무

물류관리사는 물류관리에 대한 전문적인 지식을 가지고 원자재의 조달에서부터 물품의 생산, 보관, 포장, 가공, 유통에 이르기까지 물류가 이동되는 전체영역의 업무를 수행합니다.

4 물류관리사의 진로 및 전망

물류관리사는 물류관련 정부투자기관이나 공사, 운송·유통·보관 전문회사, 대기업 또는 중소기업의 물류 관련 부서(물류, 구매, 자재, 수송 등), 물류연구기관에 취업이 가능합니다. 물류는 대부분의 주요 기업 활동을 포함하고 있으므로 대기업, 중소기업 및 공기업 모두 물류관리사를 요구하고 있습니다.

또한, 각계 전문기관에서 물류부문을 전자상거래와 함께 유망직종 중의 하나로 분류하고 있으며, 정부 차원에서는 국가물류기본계획을 수립하여 우리나라가 지향하는 물류미래상을 제시하고 세계 속에서 경쟁할 수 있는 물류전문인력을 양성·보급한다는 장기 비전을 제시하고 있습니다. 이러한 현 상황과 기업에서의 물류비용의 증가가 국제경쟁력 약화의 중요 원인임을 인식하고 물류 전담부서를 마련하고 있는 추세에서 물류전문가는 부족한 실정이어서 고용 전망이 매우 밝습니다.

시험정보

1 시험과목 및 배정

교시	시험과목	세부사항	문항수	시험시간	시험방법
1	물류관리론	물류관리론 내의 「화물운송론」, 「보관하역론」 및 「국제물류론」은 제외	과목당 40문항 (총 120문항)	120분 (09:30~11:30)	객관식 5지선택형
	화물운송론	–			
	국제물류론	–			
2	보관하역론	–	과목당 40문항 (총 80문항)	80분 (12:00~13:20)	
	물류관련법규	「물류정책기본법」, 「물류시설의 개발 및 운영에 관한 법률」, 「화물자동차운수사업법」, 「항만운송사업법」, 「농수산물유통 및 가격안정에 관한 법률」 중 물류 관련 규정			

※ 물류관련법규는 시험 시행일 현재 시행 중인 법령을 기준으로 출제함
　(단, 공포만 되고 시행되지 않은 법령은 제외)

2 합격기준

매 과목 100점을 만점으로 하여 매 과목 40점 이상, 전 과목 평균 60점 이상 득점한 자

3 응시정보

① 응시자격 : 제한없음
② 주무부서 : 국토교통부
③ 시행처 : 한국산업인력공단
④ 응시수수료 : 20,000원
⑤ 과목면제 : 물류관리론(화물운송론·보관하역론 및 국제물류론은 제외)·화물운송론·보관하역론 및 국제물류론에 관한 과목이 개설되어 있는 대학원에서 해당 과목을 모두 이수(학점을 취득한 경우로 한정한다)하고 석사학위 이상의 학위를 받은 자는 시험과목 중 물류관련법규를 제외한 과목의 시험을 면제

※ 정확한 내용은 국가자격시험 물류관리사(www.q-net.or.kr)에서 확인하시기 바랍니다.

시험안내

물류관리사 시험 통계

1 최근 5개년 응시율 및 합격률

(단위 : 명, %)

구분	접수자	응시자	응시율	합격자	합격률
제25회(2021년)	9,122명	6,401명	70.17%	3,284명	51.30%
제26회(2022년)	9,792명	6,053명	61.82%	2,474명	40.87%
제27회(2023년)	11,164명	6,816명	61.05%	3,304명	48.47%
제28회(2024년)	12,435명	7,186명	57.78%	3,448명	47.98%
제29회(2025년)	12,704명	7,948명	62.56%	2,653명	33.38%
총 계	55,217명	34,404명	62.31%	15,163명	44.07%

2 과목별 채점결과(2025년 제29회)

(단위 : 명, 점, %)

구분	응시자수	평균점수	과락자수	과락률
물류관리론	7,911명	68.50점	263명	3.32%
화물운송론	7,911명	68.94점	364명	4.60%
국제물류론	7,911명	51.55점	1,614명	20.40%
보관하역론	7,862명	66.91점	480명	6.10%
물류관련법규	7,899명	35.42점	5,012명	63.45%

※ '과락자'는 40점 미만 득점자를 뜻함

3 2026년 물류관리사 시험일정(사전공고)

회차	자격명	원서접수	추가접수	시험 시행일	합격자 발표일
30회	물류관리사	6.22~6.26	7.16~7.17	7.25(토)	8.26(수)

※ 정확한 시험 일정은 국가자격시험 물류관리사(www.q-net.or.kr)에서 확인하시기 바랍니다.

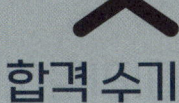

합격 수기

물알못도 마음 졸일 일 없는 신지원에듀!

합격생 김〇은

비전공자에 물류 지식이 전혀 없어 응시 자체를 고민했지만, 신지원 단기완성 교재와 전표훈·변달수 교수님 강의 덕분에 넉넉하게 합격할 수 있었습니다. 교재는 기출 개념과 선지까지 꼼꼼히 반영돼 있고 전체적인 완성도가 매우 높았습니다. 전표훈 교수님은 법규의 구조를 명확히 짚어주셔서 방대한 범위를 체계적으로 정리할 수 있었고, 변달수 교수님은 어려운 개념도 예시를 통해 쉽게 풀어주셔서 이해가 훨씬 빨랐습니다. 덕분에 처음엔 막막했던 과목들도 점점 재미있어졌고 결국 전 과목을 고득점으로 합격했습니다. 마음 졸일 일 없이 합격할 수 있었던 비결, 신지원에듀에 진심으로 감사합니다.

"물류관리사는 신지원에듀"라는 말이 괜히 나온 게 아니었어요.

합격생 권〇주

저는 혼자 독학으로는 절대 공부가 안 되는 성격이라 인강을 찾던 중 여러 회사를 비교하다가 신지원에듀를 선택했습니다. 단기완성이라는 이름이 제 상황과 딱 맞았고, 교재가 핵심 내용만 간추려 꽉 차 있어 바로 끌렸어요. 물론 가장 유명하다는 점도 믿음이 갔습니다. 강의를 들으며 느낀 것은 강사님들이 친절하고 외우기 쉽게 설명해 주신다는 것이었습니다. 공부하면서 '물류관리사는 신지원에듀라는 말이 괜히 나온 게 아니구나'라는 말을 정말 실감했습니다. 짧은 기간이었지만 효율적으로 공부할 수 있었고, 신지원에듀를 선택한 건 최고의 결정이었습니다.

비전공자 직장인, 합격은 누구에게나 열려있습니다.

합격생 정〇운

부서 내 물류관리사 시험에 준비하는 분을 통해 EBS물류관리사를 추천받았고 구매 전 오랜시간 고민하고 검색해본 결과 신지원에듀를 믿고 가도 되겠다는 확신이 생겼습니다(확신의 근거 : 개정법령 강의, 합격생 요점노트 공유, 5개년 기출문제 해설, 체계적으로 구성된 단기완성 교재, 세세한 설명과 문제풀이). 신지원에듀를 선택한 저의 확신은 스스로에게 동기부여가 되었고, 그 결과를 합격으로 증명했습니다.

더 많은
합격수기 보기

미리보기

5개년 출제경향 및 수험대책_기출 분석

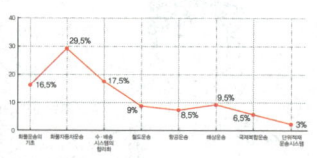

쉬운 이해와 간편한 정리_이론 구성

주요 내용은 다시 한번_핵심포인트 및 TIP

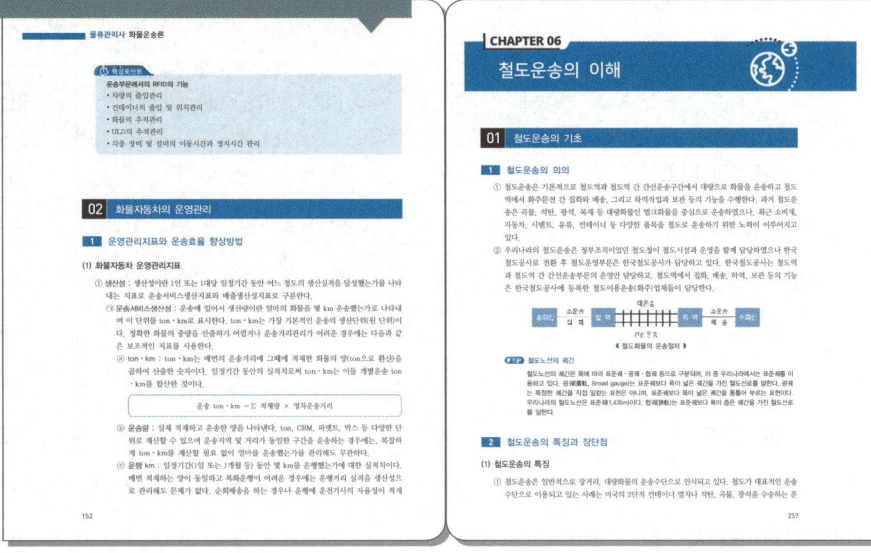

[기출&실력 다잡기]로 마무리

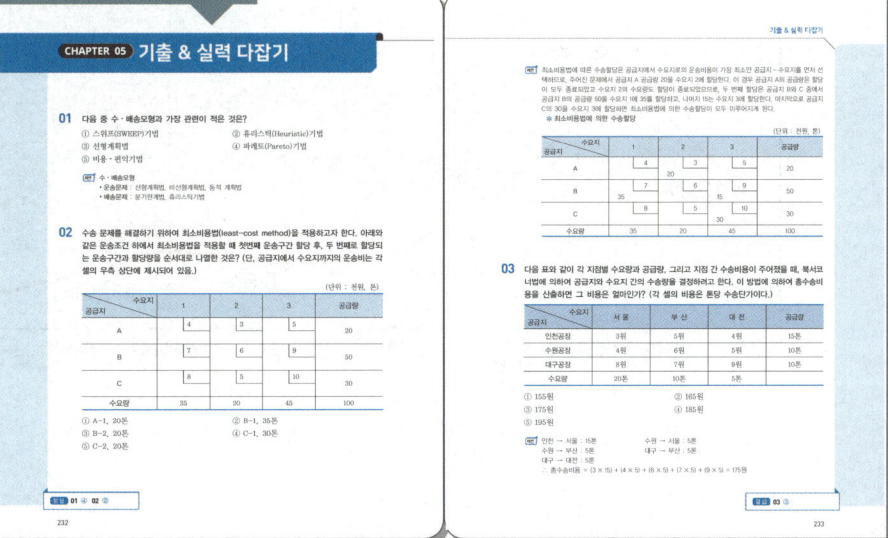

출제경향 및 수험대책

기출 분석

화물운송론 주요 영역별 출제문항 수

(단위 : 문항수)

주요 영역 \ 연도	2021	2022	2023	2024	2025	합계	비율(%)
화물운송의 기초	5	7	9	5	7	33	16.5
화물자동차운송	12	10	11	13	13	59	29.5
수·배송시스템의 합리화	7	7	8	6	7	35	17.5
철도운송	4	4	3	3	4	18	9
항공운송	4	4	2	5	2	17	8.5
해상운송	4	4	4	3	4	19	9.5
국제복합운송	2	2	2	5	2	13	6.5
단위적재운송시스템	2	2	1	–	1	6	3
총계(문항수)	40	40	40	40	40	200(문항)	100(%)

학습 방법

화물운송론은 물류관리론, 국제물류론, 보관하역론, 물류관련법규 등 나머지 4과목과 밀접하게 관련된 고득점 과목입니다. 즉, 타 과목들을 충실히 학습한 경우, 큰 어려움 없이 80점 이상의 고득점을 기대할 수 있습니다.

이 과목은 국제물류론의 항공물류, 해상물류, 국제복합운송물류와 직접적으로 연관되며, 물류관리론의 수·배송 합리화와 관련된 공동 수·배송, 유닛로드 시스템 등과도 중복되는 부분이 있습니다. 또한, 물류관련법규와 관련해서는 화물자동차 운수사업법, 철도사업법, 항만운송사업법 등에서도 출제되므로 이들 과목을 충실히 학습하는 것이 화물운송론에서 고득점을 보장할 것입니다.
물론, 화물자동차운송 부분이나 수·배송 합리화와 관련된 네트워크 모형 및 최적해 구하는 부분은 화물운송론만의 특징이라 할 수 있습니다.

결론적으로 화물운송론은 물류관리사 자격시험에서 합격으로 가는 지름길이라 할 수 있으며, 빈출되는 부분을 확실히 정복한다면 여러분이 목표한 바를 단기간 내에 이룰 수 있을 것입니다.

여러분의 건승을 기원합니다. 파이팅!

차례

물류관리사

PART 01

운송시스템 기초

물류관리사

운송의 기초 이해

01 운송의 개념

1 운송의 개념

① 운송(運送)이란 자동차, 철도, 선박, 항공기 등 교통수단을 이용하여 장소적 효용 창출을 위해 인간과 물자를 한 장소에서 다른 장소로 공간적으로 이동시키는 물리적 행위이다.

② 운송은 사람이나 재화를 한 장소에서 다른 장소로 신속하고, 안전하며, 저렴하게 고객이 원하는 장소와 시간에 이동시키는 물리적 행위로, 장소적(공간적) 효용 및 시간적 효용을 창출한다.

③ 운송은 물류활동 중 가장 큰 비중을 차지하며, 물류활동의 목표인 비용절감과 고객서비스 향상에 초점을 둔다.

④ 운송을 단순한 재화의 장소적·공간적 이동이란 개념에서 탈피하여 마케팅 관리상 수주, 포장, 보관, 하역, 유통가공을 포함함으로써 토털 마케팅 비용의 절감과 고객서비스 향상이라는 관점에서 물류시스템 합리화의 한 요소로서 인식되고 있으며, 물류활동 중 가장 큰 비중을 차지하고 있다.

⑤ 운송의 발달은 지역 간·국가 간 제품의 시장가격을 평준화하는 데 기여한다.

2 운송과 유사 동의어

① **운수(運輸)** : 행정 또는 법률적으로 운송과 동의 또는 광의의 개념이다.
⇨ 「화물자동차 운수사업법」에서 '운수사업 = 운송사업 + 운송주선사업 + 운송가맹사업'으로 표현되고 있어 법적 용어로는 운수가 운송보다 광의의 개념이다.

② **수송(輸送)** : 재화의 이동이라는 서비스 공급 측면에서의 용어로 운송과 거의 동의어로 사용한다.

③ **교통(交通)** : 재화의 이동에 대한 서비스를 현상으로 파악한다.

④ **운반(運搬)** : 제한된 공간 범위 내에서의 재화의 이동

⑤ **배송(配送)** : 화물을 수화인에게 인도해 주는 운송

⑥ **수·배송(輸配送)** : 수송 및 배송을 함께 일컬으며, 보통 수송은 선박, 철도, 트럭 등을 이용한 거점 간의 간선운송이고, 배송은 트럭 등을 이용해 거점에서 수화인에게 전달하는 지선운송의 의미로 사용한다.

> 💬 **TIP** • **특송**(特送) : 소화물운송 등으로 운송의 계속성, 완결성에 초점, 보통 '택배'
> • **화물**(貨物) · **하물**(荷物) : 화주 · 하주, 수화인 · 수하인, 송화인 · 송하인처럼 화(貨)와 하(荷)는 혼용하여 쓰인다.

02 운송의 기능과 효용

1 운송의 기능

운송은 교통수단을 이용하여 재화의 공급지와 수요지 간의 공간적 거리의 조정과 시간적 격차를 줄이기 위한 사회 · 경제적 활동이다.

① 약속된 장소와 기간 내에 재화를 고객에게 전달
② 판매와 생산을 조정하여 생산계획의 원활화를 도모
③ 물류계획을 올바르게 수행하는 것
④ 운송 중 운송수단에 일시적으로 재화를 보관
⑤ 운송의 발달은 분리된 지역을 통합하는 데 기여

> 💬 **TIP** 기업은 생산과 소비의 지리적 · 장소적 · 공간적 거리의 격차 해소와 상품의 판매촉진을 위해 운송

2 운송의 효용

운송의 효용은 크게 장소적 효용과 시간적 효용으로 구분을 한다. 장소적 효용은 공간적 거리의 격차를 해소시켜 주는 기능이며, 시간적 효용은 생산과 소비의 격차를 조정해 주는 기능을 말한다.

(1) 운송의 장소적 효용 : 생산과 소비의 공간적 거리의 격차 해소

① **분업화** : 지역 간 입지거리에 따른 한계를 극복하여 생산과 소비의 기능을 유기적으로 분담하는 것을 촉진한다.
② **범위 및 기능의 확대**(광역화) : 원격지 간의 생산과 판매를 촉진하여 유통의 범위와 기능을 확대한다.
③ **집중 및 분산화** : 운송은 산업규모를 집중 또는 고도화시키고 생산과 소비의 확대로 시장을 활성화하며, 다른 한편으로는 생산과 소비지역을 분산시킨다.
④ **상품가격의 조정 및 안정화** : 지역 간 유통으로 재화의 가격조정과 안정을 도모한다.
⑤ **유통의 시스템화** : 운송은 가격조정기능을 통해 유통경로의 단축화, 시스템화, 상물(商物)분리 등 유통효율화를 도모한다.
⑥ **자원의 효율적 사용 촉진** : 지역 간 거리 해소로 자원과 자본의 효율적 배분, 회전율을 제고한다.

(2) 운송의 시간적 효용 : 생산과 소비의 시간적 격차 조정

① 재화가 필요한 시점까지 보관되었다가 시장상황이나 수요에 따라 공급되는 운송과정에서 시간적 효용을 창출한다.

② 고객이 원하는 시간과 장소까지 신속·정확하게 운송서비스가 제공되는 정도에 따라 시간적 효용을 창출한다.

③ 운송 중 재화('수송 중인 재고'라 함)의 일시적 보관기능으로 시간적 효용을 창출한다.

> **TIP** 1. 운송의 주 기능은 장소적 효용이며, 시간적 효용은 보관의 주기능이다.
> 2. 형태적 효용은 유통가공을 통해 발생한다.

03 운송의 3대 요소

❪ 운송·교통의 3대 요소 ❫

운송의 3대 요소	교통의 3대 요소
운송연결점	경 로
운송경로	수 단
운송수단	노 동

1 운송연결점(Node)

운송연결점은 전 구간의 화물운송을 위한 운송수단을 상호간의 중계 및 운송화물의 환적작업들이 이루어지는 장소이다.

예 해상과 육상, 항공과 육상, 육상(도로)과 육상(철도)을 연결하여 운송화물의 하역작업, 환적작업, 중개작업 등을 수행하는 물류거점, 물류터미널, 항만, 공항, 물류센터, 창고 등

2 운송경로(Link)

도로, 철로, 항공로, 해상로 등 운송수단이 이용하는 통로나 운송로(운송연결점과 운송연결점 간의 운송로)이다.

3 운송수단(Mode)

화물자동차, 철도차량, 선박, 항공기 등 사람과 재화를 싣고 운행하는 수단이다.

> **핵심포인트**
>
> **Modal Shift**
>
> 운송수단(mode)과 관련한 개념으로 운송수단의 전환을 의미하는 Modal Shift라는 용어를 기억하자.
>
> 저탄소 녹색경제 실현을 위해 추진 중인 도로 중심의 운송체계에서 철도 및 연안운송으로의 수송수단 전환을 의미한다.
>
> ① Modal Shift 정책은 도로운송 위주의 고비용 물류체계를 개선하기 위한 시책이다.
> ② 정부의 사회간접자본 투자 예산배정과정에서 항만에 대한 투자를 늘려야 할 것이다.
> ③ 물류비용을 최소화하기 위해 기존 도로운송을 연안운송으로 전환하되 경제성이 중요하다.
> ④ 부산항을 비롯한 국내항만에 외항모선과 연안선이 동시 접안할 수 있는 방안이 고려되어야 한다.
> ⑤ 성공적인 Modal Shift를 위해서는 고속 경제선의 확보가 필요하다.

04 운송의 중요성과 효율화의 필요성

1 운송의 중요성

① 총물류비 중 약 2/3가 운송비

> **핵심포인트**
>
> **운송비 절감이 물류경쟁력의 관건**
> • 운송부문의 합리화는 물류기업과 화주기업의 경쟁력과 생존을 결정
> • 국가차원에서는 물류비 절감을 위한 인프라 구축과 수송수단 분담구조 개편과 세제, 금융 등 지원 → 국가물류비 절감을 통해 국가경쟁력 제고

② **운송의 중요성** : 운송은 전체 물류비의 60% 이상을 차지하고 있어 물류의 영역 중 가장 중요한 부문이다. 이러한 운송은 단순히 재화의 장소적 이동이라는 개념을 탈피하여 기업의 물류시스템 합리화를 위한 하나의 요소로 인식되고 있다.

　㉠ 생산 – 형태적 효용 창출
　㉡ 운송 – 장소적 효용 창출
　㉢ 보관 – 시간적 효용 창출
　㉣ 유통가공 – 재화의 부가가치 창출

③ 운송수요의 특징

    ㉠ 운송수요는 이질적 개별수요의 성격을 나타낸다. 따라서 운송수요는 비계획적이고 비체계적인 특성을 갖는다고 할 수 있다.

    ㉡ 운송수요는 운송수단의 대체가능 여부에 따라 증감하게 된다.

    ㉢ 운송수요는 제품별로 계절적 변동성을 나타내는 경우도 있다.

    ㉣ 운송수요는 운송수단뿐만 아니라 보관, 창고, 포장, 하역 및 정보활동 등과 결합되어야 충족될 수 있다.

    ㉤ 운송수요는 가격(운임)의 변동에 대해 일반적으로 비탄력적이다. 운임에 따른 운송수요의 탄력성은 운임변화에 대한 수요변화의 정도를 의미하므로,

$$탄력성 = \frac{(수요변화폭 / 수요수준)}{(운임변화폭 / 운임수준)}\ 이다.$$

    ㉥ 재화에 대한 수요를 본원적 수요(elementary demand), 운송에 대한 수요를 파생적 수요(derived demand)라고 한다. 운송은 유통 및 생산에 대해 파생수요적 성격을 갖는다. 따라서 재화에 대한 수요가 감소하면 운송에 대한 수요도 감소한다.

    ㉦ 운송은 수요자의 요청에 따라 공급이 이루어지는 즉시재(Instantaneous Goods)의 성격을 갖는다.

2 운송효율화의 필요성

① **과거의 운송목적** : 시간적·장소적 효용 창출

② **오늘날의 운송목적** : 운송은 하역, 보관 등 물류기능 전체의 총물류비 절감과 고객서비스를 향상시킨다.

③ 경제활동의 국제화·세계화로 물류활동이 범지구적으로 확대됨에 따라 파렛트와 컨테이너를 이용한 이음새 없는(seamless) 일관운송체계가 보편화되고 복합운송체제가 고도화됨에 따라 운송의 효율화가 날로 중요해지고 있다.

05 운송의 구분

1 국내·국제운송

① 운송은 장소적·지리적 범위에 따라 국내운송과 국제운송 등으로 구분된다.

② **국내운송** : 국경을 통과하지 않는 자국 항만, 공항 또는 철도역이나 물류터미널까지의 운송으로 공로운송(도로운송), 철도운송, 해상운송(연안 또는 내항운송), 항공운송, 내륙운송(수운 또는 강을 이용한 운송), 파이프라인운송, 국내복합운송 등이 있다.

③ 국제운송 : 공항이나 항만에서 출항하여 외국 항만이나 공항까지의 운송으로 유럽과 같이 여러 국가가 육로가 연결되어 있는 경우에는 국경지역의 철도역이나 물류터미널을 통과하여 다른 국가로 운송하는 것으로 국제해상운송(외항운송), 국제항공운송, 국제철도운송, 국제복합운송 등이 있다.

④ 3국 간 운송 : 자국과 상관없이 제3국과 제3국 간의 운송이다.

⑤ 해외현지운송 : 수출지 도착항에서 최종 고객에게 화물이 인도되기까지의 운송이다.

2   기타 운송

① 자가운송과 영업운송 : 자가화물운송, 타인화물운송
② 정형운송과 비정형운송 : 일반(general, 포장)화물운송, 벌크(bulk, 무포장)화물운송
③ 정기운송과 부정기운송 : 규칙(시간 계획)운송, 불규칙(시간 무계획)운송
④ 단일운송과 복합운송 : 하나의 운송수단 이용운송, 2개 이상의 운송수단 이용운송
⑤ 간선운송과 지선운송 : 간선운송(Trunk Line), 지선운송(Feeder Line)
⑥ FCL운송과 LCL운송 : FCL(Full Container Load)운송은 컨테이너 하나에 만재된 대량화물의 운송을, LCL(Less than Container Load)운송은 컨테이너 하나를 채우지 못한 소량화물운송을 의미하며, 일반적으로 LCL 화물은 FCL 화물로 만들어 운송된다.

06   운송수단의 선택

1   운송수단의 선택

① 최적의 운송수단을 선택하기 위해서는 우선 화물 유통에 대한 제반 여건을 확인한 후 운송수단별 평가항목의 내용을 검토하여 적합한 운송수단을 결정하여여 할 것이다.
② 기준 : 운송화물의 종류, 물동량, 운송빈도, 고객의 납기수준, 운송수단별 특성, 물류합리화 등
③ 운송수단별 특성 : 최적의 수단을 선택, 최적경로 설정, 배송빈도 등을 고려하여 운송계획을 수립한다.
④ 물류합리화 : 주요 운송거점에서 개별 운송수단을 최적으로 연계하여 물류비를 절감하고 고객에게 최적의 운송서비스를 제공한다.
⑤ 최적의 운송수단 선택 : 전체적인 물류흐름을 최적화하고 총물류비를 절감하면서 고객만족서비스를 제공하기 위한 전략이다.
⑥ 특화된 운송서비스를 제공하거나 틈새시장을 공략하기 위해 일반적인 운송수단의 선택기준과는 다른 기준을 적용하여 운송수단을 선택하는 경우도 있다.

> **핵심포인트**
>
> **운송수단의 선택**
> 적절한 운송수단을 선택한다는 것은 단순히 운송서비스를 향상시킨다거나 운송비(Cost)를 절
> 감한다는 목표보다는, 합리적인 서비스의 수준을 유지하면서 전체 물류비(Total Cost)를 절감
> 할 수 있는 운송수단을 선택하는 것을 말한다.

2 운송수단의 선택시 고려사항(최적 운송수단의 선택기준)

① 화물의 특성 : 화물의 종류, 중량, 용적, 성질, 가치, 운송의 거리, 시간, 납기 등
② 운송수단의 특성 : 운송수단의 이용가능성, 편리성, 신속성, 신뢰성, 안전성, 경제성 등

3 운송수단의 특성에 대한 평가내용

① 이용가능성 : 운송의 탄력성
② 편리성 : 연결(연계)운송의 편리성, 운송절차와 서류의 간편성 등
③ 신속성 : 운송시간 또는 기간
④ 신뢰성 : 공표된 운송스케줄 내 또는 약정된 기일 내 운송의 정확성 등
⑤ 안전성 : 운송 중 사고발생률, 사고보상 정도 등
⑥ 경제성 : 운송비용과 고객만족 등 마케팅 측면

4 운송유형별 및 화물별 적합한 운송수단

◀ 운송유형별 운송수단 ▶

유 형	고려 요소	적합한 운송수단
공장 → 물류거점 간 간선운송	• 충분한 납기 • 계획운송 • 소품종 다량화물	• 대형트럭(8톤 이상) • 컨테이너 차량 • 선박(원거리, 대량)
공장 → 대규모 소비자 직송	• 불충분한 납기 • 정확운송	• 중형트럭(4.5~8톤) • 소형 컨테이너선 • 카페리(원거리시)
물류거점 → 소규모 소비자 배송	• 납기 임박 • 정확운송 • 다품종 소량화물	• 중·소형트럭(4.5톤 미만) • 승용화물차량 • 항공기(소량, 납기 촉박)

5 운송수단별 특성

(1) 화물자동차 운송

① 화물자동차 운송의 특징 : 비교적 단거리 운송, 문전운송, 장거리 운송시 운임이 비싸고 중량제
한이나 환경문제 등의 단점이 있다.

② 화물자동차 운송의 장점

　㉠ Door to Door 수송이 가능, 화물의 파손과 손실이 적음.

　㉡ 소량화물의 중·근거리운송에 유리

　㉢ 일관운송이 가능, 자가운송에 용이

　㉣ 운송 도중의 적재변동이 적음.

　㉤ 적기운송이 가능

　㉥ 포장의 간소화·간략화가 가능

　㉦ 운임의 탄력성이 높은 편 등

③ 화물자동차 운송의 단점

　㉠ 대량운송에 부적합

　㉡ 원거리 운송시 운임이 많이 소요되며 안정성이 결여됨.

　㉢ 중량의 제한이 많아 운송단위가 작음.

　㉣ 운행 중 사고발생률이 높으며 교통체증을 유발함.

　㉤ 이산화탄소 배출로 인한 환경오염 높음 등

(2) 철도운송

① 철도운송의 특징

　㉠ 기관차와 화차를 이용한다.

　㉡ 대량화물의 중·장거리 간선운송에 적합하다.

　㉢ 운임의 탄력성과 운송의 완결성이 미흡하여 화주 문전운송에 한계가 있다.

② 철도운송의 장점

　㉠ 중·원거리, 대량수송의 경우에 적합

　㉡ 중량에 크게 영향을 받지 않음.

　㉢ 동력비가 저렴

　㉣ 비교적 전천후적인 운송수단(기후영향 적음)

　㉤ 안정성이 있음(비교적 낮은 사고율).

　㉥ 계획운송 가능(정시성 운송)

　㉦ 전국적인 네트워크 구축 등

③ 철도운송의 단점
　　㉠ 근거리 운송시 운임이 높음.
　　㉡ 적재변동이 일반적으로 필요함(환적작업 필요).
　　㉢ 열차편성을 위한 시간을 요구함.
　　㉣ 고객별 자유로운 운송요구에는 적용되지 않음(적기의 배차 곤란).
　　㉤ 운임의 융통성이 없음.
　　㉥ 화차 용적에 대비한 화물의 용적에 제한
　　㉦ Door to Door 제한(작업단계가 많음)

(3) 해상운송

① 해상운송의 특징
　　㉠ 기상상태 등의 제약이 따른다.
　　㉡ 선박건조기술의 발달로 화물별 전용선화, 고속화, 대형화가 추진되어 세계 교역물동량의 상당량이 해상으로 운송된다.
　　㉢ 화물별로 컨테이너선, 탱커선(유조선, 특수액체 등), LNG·LPG선, 벌크선, 시멘트선, 자동차선, 기타 특수선 등이 있다.
　　㉣ 기항지, 항로, 출항·도착일시, 항해일시 등이 미리 정해져 있는 정기선과 화물의 수요 또는 선박의 수요에 따라 계약을 체결하고 운송하는 부정기선이 있다.

② 해상운송의 장점
　　㉠ 대량, 장거리 수송에 대한 단위당 비용이 저렴
　　㉡ 대량화물, 중량화물의 장거리 운송에 적합
　　㉢ 크기나 중량에 제한을 받지 않음.
　　㉣ 도로나 선로의 설비가 불필요
　　㉤ 대량운송시 전용선과 전용하역장비에 의한 운송 및 신속한 하역작업 가능

③ 해상운송의 단점
　　㉠ 운행속도가 느리고 운송기간이 많이 소요됨.
　　㉡ 기후의 영향을 받기 쉬워 계획수송이 곤란
　　㉢ 항만시설비와 하역비가 비쌈.
　　㉣ 일관운송체제 확립이 곤란
　　㉤ 화물손상 사고 다발
　　㉥ 포장비용이 많이 소요

(4) 항공운송

① 항공운송의 특징
　　㉠ 교통·통신기술의 발달로 항공기의 고속화와 대형화가 추진되고 있다.

11

　　　ⓛ 경제활동의 글로벌화로 세계적인 조달, 생산, 판매활동이 증가함에 따라 항공운송의 수요
　　　가 증가하고 있다.
　　　ⓒ 대형화된 화물전용기가 투입되어 세계 각지로 신속한 항공운송 서비스가 가능하다.
　　　ⓔ 주요 항공운송대상 화물은 고가품(귀금속, 반도체, 고급의류 등)과 납기가 급한 화물이나
　　　예비품, 신선도 유지가 생명인 화훼류, 냉동품 등이다.

② 항공운송의 장점
　　ㄱ 소량, 경량품 원거리 운송에 적합
　　ⓛ 고가, 소형상품의 운송에 유리
　　ⓒ 물품의 손상이 적음. ICC(A) 적용으로 보험료는 저렴한 편임.
　　ⓔ 화물포장의 간소화
　　ⓜ 운송시간이 짧은 편
　　ⓗ 긴급화물, 유행에 민감한 상품에 적합
　　ⓢ 화주의 경우 재고유지비용 절감 등

③ 항공운송의 단점
　　ㄱ 대량운송이 불가능
　　ⓛ 비용이 많이 소요
　　ⓒ 중량과 용적의 제한을 받음.
　　ⓔ 기후의 영향을 많이 받음.
　　ⓜ 이용가능지역 제한(공항이 없는 곳)
　　ⓗ 운송의 완결성 부족
　　ⓢ 일관운송체제가 곤란함.
　　ⓞ 에너지 소비가 많은 편 등

(5) 파이프라인운송

① 파이프라인운송의 특징
　　ㄱ 송유관을 통해 유류나 가스를 운송한다.
　　ⓛ 다른 운송수단과 비교할 때 교통혼잡이나 환경문제를 야기하지 않는다.
　　ⓒ 장거리, 대량운송이 가능하여 비교적 유지비가 저렴하다.

② 파이프라인운송의 장점
　　ㄱ 유지비 저렴
　　ⓛ 연속 대량운송이 가능
　　ⓒ 용지의 확보에 유리
　　ⓔ 컴퓨터 시스템을 활용하여 자동화로 운영됨.
　　ⓜ 안정성이 매우 높음.
　　ⓗ 친환경적 운송수단

③ 파이프라인운송의 단점

　　㉠ 이용제품 한정(유류, 가스 등)

　　㉡ 특정 장소에 한정(송유관 설치지역)

　　㉢ 초기 시설투자비가 많음.

　　㉣ 유류, 가스 등 위험물의 경우에는 용지의 확보에 어려움이 있음.

(6) 소화물일관운송(서류송달업)

① 소화물일관운송은 택배업 또는 서류송달업(쿠리어 서비스, Courier Service)을 의미한다.

② 소형, 소량화물의 문전운송서비스를 주로 의미한다.

③ 소화물의 집화, 포장, 운송, 배송에 이르기까지 운송업체의 일관책임 하에 신속·정확하게 서비스를 제공한다.

④ 서류송달업(일명 쿠리어 서비스라고도 함)은 국제적으로 선하증권, 보험증권 등 무역 관련 서류나 견본품(샘플) 등 소량의 화물을 신속하게 고객에게 제공한다.

⑤ 최근에는 소량화물의 규모도 다소 커져서 국제물류 서비스의 한 부분을 차지한다.

6 주요 운송수단별 비교

◀ 운송수단별 기능 비교 ▶

구 분	도 로	철 도	선 박	항공기
화물중량	중량, 소량	대량, 중량	대량, 중량	중량, 소량
운송거리	중·근거리	중·장거리	장거리	장거리
운임 및 탄력성	근거리 운송시 유리, 탄력적	중거리 운송시 유리, 비탄력적	장거리 운송시 유리, 비교적 탄력적	가장 비탄력적
안전성	조금 낮음.	높음.	비교적 낮음.	비교적 높음.
기상상태	영향 받음.	영향받지 않음.	많은 영향 받음.	가장 많은 영향 받음.
복합일관운송	용이	보통, 피기백	어려움, 육운연계	어려움.
중량제한	있음.	없음.	없음.	있음.
운송시간	보통	다소 길다.	매우 길다.	매우 짧다.
보관, 하역 및 포장비	포장·보관비 비교적 저렴, 하역비 거의 없음.	비교적 저렴	보관, 하역 및 포장비 가장 비쌈.	포장비는 저렴하나, 하역비는 비교적 비쌈.
화물수취	가장 편리	철도역의 화물수취 불편	항만에서 화물수취 대단히 불편	공항에서 화물수취 대단히 불편

장점	• 소·중량 화물의 중·근거리 운송 적합 • 문전일관운송 • 하역·포장비 저렴 • 배차 용이	• 대량·중량 화물 일시에 효율적으로 운송 적합 • 높은 안정성 • 전천후 운송수단	• 대량화물, 장거리 운송 적합 • 중량 제한 없음. • 운송비 저렴 • 대량운송시 전용선 운송 및 일괄하역 가능	• 소량·경량물품 장거리 운송 적합 • 운송기간 짧음. • 파손율 적고 포장 간단, 보험료 저렴
단점	• 대량운송 부적합 • 장거리 운송시 고비용, 안정성 결여 • 공해, 교통체증	• 근거리 운송시 고비용 • 환적작업 필요 • 적기 배차 곤란 • 화물수취, 문전 운송용 트럭 집배송 필요	• 운송기간 장기 • 항만설비 필요, 하역비 필요 • 기후의 영향 큼. • 위험도 높음.	• 운임 고비용 • 기후의 영향 큼. • 중량·부피 제한 • 일관운송 시스템 확립 곤란

7 운송수단별 비용 비교

① 운송수단별 운송물량에 따라 운송비용에 차이가 있어 비교우위가 다르다.
② 철도나 선박의 경우 장거리, 대량운송의 장점을 가지고 있어 대량화물을 운송할 때 단위비용이 낮아져 항공이나 자동차운송시보다 유리하다.
③ **화물량의 규모가 클 경우** : 선박 > 철도 > 트럭 > 항공
④ **화물량의 규모가 작을 경우** : 트럭 > 컨테이너선 > 노선트럭 > 항공
⑤ 철도는 운송속도가 느리나 운송비용은 비교적 저렴하다.
⑥ 항공운송은 짧은 리드타임 → 재고감축 → 보관비용(재고유지비용) 감소
⑦ 철도운송은 운송기간 중 재고유지로 재고유지비용이 증가한다.
⑧ 운송수단의 선정시 운송비용과 재고유지비용을 고려해야 한다.

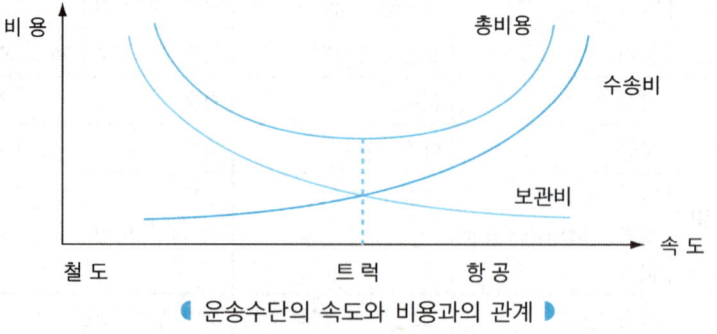

◀ 운송수단의 속도와 비용과의 관계 ▶

- 속도가 높은 운송수단일수록 운송빈도수가 더욱 높아져 수송비가 증가한다.
- 속도가 낮은 운송수단일수록 운송빈도수가 더욱 낮아져 보관비가 증가한다.
- 수송비와 보관비는 상반관계(Trade-off) → 총비용 관점에서 운송수단을 선택한다.

TIP ① 「항공사업법」상 상업서류송달업이란 타인의 수요에 맞추어 유상으로 「우편법」 제1조의2 제7호 단서에 해당하는 수출입 등에 관한 서류와 그에 딸린 견본품을 항공기를 이용하여 송달하는 사업을 말한다.
② 관세법령상 과세가격이 미화 250달러 이하인 물품으로서 견품으로 사용될 것으로 인정되는 물품은 관세가 면제된다.

07 화물운송현황

- 운송수단별 분담률(톤수, 2020년 기준) : 도로 92.8%, 해운 5.8%, 철도 1.4%, 항공 0.01%의 순이다.

TIP 국제화물의 운송량은 증가 추세이며, 국제화물의 경우 해운분담률이 99.8%(톤수 기준), 항공분담률 0.2%(화물가액기준으로는 항공화물 분담률이 약 30%)이다.

08 운송시장의 환경변화

1 정보화사회의 진전과 시스템화

① 반도체 및 정보통신기술의 발전과 컴퓨터 보급의 확대로 정보화사회, 지식사회로 발전하고 있다.
② 3PL을 사업모델로 하는 물류업체의 경우, 물류서비스를 제공하기 위한 인프라의 구축과 화주기업을 유치하기 위한 마케팅 차원에서의 물류정보화가 필요하다.
③ 물류서비스를 아웃소싱하려는 화주기업에게는 아웃소싱으로 인한 비용절감을 경영실적에 연계시키는 경영관리의 개선과 물류통제력 상실을 방지하기 위한 운영·통제관점에서 물류정보화가 필수적이다.
④ 수출입화물 관련 통관분야와 운송(육상, 해상, 항공 등)분야의 정보화는 물론 금융, 무역 등다른 분야의 정보화를 적극적으로 추진해야 한다.

2 화주 요구의 고도화·다양화

① 국민소득의 향상으로 소비자의 수요는 다양화되고 화물은 다품종 소량화 또는 가볍고, 얇고, 짧고, 작아지는 경향이 있다.

② 제품생산의 경박단소화, 제품생산의 다품종 소량화, 화물운송의 다빈도 소량화, 제품의 납기 단축화, 정시수송을 통한 재고의 최소화, 포장단위의 표준화 등을 충족시킬 수 있는 수송체제로 상품이 다양화되고 있다.

③ 고객욕구의 다양화와 개성화에 따른 제품의 다품종 소량화와 제품수명주기의 단축과 고품질화, 기업의 세계화 등 환경의 변화로 보다 빨리, 보다 적은 비용으로 고품질의 제품개발과 생산이 필연적으로 요구되고 있다.

3 운송화물의 다품종 소량화

① 고객의 기호 및 요구사항은 점점 더 다양화되고, 기업들의 제품전략은 점차 다품종 소량생산으로 변화하고 있다.

② 프리미엄 제품의 증가로 주문량은 점점 더 소량화되며, 공장에서 가정으로 직접 배달하는 경우가 증가하고 있다.

③ 화주 요구의 고도화와 다양화에 따라 일반 소화물의 다빈도 정시수송
  ㉠ 지방특산물·야채·생선·생선회 등을 신선한 형태로 배달해 주는 서비스
  ㉡ 기업회의 및 세미나 등에 자료를 정시에 배달해 주는 서비스
  ㉢ 도시 내의 오토바이 택배업 등 다양화

④ 서비스영역은 'Door to Door' 단계를 지나 'Room to Room', 'Desk to Desk' 단계에 이르기까지 점점 확대되는 포괄적인 일관서비스를 제공해야 한다.

4 인터넷 보급에 따른 전자상거래의 증가

① 유통점과 소비자 간의 물류가 물품공급자의 관리영역으로 편입, 전자상거래의 성장을 유도하고 있다.

② 전자상거래가 가격경쟁력을 확보하기 위해서는 물류부문의 저비용구조의 구축이 필연적이며, 신속하고 신뢰성이 높은 배송서비스가 뒷받침되어야 한다.

③ 전자상거래는 불필요한 유통과정을 없애고 생산자와 소비자 간의 실시간 직거래를 가능하게 하여 가격경쟁력을 가진 상품을 공급한다.

④ 코로나19의 영향으로 전자(온라인) 상거래는 더욱 증가하고 대면(오프라인) 상거래는 더욱 감소 추세이다.

5 운송시장의 국제화

① 국가 간에 상품, 서비스, 자본 등의 이동을 촉진시키고 정보의 교환을 확대시키는 정보통신기술과 인프라가 발달됨에 따라 급진적으로 확대되고 있다.

② 세계가 거대한 단일시장으로 통합되어 가는 환경 하에서 생산, 판매, 투자 등 모든 경제활동이 어느 한 나라 또는 한 지역의 영역에서 벗어나 전 세계에서 이루어진다.

6 운송시장의 경쟁 심화

① 북미와 유럽은 1980년대부터 운송분야의 규제 완화를 추진하였고, 규제 완화의 영향으로 다수의 중소 물류기업이 시장에 진출하여 경쟁이 심화되었다.

② 우리나라도 최근 운송시장의 경쟁이 격화되고 있으며, 치열한 경쟁환경 하에서 경쟁력을 갖춘 기업은 고객의 지속적인 확보와 정보시스템 및 물류시설·장비의 확충, 전문인력의 확보, 컨설팅 능력의 확충 등을 통하여 지속적으로 성장하고 있다.

③ 물류업계는 제조 및 유통기업의 물류수요의 변화에 대응하기 위해 기업 간 전략적 제휴나 인수합병 등 통합화(Integration)를 적극 추진하고 있다.

7 아웃소싱 시장의 확대와 제3자 물류업체의 전문화·대형화

① 화주기업은 물류서비스의 수준 향상과 물류운영원가의 절감을 위하여 핵심역량이 아닌 물류서비스의 아웃소싱을 확대하고 있다.

② 화주고객이 물류전문업체에게 요구하는 물류 아웃소싱(Outsourcing)의 범위가 기존의 물류단위업무의 관리·운영에서 점차 물류전략·관리·운영 등 물류 전체 업무의 최적 지원으로 확대되었다.

③ 물류기업들은 물류진단, 컨설팅, 제안, 물류업무 재설계, 시스템 구축, 실행, 사후관리 및 물류개선활동 등 물류 전체 최적화를 위한 Total Solution 제공 능력을 확보하기 위해 노력하고 있다.

④ 대부분의 고객기업들은 공급체인상의 통합된 물류서비스를 모든 지역을 대상으로 제공하는 물류업체를 선호한다.

⑤ 물류기업들은 치열한 경쟁에서 살아남기 위해 기업규모와 시장점유율 확대만이 아니라 고객에게 물류 관련 통합서비스를 제공하는 통합물류 서비스 제공업자(Integrated Logistics Service Provider)로서의 위상을 차지하기 위해 전문화·대형화를 추진하며 새로운 비즈니스모델의 구축에 노력하고 있다.

⑥ 최근 생활물류서비스가 크게 대두되면서 신선식품을 중심으로 새벽배송도 아울러 증가하고, 풀필먼트(fullfillment), 라스트마일 딜리버리(last maile delivery) 등 새로운 서비스가 출현, 빠른 속도로 성장하고 있다.

> **TIP 풀필먼트(fullfilment)**
>
> 물류일괄대행서비스로 물류전문업체에 재고관리, 입출고관리 등 물류업무를 장기 위탁하는 3자물류에서 보다 진화한 형태로, 이는 물류업무 뿐만 아니라 공급망(SCM)관리를 위한 통합 솔루션에 해당한다.

> **TIP 라스트마일 딜리버리**
>
> 유통업체의 상품이 목적지에 도착하기까지의 전 과정을 말한다.

8 보안 및 환경 관련 규제 강화

① 미국 9 · 11테러사태 이후 제기된 안전, 보안을 중심으로 하는 물류정책이 미국과 EU 등을 중심으로 확산되고 있다.
   ㉠ 미국이 도입한 컨테이너 보안협정(CSI)이 대표적이다.
   ㉡ 이 협정은 양자 협정으로 출발했으나 세계관세기구(WCO)에서 유사한 제도를 도입하고, 유럽연합이 동참하는 등 세계 규범으로 자리를 잡아가고 있다.
② 특히, 교토의정서에서 합의된 "온실가스 배출량 삭감" 조항은 운송수단은 물론 선박, 항만, 공항 등의 물류시설에도 적용되어 국제적인 규제의 대상이 되고 있다.

> **💡TIP** 환경 또는 그린물류(Green Logistics)
> 환경 또는 그린물류에 대해서는 물류관리론에서 구체적으로 다루고 있다. '교토의정서(Kyoto Protocol)'는 유엔기후변화협약(UNFCCC)에 따른 온실가스 감축을 이행하기 위해 만들어진 국가 간 이행협약으로 '교토기후협약'이라고도 한다. 1997년 12월 일본 교토에서 개최된 UNFCCC 제3차 당사국 총회에서 채택되었으며, 미국과 오스트레일리아가 비준하지 않은 상태로 2005년 2월 16일 공식 발효되었다.
> ㉠ **온실가스배출권 거래제도**(Emission Trading System) : 교토의정서에서 온실가스 감축의무이행에 신축성을 확보하기 위해 도입한 제도로, 온실가스 배출량 한도를 넘은 국가가 한도에 미달한 다른 국가의 남은 배출권을 매입할 수 있도록 한 것이다. 우리나라는 교토의정서를 비준하였으며, 탄소배출량을 줄이기 위하여 「물류정책기본법」에 녹색물류인증제도 도입을 규정하고 있다. 일본은 '종합물류시책대강'을 수립하고, 물류활동에서 발생하는 탄소량을 줄이기 위해 노력하고 있다.
> ㉡ **청정개발체제**(Clean Development Mechanism) : 교토의정서 제12조에 규정된 것으로 온실가스 감축비용이 적게 드는 여타 국가에서 온실가스를 감축할 경우, 감축분의 일정 비율을 자국의 실적으로 인정하는 제도이다.
> ㉢ **육상전원 공급장치**(Onshore Power Supply) : 정박시 선박은 적재, 하역, 난방, 조명 및 기타 내부장치의 작동을 지원하기 위해 전력을 필요로 하는데 육상전원 공급장치를 통해 이러한 전력문제를 해결하며, 이는 이산화탄소 배출에 따른 대기오염 및 소음방지를 위한 것이다.

09 운송합리화 방안

물류비 중에서 가장 큰 비중을 차지하고 있는 운송부문의 합리화를 추진하는 것은 물류합리화와
직결되며, 그만큼 운송합리화는 기업차원에서 물류비 절감은 물론 고객만족 서비스를 제공하기
위해서 그리고 국가물류비의 절감을 통한 국가경쟁력 확보를 위해서도 중요하다.

> **핵심포인트**
>
> **운송합리화의 고려사항**
> - 최적 운송수단 선택
> - 최적 운송경로 선택
> - 정보시스템 구축
> - 단위화, 표준화, 공동화
> - 물류기기, 시설, 장비의 현대화, 자동화, 첨단화
> - 안전, 보안, 환경을 고려
> - 효율성과 생산성 향상

1 적기운송과 운송비 부담완화 원칙

① 운송계획에 따른 운송
② 물량의 대형화·표준화
③ 적재율 향상

2 경제적 운송을 위한 원칙

(1) 대형화 원칙

① 화물운송시 물류거점과 물류거점 간 간선운송은 가능한 대형화된 차량이나 철도, 연안운송을
이용하여 규모의 경제효과를 도모해야 한다.
② 물류거점과 화주문전 간 배송 또는 집화운송은 중소형 차량을 이용하여 신속하게 화물을 인도
또는 집화한다.
③ 물류거점에 집화된 화물을 대형차량, 철도, 연안운송을 이용하여 주요 물류거점별로 간선운송
을 실시함은 물류비와 에너지를 절감하고, 공기오염 등 환경공해를 감소시킨다.

(2) 실차율 극대화·공차율 최소회 원칙

① **실차율** : 트럭의 총운행거리 중 화물을 적재하고 운행한 거리의 비율이다.
② **공차율** : 트럭의 운송거리 중 화물을 적재하지 않고 운행한 거리의 비율이다.

③ 차량의 생산성 향상과 물류비 절감을 위해서 트럭의 실차율은 극대화하고 공차율은 최소화해야 한다.

④ 트럭의 실차율을 극대화하기 위해서는 적정한 차량의 규모와 최적의 운송경로를 선택하고, 정보시스템을 바탕으로 계획운송, 순회운송, 공동운송 등의 방법을 활용해야 한다.

(3) 회전율 극대화 원칙

① 차량의 운행을 가능한 최대화함으로써 차량단위당 고정비에 대한 원가절감이 필요하다.

② 차량을 운행하지 않더라도 차량에 대한 감가상각비, 제세공과금, 보험료, 운전기사 급여 등 고정비용이 발생하므로 생산설비인 차량의 가동률을 극대화하여 단위당 고정비를 낮추어야 한다.

③ 상하차작업을 위한 차량의 대기시간을 단축하고 포크리프트나 기계화 작업 등 신속한 상하차작업이 이루어지도록 해야 한다.

④ 도로 등 적정한 인프라를 확충하여 교통혼잡을 완화한다.

⑤ 장거리의 대량화물을 도로에서 철도와 연안운송으로 수송수단의 전환을 추진한다.

3 우리나라 운송체계 합리화 방안

(1) 운송수단의 전환(Modal shift) 추진

① 도로 중심의 운송체계를 철도와 연안운송으로 수송수단의 전환 추진이 필요하다.

② 녹색물류정책의 목표달성을 위해 보다 친환경적인 철도수송 등의 분담률 제고가 추진되고 있다.

> **TIP** Modal shift
> 기존에 이용하고 있는 운송수단을 보다 효율성이 높은 운송수단으로 교체하는 것을 의미한다.

(2) 공동 수·배송 활성화

물류거점, 물류터미널, 산업단지 등을 중심으로 동종업종 또는 동일지역의 화주들이 공동 수·배송을 널리 이용하여 적재율 향상, 공차율 감소, 화주의 운임 부담 감소, 물류센터나 창고 내 정보시스템의 효율적 사용 가능 등 효율성을 제고한다.

(3) 물류개선을 위한 기기, 장비, 차량 개선

① 파렛트, 컨테이너화를 지속적으로 추진하여 신속하고 안전한 화물운송을 도모한다.

② 운송과 관련한 표준화, 즉 적재함 표준화, 철도화차의 표준화 등을 통하여 적재율을 향상시킨다.

(4) 정보시스템 구축

① 물류거점 간 정보망을 연결하고, 물류거점과 정부 및 관련기관 간 정보망 연계 그리고 물류망과 금융망, 무역망, 보험망 등과의 연계를 위한 정보시스템을 구축한다.

② 화물의 실시간 추적시스템을 구축하고 ITS(Intelligent Transport System), CVO(Commercial Vehicle Operation) 등의 교통정보 시스템과 연계하여 운송의 효율화를 도모한다.

(5) 물류 아웃소싱의 활성화

① 우리나라는 자가물류의 비율이 높다.
② 화주들은 물류서비스를 전문물류업체에게 아웃소싱하고 제조, 디자인과 R&D 등 핵심역량만 자신이 직접 수행하는 것이 바람직하다는 인식의 확산이 필요하다.

(6) 복합운송체계의 지향

① 물류거점 간 장거리, 대량화물의 간선운송은 철도, 연안운송, 대형트럭을 이용하도록 하고 물류거점과 문전 간 집화와 배송은 중소형 트럭을 이용한다.
② 물류거점을 중심으로 고객의 필요에 따라 트럭, 철도, 항공기, 선박 등 운송수단을 선택적으로 활용할 수 있도록 연계운송망을 구축한다.

(7) 운송업체의 전문화·대형화 유도

① 고객의 운송업체에 대한 요구는 갈수록 고도화되고 있지만, 운임수준이 제자리 수준에 머무는 등 운송 관련 여건의 한계로 운송업체들이 전문화되고 대형화되지 않으면 생존하기 어려운 환경이다.
② 영세한 운송업체 간 제휴나 M&A 등을 통하여 정보시스템을 구축하고, 고객이 원하는 서비스를 제공할 수 있는 능력의 구비가 필요하다.

(8) 우리나라 운송시스템의 합리화 방안

① 수송체계의 다변화 - 공로운송의 한계성에 따른 철도나 연안운송으로의 전환
② 일관파렛트화를 위한 국가적 지원
③ 공로운송기업 간 업무제휴
④ 야간 차량운행의 활성화
⑤ 물류기기의 개선
⑥ 정보시스템의 정비
⑦ 복합운송체계의 도입
⑧ 정기 직행화차(Block Train)의 도입 - 철도로 대량의 화물을 고속으로 운송

10 운송 관련 물류 용어

〈자료〉 한국산업표준 KST-0001 : 2010 발췌

협의의 물류(Physical distribution)

물자를 공급자로부터 수요자에게 물리적으로 이동시키는 과정의 활동을 말하며, 일반적으로는 포장, 수송, 하역, 보관, 유통 가공 및 이에 수반되는 정보 등의 모든 활동을 말한다.

광의의 물류(Logistics)

물류란 재화가 공급자로부터 조달·생산되어 수요자에게 전달되거나 소비자로부터 회수되어 폐기될 때까지 이루어지는 운송·보관·하역(荷役) 등과 이에 부가되어 가치를 창출하는 가공·조립·분류·수리·포장·상표부착·판매·정보통신 등을 말한다(물류정책기본법 제2조 제1호).

물류거점(Logistics depot)

물류활동을 수행하기 위한 지리적 공간. 물류기지라고도 한다. 주로 항만, 공항, 화물역, 트럭 터미널, 컨테이너 터미널, 유통물류단지, 창고, 저장소 등이며 사회간접자본의 성격을 가진다.

유닛로드(Unit load)

수송, 하역, 보관 등의 물류활동을 효율적으로 추진하기 위하여 여러 개의 물품 또는 포장 화물을 기계·기구에 의한 취급이 용이하도록 하나의 단위로 만든 화물로서 단위화물이라고도 한다.

유닛로드 시스템(Unit load System)

유닛로드화함으로써 하역을 기계화하고 수송, 보관 등을 일관하여 합리화하는 구조를 말한다.

파렛트화(Palletization)

유닛로드 시스템을 추진하기 위해 파렛트를 사용하여 하역을 기계화하고 포장, 수송, 보관의 합리화를 꾀하는 수단을 말한다. 일관 파렛트화라고도 한다.

컨테이너화(Containerization)

물품을 컨테이너에 적재하여 단위화하고, 하역 기계로 기차, 화물차, 트럭, 선박 및 항공기에 짐을 싣고 내림으로써 수송 및 포장의 합리화를 꾀하는 수단을 말한다. 일관 컨테이너화라고도 한다.

복합일관수송(Intermodal transportation, Multimodal transportation)

수송단위 물품을 재포장하지 않고 철도 차량, 트럭, 선박, 항공기 등 다른 수송 기관을 조합하여 수송하는 것을 말한다.

공동배송(Joint distribution)

물류효율화를 위하여 여러 기업 등이 공동으로 배송하는 것을 말한다.

콜드체인 시스템(Cold chain System)

냉장·냉동식품 등의 신선도와 품질 유지를 위해 물품을 저온으로 보호하고 생산에서 소비까지 유통시키는 구조를 말한다.

파렛트 풀 시스템(Pallet pool System)

파렛트의 규격, 치수 등을 통일하여 호환성을 갖게 하고 파렛트를 공동 운영하는 구조를 말한다. 이때 사용하는 것을 공동 파렛트라고 한다.

적재효율(Load efficiency)

수송기관에 최대로 적재할 수 있는 화물의 용적 또는 중량에 대하여 적재된 물품의 용적 또는 중량의 비율을 말한다.

일관수송(Through transit)

물류효율화의 목적으로 화물을 발송지에서 도착지까지 해체하지 않고 연계하여 수송하는 것을 말한다. 대표적으로 파렛트와 컨테이너를 사용한다. 일관수송의 수단이 단위화물 체계이다.

물류공동화(Logistics pool systemization)

기업들이 물류활동의 효율성을 높이기 위하여 물류에 필요한 시설·장비·인력·조직·정보망 등을 공동으로 이용하는 것을 말한다.

물류센터(Physical distribution center, Logistics center)

화물의 집화, 배송하는 시설로 보관뿐 아니라 유통, 가공, 분류, 배송기능을 가진 시설을 말한다.

물류시설(Logistics facilities)

화물의 하역·운송·보관을 위한 시설과 이에 부가되는 가공·조립·분류·수리·포장·상표부착·판매·정보통신을 위한 시설 또는 물류의 공동화·자동화·정보화를 위한 시설을 말하고 이 시설들이 모여 있는 곳을 물류터미널 및 물류단지라고 한다.

화물(Cargo, Freight)

수송되는 물품의 총칭이며, 그 형태, 성상 등에 따라 일반화물과 특수화물로 나눌 수 있다.

일반화물(General cargo)

특별한 취급이나 적재를 필요로 하지 않는 화물의 총칭이며, 특수화물에 대응해서 사용한다.

특수화물(Special cargo)

액체, 분립체, 동물, 식물, 냉동제품, 중량제품, 위험제품 등으로서 특별한 취급이나 적재를 필요로 하는 특수한 화물을 말한다.

포장화물(Packaged cargo)

수송을 목적으로 포장한 화물을 말한다.

건화물(Dry cargo)

액체화물과 대비해서 사용하는 용어로서 일반화물이나 산적화물을 말한다. 냉동·냉장화물, 살아 있는 동식물 화물은 포함하지 않는다.

산적화물(Bulk cargo)

포장하지 않고 분립체 상태로, 대량으로 수송되는 화물을 말한다.

화물 형태(Type of packing)

수송되는 화물의 상태를 말한다. 포장된 것과 포장되지 않은 것이 있다.

수송(Transportation)

화물을 자동차, 선박, 항공기, 철도, 기타의 기관에 의해 어떤 지점에서 다른 지점으로 이동시키는 것을 말한다.

집화(Pick up)

화물을 발송지에 있는 물류거점에 모으는 것을 말한다.

배송(Delivery)

화물을 물류거점에서 화물 수취인에게 보내는 것을 말한다.

트럭 터미널(Truck terminal)

화물을 옮겨 싣기 위해 자동차 운송업의 사업용 자동차를 동시에 2대 이상 정차시키는 것을 목적으로 설치한 시설을 말한다.

◥ **컨테이너 터미널**(Container terminal)

컨테이너의 해상 수송과 육상 수송을 연결하는 접점 또는 철도 수송과 트럭 수송을 연결하는 접점의 시설을 말한다.

◥ **플랫폼**(Platform)

화차 또는 트럭에 화물을 싣고 내리는 것을 목적으로 그 입구 높이에 평탄하게 맞추어 설치된 장소를 말한다.

◥ **화물 컨테이너**(Freight container)

수송되는 물품의 단위화를 목적으로 하는 수송 용기로서, 다른 종류의 수송 기관에 적합성을 갖고 용도에 따른 강도를 지니며, 반복 사용에 견딜 수 있는 것을 말한다.

◥ **집배**(Pick up and delivery)

집하와 배송 쌍방의 영업 행위를 말한다. 화물의 발생지에서 접점(터미널, 보관소 등)까지 화물을 모으는 행위와 화물 도착지에서 화물을 배분하는 행위이다.

◥ **출 하**

외부에 화물을 보내는 것

◥ **출 고**

창고에서 주문에 맞추어 화물을 꺼내는 것

◥ **단위화물기기**(ULD ; Unit Load Devices)

항공운송에서 파렛트, 컨테이너, 이글루 등의 화물 탑재 용구의 총칭으로, 약자는 ULD이다. IATA(국제항공운송협회)가 화물칸에 맞도록 만들어 낸 것을 항공용 ULD라고 하며, 화물칸의 탑재상태와 상관없이 만든 박스 등을 비항공용 ULD라고 부른다.

◥ **이글루**(Igloo)

항공기용 컨테이너의 일종으로 항공기 상부 화물칸에 효과적으로 수납할 수 있도록 양 대칭면이 지붕형으로 되어 있다.

◥ **보관**(Storage)

물품을 일정한 장소에서 품질, 수량 등의 유지 등 적절한 관리로 일정기간 저장하는 것을 말한다.

창고(Warehouse)

물품의 멸실 또는 훼손을 방지하기 위한 보관시설 또는 보관장소(물류정책기본법)로서 일반창고, 냉동창고, 냉장창고, 수면창고 등으로 구분한다.

하역(Materials handling)

물품의 싣고 내림, 운반, 쌓기, 꺼내기, 분류, 정리 등의 작업 및 여기에 수반되는 작업을 말한다.

운반(Carrying)

물품을 비교적 짧은 거리로 이동시키는 것을 말한다. 생산, 유통, 소비 등 어느 경우에나 사용된다.

싣기 내리기(Loading and Unloading)

수송기기 등에 물품을 싣는 일과 내리는 일을 말한다.

쌓기(Stacking)

물품 또는 포장 화물을 규칙적으로 쌓아 올리는 일련의 작업을 말한다.

적입(Vanning)

화물 컨테이너 등에 화물을 싣는 일을 말한다.

적출(Devanning)

화물 컨테이너 등에서 화물을 꺼내어 내리는 일을 말한다.

밧줄묶기(Lashing)

수송수단에 실린 화물이 움직이지 않도록 로프 등으로 묶는 것을 말한다.

깔개, 끼우개(Dunnage)

수송수단에 실린 화물이 손상되지 않도록 화물 아래 깔거나 틈 사이에 끼우는 물건을 말한다.

파렛트(Pallet)

물품을 한데 모아서 쌓을 수 있도록 적재면을 가진 견고한 수평 받침대를 말한다. 파렛트 대차, 지게차 및 관련 장비의 하역에 적합하며, 화물의 집하, 겹쌓기, 보관, 하역, 수송을 위한 기초로서 사용된다. 유닛로드 시스템에 특히 중요하며, 상부 구조물과 일체형으로 제작되거나 부착되어 사용될 수 있다.

▶ **호이스트**(Hoist, Winch, Lifting gear)

화물의 감아 올리기(권상), 감아 내리기(권하), 횡방향 끌기, 견인 등을 목적으로 사용하는 장치를 말한다.

▶ **크레인, 기중기**(Crane)

화물을 동력 또는 인력에 의하여 달아 올리고, 상하전후 및 좌우로 운반하는 기계를 말한다.

▶ **컨베이어**(Conveyor)

화물을 연속적으로 운반하는 기계를 말한다.

▶ **지게차**(Fork lift truck)

포크 등을 상하 운동시키는 마스트를 갖춘 동력이 장착된 하역 운반 차량을 말한다.

▶ **트리밍**(Trimming)

철광석, 석탄, 밀 등을 컨베이어벨트로 선박의 선창(船艙) 안으로 적재할 경우, 화물이 선창(船艙) 가운데에만 쌓이게 되는 것을 인력으로 편편하게 골라주는 선창 내 화물고르기 작업을 가리킨다.

▶ **적하**(Stowage)

크레인 등으로 선박에 내려진 화물을 일정한 장소에 적부하는 것

▶ **산업차량**

일정한 작업장에서 각종 운반 및 하역 작업에 사용되는 차량

01 화물운송에 관한 설명으로 옳지 않은 것은?

① 운송의 3대 요소는 운송연결점(Node), 운송경로(Link), 운송수단(Mode)이다.
② 물류활동의 목표인 비용절감과 고객서비스의 향상을 추구한다.
③ 제품의 생산과 소비를 연결하는 파이프 역할을 수행한다.
④ 배송은 물류거점 간 간선운송을 의미한다.
⑤ 운송수단을 통해 한 장소에서 다른 장소로 화물을 이동시키는 물리적 행위이다.

> **해설** ④ 물류거점 간 간선운송은 수송이라 하고, 배송은 물류거점에서 최종 고객에게 전달하는 것을 의미한다.

02 다음은 각 수송수단에 대한 설명이다. 옳은 것은?

① 철도수송의 혼재취급의 경우 화주는 수송계약을 한국철도공사와 직접 체결한다.
② 영업용 화물트럭수송은 대량·장거리 화물에 적합하다.
③ 항공수송의 혼재취급은 항공회사가 직접 수행하는 것이 원칙이다.
④ 철도 컨테이너 취급의 운임·요금은 철도운임과 발착양단의 통운요금으로 이루어진다.
⑤ 자가용 화물트럭은 신속하게 이용하기 어렵다.

> **해설** ① 혼재취급의 경우 화주는 한국철도공사와 수송계약을 체결하는 것이 아니라 통운업자와 수송계약을 체결한다.
> ② 영업용 화물트럭수송은 대량운송에는 적합하지 않으며 중거리나 단거리 화물운송에 적합하다.
> ③ 항공수송의 혼재취급은 항공운송 주선업자가 수행한다.
> ⑤ 자가용 화물트럭의 영업용 화물트럭 대비 최대 장점은 필요시 신속히 이용할 수 있다는 점이다.

03 운송의 주요기능에 관한 설명으로 옳지 않은 것은?

① 판매와 생산을 조정하여 생산계획의 원활화를 도모한다.
② 약속된 장소와 기간 내에 화물을 고객에게 전달한다.
③ 물류계획과 실행을 일치시킨다.
④ 수주에서 출하까지의 작업효율화를 도모한다.
⑤ 유통재고량을 최대로 유지시킨다.

정답 01 ④ 02 ④ 03 ⑤

해설 운송은 교통수단을 이용하여 재화의 공급지와 수요지 간의 공간적 거리의 조정과 시간적 격차를 줄이기 위한 사회·경제적 활동으로, 유통상의 재고량을 최소로 하는 것을 목표로 한다.

＊ 운송의 주요 기능
　⑦ 약속된 장소와 기간 내에 재화를 고객에게 전달
　ⓒ 판매와 생산을 조정하여 생산계획의 원활화를 도모
　ⓒ 물류계획을 올바르게 수행하는 것
　ⓔ 운송 중 운송수단에 일시적으로 재화를 보관
　ⓜ 운송의 발달은 분리된 지역을 통합

04 운송 효율화 측면에서 '운송수단과 비용 간의 관계'에 관한 설명으로 옳지 않은 것은?

① 운송수단의 선정시 운송비용과 재고유지비용을 고려한다.
② 운송수단별 운송물량에 따라 운송비용에 차이가 있다.
③ 항공운송은 리드타임(Lead Time)이 짧기 때문에 재고유지비용이 증가한다.
④ 해상운송은 운송기간 중에 재고유지비용이 증가한다.
⑤ 속도가 느린 운송수단일수록 운송 빈도가 낮아져 보관비가 증가한다.

해설 ③ 항공운송은 리드타임이 짧기 때문에 보관기간이 단축되어 재고유지비용이 감소한다.

05 운송시장의 환경변화와 관련하여 향후 운송시장의 모습과 거리가 먼 것은?

① 정보망 및 시스템의 구축으로 운송서비스는 더욱 향상될 것이다.
② 국제교역량의 증가로 운송회사 간 경쟁이 완화될 것이다.
③ 다품종 소량운송의 형태가 지속될 것이다.
④ 운송서비스에 대한 화주의 요구는 더욱 다양해질 것이다.
⑤ 국제화 및 개방화의 진전으로 국제복합운송이 더욱 활발해질 것이다.

해설 국제교역량의 증가는 운송회사 간의 경쟁을 더욱 치열하게 만든다.

정답 **04** ③ **05** ②

06 **운송물류활동을 설명한 것 중 잘못된 것은?**

① 물류활동을 기능별로 분류할 때에 운송물류활동의 비중이 가장 크다.

② 재화와 용역을 효용가치가 낮은 장소로부터 높은 장소로 이동시키는 행위가 운송물류활동
이다.

③ 운송물류활동은 장소적 이동과 시간적인 극복을 통하여 재화와 용역의 효용가치를 증대시
키기 위한 행위이다.

④ 운송물류는 도시 간 및 물류거점 간의 간선수송과 도시 내 및 일정지역 내의 배송부문으로
분류할 수 있다.

⑤ 운송물류는 재화와 용역의 성질을 물리적 또는 화학적으로 변형시키면서 이동시켜 그 효용
가치를 창출하는 행위이다.

> **해설** 수송물류는 재화나 용역의 장소적 이동기능을 할 뿐, 재화와 용역의 물리적 또는 화학적 성질을 변형시키는
> 행위는 아니다.

07 **물류보안 및 안전에 관한 설명으로 옳지 않은 것은?**

① CSI는 미국으로 운송되는 모든 수출화물에 대해 선적지에서 선적 24시간 전까지 미국세관
에 적하목록 제출을 의무화하는 규정이다.

② C-TPAT은 미국 CBP가 도입한 반테러 민관 파트너십제도이다.

③ ADR은 각국 정부와 항만관리당국, 선사들이 갖춰야 할 보안 관련 조건들을 명시한 국제해
상보안규약이다.

④ 위험물컨테이너점검제도는 위험물의 적재, 수납, 표찰 등에 관한 국제규정인 국제해상위험
물규칙(IMDG Code)의 준수 여부를 점검하고, 위험물 운송 중 사고를 예방하기 위한 제도
이다.

⑤ 항만보안법은 컨테이너를 통해 이동하는 WMD 등 위험화물을 사전에 통제하는 데 필요한
거의 모든 조치가 포함되어 있다.

> **해설** ADR은 'American Depositary Receipt'의 약자로 미국예탁증권을 말한다.

정답 **06** ⑤ **07** ③

08 운송체계에 대한 설명 중 틀린 것은?

① 운송체계는 수송활동을 가능하게 하는 노동력, 설비, 자원이 결합된 복합체로서 이들이 유기적으로 잘 결합되어야 효율을 제고할 수 있다.

② 운송체계는 정보나 전력과 같이 무형재의 이동에 사용되는 체계를 포함하지만 일반적으로 재화와 사람의 이동에 사용되는 체계를 의미한다.

③ 화물운송체계는 자동차, 선박, 철도, 항공, 파이프라인 등에 의하여 단일 혹은 결합된 형태로 이루어진다.

④ 철도운송과 해상운송이 결합된 것을 피시백(Fishy－Back) 운송이라 하며, 이는 철도운송과 해상운송의 장점을 결합한 수송체계이다.

⑤ 피기백(Piggy－Back) 운송체계는 철도와 화물자동차(트레일러)를 결합한 수송체계이다.

[해설] 피시백은 선박과 트럭이 결합된 수송체계이다.

09 운송수단별 비용특성을 설명한 것으로 틀린 것은?

① 공로운송은 터미널비용과 운송비용으로 구성되며, 터미널비용은 화물량이 적을 때 총비용에서 차지하는 비율이 높다.

② 철도운송은 높은 고정비와 낮은 변동비의 특성이 있으며, 화물의 양과 운송거리가 증가함에 따라 규모의 경제효과가 나타난다.

③ 해상운송의 톤·마일당 비용은 거리와 화물의 적재량에 비례해서 낮아진다.

④ 항공운송은 다른 운송수단에 비하여 상대적으로 높은 고정비와 변동비로 인하여 단거리운송에 있어 톤·마일당 비용이 높다.

⑤ 파이프라인운송의 톤·마일당 비용은 다른 운송수단에 비하여 높다.

[해설] 파이프라인운송은 고정비가 많이 투입되고 대량운송이라는 점에서 톤·마일당 비용은 낮은 편이다.

10 운송수단의 선택에 관한 설명으로 옳지 않은 것은?

① 화물수량이 적은 경우에는 해상운송보다 자동차 또는 항공운송을 선택한다.

② 자동차운송은 운송거리가 길수록 적합하고, 해상운송은 거리가 짧을수록 합리적이다.

③ 운임부담능력이 있는 고가화물은 항공운송을 선택한다.

④ 화물가치가 낮고 운임이 저렴하면 해상운송을 선택한다.

⑤ 석유류, 가스제품의 경우에는 파이프라인 운송을 선택한다.

해설 ② 자동차운송은 운송거리가 짧을수록, 해상운송은 거리가 길수록 적합 또는 합리적이다.

11 다음 중 운송 관련 물류 용어에 대한 설명으로 옳지 않은 것은?

① 파렛트(Pallet) : 물품을 한데 모아서 쌓을 수 있도록 적재면을 가진 견고한 수평 받침대

② 호이스트(Hoist, winch, Lifting gear) : 화물의 감아 올리기(권상), 감아 내리기(권하), 횡 방향 끌기, 견인 등을 목적으로 사용하는 장치

③ 단위화물기기(ULD ; Unit Load Devices) : 항공운송에서 파렛트, 컨테이너, 이글루 등의 화물 탑재 용구의 총칭

④ 건화물(Dry cargo) : 액체화물과 대비해서 사용하는 용어로서 일반화물이나 산적화물

⑤ 이글루(Igloo) : 포장하지 않고 분립체 상태로, 대량으로 수송되는 화물

해설 ⑤ '이글루'는 항공기용 컨테이너의 일종으로, 항공기 상부 화물칸에 효과적으로 수납할 수 있도록 양 대칭면 이 지붕형으로 되어 있다. 포장하지 않고 분립체 상태로, 대량으로 수송되는 화물은 '산적화물'을 말한다.

12 다음은 운송수단 선택시 고려해야 할 사항이다. 이에 해당하는 요건은?

> • 클레임 발생빈도가 높은가?
> • 사고에 의한 화물손상의 정도가 적은가?
> • 멸실, 손상 등에 대한 보상이 정확히 이행되고 있는가?

① 안전성   ② 확실성

③ 신속성   ④ 편리성

⑤ 경제성

해설 운송수단 선택시 고려할 사항
 ㉠ **안전성** : 운송 중 사고발생률, 사고보상 정도 등
 ㉡ **편리성** : 연결(연계)운송의 편리성, 운송절차와 서류의 간편성 등
 ㉢ **신속성** : 운송시간 또는 기간
 ㉣ **확실성** : 공표된 운송스케줄 내 또는 약정된 기일 내 운송의 정확성과 신뢰성 등
 ㉤ **경제성** : 운송비용과 고객만족 등 마케팅 측면

13 다음은 운송수단의 속도와 비용과의 관계를 설명한 것이다. (   )에 들어갈 내용을 순서대로 나열한 것은?

> • 속도가 (ㄱ) 운송수단일수록 운송빈도가 더욱 높아져 (ㄴ)가 증가한다.
> • 속도가 (ㄷ) 운송수단일수록 운송빈도가 더욱 낮아져 (ㄹ)가 증가한다.

① ㄱ : 느린, ㄴ : 운송비, ㄷ : 느린, ㄹ : 보관비
② ㄱ : 느린, ㄴ : 보관비, ㄷ : 빠른, ㄹ : 운송비
③ ㄱ : 느린, ㄴ : 운송비, ㄷ : 빠른, ㄹ : 보관비
④ ㄱ : 빠른, ㄴ : 운송비, ㄷ : 느린, ㄹ : 보관비
⑤ ㄱ : 빠른, ㄴ : 보관비, ㄷ : 느린, ㄹ : 운송비

해설 운송수단의 속도가 빠르면 운송빈도는 높아지고 운송비는 증가한다.
 운송수단의 속도가 느리면 운송빈도는 낮아지고 보관비는 증가한다.

14 화물자동차운송의 장점으로 옳지 않은 것은?
① 근거리운송에 적합하다.
② 문전일관운송이 가능하다.
③ 비교적 간단한 포장으로 운송이 가능하다.
④ 단위포장으로 파렛트(Pallet)를 사용할 수 있다.
⑤ 대량화물운송에 적합하다.

해설 운송수단 중 화물자동차는 소량 또는 중량 운송에 적합하며 대량화물운송에는 선박, 화차가 적합하다.

정답 13 ④ 14 ⑤

15 화물운송 서비스의 특징으로 옳지 않은 것은?

① 운송수단으로 화물을 이동하는 순간에 운송서비스가 창출되기 때문에 생산과 동시에 소비된다.

② 운임 비중이 클 경우에 운임상승은 운송수요를 감소시킨다.

③ 운송수단 중에서 기술적으로 대체가능하다면 가장 저렴한 수단을 선택한다.

④ 운송시기와 목적지에 따라 수요가 합해지고 이에 따라 운송서비스 공급이 가능하다.

⑤ 운송수요는 많은 이질적인 개별수요로 구성되어 있기 때문에 계획적이고 체계적인 특성이 있다.

[해설] ⑤ 운송수요는 이질적인 개별수요로 구성되어 있기 때문에 비계획적이고 비체계적인 특성을 갖고 있다.

16 운송에 관한 설명으로 옳지 않은 것은?

① 운송용역은 운송수단과 노동력이 결합되어 화물을 목적지까지 이동시키는 것이다.

② 운송수요는 화물의 종류, 운송량, 운송거리, 운송시간, 운송비용 등을 기본적인 구성요소로 한다.

③ 운송수요의 탄력성은 운임의 영향을 받기보다는 화물의 대체성 여부에 대부분 영향을 받는다.

④ 운송수단의 선택시에는 운송물량, 운임, 기후의 영향, 운송의 안전성, 중량, 배차 및 배선 등을 고려해야 한다.

⑤ 부적운송(Unused Capacity)은 차량 전체 운임이 지급되지만, 적재공간이 일부 비어있는 상태로 운송하는 것을 말한다.

[해설] ③ 운송수요의 탄력성에 가장 영향을 끼치는 것은 운임이며, 화물의 대체성 여부가 끼치는 영향은 적은 편이다.

17 운송시장의 환경변화에 관한 설명으로 옳지 않은 것은?

① 정보화 사회의 진전

② 글로벌 아웃소싱 시장의 확대

③ 구매고객에 대한 서비스 수준 향상

④ 전자상거래 증가

⑤ 물류보안 및 환경 관련 규제 완화

[해설] 운송시장에서 물류보안 및 환경 관련 규제는 강화되고 있는 추세이다.

정답 **15** ⑤ **16** ③ **17** ⑤

18 운송의 장소적 효용에 관한 설명으로 옳지 않은 것은?

① 운송은 생산과 소비의 기능을 유기적으로 분담하는 것을 촉진한다.

② 운송은 원격지 간 생산과 판매를 촉진하여 유통의 범위와 기능을 확대한다.

③ 운송은 지역 간 유통을 활성화시켜 재화의 가격조정과 안정을 도모한다.

④ 운송은 자원과 자본을 효율적으로 배분하고 회전율을 제고한다.

⑤ 운송은 재화의 일시적 보관기능을 수행한다.

해설 ⑤ 해상운송의 경우 일시적으로 재화의 보관기능을 담당하기도 하나, 이는 시간적 효용이지 장소적 효용을 제공하는 것은 아니다.

정답 **18** ⑤

CHAPTER 02
화물운임의 이해

01 운임의 의미

① 운임(운송임의 준말)이란 운송서비스의 가격으로서 사람 또는 재화를 수송해 주는 대가로 지불·수취되는 화폐액이다. 운임은 운송에 있어서 모든 문제의 총체적인 결론을 도출해 내고 또한 운송에 관한 문제를 규명해 준다.
② 운임은 운송서비스를 이용하는 입장에서는 비용(운송비)이며 운송업자 측면에서는 수입이 된다.
③ 운송비가 전체 물류비의 70~80%를 차지하므로, 운송비 또는 운임에 대한 이해는 중요하다.

> **핵심포인트**
>
> **운임과 요금의 차이**
> • 운임 : 화물의 이동에 대한 순수한 대가로서 모든 화물에 동일하게 적용될 수 있는 대가
> • 요금 : 화물의 특성에 따른 시설 및 특수서비스 이용료
> (예) 냉동운송 서비스, 생동물운송 서비스, 집화 및 배달 서비스, 배달통지 서비스 등)

02 화물운송임에 대한 정부의 정책

① 일반적으로 화물운송시장은 완전경쟁시장의 형태이다.
② 철도운송은 한국철도공사의 독점적 운영사업이다.
③ 컨테이너와 시멘트운임은 안전운임제로 운영되고 있다.

03 운송임에 대한 이론

1 운송원가의 특징

- 운송임은 운송원가를 기초로 하여 계산된다.
- 운송원가는 고정비와 변동비, 직접비와 간접비 및 일반관리비 등으로 구분하여 운송임에 반영된다.

(1) 고정비 항목과 변동비 항목

① 고정비
  ㉠ 운송량 및 운송거리, 운송서비스의 생산 여부에 관계없이 일정하게 발생하는 비용이다.
  ㉡ 운송장비에 대한 감가상각비, 운송장비를 구입하는 데 소요된 자금에 대한 지급이자, 운송수단의 운영인력에 대한 인건비 및 복리후생경비, 운송수단에 대한 보험료, 세금, 사무실 운영 등에 따른 일반관리비 등이 있다.

② 변동비
  ㉠ 실제 운송서비스를 생산함으로써 발생하고 운송거리 및 운송량 등에 따라 비용의 크기가 변동되는 비용이다.
  ㉡ 운송수단의 운행에 소요되는 연료비와 수리비가 가장 비중이 크며, 운송수단의 종류에 따라 원가구성요소의 차이가 많다.

(2) 직접원가·간접원가 및 일반관리비

운송서비스를 생산하는 데 있어서 어느 단계에서 발생하느냐에 따른 구분이다.
① **직접원가** : 운송수단이 운송서비스를 생산하기 위하여 특정 지점(point)에서 출발하여 운송서비스 생산을 완료하고 지정된 장소까지 돌아오는 과정에서 해당 운송수단에 직접적으로 발생하는 원가이다.
② **간접원가** : 운송수단을 직접 운영하는 부서의 인건비 및 제반 경비(사무실 유지 및 운영경비) 및 운송수단의 성능을 유지하고 기술적 관리를 하기 위한 조직 및 시설, 기계설비 등을 확보하고 운영하는 데 소요되는 제반 비용이다.
③ **판매 및 일반관리비** : 운송화물을 확보하고 기업을 운영하는 데 필요한 인사, 노무, 회계, 재무, 기획, 영업, 홍보 등의 업무에 필요한 제반 비용이다.

(3) 원가계산의 범위

① 운송원가를 어느 범위의 비용까지 계산하여 반영하느냐에 따른 구분이다.

② 운송원가 계산

　㉠ 특정 화물을 적재하고 특정 구간을 운송하는 데 따라 발생하는 비용이다.

　㉡ 실제 운송에 투입되는 운송수단과 관련한 비용, 운송출발점과 도착점을 운행하는 데 따라 직접 발생되는 비용, 그리고 운송이 효율적으로 이루어질 수 있도록 직접 관리하고 지원하는 조직 및 시설 등의 비용을 계산한 원가이다.

　㉢ 직접원가와 간접원가를 원가계산에 포함하여 계산하는 방법으로, 직접원가는 운송에 직접적으로 대응하여 발생하는 비용을 인식하고, 간접원가는 일정기간 동안 발생한 비용을 일정한 기준에 따라 해당 운송에 배분하는 방식으로 인식된다.

③ 총운송원가 계산

　㉠ 총원가는 직접운송원가에 판매 및 일반관리비를 포함하여 원가로 인식한다.

　㉡ 실질적으로 운송회사가 운송대가로서 최소한 수수해야 할 수준의 원가를 계산한다. 판매 및 일반관리비의 배분은 기업의 전체적인 판매 및 일반관리비에서 해당 운송부문에서 부담할 부분만큼을 인식한 후 일정한 기준에 의해 해당 운송에 부과한다.

④ 판매가격 계산

　㉠ 판매가격이란 운송기업이 화주에게 제시하는(하고자 하는) 기본적인 운송임의 부분이다.

　㉡ 총운송원가에 적정한 이윤을 더하여 계산한다.

> **안전운송원가(2020.08.6. 국토교통부 고시)**
>
> "화물자동차 안전운송원가"란 화물차주에 대한 적정한 운임의 보장을 통하여 과로, 과속, 과적 운행을 방지하는 등 교통안전을 확보하기 위하여 화주, 운송사업자, 운송주선사업자 등이 화물운송의 운임을 산정할 때에 참고할 수 있는 운송원가로서 제5조의2에 따른 화물자동차 안전운임위원회의 심의·의결을 거쳐 제5조의4에 따라 국토교통부장관이 공표한 원가를 말한다.
> - 대상 품목 : 피견인자동차의 경우 철강재, 일반형 화물자동차의 경우 해당 화물자동차로 운송할 수 있는 모든 품목.
> - 고정원가항목 : 차량감가상각비, 차량구입금융비, 번호판이용료, 보험료, 지입료, 자동차세, 정기검사비, 협회비, 환경개선부담금, 기타공과금, 세무신고비, 3대보험료, 통신비 등(DTG 포함), 차고지비및주차료, 출퇴근비, 숙박비, 정보망이용료
> - 변동원가항목 : 주연료비, 통행료, 차량정비비, 타이어비, 기타차량유지비, 세차비, 기타소모품
> 안전운송원가는 주선수수료가 포함되지 않은 금액임.

2 운송원가와 운송임 변동의 관계

고정비가 높으면 운송수요의 수준에 따른 운송단가의 변동이 심하다.

① 변동비의 점유가 적기 때문에 경쟁이 심하고 운송물량이 부족한 경우에는 운휴(運休)를 하는 위험이 발생할 수 있어 변동비를 한계수준으로 하여 현금흐름(Cash Flow)을 중시하는 운송영업을 할 수 있다.

② 변동비 수준이 높으면 운송임이 최소한 변동비 이상을 커버해야 하기 때문에 운송임 하락폭이 그만큼 적어진다.

③ 현실적으로 화물자동차운송임의 변동이 큰 이유는 화물자동차운송시장이 완전경쟁형태로 이루어지고 있기 때문이다.

> **TIP** 철도나 항공 등의 운송수단은 고정자산에 대한 투자가 대규모이어서 신규진입에 대한 장벽이 자연스럽게 구축되어 독점적 경쟁 또는 과점적 형태의 경쟁이 이루어진다.

3 화물운송가격의 형성과 운송시장

① 화물운송수단별 시장의 운송임은 기본적으로 운송원가를 기준으로 하여 제시되지만 실질적으로는 운송수단별 운송시장의 수요와 공급에 의하여 결정된다.

② 운송시장은 운송서비스 공급자의 수에 따라 완전경쟁시장, 완전독점시장, 독점적 경쟁시장, 과점적 경쟁시장으로 구분된다.

③ 시장의 형태는 운송임의 수준을 결정하는 중요한 메커니즘이다.

④ 운송시장은 운송수단의 종류에 따라 형성되기보다는 화물의 종류에 따라 형성된다.

⑤ 화물의 종류에 따라 필요한 운송수단이 다르며, 운송수단별 공급의 능력과 진입장벽 등이 다르기 때문에 동일한 중량 또는 부피의 화물일지라도 화물의 종류에 따라 운송임의 수준이 달라진다.

4 운임의 결정에 영향을 주는 요소

• 운임은 실제 운송에 투입되는 원가를 기초로 하여 정부의 승인 또는 신고에 의한 정액요금을 적용하거나, 수요와 공급수준에 따라 운송서비스 공급자와 수요자 간의 협상 및 계약에 의하여 정하여지는 것이 일반적이다.

• 운임은 동일운송시장, 동일거리, 동일중량 또는 부피일지라도 화물에 따라 운임의 수준이 달라지는 데, 여러 가지 요인들에 의하여 운송원가의 변동이 발생되며, 이를 기본으로 하여 인가운임이 결정되거나 운송계약협상이 이루어진다.

(1) 거리(Distance)

① 운송거리는 고정비용에 영향을 많이 주는 차량의 운행시간과 연료비, 수리비, 타이어비 등 변동비에 영향을 주는 가장 중요한 요소이다.

② 운송거리가 길어질수록 총 운송원가는 증가하여 운송임이 증가한다.

③ 운송에서는 '거리의 경제'가 존재하게 되어 운송거리가 길어질수록 ton · km당 운송비는 체감한다.

> **TIP** 운송거리와 비용의 관계에 있어서는 운행거리가 '0'이라고 해서 비용이 반드시 '0'은 아니다. 예를 들면, 운송물량을 상차 또는 하차하기 위하여 대기했을 때에도 운전기사의 급여 등 고정비가 발생하기 때문에 대기사유가 수요자에게 있다면 이때 발생한 고정비는 운송임의 계산에 포함된다.

(2) 운송되는 화물의 크기(Volume)

① 한 번에 운송되는 화물의 단위(무게 및 부피)가 클수록 대형차량을 이용하게 되며 대형차량을 이용할수록 운송단위당 부담하는 고정비 및 일반관리비는 낮아지게 된다.

② 변동비(연료비, 수리비, 타이어비 등)의 소모효율성이 향상되어 운송단위당 운송비는 낮아지게 된다.

> **TIP** 일반화물자동차보다는 철도가, 철도보다는 선박의 운송단위당 운송료가 낮다.

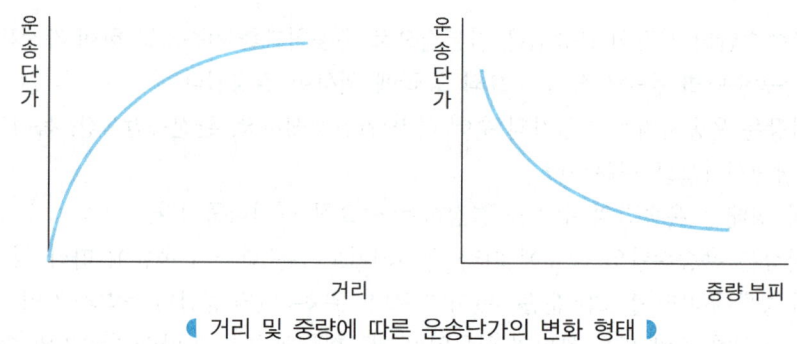

❰ 거리 및 중량에 따른 운송단가의 변화 형태 ❱

(3) 밀도(Density)

① 밀도란 무게와 부피 및 면적(운송장비의 적재공간)을 통합시킨 개념이다.

② 동일한 중량이라면 부피나 면적이 적은 화물이 밀도가 높다는 개념이다.

③ 밀도가 높은 화물은 동일한 용적을 갖는 적재용기에 많이 적재하고 운송할 수 있게 되며, 밀도가 높을수록 운송비는 낮아진다.

> **TIP** 일반적으로 같은 무게라면 동일한 운송비가 발생한다고 할 수 있으나, 실제로는 운송장비의 적재량 제한을 초래하는 요인은 중량보다는 부피나 면적이기 때문에, 밀도가 높은 화물일수록 운송료를 비교적 낮게 협상할 수 있고, 밀도가 낮은 화물은 높은 수준에서 협상을 할 수밖에 없다.

(4) 적재성(Stowability)

① 적재성이란 제품의 규격이 운송수단의 적재공간 활용에 어떤 영향을 미치는가의 정도를 말한다.

② 과도한 중량이나 길이, 높이, 화물형상의 비정형성, 동일한 운송에 적재되는 화물형상의 다양성 등은 적재작업을 어렵게 하고 적재공간의 효율성을 떨어지게 한다.

③ 화물의 밀도가 동일할지라도 적재성이 떨어지면 운송량이 적어지고 작업시간 및 비용도 증가되기 때문에 운송료는 높은 수준에서 협상될 수밖에 없다.

(5) 취급(Handling)

① 운송되는 화물을 상하차하는 데 인력을 많이 사용하게 하거나 일반적으로 이용되는 지게차 등을 이용하지 못하고 특수장비를 이용하게 한다든지, 안전한 운송을 위해 특수한 밴딩이나 장치를 이용하게 되면 상하차시간이 많이 소요되고 상하역비도 많이 소요되게 되어 결국 운송비의 증가를 초래한다.

② 화물의 취급이 어려울수록 운송비 협상은 높은 수준에서 이루어진다.

(6) 책임(Liability)

① 운송되는 화물의 파손, 분실, 부패, 폭발가능성 등 운송 중 화물사고 발생의 가능성 수준에 따라 운임도 달라진다.

② 클레임 발생가능성이 높은 화물은 배상가능성도 커지기 때문에 운송비도 높아져야 하며 또한, 발생가능한 사고의 책임수준 및 면책비율 등에 따라 운임수준은 달라질 수 있다.

(7) 시장요인(Market factors)

① 시장에서의 경쟁상황이 최종적인 운송임 결정의 중요한 요소이다.

② 해당 지역에서 발생되는 운송화물의 양, 도착지에서의 복화화물 운송가능성, 발송지역에 타 지역으로부터 도착하여 대기하고 있는 차량의 수 등에 따라 운임수준이 결정된다.

> 💡**TIP** 동일한 거리라도 발송할 운송량이 적고, 타 지역으로부터 도착차량이 적은 강원도지역은 발송물량이든 도착물량이든 운송임이 타 지역에 비하여 높게 형성된다.

5 운송가격(운송비)의 책정전략

(1) 서비스 비용전략(Cost of service strategy)

① 운송업자가 제시하는 가격은 운송서비스의 제공에 소요되는 원가에 적정한 일반관리비 및 이윤을 더하여 산정하는 방식이다.

② 경쟁요소를 무시하고 가장 기본적으로 제시할 수 있는 가격전략이다.

> 🔵 **TIP** 가령 운송원가 100,000원, 일반관리비 20,000원, 적정이윤 5%일 경우 126,000원[(100,000원+20,000원) ×1.05]을 제시한다.

(2) 서비스 가치전략(Value of service strategy)

① 서비스 가치전략이란 실제 제공하는 운송서비스 비용보다 인지된 화주의 서비스 가치에 기초하여 운임을 제시한다.

② 운송기업이 제공하는 운송서비스에 기초하여 운임을 제시한다.

③ 운송기업이 제공하는 운송서비스에 의하여 화주가 얼마나 부가가치를 얻느냐에 따라 운송료의 수준을 책정한다.

> ⏱ **핵심포인트**
>
> **운송비 적용방법**
> 첫째, 높은 부가가치를 얻는 운송화물에 대해서는 그렇지 못한 화물보다 높은 운송료를 책정
> 둘째, 운송서비스 방법에 따라 화물의 부가가치가 달라지는 경우에는 그에 따라 운송료를 차등
> 책정

(3) 복합전략(Combination strategy)

운송가격을 서비스 비용의 최저선과 서비스 가치의 최대선 사이의 어느 중간수준을 설정하여 제시하는 운임전략이다.

> 🔵 **TIP** 복합전략은 시장에서 이용되는 표준적인 관행이다.

(4) 순수요율가격(Net rate pricing)

① 운송업자 간에 정한 협정요금, 정부가 고시하거나 승인한 요금 등을 화주에게 제시하여 수수하는 운임전략이다.

② 특징 : 견적과 협상 등의 절차가 생략되어 원가가 절감되고 불필요한 가격경쟁이 발생하지 않는 이점이 있으며, 우리나라의 화물차운송임에는 컨테이너운송임, 렉카운송임, 우편소포요금 등이 여기에 해당한다고 볼 수 있다.

(5) 정책적 원가 이하 가격(Strategic low price)

① 운송할 화물이 없거나(비수기) 귀로(歸路)화물이 없을 때 차량을 운휴(運休)시키거나 공차회귀 시킴으로써 발생하는 비용을 최소화시키기 위하여 원가 이하의 가격을 제시하는 것으로, 가격의 하한선은 변동비 수준이다.

② 변동비 이상만 받을 수 있다면 운휴로 발생하는 일부의 고정비라도 만회할 수 있기 때문에 부득불 제시하는 가격전략이다.

③ 경쟁이 치열할 경우에도 경쟁업체에게 타격을 주거나 전략적으로 어떤 화주와의 거래를 개시하기 위한 방법으로 이용된다.

> **주의** 이 방법은 그 기업의 전체적인 가격수준을 낮추는 역할을 하기 때문에 극단적인 경우가 아니면 사용하지 않는 것이 일반적이다.

04 운임의 적용형태

- 실제로 동일한 운송에 대해서도 운임이 계산되는 형태는 다르게 나타난다.
- 기본적으로 운송임은 운송량과 운송거리에 따라 결정되지만 실제는 운임을 주고받는 다양한 기준을 적용한다.

1 운송량 기준운임

- 기본적으로 운송임은 운송단위당 운송비를 기준하여 계산한다.
- 현실은 다음과 같이 운송량의 수준에 따라 다르게 적용된다.

(1) 실운송량 비례운임

총운송량의 수준에 관계없이 계약 또는 합의한 운송단가를 적용하여 총운임을 계산하는데, 일반적으로 적용하는 방법이다.

(2) 운송수단의 크기기준운임

① 운송단위당 운송단가를 적용하기로 계약했더라도 실제로는 이용한 운송수단의 크기를 기준으로 운임을 지급하는 형태이다.
② 적용 : 사용된 차량의 운송능력만큼 적재하지 못했더라도 운송능력에 맞추어 운임을 지급하는 형태이며, 비적재공간(dead space)에 대해서도 운임을 부과한다.

(3) 총운송수량 기준운임

① 일정기간 동안의 기준운송량을 정하고 그 기준량을 초과하여 운송하면 낮은 운임률을, 부족하게 운송하면 높은 운임률을 각각 적용하여 운임을 계산하는 방법이다.
② 적용 : 가능한 많은 물량을 유치하기 위한 방법으로써 운송업체들이 인센티브요율을 적용할 때 이용된다.

2 거리기준운임

- 운송거리를 기준으로 운임을 책정하는 경우, 운임의 형태는 거리와 무관한 정액운임, 거리에 비례하여 변하는 운임 등 다양한 형태로 거래된다.
- 실제 적용에 있어서는 이들 운임이 결합된 형태로 나타난다.

(1) 단일운임(Uniform Rates)

① 운송거리와 상관없이 단일요금을 적용하는 운임체계이다.
② 운송물량이 다수이고 목적지가 다수일 때 운송업자는 모든 운송화물에 대하여 도착지별로 운임을 정하고서 운송실적에 따라 청구·확인·정산해야 하는 번거로운 관리업무를 단순화한다. 일반적으로 우체국의 소포와 택배업체들이 적용한다.
③ 단일운임은 운송거리와 관계없이 화주에게 운송비를 적용하므로 운임차별의 문제를 초래한다.

(2) 비례운임(Proportional Rates)

① 운임을 운송거리와 비례하여 변동시키는 운임체계이다.
② 운송거리에 운송물량과 요율을 곱하여 산출하는데 실질적인 운송원가를 무시하고 적용하기에 편리하게 운송임을 산출하기 위한 방법이다.
③ 장거리 운송화물의 경우에는 화주가 손해를 보며, 근거리 운송화물의 경우에는 운송업자가 손해를 볼 수 있다.

(3) 체감운임(Tapering Rates)

① 일반적인 운임은 체감원칙이 적용되며 가장 일반적으로 적용하고 있는 방법이다.
② 운송수단의 운송원가 중 변동비는 운송거리에 따라 비례적으로 변동하지만 고정비, 즉 감가상각비, 보험료, 세금, 터미널 비용 및 인건비 등은 운송거리가 증가함에 따라 운송단위당 고정비가 낮아지기 때문에 운송거리가 증가함에 따라 체감되면서 증가하는 특성을 지니므로 이러한 특성을 반영한 운임이다.
③ 운임을 수수하는 가장 합리적인 방법으로 체감의 정도는 고정비의 비율이 큰 운송수단일수록 기울기가 완만하게 변동한다.

(4) 지역운임(Blanket Rates)

① 특정 지역으로 운송되는 화물에 대하여는 동일한 운임을 적용한다.
② 적용 : 부산에서 수도권지역으로 운송되는 화물에 대해서는 서울이든, 인천이든, 안산 시화지역이든 동일한 운임을 적용한다.
③ 이 방법은 경쟁이 치열한 상황에서 일반적으로 발생하는 운임형성 현상이며, 화주와 운송업자 간에 장기적인 계약 하에 운송을 하는 경우보다는 운송수요가 발생할 때마다 운송시장에서 필요한 차량을 선택하여 운임을 결정할 때 주로 이용된다.

3   수요기준운임

① 운송서비스의 가치(운임부담능력)를 토대로 설정되는 운임이다.

② 운송을 이용하는 화주는 자신의 상품을 판매하면서 얻을 수 있는 이익과 운송비를 비교하여 최소한 운송비가 이윤을 초과하지 않아야 운송의 필요를 인식한다. 따라서 적정운임이 화주의 이윤을 초과하는 경우 화주가 판매를 포기하거나 운송인이 운임을 인하해야 한다. 이 상태에서 만약 A와 B라는 화주가 있을 때, A는 적정운임을 지급할 여건이 되고, B는 적정운임을 지급할 경우, 이익이 발생하지 않기 때문에 운임인하를 하지 않으면 판매를 포기하는 상황이 발생한다고 했을 때, 운송인은 B의 화물운송까지 맡기 위하여 A의 운임을 낮출 것인가, 아니면 B를 포기하고 A에 대해서만 서비스 품질을 높이면서 적정운임을 받을 것인가에 대한 의사결정을 내려야 한다. 이는 운송원가와 상관없이 운임을 정하는 것으로 전체적인 운임구조를 왜곡시킬 수 있다.

4   대절(貸切)운임

① 일정한 운송구간 또는 일정기간 동안 화주가 운송인으로부터 운송장비를 대절(렌트)하여 계약조건 내에서 자유로이 사용하는 방법이다.

② 계약조건은 운전기사(또는 승무원) 포함 여부, 제비용의 부담 여부 등에 따라 정해지지만 일반적으로 운전기사를 포함하되 제비용을 부담하는 형식이 되며, 운임은 차량에 대한 고정비와 운송인이 직접 운영할 때 얻을 수 있는 이익을 합하여 결정된다.

③ 운송업무 자체가 복잡하고 사전에 정할 수 없는 경우, 화주가 변동비로서 발생하는 모든 설비를 부담하고 차량 이용기간만큼 고정비와 이윤을 운송업자에게 지급한다.

5   특별서비스 요금

① 운송인이 제공하는 운송에 대한 대가 이외의 각종 시설 및 서비스 제공에 대한 대가를 포함하는 요금이다.

② 목적지 변경, 수화인 변경, 다수의 목적지 경유, 특별한 화물의 보호, 일시적인 보관, 주문처리, 크로스 도킹에 의한 콘솔운송 등과 같은 부대서비스를 제공한 대가를 고려한 요금이다.

> **주의** 운임이라 표현하지 않고 요금으로 표기

> **TIP** 콘솔(Consolidation)운송
>
> 혼재화물운송, 즉 다수 화주의 소량화물을 단일화물로 만들어 운송하는 것

05 운송량의 적용기준

◀ 운송수단 특성별 선호순위(화주 측면) ▶

구 분	내 용
용적단위	화물의 부피를 기준하여 운임계산
중량단위	실 중량을 기준하여 운임계산
가격기준	운송한 화물의 가격을 기준하여 운임계산
Box단위(Box rate)	운송한 박스단위 운임계산(컨테이너, 택배화물 등)
FAK(Freight All Kinds)	품목에 관계없이 중량 또는 용적을 기준하여 운임계산
Revenue ton	용적과 중량 중 운송업자에게 유리하게 적용한 운임기준
Freight ton	실제로 운송업자가 운임을 계산하는 기준

1 운송수단별 중량적용의 기준

① 운임을 적용하는 기준은 운송수단마다 상이하며 일반적으로 다음 기준을 적용한다.
② 실제 적용기준은 운송업자와 화주 간의 계약에 따르는 것이 일반적이다.

◀ 운송수단별 운임계산 적용중량 기준 ▶

구 분	기 준	부피의 중량환산
화물자동차	기준이 없음(중량, 부피, 대당, 박스 등).	$1m^3 = 280kg$(과거 인가요금 적용시)
철 도	적재중량을 적용	중량과 화차단위
선박(해상)	중량 또는 용적(revenue ton)	$1m^3 = 1$톤
항 공	중량 또는 용적(revenue ton)	$1m^3 = 166kg$

2 Revenue 톤의 적용

① 운송인이 자신에게 유리한 운임기준을 적용한다.
② 중량으로 기준했을 때의 운임과 부피(위의 환산기준 중량을 기준했을 때) 기준시의 운임을 비교하여 보다 높은 운임이 산출되는 기준을 적용한다.

06 운임의 분류

실제 운임은 운송되는 화물의 종류, 운송의 형태, 경쟁상황, 수요자와 공급자 간의 역학관계, 서비스의 질적인 차이 등으로 인하여 다양한 형태로 결정된다.

1 지급시기에 따른 분류

① **선불운임**(Freight prepaid) : 운송을 의뢰하면서 동시에 운임을 지급하는 경우의 운임이다. 즉, 운송이 완료되기 전에 운송인에게 미리 지불하는 운임이다.

② **후불운임**(Freight collect) : 일정기간 동안의 운송 결과를 종합하여 청구서를 제출하고 운임을 수수한다.

③ **착불운임**(Arrival rate) : 화물이 목적지에 도착하여 화물을 인계하면서 운임을 받는 형태의 운임이다.

2 계산방법에 따른 분류

① **등급운임**(Class rate) : 운송수단이나 화물적재실의 등급(화물의 안전성, 화물특성에 따른 서비스 등)에 따라 운임을 달리하는 형태이다.

② **거리비례운임**(Mileage rate) : 운송거리에 비례하여 운임이 증가하는 형태로 ton · km당 고정된 운임을 적용한다.

③ **거리체감운임**(Tapering rate) : 운송거리가 증가할수록 ton · km당 운송단가가 감소되는 형태의 운임이다.

④ **지역운임**(Zone rate) : 일정한 지역별로 동일한 운임을 적용한다.

⑤ **균일운임**(Uniform rate) : 지역 또는 운송거리에 관계없이 동일한 단위의 운임을 적용한다.

3 화물자동차 안전운임제도(화물자동차 운수사업법 제2조)

① 화물자동차 안전운송원가

  ㉠ 개념 : 화물차주에 대한 적정한 운임의 보장을 통하여 과로, 과속, 과적 운행을 방지하는 등 교통안전을 확보하기 위하여 화주, 운송사업자, 운송주선사업자 등이 화물운송의 운임을 산정할 때에 참고할 수 있는 운송원가로서 화물자동차 안전운임위원회의 심의 · 의결을 거쳐 국토교통부장관이 공표한 원가

  ㉡ 적용 : 안전운송원가는 철강재와 일반형 운송차량(카고)에 우선적으로 적용

② 화물자동차 안전운임

  ㉠ 개념 : 화물차주에 대한 적정한 운임의 보장을 통하여 과로, 과속, 과적 운행을 방지하는

등 교통안전을 확보하기 위하여 필요한 최소한의 운임으로서 화물자동차 안전운송원가에 적정 이윤을 더하여 화물자동차 안전운임위원회의 심의·의결을 거쳐 국토교통부장관이 공표한 운임을 말하며 화물자동차안전운송운임과 안전위탁운임으로 구분함.

  ⓛ 적용 : 안전운임은 컨테이너와 시멘트 품목에 우선적으로 적용

  ⓒ 컨테이너별 안전운임

   ⓐ 덤프 컨테이너 : 해당구간 운임의 25% 가산 적용

   ⓑ 방사성물질이 적재된 컨테이너 : 해당구간 운임의 150%

   ⓒ 위험물, 유독물, 유해화학물질이 적재된 컨테이너 : 해당구간 운임의 30%

   ⓓ 화학류가 적재된 컨테이너 : 해당구간 운임의 100%

   ⓔ 탱크 컨테이너 : 해당구간 운임의 30%

③ 화물자동차 안전위탁운임 : 운수사업자가 화물차주에게 지급하여야 하는 최소한의 운임

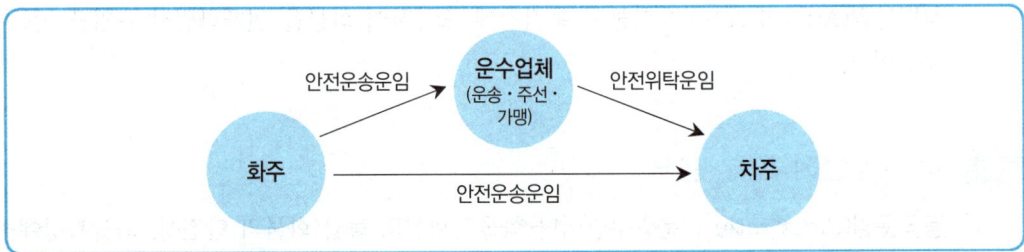

4 부과방법에 따른 분류

① **종가**(從價)**운임**(Ad valorem, valuation rate)

  ⓛ 운송되는 화물의 가격에 따라 달라지는 형태의 운임이다.

  ⓒ 금, 은, 유가증권, 귀금속 등과 같은 고가품의 경우에는 송장가격에 대한 일정률로 운임을 부과한다.

② **최저운임**(Minimum rate) : 일정한 수준 이하의 운송량을 적재하거나 일정거리 이하의 거리운송 등으로 실 운임이 일정수준 이하로 계산될 때 적용하는 최저수준의 운임이다.

③ **특별**(예외)**운임**(Special or Exceptional rate)

  ⓛ 주로 해상운송에서 적용하는 운임으로서 해운동맹이 비동맹과 경쟁하기 위하여 일정조건을 갖춘 경우 요율을 인하하여 부과하는 운임이다.

  ⓒ 특정 구간에서 경쟁업체를 퇴출하기 위해 운송원가보다 훨씬 낮은 운임을 적용한다.

  🔵 **TIP** 손해를 감수하는 것으로 출혈운임이라고도 하며 경쟁업체가 퇴출되면 정상운임을 적용한다.

④ **차별운임**(Discriminative rate) : 운송거리, 차량의 크기, 서비스의 수준, 운송량 수준, 운송시간 등에 따라 요율을 달리하는 형태의 운임이다.

⑤ **무차별 운임**(Freight all kinds rate ; FAK rate)

　㉠ 해상운송에서는 운송품목에 따라 운송요율을 달리 적용하는 것이 일반적인데 이에 관계없이 일률적으로 부과하는 운임이다.

　㉡ 화물자동차운송에서는 운송거리, 서비스 수준, 운송량, 운송시간 등에 따라 운임에 차이가 발생할 수 있으나 동일한 요율을 적용하는 형태의 운임이다.

⑥ **품목별 운임**(Commodity rate) : 운송하는 품목에 따라 요율을 달리하는 운임이다.

⑦ **계약운임**(Contract rate) : 운임을 운송업자와 의뢰자가 별도 운송계약을 체결하고 그 계약서에 기초하여 적용하는 운임이다.

⑧ **할증운임**(Additional or Surcharge rate) : 기본운임 외에 특별서비스를 제공하거나 일정수준 이상의 운송성과를 올렸을 때 적용할 수 있는 운임이다.

⑨ **반송운임**(Back freight)

　㉠ 목적지에 도착한 후 인수거부, 인계불능 등에 의하여 반송하고 받는 운임이다.

　㉡ 원래의 목적지가 아닌 변경된 목적지로 운송해야 할 때 추가로 지불하는 운임이다.

> **TIP** 추가운임
>
> ① 특수화물은 취급에 특별한 장비 및 주의를 요하므로 추가운임이 부과된다.
> ② 유황, 독극물, 화약, 인화성 액체, 방사성 물질 등과 같은 위험물은 특별취급을 요하므로 사전에 운송인에게 신고해야 하고 추가운임이 부과된다.
> ③ 악취, 분진, 오염 등을 일으키는 원피, 아스팔트, 우지, 석탄, 고철 등의 기피화물은 신고를 하여야 하며, 종류에 따라 추가운임이 부과된다.
> ④ 보통의 적양기(winch, crane)로 적양할 수 없는 통상 3톤 이상의 중량화물과 철도레일, 전신주, 파이프 등의 장척화물의 경우 추가운임이 부과된다.
> ⑤ 생선, 야채 등의 변질화물과 냉동품은 미리 운송인에게 사전 신고를 해야 하며 종류에 따라 추가운임이 부과된다.

5 운송 정도에 따른 분류

① **비례운임**(Pro rate freight)

　㉠ 운송이 이루어진 비율에 따라 운임을 수수하는 형태이다.

　㉡ 운송도중 불가항력 또는 기타 원인에 의해 운송을 계속할 수 없게 되어 중도에 화물을 인도할 경우, 그때까지 이행된 운송비율에 따라 지불하는 운임이다.

② **전액운임**(Full freight) : 서비스의 완성 정도에 관계없이 계약된 운임 전액을 수수하는 형태이다.

6 적재 정도에 따른 분류

① **만재운임**(Carload freight) : 화물을 운송수단의 적재능력만큼 적재·운송하고 적용하는 운임이다.

② **혼재운임**(Consolidation freight) : 다수의 운송의뢰자의 화물을 하나의 운송수단 또는 용기에 적재하여 단위화하고 소량으로 의뢰했을 때 보다 낮은 요율을 적용하는 운임이다.

③ **공적운임**(Dead freight) : 운송계약을 운송수단단위 또는 일정한 용기단위로 했을 때 실제로 적재능력만큼 운송하지 않았더라도 부담해야 하는 미적재운송량(화물을 적재하지 못한 공간)에 대한 운임이다. 즉, 화물의 실제 적재량이 계약량에 미달할 경우 그 부족분에 대해 지불하는 부적(不積)운임이다.

7 연계운송에 따른 분류

① **통운임**(Through rate) : 수출입화물운송에서 발송지로부터 최종 목적지에 도착할 때까지의 해상운임, 철도 및 공로운임, 하역비 등을 합하여 하나의 운임으로 만들어 제시하고 계약하는 형태의 운임이다.

② **복합운임**(combined or Intermodal rate) : 수출입화물운송에서 통운임을 제시할 수 없는 운송인이 각 단계별 운송인 및 하역업자의 운임 및 작업비를 단순히 합산하여 계약하는 형태의 운임이다.

③ **지역운임**(Local rates) : 수출입화물운송의 경우 수출국 또는 수입국 내에서의 내국운송에 대한 운임이다.

④ **지선운임**(Feeder rate) : 철도운송이나 해상운송에서 본선으로 운송한 후 별도 지선을 통하여 운송하거나 피더선을 이용하여 연안운송을 하는 경우에 적용하는 운임이다.

8 운송서비스의 이용형태에 따른 구분

(1) 화물운송계약

① 운송업무를 수행함에 있어 화주는 운송인에게 특정 화물, 특정 운송구간의 운송에 투입될 차량을 요청하고 운송인은 그 요구에 의하여 운송업무를 수행하고 운송건별로 운임을 청구하는 계약방법이다.

② 운송업자의 운송장비는 지정된 운송구간의 지시된 운송물량만을 운송한다. 따라서 운임은 출발지에서 도착지까지의 편도운송원가를 기준하여 지급하는 것이 원칙이다.

③ 운송인은 복화(귀로운송화물)의 가능성에 따라 일정률의 귀로운송원가를 포함하여 운임을 요구한다. 시장운임이 지역 간 물량이동의 불균형을 반영하고 있어 운송계약시 운송인의 요구가 반영되는 것이 일반적이다.

④ 화물운송계약은 일반적으로 장거리운송과 대량운송의 경우에 적용하는 방법이다.

> [사례] 서울 ↔ 부산 간에는 대부분 복화화물운송 가능성이 많아 편도운송원가만 적용하여 운송계약을 할 수 있지만, 서울 ↔ 강릉 간의 운송은 복화운송을 거의 기대할 수 없기 때문에 왕복원가를 적용하는 계약이 가능

(2) 운송장비이용계약

① 운송인은 화주에게 운송수단의 공급을 담당하고 화주는 공급받은 운송수단을 이용하여 계약조 건 내에서 운송수단을 자유롭게 배치하고 운송업무를 수행하도록 하는 계약방법이다.

② 운송업무를 의뢰한다고 하기보다는 차량을 이용, 즉 화주는 운송인의 차량을 자기차량처럼 자 유롭게 이용하고 계약조건에 따라 운임을 지급한다.

③ 주로 운송의 형태를 정형화하기 어려운 배송업무를 수행하는 차량이나 대단위 화물을 전용으 로 운송하기 위하여 선박이나 항공기를 이용하여 운송할 때, 그리고 철도운송을 차량단위로 이용할 때 많이 적용한다.

(3) 토털운송관리계약

① 운송과 운송관리업무 모두를 운송인에게 의뢰하여 처리하는 방법으로 화주가 운송관리업무에 자신이 없거나 운송인이 관리하는 것이 운전기사나 운송시스템 관리가 효율적이라고 판단한 경우에 이용하는 방법이다.

② 제3자 물류계약에 해당하며 운임은 순수운송비와 관리비가 혼합되어 결정된다.

01 수송요율의 결정요인에 관한 설명 중 옳은 것은?

① 화물의 밀도가 증가할수록 무게단위당 수송비는 감소한다.

② 적재성은 하역하는 데 특수취급장비가 필요한 정도를 나타내는 것으로 중요한 요인 중 하나이다.

③ 거리는 노동, 연료, 유지보수 등 가변비용에 직접적인 영향을 끼치므로 수송비용과 선형(linear)의 관계에 있다.

④ 수송요율의 결정에는 파손에 대한 민감성, 부패가능성 등은 영향을 미치지 않는다.

⑤ 부산지역에 많은 생산시설이 입지하고, 서울지역에 대규모의 소비시장이 입지할 경우 서울발 부산행 수송단가가 상대적으로 높다.

> 해설 ② 하역하는 데 특수취급장비가 필요한 정도를 나타내는 것은 취급이다.
> ③ 거리는 수송비용과 비선형(non-linear)의 관계에 있다.
> ④ 수송요율의 결정에 파손에 대한 민감성 등은 영향을 미친다.
> ⑤ 서울발 부산행 수송단가는 부산발 서울행 수송단가보다 상대적으로 낮다.

02 서비스 이용주체가 지불할 수 있는 한계를 기준으로 하여 결정하는 운임이론은?

① 운임부담력설   ② 절충설
③ 생산비설   ④ 일반균형이론
⑤ 용역가치설

> 해설 운임부담력설은 서비스 수요자의 운임지불능력에 의해 결정된다는 이론이다. 절충설, 생산비설, 일반균형이론, 용역가치설은 경제학의 이론들이다.

정답 **01** ①   **02** ①

03 다음 중 화물의 종류나 화주에 관계없이 운송단위(예를 들면, 컨테이너당)를 기준으로 일률적으로 부과하는 운임은?

① FAK Rate

② Commodity Rate

③ Through Rate

④ Special Rate

⑤ Independent Action Rate

> **해설** ① FAK Rate는 화물의 형태, 성질, 가격 등과는 상관없이 전 품목에 대해 동일한 운임률을 적용하는 것이다.
> ② Commodity Rate는 품목별 운임을 말한다.
> ③ Through Rate는 통운송의 경우 적용되는 통운임을 말한다.
> ④ Special Rate는 특별운임을 말한다.
> ⑤ Independent Action Rate는 독자운임을 말한다.

04 정기선 운임의 종류 중에서 1개 이상의 운송기관에 의해 운송되는 화물에 대하여 일괄적으로 적용되는 운임은?

① 박스운임(Box Rate)

② 접속운임(Overland Common Point Rate)

③ 무차별운임(Freight All Kinds Rate)

④ 종가운임(Ad Valorem Freight)

⑤ 통운임(Through Rate)

> **해설** 1개 이상의 운송수단에 의해 운송되는 화물에 대해 일괄적으로 적용되는 운임을 통운임(through rate)이라고 한다. 여기서 through는 화물이 2개 이상의 운송구간에 의해 운송되는 것을 의미하며 환적(transhipment)이 발생한다. 접속운임은 북미 태평양 연안항만에서 하역되어 동부내륙지역으로 육상운송되는 화물에 대해 정책적으로 낮게 적용되는 해상운임을 말한다. 무차별 운임은 화물의 종류나 화주에 관계없이 운송단위(예를 들면, 컨테이너 1개당)를 기준으로 일률적으로 부과되는 운임을 말한다.

05 화물운송에 적용되는 운임 중 가장 적은 운임으로, 중량운임이나 부피운임이 최저운임보다 낮은 경우 적용되는 운임은?

① 기본운임

② 중량단계별 할인운임

③ 특정품목 할인운임

④ 최저운임

⑤ 종가운임

정답 **03** ① **04** ⑤ **05** ④

㉠ **기본운임** : 모든 화물운임의 기본이 되는 것으로 최저운임보다 높게 적용되는 운임
㉡ **할인운임** : 일정단계에 따라 요율이 적용되는 화물요율에 있어 중량이 높아짐에 따라 kg당 요율이 낮게 적용되는 운임
㉢ **특정품목 할인운임** : 특정구간에서 반복적으로 운송되는 동일품목에 대하여 일반품목보다 낮은 요율을 설정한 차별화된 운임

06 화물자동차의 운송원가 계산은 운송특성에 맞는 합리적 기준을 설정하고 그 기준에 따른 표준원가를 계산하여야 한다. 운송원가 계산에 관한 설명으로 옳지 않은 것은?

① 고정비는 화물자동차의 운송거리 등과 관계없이 일정하게 발생하는 비용을 말한다.
② 변동비용은 운송거리, 영차거리, 운송 및 적재량 등에 따라 변동되는 원가를 말한다.
③ 고정비 대상항목으로는 감가상각비, 세금과 공과금, 인건비 등이 있다.
④ 변동비는 운전기사의 운전기량에 따라 차이가 발생할 수 있다.
⑤ 변동비 대상항목으로는 연료비, 광열수도료, 복리후생비 등이 있다.

해설 복리후생비는 고정비 대상항목이다.

07 화물자동차의 운임결정에 관한 설명으로 옳지 않은 것은?

① 운송거리가 길어질수록 총운송원가는 증가하여 운임이 증가한다.
② 동일한 중량이라면 부피나 면적이 적은 화물이 밀도가 높다.
③ 화물의 밀도가 동일할지라도 적재율이 떨어지면 운송량이 적어져 단위당 운송비는 낮은 수준에서 결정된다.
④ 밀도가 높은 화물은 동일한 용적을 갖는 적재용기에 많이 적재하고 운송할 수 있게 되어, 밀도가 높을수록 단위당 운송비는 낮아진다.
⑤ 운송되는 화물의 단위가 클수록 대형차량을 이용하게 되며 대형차량을 이용할수록 운송단위당 부담하는 고정비는 낮아지게 된다.

해설 밀도가 동일한 화물일지라도 적재량이 적다면 단위당 운송비는 높아진다.

08 운임의 종류에 관한 설명으로 옳지 않은 것은?

① Dead Freight : 화물의 실제 적재량이 계약량에 미달할 경우 그 부족분에 대해 지불하는 부적(不積)운임이다.

② Freight Collect : 운송이 완료되기 전에 운송인에게 미리 지불하는 선불운임이다.

③ Pro Rata Freight : 운송도중 불가항력 또는 기타 원인에 의해 운송을 계속할 수 없게 되어 중도에 화물을 인도할 경우, 그때까지 이행된 운송비율에 따라 지불하는 비례운임이다.

④ Ad Valorem Freight : 금, 은, 유가증권, 귀금속 등과 같은 고가품의 경우 송장가격에 대한 일정률로 운임을 부과하는 종가운임이다.

⑤ Back Freight : 원래의 목적지가 아닌 변경된 목적지로 운송해야 할 때 추가로 지불하는 반송운임이다.

> **해설** ② 'Freight Collect'는 운송완료 후에 운송인에게 지불하는 후불운임이다.

09 운송비용 중 고정비 항목이 아닌 것은?

① 연료비   ② 감가상각비

③ 보험료   ④ 인건비

⑤ 제세공과금

> **해설** • **고정비** : 감가상각비, 소요된 자금에 대한 지급이자, 인건비 및 복리후생경비, 보험료, 세금, 사무실 운영 등에 따른 일반관리비 등이 있다.
> • **변동비** : 연료비와 수리비가 가장 비중이 크며, 운송수단의 종류에 따라 원가구성요소의 차이가 많다.

10 화물자동차 운임 결정시 고려사항으로 옳지 않은 것은?

① 운송거리는 연료비, 수리비, 타이어비 등 변동비에 영향을 주는 중요한 요소이다.

② 밀도가 높은 화물은 동일한 용적을 갖는 용기에 많이 적재하여 운송할 수 있다.

③ 한 번에 운송되는 화물단위가 클수록 대형차량을 이용하며 이 경우에 운송단위당 부담하는 고정비 및 일반관리비는 높아진다.

④ 화물형상의 비정형성은 적재작업을 어렵게 하고 적재공간의 효율성을 떨어지게 한다.

⑤ 운송 중 발생되는 화물의 파손, 부패, 폭발가능성 등에 따라 운임이 달라진다.

> **해설** 한 번에 운송되는 화물단위가 클수록 대형차량을 이용하게 되며, 이 경우에 운송단위당 부담하는 고정비 및 일반관리비는 낮아진다.

정답 **08** ② **09** ① **10** ③

11 다음은 운임에 따른 운송수요의 탄력성을 나타내는 수식이다. 수식에 들어갈 각 항목을 순서대로 나열한 것은?

$$탄력성 = \frac{C/D}{A/B}$$

① A : 수요변화폭   B : 수요수준   C : 운임변화폭   D : 운임수준
② A : 수요수준   B : 수요변화폭   C : 운임수준   D : 운임변화폭
③ A : 운임변화폭   B : 운임수준   C : 수요수준   D : 수요변화폭
④ A : 운임수준   B : 운임변화폭   C : 수요수준   D : 수요변화폭
⑤ A : 운임변화폭   B : 운임수준   C : 수요변화폭   D : 수요수준

> **해설** 운임에 따른 운송수요의 탄력성은 운임변화에 대한 수요변화의 정도를 의미하므로,
> $$탄력성 = \frac{(수요변화폭 / 수요수준)}{(운임변화폭 / 운임수준)} 이다.$$

12 체감운임에 관한 설명으로 옳지 않은 것은?

① 일반적인 운임은 체감원칙이 적용되며 가장 일반적으로 적용하고 있는 방법이다.
② 운송수단의 운송원가 중 변동비는 운송거리에 따라 비례적으로 변동하지만 고정비, 즉 감가상각비, 보험료, 세금, 터미널 비용 및 인건비 등은 운송거리가 증가함에 따라 운송단위당 고정비가 낮아지기 때문에 운송거리가 증가함에 따라 체감되면서 증가하는 특성을 지니므로 이러한 특성을 반영한 운임이다.
③ 운송거리에 운송물량과 요율을 곱하여 산출하는 데 실질적인 운송원가를 무시하고 적용하기에 편리하게 운송임을 산출하기 위한 방법이다.
④ 운임을 수수하는 가장 합리적인 방법이다.
⑤ 체감의 정도는 고정비의 비율이 큰 운송수단일수록 기울기가 완만하게 변동한다.

> **해설** ③은 비례운임에 관한 설명이다.

13 수요기준운임에 관한 설명으로 옳은 것은?

① 일정한 운송구간 또는 일정기간 동안 화주가 운송인으로부터 운송장비를 대절(렌트)하여 계약조건 내에서 자유로이 사용하는 방법이다.

② 운송을 이용하는 화주는 자신의 상품을 판매하면서 얻을 수 있는 이익과 운송비를 비교하여 최소한 운송비가 이윤을 초과하지 않아야 운송의 필요를 인식한다.

③ 계약조건은 운전기사(또는 승무원) 포함 여부, 제비용의 부담 여부 등에 따라 정해지지만 일반적으로 운전기사를 포함하되 제비용을 부담하는 형식이다.

④ 운송업무 자체가 복잡하고 사전에 정할 수 없는 경우, 화주가 변동비로서 발생하는 모든 실비를 부담하고 차량 이용기간만큼 고정비와 이윤을 운송업자에게 지급한다.

⑤ 운임은 차량에 대한 고정비와 운송인이 직접 운영할 때 얻을 수 있는 이익을 합하여 결정된다.

> **해설** ①, ③, ④, ⑤는 대절운임에 관한 설명이다.

14 다음 설명으로 옳은 것은?

> • 경쟁업자들의 운임에 대처하고, 운임공표와 관리를 단순화하기 위해서 운송업자들이 개발하였다.
> • 출발지에서 특정 지역으로 운송되는 경우에 적용되는 하나의 운임이다.
> • 장거리 구간에 운송되는 재화와 제품의 생산과 소비가 특정 지역으로 집중되는 경우에 적용되는 가장 일반적인 운임이라고 할 수 있다.

① 단일운임   ② 비례운임
③ 지역(구역)운임   ④ 체감운임
⑤ 수요기준운임

> **해설** 지역(구역)운임
> ㉠ 출발지에서 특정 지역으로 운송되는 경우에 적용되는 하나의 운임이다.
> ㉡ 경쟁업자들의 운임에 대처하고, 운임공표와 관리를 단순화하기 위해서 운송업자들이 개발하였다.
> ㉢ 장거리 구간에 운송되는 재화와 제품의 생산과 소비가 특정 지역으로 집중되는 경우에 적용되는 가장 일반적인 운임이라고 할 수 있다.
> ㉣ 경쟁이 치열한 상황에서 일반적으로 발생하는 운임형성 현상이며, 화주와 운송업자 간에 장기적인 계약으로 운송을 하는 경우보다는, 운송수요가 발생할 때마다 운송시장에서 필요한 차량을 선택하여 운임을 결정할 때 주로 이용된다.

15 화물운송의 비용 및 운임에 관한 설명으로 옳지 않은 것은?

① 정기선운송시 무차별운임은 화물이나 화주, 장소에 따라 차별하지 않고 화물의 중량이나 용적을 기준으로 일률적으로 부과하는 운임이다.

② 정기선운송시 혼재운임은 여러 화주의 화물을 혼재하여 하나의 운송단위로 만들어 운송될 때 부과되는 운임이다.

③ 철도운송이나 해상운송의 경우, 대량화물을 운송할 때 단위비용이 낮아 항공운송이나 자동차운송보다 유리하다.

④ 운송수단의 선정시 운송비용과 재고유지비용을 고려해야 한다.

⑤ 부정기선운송시 부적운임은 선적하기로 계약했던 화물량보다 실선적량이 부족한 경우 용선인이 계약물량에 대해 지불하는 운임이다.

> **해설** 부정기선운송에 있어 부적(dead freight)운임은 용선인이 선적하기로 계약했던 화물량보다 실선적량이 부족한 경우에 계약물량에 대해 지불하는 운임이 아니라, 계약했던 화물량보다 실선적량이 부족한 경우에 계약한 운임, 즉 용선료에서 되돌려 받지 못하기에 발생하는 운임이다.

16 다음과 같은 특징을 가진 운임산정 기준은?

- 양모, 면화, 코르크, 목재, 자동차 등과 같이 중량에 비해 부피가 큰 화물에 적용된다.
- Drum, Barrel, Roll 등과 같이 화물 사이에 공간이 생기는 화물에 적용된다.
- 일정비율의 손실공간을 감안하여 운임을 부과한다.
- 이러한 화물은 통상 이들 손실공간을 포함시킨 적화계수를 적용한다.

① 중량기준   ② 용적기준
③ 종가기준   ④ 개수기준
⑤ 표정기준

> **해설** ② 중량에 비해 부피가 크거나 화물 사이에 공간이 생기거나 일정비율의 손실공간이 발생하는 경우에는 이를 고려하는 적화계수를 적용하여 용적을 기준으로 운임을 산정하는 것이 일반적이다.

17 다음에서 설명하는 해상운임 산정 기준으로 옳은 것은?

> 운임단위를 무게 기준인 중량톤과 부피 기준인 용적톤으로 산출하고 원칙적으로 운송인에게 유리한 운임단위를 적용하는 운임톤

① Gross Ton(G/T) ② Long Ton(L/T)
③ Metric Ton(M/T) ④ Revenue Ton(R/T)
⑤ Short Ton(S/T)

[해설] ①, ② Long Ton(L/T) 또는 Gross Ton(G/T) : 영국계 국가에서 2,240lbs(1016kg)를 기준으로 운임산정
③ Metric Ton(M/T) : 유럽대륙에서 2,204lbs(1000kg)를 기준으로 운임산정
⑤ Short Ton(S/T) : 미국계 국가에서 2,000lbs(907.2kg)를 기준으로 운임산정

18 국내 화물운송에 관한 합리화 방안으로 옳지 않은 것은?

① 운송체계를 다변화하여 기존에 이용하고 있는 운송수단을 효율성이 높은 다른 운송수단으로 교체한다.
② 경쟁력 제고를 목적으로 자사의 비핵심 업무를 외부에 위탁하는 아웃소싱을 추진한다.
③ 전체 운행거리에서 화물의 적재효율을 높이기 위하여 영차율을 최소화한다.
④ 대량화물을 고속으로 운송하기 위하여 블록 트레인(Block Train)을 도입한다.
⑤ 운송경로-물류거점-운송수단을 연계한 물류네트워크를 구축한다.

[해설] ③ 전체 운행거리에서 화물의 적재효율을 높이기 위해서는 영차율을 최대화해야 한다. 영차율은 전체 운행거리에서 화물을 적재하고 운행한 비율을 의미한다.

19 운임의 종류에 관한 내용으로 옳은 것은?

① 공적운임 : 운송계약을 운송수단 단위 또는 일정한 용기단위로 했을 때 실제로 적재능력만큼 운송하지 않았더라도 부담해야 하는 미적재 운송량에 대한 운임
② 무차별운임 : 일정 운송량, 운송거리의 하한선 이하로 운송될 경우 일괄 적용되는 운임
③ 혼재운임 : 단일화주의 화물을 운송수단의 적재능력만큼 적재 및 운송하고 적용하는 운임
④ 전액운임 : 운송거리에 비례하여 운임이 증가하는 형태의 운임
⑤ 거리체감운임 : 운송되는 화물의 가격에 따라 운임의 수준이 달라지는 형태의 운임

정답 **17** ④ **18** ③ **19** ①

② **무차별운임**(Freight all kinds rate ; FAK rate) : 해상운송에서는 운송품목에 따라 운송요율을 달리 적용하는 것이 일반적인데, 이에 관계없이 일률적으로 부과하는 운임이다. 화물자동차운송에서는 운송거리, 서비스 수준, 운송량, 운송시간 등에 따라 운임에 차이가 발생할 수 있으나 동일한 요율을 적용하는 형태의 운임이다.

③ **혼재운임**(Consolidation freight) : 다수 운송의뢰자의 화물을 하나의 운송수단 또는 용기에 적재하여 단위화하고 소량으로 의뢰했을 때 보다 낮은 요율을 적용하는 운임이다.

④ **전액운임**(Full freight) : 서비스의 완성 정도에 관계없이 계약된 운임 전액을 수수하는 형태이다.

⑤ **거리체감운임**(Tapering rate) : 운송거리가 증가할수록 ton·km당 운송단가가 감소되는 형태의 운임이다.

20 화물차 안전운임제에 관한 설명으로 옳은 것은?

① 안전운임제는 과로·과적·과속에 내몰리는 화물운송 종사자의 근로 여건을 개선하고자 정부에서 직권으로 마련하였다.

② 안전운임제는 위반시 과태료 처분이 내려지는 '안전운임'과 운임 산정에 참고할 수 있는 '안전운송원가' 두 가지 유형으로 구분된다.

③ 안전운임은 컨테이너, 유류 품목에 한하여 3년 일몰제(2020년~2022년)로 우선적으로 도입된다.

④ 안전운송원가는 철강재와 시멘트 품목에 우선적으로 도입된다.

⑤ 화물자동차 안전운임위원회는 위원장을 포함하여 20명 이내로 구성하도록 화물자동차운수사업법에 명시되어 있다.

① 안전운임은 화물차주에 대한 적정한 운임의 보장을 통하여 과로, 과속, 과적운행을 방지하여 교통안전을 확보하고자 국회 국토교통위원회에서 관련 법규정을 마련하였다.

③ 안전운임은 컨테이너와 시멘트 품목에 우선적으로 적용된다.

④ 안전운송원가는 철강재와 일반형 운송차량(카고)에 우선적으로 적용된다.

⑤ 안전운임위원회의 위원은 15명 이내로 구성된다(화물자동차운수사업법 제5조의2 제2항).

21 운송비에 관한 설명으로 옳지 않은 것은?

① 운송비는 화물량의 증감에 영향을 받지 않는 고정비이다.

② 용차운송비는 부정기 차량에 의해서 발생되는 비용이다.

③ 노선운송비는 정해진 노선일정(schedule)에 의해 정기적인 운행으로 발생되는 비용이다.

④ 공간·시간적 이동에 의한 효용과 가치를 창조하기 위해서 발생되는 비용이다.

⑤ 화물을 특정지점에서 특정지점까지 운송하는 데 발생하는 비용이다.

① 운송비는 화물량의 증감에 영향을 받지 않는 고정비와 영향을 받는 변동비로 구성되어 있다.

PART 02

도로운송 시스템

CHAPTER 03

공로운송의 이해

01 공로운송의 기초

1 공로운송의 의의

(1) 공로운송의 개념

① 도로운송 또는 화물자동차운송이라고도 하며, 공로를 이용하여 화물을 출발지에서 목적지까지 운송하는 것을 의미한다.

② 공로운송은 화주문전까지 운송완결성과 필요한 시기에 언제라도 융통성 있게 운행할 수 있는 탄력성을 가지고 있어 물류 및 유통환경이 고도화될수록 선호하고 있다.

③ 최근 경제성장에 따른 공로 인프라의 확충과 개선 그리고 운송차량의 기술발전과 대형화에 따라 유통물류시장에서 공로운송은 핵심적인 역할을 수행하고 있다.

(2) 우리나라 공로수배송의 효율화 방안

① 공로수배송의 효율성을 제고하기 위해서는 육·해·공을 연계한 공로수배송 시스템을 구축하여야 한다.

② 종합물류정보 시스템을 구축하여 공로수배송의 시스템화를 기할 수 있도록 지원하여야 한다.

③ 공로운송, 철도운송, 연안운송, 항공운송 등이 적절한 역할분담을 할 수 있도록 지원하여야 한다.

④ 업무영역의 조정, 요금책정의 자율화 등 시장경제의 원리에 입각한 자율경영 기반 구축을 지원하여야 한다.

⑤ 운송업체의 규모화, 대형화를 위한 경쟁체제를 확립해야 한다.

2 우리나라 공로운송의 현황

① 차량의 대형화와 물동량이 증가하고 있으며, 전국적으로 국도, 지방도로, 고속도로의 확장이 이루어져 화물자동차운송이 활발하다. 단거리 운송에 적합하고, 수요에 따라 탄력적으로 운송이 가능하며, 문전운송이 가능하여 공로운송을 선호한다. 최근 택배시장의 확대에 따라 소량다빈도 운송에 적합한 운송수단으로 널리 이용되고 있다.

② 컨테이너운송을 비롯한 철제품 등의 장거리, 중량화물의 경우에도 철도와 연안운송의 이용 불편함과 마케팅 미흡 등으로 공로운송에 비해 경쟁력이 뒤지고 있다. 철도운송의 경우 문전운송

이나 신속한 다빈도 운송이 가능한 택배서비스 형태의 간선운송과 집배송체제가 확립되지 않아 철도가 공로운송의 수요를 유인하지 못하고 있다.

3 공로운송의 장단점

① 장점 : 공로운송은 신속한 배차와 문전운송이 가능하고 물동량 변동에 따라 적기에 탄력적으로 대처할 수 있으며, 단거리 운송시 경제적이고, 유통환경의 고도화로 다양한 고객의 욕구를 충족시킬 수 있다.

② 단점 : 대량화물운송이 곤란하고, 낮은 에너지 효율성, 교통혼잡과 교통사고, 공기오염을 유발하며, 장거리 운송시 높은 비용과 화물중량에 제한이 있다.

◀ 화물자동차운송의 장단점 ▶

구 분	화물운송차
장 점	• 원활한 기동성과 문전수송(Door to Door) 서비스를 제공하므로 화물의 파손율이 낮음. • 다른 운송수단에 비하여 하역에 소요되는 비용이 적고, 포장이 간소함. • 다른 수송기관과 연동하지 않고도 일관된 서비스를 할 수 있음. • 신속한 배차가 가능하고 단거리 수송에서 경제적 • 다양한 고객의 요구와 수송물량 변동에 유연하게 대처할 수 있음. • 다른 수송수단에 비하여 투자가 용이
단 점	• 수송단위가 작아서 대량화물의 수송에 불리함. • 연료비 등 수송단가가 높음. • 에너지 다(多) 소비형의 수송수단으로 에너지 효율성이 낮음. • 소음, 진동, 배기가스 등의 공해문제로 인한 환경오염의 우려가 있음. • 화물의 중량에 제한을 받음.

4 공로운송 이용을 선호하는 이유

공로운송은 여러 가지 장점과 단점을 가지고 있으며, 단점보다는 장점이 많기 때문에 공로운송을 선호한다. 많은 화주가 공로운송을 선호하는 가장 중요한 이유는 리드타임을 단축하고, 납기에 맞춰 필요한 시기에 언제라도 어떤 곳이든 화주문전까지 운송할 수 있다는 점이다.

(1) 공로운송을 선호하는 이유

① 대규모 자본투자 없이 도심지, 공업단지, 상업 및 업무지역까지 문전운송을 수월하게 할 수 있는 편리성

② 고객의 리드타임 단축이나 납기를 탄력적으로 맞출 수 있음.

③ 근거리 운송시, 철도나 해운보다 상대적으로 높은 경제성

④ 단거리 문전운송시 별도의 포장이나 설비가 불필요하며 화물파손의 극소화

⑤ 전자상거래의 확대, 택배 및 특송시장의 확대로 소량화물을 다빈도로 신속·정확한 운송가능
⑥ 화물종류별로 특수설비를 갖춘 차량운행 증가

(2) 화물자동차운송의 증가요인

① 차량의 대형화, 화물운송의 대량화 및 장거리화를 위한 탱크로리차나 냉장보냉차 등이 발달하여 안전한 화물의 수송이 가능해졌음.
② 물동량의 증가에 따라 철도운송이 물량을 충분히 처리하지 못함.
③ 대규모의 고정자본을 투입하지 않고서도 화물운송사업을 할 수 있음.
④ 국도, 지방도로, 고속도로 등의 공로에 대한 투자로 도로망이 전국적으로 확장되고 있음.
⑤ 단거리 문전운송으로 화물의 파손을 극소화할 수 있음.
⑥ 운송의 완결성 및 이용편리성
⑦ 수송 수요에 민첩히 대처할 수 있음.
⑧ 도심지, 공업단지 및 상업단지까지 문전운송을 쉽게 할 수 있음.
⑨ 화주가 다수인 소량화물을 각지로 신속하게 운송
⑩ 단거리 수송에서는 정차장 비용, 1회 발차시 소요되는 동력 등 철도보다 경제성이 있음.
⑪ 도로망이 확충될 때 운송상의 경제성과 편의성이 증대

02 우리나라 화물자동차 운송사업의 현황

1 화물자동차 등록 추이

화물자동차 대수는 2022년 12월말 현재 370만여대이며, 자가용이 321만여대로 전체의 86.9%를 차지하고 있다. 영업용은 45만여대로 전체 화물차량의 12.2%에 해당한다.

◀ 화물차량 대수 현황 ▶

(단위 : 대, %)

연도 구분	자가용	영업용	관용	계
2012. 12.	2,862,737 (88.3)	354,010 (10.9)	27,177 (0.8)	3,243,924 (100)
2013. 12.	2,890,373 (88)	367,566 (11.2)	27,768 (0.8)	3,285,707 (100)

2014. 12.	2,946,779 (87.9)	378,583 (11.3)	28,321 (0.8)	3,353,683 (100)
2015. 12.	3,020,823 (88)	383,063 (11.2)	29,052 (0.8)	3,432,937 (100)
2016. 12.	3,072,915 (87.9)	389,424 (11.2)	29,834 (0.9)	3,462,339 (100)
2017. 12.	3,118,342 (88.1)	391,168 (11.0)	30,813 (0.9)	3,540,323 (100)
2018. 12.	3,152,275 (87.8)	406,707 (11.3)	31,957 (0.9)	3,590,939 (100)
2019. 12.	3,143,102 (87.5)	416,412 (11.6)	33,072 (0.9)	3,592,586 (100)
2020. 12.	3,156,602 (87.3)	425,252 (11.8)	33,391 (0.9)	3,615,245 (100)
2021. 12	3,159,844 (87.0)	438,331 (12.1)	33,800 (0.9)	3,631,975 (100)
2022. 12	3,211,121 (86.9)	450,609 (12.2)	24,587 (0.9)	3,696,317 (100)

〈자료〉 국토교통부 자동차 등록 현황(http://molit.go.kr)

2 화물자동차 운수사업과 화물자동차 운송사업

(1) 화물자동차 운송사업

① 다른 사람의 요구에 응하여 화물자동차를 사용하여 화물을 유상으로 운송하는 사업을 의미한다. 이 경우 화주(貨主)가 화물자동차에 함께 탈 때의 화물은 중량, 용적, 형상 등이 여객자동차 운송사업용 자동차에 싣기 부적합한 것으로서 그 기준과 대상차량 등은 국토교통부령으로 정한다. 화물자동차 운송사업은 일반화물자동차 운송사업과 개인화물자동차 운송사업으로 구분된다.

② 개인화물자동차 운송사업은 허가단위가 트럭 1대로 가능하기 때문에 소규모로 운영이 가능하다. 「화물자동차 운수사업법」에 따라 허가를 취득하여야 운송사업을 개시할 수 있다.

(2) 화물자동차 운송주선사업

다른 사람의 요구에 응하여 유상으로 화물운송계약을 중개·대리하거나 화물자동차 운송사업 또는 화물자동차 운송가맹사업을 경영하는 자의 화물운송수단을 이용하여 자기 명의와 계산으로 화물을 운송하는 사업을 말한다.

(3) 화물자동차 운송가맹사업

다른 사람의 요구에 응하여 자기 화물자동차를 사용하여 유상으로 화물을 운송하거나 소속 화물자동차 운송가맹점에 의뢰하여 화물을 운송하게 하는 사업을 말한다.

> **TIP** 화물운송실적신고제도
> 화물자동차 운수사업자가 신고 대상 운송 또는 주선 실적을 정부에서 정한 일정 기준에 따라 의무적으로 관리하고 신고하는 제도. '화물운송실적신고제 시행지침'에 의하면 기본정보(신고자의 상호, 법인등록번호, 사업자등록번호 및 차량번호), 운송의뢰자, 계약내용, 배차내용, 의뢰받은 화물을 재위착한 경우 계약내용으로 되어 있다.

03 화물자동차

1 화물자동차의 제원

(1) 치수제원

- 자동차가 정지된 상태에서 수평·수직으로 측정한 외관상의 크기
- 차량의 안전운행 및 화물의 적재능력을 결정
① **전장**(Overall length)(ⓐ) : 차량 전체의 길이
   ㉠ **전고**(Hight)(ⓑ) : 지하도 및 교량의 통과높이에 영향을 줌
   ㉡ **전폭**(Width)(ⓒ) : 자동차의 문을 닫고 중심에서 직각으로 쟀을 때 가장 큰 폭
② **축간거리**(Motor Vehicle Space, Wheel)(ⓓⓔⓕⓖ) : 적재화물의 하중이 각 바퀴에 전달되는 정도에 영향을 주는 것으로, 제1축간거리가 길수록 적재함의 길이가 커지거나 적재함 중량이 앞바퀴에 많이 전달된다.
③ **차륜거리**(Track, Tread)(ⓜ)
   ㉠ 한 쌍을 이루고 있는 좌·우측 타이어의 접지면을 수직으로 보면 중심선에서 중심선까지의 거리
   ㉡ 차량의 커브길 주행시의 안전과 관계
④ **최저지상고**(Ground clearance)(ⓡ)
   ㉠ 타이어의 접지면과 자동차 중앙부분의 가장 낮은 부분과의 거리
   ㉡ 비포장도로 및 요철이 있는 도로 운행시 참고사항
⑤ **하대치수**(ⓚⓝⓟ) : 하대높이라고도 하며, 화물을 적재할 수 있는 공간으로 적재량에 영향을 주며 적재공간의 크기(내측 측정 치수)
  하대폭 : 파렛트 적재수, 컨테이너 등의 적재 여부에 영향을 끼친다.

⑥ 상면지상고(ⓙ)

  ㉠ 타이어 접지면으로부터 수직으로 적재함(하대)의 바닥면까지의 거리

  ㉡ 자동차의 상하역작업, 화물의 적재높이 및 주행안전도와 관계

  ㉢ 물류센터의 도크 높이와 관계

  TIP 상면지상고와 도크 높이가 일치해야 상하역작업이 용이하다.

⑦ **오버행**(Overhang)(ⓗⓘ)

  ㉠ 자동차의 맨 앞 또는 뒷바퀴의 좌·우축을 연결하는 중심선으로부터 자동차의 맨 앞부분 또는 맨 뒷부분(범퍼, 견인고리 등 포함)까지 연결한 거리

  ㉡ 바퀴에 분산되는 하중의 비율에 영향

  ㉢ 오버행은 차량의 안전운행, 특히 커브시 안전도에 영향을 준다.

⑧ **오프 또는 오프셋**(Off−set)(ⓠ) : 오프는 적재실의 앞뒤 간의 중심으로부터 후축의 중심선까지의 거리로, 후축이 차체중량 및 적재화물의 중량을 담당하는 정도와의 관계를 나타내며, 오프셋이 크면 전축에 하중이 많이 걸린다.

  TIP 오프셋이 상대적으로 길다면 앞바퀴에 하중부담이 더 됨을 의미한다.

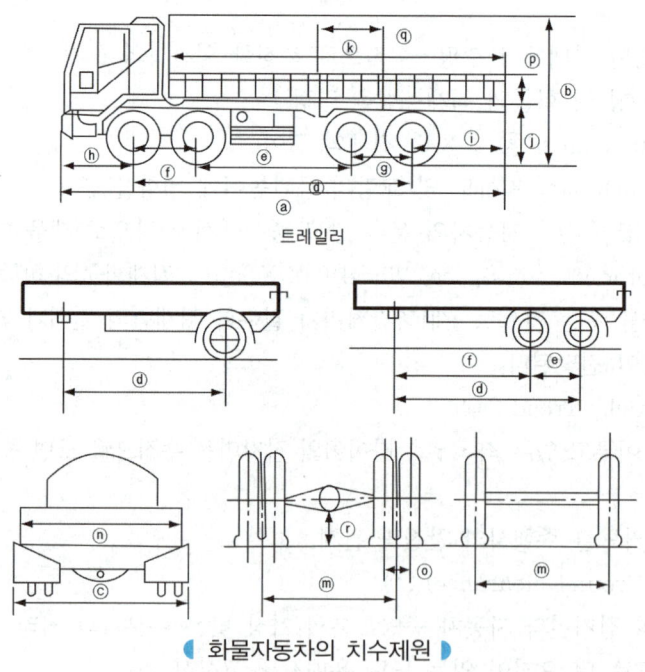

트레일러

◀ 화물자동차의 치수제원 ▶

(2) 질량 및 하중제원

자동차 자체의 무게 및 적정운송능력(화물과 사람의 무게, 인원수 등)

① **공차중량**(CVW ; Complete Vehicle Kerb Weight/Empty Vehicle Weight) : 화물이나 사람을 싣지 않고 연료, 냉각수, 윤활유 등을 만재하고 운행에 필요한 기본장비(예비 타이어, 부품, 공구 등 제외)를 갖춘 상태의 차량중량을 의미한다.

② **최대적재량**(Maximum Payload)

　　㉠ 최대적재 허용하중(설계 및 형식승인시 정해진 최대적재량으로 적재중량)

　　㉡ 하대나 하실의 뒷면에 반드시 표시해야 한다.

　　㉢ 실질적으로 적재 운행할 수 있는 화물의 총량이나 도로법령상 적재 가능한 축하중 10톤과는 직접 관계가 없다.

③ **차량총중량**(GVW ; Gross Vehicle Weight)

　　㉠ 승차정원과 최대적재량 적재시의 자동차 전체 중량

　　㉡ 안전기준상 화물자동차 및 특수자동차의 총중량은 40톤(1축당 10톤, 1륜당 5톤)으로 제한

　　㉢ 트레일러를 연결운행시 총중량은 트레일러를 연결한 상태에서의 견인차량과 피견인차량의 총중량

④ **축하중**(Axle Weight)

　　㉠ 차륜을 지나는 접지면에 걸리는 각 차축당 하중

　　㉡ **최대축하중**(Maximum Authorized Axle Weight) : 도로, 교량 등의 구조와 강도를 고려하여 도로를 주행하는 일반자동차에 정해진 한도

⑤ **승차정원**(Riding Capacity) : 운전자를 포함한 승차 가능한 최대인원수(입석과 좌석을 구분), 정원 1명은 55kg으로 계산한다.

> **TIP** 최대접지압력은 최대 적재상태에서 접지부에 미치는 단위면적당 중량이다.

2 화물자동차의 종류 구분

(1) 유형별 기준

항 목	유 형	세부기준
화물자동차	일반형	보통의 화물운송용인 것
	덤프형	적재함을 원동기의 힘으로 기울여 적재물을 중력에 의해 쉽게 미끄러뜨리는 구조의 화물운송용인 것
	밴 형	지붕구조의 덮개가 있는 화물운송용인 것
	특수용도형	특정한 용도를 위해 특수한 구조로 하거나, 기구를 장치한 것으로서 위 어느 형에도 속하지 아니하는 화물운송용인 것

	견인형	피견인차의 견인을 전용으로 하는 구조인 것
특수자동차	구난형	고장·사고 등으로 운행이 곤란한 자동차를 구난·견인할 수 있는 구조인 것
	특수작업형	위 어느 형에도 속하지 아니하는 특수작업용인 것

(2) 구조별 기준

① 구조별로 소형, 중형, 대형의 보통(평보디)트럭, 트레일러, 전용특장차 그리고 합리화 특장차의 4가지로 분류한다. 보통트럭은 가장 일반적이고 보유대수가 많은 자동차로서 적재량은 1톤 미만에서 25톤 자동차까지 다양하다.

② 트레일러는 자동차의 동력부분(보통 트랙터)과 적하부분으로 구분되어 운행되는 경우 피견인되는 적하부분을 말한다. 전용특장차는 자동차의 동력을 취하여 적하작업, 기타의 작업을 행하는 기계장치를 설치한 차량을 의미하며 특수용도용 화물자동차에 해당하며, 합리화 특장차는 화물적재나 하역시 합리적으로 상하차작업을 할 수 있는 설비가 장착된 차량을 의미한다.

구 분	종 류	설 명
보통트럭	소 형	최대적재량이 1톤 이하인 것으로서 총중량이 3톤 이하인 것
	중 형	최대적재량이 1톤 초과 5톤 미만이거나 총중량이 3톤 초과 10톤 미만인 것
	대 형	최대적재량이 5톤 이상이거나 총중량이 10톤 이상인 것
트레일러	Semi 트레일러	후축에만 타이어가 부착되고, 전축에는 연결장치인 커플러로 지지하여 운행하는 차량이다. 평판 트레일러와 섀시 트레일러로 구분하며, 전자는 강관, 핫코일 등을 운송하고, 후자는 컨테이너를 주로 운송
	Full 트레일러	세미 트레일러와 달리 전축은 물론 후축에도 타이어가 부착되어 있어 커플러나 킹핀이 아닌 특수연결장치로 연결되어 있음.
	Pole 트레일러	전신주, 구조물 등 길이가 긴 장착물 운반용 트레일러
	Double 트레일러	세미 트레일러 2량을 연결하여 운행하는 트레일러
전용특장차	덤프트럭	적재함을 후방으로 기울여 화물을 미끄러지게 하는 차량
	믹서트럭	콘크리트 믹서차(레미콘 차량)
	분립체 운송차	곡물, 사료, 유류 등 벌크화물을 운송하는 차량
	액체 운송차	유류, 당밀, 기름 등 액체화물의 운송탱크로리
	냉동차	냉동·냉장화물을 운송하는 차량으로 단열재와 냉동기를 부착
	기 타	가축운송차량, 행거(hanger)차

합리화 특장차	실내 하역기기 장비차 (적재함 구조 합리화차)	리프트 플로어 차량 : 하대 마룻바닥에 로더용 레일 장비
		파렛트 로더용 레일장치 비치차 : 하대 마루 위에 레일 장비
		팔레스 라이더 장치차 : 팔레스 라이더를 장비
		오토컴 부착차 : 하대 마룻바닥에 컨베이어 장비
	측면 전개차 (적재함 개폐 합리화차)	밸런스 보데차 : 보데의 측면 상하 분할 및 전개
		걸윙 보데차 : 하실 천장의 중앙지점으로 유압되고 열리는 차
		토테라이너 : 측면에 있는 특수한 커튼을 당김으로 열리는 차
		측면전면 셔터 밴 : 측면에 셔터를 장착하여 전개하는 차
		프리오픈 밴 : 측면에 관음쇠를 사용하여 전개하는 차
		아코디언 밴 : 측면에 아코디언 커튼방식을 이용하여 전개
		측면 뛰어올리기식 비치차
		스태빌라이저 비치차
		수동 걸윙 보데차
합리화 특장차	상하차 합리화차	리프트 게이트부 트럭 : 후부에 리프트 게이트를 장비한 차
		하이드로 오토 : 체인 컨베이어를 장치한 차
		승강 2단상 보데차 : 하실 내의 상단이 승강하는 구조의 차
		크레인부 트럭 : 크레인이 장비되어 있는 트럭
	시스템 차량	체인지어블 보데차 : 보데를 탈착할 수 있는 차(기계식, 유압식)
		탈착 보데차

인승겸용 화물트럭	일반카고트럭	밴형 화물트럭
탱크로리	벌크운송 트럭	레미콘 트럭
자동차운송 트럭	모듈트럭	무진동 트럭

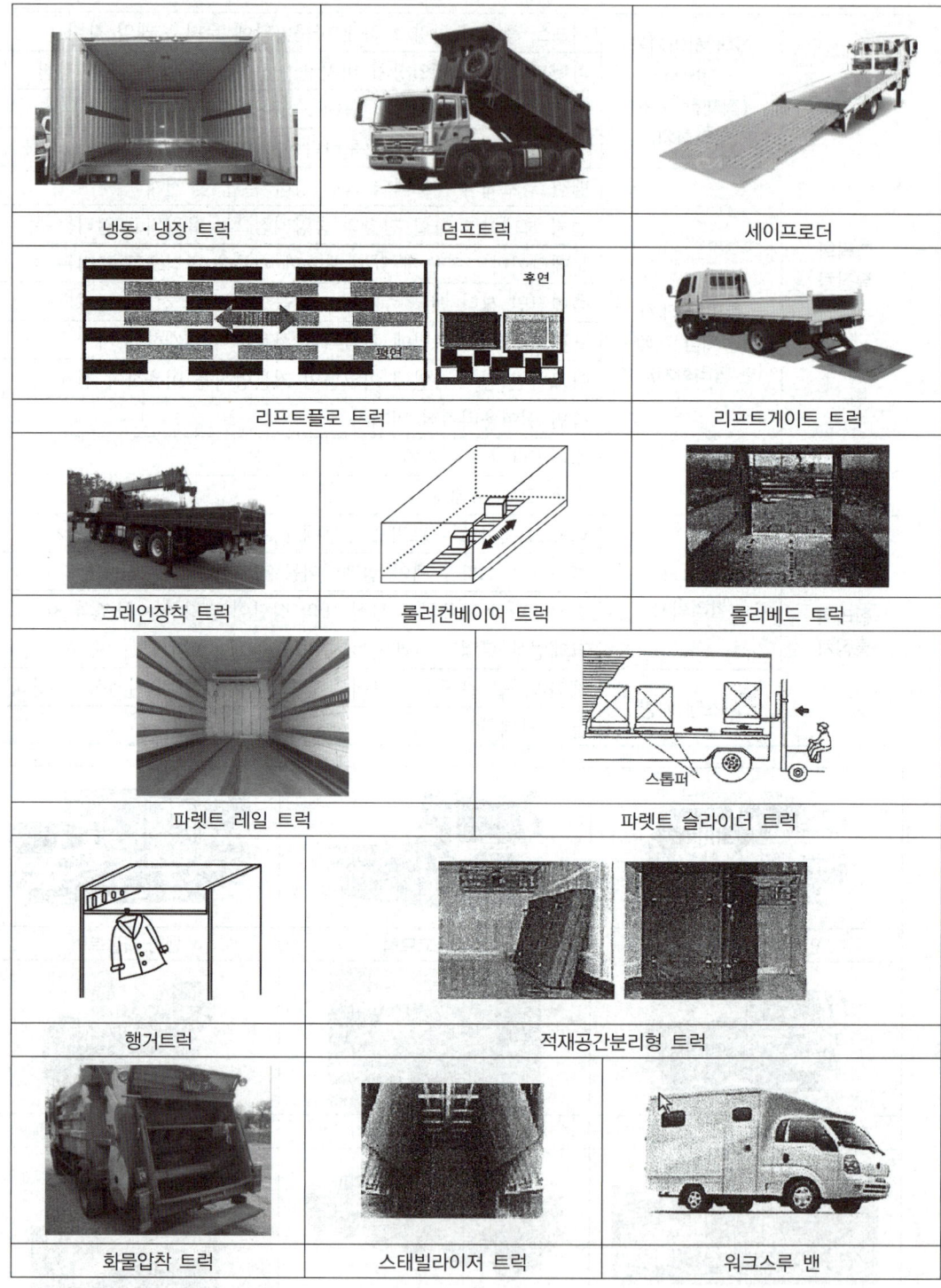

냉동·냉장 트럭	덤프트럭	세이프로더
리프트플로 트럭		리프트게이트 트럭
크레인장착 트럭	롤러컨베이어 트럭	롤러베드 트럭
파렛트 레일 트럭		파렛트 슬라이더 트럭
행거트럭	적재공간분리형 트럭	
화물압착 트럭	스태빌라이저 트럭	워크스루 밴

윙바디 트럭	셔터도어 밴	컨버터블적재함 트럭
슬라이딩도어 밴	스왑바디 트럭	암롤트럭
트랙터	풀카고+풀트레일러	
평판 트레일러	컨테이너 섀시	
덤프 트레일러	탱크로리 트레일러	벌크 트레일러
저상 트레일러	폴 트레일러	

세미 트레일러	돌리(폴 트레일러)	더블 트레일러
 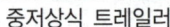		
중저상식 트레일러		밴 트레일러

◀ 화물자동차의 종류 구분 ▶

> **핵심포인트**
>
> **화물자동차의 종류(구조기준)**
> • **보통트럭** : 최대적재량 1톤 미만에서 25톤까지의 일반트럭
> • **트레일러** : 세미 트레일러, 풀 트레일러, 폴 트레일러, 더블 트레일러
> • **전용특장차** : 덤프트럭, 믹서트럭, 분립체 운송차, 액체 운송차, 냉동차, 기타
> • **합리화 특장차** : 실내 하역기기 장비차, 측면 전개차, 상하차 합리화차, 시스템 차량

3 보통트럭

① 보통트럭은 일반적으로 화물을 적재하는 적재함을 간단하게 접어 화물이 떨어지지 않도록 문짝을 설치하여 적재함을 갖춘 차량이다.

② 북미나 유럽에서는 보통트럭을 찾아보기 쉽지 않으며, 일반적으로 밴형 트럭이 주로 운행된다.

> **핵심포인트**
>
> **견인차량**
> • **트랙터(Tractor)** : 트레일러를 견인할 수 있도록 제작된 차량
> 트랙터에는 트레일러와 연결할 수 있는 커플러(Coupler)와 트레일러의 브레이크 시스템 및 등화시스템을 작동시킬 수 있는 에어 및 전기시스템을 연결할 수 있는 장치가 있음.

- **풀카고트럭**(Full cargo truck) : 견인차량 자체가 화물을 적재 운행하면서 필요시 트레일러도 견인할 수 있도록 제작된 트럭
  풀카고트럭은 외형상 일반카고트럭과 차이가 없지만 토잉바(towing bar)의 연결고리, 브레이크 시스템 및 등화시스템 연결배선이 추가 설치되어 있음.

4　트레일러(Trailer)

① 일반적으로 트레일러는 자체 동력을 갖추지 않은 적재부분의 차량을 의미한다.
② 트레일러를 견인하는 자동차를 트랙터라 하며, 트랙터＋트레일러를 그냥 트레일러라고 부르기도 한다.
③ 트레일러는 일반적으로 보통트럭보다 마력수가 큰 경우가 많아 중량물, 장척물, 컨테이너 등을 운송하는 데 널리 사용된다.

(1) 트레일러의 장점

① 운송의 시스템화(대부분의 견인차량을 견인 가능, 교환운행 가능)
② **트랙터의 효율적 이용**
　㉠ 견인차량 1대에 여러 대의 피견인차량 운영
　㉡ 상하차 대기시간 단축으로 회전율, 가동률 향상
③ 대량운송에 의한 운송원가 절감
④ 탄력적인 작업
⑤ 적재량 작업
⑥ 일시보관(창고) 기능
⑦ 중계지점에서의 탄력적 이용
⑧ 트랙터와 운전기사의 효율적 운용
⑨ **컨테이너, 중량물, 장척물 운송가능** : 일반카고트럭 대비 차체가 길고 차축의 수가 많아 하중분산이 용이하여 중량화물과 장척물을 분할 또는 절단 없이 한번에 운송이 가능하다.
⑩ **차량의 전용화 가능** : 트레일러 이용으로 차체 무게가 증가해도 적재가능 중량이 증가하여 전용운송과 운송량 증가에 따른 효과를 달성할 수 있다.
⑪ **차체 무게의 경량화 가능** : 프레임과 바퀴 및 화물을 안전하게 적재가능한 간단한 장치만으로 운행이 가능하여 더 많은 화물적재가 가능하다. 그 대표적인 것이 컨테이너 전용 섀시트레일러이다.
⑫ 운송업체의 영업력 강화가능(다양한 전문 트레일러 운영)
⑬ 도중 고장시 신속한 대처가능(화물환적 없음)

⑭ 차량보험 가입이 불필요

    ㉠ 자동차보험 가입의 강제가입 규정의 미적용

    ㉡ 견인차량 보험료를 일반차량의 20% 정도 추가하여 보험에 가입하면 된다.

(2) 트레일러의 단점

① **차량가격이 높은 편** : 견인차량도 구입해야 운행가능

② **운행도로의 제한** : 회전반경이 커서 좁은 길이나 급커브길의 통행에 애로

③ **특수면허 소지 필요** : 1종 대형 특수운전면허(트레일러) 필요

④ **운송물량이 소규모일 경우 비효율적**

⑤ **복화물량이 적음.**

⑥ **작업장이 넓어야 함** : 회전반경 등으로 물류센터 내에서 상하차나 주차시 넓은 주차장 등이 필요

⑦ **다수 트레일러 확보로 자금소요가 많음.**

(3) 연결형식에 따른 트레일러의 유형

① **모터트럭(Motor Truck)** : 보통트럭으로 동력부분과 화물적재부분이 일체화되어 있는 일반 화물자동차이다. 즉, 트랙터에 트레일러가 완전히 붙어있는 일반 화물자동차를 말한다.

② **세미 트레일러 트럭(Semi-trailer Truck)** : 적하중량의 일부가 트랙터에 실리는 트레일러로서 가장 많이 운행되는 유형이다.

    ㉠ 세미 트레일러용 트랙터는 지지력과 견인력을 지녀야 하므로 뒷바퀴를 보통 2배수로 장착하고 연결기를 설치하여 연동·연결·분리가 용이하도록 되어 있다.

    ㉡ 평판트레일러, 컨테이너 섀시, 로베드 트레일러, 덤프 트레일러, 기타 특수화물전용 트레일러(벌크우드칩 전용, 판유리 전용, 윙보디, 벌크시멘트 전용, 액체 전용, 액화가스 전용 등) 등이 있다.

> 🔵 **TIP** 컨테이너 섀시(Container chassis)
>
> 세미 트레일러를 컨테이너운송 전용으로 사용하기 위해 제작한 전용 트레일러

    ㉢ 잡화 운송에는 밴형 세미 트레일러, 중량물에는 중량용 세미 트레일러, 또는 중저상식 트레일러 등이 사용된다.

③ **풀트레일러 트럭(Full-trailer Truck)** : 트레일러와 트랙터가 완전히 분리되어 있고, 트레일러 자체도 몸체(body)를 가지고 있다.

    [장점] ㉠ 보통트럭에 비하여 적재량을 늘릴 수 있다.

            ㉡ 트랙터 한 대에 트레일러 두세 대를 달 수 있어 트랙터와 운전자의 효율적 운용을 도모할 수 있다.

            ㉢ 트랙터와 트레일러에 각기 다른 발송지별 또는 품목별 화물을 수송할 수 있다.

㉣ 풀트레일러 트럭의 형태는 기준 내 차량으로서 적재 톤 수(세미 트레일러급 14t에 대해 풀 트레일러급 17t), 적재량, 용적 모두 세미 트레일러보다는 유리하다.

④ **폴트레일러 트럭(Pole-trailer Truck)** : 1대의 폴트레일러용 트랙터와 1대의 폴트레일러로 이루어져 있다.

㉠ 교각, 대형 목재, 대형 파이프, H형강 등 장척화물 운반용 트레일러가 부착된 트럭이다.

㉡ 트랙터에 장치된 턴테이블에 폴트레일러를 연결하고, 하대와 턴테이블이 적재물을 고정시켜 운송한다.

⑤ **더블트레일러 트럭(Double-trailer Truck)** : 1대의 세미 트레일러용 트랙터와 1대의 세미 트레일러 및 1대의 풀트레일러로 이루어져 있다.

㉠ 트랙터가 2개의 트레일러를 동시에 견인하여 화물을 운송하는 트레일러이다.

㉡ 우리나라는 더블트레일러가 적으며, 미국과 유럽에서 널리 이용된다.

㉢ 하나의 트레일러만으로 운행할 때보다 많은 화물을 운송할 수 있고, 반면에 2대의 세미 트레일러에 화물중량을 분산시켜 운송할 수 있기 때문에 축중제한에서 다소 자유롭게 운행할 수 있다.

⑥ **연결차(Motor Vehicle Combination)** : 1대의 모터차량에 1대 또는 그 이상의 트레일러를 결합시킨 차량이다.

㉠ 통상 트레일러 트럭으로 불리기도 한다.

㉡ 대형 중량화물을 운송하기 위하여 여러 대의 자동차를 동원하거나 특수제작된 차대를 끌기 위하여 견인차를 1대 이상 연결한 차량을 의미한다.

(4) 트레일러의 형상에 따른 유형

트레일러 하대의 높이나 형태를 기준으로 한 구분

① **평상식 트레일러(Flat Bed Trailer)** : 플랫베드 트레일러. 전장의 프레임 상면이 평면의 하대(섀시)를 가진 구조로 일반화물이나 강재 등의 운송에 적합하며, 트레일러의 하대(적재대)에 특별한 장치를 하지 않은 평평한 판(板)구조의 트레일러이다.

> ⏱ **핵심포인트**
>
> **평판(Flat form) 트레일러의 특징**
> • 장척화물, 일반중량화물, 컨테이너 등을 범용적으로 운송하는 데 이용
> • 장거리운송시 비교적 복화물의 확보 용이
> • 컨테이너운송시 컨테이너 섀시보다 차체가 무거워 축중제한을 받기에 비교적 가벼운 컨테이너를 운송해야 함.

② **저상식 트레일러(Low Bed Trailer)** : 로베드 트레일러. 적재를 용이하게 하기 위하여 높이가 낮은 하대를 가진 트레일러를 의미한다. 일반적으로 불도저, 기중기 등 건설장비의 운반에 적합한 트레일러이다.

③ **중저상식 트레일러(Drop Bed Trailer)** : 드롭베드 트레일러. 저상식 트레일러 가운데 프레임 중앙 하대부가 오목하게 낮은 트레일러를 의미한다. 핫 코일(Hot Coil)이나 중량블록화물 등의 운반에 편리하다.

④ **스케레탈식 트레일러(Skeletal Trailer)** : 컨테이너운송을 위해 제작된 트레일러[일명 섀시(Chassis)]로서, 트레일러 4개 모서리에 컨테이너 고정장치인 콘이 장착되어 운송 중 컨테이너가 넘어지거나 떨어지지 않도록 되어 있다.

⑤ **밴형 트레일러(Van Trailer)** : 하대부분에 밴형의 보디가 장치된 트레일러로서, 일반잡화 및 냉동화물 등의 운반에 사용된다.

⑥ **오픈 탑 트레일러(Open Top Trailer)** : 밴형 트레일러의 일종으로 천장에 개구부가 있어 채광이 가능한 화물운반용으로 석탄 및 철광석 등과 같은 고척화물에 포장을 덮어 운송하는 데에 이용된다.

⑦ **특수용도 트레일러** : 덤프 트레일러, 탱크 트레일러, 자동차 운반용 트레일러 등 특수한 목적하에 제작된 트레일러이다.

5 전용특장차

(1) 전용특장차의 특징

① 차량의 적재함을 특수한 화물에 적합하도록 구조를 갖추거나 특수한 작업이 가능하도록 기계장치를 부착한 차량을 말한다.

② 자동차의 동력을 취하여 적화작업, 기타의 작업을 행하는 기계장치를 설치한 차량이다.

③ 소방차, 덤프트럭, 믹서트럭, 분립체 수송차, 액체 수송차 또는 냉동·냉장차 등이 있다.

④ 냉동차는 저온, 냉장, 냉동을 포함하는 콜드체인의 성장이 기대되고 있는 오늘날 더욱 더 그 중요성이 높아질 것으로 생각된다.

(2) 전용특장차의 장단점

① **장 점**

㉠ 화물의 포장비 절감이 가능하다.

㉡ 상하차작업의 신속으로 상하차비 절감 및 차량의 회전율을 향상시킨다.

㉢ 악천후에도 상하차 등 운송이 가능하다.

㉣ 화물운송의 안전도를 향상(외부충격, 이물질 등으로부터 보호)시킨다.

② 단 점
- ㉠ 운송화물의 특성에 맞춰 제작되기 때문에 차체의 무게가 무거워지고, 차량가격도 상승하며 해당 화물이 없을 때에는 다른 화물의 운송이 곤란한 이용상의 제약을 받을 수 있다.
- ㉡ 귀로의 복화화물을 확보하는 것이 어렵기 때문에 편도 공차운행을 해야 하는 비효율성이 있다.
- ㉢ 물동량 감소시 운휴해야 한다.
- ㉣ 차량의 구입가격이 높다.
- ㉤ 수화처의 하역설비에 영향을 받는다.

  > **TIP** 일반적으로 출발지는 상하차 설비가 비교적 잘 갖추어져 있으나 수화처(하차지)에는 그런 시설이 부족한 실정이다. 자동차에 하역설비를 장착하거나 신속한 하역이 가능하도록 해야 한다.

- ㉥ 적재량이 감소한다.
- ㉦ 소량화물운송에는 부적절하다.

  > **TIP** 소량화물 운송시에는 비효율적이다.

③ 단점의 보완방법
- ㉠ 멀티트레일러 방식 도입 : 차량운영의 운휴를 최소화하기 위해 일반트레일러 또는 다른 용도의 트레일러를 확보·운영한다.
- ㉡ 2인 1차운전 : 차량가격이 고가이고 그에 따른 이자부담으로 고정비 부담이 높아 자동차 1대에 2인의 운전기사를 배치하여 주야 2교대로 운영하거나 동일차량에 2명의 운전기사를 승무시켜 교대 운전하거나 발지와 착지에 각각의 운전기사를 배치하여 운행종료 후 운전기사를 교대 승무하도록 운행하는 방법이다.
- ㉢ 위수탁관리 : 자동차의 회전율 제고와 물량감소시 운휴에 따른 리스크를 줄이기 위해 특장차를 운전기사가 직접 소유하도록 하여 위탁관리시키고 운송실적에 따라 운송비를 지급한다.

(3) 전용특장차의 종류

① **덤프트럭** : 덤프 차량은 적재함 높이를 경사지게 함으로 적재물을 쏟아 내리게 되어 있는 차량이다.
- ㉠ 특장차 중 대표적인 차량
- ㉡ 평보디, 밴형 차량에 많은 차종
- ㉢ 주로 흙, 모래를 운송하는 데 사용
- ㉣ 무거운 토사를 포크레인 등으로 적재하므로 차체는 견고하게 만들어져 있다.

② **믹서트럭** : 직재함 위에 회진하는 드럼을 싣고 운송 도중 레미콘이 응고되지 않도록 레미콘이 적입된 드럼을 회전시키면서 토목건설현장 등으로 직행하여 레미콘을 쏟아붓는 차량이다.
- ㉠ 드럼으로 구성된 보디부분은 회전하면서 운송하는 기능을 가지고 있다.

ⓒ 건설중기로 등록

ⓒ 대형차가 대부분

③ **분립체 수송차**(Bulk Truck) : 시멘트, 사료, 곡물, 화학제품, 식품 등 분립체를 자루에 담지 않고 무포장상태로 운반하는 차량이다.

ⓐ 일반적으로 벌크차라고 부른다.

ⓑ 하대는 밀폐형 탱크구조로서 상부에서 적재하고 스크루식, 공기압송식, 덤프식 또는 이들을 병용하여 배출한다.

ⓒ 적재물에 따라 시멘트 수송차, 사료 운반차 등으로 불린다.

ⓓ 시멘트 운송차량이 가장 많고, 그 다음으로 사료 운송차량이 많으며, 식품에서는 밀가루 운송에 사용되는 비율이 높아지고 있다.

ⓔ 이들 차량은 물류면에서 보면 포장의 생략, 하역의 기계화라는 관점에서 상당히 합리적인 차량이라고 할 수 있다.

④ **액체 수송차** : 각종 액체를 수송하기 위해 탱크 형식의 적재함을 장착한 차량이다.

ⓐ 일반적으로 탱크로리라고 불린다.

ⓑ 수송하는 화물의 종류는 대단히 많으며, 적재물의 명칭에 따라 휘발유로리, 우유로리 등으로 호칭된다.

ⓒ 탱크로리는 주로 원통형 적재대가 설치되며, 운송화물별로 안전한 운송을 위한 특수장치들이 설치되어 있다.

⑤ **냉동·냉장차** : 단열 보디에 차량용 냉동장치를 장착하여 적재함 내의 온도관리가 가능하도록 한 차량이다.

ⓐ 냉동식품이나 야채 등 온도관리가 필요한 화물운송에 사용된다.

ⓑ 보디는 단열되어 있는데, 냉동장치를 갖추지 않은 것을 보냉고(또는 냉장차)라고 부른다.

ⓒ 적재대의 모형은 밴형과 동일하지만 적재대의 벽체가 단열처리되어 있고, 냉동기가 부착되어 있으며, 적재대 내부가 냉기순환이 가능한 구조로 되어 있다.

⑥ **차량운송용 차량**(Transporter) : 차량을 전문적으로 운송할 수 있는 적재대를 갖춘 차량으로, 운송되는 차량이 직접 적재대에 올라갈 수 있는 장치와 적재대가 2층으로 되어 많은 차량을 적재할 수 있는 구조를 갖고 있다.

⑦ **동물운송 차량** : 말, 소, 동물원의 동물 등 특정 동물을 전문적으로 운송하기 위한 차량으로, 운송 중 동물이 스트레스를 적게 받게 하거나 상처를 입지 않도록 특수한 보호장치를 갖추고 있다.

⑧ **활어운송 차량** : 수산물을 산지에서 소비지까지 활어상태로 운송할 수 있도록 바닷물을 채울 수 있는 수조구조를 갖춘 차량으로 적재대에 산소공급기 등을 갖추고 있다.

⑨ **중량물운송 차량** : 중량화물을 안전하게 운송하기 위하여 차체가 넓고 길며 운송 중 수평을 유지할 수 있도록 각 바퀴마다 독립현가장치를 장착한 차량이다. 한 대의 차량으로 운송하기 어려운 화물을 운송할 수 있도록 차량을 Back to Back 방식이나 Side by Side 방식으로 여러 대를 연결하여 하나의 차량처럼 운행할 수도 있어 모듈 트럭(Module truck)이라고도 한다.

⑩ **무진동 차량** : 운송화물의 안전을 위해 운행 중 도로의 요철로부터 전해지는 충격을 흡수하여 진동이 거의 없는 상태로 운행가능하도록 특수하게 설계된 차량이다.
　㉠ 차량 내 진동계 부착으로 진동상태를 기록한다.
　㉡ 반도체장비, 미술품, 골동품, 기타 정밀제품 등의 수송에 사용한다.

(4) 전용특장차의 특징

① 화물을 안전하게 운송할 수 있다.
② 복포와 결박이 불필요하여 포장비가 절감된다.
③ 하역기계화로 작업시간의 단축, 차량회전율을 향상시킨다.
④ 다른 화물의 운송에 부적합하다.
⑤ 복항시 화물확보가 어려울 경우 공차운행이 불가피하다.
⑥ 상하차 기계화가 가능하고, 하역비용이 절감된다.
⑦ 차량의 가격이 비싼 편이다.
⑧ 화물의 상하차를 위한 하역기기의 구입비용이 추가로 발생한다.

> **핵심포인트**
>
> **콜드체인**
> • 신선을 필요로 하는 식품을 냉동, 냉장, 저온상태에서 생산자로부터 소비자의 손까지 전달하는 구조
> • 신선도 유지와 출하조절 및 안전성의 확보가 주 목적
> • **콜드체인기술** : 식품공급사슬관리의 Main Chain 운영기술, 미래지향적 산업으로 물류에 가치를 부여하는 기술, 신선도 유지와 출하조절 등의 기능을 달성하는 기술

6 합리화 특장차

(1) 합리화 특장차의 특징

① 기계화 상하차로 인건비 절감 및 인력 구인난을 해소한다.
② 기계화 상하차로 하역대기시간을 줄여 차량의 회전율을 향상시킨다.
③ 차량의 기계화에 따라 차량가격이 고가이다.
④ 파렛트를 사용하거나 화물의 규격화가 필요하다.
⑤ 각종 기계장치에 의해 차체 중량이 무거워져 화물의 적재량이 적어진다.
⑥ 측면 선개차량이나 탈착식 보디차량 등은 상하차장소에 제약을 받는다.
⑦ 운송화물의 범용성을 유지하면서도 적재함 구조를 개선하고, 화물을 싣거나 내리는 하역작업을 합리화하는 설비기기를 차량 자체에 장비하고 있거나 이용하는 차량이다.

⑧ 세분하면 실내 하역기기 장비차, 측면 전개차, 상하차 합리화차 및 시스템 차량으로 구분된다.

> **⚡TIP** 합리화란 노동력의 절감, 신속한 화물의 적재와 하차, 화물의 품질과 안전성 유지, 적재함의 효율적 활용, 기계화에 의한 하역비 절감방법 중 하나 이상을 목적으로 한다.

> **핵심포인트**
>
> **합리화 추구의 방향**
> • 상하차작업의 기계화
> • 적재함 내에의 화물이동 효율화
> • 적재함의 효율적 사용
> • 운송화물의 안전성 향상
> • 하역 방향의 효율화
> • 적재함 개폐의 효율성 향상

(2) 상하차 합리화 차량

화물의 상하차를 보다 효율적으로 하기 위하여 차체 구조를 개선하거나 하역 조력장치를 부착한 차량이다.

① **덤프트럭** : 개발된 지 가장 오래된 합리화 차량이다.

② **리프트게이트(Lift gate) 부착 차량** : 적재함 후문에 화물을 싣고 내릴 수 있는 리프트를 장착한 차량이다.

　㉠ 인력으로 하역이 곤란한 화물을 운송할 때 지게차 등 하역장비 없이 용이하게 하역을 할 수 있다.

　㉡ 중량물을 배송하는 중소형 차량이 많이 활용된다.

　㉢ 유형 : 암(Arm)형과 수직형이 있다.

③ **크레인(Crane) 장착트럭**

　㉠ 트럭 적재함의 앞쪽 또는 뒷부분에 크레인을 장착하여 자신이 운송할 화물을 직접 하역하거나 하역장비가 없는 현장에서 다른 차량에 적재할 화물을 실어주는(또는 내려주는) 기능을 하는 차량이다.

　㉡ 크레인에 너클장치를 부착하거나 후크를 부착하여 다양한 형태로 작업한다.

④ **세이프 로더(Safe Loader)**

　㉠ 적재함의 앞부분을 들어올려 뒷부분이 지면에 닫도록 함으로써 차량 등이 직접 적재함에 올라갈 수 있게 하거나 적재함 앞부분에 윈치를 부착하여 화물을 끌어올릴 수 있게 하여 중량물을 용이하게 하역할 수 있도록 한 차량이다.

　㉡ 유형 : 차체 리프트형과 적재대 리프트형이 있다.

(3) 적재함구조 합리화 차량

적재함의 형태를 개선하여 화물을 보다 안전하고 효율적으로 적재하거나 적재함에 올려진 화물을 적재대 내에서 효율적으로 이동시키기 위한 장치를 한 차량이다.

① 리프트 플로어(Lift Floor)

　　㉠ 적재함의 바닥에 레일(Rail)형 전동리프트를 장착하여 싣거나 내릴 화물에 레일을 앞 또는 뒤쪽으로 이동시킬 수 있도록 한 차량이다.

　　㉡ 다소 중량이 있는 화물을 운송하는 차량에 적용한다.

② 롤러 컨베이어(Roller Conveyor) 장치차량

　　㉠ 적재함의 중앙에 롤러컨베이어를 장착하여 박스화된 화물을 롤러를 이용하여 앞뒤로 이동시킬 수 있도록 한 차량이다.

　　㉡ 주로 경량의 박스화물 운송차량에 적용한다.

③ 롤러 베드(Roller Bed) 장치차량 : 롤러컨베이어 장치차량이 롤러를 적재함의 중앙부에만 설치한 데 반해, 롤러베드 차량은 적재함 바닥 전면에 롤러 또는 보올베어링을 설치하여 적재함의 모든 부분 및 방향에서 화물을 용이하게 이동시킬 수 있도록 한 차량이다.

④ 파렛트 레일(Pallet Rail) 장치차량

　　㉠ 적재함에 바퀴가 달린 스케이트가 이동할 수 있는 홈을 설치하고 스케이트 위에 화물을 적재한 후 홈을 통해 앞뒤로 이동시킬 수 있도록 한 차량이다.

　　㉡ 화물의 이동이 끝나면 스케이트는 탈거하도록 되어 있다.

⑤ 파렛트 슬라이더(Pallet Slider) 장치차량

　　㉠ 적재함 바닥에 파렛트를 적재하여 적재함의 앞뒤로 이동할 수 있는 슬라이더(화물적재대)가 장착된 차량이다.

　　㉡ 파렛트 레일 차량의 스케이트가 이동을 완료 후 탈거하는 형식인 데 반해, 파렛트 슬라이더 차량은 슬라이더 위에 화물이 적재된 상태로 운송을 한다.

⑥ 행거(Hanger)적재함 차량

　　㉠ 적재함에 행거를 설치하여 의류를 박스화하거나 구기지 않고도 운송할 수 있도록 제작한 차량이다.

　　㉡ 행거를 탈착할 수 있으며 높낮이를 조절할 수 있도록 행거 거치대와 행거 봉이 특수하게 설계되어 있다.

⑦ 이동식 칸막이 차량

　　㉠ 하나의 적재함 내에 서로 다른 종류의 화물을 적재할 수 있도록 적재함의 중간을 특수한 장치로 막을 수 있도록 한 차량이다.

　　㉡ 동일한 화물을 운송할 때에는 칸막이를 설치하지 않고 필요할 때에 중간을 막아서 2개의 적재함처럼 이용한다.

　　㉢ 주로 냉동화물과 냉장화물 또는 일반화물을 동시에 운송할 때 많이 활용된다.

⑧ 화물압착 차량

    ㉠ 쓰레기와 같이 부피가 많은 화물을 적재하면서 압축하여 부피를 적게 만들어 운송함으로써 운송비를 줄일 수 있도록 한 차량이다.

    ㉡ 주로 청소차량에 많이 활용된다.

⑨ 스태빌라이저(Stabilizer) 부착 차량

    ㉠ 적재함에 특수한 장치를 부착하여 운송 중인 화물이 흔들리거나 붕괴되지 않도록 유동을 방지할 수 있도록 한 차량이다.

    ㉡ 측면에서 화물을 안정화시키는 방식과 적재함 윗면에서 눌러서 안정화시키는 방법이 있다.

⑩ 워크스루 밴(Walk Through Van)

    ㉠ 운전기사가 운전석에서 적재함으로 바로 진입할 수 있도록 운전석과 적재함 사이에 출입문이 설치된 차량이다.

    ㉡ 화물의 배달업무를 수행하는 기사들이 운전석 밖으로 나가서 다시 적재함 문을 열고 화물을 찾아 배달하는 시간의 낭비를 줄이기 위해 적재함 내부로 바로 진입하여 화물을 찾아 밖으로 나갈 수 있어 주로 택배차량에 많이 이용된다.

(4) 적재함개폐 합리화 차량

밴형 차량의 단점, 즉 상하차작업을 주로 후문을 이용함으로써 작업시간이 많이 소요되고 하역장비의 사용, 물류센터의 구조 등에 제약을 받는 문제점을 해결하기 위하여 적재함의 개폐방법 및 형식을 개선한 차량이다.

① 윙보디(Wing Body) 차량

    ㉠ 적재함의 상부를 새의 날개처럼 들어 올릴 수 있도록 한 차량으로서 측면에서의 상하차작업이 가능하도록 한 차량이다.

    ㉡ 적재함 측면의 지지력이 약하기 때문에 부피화물 위주로 운송하는 데 적합하며, 주로 중대형 차량에 많이 적용된다.

    ㉢ 단 점

        ⓐ 윙 제작가격이 비싼 편이다.

        ⓑ 고장시 화물의 상하차에 많은 문제가 발생하며, 윙 개폐 유압장치의 관리가 중요하다.

        ⓒ 윙이 노후화되면 우천시 측면부 또는 윙의 접히는 부분을 통해 빗물이 침투할 우려가 많아 수시 점검이나 보수가 필요하다.

        ⓓ 윙이 가벼운 구조라서 내부 측면부에서의 화물결박에 애로가 있다.

② 셔터도어(Shutter Door) 차량

    ㉠ 밴형 차량의 경우 일반적으로 여닫이식 문을 채택하기 때문에 문을 여는 방향으로 일정한 공간이 필요하며, 문을 여닫는 데 시간이 소요되는 문제를 해결하기 위하여 밴형 차량의 적재함 문을 상하로 개폐할 수 있는 셔터형으로 제작한 차량이다.

    ㉡ 개폐의 신속성, 차체 무게 도어의 경량화, 작업공간의 확보 문제들을 해결할 수 있다.

    ㉢ 셔터의 측면지지력이 약해 부피가 큰 화물운송에 이용된다.

③ 컨버터블(Convertable)적재함 차량
  ㉠ 밴형 차량의 적재함 덮개 전체 또는 측면부가 적재함에 설치된 레일을 따라 앞뒤로 개폐될 수 있도록 제작된 차량이다.
  ㉡ 화물을 상하차할 때에는 덮개를 앞이나 뒤로 이동시킨 후 작업을 하고 작업이 완료되면 원래대로 복구시켜 밴형 화물차와 같은 형태로 운송이 가능하다.
④ 슬라이딩 도어(Sliding Door) 차량
  ㉠ 밴형 차량의 측문이 하나이거나 한쪽에만 설치되어 있어 측면에서의 상하차작업이 불편할 뿐만 아니라, 지게차에 의한 작업시 상하차작업이 곤란한 문제점을 해결하기 위하여 측면의 문을 미닫이식으로 설치하여 측면 전체의 개방이 가능하도록 제작된 차량이다.
  ㉡ 주로 무거운 화물(음료수 등)을 배송하는 중소형 차량에 적용된다.

(5) 시스템 차량

① 개념
  ㉠ 적재한 화물을 이적하지 않은 상태에서 다른 차량을 이용하여 계속적인 연결운송이 가능하도록 하거나 차량과 적재함을 분리하여 상하차시간 및 대기시간 등을 단축할 수 있도록 제작된 차량이다.
  ㉡ 시스템 차량이 분리형 트레일러와 다른 점은 트레일러는 견인차와 피견인차로 완전히 분리된 차량인 데 반해, 시스템 차량은 적재함 자체만 분리되고 차체는 하나로 되어 있다.
② 시스템 차량의 조건 및 특징
  ㉠ 시스템 차량의 조건
    ⓐ 출발지에서 목적지까지 운송 중 화물의 환적이 없어야 함.
    ⓑ 동일 사양의 차량이면 어떤 차량이라도 화물을 적재한 차체를 운송할 수 있어야 함.
  ㉡ 시스템 차량의 특징
    ⓐ 중소형 화물운송에 대해서도 운송의 시스템화가 가능
    ⓑ 철도와 도로운송을 시스템화하는 피기백(Piggy-Back) 운송시스템의 실현이 용이
    ⓒ 적재함 무게의 증가로 운송량의 제한을 받음(일반카고트럭 대비).
    ⓓ 적재함의 수평유지로 측면 지게차 작업이 원활하며 운송 중 화물의 안정성 유지(일반 세미 트레일러 대비)
③ 스왑바디(Swap body) 차량 : 차량의 적재함을 서로 교체하여 이용할 수 있도록 제작되어 있는 차량이다.
  ㉠ 컨테이너형 적재함이 차체와 분리 및 장착이 가능하도록 만들어져 화물을 싣거나 내릴 때 대기시간이 발생하지 않도록 고안된 차량이다.
  ㉡ 다수의 적재함을 만들어 상하차장에 배치하고 차체는 상하차가 끝난 적재함을 계속적으로 운송만 함으로써 대기시간을 줄이고, 운행효율을 높이며 작업장에 배치된 여러 대의 적재함에 계속적으로 상하차작업을 할 수 있어 중단 없이 하역작업이 가능하다.

ⓒ 국내에서는 일부 이삿짐업체들이 이사화물의 일시보관용으로 이용하고 있으나 유럽 등에서는 이용이 일반화되어 있다.

④ **암롤(Arm roll) 차량** : 적재함 자체를 지면에 내려놓은 후 차체에 설치된 적재함 견인용 암(Arm)과 차체에 설치된 가이드장치에 의하여 끌어올리도록 되어 있는 차량이다.

  ㉠ 사용목적과 용도는 스왑보디 차량과 동일하나, 스왑보디 차량이 적재함에 4개의 랜딩랙(Landing lag)을 부착하여 수평으로 지면에 장치한 후 차체와 탈부착하는 방식이라는 점에서 상이하다. 암롤 트럭은 적재함을 올리고 내릴 때 경사가 생기므로 파손 염려가 없는 화물을 운송할 때 주로 이용된다.

  ㉡ 쓰레기 수거차량, 항만에서의 고철 또는 무연탄과 같이 산물로 운송되는 화물에 주로 이용된다.

7 물류관리목적에 따른 분류

◀ 물류관리를 위한 화물자동차의 분류 ▶

화물겸용 자동차	인승 및 화물겸용 자동차(콜밴 화물자동차)			
화물전용 자동차	일체형 자동차	일반 카고		
		밴형 카고		
		전문용도형 차량	액체운송	흡입형, 주입형
			분말운송	흡파형, 펌핑형
			가스운송	
			냉동물운송	
			차량운송	
			레미콘운송	
			무진동차량	
			동물용차량	
			중량물운송	모듈트럭
		합리화 차량	상하차 합리화 차량	덤프트럭
				리프트 게이트
				크레인 부착트럭
				세이프 로더

화물전용 자동차	일체형 자동차	합리화 차량	적재함구조 합리화 차량	리프트 플로어
				롤러 컨베이어차
				롤러 베드차
				파렛트 레일
				파렛트 슬라이더
				행거 차량
				이동식 칸막이 차량
				화물압축 차량
				스태빌라이저
				워크스루 밴
			적재함개폐 합리화 차량	윙보디
				셔터도어
				컨버터블 적재함
				슬라이딩 도어
			시스템 차량	스왑보디
				암롤트럭
	견인(분리) 자동차	견인 트럭	트랙터	
			풀카고트럭	
		피견인차	풀 트레일러	
			세미 트레일러	평 트레일러
				로우베드 트레일러
				컨테이너 섀시
				특수용도형 트레일러
			폴 트레일러(돌리)	

(1) 화물겸용 자동차

승용자동차에 화물을 적재할 수 있도록 되어 있는 차량(Van형이 대부분)이다.

(2) 일체형 자동차와 분리형 자동차

① 일체형 자동차 : 운전실 부분과 화물적재함 부분이 하나의 프레임 위에 하나의 차체로 제작되어 있는 자동차

  ㉠ 원동기와 적재함이 동시에 이동

　　　　　ⓛ 화물의 상하차를 위해 운전기사가 상하차 장소에 대기

　　　　　ⓒ 자동차의 회전율이 분리형 자동차에 비해 낮다.

　　　　　ⓔ 특수 적재함을 장착 · 운영할 시에 하나의 목적물만을 위해 운송

　　　　　ⓜ 차체의 총길이는 13미터 이내(「자동차안전기준에 관한 규칙」)

　　② 분리형 자동차 : 견인차량인 트랙터(Tractor)와 트레일러(Trailer)로 구성된 자동차

(3) 일반 화물자동차(일반카고트럭)

　　① 운전실과 화물실이 일체형이다.

　　② 화물실(적재함)의 형태가 적재실 바닥 위에 좌우 · 후면으로 낮은 문을 설치하여 3면을 개방할 수 있고 윗면 부분은 항상 개방된 상태의 화물자동차이다.

　　③ 특 징

　　　　　㉠ 좌우 · 후방 및 상방향에서 상하차작업이 가능(상하차 편리성)

　　　　　㉡ 적재 후 화물안전을 위해 결박작업이 필요

　　　　　㉢ 비, 습기, 비산, 낙하 등 대비 화물덮개가 필요

　　　　　㉣ 적재함의 중량이 적어 적재량이 증가

　　　　　㉤ 다양한 톤급의 차량제작이 가능

　　　　　㉥ 화물특성에 따라 적재함 개조가 가능

　　　　　㉦ 일반카고트럭으로 구입 후 자신의 특성에 맞게 구조변경이 가능

> 💬 **TIP** 구조변경은 관할 관청(시 · 군 · 구청장) 승인사항이며, 지정된 자동차 제작소 또는 정비공장에서 가능하고, 적재량이나 승차인원이 증가하는 구조변경은 승인되지 않는다.

(4) 밴형 화물자동차

　　① 일반 화물자동차의 화물적재실을 박스형으로 덮개를 고정 · 설치한 화물자동차이다.

　　② 화물적재함 내부구조를 화물특성에 맞게 다양하게 장치가 가능하다.

　　③ 특 징

　　　　　㉠ 화물을 높게 적재 가능(단, 중량화물이 아닌 경우)

　　　　　㉡ 화물의 결박과 해체에 시간이 적게 소요

　　　　　㉢ 화물의 안전운송 가능 – 악천후에 안전한 상하차, 운행 중 수침, 낙하 등의 위험 부재

　　　　　㉣ 적재함 내부구조의 다양화 가능하여 효율화 추구

　　　　　㉤ 적재함 무게로 적재량 감소

　　　　　㉥ 상하차작업 방향의 제한(후방향과 제한적 1방향에서만의 상하차작업이 가능) – 이러한 단점의 보완을 위해 윙보디 트럭 활용

　　　　　㉦ 자동차 제작가격이 일반화물자동차에 비해 높아 원가부담이 높다.

04 물류터미널

1 물류터미널

① 물류터미널은 화물자동차운송에 있어 물류거점 간 또는 지역 간 대량운송과 장거리운송의 물류거점(Node)기능과 상호 중계기능 및 도시 내 집배송의 물류거점기능이 이루어지는 시설이다.
② 물류터미널사업의 구분
　㉠ **복합물류터미널사업** : 2가지 이상의 운송수단 간의 연계운송을 할 수 있는 규모 및 시설을 갖춘 물류터미널을 경영하는 사업
　㉡ **일반물류터미널사업** : 복합물류터미널 외의 물류터미널을 경영하는 사업
③ 물류터미널은 집화·하역·분류·포장·보관 또는 통관 등에 필요한 기능을 수행한다.
④ **물류터미널의 기능**
　㉠ 화물운송의 중개기지
　㉡ 정기노선 화물업체들의 화물기지
　㉢ 배송센터 역할
　㉣ 도매시장
　㉤ 화물트럭 및 터미널 이용자에 대한 서비스

2 복합물류터미널

복합물류터미널은 2가지 이상의 운송수단 간의 연계운송을 할 수 있는 규모 및 시설을 갖춘 물류터미널을 의미한다. 복합운송이 가능한 철도와 도로 등 시설을 갖추고 대규모로 운영하는 물류터미널이다.

3 내륙 컨테이너기지(Inland Container Depot)

① ICD는 원래 Inland Clearance Depot의 약자로서 내륙통관기지를 뜻하였으나, 시간이 지나면서 통관기능보다는 내륙지역에서의 컨테이너 수급과 운송의 유기적 연계를 위한 기능이 보다 중요해지면서 Inland Container Depot, 즉 내륙의 컨테이너기지를 의미하는 것으로 주로 사용되고 있다.
② 내륙 컨테이너기지는 물류터미널 중 2가지 이상의 운송수단(도로, 철도, 항만, 공항) 간 연계운송을 할 수 있는 규모 및 시설을 갖춘 복합물류터미널로서 화물을 대량으로 모아 한꺼번에 운송함으로써 물류비용을 절감하기 위해 구축되는 대규모 컨테이너 물류터미널을 말한다.
③ 내륙 컨테이너기지는 바다와 접해 있는 항만과 달리 내륙에 컨테이너를 처리하는 항만기능을 수행하는 공간을 의미한다. 내륙에 철도와 도로 등 연계운송시설, 컨테이너 야드(CY)와 컨테

이너 화물장치장(CFS) 등을 갖추고 항만과 거의 유사한 보관, 하역, 통관, 혼재 등의 기능을 수행하는 컨테이너 터미널이다. 내륙ICD에는 내륙이기에 apron, marshalling yard, quay, berth, ODCY 등 외항 관련 시설은 없다.

④ 내륙 컨테이너기지는 항만과 거의 유사한 장치, 보관, 집화, 분류 등의 기능을 수행하며, 주로 항만터미널 및 내륙운송수단과 연계가 편리한 지역에 위치한다.

4 물류단지

① 물류단지는 물류유통거점으로 트럭 등의 운송수단이 이용하는 공간이다.
② 물류터미널보다 상위의 개념이다.
③ 물류시설과 지원시설을 집단적으로 설치·육성하기 위하여 「물류시설의 운영 및 개발에 관한 법률」에 의하여 지정·개발하는 일단의 토지를 의미한다.
④ 물류시설은 상품의 수송·보관·포장·하역·가공·통관·판매·정보처리 등을 위한 물류터미널, 창고, 대규모점포·전문상가단지·공동집배송센터, 농수산물도매시장, 항만하역시설 및 화물보관·처리시설, 공항시설 중 화물운송을 위한 시설 등을 의미한다.

05 화물자동차의 운송유형과 운영방식

1 화물자동차운송의 유형

(1) 거리에 따른 유형

① **근거리운송** : 주로 100km 이내의 화물자동차운송을 의미한다. 화물자동차운송의 편리성, 기동성, 경제성을 최대한 살릴 수 있는 거리로서 주로 소형차량을 이용한다.
② **중거리운송** : 100km 이상 300km 정도까지의 화물자동차운송을 의미하나 어떤 기준을 중거리로 볼 것인가는 전문가의 관점과 지역별 운송비용 등에 따라 달라질 수 있다. 주로 중형 또는 소형차량을 이용한다.
③ **장거리운송** : 300km 이상 거리의 화물자동차운송으로, 대형차량을 이용하여 물류거점 간 대량화물의 간선운송시 경제적이다.

(2) 운송의 형태에 따른 구분

① **간선운송** : 물류터미널, 철도역, 항만, 공항 등 비교적 부지가 넓고, 다수의 물류시설이 위치하며, 복수의 물류업체들이 대량의 화물을 취급하는 물류거점과 물류거점 간 운송을 말한다. 일반적으로 간선운송은 대량의 화물을 철도, 선박 또는 트럭을 이용하여 장거리운송을 하는 경우가 많다.

② **지선운송** : 물류거점 간 간선운송이 아닌 물류거점과 소도시 또는 물류센터, 공장 등 화물을 집화·배송하는 운송을 의미한다.

③ **집화운송** : 화주문전 또는 생산공장이나 물류센터에서 화물을 수집하여 주요 철도역, 항만, 공항, 물류터미널 등의 물류거점까지 운송하는 것을 의미하며 주로 중소형 트럭을 이용한다.

④ **배송운송** : 철도역, 항만, 공항, 물류터미널 등 물류거점에서 화주문전까지 운송하는 것을 의미하며 주로 중소형 트럭을 이용한다.

⑤ **순회운송** : 부품공급업체나 원료공급업체 또는 부품수요업체 등에게 부품이나 원재료 등을 공급하기 위하여 1개 차량이 여러 업체를 순회하면서 운송하는 것을 의미한다.

> [사례] 자동차 조립공장의 경우 주변 지역에 다수의 부품공급업체가 위치해 있으면, 순회운송 차량이 부품공급업체를 순회하여 적기에 부품을 공급할 수 있도록 운송해 준다.

⑥ **노선운송** : 정기화물과 같이 정해진 노선과 운송계획에 따라 운송서비스를 제공한다.

(3) 차량의 소유 형태에 따른 구분

① **영업용 운송** : 불특정 다수의 타인화물을 자기차량을 이용하여 유상으로 운송하는 것이다.
② **자가용 운송** : 자신의 화물을 자기차량으로 직접 운송하는 것이다.

◀ 자가용 차량운송과 영업용 차량운송의 장단점 비교 ▶

차량 형태	장 점	단 점
자가용	• 벽지나 오지까지 배송가능 • 화물추적 정보시스템의 이용이 가능 • 귀로시 빈파렛트, 빈상자, 서류, 소포 등의 자가 회수 또는 발송가능 • 운전기사를 통해 사무처리 가능 • 화물파손 및 도난방지의 효과 • 부가가치세가 없으며 책임보험료도 저렴하여 유통비 절감	• 운송량의 급격한 변동에 신속한 대응이 곤란 • 인력 및 설비에 대한 투자로 고정비용 증대 • 차종이나 차량(컨테이너 트레일러) 보유 대수의 한계

영업용	• 돌발적인 수요 증가에 탄력적으로 대응 • 귀로시 타사 화물을 적재할 수 있기 때문에 공차 회송률의 감소 • 화주는 인력 및 설비에 대한 투자가 필요 없기 때문에 소량화물을 수·배송하는 화주에게는 유리 • 운송비가 비교적 저렴	• 운임인상시 대응이 어렵고 일관운송시스템의 구축이 어려움. • 자가용 이용시보다는 기동성이 떨어짐. • 화물파손이나 도난발생시 클레임 처리가 곤란

(4) 수출입 화물에 따른 구분

① FCL 수출 흐름

ⓐ 육상운송업체는 화주, 선박회사, 포워더로부터 운송신청을 접수

ⓑ 트럭회사는 운송신청을 기준으로 선박회사에 대해 공컨테이너의 수도를 통보

ⓒ 선박회사로부터 기기인도지시서(EDO ; Equipment Dispatch Order)를 교부

ⓓ 트럭회사는 CT(Container Terminal)에 대해 EDO 1통을 제시하고 기기수도증(ER ; Equipment Receipt) out용 1통, 공컨테이너 반입표 및 seal 등을 수령하는 동시에 CY에서 관리하는 공컨테이너를 수취

ⓔ 공컨테이너에 컨테이너 반입표 및 seal을 동봉한 다음 화물의 발송지(화주의 창고, 공장, 야적지)로 보낸다.

ⓕ 화물의 적입(vanning)이 완료된 다음 seal을 부착하고 컨테이너 반입표에 필요한 사항(본선명, 도착지 등)을 정확히 기입하고 서명한 다음, CT까지 운송

ⓖ CT에 도착하면 컨테이너 반입표, 기기수령증(ER ; Equipment Receipt) 반납(out)용 1통을 터미널에 제출한다. 이때 터미널에서는 ER을 토대로 컨테이너를 검사한 다음, 인수용 ER(in용) 1통을 트럭기사에게 인도

> **TIP 수출입 컨테이너운송**
>
> ① FCL은 화주의 공장에서 수출통관 후 보세운송 형태로 육상운송되는 경우가 대부분이며, 필요시 철도운송 또는 연안운송도 이용된다. 수출신고가 수리된 물품은 보세운송 형태로 운송하나 관세청장이 정하는 것을 제외하고는 보세운송절차를 생략한다.
> ② 수출자는 운송인에게 선적의뢰시 선적요청서(S/R)를 비롯한 포장명세서(P/L) 등의 서류를 제출한다.
> ③ 수출통관이 완료된 후 수출신고필증이 발급된 경우 화주는 컨테이너에 화물을 적입하고, 공컨테이너 투입시 함께 전달된 선사의 봉인(carrier's seal)을 컨테이너에 직접 장착한다.
> ④ 일반적으로 운송주선인(포워더)이 차량을 수배하여 지정된 CFS까지 운송한다. LCL 화물의 경우에는 통상적으로 개별 화주가 화물을 CFS에 입고하여 포워더가 혼재작업을 한다.

② FCL 수입 흐름
  ⓐ 화주 또는 포워더로부터 운송신청을 접수
  ⓑ 동시에 화주 또는 통관업자로부터 보세운송 OLT(Over Land Trip) 승인서 또는 수입승인서, 화물인도지시서(D/O ; Delivery Order)를 수취
  ⓒ 트럭회사는 선박회사에 대해 상기 서류를 제시하고 EDO(Equipment Dispatch Order) 1통을 교부받는다.
  ⓓ CT에 EDO 1통을 제시
  ⓔ CT에 ER(out용)을 수취하는 동시에 CY에서 적입 컨테이너를 인도받는다.
  ⓕ 당해 컨테이너를 도착지(창고, 공장, 야적지)까지 운송
  ⓖ 도착지에서 수입화물을 적출한 다음 공컨테이너를 CT까지 회송
  ⓗ CT에서 ER(out용) 1통을 인도하는 동시에 이에 기준하여 컨테이너 검사를 한 다음, ER(in용) 1통을 수취하고, CY에 공컨테이너를 인도
③ LCL(Less-than Container Load) 수출 흐름
  ⓐ 화주로부터 CFS(Container Freight Station, 컨테이너화물조작장)나 내륙 데포(Depot)까지 운송신청 접수
  ⓑ 트럭회사는 화주와의 운송계약에 따라 발송지에서 화물을 싣고 CFS나 내륙 데포까지 운송
  ⓒ 트럭회사는 CFS나 내륙 데포까지는 일반트럭이나 트레일러로 운송
  ⓓ 내륙 데포에 도착한 다음, 화물을 행선지별로 분류하여 공컨테이너에 적입한 다음 FCL 화물과 동일한 절차로 수행

2 화물자동차 운행시 제한요소

① 국토교통부는 도로의 보전과 통행의 위험을 방지하여 교통소통의 원활화를 도모하기 위해 화물자동차를 대상으로 과적차량 단속을 시행한다.
② 단속대상은 고속도로, 국도, 지방도 등의 도로를 운행하는 차량 중 총중량 40톤, 축하중 10톤을 초과하거나 적재적량을 초과하는 화물을 적재한 차량으로서 중량 측정계의 오차를 감안, 10%의 허용치를 두어 총중량 44톤 또는 11톤 이상시 고발조치한다.
③ 컨테이너화물의 선하증권(B/L ; Bill of Lading)상 중량을 25톤으로 제한한다. 컨테이너 차량은 차량무게 약 14.5톤, 공컨테이너 무게(20ft 컨테이너 2.3톤, 40ft 컨테이너 4톤) 정도를 감안할 경우 수출입화물의 중량이 25톤이면 총 중량이 41.8~43.5톤이 되어 「도로법」상 과적에 해당되어 보세운송을 제한한다.

◀ 과적규제 및 관련 규정 ▶

단속기준	벌 칙	관련부처	관계규정
축하중 10톤 초과 총중량 40톤 초과	• 「도로법」제77조 제1항에 따른 운행제한을 위반한 차량의 운전자 • 「도로법」제77조 제3항에 따른 운행제한 위반의 지시·요구금지를 위반한 자 → 500만원 이하의 과태료 부과	국토교통부, 도로관리청	「도로법」제77조 동법 시행령 제79조 제2항 국토교통부 운행제한(과적) 단속기준
적재중량 110% 차량길이 110% 높이 4m 초과	운전자 : 범칙금 5만원	경찰청 (교통안전과)	「도로교통법」제39조 동법 시행령 제22조

🖐 TIP 적재량 측정 방해행위의 금지(도로법 제78조)

ㄱ 대상(도로법 제115조 제5호 및 제6호)
ⓐ 차량의 적재량 측정을 방해한 자(차량의 운전자)
ⓑ 도로관리청의 적재량 재측정 요구에 따르지 아니한 자(차량의 운전자)
ㄴ 처벌 : 1년 이하의 징역이나 1천만원 이하의 벌금

06 운송의 원가와 차량배차

1 자가트럭운송의 비용항목

자가화물자동차운송의 원가를 계산하기 위한 항목은 연료비, 수리비, 타이어 교환비 등의 운행비와 인건비, 감가상각충당금, 세금, 보험, 관리비 등 고정비로 구분된다.

(1) 거래원가 계산 기능

자가트럭의 원가를 계산하는 이유는 적정한 운임계산을 위한 기초 데이터를 파악하고 견적이나 총물류비 중 운송비의 비중 등을 파악하기 위함이다.
① 적정한 운임계산의 기초자료로 이용
② 예측자료로써 이용할 수 있고 적정한 견적원가를 계산하기 위한 자료로 활용
③ 총물류비 중 운송비의 비중 파악이 가능
④ 운전기술, 운전경로, 배차담당기능, 차량정비능력, 차종의 품질 정도를 파악

(2) 원가항목의 구성

① 운임은 통상 운전사의 인건비, 차량의 감가상각비, 차량보험료, 세금 등 고정비 성격의 비용과 연료비, 수리비, 윤활유비, 타이어비 등 변동비로 구성된다.

② 비중이 큰 비용항목은 운전사의 인건비, 연료비, 수리비, 감가상각비 등, 고정비 성격의 인건비가 큰 비중을 차지하고 있다는 점을 고려할 때 비용을 절감하려면 차량의 회전율 향상, 공차율 최소화가 필요하다.

③ 다음 공식을 기준으로 하여 연간 통행료, 야간 및 특근시간 등을 고려하여 원가계산이 가능하다.
   ㉠ 총운송원가 = 연간고정비 + (km당 변동비 × 주행 km) + (시간당 변동비 × 시간)
   ㉡ 연간고정비 = 감가상각비 + 고정적 인건비 + 세금 + 보험료 + 기타 고정비
   ㉢ km당 변동비 = 연료비 + 수리비 + 윤활유비 + 타이어튜브비 + 주행 km 수당
   ㉣ 시간당 변동비 = 야간 및 특근수당 등

(3) 트럭의 원가절감을 위한 지표활용

트럭의 유효 활용도를 평가하기 위하여 다음과 같은 기본관리지표를 활용

① **가동률** : 일정기간 동안 화물을 운송하기 위해 운행한 일수의 비율
   가동률 = 가동일수 / 영업일수

② **실차율** : 트럭의 총주행거리 중에서 실제 화물을 적재하고 운행한 거리의 비중을 나타내는 지표
   실차율 = 적재거리 / 총주행거리(실차율 = 영차율 = 1 − 공차율)

③ **적재율** : 차량에 얼마만큼 화물을 적재하고 운행했는가를 나타내는 지표
   적재율 = 적재중량 / 적재가능 총중량

> [사례] 11톤 트럭에 9톤을 적재하고 운행시 적재율은 82%

🔵 TIP 트럭운행시 안전도와 축중제한을 고려하여 운행해야 하며, 안전도 등 허용범위 내에서 적재율이 높을수록 생산성이 높아지므로 가능한 많은 화물을 적재하는 것이 보다 유리하다.

2 자동차의 경제적 효율성

(1) 자동차의 분기점 채산도

두 종류의 화물차가 있고, 비용요소가 상이할 경우에 분기점 채산도를 계산하여 화물차를 보다 효과적으로 이용한다.

〈계산식〉

$$Xp = (Fa - Fb) / (Va - Vb)$$

Xp : 분기점 채산도(회)

Fa : A형 화물차의 고정비

Va : A형 화물차의 변동비

Fb : B형 화물차의 고정비

Vb : B형 화물차의 변동비

(2) 자동차의 경제효용거리

화물자동차와 철도는 운송수단별 특성을 가지고 있으며, 경쟁우위를 확보할 수 있는 운송화물이나 거리를 비교해 볼 수 있다. 일반적으로 장거리, 대량화물의 경우에는 철도가 유리할 것이고, 근거리·소량화물의 경우 화물자동차가 경제적이다. 이처럼 서로 다른 운송수단에 대해 경제적인 운송거리 등을 검토하여 활용이 가능하다. 채트반 공식은 화물자동차가 철도와 경쟁시 경쟁가능한 거리를 구하는 공식이다.

〈계산식〉

$$L = D / (T - R)$$

L : 자동차의 경제효용거리의 한계(km)

D : 톤당 철도발착비 + 배송비 + 화차하역비 + 포장비

T : 자동차의 톤·km당 수송비

R : 철도의 톤·km당 수송비

톤당 고정비(D), 변동비(T와 R)가 서로 다른 두 비용의 손익분기점 산출

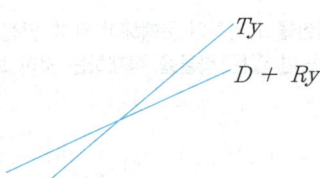

Ty

$D + Ry$

• **채트반 공식** : 미국의 Jorge Chatban이 개발한 공식

(3) 경쟁가능거리

채트반 공식을 응용한 경쟁가능거리를 구하는 공식

〈계산식〉

$y = t / (m-r)$

y : 자동차의 경쟁가능거리의 한계(km)

t : 1톤당 철도운송 · 하역비

m : 자동차의 톤 · km당 운임

r : 철도의 톤 · km당 운임

3 차량의 배차

차량의 배차는 보유 중인 화물자동차를 운송할 화물별로 배치하고 부족한 차량을 조달 · 관리하는 활동을 의미한다. 자동차를 효과적으로 운영하여 효율적으로 화물운송을 하기 위해서는 차량의 배차를 효율적으로 해야 하며, 배차관리자는 운송과 관련한 체계화된 지식을 갖추고 고객만족 서비스를 제공하도록 해야 한다.

07 화물자동차의 운임

1 화물자동차 운임의 특징

• 화물자동차는 기본적으로 자동차의 구입에 소요되는 자금이 비교적 적으며(할부금융사를 통한 할부구입이 일반적), 자동차를 운영하는 데 주차장을 확보하는 것 외에는 크게 고정비에 대한 투자가 소요되지 않는다.
• 철도처럼 운행통로는 정부나 지방자치단체가 건설해 놓은 도로를 이용하게 되며 화물이 존재하고 있는 현장까지 직접 운행하여 최종 목적지까지 직접 운송이 가능하다.
• 화물자동차운송은 저투자 고편의성 때문에 운임이 타 운송수단에 비하여 아래와 같은 몇 가지 특징을 지닌다.

(1) 타 운송수단에 비하여 고정비보다는 변동비가 높은 편

전체 운임 중 인건비가 차지하는 비중이 상당히 높기는 하지만, 철도나 선박 또는 항공기에 비하면 고정비가 낮은 편이다.

(2) 일반적으로 수요와 공급의 원칙에 입각하여 운임결정

화주와 주선회사 또는 물류자회사 간의 특수한 관계에 의하여 운송계약이 이루어지기도 하지만, 실제 운송을 담당하는 기업 또는 차주와의 운송계약은 수요와 공급의 원칙에 입각하여 운임수준이 결정된다. 특히, 타 지역에서 도착한 차량들은 1일 출하물량의 수준, 교통상황 등에 따라 결정되는 운임수준에 의하여 운임을 수수하므로 경우에 따라서는 운송원가 이하의 운임을 받고 운행하기도 한다.

(3) 운행시간대에 따른 차등운임제

특성상 장거리운송으로 인하여 주야간 운행이 자연스럽게 이루어지는 해상운송이나 항공 또는 철도에 비하여 야간 또는 새벽 이른 시간의 도로운송은 주간에 비하여 높은 운임을 요구한다.

> **TIP** 화물자동차운송은 원가 중 가장 큰 부분이 운전기사의 급여부분이다. 따라서 야간운행을 요구하게 되면 그만큼 운전기사의 피로도가 가중되기 때문에 더 높은 운임을 요구한다.

(4) 톤급체감식 운임결정

화물자동차운송에서는 동일한 운송량을 소형차량으로 여러 번 나누어 운송하는 것보다 대형차량을 이용하여 한 번에 운송하는 것이 운송단위당 운송원가가 적게 발생하므로 운송차량의 톤급이 클수록 체감적으로 운임이 결정된다.

> [설명] 화물자동차의 원가 중 인건비, 제세공과금, 보험료, 출장여비, 통행료(소형과 대형으로 구분) 등은 톤급에 관계없이 거의 일정하게 발생하며 연료비는 화물적재량과 차체 중량에 영향을 많이 받는바, 대형차량의 경우에는 차체 중량이 톤급과 비례하지 않고 수리비 또한 대형차량이 많이 소요되기는 하지만 톤급에 정비례하여 증가되지 않는다. 따라서 운송을 할 때에는 가능한 대형차량을 이용하여 대량으로 운송하는 것이 보다 경제적이다.

2 화물자동차 운임의 지급방법(실제적용방법론)

(1) 풀(Pool)운임

① 풀운임이란 프로젝트계약으로 이루어진 경우 지급되는 운임의 형태로 화주와 운송인은 전체화물을 운송하는 데 소요되는 총운임을 정하고 전체물량의 운송이 완료되면 계약한 운임 100%를 지급하는 방식이다.

② 화주는 계약 후 운송인이 어떤 차량을 이용하여 어떤 방법으로 운송하든 상관없으며 계약기간 안에 약속한 수준의 운송서비스 품질만 유지하면 되고, 운송인은 가능한 효율적인 방법으로 원가를 절감하고 이익을 크게 하기 위한 활동을 전개한다.

> **TIP** 항만운송에서 모선단위별 운송을 하거나 개인이삿짐운송, 공장이전운송 등의 경우 풀운임을 적용한다.

(2) 개별운임

- 개별운임이란 운송건별로 운임을 정하여 이를 완수했을 때 계약운임을 지급하는 형태의 운임이다.
- 투입되는 차량의 종류와 크기, 실제 운송량을 기준하여 운임이 지급되며 운송의 특성에 따라 다양하다.

① **거리별 운송단위당 운임** : 운송거리별 또는 운송구간별 운송단위(톤, 파렛트, 박스 등)당 운임을 정하고 어떤 톤급 및 형태의 차량을 이용하든 상관없이 운송실적에 따라 운임률을 곱하여 산출된 운임을 적용한다.

② **거리별 대당 운임** : 운송거리별 또는 운송구간별 운송차량의 톤급 및 형태에 따라 1회 운송시의 운임을 정하고 투입된 운송차량의 대수를 기준하여 운임을 지급하는 방법이다.

> **TIP** 실질적으로 차량에 얼마의 화물을 적재했는지는 상관없고 요청한 차량이 실제로 투입되었는지가 중요하다.

③ **회전당 무차별운임**

　㉠ 무차별운임이란 운송거리에 관계없이 동일한 운임을 적용하는 것으로, 운송을 1회하였을 때 차량의 톤급 및 형태에 따라 약정운임을 지급하는 방법이다.

　㉡ 운송거리에 크게 차이가 없거나 운송거리보다는 상하차시간, 대기시간 등이 운행시간보다 훨씬 더 커서 운행거리를 무시해도 크게 문제가 되지 않으며 차량별 운행장소가 고정되어 있지 않고 계속적으로 변동되는 경우에 적용할 수 있는 방법이다.

> **TIP** 운임 계산이 간편한 이점이 있는 반면 운전기사 간의 운송거리가 다소라도 차이가 있을 때에는 배차의 불균형에 대한 불만이 발생할 수 있다.

④ **운송단위당 무차별운임** : 단위당 무차별운임이란 운송거리에 관계없이 운송단위당 약정운임을 지급하는 방법이다.

> [사례] 택배회사가 화물을 배달시키고 배달기사들에게 지급하는 운임을 운송거리, 중량 등에 따라 차등지급할 수 없기 때문에 계산의 편리를 위하여 배달화물 한 개에 정해진 동일운임을 지급

단위당 무차별운임은 운전기사의 능률 향상 또는 서비스 품질의 질적 방지를 위하여 다음과 같은 방법으로 변형·시행한다.

　㉠ **단순 운송단위당 운임** : 단위당 무차별운임을 특별한 변형된 방법 없이 운송실적에 따라 비례적으로 운임을 계산하는 방법이다. 이는 운전기사가 무한대로 능력 발휘를 해주는 것이 유리하다고 판단하여 적용할 수 있는 방법이다.

　㉡ **누진제 운송단위당 운임** : 일정 수준까지는 기본운임을 적용하여 지급하고 ㄱ 이상 운송을 하였을 때에는 더 높은 수준의 운임을 지급하는 방법이다. 이는 운송능률을 높이는 것이 어려운 상황 하에서 좀 더 높은 수준의 능률을 실현시키기 위하여 적용한다.

ⓒ 체감제 운송단위당 운임 : 일정 수준까지는 기본운임을 적용하여 지급하고 그 수준을 넘어서는 운송량에 대해서는, 기본운임보다 더 낮은 수준의 운임률을 적용하여 지급하는 방법이다. 이 방법은 기본수량을 달성하기 용이하고 운송량이 증가할수록 서비스 수준이 떨어지거나 수지가 악화될 우려가 있을 때 적용할 수 있다. 일반적으로 택배회사가 적용하는 방법이다.

⑤ **거래처당 무차별운임**

ⓐ 운송거리에 상관없이 배달을 위해 방문한 거래처의 수를 기준하여 운임을 지급하는 방법이다.

ⓑ 배달처별로 배달수량이 비슷하고 다수의 화물을 콘솔(Consolidation)박스에 넣어서 배달하는 경우에 적용할 수 있는 운임형태이다.

> 🔵**TIP** 이 운임지급방법도 ⓐ 단순 방문처당 운임, ⓑ 누진제 방문처당 운임, ⓒ 체감제 방문처당 운임으로 구분하여 적용이 가능하다.

⑥ **총운임비례운임** : 다수 화주들의 화물을 집합시켜 대형차량을 이용하여 간선운송을 함에 있어 택배 및 노선운송업체는 자신의 차량을 이용하지 않고 외부의 다른 운송인 차량을 이용하여 운송하는 경우가 많으며, 운임을 구간별 대당운임을 적용하는 경우도 있지만 간선차량이 운송하는 화물의 전체 택배운임을 기준하여 계약한 일정률의 운임을 계산하여 지급하는 방법이다.

ⓐ **단점** : 적재한 화물의 양이 많고 택배운임이 높은 화물을 운송하게 되면 높은 운임, 적은 양과 낮은 택배운임의 화물을 운송하게 되면 낮은 운임을 지급받게 되어 실제 운송원가에 관계없이 운임이 결정된다.

ⓑ **장점** : 운송구간별 합리적인 물량의 수준과 적재량 수준을 예측하여 운임률을 정하고 그 노선에 대하여 장기계약 하에 간선운송업체가 책임운송하는 조건으로 운송업무를 수행한다면, 택배업체와 구간운송업체가 상호 불만 없이 운송업무를 수행할 수 있다.

(3) 기간운임(또는 대절운임)

- 기간운임은 일종의 대절운임과 같은 형식의 운임으로서 일정한 차량의 이용기간에 따라 지급되는 운임이다.
- 운송사업자의 차량을 자신의 차량과 동일하게 이용하는 것이며 이는 자신의 차량처럼 편리하게 이용하면서 차량 및 운전기사에 대한 관리는 운송업체 또는 운전기사 스스로 하도록 하며, 항상 운전기사나 운송업체에 협조적이고 품질 높은 서비스를 요구하기 위하여 이용된다.

> 🔵**TIP** 기간운임의 방법은 일정한 수준의 기본운임에 다양한 방법으로 실비보상 및 인센티브 운임을 추가하여 지급한다.

① **순수 기간정액운임** : 월간 또는 운행일수별로 운행거리나 운송량에 관계없이 일정한 운임을 지급하는 방법으로, 운송인의 차량을 자신의 차량처럼 이용하면서 운전기사에게 급여를 지급하는 형태이다.

> **TIP** 유류비, 수리비, 타이어비, 도로통행료 등 운송량 및 운송거리에 따라 발생하는 변동비는 화주가 직접 처리해야 하므로 관리인력이 필요하다.
> 기간정액운임을 적용하는 경우에 실제로는 순수 기간정액운임만을 지급하는 경우는 적다.

② **실비보상 기간정액운임** : 대부분의 화주기업들은 기간운임을 기본으로 하되 자신들이 통제하고 관리하기 어려운 변동비는 운송인 또는 운전기사에게 관리하게 하면서 발생근거와 세금계산서를 첨부하여 실비지급청구를 하면 이에 대해 추가운임을 지급하는 방법을 적용한다.

③ **실비보상 인센티브 기간정액운임** : 기간정액운임과 변동비 실비보상운임을 지급하는 경우에 운전기사의 능률 향상을 유도하기 위하여 정액운임 외에 일정한 수준 이상의 운송량에 대하여 추가적인 운임 또는 높은 임률의 운임을 적용하는 방법이다.

(4) 상품가격비율 운임

① 운송비를 운송한 상품의 가격을 기준하여 지급하는 방법이다.

② 일반적으로 운임은 운송하는 양과 거리, 차량의 크기 등에 따라 운송원가가 결정되고 이를 기준으로 운임이 결정되는 데 반해, 이 방법은 운송한 상품의 가격수준에 따라 결정되기에 동일한 중량 또는 부피의 화물을 운송해도 운임이 높아질 수도 있고 낮아질 수도 있다.

③ 운송에 투입되는 차량들은 단기계약이 아닌 장기계약으로 운송용역을 제공할 때 가능하다.

> **TIP** 단기계약시는 화물의 가격이 떨어지거나 낮은 가격의 화물이 집중적으로 출하되는 시기에 운송을 담당하는 운송업체 또는 차량은 피해를 볼 수 있다.

④ **적 용**

㉠ 일반적으로 장거리 운송보다는 근거리 배송에 주로 적용한다.

㉡ 화주가 자사의 수·배송물류비를 일정 수준으로 유지하고자 할 때 많이 적용한다.

㉢ 수·배송되는 화물의 가격변동이 별로 없고 운송하는 품목의 구성비가 크게 변동하지 않는 경우에 적용(농수산물과 같이 가격변동이 심한 경우에는 적용하기에 어려움)한다.

㉣ 유통업체들의 물류센터에서 거래처에 납품되는 배송화물들은 상품가격의 변동은 적은 반면, 다양한 상품을 배송하기 때문에 운송량에 따른 중량이나 부피의 계산이 곤란하여 운송을 기준한 운임적용이 어려워 상품가격비율 운임을 적용하는 경우가 많다.

08 화물자동차 운송의 효율화 방안

1 화물자동차 운행의 효율화 방안

① 물류터미널, 도로망, 물류센터 등 물류시설의 확충
② 화주의 제품유통구조 개선
③ 화물자동차운송사업 여건의 개선
④ 관련 법규, 제도개선 및 정책개발
⑤ 차량의 대형화·경량화
⑥ 트레일러 방식의 도입
⑦ 운송의 전용화
⑧ 공동 수·배송의 확대
⑨ 심야운송의 확대
⑩ 지방 간선도로와 우회도로의 사용 확대 등

01 다음 중 도로운송에 관한 설명으로 옳은 것을 모두 고른 것은?

> ㄱ. 운임이 저렴하고 안정성이 높다.
> ㄴ. Door-to-Door 서비스와 일관수송이 가능하기 때문에 화물의 수취가 편리하다.
> ㄷ. 필요시 즉시 배차가 용이하다.
> ㄹ. 고중량 화물 운송에 적합하다.
> ㅁ. 철도운송에 비해 상대적으로 기후에 영향을 적게 받는다.
> ㅂ. 근거리 운송에 적합하다.

① ㄱ, ㄴ, ㄹ   ② ㄴ, ㄷ, ㄹ
③ ㄴ, ㄷ, ㅂ   ④ ㄷ, ㄹ, ㅂ
⑤ ㄹ, ㅁ, ㅂ

해설 도로운송(화물자동차운송)은 상대적으로 운임이 고가이며, 중량물 운송 및 장거리 운송에 있어서 단점이 있는 운송방법에 해당한다.

02 트레일러 형상과 적재하기에 적합한 화물의 연결이 옳지 않은 것은?

① 평상식 트레일러 – 일반화물
② 저상식 트레일러 – 불도저
③ 중저상식 트레일러 – 대형 핫코일(Hot Coil)
④ 밴 트레일러 – 중량 블록화물
⑤ 오픈탑 트레일러 – 고척화물

해설 밴형 트레일러(Van Trailer)는 하대(화물적재공간)부분에 밴형의 보디가 장치된 트레일러로써, 일반잡화 및 냉동화물 등의 운반에 사용된다.

정답 **01** ③ **02** ④

03 다음 중 트레일러에 대한 설명으로 적합하지 않은 것은?

① 기점에서 중계점까지 왕복수송이 가능하다.

② 트레일러를 별도로 분리하여 화물을 적재하거나 하역할 수 있다.

③ 트레일러 부분에 일시적으로 화물을 적재한 상태로 보관할 수 있다.

④ 트랙터 1대에 대해 1대의 트레일러만 운영할 수 있다.

⑤ 트럭은 총중량 20톤으로 제한되어 있으나 트레일러의 경우 트럭과 트레일러 각 20톤씩 합계 40톤을 적재할 수 있다.

[해설] 일반적으로 트랙터 1대에 복수의 트레일러를 운영하고 있다. 트랙터 1대에 1대의 트레일러를 운영하는 것도 이론적으로는 가능하지만 실무적으로는 효율적이지 못하여 1대의 트레일러만을 운영하는 경우는 거의 없다.

04 화주 입장에서 영업용 화물자동차와 자가용 화물자동차의 장단점 중 틀린 것은?

① 자가용 화물자동차의 경우에는 높은 신뢰성을 지니고 있으나, 수송능력에 한계가 있다.

② 영업용 화물자동차의 경우에는 물류시스템의 일관성이 없으나, 기동성이 높다.

③ 자가용 화물자동차의 경우에는 인적 투자가 필요한 단점이 있다.

④ 영업용 화물자동차의 경우에는 설비투자가 필요 없으며, 일반적으로 수송비가 저렴하다.

⑤ 영업용 화물자동차의 경우에는 공차회송을 줄일 수 있는 장점이 있다.

[해설] 자가용 화물자동차는 기동성이 높은 반면에, 영업용 화물자동차는 상대적으로 기동성이 낮아 화주가 이용을 망설이는 이유의 하나가 되고 있다.

05 우리나라에서 도로운송이 차지하는 비중이 높은 이유로서 적합하지 않은 것은?

① 철도운송의 문전배송이 미흡하여 화주들이 도로운송을 선호하기 때문이다.

② 물동량 증가에 비해 철도운송의 수송능력이 부족하기 때문이다.

③ 운송시간이 철도에 비해 짧기 때문이다.

④ 필요시 즉시 배차가 가능한 높은 기동성이 있기 때문이다.

⑤ 단거리운송시 철도운송의 비용이 높기 때문이다.

[해설] 도로운송의 비중이 높은 것은 단거리 운송시 철도운송의 비용이 도로운송의 비용보다 높기 때문이라기보다는 도로운송의 문전운송과 기동성 등에 기인한다.

정답 **03** ④ **04** ② **05** ⑤

06 우리나라의 운송합리화를 위한 방안으로 가장 적합하지 않은 것은?

① 적재율의 향상으로 공차율 최소화
② 출하물량의 소량화 및 표준화
③ 물류기기의 개선과 정보시스템의 정비
④ 최단운송루트의 개발
⑤ 공동 수·배송으로 공차율 최소화

> **해설** 운송합리화를 위해서는 출하물량의 대량화와 표준화가 요구된다. 운송합리화 방안으로는 적재율의 향상으로 공차율 최소화, 출하물량의 대량화 및 표준화, 물류기기의 개선과 정보시스템의 정비, 최단운송루트의 개발, 최적운송수단의 선택, 공동 수·배송으로 공차율 최소화 등이 있다.

07 화물자동차의 구조에 의한 분류상 전용특장차로 옳은 것을 모두 고른 것은?

> ㄱ. 덤프트럭 ㄴ. 분립체 운송차
> ㄷ. 적화·하역 합리화차 ㄹ. 측면 전개차
> ㅁ. 액체 운송차

① ㄱ, ㄴ ② ㄴ, ㄷ
③ ㄱ, ㄴ, ㅁ ④ ㄴ, ㄹ, ㅁ
⑤ ㄷ, ㄹ, ㅁ

> **해설** ㄷ. 적화·하역 합리화차, ㄹ. 측면 전개차는 합리화 특장차이다. 전용특장차는 특정 화물만을 전문으로 운송하는 차량이며 합리화 특장차는 2가지 이상의 화물을 운송할 수 있다.

08 다음 중 내륙 컨테이너기지(ICD)의 기능이 아닌 것은?

① 에이프런 기능 ② 통관기능
③ 집화 및 분류기능 ④ 내륙운송 연계기능
⑤ 장치 및 보관기능

> **해설** 에이프런(Apron)은 하역용 컨테이너 크레인과 컨테이너 운반용 트레일러(Trailer)나 스트래들 캐리어(Straddle Carrier)가 자유롭게 움직일 수 있는 넓이의 구역을 말하며, 부두 끝단에서 약 30m 정도 넓이의 공간이 필요하다. 내륙 컨테이너기지에는 선박의 입·출항이 없으므로 에이프런의 기능은 없다.

정답 **06** ② **07** ③ **08** ①

09 **화물자동차의 제원에 관한 설명으로 옳은 것은?**

① 최대적재량은 실질적으로 적재운행할 수 있는 화물의 총량으로 도로법령상 적재 가능한 축하중 10톤과는 직접관계가 없다.

② 공차중량은 연료, 냉각수, 윤활유 등을 제외한 운행에 필요한 장비를 갖춘 상태의 중량을 말한다.

③ 차량총중량은 승차정원을 제외한 화물 최대적재량 적재시의 자동차 전체중량이다.

④ 축하중은 차륜이 지나는 접지 면에 걸리는 전체 차축하중의 합이다.

⑤ 승차정원은 운전자를 제외한 승차 가능한 최대인원수를 말한다.

> 해설 ② **공차중량** : 화물이나 사람을 싣지 않고 연료, 냉각수, 윤활유 등을 만재하고 운행에 필요한 기본장비(예비 타이어, 부품, 공구 등 제외)를 갖춘 상태의 차량중량
> ③ **차량총중량** : 승차정원과 최대적재량 적재시의 자동차 전체 중량
> ④ **축하중** : 차륜을 지나는 접지면에 걸리는 각 차축당 하중
> ⑤ **승차정원** : 운전자를 포함한 승차 가능한 최대인원수

10 **특장차에 관한 설명으로 옳지 않은 것은?**

① 특장차를 전용으로 이용할 경우에 화물의 포장비가 절감된다.

② 특장차는 신속한 상·하차가 가능하여 차량의 회전율을 향상시킨다.

③ 특장차는 복화화물을 확보하는 것이 어렵기 때문에 편도 공차운행을 해야 하는 비효율성이 있다.

④ 특장차는 운송화물의 특성에 맞춰 제작되기 때문에 차체의 무게가 가벼워진다.

⑤ 특장차는 다른 종류의 화물을 수송하기에 부적합하며 화물 부족시 운영효율이 떨어진다.

> 해설 ④ 특장차는 운송화물의 특성에 맞춰 제작되므로 차체에 무게가 더해져 무거워진다.

11 **화물운송에 있어서 영업용 차량에 비해 자가용 차량을 이용할 경우의 장점은?**

① 수요 증가에 따른 탄력적 대응이 가능

② 공차율의 감소

③ 설비와 인력투자에 대한 고정비 절감이 가능

④ 고객의 다양한 요구에 신속한 대응이 가능

⑤ 운송비가 비교적 저렴

> **해설** 자가용 차량의 최대 장점은 차량필요시 즉시 이용이 가능하다는 점이다. 이에 반해 영업용 차량은 적합한 차량을 구하는 데 시간이 걸리고 운임 등 여러 가지 조건이 맞아야 운송계약의 체결이 가능하며, 이용하는 데 다소 시간이 걸린다.

12 화물자동차에 관한 설명으로 옳은 것을 모두 고른 것은?

> ㄱ. 전장이 길수록 화물의 적재부피가 증가한다.
> ㄴ. 전고의 크기는 지하도, 교량의 통과 높이에 영향을 준다.
> ㄷ. 전폭이 좁을수록 주행의 안전성이 향상된다.
> ㄹ. 하대높이는 화물적재의 안정성에 영향을 준다.
> ㅁ. 제1축간거리가 길수록 적재함 중량이 뒷바퀴에 많이 전달된다.

① ㄱ, ㄴ, ㄷ   ② ㄱ, ㄴ, ㄹ
③ ㄴ, ㄷ, ㄹ   ④ ㄴ, ㄹ, ㅁ
⑤ ㄷ, ㄹ, ㅁ

> **해설** ㄷ. 전폭(Width)은 자동차의 문을 닫고 중심에서 직각으로 쟀을 때 가장 큰 폭을 말하며, 전폭이 넓을수록 주행의 안전성이 향상된다.
> ㅁ. 축간거리(Motor Vehicle Space, Wheel)는 적재화물의 하중이 각 바퀴에 전달되는 정도에 영향을 주는 것으로, 제1축간거리가 길수록 적재함의 길이가 커지거나 적재함 중량이 앞바퀴에 많이 전달된다.

13 다음 중 화물자동차 운송의 개선방안으로 볼 수 없는 것은?

① 자가용 화물차량의 카풀제도를 도입한다.
② 도시 외곽에 복합물류터미널을 건설한다.
③ 각 기업의 직송 및 개별수송을 위한 차량을 확보한다.
④ 동업종 또는 이업종 간의 공동배송제를 확보한다.
⑤ 도로 및 기간시설의 확충 및 적절한 효용성을 제고한다.

> **해설** 화물자동차 운송의 개선을 위해서는 개별기업의 직송이나 개별수송을 위한 차량을 확보하기 보다는 공동수송을 추진하고 이를 위한 차량을 확보하는 것이 필요하다.

> **정답** 12 ② 13 ③

14 화물자동차의 중량 및 운송능력에 관한 설명으로 옳지 않은 것은?

① 공차중량은 화물을 적재하지 않고 연료, 냉각수, 윤활유 등을 채우지 않은 상태의 중량이다.
② 최대 적재중량은 화물을 최대로 적재할 수 있도록 허용된 중량이다.
③ 자동차연결 총중량은 최대 적재중량에 트레일러와 트랙터의 무게까지 합산한 중량이다.
④ 최대접지압력은 최대 적재상태에서 접지부에 미치는 단위면적당 중량이다.
⑤ 화물자동차의 운송능력은 최대 적재중량에 자동차의 평균 속도를 곱하여 계산한다.

> **해설** 공차중량(CVW : Complete Vehicle Kerb Weight/Empty Vehicle Weight)은 화물이나 사람을 싣지 않고 연료, 냉각수, 윤활유 등을 만재하고 운행에 필요한 기본장비(예비 타이어, 부품, 공구 등 제외)를 갖춘 상태의 차량중량을 의미한다.

15 트레일러의 형상에 따른 설명으로 옳은 것을 모두 고른 것은?

> ㄱ. 평상식 트레일러(flat bed trailer)는 하대의 상면이 평면으로 된 트레일러로 일반화물 및 강재 등의 운송에 적합하다.
> ㄴ. 밴형 트레일러(van trailer)는 하대 부분에 밴형의 보디가 장치된 트레일러로 일반잡화 및 냉동화물 등의 화물운송에 주로 이용한다.
> ㄷ. 오픈탑 트레일러(open top trailer)는 밴형 트레일러의 일종으로 천장이 개구된 형태이며 주로 석탄 및 철광석 등과 같은 화물에 포장을 덮어 운송하는 경우 이용한다.
> ㄹ. 스케레탈 트레일러(skeletal trailer)는 컨테이너운송을 위해 제작된 트레일러로 전후단에 컨테이너 고정장치가 부착되어 있으며, 20'용, 40'용 등 여러 종류가 있다.
> ㅁ. 중저상식 트레일러(drop bed trailer)는 하대의 중앙부위가 낮게 설계된 트레일러로 중량화물 등의 운송에 주로 이용한다.

① ㅁ
② ㄴ, ㄷ
③ ㄴ, ㅁ
④ ㄱ, ㄷ, ㅁ
⑤ ㄱ, ㄴ, ㄷ, ㄹ, ㅁ

16 공로운송의 운행제한에 관한 설명 중 ( )에 들어갈 숫자를 바르게 나열한 것은?

> 고속도로, 국도, 지방도로를 운행하는 차량 중 총중량 (ㄱ)톤, 축하중 (ㄴ)톤을
> 초과하거나 적재적량을 초과한 화물을 적재한 차량으로서 중량 측정계의 오차 (ㄷ)%
> 를 감안하여 그 이상시 고발조치하고 일정 벌금이 부과되고 있다.

① ㄱ: 40, ㄴ: 10, ㄷ: 5　　　　② ㄱ: 40, ㄴ: 10, ㄷ: 10

③ ㄱ: 50, ㄴ: 12.5, ㄷ: 5　　　④ ㄱ: 50, ㄴ: 12.5, ㄷ: 10

⑤ ㄱ: 60, ㄴ: 15, ㄷ: 5

> **해설** 국토교통부는 도로의 보전과 통행의 위험을 방지하여 교통소통의 원활화를 도모하기 위해 화물자동차를 대
> 상으로 과적차량 단속을 시행하고 있다. 단속대상은 고속도로, 국도, 지방도 등의 도로를 운행하는 차량 중
> 총중량 40톤, 축하중 10톤을 초과하거나 적재적량을 초과하는 화물을 적재한 차량으로서 중량 측정계의 오
> 차를 감안, 10%의 허용치를 두어 총중량 44톤 또는 11톤 이상시 고발조치하고 있다. 관련 규정은 도로법
> 제77조와 운행제한단속기준이다.

17 다음은 B기업의 2018년도 화물자동차 운행실적이다. 실차율, 적재율, 가동률이 모두 옳은
것은? (단, 소수점 둘째 자리에서 반올림)

> • 누적 주행거리 : 60,000km　　　　• 실제 적재 주행거리 : 52,000km
> • 실제 가동차량 수 : 300대　　　　　• 누적 실제 차량 수 : 360대
> • 트럭의 적재가능 총중량 : 15톤　　• 트럭의 적재중량 : 12톤
> • 트럭의 회전율 : 5회

	실차율	적재율	가동률
①	83.3%	80.0%	86.7%
②	83.3%	86.7%	80.0%
③	86.7%	60.0%	83.3%
④	86.7%	80.0%	83.3%
⑤	86.7%	86.7%	80.0%

> **해설** • 실차율 = 52,000 / 60,000 = 0.867
> • 적재율 = 12 / 15 = 0.8
> • 가동률 = 300 / 360 = 0.833

18 다음에서 설명하는 차량은?

> 밴형 차량의 측문이 하나이거나 한쪽에만 설치되어 있어 측면에서의 상·하차작업이 불편할 뿐만 아니라, 지게차에 의한 작업시 상·하차작업이 곤란한 문제점을 해결하기 위하여 측면의 문을 미닫이 식으로 설치함으로써 측면 전체의 개방이 가능하도록 제작된 차량이다. 주로 무거운 화물(음료수 등)을 배송하는 중·소형 차량에 적용된다.

① 슬라이딩도어(Sliding Door) 차량
② 컨버터블(Convertible) 적재함 차량
③ 셔터도어(Shutter Door) 차량
④ 윙바디(Wing Body) 차량
⑤ 폴트레일러(Pole Trailer) 차량

> **해설**
> ② **컨버터블 적재함 차량** : 밴형 차량의 적재함 덮개 전체 또는 측면부가 적재함에 설치된 레일을 따라 앞뒤로 개폐될 수 있도록 제작된 차량이다. 화물을 상·하차할 때에는 덮개를 앞이나 뒤로 이동시킨 후 작업을 하고 작업이 완료되면 원래대로 복구시켜 밴형 화물차와 같은 형태로 운송이 가능하다.
> ③ **셔터도어 차량** : 밴형 차량의 경우 일반적으로 여닫이식 문을 채택하기 때문에 문을 여는 방향으로 일정한 공간이 필요하며, 문을 여닫는 데 시간이 소요되는 문제를 해결하기 위하여 밴형 차량의 적재함 문을 상하로 개폐할 수 있는 셔터형으로 제작한 차량이다. 개폐의 신속성, 차체 무게 도어의 경량화, 작업공간의 확보 문제들을 해결할 수 있다.
> ④ **윙바디 차량** : 적재함의 상부를 새의 날개처럼 들어 올릴 수 있도록 한 차량으로서 측면에서의 상·하차작업이 가능하도록 한 차량이다. 적재함 측면의 지지력이 약하기 때문에 부피화물 위주로 운송하는 데 적합하며, 주로 중대형 차량에 많이 적용된다.
> ⑤ **폴트레일러 차량** : 폴트레일러용 트랙터와 트레일러로 이루어져 있다. 교각, 대형 목재, 대형 파이프, H형강 등 장척화물 운반용 트레일러가 부착된 트럭이다. 트랙터에 장치된 턴테이블에 폴트레일러를 연결하고, 하대와 턴테이블이 적재물을 고정시켜 운송한다.

19 다음과 같은 조건에서 공로와 철도운송의 경제효용거리 분기점은?

> • 톤당 추가되는 비용(철도역 상·하차 비용, 포장비 등) : 12,000원
> • 공로운송의 톤·km당 운송비 : 120원
> • 철도운송의 톤·km당 운송비 : 70원

① 200km   ② 220km
③ 240km   ④ 260km
⑤ 280km

> **해설** 채트반 공식에 의하면, 경제효용거리 = 12,000 / (120 − 70) = 240km

정답 **18** ① **19** ③

20 다음은 A기업의 화물운송 방식이다. 채트반(Chatban) 공식을 이용하여 운송할 때 그 결과에 관한 설명으로 옳지 않은 것은?

> • 자동차운송비 : 8,000원/ton · km
> • 철도운송비 : 7,500원/ton · km
> • 톤당 철도운송 부대비용(철도 발착비 + 배송비 + 화차 하역비 등) : 53,000원

① A기업은 80~100km 구간에서 자동차운송이 유리하다.
② A기업은 100~120km 구간에서 철도운송이 유리하다.
③ 100km 지점에서 톤당 철도운송의 부대비용이 50,000원일 때, 자동차운송비와 철도운송비가 동일하다.
④ A기업은 106km 지점에서 자동차운송비와 철도운송비가 동일하다.
⑤ A기업의 자동차운송의 경제적 효용거리는 106km이다.

해설 채트반 공식에 의하면 L = 53,000 / (8,000−7,500) = 106km이다.
106km까지는 자동차운송이 상대적으로 유리하므로, A기업은 100 ~ 120km 구간에서는 자동차운송이 유리하다.

21 파이프나 H형강 등 장척물의 수송이 주 목적이며, 폴 트레일러를 연결하여 적재함과 턴테이블이 적재물을 고정시켜 수송하는 것은?

① 폴 트레일러 트럭(Pole-trailer truck)
② 풀 트레일러 트럭(Full-trailer truck)
③ 세미 트레일러 트럭(Semi-trailer truck)
④ 모터 트럭(Motor truck)
⑤ 더블 트레일러 트럭(Double-trailer truck)

해설 ① 장척물 수송용 트레일러는 폴 트레일러이다.

22 기존의 도로(공로) 중심의 운송체계를 철도 및 연안운송 등으로 전환하는 것을 뜻하는 용어는?

① 3PL(3rd Party Logistics)
② ITS(Intelligent Transport System)
③ 통합물류서비스(Integrated Logistics Service)
④ 모달시프트(Modal Shift)
⑤ LCL(Less than Container Load)

운송수단으로 모달시프트는 도로운송 중심의 운송체계를 철도 및 연안운송으로 전환하여 도로운송의 수송 분담비율을 낮추는 것을 뜻한다.
① 3PL은 기업이 물류 관련 업무를 생산자와 판매자 사이의 제3자에게 맡겨 수행하게 하는 방법이다.
② ITS는 지능형 교통체계로 기존의 교통체계에 전자, 정보, 통신, 제어 등의 지능형 기술을 접목시킨 차세대 교통체계이다.

23 화물자동차의 명칭과 화물적재와의 관계에 관한 설명으로 옳은 것은?

① 전폭 : 파렛트 적재수, 컨테이너의 적재 여부에 영향을 준다.
② 전후 오버행 : 커브시 안전도에 영향을 준다.
③ 하대높이 : 지하도 및 교량 통과높이에 영향을 준다.
④ 제1축간거리 : 축간거리가 길수록 적재함의 길이가 커지거나 적재함 중량이 뒷바퀴에 많이 전달된다.
⑤ 오프 : 오프값이 클수록 적재함 중량이 뒷바퀴에 많이 전달된다.

② 오버행은 자동차의 맨 앞 또는 뒷바퀴의 좌·우측을 연결하는 중심선으로부터 자동차의 맨 앞부분 또는 맨 뒷부분까지 연결한 거리로, 바퀴에 분산되는 하중의 비율에 영향을 준다. 오버행은 차량의 안전운행, 특히 커브시 안전도에 영향을 준다.
① 파렛트 적재수, 컨테이너의 적재 여부는 하대폭에 주로 영향을 받는다.
③ 하대높이는 화물을 적재할 수 있는 공간, 즉 적재량에 영향을 주며, 지하도 및 교량 통과높이에 영향을 주는 것은 전고이다.
④ 축간거리는 적재화물의 하중이 각 바퀴에 전달되는 정도에 영향을 주는 것으로, 제1축간거리가 길수록 적재함의 길이가 커지거나 적재함 중량이 앞바퀴에 많이 전달된다.
⑤ 오프는 적재실의 앞뒤 간의 중심으로부터 후측의 중심선까지의 거리로, 후축이 차체중량 및 적재화물의 중량을 담당하는 정도와의 관계를 나타내며, 오프셋이 크면 전축에 하중이 많이 걸린다.

24 폴트레일러 트럭(Pole-trailer truck)에 관한 설명으로 옳은 것은?

① 트렉터에 턴테이블을 설치하고 트레일러를 연결한 후, 대형파이프나 H형강, 교각, 대형목재 등 장척물의 수송에 사용한다.
② 트렉터와 트레일러가 완전히 분리되어 있고, 트레일러 자체도 바디를 가지고 있으며 중소형이다.
③ 트레일러의 일부 하중을 트렉터가 부담하는 것으로 측면에 미닫이문이 부착되어 있다.
④ 컨테이너 트렉터는 트레일러 2량을 연결하여 사용한다.
⑤ 대형 중량화물을 운송하기 위하여 여러 대의 자동차를 연결하여 사용한다.

해설 **폴트레일러 트럭(Pole-trailer Truck)** : 1대의 폴트레일러용 트랙터와 1대의 폴트레일러로 이루어져 있다. 교각, 대형 목재, 대형 파이프, H형강 등 장척화물 운반용 트레일러가 부착된 트럭이다. 트랙터에 장치된 턴테이블에 폴트레일러를 연결하고, 하대와 턴테이블이 적재물을 고정시켜 운송한다.

25 화주 M사는 A사로부터 아래와 같은 운송조건의 제안을 받고, 채트반(Chatban) 공식을 이용하여 자사의 화물자동차 운송과 비교하였다. 그 결과에 관한 설명으로 옳지 않은 것은?

- M사의 화물자동차 운송비 : 7,800원/ton·km
- A사의 철도 운송비 : 6,800원/ton·km
- 톤당 철도운송 추가비용(철도발착비 + 배송비 + 화차하역비 등) : 83,000원

① 60~80km에서는 M사의 화물자동차 운송이 유리하다.
② 83km 지점에서는 두 운송비가 동일하다.
③ 90km 지점에서 두 운송비가 동일해지는 톤당 철도운송 추가비용은 86,000원이다.
④ 화물자동차 운송의 경제효용거리는 83km이다.
⑤ 100~120km에서는 A사의 철도운송이 경제적이다.

해설 채트반 공식에 의하면 $L = 83,000 / (7,800 - 6,800) = 83km$. 따라서 83km까지는 화물자동차 운송이 유리하고 초과시는 철도운송이 경제적이다.
③의 경우 90 = 철도운송 추가비용 / (7,800 - 6,800)에서 철도운송 추가비용은 90,000원이다.

26 다음 중 트레일러의 장점으로 옳지 않은 것은?
① 일반카고트럭 대비 차체가 길고 차축의 수가 많아 하중분산이 용이하여 중량화물과 장척물을 분할 또는 절단 없이 한번에 운송이 가능하다.
② 트레일러 이용으로 차체 무게가 증가해도 적재가능 중량이 증가하여 전용운송과 운송량 증가에 따른 효과를 달성할 수 있다.
③ 탄력적인 작업이 가능하다.
④ 차량보험 가입이 필요하다.
⑤ 운송의 시스템화(대부분의 견인차량을 견인 가능, 교환운행 가능)가 가능하다.

해설 ④ 차량보험 가입이 불필요하다.
트레일러는 자동차보험 가입의 강제가입 규정에 미적용 되고, 견인차량 보험료는 일반차량의 20% 정도 추가하여 보험에 가입하면 된다.

정답 **25** ③ **26** ④

27 화물자동차의 운송형태에 따른 구분에 관한 설명이 적절하지 않은 것은?

① 간선운송 : 300km 이상 거리의 화물자동차운송으로, 대형차량을 이용하여 물류거점 간 대량화물의 운송시 경제적이다.

② 집화운송 : 화주문전 또는 생산공장이나 물류센터에서 화물을 수집하여 주요 철도역, 항만, 공항, 물류터미널 등의 물류거점까지 운송하는 것을 의미하며 주로 중소형 트럭을 이용한다.

③ 지선운송 : 물류거점 간 간선운송이 아닌 물류거점과 소도시 또는 물류센터, 공장 등 화물을 집화·배송하는 운송을 의미한다.

④ 노선운송 : 정기화물과 같이 정해진 노선과 운송계획에 따라 운송서비스를 제공한다.

⑤ 배송운송 : 철도역, 항만, 공항, 물류터미널 등 물류거점에서 화주문전까지 운송하는 것을 의미하며 주로 중소형 트럭을 이용한다.

> **해설** ① 간선운송 : 물류터미널, 철도역, 항만, 공항 등 비교적 부지가 넓고, 다수의 물류시설이 위치하며, 복수의 물류업체들이 대량의 화물을 취급하는 물류거점과 물류거점 간 운송을 말한다. 일반적으로 간선운송은 대량의 화물을 철도, 선박 또는 트럭을 이용하여 장거리운송을 하는 경우가 많다.
> • **장거리운송** : 300km 이상 거리의 화물자동차운송으로, 대형차량을 이용하여 물류거점 간 대량화물의 운송시 경제적이다.

28 다음 중 화물자동차의 질량 및 하중제원에 관한 용어가 아닌 것은?

① 공차중량(empty vehicle weight) ② 축하중(axle weight)
③ 오버행(overhang) ④ 차량총중량(gross vehicle weight)
⑤ 최대적재량(maximum payload)

> **해설** • 화물자동차 질량 및 하중제원 : 공차중량, 축하중, 차량총중량, 최대적재량, 승차정원
> • 치수제원 : 전장·전고, 전폭, 축간거리, 차륜거리, 최저지상고, 하대치수, 상면지상고, 오버행, 오프셋

29 화물자동차의 운송형태에 관한 설명으로 적합하지 않은 것은?

① 집배운송은 주로 대형트럭을 이용하여 장거리 운송하는 것이다.
② 간선운송은 대량의 화물을 취급하는 물류거점 간에 운송하는 것이다.
③ 자가운송은 화주가 직접 차량을 구입하는 물류지점 간에 운송하는 것이다.
④ 지선운송은 물류거점과 소도시 또는 물류센터, 공장 등까지 운송하는 것이다.
⑤ 노선운송은 정해진 노선과 계획에 따라 운송하는 것이다.

> **해설** 집배는 집하와 배송을 의미하는 용어로 집배운송은 소형트럭을 이용한 단거리 운송에 해당한다.

정답 27 ① 28 ③ 29 ①

30 육상운송장비에 관한 설명으로 옳지 않은 것은?

① 컨테이너 섀시(Container Chassis)는 세미 트레일러를 컨테이너운송 전용으로 사용하기 위해 제작한 것이다.

② 스케레탈(Skeletal) 트레일러는 컨테이너운송을 위해 제작된 트레일러로서 전후단에 컨테이너 고정장치가 부착되어 있으며 20피트용, 40피트용 등의 종류가 있다.

③ 풀(Full) 트레일러는 트레일러와 트랙터가 완전히 분리되어 있다.

④ 더블(Double) 트레일러는 트랙터가 2개의 트레일러를 동시에 견인하여 화물을 운송할 수 있다.

⑤ 모터트럭(Motor Truck)은 동력부문과 화물적재 부문이 분리되어 있는 일반 화물자동차이다.

> **해설** 모터트럭은 동력부문과 화물적재부문이 일체화되어 있는 보통 트럭의 일반 화물자동차이다.

31 우리나라 공로수배송의 효율화 방안으로 옳지 않은 것은?

① 공로수배송의 효율성을 제고하기 위해서는 육·해·공을 연계한 공로수배송 시스템을 구축하여야 한다.

② 종합물류정보 시스템을 구축하여 공로수배송의 시스템화를 기할 수 있도록 지원하여야 한다.

③ 공로, 철도, 연안운송, 항공운송 등이 적절한 역할분담을 할 수 있도록 지원하여야 한다.

④ 영세한 화물자동차 운송업체의 소형 전문화를 통해 범위의 경제를 실현할 수 있는 기반을 조성하여야 한다.

⑤ 업무영역 조정, 요금책정의 자율화 등 시장경제의 원리에 입각한 자율경영 기반 구축을 지원하여야 한다.

> **해설** 우리나라의 화물자동차 운송업체는 영세한 것이 특징이며, 범위의 경제를 실현하기 위해서는 대형 전문화를 추진해야 한다. 범위의 경제는 경제학 용어로 사업영역의 다각화를 의미하므로 소형 전문화로는 실현되기 어렵다.

정답 **30** ⑤ **31** ④

화물자동차 운송관리의 이해

1 자가용 화물자동차의 운영

(1) 자가용 화물자동차의 특성

① 자신의 화물을 직접 운송하기 위하여 자신의 명의로 구입·등록한 차량이다.

② 타인의 화물을 운송할 수 있으나 그에 따른 대가를 받을 수는 없다.

> **TIP** 「화물자동차운수사업법」에 의해 자가용 화물자동차는 예외를 제외하고 유상운송행위를 할 수 없다(위반시 2년 이하의 징역이나 2천만원 이하의 벌금이 부과됨).

(2) 자가용 화물자동차를 이용하는 데 따른 장단점

① 장 점

　ㄱ 상시 이용이 가능

　ㄴ 오지 배송이 가능

　ㄷ 출발지, 목적지와 직접 연결가능

　ㄹ IT장비 장착으로 추적정보 시스템 가동

　ㅁ 화물취급의 안전성이 높음(특성별 운송 가능).

　ㅂ 운전원이 운송업무 외의 다양한 부대업무 수행이 가능

　ㅅ 차량구입 및 등록이 용이

> **TIP** 사업용 화물자동차는 화물자동차운수사업법령에 의해 일부 예외를 제외하고 신규진입이 제한되고 있다(허가제).

　ㅇ 높은 기동성과 시스템의 일관성 유지

　ㅈ 낮은 자동차 보험료

　ㅊ 자가용 화물자동차는 책임보험만 가입하면 되나, 사업용 화물자동차는 대인·대물보상보험에 가입해야 한다.

　ㅋ 자가용 화물차량은 적재물보험에 대한 가입의무가 없음. 사업용 화물차량 중 5톤 이상 차량은 적재물보험에 가입해야 함. 단, 운송가맹사업의 소속 차량은 5톤 미만의 차량일지라도 적재물보험에 가입해야 함.

② 단 점

    ㉠ 고정자산 투자로 자금의 고정화

    ㉡ 자체 운송능력을 초과하는 운송물량 발생시 외부차량을 이용해야 함.

    ㉢ 운송의 크기에 따라 적절한 차량의 선택에 제한

    ㉣ 대형차량을 이용한 중·소규모의 운송물량 운송가능성 발생

    ㉤ 귀로화물 확보에 애로, 비효율적 운행(장거리운송시 높은 비효율성)

    ㉥ 물량부족시 운행중지 발생

    ㉦ 운영효율의 저하(운전원의 적극성 결여)

    ㉧ 운전원 관리, 차량성능관리, 비용관리 등 관리업무가 많음.

2 사업용 화물자동차의 운영

(1) 사업용 화물자동차의 특성

① 화물자동차운송사업자가 「화물자동차운수사업법」에 의거 운송사업허가를 부여받아 관할관청에 차량등록을 하고 외부의 화주와 계약을 한 화물에 대해 운임을 받고 운송해 주는 차량이다.

② 화물자동차운송사업자들은 다양한 운송차량을 보유하여 전문적인 운송서비스를 제공하고 전문적인 관리로 고효율의 운영을 추구한다.

(2) 사업용 화물자동차를 이용하는 데 따른 장단점

① 장 점

    ㉠ 돌발적인 운송수요의 증가에 탄력적 대응이 가능

    ㉡ 필요한 시점에, 필요한 수량의, 필요한 규격 및 종류의 차량 이용이 가능

    ㉢ 운임은 저렴하고 서비스 수준은 높은 업체와 계약운송이 가능

    ㉣ 귀로시 복화화물운송의 가능으로 운송비 저렴

    ㉤ 차량 및 운전원을 관리할 필요가 없음 등

> **TIP** 우리나라의 대부분 사업용 화물자동차는 운전자 겸 차주(차량의 실질적 소유자)로 차량의 실질적 관리자이며, 「화물자동차운수사업법」상 운송사업자는 아니지만 세법상 사업자등록증을 발급받아 자기의 계산으로 자기의 책임 하에 화물운송을 하고 있어, 회사에 고용된 운전자가 아니기에 회사가 운전자를 관리하는 부분은 적다.

② 단 점

    ㉠ 운임의 안정화에 애로(장기계약으로 극복)

    ㉡ 물류시스템의 표준화 및 일관화 구축 곤란

    ㉢ 화물의 파손 및 도난 우려

    ㉣ 자가용 화물자동차보다 낮은 기동성

> **TIP** 자가용 화물자동차는 자기차량으로 자기화물을 운송하는 것이므로 필요시 언제나 운송행위를 변경할 수 있으나, 사업용 화물자동차는 제3자와의 운송계약에 의거 유상운송행위를 하는 관계로 운송계약이 종료되기 전에는 운송행위를 원칙적으로 변경할 수 없다.

    ⓜ 수화인에 대한 낮은 서비스 수준
    ⓗ 배송업무와 관련한 부대업무 처리가 곤란
    ⓢ 화물추적시스템 구축에 애로 등

(3) 단점을 보완하기 위한 방안

① 차량의 고정배치와 직접관리
    ㉠ 외부의 화물자동차 운송회사의 차량을 화주에게 배속시키고 당해 차량은 그 화주의 화물만 운송하도록 하고 배차관리, 업무처리요령 및 운송서비스 요령에 대한 교육, 성과평가 및 운송효율성 관리 등은 화주가 직접 수행함으로써 자가용 화물자동차처럼 관리하는 방법이다.
    ㉡ 실질적으로 차량의 수명관리, 비용관리 등은 운송업체 또는 차주가 직접하기 때문에 운영 노하우만 있으면 자사의 차량이 없이도 자가용 차량과 동일한 질 좋은 운송서비스의 실현이 가능하다.
    ㉢ 많은 유통업체, 택배업체들이 활용하고 있다.
② 3PL에 의한 운송관리 : 화물자동차의 운송 및 관리에 자신이 없는 화주기업의 경우 운영노하우가 많은 제3자 물류기업과 계약하여 대신 수행하도록 하는 방법이다.

(4) 위수탁관리제와 직영관리제

① 차량의 실질적 소유권과 물량제공 여부를 기준으로
    ㉠ 차량의 소유권이 회사에 있고 회사가 물량을 제공하는 경우
    ㉡ 차량의 소유권이 차주에게 있고 회사가 물량을 제공하는 경우
    ㉢ 차량의 소유권이 차주에게 있고 회사가 물량을 제공하지 않는 경우 등 크게 3가지 형태로 구분한다.
② 직영관리 : 차량의 소유권과 상관없이 회사가 차주 또는 운전자에게 물량을 제공하는 경우
③ 위수탁관리 : 물량제공 여부와 상관없이 차량의 소유권이 차주에게 있을 경우

3   화물자동차 운송시스템

(1) 화물자동차 운송시스템의 의의

① 화물이 일정한 장소에서 차량에 적재되어 최종 목적지에 도착하기까지의 일련의 화물이동 과정의 프로세스와 방법을 말한다.
② 효율적이고 고객지향적인 시스템으로 구축된다.

③ 설계된 시스템에 따라 운송이 되도록 관리한다.

④ 환경변화에 적응할 수 있도록 지속적인 수정・보완이 필요하다.

(2) 화물자동차 운송시스템의 중요성

• 운송은 물류의 기능 중에서도 가장 본원적인 기능을 담당

• 화물자동차운송은 자체적으로 운송의 완결을 달성

• 철도, 선박, 항공기 등과 연결하여 복합운송이 가능

① 운송비는 물류비 중 가장 비중이 높은 비용 : 국내물류비의 약 70%가 운송비이다.

② 화물의 인도가 판매에 있어서 중요한 경쟁수단

　㉠ 상품을 적기에 안전하게 구매자에게 인도(delivery)해 주는 것은 구매자의 만족도 향상을 위해 매우 중요한 경쟁수단이다.

　㉡ 효율적・고객지향적 운송시스템의 구축・운영 : 화물자동차운송은 구매고객과의 접점을 담당하는 상품의 최종적인 전달수단이다.

③ 회수(Reverse)물류의 중요성 증대

　㉠ 전자상거래의 증가에 따른 반품, 파손품의 회수와 「제조물책임법」의 시행에 따라 엄격해진 상품의 품질에 대한 책임으로 반품이 증가하는 추세에 있다.

　㉡ 반품은 운송비의 증가 초래, 반품 미회수시 고객의 불만이 가중되어 고객을 영원히 잃을 수도 있어 반품 요청에 대해서는 신속하고 정중하게 이루어질 수 있도록 관리가 필요하다.

④ 관리자의 감독 밖에서 운송이 이루어짐

　화물자동차운송은 운전원의 임의적 운행이 많이 발생할 수 있기 때문에 사전에 많은 부분을 시스템화하고 표준화하여 적응할 뿐만 아니라 정보시스템을 이용하여 원격관리를 할 필요도 있다.

⑤ 외부환경의 영향을 많이 받음

　㉠ 도로교통상황(정체, 폭설・폭우, 통행제한 등), 출발 및 도착지의 하역여건, 하역운영시간, 물류센터의 구조, 진입로 여건 등 화물자동차의 외적인 환경에 많은 영향을 받는다.

　㉡ 화물자동차 운송시스템은 외부환경의 영향을 사전에 충분히 점검・고려하여 구축되어야 하며, 발생되는 문제를 즉시 파악하여 조치가 이루어질 수 있는 통제시스템이 구축되어야 한다.

⑥ 다른 모든 물류에 영향을 미침

　㉠ JIT(Just In Time) 운송시스템이 원활하게 이루어지지 못하면 재고수준을 높이든가 물류센터의 수를 늘려 운송거리를 짧게 해야 하며 전용 운송차량을 이용할 수 없으면 포장비가 증가된다.

　㉡ 화물자동차 운송시스템은 다른 물류시스템의 효율성과 직접 연관성이 있으므로 다른 부문의 물류 효율화 및 합리화를 추진할 때 화물자동차 운송시스템도 같이 합리화 및 효율화될 수 있도록 구축되고 운영되어야 한다.

(3) 화물자동차 운송시스템의 전략

① 운송시스템 설계를 위한 기본요건

㉠ 화물자동차 운송시스템이 효율적이고 고객지향적으로 운영되기 위해서는 화물운송과 연계되는 모든 시스템들과 유효적절하게 연결되어 막힘이나 엇갈림이 없이 운영될 수 있어야 한다.

㉡ 지정된 시간 내에 배송목적지에 배송할 수 있는 화물의 확보 : 기본적으로 화물이 구매자가 원하는 시간 내에 목적지에 도착하기 위해서는 구매자가 원하는 만큼의 화물을 공급자가 확보하고 있어야 하며, 확보하고 있다는 전제 하에 모든 운송시스템은 수립되고 운영이 가능해야 한다.

㉢ 운송, 배송 및 배차계획 등을 조직적으로 실시 : 화물운송이 시스템적으로 계획되고 운영되기 위해서는 수·배송을 위한 배차계획 및 차량, 운전원 등을 체계적으로 관리·통제할 수 있는 조직의 구축이 필요하다.

㉣ 적절한 유통재고량 유지를 위한 다이어그램 배송 등의 운송계획화

ⓐ 적정한 재고량 확보를 위한 재고관리프로그램의 운영 필요

ⓑ 재고회전율, 보충 리드타임(lead time), 주문 사이클(cycle) 등 재고수준 및 운송에 영향을 주는 재고순환주기 등의 계획화 필요

㉤ 운송계획을 효율적으로 수행하기 위한 판매·생산의 조정 : 운송이 효율적으로 이루어지기 위해서는 생산과 판매의 조정이 요구되며, 운송은 생산과 판매를 지원하는 업무이므로 생산과 판매를 위해 수·배송의 조정이 필요하다.

㉥ 수주에서 출하까지 작업의 표준화 및 효율화 : 운송시스템이 설계되기 위해서는 상품의 수주에서 출하까지의 전 과정이 표준화되고 효율적으로 이루어져야 한다. 즉, 수주 및 출하시간과 출하단위, 상품별 보관장소, 출하처의 배정 등이 표준화·효율화되어야 그 시스템에 맞추어 운송시스템도 효율적으로 이루어질 수 있다. 출하시간이 표준화되어 있지 못하고 아무 때나 고객이 원하는 대로 출하된다면 효율적인 운송관리를 할 수 없다.

㉦ 최저주문단위제 등 주문의 평준화 : 화물운송이 효율적인 시스템이 되기 위해서는 특히 배송되는 화물의 양이 평준화되어야 한다. 만약 주문량의 기복이 심하거나 주문이 없는 경우가 빈발한다면 수·배송 루트가 고정되지 못하고 매일 변경되어야 하며 적정배송량 유지에 애로가 발생한다. 따라서 판매부서는 가능하면 최저주문단위, 매일주문단위 등 일정주문기준을 설정하여 배송량을 평준화하는 것이 필요하다.

⏱ **핵심포인트**

합리적인 수·배송 시스템 설계의 필수조건
• 지정된 시간 내 수·배송 목적지에 물품을 정확히 수·배송하는 것
• 물류계획을 정확하게 추진하기 위해 수·배송 및 배차계획을 조직적으로 실시하는 것
• 적절한 유통재고량을 유지하기 위하여 다이어그램 배송 등 수·배송계획화를 실시하는 것
• 생산계획을 효율적으로 실시하기 위하여 생산과 판매의 조정역할을 담당하는 것
• 수주에서 출하까지 작업의 표준화와 효율화를 도모하는 것
• 최저주문단위제 등 주문의 평준화를 도모하는 것 등

② 운송시스템 설계를 위한 고려사항

운송시스템은 기본적으로 고객지향적이면서 효율적으로 운영될 수 있도록 설계되고 운영되어야 한다.

㉠ **서비스 측면** : 물류관리의 키워드는 고객만족 또는 고객지향적 물류서비스이다.

㉡ **경제적 측면** : 고객지향적 운송서비스 시스템이 고려된 후에는 경제적인 운송시스템이 되어야 한다.

㉢ **안전운송 측면** : 화물이 발송지를 출발하여 도착지의 물류센터에 입고될 때까지 안전하게 운송되어야 운송의 목적을 달성한다.

㉣ **사회적 측면** : 차량은 기업의 이동하는 간판이다. 따라서 차량은 일반시민들로부터 좋은 이미지를 얻을 수 있도록 노력해야 하며 운송시스템도 이를 충분히 고려해야 한다.

③ 운송시스템의 설계포인트

㉠ 운송시스템의 설계란 어떤 하드웨어를 이용하여 어떤 방법으로 운송을 할 것인가를 계획하는 것을 말한다. 운송의 기본적인 요소인 Node, Link, Mode에 대하여 위치, 규모, 구조 등을 효율적으로 설계해야 하며 이들을 이용하여 효율적이고 고객지향적인 운송서비스가 이루어질 수 있는 운영시스템을 구축해야 한다. 즉, 운송시스템은 하드웨어와 소프트웨어의 효율적인 조합으로 이루어져야 한다.

㉡ 운송시스템의 설계가 잘 이루어지기 위해서는 충분한 관련 자료가 확보되어 이용목적에 맞게 잘 가공되어야 한다. 수주에서 납품까지의 기간, 주문빈도, 차량단위 적재율, 차량회전율, 평균 하역시간, 수송 및 배송물량, 평균 주문량, 운송경로의 교통여건 등에 관한 자료 역시 필요하다.

㉢ 운송네트워크의 정비

ⓐ 운송네트워크는 물류네트워크를 말한다. 즉, 물류의 출발점인 물류센터의 개념이다.

ⓑ 물류네트워크의 위치와 규모, 그 수는 운송비와 재고비, 관리비, 구매자에 대한 인도 리드타임(delivery lead time)의 결정문제로서 중요한 사항이다.

• **물류네트워크의 수 증가** : 재고비 및 재고관리비 증가, 수송비 증가, 배송비 감소, 리드타임 단축

- 물류네트워크의 수 감소 : 재고비 및 재고관리비 감소, 수송비 감소, 배송비 증가, 리드타임 지연

ⓔ **최적운송수단의 선택** : 육상·해상·항공 수송수단의 원가파악을 비교하여 경제성, 안전성, 신속성 등 다각적인 선택방법을 통해 최적의 운송수단을 선택하여야 할 것이다.

    ⓐ **경제적인 측면** : 운송수단의 종류 선택 ⇨ 운송수단의 크기 선택 ⇨ 운송수단의 특수성 선택 ⇨ 운송서비스 종류 선택

    ⓑ **품질적 측면** : 신속성, 안전성, 고객서비스 측면의 검토

ⓜ **운송효율의 향상**

    ⓐ 운송수단과 운송방법이 결정되면 그 결정된 운송수단과 운송방법을 이용하여 효율적으로 운송할 수 있는 방법이 강구되어야 한다. 즉, 가능하면 일시에 많은 양을 운송하고 하역시간과 대기시간을 단축하며 가동효율을 높일 수 있는 배차방법을 이용하는 등 효율성 향상을 위한 방법들이 검토되어야 한다.

    ⓑ 차량의 선정단계에서도 운송효율을 높일 수 있는 차량을 선정해야 하지만 효율적인 차량을 이용하더라도 운영면에서 효율적 시스템이 구축되지 않으면 그 효과가 떨어진다.

ⓗ **공동운송의 실시**

    ⓐ 일반적으로 수·배송업무를 화주기업 단독으로 수행할 때 아무리 효율적인 시스템을 구축하여도 효율화에는 한계가 있다. 이를 극복하여 바람직한 효율성 극대화를 추구하는 운송방법이 공동 수·배송 시스템이다.

    ⓑ 공동 수·배송 시스템은 소량 다빈도 수·배송을 해야 하는 화주기업들에게 있어서 다빈도 주문량 운송을 가능하게 하여 물류비를 낮추면서 고객만족도를 높일 수 있는 방법이다.

ⓢ **수·배송의 합리화 수단 고려** : 수·배송을 시스템으로 구축하여 합리화하기 위하여 다양한 시스템의 도구들이 이용되고 있다. 계획화, 공동화, 정기화, 표준화 및 풀(Pool)화 등 소프트 대책과 하드 대책을 고려한다.

    ⓐ 계획화, 즉 모든 운송업무가 임기응변에 의해 처리되지 않고 사전에 충분히 검토된 계획에 의하여 처리될 수 있도록 해야 한다.

    ⓑ 수·배송이 정기적이고 규칙적으로 이루어져 관리의 효율성은 물론이고 운송이 체계적으로 이루어질 수 있도록 해야 한다.

    ⓒ 운송, 적재, 하역의 방법 및 적재의 규격 등이 표준화되도록 해야 한다.

    ⓓ 인력, 장비, 설비, 물류센터 등 모든 가용자원들이 공동화 및 풀(Pool)화되어 저렴하고 효율적으로 이용될 수 있도록 해야 한다.

수·배송 시스템의 합리화 요건
• 경제적 요건 : 수·배송업무에 발생하는 비용의 절감과 통제기능
• 안전상 요건 : 상하역작업의 안전과 안전한 수·배송기능
• 서비스 요건 : 고객이 요구하는 제품을 요구일과 요구장소까지 정확히 수·배송하는 기능
• 사회적 요건 : 수·배송과정에서 발생하는 소음, 배기가스, 과적, 과속 등에 따른 사고위험, 상하역작업상의 위험 등 사회적인 공적 기능

◎ **수·배송 합리화를 위한 협력체계 구축** : 독자적인 물류처리의 한계를 극복하고 보다 적극적으로 합리화를 추구하기 위해서는 동종, 이종업체 간 또는 공급채널에서의 공동화·협력화를 할 수 있는 아이디어를 발굴하며 효율성 향상의 가능성이 있다면 적극적으로 추진한다.

㋧ **제1차 운송과 제2차 운송의 연결**
ⓐ 소량 다빈도 수·배송은 운송비의 증가를 초래한다. 따라서 이러한 문제를 해결하기 위하여 일정한 장소까지는 대형차량으로 운송을 하고 그 이후에는 대량으로 운송된 화물을 재분류하여 소형차량을 이용하여 운송하는 것이 효율적이다.

ⓑ 이 방법은 어느 위치까지 간선운송으로서 대량운송을 실시하고 어느 위치에 단말운송(배송)을 실시할 것인가를 세밀히 검토하여야 한다. 간선운송과 단말운송의 이원화 운송에 반드시 물류센터가 필요한 것만은 아니며 특별한 환적설비(리프트게이트 및 용기 등)를 이용한 Meet Point 개념의 연결운송도 가능하다.

ⓒ 즉, 1차 운송은 간선(Trunk)수송으로 중장거리 지역간, 거점간, 도시간 등의 운송이고 수송로트가 대량(지선수송 대비)이며, 비용절감 지향이라 할 수 있다. 2차 운송은 지선(Feeder)수송으로 중단거리 지역간이나 도시 내 등의 운송에 해당하며 소량화물을 고객에게 라스트마일(last mile) 형태로 배송하는 것으로 정확, 신속한 운송을 특징으로 한다. 1차 운송은 단일 또는 최소한 품목을 만재화물 형태로 운송하는 경우가 대부분이며, 2차 운송은 여러 품목을 혼재하여 대부분 만재 미만의 적재율로 운송이 이루어진다.

> **핵심포인트**
>
> **수 · 배송 시스템의 설계요소**
> • 수 · 배송 네트워크의 정비
> • 최적 운송수단의 선택
> • 수송효율의 향상
> • 공동 수 · 배송 실시
> • 수 · 배송의 합리화 수단 고려
> • 수 · 배송의 합리화 아이디어 도입
> • 제1차 운송과 제2차 운송 간의 연결

(4) 운송시스템을 설계하기 위한 사전조사

① **운송할 화물의 종류** : 일반화물, 냉동 · 냉장화물, 식품류, 액체화물, 유독성 화물, 귀중품, 정밀제품, 화물의 포장상태 등 운송될 화물의 특성에 따라 적절한 운송수단을 선택한다.

② **운송화물의 크기** : 운송될 화물의 단위당 크기(부피, 중량)와 형상에 따라 이용되는 차량과 상하차방법 등이 적절하게 선택되어야 한다.

③ **운송 빈도 및 운송 Lot 사이즈** : 수화처에 대한 운송이 얼마나 자주 발생하는지, 정기적인지, 부정기적인지, 배달되는 화물의 1회 주문량은 어느 정도인지는 계획배송의 가능 여부, 차량의 크기 결정에 영향을 미친다.

④ **운송경로와 거리** : 발송지에서 도착지에 이르는 많은 경로(통로) 중 어떤 것을 선택할 것인지, 거리는 얼마인지를 파악한다. 경로에 따라 이용할 수 있는 차량의 종류와 크기가 결정되며, 운행시간과 비용도 달라지기 때문이다.

⑤ **발착지의 상하차장 여건**
  ㉠ 발지와 착지의 작업장 여건이 수 · 배송 시스템을 계획하는 데 있어서 가장 중요한 요소일 수 있다.
  ㉡ 상차지의 화물출하시간(몇 시부터 몇 시까지 상차 가능), 하차지에서의 인수가능시간(몇 시부터 몇 시까지 인수 가능), 상하차지 물류센터의 도크 형태, 상하차 장비의 종류, 진입로 여건, 주차장 여건 등을 파악한다.

⑥ **운송지역의 교통여건** : 운송지역의 교통여건은 차량의 운행속도 및 운송효율에 영향을 미친다. 일부 도심지역은 중 · 대형차량의 통행을 시간대별로 금지하고 있으며, 교통체증이 지역별로 시간대별로 만성적으로 발생하는 경우도 있다.

⑦ **운전원의 근로조건과 차량운영비용** : 운송을 하는 데 있어서 운전원의 근로조건과 그에 따른 급여조건은 운행시간에 많은 영향을 미친다.

⑧ **운송비 부담능력** : 운송되는 화물의 운송비 부담능력은 수 · 배송계획을 수립하는 데 있어서 중

요한 요소이다. 판매이익이 적은데 운송비가 높게 발생할 수 있는 운송방법(소형차량에 의한 JIT배송)을 선택해서는 안 된다.

(5) 운송경로의 선택

운송경로는 다음과 같은 3가지 기준에서 검토·선택한다.

① 비용기준 : 운송목적물이 다소 늦게 도착되더라도 문제가 되지 않는 경우, 비용이 가장 적게 발생하는 도로를 이용하는 방법이다. 이는 선택가능한 경로의 거리와 운행조건을 파악하여 원가계산을 한 후 비용이 가장 적은 경로를 선택하는 방법이다.

② 시간기준 : 운송할 목적물이 목적지에 도착할 시간이 정해진 경우에는 그 시간을 맞출 수 있는 경로를 선택한다. 그 경로가 다소 거리상으로 멀고 통행료 등의 비용이 발생하더라도 구매자와 판매자 간의 약속이기 때문에 이를 지킬 수 있는 빠른 경로를 선택한다.

③ 통행적합성 기준 : 화물자동차가 화물을 적재하고 운행하는 데 지장이 없는 경로를 선택하는 방법이다. 모든 차량운행에 있어서 통행적합성이 확보되어야 하지만, 비용기준이나 시간기준에서는 분할운송을 고려하는 반면, 통행적합성 기준에서는 계획한 운송 Lot와 차량의 크기를 적용하여 판단한다.

(6) 운송시스템 전략의 10원칙

• 경제성을 기본으로 추진하는 것이기에 운송의 신속성, 신뢰성, 적시성 등 고객지향적인 운송을 위해서는 적절한 Trade-off 관계를 고려한다.

① 운송·재고 상반관계(Trade-off)의 원칙 : 물류센터 재고의 수준을 낮추고 다빈도 배송을 할 때 수·배송단가는 높아지고 전체적인 운송비도 많이 지출된다. 그러나 재고수준을 높이고 대량운송을 하게 되면 운송단가와 전체적인 운송비는 낮아진다. 즉, 수·배송비와 재고관리비(창고비, 관리비, 재고에 대한 이자비용 등)는 트레이드 오프(Trade-off) 관계에 있다. 따라서 기본적으로 운송의 형태는 재고관리비와의 Trade-off 관계를 파악하여 총비용을 최소화할 수 있도록 설계해야 한다.

② 자가용 차량과 영업용 차량 조합(mix)의 원칙 : 근거리운송인 경우에는 장거리운송에 비하여 자가차량을 이용하는 것이 상대적으로 유리하다. 물량의 기복이 심한 경우에 전체 차량을 자가차량으로 이용하면 많은 경우 차량이 운휴하게 되는 사태가 빈발한다. 따라서 필요에 의해 자가차량을 운영하더라도 영업용 차량과 적절하게 혼합하여 최적의 운송비가 지출될 수 있도록 해야 한다.

③ 단일 원거리운송의 원칙 : 운송되는 화물은 중간에 환적이 없이 동일한 운송수단에 의하여 목적지까지 운송을 함으로써 중간의 환적에 따른 하역비용 및 하역에 의한 운송시간의 지연에 따른 비용지출 증가를 억제할 수 있다.

④ 수·배송 일원화의 원칙 : 수송(Transportation)과 배송(Delivery)을 연결시켜 물류센터 내에 재고를 제로(O)로 하는 원칙이다. 이를 크로스 도킹(Cross-docking)이라고 하는데, 재고비를

줄이면서 일정한 구간을 대형차량으로 운송하여 경제성을 확보하면서 배송의 효율성을 높이는 효과가 있다.

⑤ **회전수 향상의 원칙** : 운송을 담당하는 차량의 운행횟수를 늘릴 수 있는 방법을 강구한다. 차량의 효율성을 높이기 위한 방법으로서 동일한 거리를 1회전하는 것보다는 2회전하는 것이, 보다 경제적이고 관리자는 차량의 회전수를 높이기 위해 노력해야 한다.

⑥ **상하차 신속의 원칙** : 차량의 회전수를 증가시키기 위해서는 차량에 상하차되는 화물을 신속하게 취급함으로써 상하차를 위해 차량이 대기하거나 상하차시간이 장시간 소요되어서는 안 된다. 즉, 상하차작업의 계획화와 기계화가 필요하다.

⑦ **배송특성 대응의 원칙** : 화물이 배송되는 지역에 따라 배송의 특성이 나타난다. 도심지역은 배송밀도가 높은 대신 운행거리가 짧고, 시 외곽지역이나 지방은 밀도가 도심지역보다 떨어지지만 운행거리는 비교적 장거리이다. 따라서 효율적인 배송이 되기 위하여 그 지역의 배송특성에 맞는 차량을 배차해야 한다.

⑧ **리드타임(Lead time) 충족의 원칙** : 어떤 운송수단이나 방법을 이용하더라도 구매자가 희망하는 배송리드타임을 충족한다면 경제성과 수익성을 기초로 하여 운송수단을 선택해야 한다는 원칙이다.

⑨ **수송단가 분기점의 원칙** : 자가용 차량과 영업용 차량의 사용결정을 하는 데 있어서 영업용 차량을 이용했을 때의 운송단가를 기준으로, 자가용을 이용했을 때의 운송단가를 계산한 후 영업용 단가보다 낮으면 자가용 차량을, 높으면 영업용 차량을 이용하는 방법을 선택한다는 원칙이다.

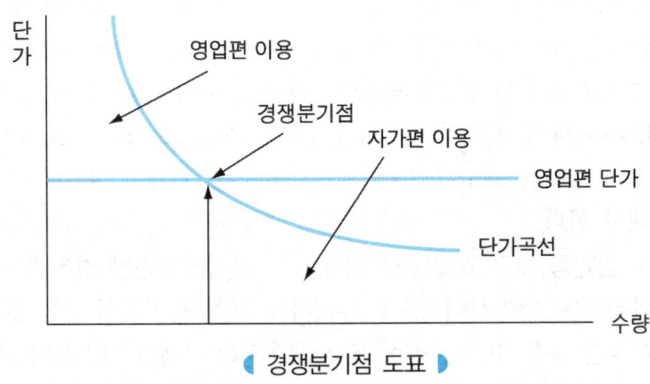

◀ 경쟁분기점 도표 ▶

⑩ **횡지(橫指)관리의 원칙**
　㉠ 운송회사 또는 화물자동차를 직접 운영하는 기업이 자신이 직접 운송하지 않고 다른 운송회사 또는 협력회사를 활용하는 것으로 일본 운송업계에서 사용하는 용어이다.
　㉡ 오지지역 수・배송의 경우에는 상품판매량이 적거나 운송량이 적기 때문에 운송비가 높은 것이 일반적이다. 따라서 자가차량을 이용하는 것보다는 타사의 다른 운송수단을 이용하는 것이 경제적일 수 있다.

4 배송시스템 설계

(1) 배송시스템의 의의

공장에서 배송센터를 경유하여 고객에게 상품을 인도하는 경우, 공장과 배송센터 간은 '수송'이고, 배송센터에서 고객까지는 '배송'으로 대별된다. 배송이란 재화를 최종 소비자 또는 소매점 등에 소량으로 배달해 주는 형태의 운송을 말한다. 배송은 수송기능을 통하여 대량으로 운송된 화물을 물류센터 등을 통하여 소량으로 분류한 후 중소형의 차량을 이용하여 운송한다.

(2) 배송시스템의 중요성

① **배송원가는 기본적으로 높음** : 배송은 일반적으로 운송단위가 적고 중소형의 차량을 이용하여 운송하는 것이므로 운송단위당 원가가 많이 소요된다.

② **인적서비스가 중요한 품질요소** : 배송시스템에서는 단순한 운송서비스뿐만 아니라 재화의 검품, 인계, 입고서비스, 진열서비스, 반품의 회수, 주문의 접수, 상품대금의 수수, 친절한 응대 등 운전기사를 통하여 수행되는 다양한 업무가 동시에 제공되므로 인적관리도 중요한 관리요소이다.

③ **JIT배송 필요** : 최근의 공급체인 POS 시스템을 이용하여 리얼타임의 주문이 이루어지고 있으며 Push방식보다 Pull방식으로 판매가 이루어지기 때문에 필요한 시점에 정확히 배송이 이루어지지 않으면 공급자는 결품으로 판매기회를 상실하는 문제가 발생한다.

④ **다수의 배송처로 시스템화 애로** : 근본적으로 배송업무가 다수의 배송처에 대한 재화의 공급행위이기는 하지만 배송처의 수가 수백, 수천으로 많거나 불특정 다수와 거래를 하는 기업들은, 주문부터 배송까지의 운송 관련 업무가 계획화 및 시스템화되지 않으면 효율적인 수행이 어렵다.

⑤ **운행원가보다 운행부대업무의 시간과 비용이 많음** : 배송업무는 실질적으로 운행에 소요되는 시간보다는 검품, 상차, 화물의 인계 및 입고 등 화물의 취급과 관련된 시간이 더 많고 이 부분의 원가가 더 크다.

⑥ **교통환경의 영향을 많이 받음** : 배송업무는 주로 도시 내에서 이루어진다. 도시 내 예측할 수 없는 교통상황의 변화는 배송업무를 어렵게 한다.

(3) 배송시스템의 효율화 포인트

① **배송의 효율화 방향**

  ㉠ **하드웨어 대책** : 배송차량 및 화물적재함의 개선과 개량, 하역장소의 정비와 확장, 하역 작업의 기계화와 자동화 및 상하차를 위한 기기의 사용 등으로서 수·배송차량의 상하차 대기시간을 단축시기고 기급적 동시에 많은 양을 운송할 수 있는 방법들이다.

  ㉡ **소프트웨어 대책** : 배송의 계획화(루트 배송, 다이어그램 배송), 배송화물의 Lot, 배송과 출하(수화)처의 집약화, 배송의 공동화, 직접 배송을 통한 배송거리의 단축화, 소프트웨어

를 효율적으로 작동시킬 수 있는 정보시스템의 이용 등이다. 효율적인 운행방법을 강구하여 운송거리를 단축하거나 더 많은 운송이 가능하도록 하는 운영적인 측면을 말한다.

핵심포인트

수·배송 시스템의 효율화
- 수·배송차량 및 화물적재대의 개선과 개량
- 하역장소의 정비와 확장
- 하역작업의 기계화와 자동화
- 상하차를 위한 최신기기 적용
- 수·배송의 계획화
- 수·배송화물의 Lot화
- 수·배송과 공급처의 집약화
- 수·배송의 공동화
- 직접배송을 통한 수·배송의 단축화 등

핵심포인트

배송 효율화의 기본요건
- 차량의 대형화
- 적재율의 향상
- 시간의 단축
- 근거리화
- 다수고객의 순회화
- 배송의 정확화
- 배송센터의 판매 터미널화 등

---

② 효율적인 수·배송계획의 고려사항

㉠ **물류채널의 명확화** : 물류채널을 이해하고 그 순서도를 명확히 작성하는 것

㉡ **화물특성의 명확화** : 화물에 대한 품명, 외장, 단위당 중량, 용적, 포장형태 등을 명확히 하는 것

㉢ **수·배송단위의 명확화** : 수·배송 지역별, 제품별로 1일당 수·배송단위가 어떻게 되는지를 명확히 하는 것

㉣ **수·배송량의 명확화** : 제품별, 수송지역별로 수송하는 화물량을 1일간, 1주일간, 1개월간 혹은 연간단위를 명확히 하는 것

㉤ **출하량 피크시점의 명확화** : 1일(1주일)간의 출하량이나 취급량의 시간적 움직임을 명확히 하는 것

(4) 배송루트의 설정방법

① 배송루트 정형화의 애로사항

㉠ 교통흐름의 차이와 변화 : 도시지역에서의 배송에 있어서는 운송경로상의 각 구간별로 흐름 속도가 다르고 또한 시간대별로 변동이 심하다.

㉡ 수화처의 배송요청시간 차이 : 구매자의 파워가 크고 판매자가 배송요청시간을 조정하기 어려울 때에는 배송경로가 지그재그로 이루어져 비효율적인 배송이 된다.

㉢ 교통의 문제

ⓐ 도로를 이용하는 데 있어서의 상황은 교통흐름의 속도 외에 많은 변수가 있다. 도로공사로 인하여 통행이 제한될 수 있고 일시적인 행사로 인하여 통행이 제한될 수도 있으며, 속도개선을 위하여 좌우 회전 및 유턴을 허용 또는 제한할 수도 있다. 대형차량의 통행을 제한할 수도 있으며 이는 시간대별 제한도 있고, 경우에 따라서는 도로의 통행을 일방통행으로 할 수도 있다.

ⓑ 도로의 통행에 영향을 주는 요소들은 배송의 시간과 효율성에 영향을 미친다.

㉣ 주문의 부정형화

ⓐ 계속적으로 매일 주문을 하거나 정기적으로 주문을 하는 경우에는 배송경로를 정형화하여 그 경로를 따라 배송이 가능하다.

ⓑ 주문이 정기화되지 않고 구매자의 필요시에 이루어지면 매일 배송경로는 바뀌게 되고 배송처도 바뀌게 됨으로 배송시스템 관리에 어려움을 겪게 된다.

㉤ 배송처의 작업장 여건 : 배송처의 작업장 여건은 이용하는 차량의 크기와 화물의 인계인수 시간문제에 영향을 받는다. 즉, 배송처의 위치가 골목길 등에 위치하여 중·대형차량이 진입할 수 없을 때에는 소형차량을 이용하거나 대로변에 주차를 한 후 대차 등을 이용하여 화물을 이동시킴으로써 화물인계 시간이 많이 소요된다.

㉥ 불특정 다수에 대한 배송 : 택배와 같이 배송처가 정해져 있지 않고 매일 변경되는 경우에는 배송경로가 매일 달라질 수 있다. 이러한 불특정 다수에 대한 배송업무를 수행할 경우에는 정보시스템에 의한 배송경로의 결정에 있어서도 많은 문제를 일으킨다.

㉦ 주문량의 변화

ⓐ 배송처의 주문량이 일정한 경우에는 운행할 수 있는 최대의 거리, 시간과 운송량을 기준으로 하여 운송경로를 설정한다.

ⓑ 주문량의 변화가 심할 경우에는 효율적인 배송경로계획을 설정하기가 어려워지며 갑작스런 대단위 주문이 발생하면 정해진 배송경로상의 타 배송처 화물을 적재하지 못하거나 대단위 주문물량을 별도로 처리하는 등의 문제가 발생한다.

㉧ 운전자 휴식 및 직극성

ⓐ 배송의 효율은 무엇보다 운전기사의 적극적이고 효율적인 운전과 배송처에서의 업무처리방법에 달려 있다.

ⓑ 배송경로를 정형화하게 되면 유능한 운전기사의 능률 향상은 기대하기 어렵게 되고 비효율적인 운전기사는 계획된 배송을 다하지 못하여 결국 경로 및 배송처 수를 조정해야 하는 문제가 발생한다.

> 🕐 **핵심포인트**
>
> **계획 수·배송의 기준**
> • 시간 기준 : 출발시간, 주행시간, 리드타임 등
> • 적재량 기준 : 적재량 표준작성, 최저주문단위 등
> • 루트 기준 : 수·배송범위, 배송경로 등
> • 작업 기준 : 상하차 방법, 납품방식의 표준화 등
> • 차량 기준 : 차량의 구성, 주행의 표준화 등

③ **배송다이어그램(Delivery Diagram)의 활용**

㉠ 배송차량이 출발지에서 목적지까지 운송을 하면서 발생하게 되는 운행 및 정지에 관한 사항을 시간대별로 계획하여 표로 나타낸 것으로 운행스케줄을 의미한다.

㉡ 이는 투입될 차량의 소요를 결정하는 자료와 수화처에 도착시간을 알려 줄 수 있는 자료로 활용되며, 배송차량의 운전기사에게 표준적인 행동 및 운행기준을 제시함으로써 효율적인 운송이 되도록 유도하는 역할을 한다.

④ **배송경로 및 일정계획** : 컴퓨터를 이용하는 경우에는 거래처가 고정되어 있거나 장기적인 배송경로계획을 수립할 때 이용하는 것이 효율적이며, 빈번한 변화가 발생하며 중소규모로 운영되는 배송업무에 있어서는 다음과 같은 원칙을 고려하여 수작업에 의한 효율적인 루트경로와 배송일정계획을 수립하는 것이 필요하다.

㉠ **운행경로와 일정계획의 원칙**

ⓐ **가장 근접해 있는 지역의 물량을 함께 싣는다** : 차량의 운행경로는 운행시간을 최소화하기 위해 두 지점 간의 운행거리를 서로 가장 가까이 위치한 지점군(Clusters of stops)으로 형성한다.

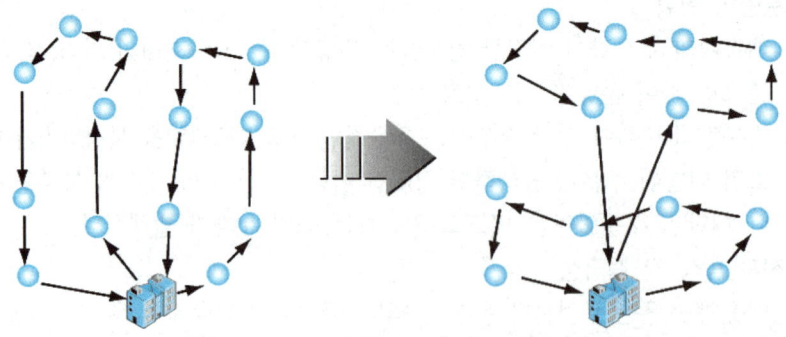

◀ 근접한 배송처 연결루트(Route) ▶

ⓑ 배송날짜가 다른 경우에는 경유지를 엄격하게 구분한다 : 배송일을 판매자가 정할 수 있을 때에는 구역별로 배송일자를 엄격하게 구분하여 일정별로 배송지역 및 배송경로를 설정하여 운영한다. 구역 내 중복운행을 피하여 차량의 이동거리 및 소요대수를 최소화시킬 수 있다.

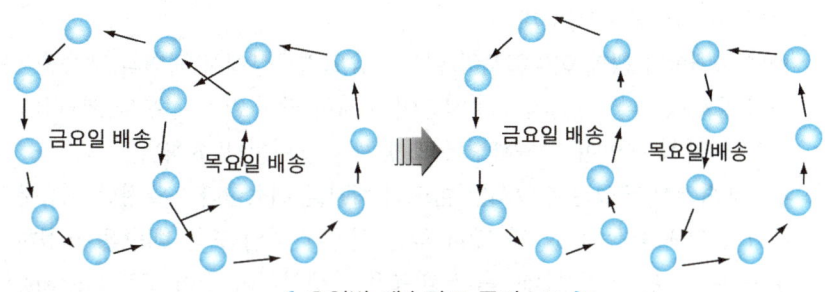

◀ 요일별 배송경로 클러스트 ▶

ⓒ 운행경로는 차고에서 가장 먼 지역부터 만들어 간다 : 효율적인 운행경로는 차고(물류센터)에서 가장 멀리 떨어진 지역을 중심으로 배송 Cluster를 만들고, 이런 작업을 점차 물류센터 부근으로 이동하면서 연속적으로 만들어 간다. 이렇게 하면 각 운송차량별 배송처가 집중화되어 배송지역 내에서 운행거리의 최소화가 가능하다. 이 방법은 넓은 지역의 많은 배송처에 대하여 배송업무를 수행할 때 필요하다.

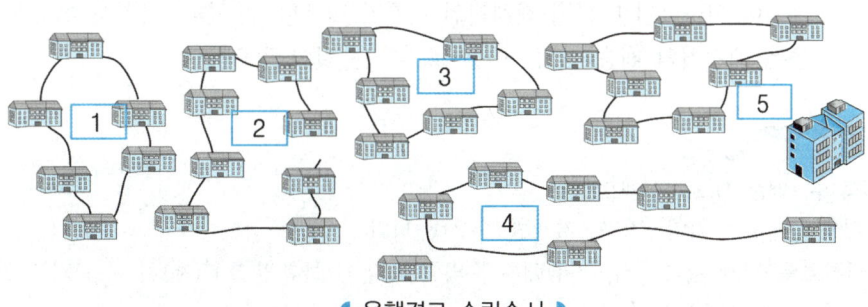

◀ 운행경로 수립순서 ▶

ⓓ 차량경로상의 운행순서는 눈물방울 형태로 만들어간다 : 만약 방문시간대에 제약이 존재하여 불가피한 경우를 제외하고는 배송의 순서는 경로가 서로 교차하지 않도록 정해야 하며, 교차하지 않고 정해진 경로는 일반적으로 눈물방울 형태로 나타난다.

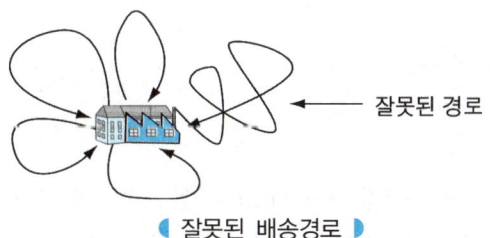

◀ 잘못된 배송경로 ▶

ⓔ 가장 효율적인 경로는 이용할 수 있는 가장 큰 차량을 사용하여 만든다 : 이론적으로 시간이 허용하는 한, 하나의 경로상의 모든 배송처의 배송물량을 배송할 수 있는 큰 차량을 이용하여 배송을 실시하면 전체적인 운행거리를 줄일 수 있고 배송비용도 감소한다. 따라서 다양한 크기의 차량을 이용할 수 있고 배송처의 배송요구시간에 부응할 수만 있다면 큰 차량을 이용한다.

ⓕ 픽업은 배송과 함께 이루어져야 한다 : 동일경로상에서 픽업과 배송을 순차적으로 하는 것이 효율적이다. 고객의 요구시간이 도저히 맞지 않는 경우를 제외하고 가능하면 경유시간에 맞춰 픽업이 가능하도록 조정하는 노력이 필요하다.

ⓖ 루트배송에서 제외된 수요지는 별도의 차량을 이용한다 : 일정한 배송권역을 벗어나 소재하고 있거나 통과시간과 맞지 않는 시간에 픽업 또는 배송을 요청하는 고객에 대한 운송업무는 긴 운행시간과 높은 비용을 발생시키며 클러스트(Cluster) 안에 있는 수요자들의 불만을 야기시킬 수도 있다. 따라서 이렇게 일정경로에서 벗어나는 배송처나 집화처에 대해서는 별도의 차량을 배치하여 처리하는 것이 더 효율적일 수 있으며 타 운송업자를 이용하는 것도 대안이 될 수 있다.

ⓗ 너무 짧은 방문시간대는 피해야 한다 : 수요처의 방문시간대가 너무 짧으면 경로의 형태가 이상적인 유형에서 크게 벗어날 수가 있다. 즉, 이번 배송과 다음 배송처의 요구시간 차이가 너무 짧으면 두 요구시간을 모두 충족할 수 없을 뿐만 아니라 계속적으로 시간계획이 어긋나기 때문에 전체적인 문제가 발생할 수 있다. 따라서 이렇게 너무 간격이 좁은 배송처의 배송시간은 이를 조정하는 것이 필요하다.

> **핵심포인트**
>
> **최적 수 · 배송 시스템 설계포인트**
> - **지역별 분포** : 지역, 지구, 지점별 수요량 파악
> - **물류흐름과 Lot 분석** : 최적거점배치에 의한 지역 간 물류의 흐름(제1차 운송)과 지역 내 물류 흐름(제2차 운송) 분석
> - **상품특성** : 품종수와 상품 형태의 파악
> - **시장특성** : 판매루트, 고객 수, 경쟁상태, 납품시간대의 특성 파악
> - **재고관리** : 재고량과 재고서비스의 관리

5 JIT 수 · 배송 시스템

(1) JIT 수 · 배송의 의의

① JIT(Just In Time)는 1920년경 포드(Ford) 자동차 회사의 T-model 포드 생산에 최초로 도입되었고, 도요타(Toyota) 자동차에서 제품의 무결점 및 부품의 무재고를 실현하기 위한 부품공

급 시스템으로 채택된 것으로, 필요부품 등을 필요시점에 정확한 양을 공급하는 체계이다. 따라서 JIT의 개념은 수ㆍ배송에도 그대로 적용되어 필요상품을 필요시간에 정확하게 공급하는 시스템을 JIT 수ㆍ배송 시스템이라고 부르고 있다.

② JIT 수ㆍ배송은 재고수준을 감소하고 고객(구매자)이 원하는 시점에 공급하고자 하는 물류관리 추세에 따라 일반화되어 가고 있다.

(2) JIT 수ㆍ배송의 목적

① 재고수준의 감축
② 고객이 원하는 시간에 상품 인도
③ 운송효율의 향상

(3) JIT 수ㆍ배송의 문제점

① 공급자의 재고수준 증가 우려
② 교통체증 및 환경오염 유발
③ 수ㆍ배송비의 증가

(4) JIT 수ㆍ배송을 지원하는 시스템

① Routing 시스템 : 순회배송을 하는 경우에는 상하차시간과 운행거리, 방문순서에 입각하여 컴퓨터에 의한 Routing을 산출할 수 있도록 시스템을 개발하는 것이 필요하다.
② Navigation의 활용
③ PDA를 이용한 수ㆍ배송 업무처리
④ 물류센터의 통합 : 재고부족의 사태에 대비하여 물류센터를 통합운영하는 것을 검토
⑤ SCM체계의 구축 : SCM은 재화의 공급을 시스템화하여 최적의 재고상태를 유지함은 물론, 정보시스템을 통하여 상품에 대한 정보가 최종 판매점으로부터 생산자에게 전달되고 적정한 생산과 공급이 이루어지는 시스템이다. 따라서 JIT가 원활히 이루어지기 위해서는 SCM체계의 구축이 필요하다.

6 공동 수ㆍ배송 시스템

(1) 공동 수ㆍ배송 시스템의 개념

① 공동 수ㆍ배송이란 하나의 차량에 다양한 화주(송화주 또는 수화주)의 화물을 혼적하여 운송함으로써 운송의 대형화와 순회배송을 가능하게 하는 운송의 기법이다.
② 수ㆍ배송 공동화는 가동률을 향상시키고, 물류비 절감에도 유리하다. 즉, 배송차량을 공동으로 이용함으로써 계절변동, 월중변동, 오전 오후의 기복들을 보완하여 가동률의 향상을 기할 수 있다.

③ 소량 다빈도 수·배송과 JIT 수·배송의 필요성 증대, 고객지향적 수·배송 서비스가 더욱 요구되고 있는 오늘날의 물류현실에서 공동 수·배송의 필요성은 더욱 증가하고 있으며, 많은 기업들이 가능하면 공동 수·배송 시스템을 구축하고 이용하기 위해 노력하고 있다.

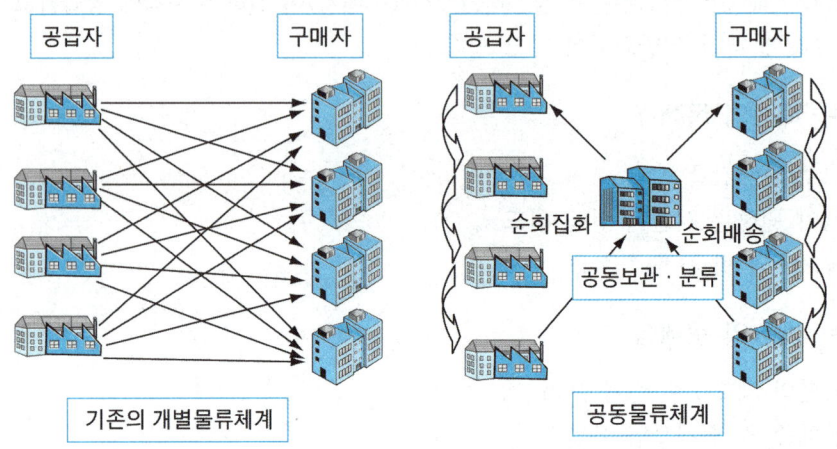

◀ 공동 수·배송의 기본개념 ▶

(2) 공동 수·배송의 기본목표

① 정상물량이 갖는 힘을 기반으로 업계의 용차력을 증강시키며 일괄발주, 일괄배송, 정시 정루트 배송을 기본으로 하고 있는 공동 수·배송은, 물류비의 절감, 물류서비스의 개선을 도모하고 아울러 도매유통의 기능강화에 협력하는 것을 기본 목표로 하고 있다.

② 유통(대리점)요구에의 대응
    ㉠ 리드타임의 단축
    ㉡ 소량 다빈도 배송
    ㉢ 하역작업의 효율화
    ㉣ 발주(보충)작업의 효율화
    ㉤ 물류 표준화 및 시스템화 추진

③ 규모의 경제 추구
    ㉠ 물류비의 절감
    ㉡ 서비스수준의 개선
    ㉢ 업계의 용차력 강화
    ㉣ 적재효율의 향상

④ 업계의 물류최적화
    ㉠ 제조회사, 대리점의 일체화를 통한 전체적인 최적화 추구
    ㉡ 제조회사, 도매상 접점부분의 개선
    ㉢ 교통체증, 적재효율의 저하에 대응

(3) 공동 수·배송 시스템화의 필요성

① **납품업자 또는 고객의 물류 효율화 요구** : 다빈도 소량 수·배송화에 대한 요구 증가로 배송차량의 적재율 감소, 수·배송비용의 증가 → 적재효율의 제고와 수·배송비용의 절감이 필요하다.

② **운송사업자의 수송효율 향상** : 주·정차장의 부족과 규제강화로 수·배송차량에 의한 도로 등에서의 상하역 효율이 떨어져 집배송효율이 둔화되고 있다.

③ **사회적 요청** : 도로혼잡, 대기오염 등 환경문제로 화물차량의 교통량을 억제하는 대책의 일환으로 공동 수·배송의 필요성이 제기되고 있다.

(4) 공동 수·배송의 장점

① 적재율의 향상에 의한 운송의 대형화로 경제성 향상

② 취급물량의 대형화로 물류센터 내의 물류취급을 위한 기기의 자동화 등 현대화 가능

③ 효율적인 정보시스템의 구축이 가능

④ 전 네트워크 간의 효율적인 EDI 구축으로 수·발주업무, 물류회계, 상품의 추적정보 등 제공가능

⑤ 동일지역 및 동일수화처에 대한 중복방문 제거로 수화처의 상품인수업무 효율화

⑥ 교통체증의 감소와 환경오염 경감

⑦ 오지지역까지 적기에 경제적인 배송실시

⑧ 운영주체에 따라 자가용 화물차를 이용한 운송이 가능해짐.

⑨ 효율적인 물류센터관리정보시스템(WMS)을 활용함으로써 물류센터의 화물처리 품질이 향상됨(정확성, 안전성, 작업의 효율성).

⑩ 다양한 거래처(납품 및 수화처)에 대한 공동 수·배송을 실시함으로써 상품의 계절적 수요변동에 따른 차량수요의 기복을 완화시킬 수 있음.

⑪ 물류센터의 운영효율을 향상시킬 수 있음.

⑫ 물류센터를 위한 제반 경비(인건비 등)에 대한 규모의 경제를 달성 가능

(5) 공동 수·배송 추진의 장애요인

① **기업의 영업기밀 유지** : 경쟁기업 간 하나의 공동 수·배송 시스템을 이용시 자사의 판매량, 인기판매품목 등의 정보가 경쟁사로 들어갈 수 있다는 우려로 기피한다.

② **자사의 고객서비스 우선** : 공동 수·배송은 참여회사에 대한 표준서비스를 제공한다. 따라서 자사의 고객을 최우선적으로 서비스해 주기를 바라는 기업들에게는 수용하기 어려운 시스템이다.

③ **배송서비스를 기업의 경쟁력으로 삼으려는 전략** : 일부의 기업들은 배송서비스를 핵심적인 경쟁요소로 설정한다. 즉, 배송시 친절서비스, 약속 준수, 즉석 A/S 등 고객만족적 배송서비스를 제공함으로써 경쟁력을 확보하려는 기업은 공동 수·배송을 기피한다(에 W징수기회사의 코디제도).

④ **상품특성에 따른 특수서비스의 제공 필요** : 상품에 따라서는 제품의 설치, 정기방문과 A/S, 취급설명, 구제품의 회수 등 단순 수·배송 외에도 다양한 서비스를 요구하기도 한다. 특히 무점포 및 전자상거래가 일반화되면서 수금업무, 계약서 회수 등 물류가 상류업무를 수행해야 할 경우가 많은데 이러한 특수서비스를 공동 수·배송이 담당하기에는 한계가 있다.

⑤ **긴급대처능력 결여** : 공동 수·배송에서는 계약 또는 규정된 스케줄과 방법으로 운송서비스를 실시한다. 그러나 상품의 판매에서는 긴급주문 및 공급이 빈번하게 발생하는 바, 이러한 긴급수요에 대한 대처능력이 떨어지게 되어 기피하는 경우가 발생한다.

⑥ **상품에 대한 안전성 문제** : 자사의 상품을 자사의 직원을 이용하여 배달할 경우에는 화물의 특성에 따라 안전하게 취급하며 검수·검품도 적극적으로 할 수 있으나, 공동 수·배송의 경우에는 운전기사들이 제3자적인 입장에 있기 때문에 이러한 안전성 문제에서 다소 뒤질 수밖에 없다.

(6) 공동 수·배송의 발전단계

① **1단계 – 공동운송의 단계(콘솔단계)** : 하나의 차량에 다양한 의뢰자의 운송화물을 순회집화하여 대형운송을 하는 단계로서 Many to One, One to Many, Many to Many 유형이 있다. 화물을 따로 환적하는 번거로움이 필요없다.

② **2단계 – 크로스 도킹의 단계** : 화물취급장을 마련하고 다양한 납품자들로부터 화물배송을 의뢰받아 수화처별로 분류한 후 신속하게 수화처별로 합적 순회배송하는 방법이다. 일본의 도매법인들이 소매점에 납품을 하는 데 주로 이용되며 국내에서는 할인점들이 매장에 상품을 납품할 때 주로 이용한다.

③ **3단계 – 공동재고보관 단계** : 물류센터에 상품을 공동으로 보관하고 납품처 또는 수화처의 주문에 따라 유통가공하는 형태의 공동 수·배송단계이다.
이는 다음과 같이 4가지 형태로 이루어진다.

   ⊙ **공동집화 공동보관** : 물류센터를 운영하는 주체가 회원사들의 납품물량을 순회집화하여 물류센터에 보관하는 형태

   ⓒ **개별납품 공동보관 공동배송** : 물류센터를 공동이용하는 회원사들은 물류센터에 보관된 재고수준에 따르거나 운영주체의 주문에 따라 자체적으로 상품을 입고시키는 형태

   ⓒ **공동집화 공동보관 공동배송** : 물류센터 운영주체가 물류센터로 입고되는 상품을 순회집화하여 입고시키고, 납품처의 배송지시를 집화하여 공동배송하는 형태

   ⓔ **공동수주 시스템에 의한 물류의 공동화(질적 향상)** : 물류센터 운영주체가 구매자(소매점 등)를 회원으로 모집하거나, 구매자조합이 물류센터 운영주체를 공동으로 설립하고 자신들이 필요한 주문을 모아서 납품처에 주문하고 순회집화하며, 공동보관 후 공동배송을 하는 형태로서 가장 발전된 형태로 볼 수 있다.

(7) 공동 수·배송의 전제조건

공동 수·배송은 수·배송의 대형화에 의하여 운송의 경제성을 확보하며 납품처 및 수화처에 대한 물류서비스를 향상시키는 데 목적이 있다. 따라서 이러한 목적이 달성되는 공동 수·배송 시스템이 구축되기 위해서는 다음과 같은 조건들이 충족되어야 계획했던 효과를 거둘 수 있다.

① 일정구역 내 공동 수·배송에 참여하는 복수의 화주가 존재하고 공동집·배송센터도 제조회사와 화주가 가까운 지역에 설치함으로써 상호간 정보교류가 활발해야 하며, 배송처가 일정지역 내 분포되어 배송처의 분포밀도가 높아 적재효율이 향상되어야 한다 : 공동 수·배송의 가장 기본적인 목적인 대형화와 순회배송이 효율적으로 이루어지기 위해서는 배송구역이 중복되어야 하며 또한, 상품이 동일한 배송처에 배달이 되는 수화처의 중복성이 있어야 방문처 수가 감소하면서 경제성을 확보할 수 있다. 공동 수배송의 1단계에서는 공동집배송센터가 반드시 필요하지는 않다.

② 동종업종의 경우에는 배송조건이 유사하고 표준화가 용이할 때에는 공동화가 용이하다 : 의약품류, 음료수류, 의류, 패션류, 화장품류 등과 같이 상품의 유사성이 있고 배송처도 유사성이 있어야 배송효율을 높일 수 있다. 이는 유사한 상품을 취급함으로써 수화처의 중복성을 확보할 수 있고 상품의 취급절차 및 방법의 표준화, 운송장비의 표준화 및 분류기, 카트 등 운반장비의 표준화도 도모할 수 있기 때문이다.

③ 공동 수·배송에 대한 이해의 일치 : 공동 수·배송이 추구하는 목적 및 이익이 참여기업들 간에 일치해야 한다. 즉, 경제성을 목적으로 하는지, 수화처에 대한 물류서비스 수준을 높이기 위한 것인지를 명확히 하고 공감해야 가능하다. 만약 이에 대한 공감이 없으면 공동 수·배송은 운영방향의 초점이 흐트러져 소기의 목적을 거두기 어렵다.

④ 공동 수·배송을 위한 주관업체가 존재하고 참여 업체 간의 분쟁조정과 운임분배 등을 공정하게 하여 신뢰도가 향상되어야 한다 : 공동화를 하기 위해서는 온라인상에서 화물정보를 수집·연결해 주거나 오프라인상의 화물을 집합시키고 보관, 가공, 분류, 발송 등의 작업을 수행하고 이러한 시스템에 대한 신뢰를 부여하기 위해 이용자를 확대시키기 위해서는 공동 수·배송 시스템을 주도적으로 운영하는 조직이 있어야 한다.

⑤ 대상 화물의 형태가 균일한 상품이 공동 수·배송공동과 공동가공에 유리하며 비규격품목은 부적합하다. 따라서 가능한 화물의 규격, 포장, 트럭, 적재함의 크기, 파렛트 규격 등 물류표준화가 선행되어야 한다.

⑥ 공동 수·배송에 참여하는 대상업체 간의 물류비 절감에 대한 공동인식이 확산되어야 한다.

(8) 공동 수·배송 운영주체의 종류

공동 수·배송 시스템은 다수의 화주 또는 물류기업이 참여하여 공동으로 수·배송 시스템을 운영하기 때문에 효율적인 운영이 되기 위해서는 주도적인 운영주체가 필요하다. 운송사업자, 운송주선사업자, 물류센터운영업자, 상품구매자, 상품공급자. 운영조합, 공공기관 등이 운영주체가 될 수 있다.

(9) 공동 수 · 배송의 유형

① **배송공동형** : 배송만을 공동으로 하는 방법이며 실질적으로는 보관의 공동화 또는 특정 터미널에서의 일원적 집약화가 전제가 되고 있다.

② **집화 · 배송공동형** : 보관의 공동화 또는 집화의 집약을 전제로 하여 집화의 배송을 공동화하는 유형으로, 동일 화주가 조합이나 연합회를 만들어 공동화하는 특정 화주 공동형과 운송업자들이 공동화하여 불특정 다수의 화물에 대처하는 운송업자 공동형의 2가지 모델이 있다.

③ **공동수주 · 공동배송형** : 운송회사가 협동조합을 설립하고 화주로부터 수주에 기초하여 조합원에게 배차지시를 하는 형태

④ **노선집화공동형** : 노선업자가 집화한 화물을 공동집화하여 각지에 발송하는 형태

⑤ **공동납품대행형** : 운송업자가 납입선을 대신하여 납품하는 형으로 화물을 집화, 유통가공, 포장, 납품 등 일련의 작업을 포함

> **핵심포인트**
>
> **공동 수 · 배송의 유형**
> - **배송공동형** : 각 화주나 각 운송업체는 물류터미널 등 물류거점까지 화물을 운송하고 배송만 공동화하는 방식
> - **집화 · 배송공동형** : 집화와 배송을 공동화하는 방식
> - **공동수주 · 공동배송형** : 운송업체가 협동조합을 결성하여 공동수주와 공동배송하는 방식
> - **노선집화공동형** : 노선의 집화망을 공동화하여 화주가 지정한 노선업자에게 화물을 넘기는 것
> - **공동납품대행형** : 백화점이나 할인점 등이 지정한 운송업체가 배송거점을 중심으로 납품상품을 집화, 분류, 포장, 상표부착 등의 작업 후 납품하는 방식

⑥ 공동물류센터가 없는 경우

㉠ Many to One System : 집화처가 다수이고 배송처는 한 곳인 경우에 실시하는 방법이다. 예를 들면, 다수의 부품하청기업들로부터의 납품물량을 대형차량을 이용, 순회집화하여 일정한 시간까지 조립공장의 라인에 투입하는 것이다. 이러한 방법은 납품업체뿐만 아니라 LCL 화물을 수출하는 업체들의 물량을 CFS에서 컨테이너화하기 위하여 포워딩업체들이 사용하는 방법이다.

ⓐ 납품업체들은 소형차량으로 납품하는 비효율성을 제거 가능

ⓑ 납품을 받는 업체는 정시에 납품을 받을 수 있음.

ⓒ 납품받는 업체의 인수업무가 단순화됨.

ⓓ 순회집화의 순서 때문에 제조를 빨리 끝내야 하는 업체와 늦게 끝내도 되는 업체가 발생하여 납품시간의 불균형이 발생할 수 있다. 이것이 납품업체의 불만이 될 수 있으므로 이를 완화시키기 위하여 요일별 순서변경 및 1일 2~3회로 분할하여 집화하는 방법을 이용할 수도 있다.

ⓛ One to Many System

ⓐ 대형 제조업체 또는 유통업체에서 다수의 거래처에 판매된 화물을 지역별, 거래처별로 묶어 중·대형차량을 이용하여 순회배달해 주는 운송시스템이다. 이러한 시스템은 화주기업의 일반적인 배송시스템이라고 할 수 있으나 운송임을 각 거래처에서 부담하고 운송업무는 외부의 운송업체를 이용할 경우, 운송업체가 구매자들과 개별적인 계약을 하고 추진하는 공동운송방법이다.

ⓑ 화물인계가 지연되어 수화처의 불만이 발생할 소지가 있다.

ⓒ 신속한 하차작업이 필요하기 때문에 이에 대한 준비가 필요하다(사전준비 요청, 롤테이너를 이용한 운송, 리프트게이트 등 하역장비 장착 등).

ⓒ Many to Many System

ⓐ 이 시스템은 일정한 구역 내에 산재한 다수 집화처의 화물을 중·대형차량을 이용하여 순회집화한 후 배송구역으로 운송 후 순회하면서 구매처에 배달하는 방법이다. 일반적으로 대도시 또는 공단지역에서 발생하는 소량의 납품화물이나 판매화물을 운송회사에 운송을 의뢰하면, 운송회사가 운송주문 내용을 배달지역별로 분류한 후 중·대형차량에 운송지시를 시달하고 이 차량은 집화구역을 순회하면서 집화하고, 집화가 완료되면 배달지역으로 운행하여 순차적으로 수화처에 화물을 인계하는 콘솔 수·배송 시스템이다.

ⓑ 운송을 하는 차량은 주로 주선업체 회원으로 가입한다.

ⓒ 4~5개의 배달처 물량을 적재하고 운송한다.

ⓓ 오후 집화 → 야간 운송 → 오전 배달 형태로 이루어진다.

ⓔ 전문적인 콘솔운송기사들이 담당하기에 집화, 배달에 대한 신뢰도가 높은 편이다.

ⓕ 정보시스템을 이용하여 주선과 업무처리가 이루어진다.

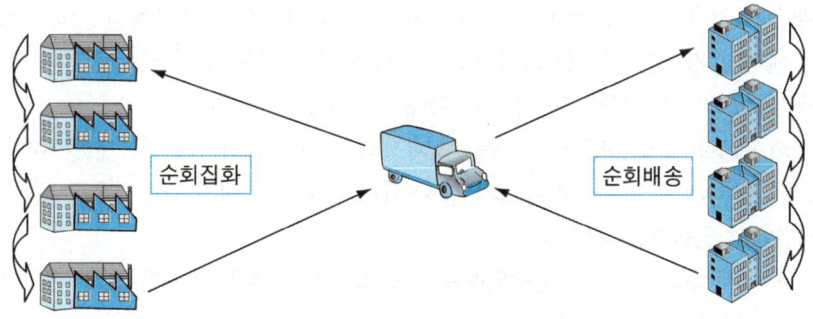

순회집화   순회배송

◀ Many to Many System의 모형 ▶

ⓔ 노선집배송 시스템

ⓐ 노선집배송 시스템이란 집배차량들이 사전에 정해진 일정한 노선을 정기적으로 운행하면서 발송할 화물을 집화하여 화물을 배달하는 형태의 운송시스템이다. 원래 노선화물

업체들이 이용하던 방법으로서, 이들은 운행노선과 경유시간을 정해놓고 운행노선상에 설치된 영업소를 순차적으로 경유하면서 영업소에서 집화해둔 화물을 적재하고 그 영업소에 도착시킬 화물을 인계하는 형태로 운송을 실시한다.

ⓑ 노선운행차량은 운행스케줄을 정확히 준수해야 한다.

ⓒ 사전에 물량출하계획이 정확하게 수립되어야 한다.

ⓓ 운송관리실과 차량 간에 원활한 통신시스템이 구축되어야 한다.

ⓔ 화주집단과 운송업체 간의 공동추진체계가 이루어져야 성공할 수 있다.

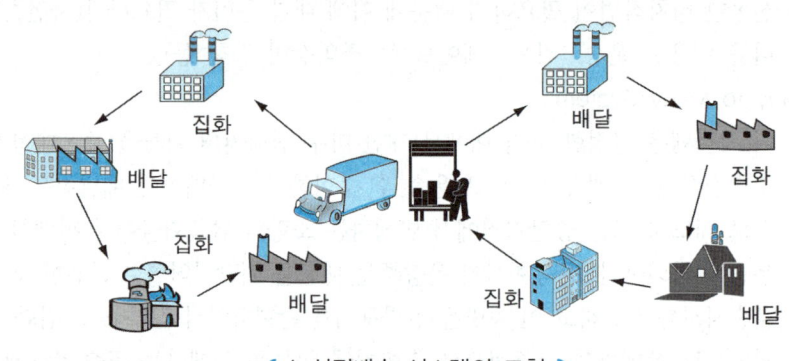

◀ 노선집배송 시스템의 모형 ▶

⑦ 물류센터가 있는 경우

• 일반적으로 공동 수·배송이라고 하면 물류센터를 중심으로 화물의 취급과 수·배송을 공동으로 실시하는 것을 생각하게 된다. 물류센터를 이용하면 일단 화물이 한 곳으로 모이기 때문에 차량의 출발과 도착을 더 신속하게 할 수 있으며 더 많은 물량을 적재할 수 있다. 또한, 보다 효율적으로 상하차작업을 할 수 있게 된다. 따라서 물류센터를 이용하지 않는 공동 수·배송의 경우에도 취급물량이 많아지게 되면 점진적으로 물류센터형으로 개선되어야 한다.

• 물류센터의 기능은 입고된 화물을 배송처별로 분류하는 역할을 주로 하지만 유통가공, A/S 센터 등의 역할로 점차 그 기능이 확대되고 있는 추세이다.

• Single Terminal을 운영하는 경우는 물류센터의 위치를 집화지 인근에 설치하는 경우와 배송지 인근에 설치하는 경우 그리고 집화지와 배송지 중간에 설치하는 경우로 나눌 수 있다.

㉠ 개별입고 공동배송 시스템

ⓐ 공동배송센터까지의 운송업무는 납품업체가 직접 담당하며 입고 이후의 화물취급과 배송업무는 공동 수·배송 주체가 담당하는 형태이다.

ⓑ 개별입고 후에 일부화물은 크로스 도킹(Cross-docking)으로 처리하고 일부화물은 보관 후 출하되기도 한다. 생필품 및 농수산물, 의약품 등과 같이 대량으로 입고되어 소형 차량을 이용하여 수많은 배달처로 배송되는 화물로서, 납품처가 전국 또는 넓게 분포되어 집화업무를 공동화하기 어려운 화물에 대해 적용할 수 있다.

ⓒ 개별입고 공동배송 시스템의 특징
- 원활한 배송출발을 위해서 납품업체는 납품시간을 준수한다.
- 공동 수·배송업체는 효율적인 분류시스템을 구축한다.
- 롤테이너를 이용한 배송시스템을 구축하는 것이 분류, 상차 및 배송에 효율적
- 배송부분의 비용이 많이 발생하기 때문에 효율적인 배송시스템을 구축하고 가능한 차량의 크기를 확대할 수 있도록 해야 한다.
- 배송차량과 물류센터 그리고 배달처와의 리얼타임 통신시스템을 구축하는 것이 효율적이다.

ⓛ 공동집화 개별수송 시스템
ⓐ 공동집화 개별수송 시스템은, 집화운송은 중·대형차량을 이용하여 순회하면서 실시하고, 공동배송센터에 입고된 화물을 화주별로 분류하여 수화주별로 대형차량을 이용하여 운송하거나, 하나의 대형 수화주에게 발송할 때에는 입고되는 대로 대형차량에 적재하여 한 대 분이 되면 순차적으로 발송하는 형태로 운영된다.
ⓑ 주로 부품제조업체들이 운영하는 방법으로 납품을 받는 업체들이 납품이 많이 발생하는 지역에 물류센터를 설치하고 운송업체를 지정하여 순회집화하도록 한 뒤에 물류센터에서는 업체별로 분류하거나 하나로 모아서 조립공장으로 대형차량을 이용하여 운송한다.
ⓒ 공동집화 개별수송 시스템의 특징
- 집화는 단거리에서 이루어지고, 운송은 장거리에서 이루어진다.
- 납품처들이 납품화물을 정해진 시간에 준비한다.
- 집화시간 차이에 대한 불만을 줄이기 위하여 2~3회로 나누어 집화하거나 격일로 순서를 바꾸어 집화가 가능하다.
- 입고 및 발송시간이 단시간 내에 이루어지기 때문에 전용 물류센터보다는 타 용도로 이용되는 물류센터를 시간제로 활용하는 방법을 모색한다.
- 신속한 입고 및 분류, 상차를 위하여 롤테이너, 메시파렛트 등 용기의 이용을 검토한다.
- 보관시설을 운영할 수 있지만 극히 일부 과입고된 화물을 위한 시설로 활용된다.

ⓒ 개별입고 개별수송 시스템
ⓐ 공동집화 개별수송 시스템에서 집화처의 집화시간에 대한 불만이 발생하거나, 납품처가 상당히 넓은 지역에 분포되어 있고 납품물량이 소량이어서, 대형차량을 이용하여 공동집화하는 효과가 없을 때 이용할 수 있는 방법이다.
ⓑ 납품업체는 지정된 시간까지 화물을 물류센터에 입고시키면 운영주체는 이를 업체별로 분류하거나 한꺼번에 모아서 대형차량에 적재한 후 수하처로 운송을 하게 된다.
ⓒ 개별입고 개별수송 시스템의 특징
- 납품업체의 납품시간 차이에 대한 불만이 없어질 수 있다.

- 납품업체는 자신이 운영하고 있는 업무용 차량이나 자가용 화물차량을 이용하여 납품이 가능하다.
- 물류센터에서의 검수, 분류, 상차작업이 단시간 내에 복잡하게 발생한다.

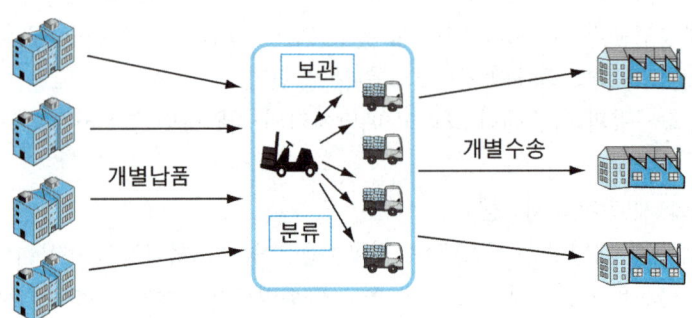

◀ 개별입고 개별수송 시스템의 모형 ▶

ⓓ 공동집화 공동배송 시스템
  ⓐ 집화와 배송, 보관, 분류 등 공급체인상의 모든 물류활동이 공동으로 처리되기 때문에 공동 수·배송 시스템에 있어서 가장 바람직한 형태이다.
  ⓑ 운영주체가 납품처를 방문하여 납품할 화물을 순회집화하여 물류센터에서 보관하거나 크로스 도킹으로 분류한 후 배송처별로 모아서(콘솔) 중·소형차량을 이용하여 순회배송하는 방법이다. 이러한 방법의 공동 수·배송이 활성화되어야 하지만, 이는 납품업체에 대한 납품시간 준수가 보다 엄격히 요구된다는 것과 가능한 납품시간을 늦추어야 유리한 납품업체의 입장 또는 납품업체 자체의 운송차량의 보유 등이 장애요인으로 작용한다.
  ⓒ 공동집화 공동배송 시스템의 특징
    - 대형의 공동물류센터가 필요하다.
    - 정교한 물류관리정보 시스템을 구축한다.
    - 오후 집화, 오전 배송의 형태로 운영될 때 배송차량 또는 집화차량의 상당 부분은 종일 운영이 가능하다.
    - 정교한 검품업무, 신속한 화물의 처리(입고 및 분류), 유통가공 등 전문적인 물류관리 지식과 경험이 필요하다.
    - 기타 개별납품, 공동배송 시스템에서 필요한 사항을 요구한다.

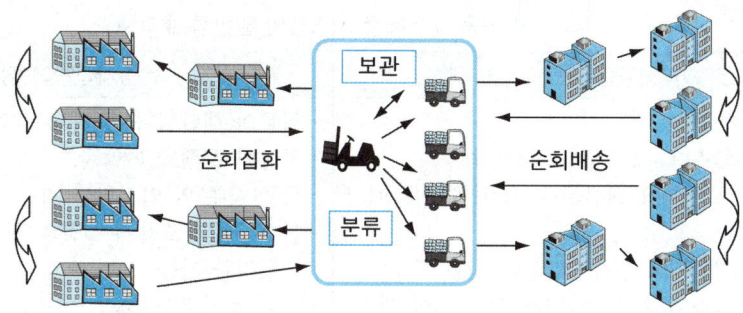

◀ 공동집화 공동배송 시스템의 모형 ▶

⑧ 업체 간 물량교환

　ⓖ 업체 간 물량교환이란, 운송업무를 자가용 차량을 이용하여 수행하는 화주기업이나 어느 한 지역을 중심으로 운송영업을 하고 있는 운송업체 간에 협정을 체결하고 서로 상대방지역으로 운송되는 화물을, 자체 차량 일부와 협정을 맺은 기업의 차량을 이용하여 공동으로 운송을 하는 방식이다.

　ⓛ 장거리운송에 있어서 공차운행은 운송원가를 증가시키는 치명적인 부분이기 때문에 적극적으로 모색되어야 할 사항이다. 특히, 자가운송을 하는 경우에는 유상운송행위를 할 수 없기 때문에 상호 물량교환방식은 세금계산서 발행이 필요 없는 효과적인 방법이다.

　ⓒ 운송업체의 차량이 장거리운송 후 일반운송 주선업체를 이용했을 때에는 대부분 낮은 요율의 운송화물에 주선수수료를 지급해야 하기 때문에 운송업자들에게는 좋은 조건이 아니다. 따라서 이러한 문제를 해결할 수 있는 방법으로서 양단간에 위치한 운송업체 상호간에 운송물량을 교환하는 방식은 매우 유용한 방법이다.

(10) 공동 수·배송 시스템화의 효과

① 운송의 대형화를 통해 적재율의 향상으로 수·배송 물량의 증가와 물품파손 및 도난방지
② 첨단물류기기의 공동구입에 따른 각 기업별 비용의 절감효과
③ 각 가맹사 간에 전산망을 통한 수·배송작업의 시스템화 가능
④ 사무자동화를 통해 공동물류회계 및 화물정보 시스템화 가능
⑤ 요금체계의 명확화를 통한 요금계산의 정확성과 간편성
⑥ 동일지역 및 동일배송선에 대한 중복교차배송을 피하고 공차율 감소
⑦ 소량화물의 집합 수·배송에 따른 운행차량의 감소와 교통체증(혼잡) 감소를 통한 기동성 향상
⑧ 소수의 차량으로 물품 수·배송범위의 확대와 문전배송의 효율화 기능
⑨ 자가용 화물차의 등록 용이와 부가가치세 및 보험료의 절감효과
⑩ 정보시스템의 일원적 관리를 통한 물류센터, 창고 내 정보시스템의 효율적 사용이 가능
⑪ 수납횟수의 감소와 고객의 검품생산성 향상
⑫ 집배화물의 계절적 조절이 가능하여 차량의 운영효율이나 보관·하역작업의 효율 향상

◀ 공동 수·배송 시스템의 일반적 효과 ▶

화주의 장점	운송사업자의 장점
• 운임부담의 경감 • 화물운송의 소단위화, 장거리화에 대응 • 효율이 낮은 자가용 화물차에 의한 배송을 폐지할 수 있음. • 배송이 계획화되고 신속·확실한 배송 가능 • 출하량의 감소에 의한 출하작업의 합리화 가능 • 공간절약에 의한 시설의 유효 이용 가능 • 출하작업의 합리화에 의한 물류인력의 효율적 이용이 가능 • 계획출하로 시간 외 노동문제의 해결 • 수화주의 일괄검수 가능 • 교통혼잡 완화 • 환경오염 억제 • 전표처리, 운임요금 지불업무의 합리화 • 이상의 종합효과로서 물류비 절감이 가능	• 화물의 대단위화 가능, 차량의 적재효율 향상 • 차량의 운행효율 향상 • 화물(화주)의 안전확보 가능 • 물류시설의 효율적 이용의 도모, 작업의 기계화·합리화 가능 • 과다한 서비스 감축 • 집배밀도 향상, 운전원의 노동조건 합리화 • 전표처리, 운임청구업무의 합리화 도모 • 특정 지역의 교통지체 완화에 의한 집배효율 향상 • 환경오염 억제 • 이상의 종합효과로서 물류비 절감이 가능

7 보세운송

(1) 보세운송의 의의

보세운송이란, 외국으로부터 수입하는 화물을 입항지에서 통관하지 않고 세관장에게 신고하거나, 승인을 얻어 외국물품상태 그대로 보세구역으로 운송하는 것이다. 이러한 보세운송은 수입화물에 대한 관세납부가 유보된 상태 및 수입이 허가되지 않은 상태에서 운송되는 것이므로 운송에 제약이 따른다.

① 보세운송을 하는 이유
  ㉠ 검역·안전검사 등의 추가적인 조치가 필요한 화물인 경우, 도착지 근처에 장치 후 샘플 채취, 검사, 검역 등의 조치가 용이하기 때문에
  ㉡ 통관을 대행하는 관세사가 도착지에 소재하고 있을 때
  ㉢ 관세납입을 지연시키기 위해
  ㉣ 통관 후 보세장치장 내에 설치된 일반보관장소를 물류센터로 이용할 경우
  ㉤ 일정기간 장치 후 반송조치할 물품인 경우(전시 후 반출 등)
  ㉥ 화주의 공장 및 물류센터가 보세장치장 설치특허가 나 있는 경우 등

② 보세운송을 할 수 있는 자
  보세운송은 화주, 관세사, 보세운송업자 등이 할 수 있으나, 일정한 자격을 갖추고 세관장의 승인을 얻지 못한 자는 담보제공 등 통제를 받게 된다.

(2) 보세운송업자의 종류와 등록조건

보세운송을 할 수 있는 운송업자는 간이보세운송업자와 일반보세운송업자로 구분되며 관할 관세청에 등록이 되어야 보세운송을 할 수 있다.

① 간이보세운송업자

　　㉠ 간이보세운송업자는 일반간이보세운송업자와 특정물품간이보세운송업자로 구분되며, 일반간이보세운송업자는 간이보세운송업자 등록요건에 의하여 등록한 자 중 일정한 요건을 갖춘 경우, 업자의 신인도 등을 감안하여 보세운송물품의 검사생략과 담보제공의 면제를 받을 수 있는 자로 세관장으로부터 지정을 받은 자이며, 특정물품간이보세운송업자는 특별한 조건을 갖추고 관리대상화물 등 특정화물에 대하여 보세운송을 할 수 있는 자로 세관장의 지정을 받아 운영한다.

　　㉡ 자격요건 : 간이보세운송업자는 다음 조건을 갖추어야 한다.

　　　　ⓐ 자본금 2억원 이상인 법인일 것

　　　　ⓑ 5천만원 이상의 인허가보험에 가입한 자이거나 5천만원 이상의 담보를 제공한 자(부동산 제외) 그리고 다음 조건 중 하나를 갖추어야 한다.

　　　　　• 5대 이상의 화물자동차 또는 특수자동차를 보유한 자(합계가 5대 이상인 경우 포함)
　　　　　• 총톤수 5백톤 이상의 선박(부선을 포함)을 2척 이상 보유한 자
　　　　　• 항공기를 1대 이상 보유한 자
　　　　　• 관세사 또는 보세구역 운영인이 자기가 통관 또는 보관하고자 하는 물품을 운송하기 위하여 보세운송업자로 등록한 경우에는 화물자동차 3대 이상 보유한 자

② 일반보세운송업자

　　㉠ 일반보세운송업자는 간이보세운송업자의 특정 요건을 갖추지 못한 보세운송업자를 말하며, 일반보세운송업자가 보세운송을 하기 위해서는 물품의 검사와 담보를 제공해야 한다.

　　㉡ 자격요건 : 일반보세운송사업자는 다음 요건을 갖춘 자로서 간이보세운송업자의 자격요건에 미달하는 사업자이다.

　　　　ⓐ 「화물자동차 운수사업법」에 의한 화물자동차운수사업의 면허를 받은 자
　　　　ⓑ 「해운법」에 의한 해상화물운송사업의 면허를 받은 자
　　　　ⓒ 「항공법」에 의한 항공운송사업의 면허를 받은 자
　　　　ⓓ 컨테이너 운송이 가능한 철도소운송업의 등록을 필한 자

(3) 보세운송 요령

① 보세운송의 신고 : 보세운송을 하고자 할 때에는 화주 또는 보세운송업자가 출발지 세관장에게 보세운송신고를 해야 하며, 신고할 때에는 화주나 운송회사는 다음 사항을 신고서에 기록하여 EDI를 통해 제출하여야 한다.

    ㉠ 운송수단의 종류, 명칭 및 번호

    ㉡ 운송통로와 목적지

    ㉢ 화물상환증, 선하증권 또는 항공화물운송번호와 물품의 적재지, 생산지 또는 제조지

    ㉣ 포장의 종류, 번호 및 개수

    ㉤ 물품의 품명, 규격, 수량 및 가격

    ㉥ 운송기간

    ㉦ 화주의 명칭(성명), 주소, 사업자등록번호 및 대표자 성명

> **핵심포인트**
>
> **보세운송의 절차**
> - 보세운송신고 및 승인 : 세관장
> - 보세운송 신고인 : 화주, 관세사, 보세운송자
> - 보세운송의 취하 : 세관장 승인

② 보세운송 승인을 받아야 하는 화물

    ㉠ 보세운송된 물품 중 다른 보세구역 등으로 재보세운송하고자 하는 물품

    ㉡ 「검역법」, 「식물방역법」, 「가축전염병예방법」 등의 규정에 의거 검역을 요하는 물품

    ㉢ 「소방기본법」, 「유해화학물질관리법」에 의한 위험물

    ㉣ 비금속성

    ㉤ 화물이 국내에 도착된 후 최초로 보세구역에 반입된 날부터 30일이 경과한 화물

    ㉥ 보세구역의 장치허가를 받은 장소(타소장치장)로 운송되는 화물

    ㉦ 통관이 보류되거나 수입신고 수리가 불가능한 화물

    ㉧ 귀석, 반귀석, 귀금속, 한약재, 의약품, 향료 등과 같이 부피가 작고 고가인 물품

    ㉨ 화주 또는 화물에 대한 권리를 가진 자가 직접 보세운송하는 물품

    ㉩ 통관자가 제한되는 물품

    ㉪ 적하목록상 동일한 화주의 선하증권 단위의 물품을 분할하여 보세운송하는 경우

    ㉫ 불법 수출입의 방지를 위하여 세관장이 지정한 물품

    ㉬ 세관장의 명령을 위반하여 관세범으로 조사를 받고 있거나 기소되어 확정판결을 기다리고 있는 보세운송업자 등이 운송하는 물품

③ 보세운송의 통로

    ㉠ 보세화물은 내국물품이 아닌 관세납부가 유보된 외국화물이기 때문에 보세운송시 운송통로를 운송업자 스스로 지정해야 하며 운송업자는 이 통로를 준수해야 한다.

    ㉡ 운송물품의 감시, 단속을 위해 필요하다고 인정시 관세청장이 정하는 바에 따라 운송통로를 제한할 수 있으며 이때 운송업자는 임의로 통로를 변경할 수 있다.

④ 보세운송의 기간 : 보세운송신고를 한 화물은 신고한 날로부터 15일 이내에 목적지에 도착되고 도착지 관할 세관장에게 신고해야 한다. 그러나 수입화물이 항구 및 공항에 도착되기 전에 보세운송신고를 하게 되면 5일이 추가된다.

(4) 보세운송의 도착신고

보세운송운전자는 목적지 보세장치장 등에 도착하면 보세운송신고필증 2부를 보세구역운영인(보세구역운영사업자) 또는 화물관리인(보세사)에게 제시하고 화물을 인계해야 하며, 화물이 이상 없이 입고되었을 때 1부를 받아 인계받는다.

> **TIP** 화물의 도착신고는 보세구역운영인 또는 관리자가 KT-net의 EDI를 통하여 하도록 되어 있다.

(5) 보세구역의 형태와 운영 개요

① 세관검사장은 통관하려는 물품을 검사하기 위한 장소로서 세관장이 지정하는 지역으로 한다.
② 보세창고에는 외국물품이나 통관을 하려는 물품을 장치한다.
③ 보세전시장에서는 박람회, 전람회, 견본품 전시회 등의 운영을 위하여 외국물품을 장치·전시하거나 사용할 수 있다.
④ 세관장은 보세판매장에서 판매할 수 있는 물품의 종류, 수량, 장치 장소 등을 제한할 수 있다.
⑤ 관세청장은 직권으로 또는 관계 중앙행정기관의 장이나 지방자치단체의 장, 그 밖에 종합보세구역을 운영하려는 자의 요청에 따라 무역진흥에의 기여 정도, 외국물품의 반입·반출 물량 등을 고려하여 일정한 지역을 종합보세구역으로 지정할 수 있다.

8 화물자동차 운송정보 시스템

최근 화물자동차 운송관리에 있어서도 정보시스템과 정보기기를 활용한 운송관리가 매우 급속하게 확산되고 있는 추세이다. 이들을 이용함으로써 효율적인 운영뿐만 아니라 운송고객과 화물의 수요자에 대한 정보서비스 수준을 높이고 있다.

(1) 차량배차관리 시스템(TMS ; Transportation Management System)

① 일반적으로 차량배차관리 시스템은 화물운송 때 수반되는 자료와 정보를 신속하게 수집하여 이를 효율적으로 관리하는 동시에, 수주 기능에서 입력한 정보를 기초로 비용이 가장 적은 수송경로와 수송수단을 제공하는 시스템이다.
② TMS는 공급배송망 전반에 걸친 재고 및 운반비 절감, 대응력 개선, 공급업체와 필요 부서 간의 정확한 정시 납품 보장 등을 실현하고, 최적의 운송계획 및 이행 기능을 유입·유출 물류와 재고보충 등의 운송제약 조건을 고려해 운송을 계획, 최적화하는 동시에 이행 기능을 이용해 계획을 수행한다.

③ 배차관리 시스템은 다양한 화주의 화물을 운송하는 운송기업이나 특정 화주의 화물을 전담하여 수송 또는 배송하는 경우, 자사의 화물을 자사의 차량이나 외부의 차량을 이용하여 직접적으로 배차관리하는 경우 등에 따라 전체적인 시스템의 범위, 업무내용 및 업무처리절차에 차이가 날 수 있다.

> **핵심포인트**
>
> **배차관리 시스템이 추구해야 할 점**
> • 가장 적절한 규모의 차량을 이용할 수 있도록 함.
> • 가장 적절한 대수를 투입할 수 있도록 함.
> • 차량의 상하차 대기시간을 최대한 감소시킬 수 있도록 함.
> • 화물운송에 차질이 발생하지 않도록 적정한 차량을 배차할 수 있도록 함.
> • 차량의 운행사항 파악, 운송실적, 분석자료가 보고될 수 있도록 개발
> • 상품의 주문내용이 운송지시로 자동적으로 연계될 수 있도록 개발
> • 화주기업과 EDI를 구축

(2) 적재관리 시스템(VMS ; Vanning Management System)

① 적재관리 시스템이란 출하되는 화물의 양(중량 및 부피)에 따라 적정한 크기의 차량선택과 한 대의 차량에 몇 개의 배송처의 화물을 적재할 것인지를 계산해내고, 화물의 형상 및 중량에 따라 적재함의 어떤 부분에 어떤 화물을 적재해야 가장 효율적인 적재가 될 것인지를 시뮬레이션을 통하여 알려주는 시스템을 말한다.

② 이 시스템은 출하물량의 수준에 따라 차량의 요소, 컨테이너 및 파렛트의 소요량도 산출하며, 다양한 종류의 화물을 매일 운송을 하면서 그 출하량이 매일 같이 변동되는 경우에 매우 필요한 시스템이다.

> **핵심포인트**
>
> **적재관리 시스템이 추구해야 할 점**
> • 다양한 차량을 이용할 수 있을 경우에는 가장 적절한 규모의 차량을 이용할 수 있도록 함.
> • 이용하는 차량의 크기가 정해져 있을 경우에는 최적의 화물량을 운송할 수 있는 배송처를 결정할 수 있도록 함.
> • 적재계획은 운송화물의 중량과 부피를 동시에 고려하여야 함.
> • 축중제한을 초과하지 않도록 전체적인 적재화물의 중량을 통제할 수 있어야 하고, 편하중(偏荷重)에 의한 축중제한이 발생하지 않도록 적재위치도 고려되어야 함.
> • 주문관리 시스템(OMS ; Order Management System)과 자동 연결될 수 있도록 해야 함.

(3) 구차구화 시스템(CVO ; Commercial Vehicle Operation System)

① 구차구화(求車求貨) 시스템이란 필요한 차량이나 운송할 화물을 정보시스템을 이용하여 찾는 시스템을 말한다. 화주기업이나 원청으로 화주와 운송계약을 한 운송기업 또는 운송주선업체가, 운송에 필요한 차량을 정보시스템상에서 검색하여 선택하거나 자신이 운송할 화물을 정보시스템상에 운송조건을 명시하여 제시하면, 이 정보에 접속한 운송회사 또는 운전기사들이 화물을 선택하여 운송계약이 이루어지도록 만들어진 화물차량 정보시스템으로, 지능형 교통시스템(ITS)의 일종이다.

② 구차구화 시스템이 효율적으로 작동하기 위해서는 기본적으로 정확한 운송정보 및 차량정보가 등록되어 있어야 하며 화물 및 차량정보를 확보하기 위하여 정보네트워크(PC 또는 모바일장비 등)가 필요하고, 운임의 지급과 수수료 정산 등을 위하여 회원제로 운영되는 것이 일반적이다.

(4) 라우팅(Routing) 시스템

① 라우팅 시스템이란 화물자동차의 운행경로와 배송처를 최적으로 설정해 주는 정보시스템을 말한다. 루트배송 방식이라고도 한다.

② 택배업체와 배송업체같이 많은 개인이나 기업들을 방문하거나 고정된 대리점 또는 판매점에 상품을 공급하는 경우, 불특정 다수의 주문자들로부터 상품을 주문받아 최단시간 내에 배달을 해야 하는 업체(예 사무용품 쇼핑몰업체)들의 경우에는 주문자가 원하는 시간 내에 가장 가까운 경로를 이용하여 가능한 많은 상품을 배달하거나 보다 많은 거래처를 배송할 수 있도록 배차관리를 하는 것이 필요하다.

③ 라우팅 시스템은 택배와 같이 불특정 다수의 수화처를 대상으로 하는 경우와 고정거래처를 대상으로 하는 경우로 구별된다. 불특정 다수의 수화처를 대상으로 하는 경우에는 수화처의 주소와 도로에 관한 GPS정보를 이용하여 라우팅을 하게 되며, 고정거래처에 대한 배송의 경우에는 각 점포 간 운송거리와 작업시간, 각종 작업여건 등을 사전에 조사하여 DB화한 후 이를 이용하여 라우팅을 하게 된다.

④ 비교적 광범위한 지역에 소량화물을 요구하는 다수의 고객을 대상으로 배송할 때에 유리한 방법으로, 판매지역에 대하여 배송 담당자가 배송 트럭에 화물을 상하차하고 화물을 수수함과 동시에 현금수수도 병행하는 방식이다.

(5) 화물추적 시스템(Tracing, Tracking)

① 화물추적 시스템이란 화물이 송화인의 문전에서 출발하여 수화인의 문전까지 도착할 때까지 언제, 어떤 단계를 거쳐, 누구에게 전달되었는지를 정보시스템을 통하여 알려주는 시스템을 말한다.

② 송화인, 수화인에게 그들의 화물이 지금 어느 위치에 있으며, 언제 나에게 전달될 수 있는지를 알려주는 중요한 정보시스템이 되어가고 있으며 택배, 포워딩, 컨테이너운송 등의 영업활동 분야에서 매우 중요한 역할을 한다.

③ RFID가 물류에 도입되면 화물의 흐름에 관한 종적은 물론이고, 제조에서 판매 및 소비과정까지의 상세한 정보가 정보시스템에 보고되고 파악될 수 있어 더욱 중요한 시스템이 되고 있다.

(6) GPS를 이용한 차량추적 시스템

- GPS를 이용한 차량추적 시스템은 사무실의 전자지도에 특정 차량 또는 자사의 전체적인 차량이 어느 위치에 있으며, 어느 방향으로 운행을 하고 있는지, 어느 도로를 운행하고 있는지, 영차인지, 공차상태인지 등을 파악하여 사전에 배차를 하거나 비효율적인 운행사항을 통제하기 위하여 이용되는 시스템을 말한다.
- 이 시스템을 이용하기 위해서는 차량의 위치확인이 가능한 모바일장비가 차량에 설치되거나 운전기사가 휴대해야 하며, 이동통신회사의 서비스를 받아야 운영이 가능하다.
- 이용가능한 모바일장비의 종류 : 차량의 위치추적을 위해서는 휴대폰이나 모바일장비에 GPS위성 또는 통신안테나와 통신을 할 수 있는 통신장치(모듈)를 설치해야 한다. 현재 시중에 출시되어 있는 GPS장비들은 개인용 이동전화기, PDA, Navigator, TRS 등이 있으며, GPS정보를 제공하는 이동통신사 등이 별도의 통신모듈을 설치한 장비를 개발 또는 인증하여 서비스를 제공하고 있다.

(7) 차량탑재용 정보기기

① 무전기(VHF, UHF)

무전기는 운송기업의 통제실과 차량 간에 음성에 의한 정보를 주고받을 수 있는 통신기기이다. 무전기는 통화되는 내용을 동일한 채널을 사용하는 모든 사람들이 통신정보를 수신할 수 있으나 송신은 무전기의 통화키를 잡고 있는 한 사람만 할 수 있다는 것이 단점이다. 무전기는 무선중계기를 이용하여 광범위한 지역에 산재해 있는 다수의 차량과 통화하는 방법과 중계기 없이 근거리에서 무선기 간에 직접 전파송수신에 의한 통화방법이 있다.

② TRS(Trunked Radio System)

TRS는 무전기의 발전된 형태이다. 즉, 무전기의 단점인 통화키를 잡은 사람 간에만 통화할 수 있는 단점을 보완하여 다자간 통화를 할 수 있는 기능을 갖추고 있으며, 일반전화에도 통화를 할 수 있는 기능이 추가되어 운송업계에서 많이 활용되고 있다.

③ Navigator

Navigator는 원래 항공기 및 선박에서 항로를 안내하거나 선박, 항공기의 현재위치 등을 알려주는 항법장치로 활용되는 기기였으나 무선통신기술의 발달과 지리정보 시스템(GIS)의 발전으로 육상에서도 활용이 증가하고 있다. 차량에 탑재되는 Navigator는 기기의 화면에 차량의 현재위치, 목적지까지의 이용가능한 도로, 도로의 교통상황, 목적지 위치 등을 알려주는 기능을 갖고 있다.

④ PDA(Personal Digital Assistance)

PDA는 휴대폰 컴퓨터의 일종으로, 손으로 쓴 정보를 입력하거나 개인 정보관리, 컴퓨터와의 정보교류는 물론, 전자수첩과 같이 대인 정보관리, 일정관리가 가능한 휴대용 개인정보 단말기를 말한다. 손으로 쓴 정보를 직접 입력할 수도 있고, 컴퓨터를 통한 정보교류, 무선인터넷, Navigation의 모든 기능을 활용할 수도 있다. 또 이동전화와 결합해 각종 교통정보를 알 수 있고, 팩시밀리 기능도 수행하는 등 다양한 기능을 가지고 있다. 음성통화가 가능하며 다양한 리더기(Reader) 및 통신기능들을 장착함으로써 업무현장에서 신속하게 실시간으로 정보처리가 가능하다.

⑤ ITS는 도로와 차량, 사람과 화물을 정보네트워크로 연결하여 교통체증의 완화와 교통사고의 감소, 환경문제의 개선 등을 실현할 수 있는 시스템이다.

⑥ GIS-T(교통지리 정보시스템)는 디지털 지도에 각종 정보를 연결하여 관리하고 이를 분석, 응용하는 시스템의 통칭이다.

⑦ AVLS는 위성으로부터 받은 신호로 이동체의 위치 및 이동상태를 파악하여 차량의 최적 배치 및 파견, 실태파악 및 분석 안내, 통제, 운영할 수 있는 작업들을 지능화한 시스템이다.

(8) RFID의 활용

① RFID(Radio Frequency Identification)

RFID는 라디오 주파수 통신방식을 이용하여 이동식 저장장치와 주 컴퓨터 혹은 PLC(복잡한 시퀀스 시스템을 프로그램으로 바꾸어 사용자가 사용하기 편리하도록 만든 Unit) 간에 정보를 주고받을 수 있는 시스템으로, 일반적으로 RFID 시스템은 데이터가 저장되어 있는 태그 및 라벨, PCB(인쇄회로기판) 등과 같은 데이터 저장소와 태그와의 통신을 위한 안테나, 그리고 안테나와 PC혹은 PLC 간의 통신을 관리하는 컨트롤러로 구성되어 있다.

② 운송에 있어서 RFID의 활용도

㉠ 추적관리 용이 : 기존의 바코드에 의한 추적관리 시스템은 목표물을 정지시키거나 저속으로 이동하도록 하고 스캐너를 접촉시키는 방법을 이용함으로써 차량이나 화물의 흐름을 더디게 하였으나, RFID시스템은 비접촉식, 동시다중접속식, 신속하고 상세한 목적물에 대한 정보의 인식으로 인하여 추적관리업무를 효율적이고 신속·정확하게 처리할 수 있게 되었다.

㉡ 화물취급작업의 신속 : 파렛트와 단위탑재용기(ULD)에 적재상태로 화물을 일시에 Reading하여 상하차시간이 단축되고 차량회전율을 향상시킨다.

㉢ 화물취급의 정확도 향상 : 입출고, 상하차작업시 잘못 취급되었을 때 신속하게 확인할 수 있어 정확도가 높아졌다.

㉣ 물류작업 책임의 명확화 : Tag에 해당 화물의 전 작업과정과 작업관리자 등에 관한 히스토리(History)가 기록되어 화물에 대한 문제발생시 그 책임과 원인을 정확하게 규명할 수 있다.

운송부문에서의 RFID의 기능
- 차량의 출입관리
- 컨테이너의 출입 및 위치관리
- 화물의 추적관리
- ULD의 추적관리
- 각종 장비 및 설비의 이동시간과 정지시간 관리

02 화물자동차의 운영관리

1 운영관리지표와 운송효율 향상방법

(1) 화물자동차 운영관리지표

① **생산성** : 생산성이란 1인 또는 1대당 일정기간 동안 어느 정도의 생산실적을 달성했는가를 나타내는 지표로 운송서비스생산지표와 매출생산성지표로 구분한다.

　㉠ **운송서비스생산성** : 운송에 있어서 생산량이란 얼마의 화물을 몇 km 운송했는가로 나타내며 이 단위를 ton·km로 표시한다. ton·km는 가장 기본적인 운송의 생산단위(원 단위)이다. 정확한 화물의 중량을 산출하기 어렵거나 운송거리관리가 어려운 경우에는 다음과 같은 보조적인 지표를 사용한다.

　　ⓐ **ton·km** : ton·km는 매번의 운송거리에 그때에 적재한 화물의 양(ton으로 환산)을 곱하여 산출한 숫자이다. 일정기간 동안의 실적치로써 ton·km는 이들 개별운송 ton·km를 합산한 것이다.

$$운송\ ton·km = \Sigma\ 적재량\ \times\ 영차운송거리$$

　　ⓑ **운송량** : 실제 적재하고 운송한 양을 나타낸다. ton, CBM, 파렛트, 박스 등 다양한 단위로 계산할 수 있으며 운송지역 및 거리가 동일한 구간을 운송하는 경우에는, 복잡하게 ton·km를 계산할 필요 없이 얼마를 운송했는가를 관리해도 무관하다.

　　ⓒ **운행 km** : 일정기간(1일 또는 1개월 등) 동안 몇 km를 운행했는가에 대한 실적치이다. 매번 적재하는 양이 동일하고 복화운행이 어려운 경우에는 운행거리 실적을 생산성으로 관리해도 문제가 없다. 순회배송을 하는 경우나 운행에 운전기사의 자율성이 적게

개입되는 운송의 경우에는, 운행 km가 해당 운전기사의 노력도 및 생산성이라고도 할 수 있다.

ⓓ **영차 km** : 일정기간 동안 화물을 적재하고 운행한 거리가 몇 km인가를 나타내는 실적 치이다. 일정기간 동안 총운행한 거리에서 공차로 운행한 거리를 차감하여 산출할 수 있으며 매번 운송하는 양이 일정하다면 운송량에 관계없이 실제로 적재하고, 운행량을 생산량으로 관리해도 무방하다. 이사화물이나 다양한 생필품운송과 같이 적재중량을 정확히 산출하기 곤란한 경우에는 영차 km를 적용한다.

ⓛ **매출생산성** : 매출생산성은 운송 결과에 따른 매출액으로서 운송기업에서 관리하는 지표이다. 매출생산성은 운송하는 화물의 운송단가의 고저, 운송거리의 장단(長短), 전체적인 운송량 등에 의하여 결정된다.

ⓐ **매출총액** : 일정기간 동안 운송회사가 실현한 매출액으로서 주로 목표 대비 실적달성을 관리하기 위해서 산출한다. 차종별, 톤급별, 연식별, 개별차량별로 구분하여 산출 및 관리할 수 있다.

ⓑ **톤당 매출액**(또는 운송단위당 매출액 – Box, Pallet 등) : 매출액을 운송한 양으로 나누어서 산출하며, 평균 운송단가기준을 알 수 있다.

ⓒ **ton · km당 매출액** : 매출액을 총운송 ton · km 실적으로 나누어 산출하며, 실질적인 생산단위당 매출액을 알 수 있다.

ⓓ **영차거리당 매출액** : 매출액을 영차운행거리로 나누어 산출하며, 차량이 화물을 적재하고 1km 운행하는 데 얼마의 매출을 올리는가를 알 수 있다.

ⓔ **운행거리당 매출액** : 매출액을 총운행거리로 나누어 산출하며 운송을 하기 위해서는 필연적으로 공차운행이 발생하기 때문에 공차운행거리를 포함하여 매출액을 관리하는 것도 필요하다.

② **효율성** : 효율성이란 화물자동차의 운영·관리를 얼마나 효율적으로 수행했는가를 판단하는 지표이다. 생산성이 화물자동차의 운영관리부서와 운송물량을 확보하고 운송단가를 결정하는 영업부서의 활동 결과를 포함·평가하는 지표인 반면에, 효율성은 운송운영부서의 관리자의 관리활동 결과를 나타내는 지표이다. 효율성은 운영효율성과 비용효율성으로 구분된다.

ⓛ **운영효율성** : 운영효율성이란 차량의 운송 및 운행한 실적을 평가하는 지표이다.

ⓐ **가동률** : 가동률이란 일정기간 동안 화물을 운송하거나 운송을 위해 운행한 일수 비율을 나타낸다.

$$\text{가동률} = \frac{\text{실제가동일}}{\text{목표가동일}} \text{ 또는 } \frac{\text{실운행시간}}{\text{목표운행시간}}$$

ⓑ **회전율** : 회전율이란 차량이 일정한 시간 내에 화물을 운송한 횟수이다. 즉, 운송서비스 생산을 한 횟수를 말하며, 운송생산성 측정의 기본이 되는 지표이다. 차량들은 장거리

와 단거리를 혼합하여 운송하는 경우도 있어 기간별로 회전율의 내용에 차이가 있을 수 있으나, 대부분의 차량들은 차량의 특성에 따라서 운송패턴이 있어 회전율의 내용이 그다지 변하지는 않는다.

> 회전율 = 총운반횟수 또는 총운송량 ÷ 평균적재량
> 또는 총영차거리 ÷ 평균영차거리

ⓒ **영차율** : 영차율은 전체 운행거리 중 실제 화물을 적재하고 운행한 비율을 말한다. 영차율이 높아야 기본적으로 생산성이 좋아질 수 있다.

> 영차율 = 영차운행거리 ÷ 총운행거리

ⓓ **복화율** : 복화율은 편도운송을 한 후 귀로에 복화운송을 어느 정도 수행했는가를 나타내는 지표이다. 이는 영차율에 반영되지만 귀로공차운행을 최소화하기 위해서는 복화율을 별도로 관리하는 것이 효과적이다. 장거리운송을 하는 차량들은 복화운송이 필요하다.

> 복화율 = 귀로시 영차운행횟수 ÷ 편도운송횟수(영업장 소재지 부근에서 출발한 운송)

ⓔ **적재율** : 적재율은 차량에 화물을 몇 톤을 싣고 운행을 했느냐를 나타내는 지표이다. 예를 들면, 11톤 트럭에 15톤을 적재하고 운행했다면 적재율은 136.36%가 된다. 화물자동차는 안전도와 축중 제한에 저촉되지 않는다면 적재율이 높을수록 생산성이 높아지며, 적재율은 다음과 같이 2가지로 구분된다.
- **총운행적재율** : 일정기간 동안 총운송량을 총운행횟수(영차운행과 공차운행을 각각의 운행횟수로 계산)와 차량의 적재중량으로 나누어 산출한다. 공차운행횟수가 포함되어 있어 대부분 100% 이하로 산출된다.

> 총운행적재율 = (총운송량 ÷ 총운행횟수) ÷ 차량적재정량

- **영차운행적재율** : 일정기간 동안 총운송량을 실제 적재운행한 횟수와 차량의 적재중량으로 나누어 산출한다. 영업용 화물차량인 경우에는 공차운행횟수가 배제되기에 100% 이상이 산출되지만 자가용 화물자동차인 경우에는 100% 이하로 나타나는 경우가 발생한다.

$$영차운행적재율 = (총운송량 \div 적재운행횟수) \div 차량적재정량$$

ⓛ 비용효율성

　ⓐ 비용효율성이란 비용의 사용기준에 비하여 효율적으로 집행되었는지를 관리하기 위한 지표이다. 이를 원(元)단위관리라고 하는데, 기본적인 원단위는 ton·km이지만 ton·km 산출이 어려울 때에는 ton·운송거리, ton·영차거리 등을 원용할 수 있다.

　ⓑ 톤당 운송비 : 톤당 운송비는 일정기간 동안 차량운행과 관련하여 발생한 비용(직접원가)을 운송한 화물량으로 나누어 산출한다. 1톤(또는 다른 관리단위) 운송에 얼마 정도의 비용을 사용하고 있는가를 파악하기 위한 지표이다.

　ⓒ ton·km당 운송비 : ton·km당 운송비는 일정기간 동안 차량운영과 관련하여 발생한 비용을 총운송 ton·km로 나누어 산출한다. 즉, 운송서비스 1단위를 생산하는 데 어느 정도의 비용을 사용하고 있는가를 파악하기 위한 지표이다.

　ⓓ 운행거리당 운송비 : 일정기간 동안의 차량운영과 관련한 비용을 총운송거리로 나누어 산출한다. 공차운행이 생산을 위한 필수활동이라면 운행거리당 비용을 관리하는 것이 필요하다.

　ⓔ 운행거리당 고정비 : 차량운영비 중 고정비에 해당하는 비용을 운행거리로 나누어 산출한다. 운행거리가 증가할수록 고정비는 낮아지고 효율성은 높아진다.

　ⓕ 운행거리당 변동비(연료비, 수리비, 타이어비 등) : 운행거리당 변동비는 일정기간 동안의 변동비를 운행거리 실적으로 나누어 산출한다. 차량의 운영이 표준적이고 계획대로 실행되었다면 운행거리당 변동비는 운행거리에 관계없이 일정하게 발생되어야 한다.

③ 화물자동차 운행관리지표의 설명

화물자동차 운행특성분석에 사용되는 주요 용어 및 지표들은 다음과 같다.

㉠ 적재능력 : 화물자동차가 적재가능한 중량으로 단위는 톤

㉡ 1일 통행거리 : 화물자동차가 적재 또는 공차상태로 1일에 운행한 총거리

　ⓐ 적재통행거리 : 화물자동차가 적재상태로 운행한 총거리

　ⓑ 공차통행거리 : 화물자동차가 공차상태로 운행한 총거리

㉢ 1일 통행수 : 화물자동차가 적재 또는 공차상태로 1일에 운행한 총통행수

　ⓐ 적재통행수 : 화물자동차가 적재상태로 운행한 총통행횟수

　ⓑ 공차통행수 : 화물자동차가 공차상태로 운행한 총통행횟수

㉣ 1일 통행시간 : 화물자동차가 적재 또는 공차상태로 1일에 운행한 총시간

　ⓐ 적재통행시간 : 화물자동차가 적재상태로 운행한 총시간

　ⓑ 공차통행시간 : 화물자동차가 공차상태로 운행한 총시간

(2) 운송효율의 향상방법

① **대형화 수·배송방법** : 운송에 있어서는 운송물량을 대형화하게 되면 자연히 운송단가는 낮아지게 된다.

    ㉠ **운송물량의 대형화** : 운송하는 물량은 가급적 대형차량을 이용하여 운송할 수 있도록 묶음으로 운송해야 한다.

        ⓐ 출하단위를 일정량 이상으로 조절

        ⓑ 출하처를 일정량 이상이 되도록 연결

    ㉡ **대형차량의 이용** : 운송하는 차량을 가급적 대량으로 운송할 수 있는 대형차량을 확보한다.

        ⓐ 운송효율이 높은 대형차량 구입

        ⓑ 대형차량을 이용하여 운송을 할 수 있도록 계약

        ⓒ 대형차량을 이용할 수 있는 작업환경을 조성(물류센터, 주차장, 진입로 등)

    ㉢ **콘솔(Consolidation)운송 시스템의 구축** : 소량으로 운송되는 화물을 대량으로 운송하기 위하여 효율적인 콘솔운송 시스템을 확보, 즉 공동 수·배송 시스템을 구축한다.

        ⓐ 물류터미널을 확보하고 소량물량의 집화 및 배달시스템을 구축

        ⓑ 용이한 상하차를 위하여 롤테이너, 리프트게이트 등을 활용할 수 있도록 함.

        ⓒ 화물의 인계인수와 추적을 위한 정보시스템을 구축

② **회전율 향상방법**

    ㉠ **상하차시간 단축** : 회전율을 향상시키기 위해서는 상하차시간을 최대한 단축해야 한다. 단거리운송에서는 상하차시간이 운행시간보다 많이 소요되는 경우도 있다.

        ⓐ **상하차의 기계화**

          • 지게차, 컨베이어, 크레인 등 상하차작업을 기계화

          • 지게차작업을 효율적으로 하기 위하여 도크레벨러 등을 설치

          • 리프트게이트를 이용하여 하차작업을 효율화

        ⓑ **운송장비의 전용화** : 탱크로리, 벌크탱크, 덤프차량 등 화물의 신속한 상하차가 가능한 전용차량 활용

        ⓒ **차량의 합리화**

          • 측면 상하차가 가능한 윙보디트럭이나 셔터밴트럭을 이용

          • 각종 적재함 합리화 차량의 이용을 검토

          • 복포 및 결박시간을 없애거나 줄임(밴형 트럭, 자동결박장치 등).

        ⓓ **상하차작업 준비**

          • 운송할 차량이 도착하기 전에 운송할 화물의 상하차 준비를 끝냄.

          • 수화처에 사전통보(도착예정시간 통보 및 하차준비사항 등)

        ⓔ **충분한 상하차장** : 측면에서의 상하차작업이 가능하도록 도크의 길이를 운영

ⓒ **상하차 대기시간의 단축** : 운송화물을 상하차하면서 불필요하게 소비하는 시간이 상하차 대기시간이다.

  ⓐ 상차능력에 따라 시간대별로 상하차장으로 차량을 투입(총배차대수 중 우선 투입된 차량을 제외한 나머지는 정비, 교육, 타 운송업무수행을 하도록 함)

  ⓑ 상하차용 갱 확충(동시에 다수의 차량이 상하차가 가능하도록 개선)

  ⓒ 사전에 차량의 도착예정시간을 통보하여 하역작업 준비

  ⓓ 롤테이너, 리프트게이트 등을 이용하여 운전원 스스로 상하차작업을 하도록 유도

ⓒ **배차의 혼합**

  ⓐ 차량의 운행효율은 배차관리자가 얼마나 배차를 효율적인 방법으로 하느냐에 따라 좌우된다.

  ⓑ **장·단거리 혼합배차** : 오전에 근거리운송을 한 후 오후엔 장거리운송을 하거나, 장거리운송 완료 후 오후에 근거리운송을 실시하게 되면 시간을 효율적으로 이용하게 되어 회전율이 향상된다.

  ⓒ **사전 2배차제도** : 운송이 정형화되어 있는 경우, 즉 1차 운송 후 종료시간이 예정되어 있는 경우 1차 운송 종료 후 즉시, 2차 상차지로 운행할 수 있도록 1차 배차 출발시에 2차, 3차 배차까지 지정하여 지시하면 불필요하게 차량이 지시를 받기 위하여 사무실로 운행하는 비효율성이 제거된다.

  ⓓ **현장배차제도** : 하차작업 종료시간을 예상할 수 없는 경우에는 운전기사가 하차종료를 전화나 기타 통신수단을 이용하여 배차관리자에게 통보하면 배차관리자는 가장 인근 또는 긴급순위에 따라 현장에서 해당 차량에게 제2운송화물 상차지로 운행할 수 있도록 요청함으로써 공차로 복귀하는 시간과 비용을 줄일 수 있다.

ⓔ **멀티트레일러 시스템** : 멀티트레일러 시스템이란 트랙터 한 대에 다수의 트레일러를 확보하고 운영하는 것이다.

ⓕ **스왑보디 시스템** : Swapbody 시스템은 카고트럭의 적재함을 착탈식으로 운영함으로써 트레일러처럼 이용하는 시스템이다. 국내에는 일부 이삿짐업체만이 이용하고 있으나 유럽에서는 철도물류터미널을 중심으로 화주문전과의 소화물운송에서 상하차 대기시간을 줄이기 위하여 많이 이용한다.

ⓖ **Demountable System** : Demount란 차량 또는 창고 내에 적재한 화물을 허물어 내리는, 즉 출고 및 하차하는 것을 말하며, 크로스 도킹을 하는 데 있어서 화물을 낱개로 분류하지 않고 간선수송차량으로 실려온 롤테이너나 메시파렛트 등 용기를 신속하게 분류하여 배송차량에 적재함으로써 상하차시간을 단축하는 것이다.

ⓗ **중간환승 시스템** : 장거리운송 차량이 경우 운전기사가 출발지에서 목적지까지 단독으로 운행을 하게 되면 야간운송, 외지에서의 숙박 등으로 인하여 운행효율이 떨어질 뿐만 아니라 운행비용도 증가한다. 따라서 주요거점 간(예 수도권과 부산권)의 중간지점을 정하여 양

단에서 출발한 차량이 만나 차량을 교체하여(트레일러의 경우에는 트레일러만 교체) 다시 출발했던 방향으로 운행한다.

◎ Meet Point 시스템 : 소형차량들이 배달할 화물을 대형차량에 구분하여 롤테이너나 Box에 적재, 운송한 후 약속장소에서 배달차량에 인계함으로써 전 배달차량이 물류센터까지 운행하는 비효율성을 제거하고 회전율을 높이는 방법이다. 주로 원거리지역 배송에 적용할 수 있으며 1차 배송은 물류센터에서 직접 출발하고 2차 배송만 Meet Point시스템을 적용한다.

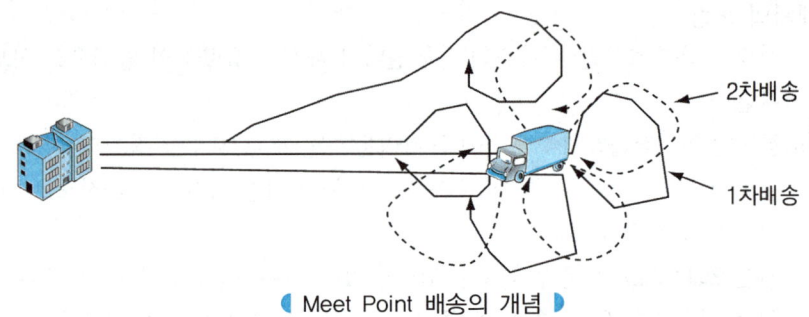

◀ Meet Point 배송의 개념 ▶

ⓩ 집화 또는 배송처 수의 단순화 : 집화처 또는 배송처의 숫자의 증가는 그만큼 운행시간 및 상하차시간의 증가에 따라 차량의 운행효율을 저하시킨다. 따라서 운행효율을 증대시키기 위해서는 집화처 또는 배송처의 수를 줄이는 작업이 필요하다. 집배송처를 줄이기 위해서는 격일제 집배송, 집배송처의 대규모화 등을 검토한다.

(3) 영차율의 향상방법

① 릴레이운송 : 1차적으로 운송을 완료한 차량이 출발지로 운송할 화물, 즉 복화화물이 확보되지 않았을 때 다른 지역으로 운송될 화물이 있으면 그 화물을 적재하고 다른 지역으로 운송 후 다시 처음 출발했던 지역으로 운송될 화물을 구하여 운송하는 것을 말한다.

② 지역별 영업소의 운영과 물량 확보 : 복화화물을 확보하기 위해서는 지역별로 운송물량 확보를 위한 영업소를 운영하는 것이 효율적이다. 영업소의 운영이 인건비 및 운영경비의 지출을 수반하기 때문에 수익성을 계산해서 판단한다.

③ 기업 간 운송제휴 : 복화화물을 확보하는 방법으로서 기업 간의 운송제휴를 고려한다. 발지 및 착지 간에 위치한 운송업체들이 공차운행을 방지하기 위하여 상호 물량교환운송에 관한 협정을 체결하여 자차의 운행정보를 상대 운송회사에 제공하여 복화차량으로 이용한다.

④ 화물운송 정보시스템의 활용 : 화물차량에 운송물량에 대한 정보를 제공하고 화주에게는 공차정보를 제공하는 공차정보 시스템을 활용하여 영차율을 향상시킨다.

⑤ 주선업체의 네트워크화 : 지역별로 다양한 운송주선업체와 협정 또는 계약을 체결하여 복화물량을 확보하는 것이 필요하다.

⑥ 마거릿형 배송루트 운영 : 배송차량이 물류센터를 출발하면서 배송을 시작하여 마지막으로 물류센터의 인근에서 배송업무가 끝나게 설계된 배송루트로서 거의 공차운행이 발생하지 않는 것이 특징이다.

⑦ 철도와 연계한 복합운송 추진 : 장거리운송화물을 운송 후 복화운행이 불가능하거나 희소하다고 판단될 경우에는, 차량을 이용하여 착지까지 직접 운송하는 것보다는 인근의 철도역까지 소화물운송으로 트럭운송을 하고 장거리운송은 철도가 담당하게 하며 도착지에서 다시 트럭을 이용하여 소화물운송으로 마무리함으로써 공차운행을 최소화한다.

⑧ 차량의 범용화 : 전용차량 또는 밴형 차량 등은 운송하는 화물의 종류 또는 하역방법에 제한을 받기 때문에 일반화물을 복화운송하기에는 적합하지 않다. 따라서 복화운송을 원활히 하기 위해서는 다양한 화물을 적재할 수 있는 범용적인 차량을 이용하는 것이 필요하다. 장거리운행 차량들은 전용차량 또는 밴형 차량보다는 일반카고트럭이나 윙보디트럭 또는 평판트레일러 등을 이용하여 영차율을 향상시킨다.

⑨ 밀크런(Milk run) 운송 : 트럭 등이 각 공급업체를 순회하면서 화물을 집화하는 방식으로, 필요할 때에 필요한 양의 물품을 공급하여 물류비 절감과 재고감소에 기여한다. 방문하는 장소와 시간을 정하여 매일같이 순회하는 운송시스템이다.

(4) 가동률의 향상방법

① 1차량 2기사 승무제도
  ㉠ 차량 1대에 2명의 운전기사를 배정하여 교대로 운전을 하게 함으로써 가동률을 극대화시킨다.
  ㉡ 2인 동승제도 : 동일한 운행에 운전기사 2명을 승무시켜 일정한 거리마다 교대운전을 함으로써 운전피로를 회복시켜 숙박하지 않고 장거리를 계속 운행하여 가동률을 극대화하는 방법이다.
  ㉢ 편도운행 교대승무제 : 출발지와 목적지에 운전기사 휴게실 및 취침시설을 확보하고 한 사람의 운전기사가 출발지에서 목적지까지 운송을 완료한 후에 운전기사 휴게실에서 휴식 또는 취침을 하고 대기하고 있던 다른 운전기사가 운송을 완료한 차량을 운전하고 출발지로 돌아가는 방법이다.
  ㉣ 왕복운행 후 교대근무 : 1.5~2일이 소요될 지역의 운송을 숙박하지 않고 운행을 완료하고 다음날은 휴무하는 방법으로, 다음날에는 당일 휴무했던 운전기사가 동일한 방법으로 운행하게 함으로써 운전기사가 타지에서 숙박하지 않고도 가동률을 극대화(대개 편도 300km 이내의 운송에 적용이 가능)시킨다.

② 예비운전기사 운영
  ㉠ 연차 및 월차 휴가 등 근로조건에 따른 휴가, 본인 및 가족의 경조사에 따른 휴가, 예비군훈련, 민방위훈련과 같은 공식적인 휴무, 질병 등 개인적인 휴가사유 등으로 운전업무 수행불가 사유가 발생했을 때, 계획된 물량을 차질 없이 운송하기 위해서는 일정률의 예비운전원

을 확보하고 운영하는 것이 효율적이다.

ⓛ 차량 7~10대당 1명 정도의 예비운전원을 확보하는 것이 일반적이다.

③ 성능유지관리제도

    ㉠ 차량을 보유하고 있더라도 운행을 할 수 없는 상태가 되면 차량의 운휴뿐만 아니라 소속운 전원까지 운휴하게 되어 비효율성이 증가한다.

    ⓛ 차량은 항상 운행이 가능한 상태로 잘 정비되어야 하며 성능유지가 잘 될 수 있도록 체계적 으로 관리해야 한다. 이를 위해서 일상점검, 주간점검, 월간점검 등 체계적인 예방정비 시 스템을 운영하는 것이 필요하다.

④ 안전관리 시스템

    ㉠ 운영하고 있는 차량이 사고를 발생시키면 차량운행의 불가, 수리비, 치료비, 보험료 상승 등 피해가 발생한다.

    ⓛ 사고가 발생하지 않도록 안전관리 시스템을 구축하고 시행하며, 운행출발 전 5분교육, 건강 상태 확인제도, 타코그래프에 의한 안전속도 준수 유도, 과속방지장치의 부착, 바이오리듬 을 이용한 안전관리제도 등의 시행이 필요하다.

⑤ 운송물량 확보

    ㉠ 차량의 가동률을 높이려면 기본적으로 운송물량이 충분히 확보되어야 한다. 운송을 하고 싶고 운행여건을 갖추었어도 운송물량이 없으면 소용이 없기 때문이다.

    ⓛ 운송업체는 물량이 부족할 것에 대비하여 타 운송업체, 화물운송 주선업체 및 가맹사업자 등과 계약 또는 제휴하여 자체의 운송물량 부족시 운송물량을 확보할 수 있는 방법을 강구 한다.

⑥ 전천후 상하역시설 및 장비 확보

    ㉠ 일반카고트럭의 경우에는 폭우 등 악천후시에는 상하차하기가 곤란하여 운송을 하지 못하 는 경우가 발생한다.

    ⓛ 이 경우에 대비하여 다음과 같은 조치가 필요하다.

        ⓐ 상하차 작업장 캐노피 설치

        ⓑ 실내 입출하 시설 운영

        ⓒ 밴형 화물자동차에 의한 운송

(5) 적재율의 향상방법

① **차종의 선택** : 적재율을 향상시키는 데 우선적으로 검토할 사항은 운송할 화물의 특성에 맞는 적절한 차종을 선택하여 운송해야 한다는 것이다.

    ㉠ **부피화물**

        ⓐ 밴형 차량을 이용하여 운송(높이쌓기 유리)

        ⓑ 장축형 차량 이용(적재함 규격이 큼)

    ⓛ **중량화물**

        ⓐ 일반카고트럭 이용

ⓑ 단축 또는 중축차량 이용

ⓒ 활대화물

　　ⓐ 트레일러 이용

　　ⓑ 적재함 완전개방형 차량 이용

② **적재방법의 개선** : 화물의 적재위치에 따라 바퀴에 분산되는 비율이 달라진다. 올바른 적재를 해야 적재 제고가 가능하다.

㉠ **균등적재**

　　ⓐ 일반적으로는 적재함의 앞에서 뒷부분까지 균등하게 적재

　　ⓑ 기계류 등 중량물일 때에는 화물의 적재위치가 편중되지 않도록 조정

㉡ **적재함 앞쪽 적재**

　　ⓐ 일반적으로 균등적재시 전축보다 후축에 하중이 많이 분포

　　ⓑ 화물을 앞쪽으로 당겨서 적재하면 전축으로 하중이 이동되어 적재량이 증가

③ **배차방법의 개선** : 배차관리자가 배차시부터 적재율(적재량)을 높일 수 있도록 운송지시를 하는 것이 적재율을 향상시키는 것이다.

㉠ **적정량 운송지시**

　　ⓐ 운전기사는 가급적 적재정량만 운송하려는 습성이 있다.

　　ⓑ 배차관리자는 적재요령에 따라 적재가능한 운송량을 적재하도록 배차 지시

㉡ **혼적운송** : 운송량이 적정하지 못한 경우에는 2~3개의 수화처를 묶어서 차량 1대로 운송하는 것을 추진

㉢ **주문조정**

　　ⓐ 운송량이 적정수준으로 유지되도록 거래처의 주문주기를 조정

　　ⓑ 최소주문량제 등 주문량의 조정

(6) 비용절감기법

- 화물자동차운송에 있어서 변동비란 자동차의 운행에 따라 증가되는 비용을 말한다.

> **TIP** 화물자동차의 변동비
>
> 연료비, 수리비, 타이어비, 도로통행료, 장거리 출장여비, 능률급여 등

- 변동비는 차량의 운행거리에 따라 변동되기는 하지만 동일한 운행조건 하에서도 비용의 차이가 발생하는 데, 이는 운전기사의 운전기량 및 성실성 등에 크게 영향을 받기 때문이다.

① **연료비 관리**

- 연료비는 화물자동차의 운영비용 중에서 가장 많은 비중을 차지하는 비용(장거리운송의 경우에는 연료비가 총운송원가이 30% 이상 차지)이다.
- 연료비 관리방법의 효율성, 운전기사의 차량운행방법, 통행도로의 선택에 따라 연료유의 사용량에 많은 차이가 발생하며 각종 기기의 활용 등에 의하여 많은 비용의 절감이 가능하다.

ⓛ 경제속도의 준수 : 경제속도란 차량을 운행하는 데 있어서 운행거리당 연료소비량이 가장 적은 운행속도를 말한다. 엔진의 회전력(torque)은 엔진의 rpm에 따라 달라지게 되고 최대 토크가 발생하는 rpm 상태가 연료의 효율성을 극대화하는 것이 되며, 이 상태로 운행하는 것이 연료를 가장 경제적으로 사용하는 것이다.

ⓒ 불필요한 엔진공회전 방지 : 엔진의 공회전이란 차량이 주행하지 않는 상태에서 엔진을 작동시키는 것을 말한다. 이러한 엔진공회전은 아침에 운행을 개시하기 2~3분 정도 필요하고 그 외에는 연료만 소비시키는 결과를 초래하며 환경오염을 유발시킨다.

> **TIP** 대기환경보전법 제59조(공회전의 제한)
> 시·도지사는 자동차의 배출가스로 인한 대기오염 및 연료손실을 줄이기 위하여 필요하다고 인정하면 그 시·도의 조례가 정하는 바에 따라 터미널, 차고지, 주차장 등의 장소에서 자동차의 원동기를 가동한 상태로 주차하거나 정차하는 행위를 제한할 수 있다.

ⓔ 에어스포일러(Air spoiler)의 활용 : 자동차가 주행할 때에는 정면에서 바람이 불지 않아도 자동차의 속도에 의하여 공기의 저항을 받게 되어 있으며, 이 공기저항은 자동차의 속도를 저하시키고 연료를 많이 소모하게 하는 주요 원인이 된다. 따라서 박스형 차량, 탑차, 윙보디트럭 등에는 에어스포일러(유선형 공기저항감소장치)를 장착하여 공기저항을 줄여 연료를 절감할 필요가 있다. 특히, 고속도로를 주로 운행하는 차량에는 반드시 필요하다.

ⓜ 최단거리 운행코스 이용 : 연료비를 절감하기 위해서는 화물도착시간과 차량통행의 지장이 없는 한 가장 단거리로 운행할 수 있도록 지도·관리가 필요하다.

ⓗ 자가주유소의 운영 : 자가주유소란 차고지 등에 설치한 주유소로서 자신의 차량에 한하여 주유를 하는 주유소이다. 자가주유소를 운영하게 되면 유류를 저렴하게 구입하게 되며 연료주입을 위하여 불필요하게 외부주유소까지의 운행이 불필요하다.

② 수리비 관리 : 화물자동차의 수리비는 비용의 발생뿐만 아니라 화물자동차의 가동(운행)에 지장을 초래하여 운영의 효율성에 영향을 준다. 따라서 화주기업이나 운송기업들은 차량의 성능관리 및 수리비 관리를 효율적으로 수행하여 수리비의 증가를 방지하고 가동률을 향상시키는 것이 중요하다.

③ 타이어비 관리 : 타이어비는 차량운영비 중 톤급 및 차종에 따라 다르지만 대략 2~4% 정도를 차지하는 비용이며(대형차량일수록 타이어 숫자가 많고 대형타이어를 부착하기 때문에 타이어비의 비중이 큼), 타이어의 수명은 어떻게 관리하느냐에 따라 차이가 많이 발생한다. 타이어의 적정한 관리는 운행 중의 펑크 및 파열을 방지하여 사고발생을 예방하는 효과가 있기 때문에 중요한 사항이다.

03 택배시스템

1 택배의 의의

① 택배란 화물을 가정(또는 수요자가 원하는 장소)까지 배달해 주는 물류서비스의 총칭이다.
② 「화물자동차운수사업법 시행규칙」에서는 '운송사업자의 일관책임 하에 화물을 집화·분류·배송하는 형태의 운송사업'이라고 규정하고 있다. 택배차량의 시장진입은 사실상 등록제로 운영되고 있다. 최근 드론이 빠르게 성장하면서 드론택배도 시도되고 있다.

2 화물운송사업으로서 택배의 정의

(1) 택배서비스의 정의

불특정 다수 화주의 요청에 의해 소형·소량의 화물을, 송화인의 문전에서 집화하여(Pick-up) 택배업체의 일관책임으로 수화인의 문전까지 접수, 수송, 포장, 배달의 일관운송 서비스를 제공하는 수송업을 말한다.

(2) 불특정 다수

택배는 특정(택배)계약에 의해서만 거래되는 것이 아니라 택배사가 정한 약관에 동의한다면 누구나 이용할 수 있고, 택배사는 수탁을 거부해서는 안 된다.
※ 공정거래위원회에서 제정한 택배약관이 이용되고 있다.

(3) 소형화물의 기준

① 초기에는 「자동차운수사업법」에서 30kg으로 규정하였으며 일본의 택배업체들도 30kg으로 정하여 영업을 하고 있었기 때문에 국내의 택배업체들도 30kg을 한계중량으로 정하여 서비스를 개시하였다. 즉, 포장단위당 30kg 이하, 1.5cbm(가로 + 세로 + 높이의 합이 160cm 이내, 단 최장변이 100cm 이내)를 말한다. 그래서 우리나라는 일반적으로 1개의 중량이 30kg 이하의 화물을 취급하고 있다. 그러나 현행 화물자동차운수사업법령에는 이와 관련한 규정은 없다.
② 국제택배업체의 경우에도 특별한 규정은 없다.

(4) 화물의 소량기준

소량으로 운송되는 화물이란 수화인에게 배달되는 수량을 기준으로 하여 소량이라는 것이며 소량의 기준은 전적으로 송화인이 판단할 문제이다.

(5) 신속의 기준

① 대부분의 택배업체들은 도서지역을 제외하고 전국 대부분의 지역에 대한 배송을 24시간(익일 중) 내로 해준다는 것을 약속하고 있다. 최근에는 오전에 주문하면 오후에 배송하는 등 배송시간이 짧아지고 있는 추세이다.

② 공정거래위원회가 제정한 '택배표준약관'에 의하면 운송장 또는 계약서상에 익일 중 배달이라는 약속을 했을 때에는 익일(24시간)이 책임시간이 되는 것이며, 만약 약속을 하지 않았다면 내륙지역은 48시간(2일), 도서지역은 적정한 일수를 추가한 날짜가 약속기일이 된다.

(6) 일관책임의 의미

① 택배시스템은 집화와 셔틀운송, 간선운송, 분류 및 중계, 배달 등 집화에서 배달되는 과정에 다양한 작업과 운송이 발생하게 되며, 이 작업과 운송은 각각 다른 기업들이 택배회사와 제휴를 하거나 계약을 맺고 각자의 업무를 담당하여 처리하고 있다.

② 이 과정에서 배송지연이나 화물에 대한 사고가 발생하였을 때 그 사고의 발생책임은 누구에게 있더라도 고객과의 배상책임은 택배업체 본사에게 있다. 즉, 운송장에 표기되어 있는 택배회사가 고객에 대한 모든 책임을 지기로 하고 택배계약을 하는 것이다.

(7) 문전집화 및 배송의 의미

기본적으로 택배는 송화인의 문전을 방문하여 집화하고 수화인의 문전에서 인계를 해주는 약속이다. 그러나 문전집배의 약속을 이행하지 못하는 경우도 있다.

(8) 배송시간문제

택배는 효율적인 배송을 위하여 루트배송을 하므로 수화인이 원하는 시간에 방문하여 배달하는 것이 어려울 뿐만 아니라, 수화인이 부재 중으로 배달하지 못하면 지나친 다음 돌아올 때 다시 배달을 시도하거나 다음날 배달할 수밖에 없다.

3 택배서비스의 성격과 특징

(1) 택배서비스의 성격

① 택배서비스의 성격

㉠ 택배서비스는 공공물류 또는 대중물류이면서 전형적인 소매물류라고 할 수 있다. 일반운송이 화주기업의 물량을 운송하는 데 비해, 택배는 개인화물운송의 비중이 많아 생활 또는 소매물류에 해당한다.

㉡ 일반적으로 운송서비스가 트럭을 이용한 화물의 운송장비서비스인 데 반해, 택배서비스는 집화에서 배달까지 다양한 트럭이 이용되지만 송화인과 수화인이 느끼는 서비스는 집배사원에 의하여 제공되는 인적 서비스라고 할 수 있다.

② 택배서비스의 요인분석

　㉠ 신속성

　　ⓐ 문의나 문제발생시 신속한 응대

　　ⓑ 신속한 물품의 인도

　　ⓒ 방문접수시 직원의 신속성

　㉡ 편리성(자유로운 배송시간대)

　　ⓐ 물품접수의 시간 제한

　　ⓑ 편리한 물품접수

　　ⓒ 원하는 날짜에 물품인도

　　ⓓ 직접 방문을 통한 접수 가능 여부

　㉢ 신뢰성(택배배송직원의 안정성)

　　ⓐ 안전한 물품의 인도

　　ⓑ 브랜드의 친근성

　　ⓒ 물품의 포장상태 양호

　　ⓓ 배송상황에 대한 정보획득 정도

　　ⓔ 물품수탁시 방문직원의 친절도

　㉣ 경제성

　　ⓐ 무게 대비 가격

　　ⓑ 서비스 속성 대비 가격

　　ⓒ 초과한 물품에 대한 요금 징수

　　ⓓ 배달거리 대비 가격

　㉤ 다양성

　　ⓐ 배달 및 대금지불수단의 다양화 정도

　　ⓑ 다양한 종류의 물품배달 정도

신속성	• 문의나 문제발생시 신속한 응대 • 신속한 물품의 인도 • 방문접수시 직원의 신속성
편리성 (자유로운 배송시간대)	• 물품접수의 시간 제한 • 편리한 물품접수 • 원하는 날짜에 물품인도 • 직접 방문을 통한 접수 가능 여부
신뢰성 (택배배송지원의 안정성)	• 안전한 물품의 인도 • 브랜드의 친근성 • 배송상황에 대한 정보획득 정도 • 물품수탁시 방문직원의 친절도
경제성	• 무게 대비 가격 • 서비스 속성 대비 가격 • 초과한 물품에 대한 요금 징수 • 배달거리 대비 가격

◀ 택배서비스의 요인분석 ▶

(2) 이용자 측면에서 택배서비스의 특징

택배서비스는 기존의 소형화물을 운송해 주는 다른 서비스(우편소포, 철도소화물, 노선화물 등)와 비교하여 다양한 특징을 가진다.

① 다품종 소형·소량화물을 위한 운송체계

일반적으로 1개의 중량이 30kg, 3변의 합이 160cm 이내의 소형화물을 취급할 수 있는 체계를 갖추고 운송서비스를 제공(일반택배업체 기준)한다.

② 송화주의 문전에서 수화주의 문전까지 포괄적인 서비스 제공

택배업체 본사가 발행하는 운송장에 의하여 포괄적인 책임과 서비스를 제공한다.

③ 운송서비스의 혁신성

고도의 편리성, 운송서비스의 신속성, 안전 및 확실성·경제성 있는 단가의 운송서비스이다.

④ 공식적인 약관에 따른 보증제도

별도의 택배계약을 하지 않더라도 약관에 의하여 각종 손해에 대한 보증을 받을 수 있다. 택배 운송장에는 약관의 중요 내용이 기록되어 있으며 영업장이나 택배사원은 약관을 소지해야 하며 고객이 요구하면 보여주어야 한다.

(3) 사업 자체로서의 특징(제조·유통업·비택배운송업과 비교한 특징)

① 장치산업

화물을 송화인의 문전에서 집화하여 수화인의 문전까지 배달하기 위해서는 많은 집배차량, 간선운송차량, 화물의 분류와 중계작업을 위한 터미널, 분류용기기, 효율적인 집배업무를 하기

위한 집배송센터 등 많은 장비와 시설에 대한 투자가 필요한 장치산업이다.

② 네트워크사업

  ㉠ 화물의 집화와 배달을 효율적으로 하기 위해서는 사업구역 내 적절한 집배를 위한 적정한 수의 영업소를 설치하고 운영해야 한다.

  ㉡ 일정한 지역 내의 집배서비스를 하는 업체라면 전국택배업체와 제휴하여 이들이 집화한 화물을 전국택배사업자에게 의뢰하여 집화된 모든 화물이 이상 없이 배달될 수 있도록 해야 한다.

③ 정보시스템사업

  ㉠ 택배사업은 수많은 화물이 수많은 조직을 통하여 여러 단체의 작업과 운송과정을 거쳐 이루어지기 때문에, 이들 화물을 정확하고 차질 없이 처리하기 위해서는 정교한 정보시스템이 필수적이며, 수많은 고객들과의 효율적인 정보전달을 위해서도 정보시스템은 없어서는 안 될 필수적인 시스템이다.

  ㉡ 자체적으로 정보시스템을 개발하지 못한 중소업체들을 ASP(Application System Provider) 업체들로부터 시스템을 임차하여 운영한다.

④ 노동집약적 사업

  택배사업은 매출액에 비하여 많은 노동력이 소요되는 사업이다. 화물의 집화와 배달 및 운송에 많은 운전기사가 소요될 뿐만 아니라 화물을 분류하고 중계작업을 하는 데 노무인력이 소요되며 각 영업소별로 관리인원도 필요하다.

(4) 사업 운영의 특징

① 시스템적 운영

  송화인으로부터 집화한 화물이 수화인에게 정확하게 약속된 시간 내에 안전하게 전달되기 위해서는 화물취급에 관한 시스템을 준수해야 한다.

② 공동물류에 의한 경제성 확보

  기본적으로 택배사업이 이익을 창출하는 개념은 하나의 차량 및 종사자가 불특정 다수의 화물을 최대한 많이 집화, 배달하고 취급하여 운송할 수 있도록 함으로써 취급원가를 낮추는 것이다.

③ 단기적인 서비스 공급조달 곤란

  택배는 전국의 집화영업소를 통하여 불특정 다수의 이용자들이 요청하는 화물을 집화하기 때문에 배달능력에 따른 적절한 수준으로 집화화물을 조절하는 것에 애로사항이 발생한다.

④ 고객의 이원화

  택배계약은 송화인과 하게 되지만 배달문제는 수화인과 별도로 약속을 해야 하는 등 실제로는 고객이 송화인과 수화인으로 이원화되어 있다.

(5) 택배서비스에 대한 사회적 요구

① 재화나 정보에 대한 신속한 전달 요구
② 소량 다품종 생산과 다빈도 배송요구
③ 소득의 증가와 편리성 추구
④ 기업의 물류 합리화
⑤ 전자상거래의 활성화
⑥ 여성의 사회진출 증가

4　택배업의 종류

택배는 「화물자동차운수사업법」상의 용어가 아니며 하나의 독립된 업종이나 업태로 분류되어 있지 않고 일반화물자동차운송사업에 포함되어 있다. 여기서 택배업의 종류나 분류는 실무에 따른 것이다.

(1) 이용하는 운송수단에 의한 분류

① 도보택배
② 이륜차택배
③ 화물자동차택배
④ 항공택배

(2) 집화 및 배송하는 지역에 따른 분류

① 국내택배
② 국제택배

(3) 취급화물에 따른 분류

① 일반택배
② 상업서류 송달업(Courier Service)
③ 직배택배(정기간행물 등 직접배송)
④ 카드배송업
⑤ 기타 특수화물배송(현금, 귀금속, 가구 등 특수화물 전문배송)

(4) 택배물류의 형태

① C2C(Consumer to Consumer) 택배
  ㉠ 개인으로부터 집화하여 개인에게 배달하는 택배
  ㉡ 개인의 집화요청시간을 맞추기 어려움.

    ⓒ 취급점을 통한 집화 추진

    ⓔ 집화단가가 높은 편

② B2C(Business to Consumer) **택배**

    ㉠ 기업이 개인에게 보내는 택배

    ㉡ 케이블TV 홈쇼핑, 인터넷 쇼핑몰 등이 주거래처

    ㉢ 대량집화에 의한 낮은 택배단가

    ㉣ 반품집화, 정보시스템 등이 주요한 경쟁수단

③ C2B(Consumer to Business) **택배**

    ㉠ 개인이 기업으로 보내는 택배

    ㉡ A/S를 위한 화물, 구매취소 등의 반품이 많음.

    ㉢ 판매자의 폐기물 회수의무, 전자상거래의 증가에 따라 지속적으로 증가 예상

④ B2B(Business to Business) **택배**

    ㉠ 기업에서 기업 또는 거래처로 배송하는 택배

    ㉡ 화물의 부피가 비교적 큰 편임.

    ㉢ 오전 배송 등 화물의 특성에 따라 배송서비스가 필요(배송시간, 인수확인, 반품회수 등)

5 택배취급이 제한되거나 금지되는 품목현황

(1) 취급제한품목

파손 및 부패, 변질 또는 분실의 위험이 큰 화물에 대하여 고객이 완벽한 포장 등 특별한 보완을 하여 취급이 가능하도록 하거나, 택배업체가 정상적인 처리를 하였음에도 사고 등이 발생하였을 때 고객이 손해를 감수한다는 확약을 하는 조건으로 수탁을 받을 수 있는 화물

> **예** 유리제품, 냉동화물, 가구류, 서화류, 도자기류, 김치류, 동물성 한약액, 플라스틱제품 등

(2) 취급금지품목(운송물의 수탁거절사유)

어떤 경우에도 수탁을 해서는 안 되는 품목으로는 분실, 도난, 화재 등의 위험이 크거나, 정상적으로 취급했을 때 법적으로 임의운송이 불가능한 상품들이 있다.

예를 들면 다음과 같다.

① **유가증권류** : 현금, 유가증권(수표, 어음, 상품권, 복권, 채권, 주권, 신용카드, 입장권 등의 티켓 등)

② **위험물** : 총포·도검류, 화약류, 유류 등 인화성 물질, 유독성 화학물질 등

③ **운송금지화물** : 밀수품, 마약류, 장물, 사체, 신선류 등

④ **기타 취급곤란화물** : 보석류, 고급모피의류, 생동물, 계약서류 등

6 택배업체가 제공하는 서비스

(1) 화물의 집화 · 배달 및 이에 관련한 정보서비스

택배업체가 기본적으로 제공하는 서비스로서 화물을 집화하고 배달하며 그에 따른 각종 물류정보를 제공한다. 물류정보는 거래처의 출하정보, 배달정보, 반품회수정보, 미배송 사유정보 등 택배업체에 따라 다양하다.

(2) 포장서비스

기업은 물론 개인에 대해서도 화물에 적합한 포장을 한 후 배달서비스를 제공한다.

(3) 보관관리 서비스

택배회사의 터미널에 병설되어 있거나 별도로 확보한 물류센터를 이용하여 보관관리 서비스(보관, 재고관리, 유통가공 등)를 제공한다.

(4) 유통업체의 Back-office 기능

택배업체들이 자신의 거래처의 화물배달뿐만 아니라 고객관리업무(주문, 반품회수, 불만 처리 등)까지 담당한다.

(5) COD(Cash On Delivery) 서비스

전자상거래업체가 판매한 상품을 배달하면서 직접 상품대금을 대신 수수하여 전달하거나 신용카드를 이용하여 결제업무를 대신해 주는 서비스를 제공한다.

(6) 설치 및 정기교환 서비스

홈쇼핑에서 판매하는 상품을 배달한 후 설치 · 조립해 주거나 정기적으로 가정을 방문하여 부품이나 교환품을 교체해 주는 서비스를 제공한다.

(7) 배달증명 서비스

화물 인수자의 인수확인을 수득하여 송화인에게 제공함으로써 상품대금의 청구 · 청산을 도와주는 서비스를 제공한다.

(8) 소비자 만족도 조사

극히 이례적인 업무이지만 배달하는 사람이 배달상품에 대한 고객의 반응을 조사하여 판매자에게 보고하는 역할을 한다.

(9) 기타 운송서비스

택배회사에는 야간에 간선운송을 하는 대형트럭들이 많다. 주간에는 이 차량을 이용하여 운송서비스를 하게 되고 일반운송차량에 비하여 저렴한 운송비로 활용이 가능하다.

7 택배운영 시스템

(1) 네트워크와 운송

네트워크는 화물을 집화하고 배달하며 각종 취급을 하는 조직이다.

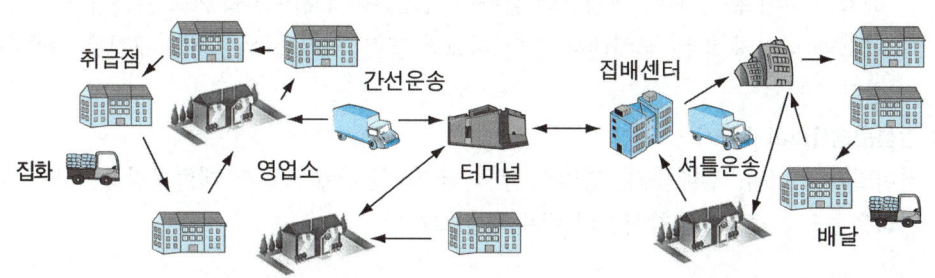

◀ 택배네트워크 구성과 연결도 ▶

① **취급점**

고객이 지참한 화물을 접수하여 업무를 수행하는 곳으로 편의점, 전문상가업소, 슈퍼마켓 등을 대상으로 위탁 운영되는 영업장을 말한다.

② **영업소**

회사가 점포를 개설하여 직접 운영하는 영업장을 말한다. 택배사의 조직 중 가장 일선에서 화물을 직접 집화하고 배달하는 기능을 담당한다. 이들은 직접 화물을 취급하기 위한 시설과 차량 등을 구비하고 영업활동을 하고 있으며 택배사의 물량 확보와 서비스 품질을 책임지고 있는 중요한 부분에 해당한다.

③ **집배센터**

㉠ 시설이 취약한 영업소들을 집단으로 수용하거나 영업소별 취급물량이 적어 노선운영이 비경제적일 때 취급화물을 대단위화하기 위하여 중형으로 설치한 조직이다.

㉡ 일정한 지역의 영업거점으로 집배차량 통제 및 집배구역을 관리하고, 집배와 배송업무를 수행하는 영업장을 말한다. 집배센터가 많을수록 운송의 효율성, 작업의 효율성, 택배사원 관리의 효율성 등이 높아진다.

④ **터미널**

㉠ 영업소 및 집배센터에 집화된 화물을 배달지역으로 분류하고 중계하기 위하여 대단위로 설치한 조직이다. 화물의 분류, 차량의 간선운행 기능을 갖는 영업장을 말한다.

ⓛ 각 영업소 및 집배센터에서 집화된 화물은 배달지역별로 구분되지 않고 터미널로 입고되며 터미널에서는 분류기를 설치하고 배달지역별로 분류한 후 대형차량을 이용하여 각 배달영업소 및 집배센터로 출발시키는 역할을 한다.

⑤ **집배운송**(Pick－up & Delivery)

　ㄱ 소형 차량을 이용하여 송·수화인을 직접 방문하고 집화와 배달업무를 수행하는 운송이다.

　ㄴ 집배운송의 집화와 배달은 일정한 이동경로를 따라 순차적으로 이루어진다.

⑥ **셔틀운송**(Shuttle Transportation)

　ㄱ 여러 개의 영업점을 순회하면서 화물을 운송하는 형태이다.

　ㄴ 택배에서는 1대의 차량으로 운송하기에는 물량이 적은 영업소 2~3개를 묶어서 순회배송하기 위하여 운영하며, 영업소의 물량이 증가하여 1대의 차량으로 운송한다고 하더라도 영업소와 터미널 또는 집배센터 간의 비교적 짧은 거리를 운송하는 구간은 셔틀운송이라고 한다.

⑦ **간선운송**(Haul Line)

　터미널과 터미널, 집배센터, 영업소 등을 연결하는 운송으로서 대형차량을 이용한 비교적 장거리운송으로 출발, 도착시간의 준수가 필요하다.

(2) 간선운송 시스템의 종류

간선운송 시스템이란 집화된 화물을 터미널로 모으고, 이를 배달지역별로 분류하여 배달점으로 도착시키는 시스템으로 터미널 시스템 또는 연계운송 시스템이라고도 한다.

① Point to Point 시스템(PTP 시스템) : 일정한 권역별로 터미널을 구축하고 해당 권역 내에 산재해 있는 영업소나 집배센터는 해당 권역터미널로 집하된 화물을 발송하고 그 터미널로부터 배달화물을 인계받아 배달업무를 수행하는 형태의 운송시스템이다. PTP 시스템을 채택하는 경우에는 집화와 배달물량을 기준으로 일정한 수준의 물량의 O/D가 있는 지역의 중심점에 터미널을 설치하는 것이 일반적이다.

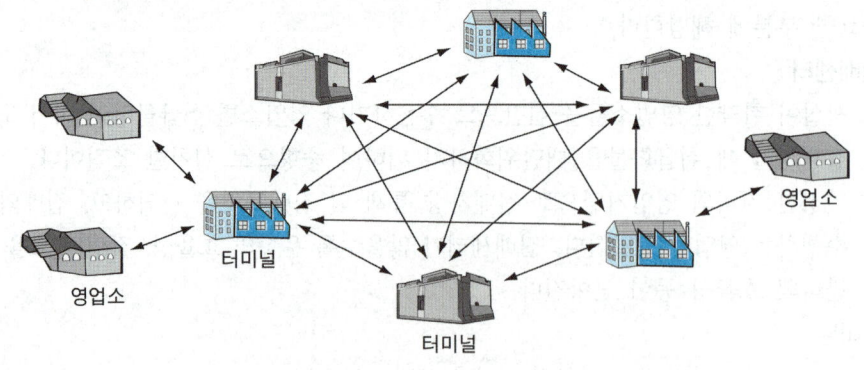

◀ Point to Point 시스템 개념도 ▶

ㄱ. 특 징
　　ⓐ 지역별로 큰 규모의 터미널 설치
　　ⓑ Shuttle운송이 필요
　　ⓒ 가장 먼 지역에서 배달된 화물의 출발시간에 맞춰 집화화물 입고
　　ⓓ 운송노선의 수가 많음(간선 및 Shuttle).
　　ⓔ 분류작업이 시간적으로 발송작업과 도착작업으로 구분
　　ⓕ 네트워크의 구조는 터미널과 영업소로 이루어짐.
ㄴ. 장 점
　　ⓐ 보관시설의 확보
　　ⓑ 성수기 물량 증가에 대한 대처능력 양호(물량의 분산처리)
　　ⓒ 시간제 배송처리 유리(1일 2~3회 Shuttle운송)
　　ⓓ 많은 집배차량들의 안전한 시설 이용
　　ⓔ 집화지와 배달지의 거리에 비례한 간선운송
ㄷ. 단 점
　　ⓐ 화물의 취급단계 증가(파손, 비용)
　　ⓑ 투자소요가 증가
　　ⓒ 집화영업시간 단축(신속한 집화 요구)
　　ⓓ 운송물량의 불균형 발생
　　ⓔ Shuttle운송에 따른 운송비 증가
　　ⓕ 분류작업 인건비의 증가

② Hub & Spokes 시스템(H & S 시스템)
영업소 또는 집배센터에서 집하한 화물을 하나의 대형터미널로 집결시킨 후 전 영업소 및 집배센터별로 배달행선지를 구분·분류하여 간선운송시키는 시스템으로, 중앙의 터미널을 'Hub Terminal'이라고 하고 허브터미널과 배달지의 터미널 또는 집배센터를 연결하는 간선운송을 'Spokes'라고 한다.

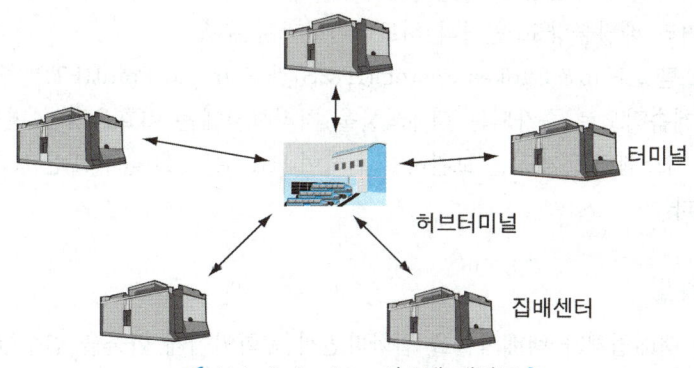
터미널
허브터미널
집배센터

◀ Hub & Spokes 시스템 개념도 ▶

      ⊙ 특 징

          ⓐ 대형의 분류능력을 갖는 허브터미널이 필요

          ⓑ 네트워크의 구조는 허브터미널, 집배송센터로 이루어짐.

          ⓒ 기본적으로는 Shuttle운송이 없음.

          ⓓ 허브터미널에서의 중계작업은 입고와 동시에 분류 및 출고작업이 행해짐.

          ⓔ 각 집배센터의 발송작업은 입고와 동시에 분류 및 출고작업이 행해짐(도착도 순차적으로 이루어짐).

          ⓕ 운송노선이 단순(집배센터와 허브터미널 간의 간선운송)함.

          ⓖ 집배센터에서의 발송작업을 함으로써 적은 인원으로 상하차작업이 가능, 시간제 작업원의 이용이 가능

          ⓗ 많은 수의 집배센터가 필요

          ⓘ 다양한 노선을 보다 적은 노선으로 재구축하여 화물의 흐름을 집중시킬 수 있다.

          ⓙ 모든 노선이 허브 중심으로 구축된다.

          ⓚ Spokes에서 집화된 화물은 Hub로 모아져서 목적지에 따라 운송된다.

      ⊙ 장 점

          ⓐ 터미널 설치비가 적게 소요

          ⓑ 운송비가 적게 소요(Shuttle운송비, 운송물량의 불균형화, 대형화 운송)

          ⓒ 집배센터를 활용한 위탁점 관리 용이(품질관리)

          ⓓ 집화영업시간의 증가(집화에 여유)

          ⓔ 파손율 감소

          ⓕ 상하차 및 분류작업 인건비의 감소

      ⊙ 단 점

          ⓐ 물량 증가시 배달화물도착시간 지연(성수기 물량처리능력 제한)

          ⓑ 집배송센터의 확보문제(위치 및 규모)

          ⓒ 기본 허브터미널 능력 초과시 이전 또는 확장문제

          ⓓ 원거리지역 배달물량 도착지연

          ⓔ 근거리 배달물량도 원거리 허브터미널까지 운송

③ **절충형 시스템** : Hub & Spokes System(H & S)과 Point to Point(PTP) 중 하나의 시스템만을 이용하여 계속적으로 증가되는 택배화물을 처리하기에는 비효율적인 면들이 많이 발생한다. 따라서 양 시스템의 문제점을 보완하기 위하여 H & S은 PTP을 PTP은 H & S을 보완적으로 사용하게 된다.

8   택배운송장

택배운송장은 택배업체가 택배화물을 집화하면서 송화인에게 화물을 인수했음을 확인하는 증서이다. 화물이 안전하게 수화인의 손에 전달될 수 있도록 안내하는 표시 등의 역할을 한다.

(1) 택배운송장의 역할과 중요성

① **계약서 역할** : 기업거래처의 경우에는 별도의 계약서를 작성하고 택배거래를 하지만, 개인의 경우에는 별도의 계약 없이 택배업체가 정한 약관을 기준으로 거래가 이루어지며 운송장에 기록된 내용이 곧 계약내용이 된다. 그러므로 운송장에 기록되는 내용이 이용자에게 불리하지 않도록 확인해야 한다.

② **택배요금영수증 역할** : 운송장에 기록된 요금(선불, 착불, 신용 등) 중 선불과 그에 해당하는 요금은 그 금액을 영수하였음을 확인하는 것으로 영수증으로 사용이 가능하다.

③ **화물인수증 역할** : 택배회사가 화물을 송화인으로부터 이상 없이 인수하였음을 증명하는 서류이다.

④ **정보처리자료 역할** : 운송장은 집화정보, 배달정보 및 각 화물취급단계마다 운송장에 인쇄된 바코드를 스캐닝함으로써 추적정보를 생성한다.

⑤ **화물취급지시서 역할** : 운송장에는 화물이 도착되어야 할 지역정보, 취급주의사항, 배달약속일자 등 화물을 어떻게 취급하고 배달해야 할지를 알 수 있게 하는 정보가 기록되어 있다. 각 단계의 관리자 및 화물취급자는 이 정보가 지시하는 바에 따라 화물을 안전하게 취급한다.

⑥ **배달에 대한 증빙 역할** : 배달을 완료하고 수화인으로부터 화물수령 확인을 받아두면 차후 발생할 배달 여부의 확인, 파손 등에 대한 책임소재 등을 확인해 줄 수 있는 증빙이 된다.

⑦ **요금청구서 역할** : 착불 또는 착지신용택배화물의 경우에는 운송장을 증빙으로 제시하여 수화인에게 요금을 청구한다.

⑧ **수입관리자료 역할** : 선불화물이나 착화물의 경우 입금을 할 때 입금표와 수입금 및 운송장을 첨부하여 제출한다.

⑨ **화물픽킹 및 팩킹지시서 역할** : B2C 화물을 취급하는 기업의 경우 물류센터에서 수화인별로 픽킹 및 팩킹을 하게 되는데, 이때 운송장을 작업지시서로 활용한다. 즉, 운송장을 이용하여 픽킹을 하거나 팩킹을 하게 되면 별도의 픽킹 및 팩킹지시서가 필요 없다.

(2) 택배운송장의 종류

① **기본형(포켓형)** : 수기형(手記形)으로서 개인들이나 중소기업 또는 수화인에 대한 정보를 택배업체에 전달하기를 꺼려하는 기업체들이 이용할 수 있는 가장 기본적인 운송장이다.

② **라벨형** : 운송장에 기록될 내용과 운송장번호 및 바코드를 라벨용지에 직접 인쇄한 후 화물에 부착하는 형태의 운송장이다. 운송장 비용의 절감과 부착작업의 신속화, 픽킹, 팩킹 작업지시서로의 활용, 운송장의 신속한 발행 등을 목적으로 이용한다.

③ **보조형** : 다수의 화물이 동일한 수화인에게 배달되는 경우 운송장비용을 절약하기 위하여 이용하는 운송장이다. 자세한 송·수하인 및 화물에 대한 정보는 원운송장에 기록되고 보조운송장에는 원운송장번호, 도착지역, 수화인의 전화번호 등을 기록한다.

택배표준약관
(표준약관 제10026호)

제1장 총칙

제1조 【목 적】

이 약관은 택배사업자와 고객(송화인) 간의 공정한 택배거래를 위하여 그 계약조건을 정함을 목적으로 합니다.

제2조 【용어의 정의】

① '택배'라 함은 고객의 요청에 따라 운송물을 고객(송화인)의 주택, 사무실 또는 기타의 장소에서 수탁하여 고객(수화인)의 주택, 사무실 또는 기타의 장소까지 운송하여 인도하는 것을 말합니다.

② '택배사업자'(이하 '사업자'라 합니다)라 함은 택배를 영업으로 하며, 상호가 운송장에 기재된 운송사업자를 말합니다.

③ '고객'이라 함은 사업자에게 택배를 보내는 송화인과 받는 수화인을 말합니다. 다만, 약관의규제에관한 법률에 따른 '고객'은 '송화인'을 말합니다.

④ '송화인'이라 함은 사업자와 택배계약을 체결한 자로 운송장에 '보내는 자'(또는 '보내는 분')로 명시되어 있는 자를 말합니다.

⑤ '수화인'이라 함은 운송물을 수령하는 자로 운송장에 '받는 자'(또는 '받는 분')로 명시되어 있는 자를 말합니다.

⑥ '운송장'이라 함은 사업자와 고객(송화인) 간의 택배계약의 성립과 내용을 증명하기 위하여 사업자의 청구에 의하여 고객(송화인)이 발행한 문서를 말합니다.

⑦ '수탁'이라 함은 사업자가 택배를 수행하기 위하여 고객(송화인)으로부터 운송물을 수령하는 것을 말합니다.

⑧ '인도'라 함은 사업자가 고객(수화인)에게 운송장에 기재된 운송물을 넘겨주는 것을 말합니다.

⑨ '손해배상한도액'이라 함은 운송물의 멸실, 훼손 또는 연착 시에 사업자가 손해를 배상할 수 있는 최고한도액을 말합니다. 다만, '손해배상한도액'은 고객(송화인)이 운송장에 운송물의 가액을 기재하지 아니한 경우에 한하여 적용되며, 사업자는 손해배상한도액을 미리 이 약관의 별표로 제시하고 운송장에 기재합니다.

제3조 【약관의 명시 및 설명】

① 사업자는 이 약관을 사업장에 게시하며, 택배계약(이하 '계약'이라 합니다)을 체결하는 때에 고객(송화인, 수화인)의 요구가 있으면 이를 교부합니다.

② 사업자는 계약을 체결하는 때에 고객(송화인)에게 다음 각 호의 사항을 설명합니다.

　1. 고객(송화인)이 운송장에 운송물의 가액을 기재하면 사업자의 손해배상시 그 가액이 손해배상액의 산정기준이 된다는 사항

　2. 고객(송화인)이 운송장에 운송물의 가액을 기재하지 아니하면 사업자의 손해배상 시 제22조 제3항의 손해배상한도액 내에서만 손해배상을 한다는 사항

3. 운송물의 기본운임 정보, 품목별 할증운임 정보, 배송지역 특성에 따른 부가운임 정보 및 운송물 가액에 따른 손해배상한도액 정보 등에 대한 사항

③ 사업자가 제1항 및 제2항의 규정에 위반하여 계약을 체결한 때에는 당해 약관 규정을 계약의 내용으로 주장할 수 없습니다.

제4조 【적용법규 등】

이 약관에 규정되지 않은 사항에 대하여는 화물자동차운수사업법, 상법 등의 법규와 공정한 일반관습에 따릅니다.

<h2 align="center">제 2 장 운송물의 수탁</h2>

제5조 【사업자의 의무】

① 사업자는 택배를 이용하고자 하는 자에게 다음 각 호의 사항을 홈페이지 및 모바일 앱, 콜센터, 전화 등으로 알기 쉽게 제공하여야 합니다.
   1. 택배의 접수방법, 취소, 환불, 변경방법
   2. 택배사고 시 배상접수 방법 및 배상기준, 처리절차 등
   3. 송장번호 입력란
   4. 결제방법
   5. 택배이용약관 또는 운송계약서

② 사업자는 고객응대시스템(콜센터, 어플리케이션 등)을 설치, 운영하여야 하며 고객서비스 만족 수준을 제고시키기 위해 노력하여야 합니다.

③ 사업자는 업무상 알게 된 고객(송화인, 수화인)의 개인정보를 개인정보보호법 등 관계법령에 따라 관리하여야 하며, 고객(송화인, 수화인)의 동의 없이 택배업무와 관계없는 제3자에게 제공할 수 없습니다.

④ 위 사항 이외에도 사업자는 대행 업무를 수행함에 있어 선량한 관리자로서의 주의와 의무를 다하여야 합니다.

제6조 【송화인의 의무】

① 고객(송화인)은 수화인의 주소, 전화번호, 성명, 운송물의 품명 및 표준가액 등을 운송장에 정확하게 작성하여야 합니다.

② 고객(송화인)은 제12조에 의한 규정에 따라 화약류, 인화물질, 밀수품, 군수품, 현금, 카드, 어음, 수표, 유가증권, 계약서, 원고, 서류, 동물, 동물사체 등의 운송물을 위탁하지 않아야 합니다.

제7조 【운송장】

① 사업자는 계약을 체결하는 때에 다음 각 호의 사항을 기재한 운송장을 마련하여 고객(송화인)에게 교부합니다.
   1. 사업자의 상호, 대표자명, 주소 및 전화번호, 담당자(집화자) 이름, 운송장 번호
   2. 운송물을 수탁한 당해 사업소(사업자의 본지점, 출장소 등)의 상호, 대표자명, 주소 및 전화번호
   3. 운송물의 중량 및 용적 구분
   4. 운임 기타 운송에 관한 비용 및 지급방법
   5. 손해배상한도액

※ 고객(송화인)이 운송장에 운송물의 가액을 기재하지 아니하면 제22조 제3항에 따라 사업자가 손해배상을 할 경우 손해배상한도액은 50만원이 적용되고, 운송물의 가액에 따라 할증요금을 지급하는 경우에는 각 운송가액 구간별 최고가액이 적용됨을 명시해 놓을 것

6. 문의처 전화번호
7. 운송물의 인도 예정 장소 및 인도 예정일
8. 기타 운송에 관하여 필요한 사항(특급배송, 신선식품 배송 등)

② 고객은 제1항의 규정에 의하여 교부받은 운송장에 다음 각 호의 사항을 기재하고 기명날인 또는 서명을 하여 이를 다시 사업자에게 교부합니다.

1. 송화인의 주소, 이름(또는 상호) 및 전화번호
2. 수하인의 주소, 이름(또는 상호) 및 전화번호
3. 운송물의 종류(품명), 수량 및 가액
※ 고객(송화인)이 운송장에 운송물의 가액을 기재하면 사업자가 손해배상을 할 경우 이 가액이 손해배상액 산정의 기준이 된다는 점을 명시해 놓을 것
4. 운송물의 인도예정장소 및 인도예정일(특정 일시에 수하인이 사용할 운송물의 경우에는 그 사용목적, 특정 일시 및 인도예정일시를 기재함)
5. 운송상의 특별한 주의사항(훼손, 변질, 부패 등 운송물의 특성 구분과 기타 필요한 사항을 기재함)
6. 운송장의 작성연월일

제8조【운임의 청구와 유치권】

① 사업자는 운송물을 수탁할 때 고객(송화인)에게 운임을 청구할 수 있습니다. 다만, 고객(송화인)과의 합의에 따라 운송물을 인도할 때 운송물을 받는 자(수화인)에게 청구할 수도 있습니다.
② 제1항 단서의 경우 고객(수화인)이 운임을 지급하지 않는 때에는 사업자는 운송물을 유치할 수 있습니다.
③ 운송물이 포장당 50만원을 초과하거나 운송상 특별한 주의를 요하는 것일 때에는 사업자는 따로 할증요금을 청구할 수 있습니다.
④ 고객(송화인, 수화인)의 사유로 운송물을 돌려보내거나, 도착지 주소지가 변경되는 경우, 사업자는 따로 추가 요금을 청구할 수 있습니다.
⑤ 운임 및 할증요금은 미리 이 약관의 별표로 제시하고 운송장에 기재합니다.

제9조【포 장】

① 고객(송화인)은 운송물을 그 성질, 중량, 용적 등에 따라 운송에 적합하도록 포장하여야 합니다.
② 사업자는 운송물의 포장이 운송에 적합하지 아니한 때에는 고객(송화인)에게 필요한 포장을 하도록 청구하거나, 고객(송화인)의 승낙을 얻어 운송 중 발생될 수 있는 충격량을 고려하여 포장을 하여야 합니다. 다만, 이 과정에서 추가적인 포장비용이 발생할 경우에는 사업자는 고객(송화인)에게 추가 요금을 청구할 수 있습니다.
③ 사업자는 제2항의 규정을 준수하지 아니하여 발생된 사고 시 제22조에 의해 고객(송화인)에게 손해배상을 하여야 합니다.
④ 사업자가 운송물을 운반하는 도중 운송물의 포장이 훼손되어 재포장을 한 경우에는 지체 없이 고객(송화인)에게 그 사실을 알려야 합니다.

제10조【외부표시】

사업자는 운송물을 수탁한 후 그 포장의 외부에 운송물의 종류·수량, 운송상의 특별한 주의사항, 인도예정일(시) 등의 필요한 사항을 표시합니다.

제11조【운송물의 확인】

① 사업자는 운송장에 기재된 운송물의 종류와 수량에 관하여 고객(송화인)의 동의를 얻어 그 참여 하에 이를 확인할 수 있습니다.

② 사업자가 제1항의 규정에 의하여 운송물을 확인한 경우에 운송물의 종류와 수량이 고객(송화인)이 운송장에 기재한 것과 같은 때에는 사업자가 그로 인하여 발생한 비용 또는 손해를 부담하며, 다른 때에는 고객(송화인)이 이를 부담합니다.

제12조【운송물의 수탁거절】

사업자는 다음 각 호의 경우에 운송물의 수탁을 거절할 수 있습니다.

1. 고객(송화인)이 운송장에 필요한 사항을 기재하지 아니한 경우
2. 고객(송화인)이 제9조 제2항의 규정에 의한 청구나 승낙을 거절하여 운송에 적합한 포장이 되지 않은 경우
3. 고객(송화인)이 제11조 제1항의 규정에 의한 확인을 거절하거나 운송물의 종류와 수량이 운송장에 기재된 것과 다른 경우
4. 운송물 1포장의 크기가 가로·세로·높이 세 변의 합이 (   )cm를 초과하거나, 최장 변이 (   )cm를 초과하는 경우
5. 운송물 1포장의 무게가 (   )kg를 초과하는 경우
6. 운송물 1포장의 가액이 300만원을 초과하는 경우
7. 운송물의 인도예정일(시)에 따른 운송이 불가능한 경우
8. 운송물이 화약류, 인화물질 등 위험한 물건인 경우
9. 운송물이 밀수품, 군수품, 부정임산물 등 관계기관으로부터 허가되지 않거나 위법한 물건인 경우
10. 운송물이 현금, 카드, 어음, 수표, 유가증권 등 현금화가 가능한 물건인 경우
11. 운송물이 재생 불가능한 계약서, 원고, 서류 등인 경우
12. 운송물이 살아있는 동물, 동물사체 등인 경우
13. 운송이 법령, 사회질서 기타 선량한 풍속에 반하는 경우
14. 운송이 천재, 지변 기타 불가항력적인 사유로 불가능한 경우

제 3 장 운송물의 인도

제13조【공동운송 또는 타 운송수단의 이용】

사업자는 고객(송화인)의 이익을 해치지 않는 범위 내에서 수탁한 운송물을 다른 운송사업자와 협정을 체결하여 공동으로 운송하거나 다른 운송사업자의 운송수단을 이용하여 운송할 수 있습니다.

제14조【운송물의 인도일】

① 사업자는 다음 각 호의 인도예정일까지 운송물을 인도합니다.
　1. 운송장에 인도예정일의 기재가 있는 경우에는 그 기재된 날
　2. 운송장에 인도예정일의 기재가 없는 경우에는 운송장에 기재된 운송물의 수탁일로부터 인도예정 장소에 따라 다음 일수에 해당하는 날
　　가. 일반 지역 : 수탁일로부터 2일
　　나. 도서, 산간벽지 : 수탁일로부터 3일

② 사업자는 수하인이 특정 일시에 사용할 운송물을 수탁한 경우에는 운송장에 기재된 인도예정일의 특정 시간까지 운송물을 인도합니다.

③ 사업자는 고객(수화인)에 인도후 운송물 배송의 배송완료 일시, 송장번호 등을 고객(송화인)이 확인할 수 있도록 협력하여야 합니다.

제15조【수하인 부재 시의 조치】

① 사업자는 운송물의 인도 시 고객(수화인)으로부터 인도확인을 받아야 하며, 고객(수화인)의 대리인에게 운송물을 인도하였을 경우에는 고객(수화인)에게 그 사실을 통지합니다.

② 사업자는 고객(수화인)의 부재로 인하여 운송물을 인도할 수 없는 경우에는 고객(송화인/수화인)과 협의하여 반송하거나, 고객(송화인/수화인)의 요청시 고객(송화인/수화인)과 합의된 장소에 보관하게 할 수 있으며, 이 경우 고객(수화인)과 합의된 장소에 보관하는 때에는 고객(수화인)에 인도가 완료된 것으로 합니다.

제 4 장 운송물의 처분

제16조【인도할 수 없는 운송물의 처분】

① 사업자는 고객(수화인)을 확인할 수 없거나(수화인 불명), 고객(수화인)이 운송물의 수령을 거절하거나 (수령거절) 수령할 수 없는 경우(수령불능)에는, 운송물을 공탁하거나 제2항 내지 제4항의 규정에 의하여 경매할 수 있습니다.

② 사업자는 고객(송화인)에게 1개월 이상의 기간을 정하여 그 기간 내에 운송물의 처분에 관한 지시가 없으면 경매한다는 뜻을 명시하여 운송물의 처분과 관련한 지시를 해 줄 것을 통지합니다. 다만, 고객 (수화인)의 수령거절 또는 수령불능의 경우에는 먼저 고객(수화인)에게 1주일 이상의 기간을 정하여 수령을 요청하고 그 기간 내에도 수령하지 않는 때에 고객(송화인)에게 통지합니다.

③ 사업자는 제2항의 규정에 의한 통지가 고객(송화인)에게 도달된 것으로 확인되는 경우에는, 그 도달일로부터 정한 기간 내에 지시가 없으면 운송물을 경매할 수 있습니다. 그러나 통지가 사업자의 과실 없이 고객(송화인)에게 도달된 것으로 확인될 수 없는 경우에는, 통지를 발송한 날로부터 3개월간 운송물을 보관한 후에 경매할 수 있습니다.

④ 사업자는 운송물이 멸실 또는 훼손될 염려가 있는 경우에는, 고객(송화인, 수화인)의 이익을 위해 고객 (송화인, 수화인)에 대한 통지 없이 즉시 경매할 수 있습니다.

⑤ 사업자가 운송물을 공탁 또는 경매한 때에는 지체 없이 그 사실을 고객(송화인)에게 통지합니다.

⑥ 제1항 내지 제5항의 규정에 의한 운송물의 공탁·경매·보관, 통지, 고객(송화인)의 지시에 따른 운송물의 처분 등에 소요되는 비용은 고객(송화인)의 부담으로 하며, 사업자는 운임이 지급되지 않은 경우에는 고객(송화인)에게 운임을 청구할 수 있습니다.

⑦ 사업자는 운송물을 경매한 때에는 그 대금을 운송물의 경매·보관, 통지 등에 소요되는 비용과 운임(운임이 지급되지 않은 경우에 한함)에 충당하고, 부족한 때에는 고객(송화인)에게 그 지급을 청구하며, 남는 때에는 고객(송화인)에게 반환합니다. 이 경우 고객(송화인)에게 반환해야 할 잔액을 고객(송화인)이 수령하지 않거나 수령할 수 없는 때에는, 공탁에 과다한 비용이 소요되지 않는 한, 그 금액을 공탁합니다.

제17조【고객의 처분청구권】

① 고객(송화인)은 사업자에 대하여 운송의 중지, 운송물의 반환 등의 처분을 청구할 수 있습니다.

② 사업자는 제1항의 규정에 의한 고객(송화인)의 청구가 있는 때에는, 공동운송 또는 타 운송수단의 이용 등으로 인해 운송상 현저한 지장이 발생할 우려가 있는 경우를 제외하고는 이에 응합니다. 이 경우에 이미 운송한 비율에 따른 운임과 운송물의 처분에 소요되는 비용은 고객(송화인)의 부담으로 합니다.

③ 제1항의 규정에 의한 고객(송화인)의 청구권은 고객(수화인)에게 운송물을 인도한 때에 소멸합니다.

제 5 장 운송물의 사고

제18조【사고발생시의 조치】

① 사업자는 운송물의 수탁 후부터 인도전까지 전부 멸실을 발견한 때에는 지체 없이 그 사실을 고객(송화인)에게 통지합니다.

② 사업자는 운송물의 수탁 후부터 인도전까지 운송물의 일부 멸실이나 현저한 훼손을 발견하거나, 인도 예정일 보다 현저하게 연착될 경우에는 지체 없이 그 사실을 고객(송화인)에게 통지하고, 일정 기간을 정하여 운송물의 처분 방법 및 일자 등에 관한 지시를 해 줄 것을 요청합니다.

③ 사업자는 제2항의 규정에 의한 고객(송화인)의 지시를 기다릴 여유가 없는 경우 또는 사업자가 정한 기간 내에 지시가 없을 경우에는 고객의 이익을 위하여 운송의 중지, 운송물의 반환 기타의 필요한 처분을 할 수 있습니다. 이 경우 사업자는 지체 없이 그 사실을 고객(송화인)에게 통지합니다.

제19조【사고증명서의 발행】

사업자는 운송 중에 발생한 운송물의 멸실, 훼손 또는 연착에 대하여 고객(송화인)의 청구가 있으면 그 발생한 날로부터 1년에 한하여 사고증명서를 발행합니다.

제 6 장 사업자의 책임

제20조【책임의 시작】

운송물의 멸실, 훼손 또는 연착에 관한 사업자의 책임은 운송물을 고객(송화인)으로부터 수탁한 때로부터 시작됩니다.

제21조【공동운송 또는 타 운송수단 이용시 책임】

사업자가 다른 운송사업자와 협정을 체결하여 공동으로 운송하거나 다른 운송사업자의 운송수단을 이용하여 운송한 운송물이 멸실, 훼손 또는 연착되는 때에는, 이에 대한 책임은 사업자가 부담합니다.

제22조【손해배상】

① 사업자는 자기 또는 운송 위탁을 받은 자, 기타 운송을 위하여 관여된 자가 운송물의 수탁, 인도, 보관 및 운송에 관하여 주의를 태만히 하지 않았음을 증명하지 못하는 한, 제2항 내지 제4항의 규정에 의하여 운송물의 멸실, 훼손 또는 연착으로 인한 손해를 고객(송화인)에게 배상합니다.

② 고객(송화인)이 운송장에 운송물의 가액을 기재한 경우에는 사업자의 손해배상은 다음 각 호에 의합니다.

　1. 전부 또는 일부 멸실된 때: 운송장에 기재된 운송물의 가액을 기준으로 산정한 손해액 또는 고객(송화인)이 입증한 운송물의 손해액(영수증 등)

　2. 훼손된 때

　　가. 수선이 가능한 경우 : 실수선 비용(A/S비용)

　　나. 수선이 불가능한 경우 : 제1호에 준함

3. 연착되고 일부 멸실 및 훼손되지 않은 때
가. 일반적인 경우 : 인도예정일을 초과한 일수에 사업자가 운송장에 기재한 운임액(이하 '운송장 기재 운임액'이라 합니다)의 50%를 곱한 금액(초과일수×운송장 기재 운임액×50%). 다만, 운송장 기재 운임액의 200%를 한도로 함
나. 특정 일시에 사용할 운송물의 경우 : 운송장기재운임액의 200

4. 연착되고 일부 멸실 또는 훼손된 때: 제1호 또는 제2호에 준함

③ 고객(송화인)이 운송장에 운송물의 가액을 기재하지 않은 경우에는 사업자의 손해배상은 다음 각 호에 의합니다. 이 경우 손해배상한도액은 50만원으로 하되, 운송물의 가액에 따라 할증요금을 지급하는 경우의 손해배상한도액은 각 운송가액 구간별 운송물의 최고가액으로 합니다.

1. 전부 멸실된 때 : 인도예정일의 인도예정장소에서의 운송물 가액을 기준으로 산정한 손해액 또는 고객(송화인)이 입증한 운송물의 손해액(영수증 등)
2. 일부 멸실된 때 : 인도일의 인도장소에서의 운송물 가액을 기준으로 산정한 손해액 또는 고객(송화인)이 입증한 운송물의 손해액(영수증 등)
3. 훼손된 때
가. 수선이 가능한 경우 : 실수선 비용(A/S비용)
나. 수선이 불가능한 경우 : 제2호에 준함
4. 연착되고 일부 멸실 및 훼손되지 않은 때 : 제2항 제3호를 준용함
5. 연착되고 일부 멸실 또는 훼손된 때 : 제2호 또는 제3호에 준하되, '인도일'을 '인도예정일'로 함

④ 운송물의 멸실, 훼손 또는 연착이 사업자 또는 운송 위탁을 받은 자, 기타 운송을 위하여 관여된 자의 고의 또는 중대한 과실로 인하여 발생한 때에는, 사업자는 제2항과 제3항의 규정에도 불구하고 모든 손해를 배상합니다.

⑤ 제1항에 따른 손해에 대하여 사업자가 고객(송화인)으로부터 배상요청을 받은 경우 고객(송화인)이 영수증 등 제2항 내지 제4항에 따른 손해입증서류를 제출한 날로부터 30일 이내에 사업자가 우선 배상합니다. 단, 손해입증서류가 허위인 경우에는 적용되지 아니합니다.

제23조【사고발생시의 운임 등의 환급과 청구】

① 운송물의 멸실, 현저한 훼손 또는 연착이 천재지변, 전쟁, 내란 기타 불가항력적인 사유 또는 고객(송화인, 수화인)의 책임없는 사유로 인한 것인 때에는, 사업자는 운임을 비롯하여 제18조 제1항 내지 제3항의 규정에 의한 통지, 합의, 처분 등에 소요되는 비용을 청구하지 못합니다. 사업자가 이미 운임이나 비용을 받은 때에는 이를 환급합니다.

② 운송물의 멸실, 현저한 훼손 또는 연착이 운송물의 성질이나 하자 또는 고객(송화인, 수화인)의 과실로 인한 것인 때에는, 사업자는 운임 전액을 비롯하여 제18조 제1항 내지 제3항의 규정에 의한 통지, 협의, 처분 등에 소요되는 비용을 청구할 수 있습니다.

제24조【사업자의 면책】

사업자는 천재·지변 기타 불가항력적인 사유에 의하여 발생한 운송물의 멸실, 훼손 또는 연착에 대해서는 손해배상책임을 지지 아니합니다.

제25조【책임의 특별소멸사유와 시효】

① 운송물의 일부 멸실 또는 훼손에 대한 사업자의 손해배상책임은 고객(수화인)이 운송물을 수령한 날로부터 14일 이내에 그 일부 멸실 또는 훼손에 대한 사실을 고객(송화인)이 사업자에게 통지를 발송하지 아니하면 소멸합니다.

② 운송물의 일부 멸실, 훼손 또는 연착에 대한 사업자의 손해배상책임은 고객(수화인)이 운송물을 수령한 날로부터 1년이 경과하면 소멸합니다. 다만, 운송물이 전부 멸실된 경우에는 그 인도예정일로부터 기산합니다.

③ 제1항과 제2항의 규정은 사업자 또는 그 운송 위탁을 받은 자, 기타 운송을 위하여 관여된 자가 이 운송물의 일부 멸실 또는 훼손의 사실을 알면서 이를 숨기고 운송물을 인도한 경우에는 적용되지 아니합니다. 이 경우에는 사업자의 손해배상책임은 고객(수화인)이 운송물을 수령한 날로부터 5년간 존속합니다.

제26조【분쟁해결】

① 이 계약에 명시되지 아니한 사항 또는 계약의 해석에 관하여 다툼이 있는 경우에는 사업자와 고객(송화인)이 합의하여 결정하되, 합의가 이루어지지 아니한 경우에는 관계법령 및 일반 관례에 따릅니다.

② 제1항의 규정에도 불구하고 법률상 분쟁이 발생한 경우에는 사업자 또는 고객(송화인)은 소비자기본법에 따른 분쟁조정기구에 분쟁조정을 신청하거나 중재법 등 다른 법률에 따라 운영 중인 중재기관에 중재를 신청할 수 있습니다.

③ 이 계약과 관련된 모든 분쟁은 민사소송법상의 관할법원을 전속관할로 합니다.

01 다음의 혼재(Consolidation)에 관한 설명 중 가장 거리가 먼 것은?

① 동시에 수송하는 화물량이 클수록 단위수송비가 감소하는 경제적 효과를 얻는다.
② 수화인 혼재운송은 단일의 송화주 화물을 다수의 수화인에게 운송해 주는 형태이다.
③ 소량화물을 모아 하나의 수송단위를 만들어 수송하는 것을 말한다.
④ 해상운송의 경우 CFS에서 주로 이루어진다.
⑤ 도시 내 배송의 경우 배송센터에서 주로 이루어진다.

> **해설** 수화인 혼재운송은 다수의 송화주 화물을 단일의 수화인에게 운송해 주는 형태이다.

02 다음 중 물류터미널의 기능 확대 및 운영개선방안으로 볼 수 없는 것은?

① 내륙데포 역할 증가 기능　　　　② 주차규모의 확대
③ 하역 및 배송기능 강화　　　　　④ 서비스기능의 확대
⑤ 산지보관기능

> **해설** 산지보관기능은 가능한 축소하고, 물류터미널의 보관기능과 배송센터의 역할 증대가 필요하다.

03 다음 설명 중 합리적인 수·배송 시스템의 설계를 위한 필수조건과 거리가 먼 것은?

① 지정된 시간 내에 수·배송 목적지에 화물을 정확히 수·배송한다.
② 수주에서 출하까지 작업의 표준화와 효율화를 도모한다.
③ 물류계획을 정확하게 추진하기 위하여 수·배송 및 배차계획을 수립한다.
④ 일정한 지역 내에 수·배송을 하는 복수기업이 존재하여야 한다.
⑤ 최저주문단위제 등 주문의 평준화를 기한다.

> **해설** 합리적인 수·배송 시스템이라면 일정지역 내에서는 수·배송을 하는 기업이 복수로 존재하여야 하는 것이 아니라 오히려 단일의 기업이 존재하는 것이 필요하다. 따라서 일정지역 내 수·배송기업이 복수로 존재하는 것은 수·배송 시스템의 설계를 위한 전제조건이 아니다.

정답 01 ② 02 ⑤ 03 ④

04 배송방법에 관한 설명으로 옳지 않은 것은?

① 다이어그램배송 : 배송처에 대한 도착 및 출발시간을 고정시키지 않고, 매일 동일한 경로와 시간에 배송하는 방법

② 라우터배송 : 일정한 배송경로를 정하여 반복적으로 배송하되, 경로상의 모든 거래처에 대하여 배송하는 방법

③ 변동다이어그램배송 : 배송처 및 배송물량의 변화가 심할 때, 매일 방문하는 배송처, 방문순서, 방문시간 등이 변동되는 방법

④ 적합배송 : 사전 설정된 경로에 배송할 물량을 기준으로 적합한 크기의 차량을 배차하여 배송하는 방법

⑤ 단일배송 : 하나의 배송처에 1대의 차량을 배차하여 배송하는 방법

> **해설** ① 다이어그램(diagram) 배송시스템은 정시루트 배송시스템으로 집배구역 내에서 차량의 효율적인 이용을 도모하기 위해 배송처의 거리, 수량, 지정시간, 도로상황 등을 감안하여 여러 곳의 배송처를 묶어서 정시에 정해진 루트로 배송하는 형태이다.

05 다음 중 배차계획지원 시스템 도입시 고려해야 할 사항과 가장 거리가 먼 것은?

① 시스템 도입목표를 주행시간 혹은 운행거리 단축, 운행차량대수 감소 등에 둔다.

② 자사의 물류특성 및 물류조건을 충분히 이해한 후 시스템 개발회사를 선택한다.

③ 컴퓨터 조작에 전문지식이 없는 자라도 간단히 조작할 수 있는 시스템이라면, 비용과 효과의 균형을 고려하지 않아도 된다.

④ 배차실무자의 실무지식을 반영한다.

⑤ 시스템 도입효과를 극대화하기 위해서는 사내 물류환경을 정비하는 것이 중요하다.

> **해설** 배차계획지원 시스템을 구축하는 것은 최적배차를 통해 운송의 효율화를 추구하는 것이므로 비용과 효과의 균형은 당연히 고려되어야 한다.

06 이천공장에서 서울물류센터로 월 26일, 일 2회 운행하는 11톤 화물트럭으로 월단위 계약으로 용차를 사용할 경우, 비용(운반비)이 3,500,000원이고, 1회 운송단위로 용차계약시 1회 대당 운임은 80,000원이다. 어느 경우에 얼마나 유리한가?

① 월단위계약, 월 750,000원 유리

② 월단위계약, 월 660,000원 유리

③ 1회계약, 월 500,000원 유리

④ 1회계약, 월 600,000원 유리

⑤ 1회계약, 월 650,000원 유리

정답 04 ① 05 ③ 06 ②

> **해설** 1회계약, 월 : 2 × 80,000 × 26 = 4,160,000원
> 월 계약 : 4,160,000 − 3,500,000 = 660,000원(유리)

07 다음 중 수송계획에 있어서 전략적 계획에 속하지 않는 것은?

① 수송수단의 선택
② 수송기기의 선택
③ 차량운행경로 및 일정계획
④ 수송망 구축
⑤ 중·장기적 수송수요 예측

> **해설** 차량의 운행경로와 일정계획은 전략계획보다 하위계획인 운영계획에 해당한다.

08 서울에서 대전까지 편도운송을 하는 K사의 화물차량 운행상황은 아래와 같다. 만약, 차량 1대당 1회 적재량을 1,000상자에서 1,200상자로 증가시켜 적재효율을 높였을 경우, K사의 1대당 1일 운송횟수와 월 운송비 절감액은?

구 분	기 존	개선 후
월 운행일수	30일	30일
차량 운행대수	4대	4대
1대당 1일 운행횟수	3회	?회
1대당 1회 운송비	150,000원	150,000원

① 2.0회, 6,000,000원
② 2.0회, 7,500,000원
③ 2.0회, 9,500,000원
④ 2.5회, 6,500,000원
⑤ 2.5회, 9,000,000원

> **해설**
> • 1,000상자 적재일 경우 : 월 운송량 = 3 × 4 × 1,000 × 30 = 360,000
> • 1,200상자 적재일 경우 운행횟수를 y라고 하면
>   : 3 × 4 × 1,000 × 30 = 360,000 = y × 4 × 1,200 × 30 = 360,000 → y = 2.5
> • 월 1,000상자 적재일 경우 운송비용 : 3 × 4 × 30 × 150,000 = 54,000,000
> • 월 1,200상자 적재일 경우 운송비용 : 2.5 × 4 × 30 × 150,000 = 45,000,000
> ∴ 월 비용절감액 = 54,000,000 − 45,000,000 = 9,000,000

정답 **07** ③ **08** ⑤

09 장거리 및 단거리 화물수송의 효율성을 제고하고자 할 때 고려할 수 있는 사항 가운데 가장 적합하지 않은 것은?

① 장거리는 적재효율, 단거리는 회전효율을 높이는 것이 중요하다.

② 공장·물류거점 간 간선수송의 경우 가능한 한 저렴한 수송수단을 선택하는 것이 좋다.

③ 단거리 도시 내 배송은 루트별 직송체계를 검토한다.

④ 장거리 간선수송은 수송로트의 크기를 대단위화시켜 대형 화물트럭에 만적하여 수송하는 등 적재효율을 높일 필요가 있다.

⑤ 단거리 배송의 경우, 고객서비스를 제고시키기 위해서 운송업자에 의한 위탁수송까지도 자사 업무처리 시스템에 예속시켜 운용하는 경우가 많다.

해설 단거리 도시배송은 경로별 직송체제가 아니라 공동배송체제를 추진하는 것이 보다 효율적이다.

10 물류네트워크의 설계와 관련한 의사결정에 해당되지 않는 것은?

① 창고의 크기, 수, 입지의 결정

② 시설 간 운송수단의 결정

③ 공장의 수와 입지의 결정

④ 창고별 고객 및 취급제품의 할당

⑤ 창고에서의 물자취급장비 종류의 결정

해설 물류네트워크의 설계는 창고 또는 배송센터, 혼재거점, 공장 등의 규모, 수, 입지, 제품할당, 수행능력 등을 결정하며, 창고의 취급장비의 종류와는 상대적으로 거리가 멀다.

11 국토교통부에서 주관하고 한국교통연구원이 추진하는 국가교통 DB구축사업(물류현황조사)에 근거한 영업용 화물자동차와 자가용 화물자동차에 대한 설명이다. 이 중 틀린 것은?

① 공차통행률은 자가용이 영업용보다 높다.

② 평균 최대적재량(Capacity)은 영업용이 자가용보다 크다.

③ 적재거리(ton·km)는 자가용이 영업용보다 짧다.

④ 적재운행시간은 자가용이 영업용보다 길다.

⑤ 통행(trip)당 적재톤수는 자가용이 영업용보다 작다.

해설 영업용 화물자동차가 자가용 화물자동차에 비해 운행효율이 높은 것이 일반적이며, 적재운행시간 또한 영업용이 자가용보다 길다.

정답 09 ③ 10 ⑤ 11 ④

12 수·배송경로를 구축할 때 고려해야 할 사항 중 가장 거리가 먼 것은?

① 거래처의 취급물량의 정도   ② 수주 리드타임

③ 차량의 회전율   ④ 수·배송 도로의 상황

⑤ 수주 마감시간

> **해설**   수·배송경로를 구축할 때에는 수주 마감시간도 관계가 있으나 거래처의 취급물량의 정도, 수주 리드타임, 물류센터와 배송센터의 현황, 수·배송 도로의 상황, 차량의 회전율, 차량운행 대수 등을 보다 더 고려해야 한다.

13 수·배송 시스템을 합리적으로 설계하기 위한 적절한 조건이 아닌 것은?

① 적정한 유통재고량을 유지하기 위하여 수·배송의 계획화를 실시하는 것

② 지정된 시간 내에 수·배송 목적지에 물품을 정확하게 수·배송하는 것

③ 최소주문단위제 등 주문의 비평준화를 기하는 것

④ 수·배송 업무표준화와 수·배송 정보시스템을 구축하는 것

⑤ 효율적인 생산계획을 위하여 생산과 판매의 조정역할을 담당하는 것

> **해설**   수·배송 시스템을 합리화하기 위해서는 주문의 평준화가 요구되며 최소주문단위제가 그 예이다.

14 어떤 구매자가 3개의 회사로부터 100kg, 80kg, 70kg의 화물을 공급받고 있다. 이 구매자는 3개 회사로부터 직송을 받거나, 중간유통창고를 통하여 화물을 트럭 한 대에 혼재시켜 공급을 받을 수 있다고 한다. 직송과 혼재공급방법 중 어느 방법이 얼마만큼 유리한가?

회 사	화물량(kg)	직송수송비	회사 – 유통창고 간 수송비	유통창고료	유통창고 – 구매자 간 수송비
A	100	5천원/kg	3천원/kg	0.5천원/kg	1천원/kg
B	80	4천원/kg	2천원/kg	1천원/kg	1천원/kg
C	70	3천원/kg	1천원/kg	1천원/kg	1천원/kg

① 직송이 15만원 유리   ② 직송이 10만원 유리

③ 직송이 5만원 유리   ④ 혼재공급이 5만원 유리

⑤ 혼재공급이 10만원 유리

> **해설**
> • 직송의 경우 : (100 × 5,000) + (80 × 4,000) + (70 × 3,000) = 1,030,000원
> • 혼재수송의 경우 : (100 × 4,500) + (80 × 4,000) + (70 × 3,000) = 980,000원
> 따라서 직송보다 혼재수송이 50,000원 유리하다.

정답 **12** ⑤ **13** ③ **14** ④

15 C부품업체는 플라스틱 부품 100개를 구입하는 데 철도를 이용하고 있다. C부품업체는 수송 기간을 1일 단축하면, 하루당 플라스틱 부품 5개를 더 구입할 수 있다고 한다. C부품업체는 1개의 부품을 판매할 때 40원의 수익을 얻는다. 그런데 C부품업체는 수송수단을 트럭으로 바꾸는 것을 검토하였다. 철도와 트럭의 운임과 수송기간은 다음 표와 같다. 각 수송수단에 대한 수익과 운임을 검토한 결과, 순이익에 대한 분석은 어떠한가? (단, 구매한 부품은 전량 판매가능하다고 가정한다.)

구 분	운 임	수송기간
철 도	15원/개	7일
트 럭	10원/개	5일

① 트럭이 600원 이익　　　　　　　② 철도가 600원 이익

③ 트럭이 800원 이익　　　　　　　④ 철도가 800원 이익

⑤ 트럭이 900원 이익

> **해설**　• 철도운임 : 15 × 100 = 1,500원
> • 철도수익 : (100 × 40) − 1,500 = 2,500원
> • 트럭운임 : 10 × 110 = 1,100원
> • 트럭수익 : (110 × 40) − 1,100 = 3,300원
> 따라서 트럭이 3,300 − 2,500 = 800원 이익이다.

16 택배표준약관(공정거래위원회 표준약관 제10026호)의 운송물의 수탁거절 사유로 옳지 않은 것은?

① 고객이 제7조 제2항의 규정에 의한 청구나 승낙을 거절하여 운송에 적합한 포장이 되지 않은 경우

② 고객이 제9조 제1항의 규정에 의한 확인을 거절하거나 운송물의 종류와 수량이 운송장에 기재된 것과 다른 경우

③ 운송물 1포장의 가액이 300만원을 초과하는 경우

④ 운송물의 인도예정일(시)에 운송이 가능한 경우

⑤ 운송물이 현금, 카드, 어음, 수표, 유가증권 등 현금화가 가능한 물건인 경우

> **해설**　택배표준약관상 운송물의 인도예정일에 운송이 가능한 경우에는 이의 수탁을 거절 사유로 규정하고 있지 않다.

17 다음은 공동 수·배송의 형태별 특징을 설명한 것이다. 설명 중 올바르지 않은 것은?

① 특정 화주 집배송공동형은 동일업종의 화주가 주도하여 집화 및 배송을 공동화하는 것이다.

② 운송사업자공동형은 화주가 원칙적으로 불특정 다수이나 다수의 운송사업자가 각각 지역을 분담하여 집배송을 공동화하는 것이다.

③ 배송공동형은 각 화주가 화물거점시설까지 운송하며 배송만 공동화하는 것이다.

④ 노선집화공동형은 노선의 집화부분만 공동화하여 화주가 지정한 노선업자에게 화물을 인도하는 것이다.

⑤ 공동수주·공동배송형은 양판점, 백화점 등의 납품에 대해 착화주의 주도로 공동화하는 것으로서 수주부터 진열, 발주대행까지 일관서비스가 이루어진다.

> **해설** 수주부터 진열, 발주대행을 공동화하는 것은 공동납품대행형이다.

18 수·배송 시스템 설계시 효율화 대상의 하드웨어 대책으로 가장 적합한 것은?

① 배송의 계획화(루트화, 다이어그램 수송)

② 화물의 로트(Lot)화

③ 경로의 단순·간략화

④ 공동화(고밀도화)

⑤ 차량적재함의 개선과 개량

> **해설** 배송의 계획화, 화물의 로트(Lot)화, 경로의 단순·간략화, 공동화 등은 소프트웨어 대책이다.

19 백화점·할인점 등에서 공동화하는 유형으로서, 참가하는 도매업자가 선정한 운송사업자가 배송거점을 정하여 납품상품을 집화, 분류, 포장 및 레이블을 붙이는 작업 등을 한 후 배달·납품하는 형태는?

① 배송공동형　　　　　② 노선집화공동형
③ 공동납품대행형　　　④ 집화배송공동형
⑤ 중앙물류터미널형

> **해설** 납품대행형은 운송업자가 납입처의 납품의뢰를 일괄받아 납품하는 형태로 집화, 유통가공, 납품 등 일련의 작업을 포함한다.

20 다음은 소비자 중심의 사회에서 수 · 배송 서비스에 대한 고객과 유통업자의 요구를 비교한 것이다. 적절하지 못한 항목은?

	항 목	고객의 요구	유통업자의 요구
①	1회 배송수량	소 량	대 량
②	1회 배송품종	다품종	다품종
③	배송 빈도수	많 이	적 게
④	리드타임	짧 게	길 게
⑤	주문시기	수시로	계획적으로

해설 ② 유통업자는 1회 배송품종으로 소품종을 요구하는 것이 일반적이다.

21 공동 수 · 배송으로 운송업자가 얻을 수 있는 효과가 아닌 것은?

① 배송효율이 증가하여 개당 배송비용이 감소한다.
② 많은 거래처에 배송하므로 신규 화주의 개척이 어렵다.
③ 차량운용을 계획적으로 할 수 있다.
④ 적재율 향상으로 배송량이 증가한다.
⑤ 공동 수 · 배송에 따른 계획집화 및 계획배송은 시간단축을 가능하게 한다.

해설 ② 공동 수 · 배송을 실시하면 적재효율 향상, 단위당 운송비 하락 등 경쟁력이 높아져 상대적으로 신규 화주의 확보가 용이해진다.

22 다음 물류거점 운영형태 중 물품을 창고에 보관하지 않고 분류 또는 재포장의 과정을 거쳐 곧바로 다시 배송하는 물류시스템은?

① LCL 운송체계   ② FCL 운송체계
③ Cross Docking체계   ④ Line-haul 운영체계
⑤ Ro-Ro 운송체계

해설 크로스 도킹 시스템은 도착과 발송 간의 취급절차를 최소화하여 양 기능 간의 연계시간을 최대한 단축하기 위해 도입되는 방식이다.

정답 **20** ② **21** ② **22** ③

23 다음 운송실적을 가지고 있는 적재중량 25ton 화물자동차의 연료소모량은?(단, 실차(영차) 운행시에는 ton·km당 연료소모기준을 적용함)

- 운행실적 : 총 운행거리 24,000km, 공차운행거리 8,000km
- 화물적재량 : 22ton
- 연료소모기준 : 공차운행시 0.25ℓ/km, 실차(영차)운행시 0.4ℓ/ton·km

① 8,400ℓ
② 10,800ℓ
③ 12,560ℓ
④ 142,800ℓ
⑤ 211,200ℓ

해설 연료소모량 = (16,000 × 22 × 0.4) + (8,000 × 0.25) = 140,800 + 2,000 = 142,800

24 공동 수·배송의 유형 중 운송업자가 협동조합을 설립하여 운영하는 유형은?
① 배송공동형
② 노선집화공동형
③ 집화·배송공동형
④ 납품대행형
⑤ 공동수주·공동배송형

해설 ⑤는 운송업체가 협동조합을 결성하여 공동수주와 공동배송하는 방식이다.

25 다음 표는 A기업 화물의 전체 운송경로별 월간 트럭운송현황이다. 이 기업의 최고경영자 및 운송관리자가 검토해 보아야 할 대안으로서 가장 적절하지 않은 것은?

출발지	목적지	총중량	운송횟수
수 원	대 전	30톤	20회
부 산	수 원	40톤	25회
대 전	부 산	10톤	10회

① 운송업체와의 전략적 제휴
② 대전에서 부산으로의 연안운송 활용
③ Backhaul 없이 대전에서 부산으로 운송하는 업체와의 제휴
④ 경부선 철도의 이용
⑤ 대전공장에서의 생산능력 향상

해설 ② 대전에서 부산으로의 연안운송은 도로운송과 연안운송의 연계, 운송거리 등의 관점에서 트럭운송과 비교 시 비경제적이다.
③ 부산에서 대전으로 공차 복화운송(backhaul) 없이 대전에서 부산으로 운송하는 업체와의 제휴는 A기업 의 운송비를 절감을 가져다준다.

26 다음 중 공동배송의 사회적 효과로 볼 수 없는 것은?

① 물류비용 절감에 의한 물가안정
② 차량감소에 의한 환경개선
③ 고용의 감소
④ 교통체증의 완화
⑤ 공간의 활용 감소

해설 공동배송은 공간의 활용을 감소시키는 것이 아니라 공간의 활용을 더욱 확대시키는 효과를 가져온다. 공동 배송의 사회적 효과로는 물류비용 절감에 의한 물가안정, 차량감소에 의한 환경개선, 고용의 감소, 교통체증 의 완화, 공간의 활용 증대 등을 들 수 있다.

27 다음 중 공동 수·배송과 관련된 설명으로 가장 적합하지 않은 것은?

① 적재율의 향상 효과가 증대되고, 다수 기업의 물류활동을 동시에 수행하기 때문에 효율성은 높아진다.
② 공동 수·배송은 물류비용 측면 외에 차량운행횟수의 감소로 인한 환경오염 방지 등 사회적 비용까지 고려해야 한다.
③ 각 가맹사 간의 공동물류회계 및 화물정보 시스템화를 촉진시킨다.
④ 다품종 소량생산 및 소비환경 하에서 가장 중점적으로 추진되어야 할 과제 중 하나이다.
⑤ 수·배송 적합성은 제품의 물리적인 특성, 비용 및 생산시장의 범위에 대한 수·배송수단의 이용가능성, 수·배송비용 등을 고려하여 평가된다.

해설 수·배송은 판매시장과 관계가 있다.

28 다음은 차량경로의 결정시 적합한 방법을 설명한 것이다. 잘못된 것은?

① 차량운행경로는 상호 교차되지 않도록 결정한다.
② 주 운행경로로부터 크게 이탈한 배송지는 타사 차량을 이용해야 한다.
③ 선형계획법을 활용하여 최적경로를 결정할 수 있다.
④ 화물량에 따른 적정 차량을 배차한다.
⑤ 경유거리, 경유지의 수요량, 이용가능한 차량규모, 가능한 방문시간대 등의 다양한 제약요 인을 고려한다.

정답 **26** ⑤ **27** ⑤ **28** ②

> **해설** 주 운행경로에서 크게 벗어난 배송지는 별도의 차량을 이용하며 타사 차량을 반드시 이용해야 하는 것은 아니다.

29 **수·배송 시스템의 계획설정기준에 관한 설명 중 옳지 않은 것은?**

① 작업기준 - 상하차방법 및 납품방식의 표준화

② 시간기준 - 출발시간, 주행시간, 도착시간, 전체 리드타임

③ 적재량 기준 - 적재량, 표준작성, 최대주문단위제

④ 차량기준 - 차량의 적정규모화 및 주행의 공동화

⑤ 루트기준 - 수·배송거리 및 차량의 진입능력

> **해설** 적재량 기준은 최소 주문단위제이다. 일정량 이상을 주문해야 수·배송 시스템이 보다 효율적이다.

30 **(주)태백식품에서는 우동을 생산하여 전국 대리점 또는 영업소에 매일 수송하고 있다. 자체 차량은 8톤 트럭 2대를 보유하고 있으며 부족한 차량은 외주(제3자 물류)에 의존하고 있다. 다음 운송조건에서 자체 차량을 제외한 매일 평균 용차(외주) 대수는 몇 대인가?**

- 출발지 : 강원도 원주
- 도착지 : 대전, 천안지역
- 월평균 수송량 : 라면 2,400,000박스
- 공장에서 해당 도착지 차량가동횟수 : 1일 평균 2회전
- 8톤 트럭 평균 적재량 : 4,000박스
- 차량 월평균 가동일수 : 20일
- 외주차량은 연간 계약된 물류회사 차량을 이용

① 13대   ② 14대

③ 15대   ④ 16대

⑤ 20대

> **해설**
> - 1일 8톤 트럭의 적재량 : 2 × 4,000 = 8,000박스
> - 월평균 트럭 1대 수송량 : 20 × 8,000 = 160,000박스
> - 월평균 트럭소요대수 : 2,400,000/160,000 = 15대
> - 월평균 외주대수 : 15 − 2 = 13대

정답 **29** ③ **30** ①

31 다음의 자료를 이용하여 표준실제가동률, 표준실차율, 1일 차당 표준적하차량수를 계산한 수치는?

- 표준누적 실제가동차량수 : 260대
- 표준누적 실제차량수 : 360대
- 표준누적 실주행거리 : 12km
- 표준누적 주행거리 : 20km
- 표준 실제차량수 : 2대

① 60.0%, 72.2%, 0.722대 ② 50.0%, 60.0%, 0.722대
③ 60.0%, 72.2%, 0.361대 ④ 72.2%, 60.0%, 0.361대
⑤ 72.2%, 60.0%, 0.722대

해설 • 표준실제가동률 : (260/360)×100≒72.2%
• 표준실차율 : (12/20)×100=60%
• 표준적하차량수 : 260/360≒0.722대

32 다음에 해당되는 물류기술은?

- 화물트럭의 출입에 사용된다.
- 안테나, 리더기, 호스트, 태그 등으로 구성된다.
- 고속도로 이용시 자동요금징수에도 적용될 수 있다.

① SMS(Short Message Service)
② RFID(Radio Frequency Identification)
③ PDA(Personal Digital Assistants)
④ GPS(Global Positioning System)
⑤ CDMA(Code Division Multiple Access)

해설 RFID(Radio Frequency Identification) : RFID Tag(반도체), 안테나(Antenna), 리더기(Reader) 등으로 구성된 무선정보통신시스템의 일종이다. 물류시스템에서 RFID는 현재 일반적으로 이용되고 있는 바코드를 대신하기 위한 장치이며 RFID시스템은 비접촉식, 동시다중접속식, 신속하고 상세한 목적물에 대한 정보의 인식으로 인하여 추적관리업무를 효율적이고 신속·정확하게 처리할 수 있다. 파렛트와 단위탑재용기(ULD)에 적재상태로 화물을 일시에 Reading하여 상·하차시간이 단축되고 차량회전율을 향상시킨다. 입·출고, 상·하차작업시 잘못 취급되었을 때 신속하게 확인할 수 있다. Tag에 해당 화물의 전 작업과정과 작업관리자 등에 관한 히스투리가 기록되어 화물에 대한 문제발생시 그 책임과 원인을 정확하게 규명할 수 있다.

정답 **31** ⑤ **32** ②

33 수송 중인 화물 및 화물차량의 실시간 추적과 관련이 적은 기술은?

① Tag
② Beacon
③ GPS(Global Positioning System)
④ Bar-code
⑤ TRS(Trunked Radio System)

> 해설 바코드는 판매시점의 상품에 대한 판매정보 및 재고정보를 신속히 알려준다.

34 화물자동차운송정보시스템에 관한 설명으로 옳지 않은 것은?

① ITS는 도로와 차량, 사람과 화물을 정보네트워크로 연결하여 교통체증의 완화와 교통사고의 감소, 환경문제의 개선 등을 실현할 수 있는 시스템이다.
② GIS-T는 디지털 지도에 각종 정보를 연결하여 관리하고 이를 분석, 응용하는 시스템의 통칭이다.
③ AVLS는 위성으로부터 받은 신호로 이동체의 위치 및 이동상태를 파악하여 차량의 최적 배치 및 파견, 실태파악 및 분석 안내, 통제, 운영할 수 있는 작업들을 지능화한 시스템이다.
④ TRS는 중계국에 할당된 다수의 주파수 채널을 여러 사용자들이 공유하여 사용하는 무선통신서비스이다.
⑤ VTS는 화물자동차의 최종 배송지에 대한 최적 운송경로를 검색하는 운송경로시스템이다.

> 해설 VTS(Vessel Traffic Service, 해상교통관제)는 항공기의 관제를 실시하는 관제소의 해상버전이라고 할 수 있는 시스템이다. 하늘에 항공기가 날아다니듯이 바다에는 선박이 항해를 하며, 각 항만과 그 주변부, 일부 연안지역에 VTS가 설치되어 통항 선박의 관제를 실시하고 있다. VTS에서는 CCTV, 레이더, 육안, AIS (Automatic Identification System, 선박자동식별장치) 등을 이용해 각 선박의 침로, 속력 등의 정보를 이용하여 각 선박간의 위험, 충돌 여부를 확인, VHF를 이용해 관제를 실시한다. 뿐만 아니라 입/출항 보고, 기상 악화시 통제, 사고 발생시 통항관제의 업무도 수행하고 있다. VTS는 각 국에 설정된 VHF 채널을 이용하거나, 국제공용채널인 16번 채널(156.8 Mhz)에서 호출하여 주변 채널로 이동하는 방식으로 교신, 관제를 실시한다.

35 다음 중 차량의 적재율을 향상시키기 위한 방법이 아닌 것은?

① 배송경로를 재설정한다.
② 소량거래처의 경우, 공장 또는 물류센터에서 배송센터까지는 대형차로 수송하고, 배송센터에서 거래처로는 소형차로 배송한다.
③ 배차계획을 충실히 이행한다.
④ 공동 수·배송 방안을 강구한다.
⑤ 소량거래처에 대한 부정기 배송시스템을 적극적으로 검토한다.

차량의 적재율 향상을 위해서는 적재율을 낮추는 부정기 시스템이 아니라 정기배송 시스템을 적극 도입하여야 한다. 부정기 시스템은 화물이 발생할 경우에만 운송하는 것이고, 정기배송 시스템은 화물이 고정적으로 발생하는 경우이므로 정기배송 시스템을 우선적으로 검토해야 한다.

36 택배의 특성에 관한 설명으로 옳은 것을 모두 고른 것은?

> ㄱ. 개인화물부터 기업화물까지 불특정다수의 화물을 대상으로 한다.
> ㄴ. 물류기지, 집배차량, 자동분류기 등 대규모 투자가 필요하지 않다.
> ㄷ. 운송인은 일관된 책임운송서비스를 제공한다.
> ㄹ. 개별화물의 전산관리, 화물추적, 집배차량과의 통신 등이 접목되는 사업이다.
> ㅁ. 집하와 배송이 별개로 수행되는 운송사업이다.
> ㅂ. 택배사업은 매출액에 비해서 많은 노동력이 소요되는 사업이다.

① ㄱ, ㄷ, ㄹ
② ㄱ, ㄹ, ㅂ
③ ㄴ, ㄷ, ㅂ
④ ㄱ, ㄷ, ㄹ, ㅂ
⑤ ㄱ, ㄷ, ㄹ, ㅁ, ㅂ

ㄴ. 물류기지, 집배차량, 자동분류기 등 대규모 투자가 필요하다.
ㅁ. 집하와 배송이 일반적으로 동시에 수행되는 운송사업이다.

37 복합물류터미널의 구체적 기능에 해당되지 않는 것은?

① 강화된 혼재기능
② 화물자동차의 주차장 또는 대기장소로서의 기능
③ 수요자가 요구하는 형태로 제품을 변형하는 기능
④ 운송수단예약, 도착정보, 재고관리정보 등을 취급하는 정보센터기능
⑤ 유통보관기능

물류터미널은 제품을 변형하는 기능은 수행하지 않으며, 수요구조에 적합하도록 수요형태를 변형하는 기능을 수행한다.

정답 36 ④ 37 ③

38 다음 중 물류네트워크를 설계할 경우 가장 우선적으로 고려해야 할 사항은?

① 총물류비의 최소화
② 대량수송을 통한 규모의 경제달성
③ 물류 표준화
④ 공차율의 최소화
⑤ 운송효율의 극대화

> 해설 물류관리의 목표는 물류비의 절감과 고객 만족을 통한 이윤극대화이다. 물류네트워크를 구축함에 있어 최우선적으로 고려되어야 할 사항은 총물류비의 최소화이다. 물류요소들 간에는 트레이드 오프(Trade-off) 관계가 있기에 총물류비의 최소화를 추구해야 한다.

39 다이어그램 배송방법에 대한 설명으로 적합한 것은?

① 차량의 적재율을 기준으로 가장 적합한 배송방식을 결정한다.
② 비교적 광범위한 지역에서 소량의 화물을 가진 다수고객에게 배송할 때 유리하다.
③ 배송범위가 60km 이상인 경우 주로 적용한다.
④ 배송범위가 30km 이내, 배송빈도는 2회/일, 또는 1.5회/일(30~60km)인 경우 주로 적용한다.
⑤ 배송범위를 몇 가지 경로로 구분한 후 1회/일 배송을 원칙으로 배송차량의 크기와 출발시간을 정한다.

> 해설 일반적으로 배송범위가 30km 이내이거나 배송빈도가 하루 1.5회에서 2회, 이 경우 1일의 배송범위는 30km에서 60km인 경우에 주로 적용하는 배송방법은 다이어그램 배송방법이다. 이는 '주행경로 – 배송순서 – 시간표 – 계획배송'을 실시하는 배송방식으로서, 비교적 배송범위가 협소하고, 빈도가 높을 경우에 효율적이다.

40 다음은 수송시스템의 방법 중 밀크런(Milk Run) 방식을 도식화한 것이다. 밀크런(Milk Run) 방식을 가장 잘 표현한 그림을 고르시오.

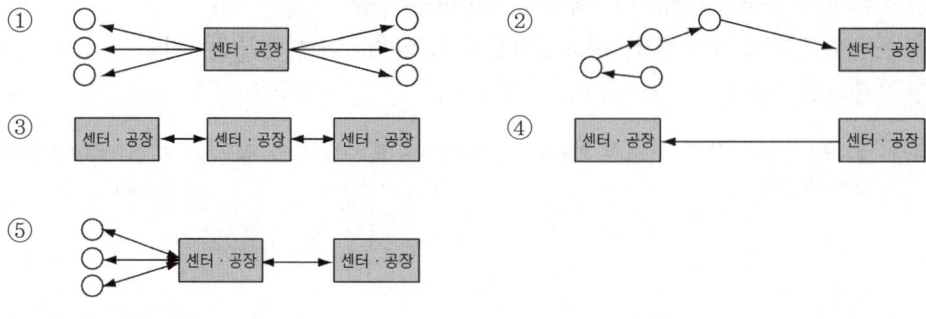

[해설] 밀크런(Milk Run) 방식은 한 지점에서 출발하여 물류센터나 공장까지 수송하거나 그 역의 수송방식을 말한다. 즉, 순회집화 또는 순회배송방식을 의미한다.

41 다음과 같은 특징을 가진 택배운송시스템은?

- 노선의 수가 적어 운송의 효율성이 높다.
- 집배센터에 배달 물량이 집중되어 상·하차 여건 부족시 배송 지연이 발생할 수 있다.
- 모든 노선이 중심거점 위주로 구축된다.
- 대규모 분류능력을 갖춘 터미널이 필요하다.

① Milk Run 시스템   ② Point to Point 시스템
③ Hub & Spoke 시스템   ④ 절충형 혼합식 네트워크 방식
⑤ 프레이트 라이너 방식

[해설] Hub & Spoke 시스템은 원칙으로 Hub가 하나이기에 노선의 수가 적고 모든 노선이 중심거점 위주로 구축되어 있다. Hub가 하나이고 대규모의 분류능력을 갖추고 있지만, 집배센터에 배달 물량이 집중될 경우에는 터미널 능력 대비 물량 과다로 배송 지연이 발생될 수 있다. Point to Point 시스템은 Hub가 두 개 이상이기에 노선의 수가 많고 노선은 거점별로 구축되며, 터미널 능력에 여유가 있어 배송 지연은 원칙으로 발생하지 않는다.

42 M사 화물자동차의 최근 1개월 간의 운행실적에 대한 결과 값으로 옳지 않은 것은?

- 가동일수 : 월간목표 25일, 운행실적 20일
- 운행거리 : 총 운행거리 12,000km, 실차(영차) 운행거리 9,000km
- 운행 ton·km : 90,000ton·km
- 총운송량 : 200ton

① 가동률은 80%이다.   ② 실차(영차)율은 75%이다.
③ 평균운송량은 10ton이다.   ④ 평균운송횟수는 19회이다.
⑤ 평균운송거리는 450km이다.

[해설]
- 가동률 = (20 ÷ 25) × 100 = 80%
- 실차율 = (9,000 ÷ 12,000) × 100 = 75%
- 평균운송량 = 200 ÷ 20 = 10톤
- 평균운송거리 = 9,000 ÷ 20 = 450km, (12,000 ÷ 20) × 0.75(실차율) = 450km
- 평균운송횟수 = {(90,000 ÷ 450) × 0.75} ÷ 10톤 = 15회

정답 **41** ③ **42** ④

43 중견 제조기업인 A사는 물류효율화를 위해 전국에 산재해 있는 물류거점수를 줄여 물류네트워크를 재구축하려고 한다. 이때 나타나는 효과가 모두 묶인 것은?

㉠ 재고비 감소	㉡ 재고관리비 감소
㉢ 수송비 감소	㉣ 배송비 감소

① ㉠, ㉡, ㉢
② ㉡, ㉢, ㉣
③ ㉠, ㉡, ㉣
④ ㉠, ㉢, ㉣
⑤ ㉠, ㉡, ㉢, ㉣

> **해설** 물류거점수가 줄면 재고비와 재고관리비는 당연히 감소한다. 문제는 수송비와 배송비의 측면이다. 물류거점수가 줄어든다면 Hub and Spokes 시스템에서 알 수 있듯이 수송비는 감소하지만 거점에서의 배송비는 증가하게 마련이다.

44 H기업의 가구제조공장에서 판매처까지의 거리가 총 100km이고, 운송량은 5톤이다. 아래와 같은 화물자동차운송과 철도운송 수단별 비용에 관한 설명으로 옳은 것은? (단, 기본운임은 거리 및 운송량에 상관없는 고정비임)

구 분		화물자동차운송	철도운송
운 임	기본운임	100,000원	300,000원
	톤·km당 추가비용	400원	200원
톤·km당 부대비용		100원	300원

① 철도운송시 발생되는 추가비용과 부대비용은 서로 같다.
② 철도운송시 발생되는 추가비용은 화물자동차운송시 발생되는 추가비용보다 높다.
③ 철도운송시 발생되는 총비용 중 추가비용의 비중이 가장 높다.
④ 화물자동차운송시 발생되는 총비용 중 추가비용의 비중이 가장 높다.
⑤ 화물자동차운송시 발생되는 총운송비가 철도운송시 발생되는 총운송비보다 높다.

> **해설** • 화물자동차운송의 총운송비 : 100,000 + (400 × 100 × 5) + (100 × 100 × 5) = 100,000 + 200,000 + 50,000 = 350,000
> • 철도운송의 총운송비 : 300,000 + (200 × 100 × 5) + (300 × 100 × 5) = 300,000 + 100,000 + 150,000 = 550,000
> ① 철도운송시 발생되는 추가비용(100,000원), 부대비용(150,000원)은 서로 다르다.
> ② 철도운송시 발생되는 추가비용(100,000원)은 화물자동차운송시 발생되는 추가비용(200,000원)보다 낮다.

정답 **43** ① **44** ④

45 물류의 효율성을 평가하는 지표 중 '화물자동차의 적재능력 및 총운행거리에 대한 통행당 톤·km의 합의 비율'은 어떤 항목에 해당하는가?

① 평균적재율　　　　　　　② 적재효율
③ 적재통행률　　　　　　　④ 적재시간율
⑤ 적재거리율

> **해설** ① 평균적재율은 화물자동차의 적재통행시 적재능력에 대한 실제 적재한 중량의 비율
> ③ 적재통행률은 화물자동차의 총통행수 중에서 적재상태의 통행비율
> ④ 적재시간율은 화물자동차의 총통행시간 중에서 적재상태의 통행시간비율
> ⑤ 적재거리율은 화물자동차의 총통행거리 중에서 적재상태의 통행거리비율

46 1일 이상 소요되는 운송이나 도시순회운송에서 일정시간 동안 운행 후에 운전원을 교대하여 차량을 계속 운행시킴으로써 차량의 가동시간을 최대화하고 화물의 인도를 신속하게 하는 운송시스템은?

① 왕복운송 시스템　　　　　② 셔틀운송 시스템
③ 환결(環結)운송 시스템　　　④ 릴레이식 운송시스템
⑤ 중간환승 시스템

> **해설** 릴레이운송은 1차적으로 운송을 완료한 차량이 출발지로 운송할 화물, 즉 복화화물이 확보되지 않았을 때 다른 지역으로 운송될 화물이 있으면 그 화물을 적재하고 다른 지역으로 운송한 후에 다시 처음 출발했던 지역으로 운송될 화물을 구하여 운송하는 것으로, 운전원이 교대로 차량을 계속 운행하는 순회운송을 말한다.

47 택배운송장의 역할과 중요성에 관한 설명으로 옳지 않은 것은?

① 배송완료 후 배송 여부 등에 대한 책임소재를 확인하는 증거서류 역할을 하게 된다.
② 선불로 요금을 지불한 경우에는 운송장을 영수증으로 사용할 수 있다.
③ 택배회사가 화물을 송화인으로부터 이상 없이 인수하였음을 증명하는 서류이다.
④ 운송장에 인쇄된 바코드를 스캐닝함으로써 추적정보를 생성시켜 주는 역할을 하게 된다.
⑤ 착불화물의 경우에는 운송장을 증빙으로 제시하여 수화인에게 요금을 청구하는 것은 불가능하다.

> **해설** 착불 또는 착지신용택배화물의 경우에는 운송장을 증빙으로 제시하여 수화인에게 요금을 청구할 수 있다.

정답 45 ② 46 ④ 47 ⑤

48 다음은 어떠한 공동 수·배송 시스템에 관한 설명인가?

정시루트 배송시스템으로 집배구역 내에서 차량의 효율적인 이용을 도모하기 위해 배송처의 거리, 수량, 지정시간, 도로상황 등을 감안하여 여러 곳의 배송처를 묶어서 정시에 정해진 루트로 배송하는 형태이다.

① 다이어그램(Diagram) 배송시스템
② 스왑보디(Swap body) 시스템
③ 혼합배송 시스템
④ 납품대행 시스템
⑤ 크로스 도킹(Cross-docking) 시스템

해설 스왑보디 시스템은 적재함을 착탈식으로 운영함으로써 트레일러처럼 이용하는 것이다. 혼합배송 시스템은 차량의 운행효율을 제고하기 위한 것으로 장·단거리 혼합배차, 사전 2배차, 현장배차 등이 있다. 납품대행 시스템은 백화점이나 할인점 등이 지정한 운송업체가 배송거점을 중심으로 납품상품을 집화, 분류, 포장, 상표부착 등의 작업을 한 후에 납품하는 방식이다. 크로스 도킹 시스템은 재고비용을 최소화하기 위해 물류센터나 물류창고에 입고된 물품을 보관하지 않고 즉시 분류하여 출고하는 방식이다.

49 수·배송시스템을 합리적으로 설계하기 위한 요건과 분석기법에 관한 설명으로 옳지 않은 것은?

① 루트배송법은 다수의 소비자에게 소량 배송하기에 적합한 시스템으로 비교적 광범위한 지역을 대상으로 한다.
② TSP(Travelling Salesman Problem)는 차량이 지역 배송을 위해 배송센터를 출발하여 되돌아오기까지 소요되는 시간 또는 거리를 최소화하기 위한 기법이다.
③ 다이어그램 배송(Diagram Delivery)은 집배구역 내에서 차량의 효율적 이용을 위하여 배송화물의 양이나 배송처의 거리, 수량, 배송시각, 도로 상황 등을 고려하여 미리 배송경로를 결정하여 배송하는 시스템이다.
④ 변동다이어그램은 과거 통계 또는 경험에 의존하여 주된 배송경로와 시각을 정해 두고 적시배달을 중시하는 배송시스템이다.
⑤ 변동다이어그램 방식으로 SWEEP, TSP, VSP 등이 있다.

해설 과거 통계 또는 경험에 의존하여 주된 배송경로와 시각을 정해두고 적시배달을 중시하는 배송시스템은 고정 다이어그램이다. 변동다이어그램은 도로 사정 등을 고려하여 배송경로를 변경하는 배송시스템이다.

50 공로운송의 운영관리지표에 관한 설명으로 옳은 것은?

① 가동률은 일정기간 동안 화물차량을 실제 운행한 시간과 목표운행 시간과의 비율을 의미하는 지표로 목표가동일수를 실제가동일수로 나누어 산출한다.

② 회전율은 화물차량이 일정시간 내에 화물을 운송한 횟수를 말하는 지표로 평균적재량을 총운송량으로 나누어 산출한다.

③ 영차율은 전체 화물운송거리 중에서 실제로 얼마나 화물을 적재하고 운행했는지를 나타내는 지표로 적재거리를 총운행거리로 나누어 산출한다.

④ 복화율은 편도운송을 한 후 귀로에 복화운송을 어느 정도 수행했느냐를 나타내는 지표로 편도운행횟수를 귀로시 영차운행횟수로 나누어 산출한다.

⑤ 적재율은 화물자동차의 적재량 대비 실제 얼마나 화물을 적재하고 운행했는지를 나타내는 지표로 총운행적재율은 차량적재정량을 총운송량으로 나누어 산출한다.

해설 ① **가동률** : 일정기간 동안 화물을 운송하거나 운송을 위해 운행한 일수 비율을 나타낸다.
　　　가동률 = 실제가동일 / 목표가동일

　　② **회전율** : 차량이 일정한 시간 내에 화물을 운송한 횟수이다. 즉, 운송서비스 생산을 한 횟수를 말한다.
　　　회전율 = 총운반횟수 또는 총운송량 / 평균적재량

　　④ **복화율** : 편도운송을 한 후 귀로에 복화운송을 어느 정도 수행했는가를 나타내는 지표이다. 복화율 = 귀로시 영차운행횟수 / 편도운송횟수

　　⑤ **적재율** : 차량에 화물을 몇 톤을 싣고 운행을 했느냐를 나타내는 지표이다.
　　　총운행적재율 = (총운송량 / 총운행횟수) / 차량적재정량
　　　영차운행적재율 = (총운송량 / 적재운행횟수) / 차량적재정량

51 물류시설에 관한 설명으로 옳지 않은 것은?

① ICD란 수출입 컨테이너를 취급하는 내륙컨테이너기지로서 통관, 보관, 하역 등 항만 터미널과 유사한 기능을 수행하는 물류거점이다.

② 물류창고란 화물의 저장·관리, 집화·배송 및 수급조정 등을 위한 보관시설·보관장소 또는 이와 관련된 하역·분류·포장·상표부착 등에 필요한 기능을 갖춘 시설이다.

③ 공동집배송센터란 창고, 화물터미널, 항만 등의 제반시설을 한 곳에 집중하여 물류활동의 합리화를 도모하는 복합시설이다.

④ 물류터미널이란 화물의 집화·하역 및 이와 관련된 분류·포장·보관·가공·조립 또는 통관 등에 필요한 기능을 갖춘 시설물이다.

⑤ 물류단지란 물류단지시설과 지원시설을 집단적으로 설치·육성하기 위하여 지정·개발하는 일단의 토지이다.

정답 **50** ③ **51** ③

「유통산업발전법」상 공동집배송센터는 여러 유통사업자 또는 제조업자가 공동으로 사용할 수 있도록 집배 송시설 및 부대업무시설이 설치되어 있는 지역 및 시설물을 말한다. 집배송시설은 상품의 주문처리·수송· 보관·하역·포장·가공 등 집화 및 배송에 관한 활동과 이를 유기적으로 조정 또는 지원하는 정보처리활동 에 사용되는 기계·장치 등의 일련의 시설을 말한다.

52 공장에서 물류센터까지 연간 7,000,000개의 제품을 운송하려고 한다. 다음 세 가지 수송수 단 중 '수송 중 재고비용'이 가장 저렴한 순서대로 나열한 것은? (단, 제품당 가격은 7,000원 이며, 연간 재고유지비용은 제품가격의 20%이다.)

구 분	운임(원/개)	수송시간(일)	1회 운송량(개)
철 송	22	23	400,000
트 럭	35	11	100,000
항 공	75	2	30,000

① 철송 – 트럭 – 항공　　　　　　　② 철송 – 항공 – 트럭
③ 트럭 – 철송 – 항공　　　　　　　④ 트럭 – 항공 – 철송
⑤ 항공 – 트럭 – 철송

> 수송 중 재고비용 = 수송시간 × 재고유지비용 × 연간 운송량

- 철송 : 23 × 1,400 × 7,000,000 = 225,400,000,000원
- 트럭 : 11 × 1,400 × 7,000,000 = 107,800,000,000원
- 항공 : 2 × 1,400 × 7,000,000 = 19,600,000,000원
- 속도가 빠를수록 수송 중 재고비용이 적다. 따라서 속도의 순서는 항공, 트럭, 철송의 순이다.

53 효율적인 수·배송설계를 위한 고려요소에 해당하지 않는 것은?
① 지정된 시간 내 목적지에 정확한 배송계획
② 최대 주문단위제 등을 이용한 수·배송수요 안정화계획
③ 적절한 유통재고량 유지를 위한 다이어그램(Diagram) 배송 등 수송계획
④ 수주에서 출하까지의 작업표준화 및 효율화계획
⑤ 총물류비용 최소화 관점에서 배송센터 입지 및 배송계획

효율적인 수·배송 시스템 설계를 위해서는 가능한 최소 주문단위제, 주문평준화를 통한 수·배송수요 안정 화가 필요하다.

정답 **52** ⑤ **53** ②

54 택배 간선운송 중 허브 앤 스포크(Hub & Spoke) 시스템의 특징이 아닌 것은?

① 노선의 수가 적어 운송의 효율성이 높아진다.

② 집배센터에 배달물량이 집중되므로 충분한 상하차 여건을 갖추지 않으면 배송지연이 발생할 수 있다.

③ 모든 노선이 허브를 중심으로 구축된다.

④ 셔틀노선의 증편이 용이하여 영업소의 확대에 유리하다.

⑤ 대형의 분류능력을 갖는 허브터미널이 필요하다.

> **해설** 허브 앤 스포크 시스템은 단거리 운송인 셔틀(shuttle)노선이 원칙적으로 없다.

55 배송의 효율화 방향 중 하드웨어 대책의 특징이 아닌 것은?

① 하역장소의 정비 및 확장

② 상하차를 위한 기계준비(출발, 도착지)

③ 배송차량 및 화물적재함의 개선과 개량

④ 하역작업의 기계화 및 자동화

⑤ 배송의 계획화, 루트(Route)화, 다이어그램 수송

> **해설** ⑤ 소프트웨어 대책이다.
>
> **배송의 효율화 방향**
> ⊙ **하드웨어 대책** : 배송차량 및 화물적재함의 개선과 개량, 하역장소의 정비와 확장, 하역 작업의 기계화와 자동화 및 상하차를 위한 기기의 사용 등으로서 수·배송차량의 상하차 대기시간을 단축시키고 가급적 동시에 많은 양을 운송할 수 있는 방법들이다.
> ⊙ **소프트웨어 대책** : 배송의 계획화(루트 배송, 다이어그램 배송), 배송화물의 Lot, 배송과 출하(수화)처의 집약화, 배송의 공동화, 직접 배송을 통한 배송거리의 단축화, 소프트웨어를 효율적으로 작동시킬 수 있는 정보시스템의 이용 등이다. 효율적인 운행방법을 강구하여 운송거리를 단축하거나 더 많은 운송이 가능하도록 하는 운영적인 측면을 말한다.

56 효율적인 화물자동차 운송시스템 설계를 위한 기본요건에 관한 설명으로 옳지 않은 것은?

① 화물을 지정된 시간 내에 목적지에 배송할 수 있어야 한다.

② 운송, 배송 및 배차계획 등을 조직적으로 실시해야 한다.

③ 최저주문단위제를 폐지하여 배송주문량 및 주문횟수를 확대한다.

④ 수주에서 출하까지 작업의 표준화 및 효율화를 수행해야 한다.

⑤ 적절한 유통재고량 유지를 위한 다이어그램배송 등을 사용한 체계적인 운송계획을 수립해야 한다.

정답 **54** ④ **55** ⑤ **56** ③

> 해설 ③ 효율적인 화물자동차 운송시스템이 되기 위해서는 최저주문단위제를 실시하여 배송주문량 및 주문횟수를 줄여야 한다.

57 차량탑재용 정보기기에 관한 설명으로 옳지 않은 것은?

① 무전기는 운송기업의 통제실과 차량 간에 음성에 의한 정보를 주고받을 수 있는 통신기기이다.

② TRS는 무전기의 단점인 통화키를 잡은 사람에서만 통화할 수 있는 단점을 보완하여 다자간 통화를 할 수 있는 기능을 갖추고 있으며, 일반전화에도 통화를 할 수 있는 기능이 추가되어 운송업계에 많이 활용되고 있다.

③ PDA는 휴대폰 컴퓨터의 일종으로 손으로 쓴 정보를 입력하거나 개인 정보관리, 컴퓨터와의 정보교류 등이 가능한 휴대용 개인정보 단말기이다. 전자수첩과 같이 대인 정보관리, 일정관리가 가능한 휴대용 개인정보 단말기를 말한다.

④ 차량에 탑재되는 Navigator는 기기의 화면에 차량의 현재위치, 목적지까지의 이용가능한 도로, 도로의 교통상황, 목적지 위치 등을 알려주는 기능을 갖고 있다.

⑤ TRS에 레이저 프린터 또는 디지털 카메라를 장착하고 이를 이용하여 화물 및 운송장의 바코드를 스캐닝함으로써 화물추적정보를 생성한다.

> 해설 ⑤ PDA에 레이저 프린터 또는 디지털 카메라를 장착하고 이를 이용하여 화물 및 운송장의 바코드를 스캐닝함으로써 화물추적정보를 생성한다.

58 운송부문에서의 RFID의 활용으로 옳지 않은 것은?

① 비접촉식, 동시다중접속식, 신속하고 상세한 목적물에 대한 정보의 인식으로 인하여 추적관리업무를 효율적이고 신속·정확하게 처리할 수 있다.

② 파렛트와 단위탑재용기(ULD)에 적재상태로 화물을 일시에 Reading하여 상하차시간이 연장되고 차량회전율을 감소시킨다.

③ 입출고, 상하차작업시 잘못 취급되었을 때 신속하게 확인할 수 있어 정확도가 높아진다.

④ Tag에 해당 화물의 전 작업과정과 작업관리자 등에 관한 히스토리(History)가 기록되어 화물에 대한 문제발생시 그 책임과 원인을 정확하게 규명할 수 있다.

⑤ 각종 장비 및 설비의 이동시간과 정지시간을 관리할 수 있다.

> 해설 ② 파렛트와 단위탑재용기(ULD)에 적재상태로 화물을 일시에 Reading하여 상하차시간이 단축되고 차량회전율을 향상시킨다.

정답 **57** ⑤ **58** ②

59 배송시스템의 중요성과 거리가 먼 것은?

① 배송은 일반적으로 운송단위가 적고 중소형의 차량을 이용하여 운송하는 것이므로 운송단위당 원가가 많이 소요된다.

② 배송시스템에서는 단순한 운송서비스뿐만 아니라 재화의 검품, 인계, 입고서비스, 진열서비스, 반품의 회수, 주문의 접수, 상품대금의 수수, 친절한 응대 등 운전기사를 통하여 수행되는 다양한 업무가 동시에 제공되므로 인적 관리도 중요한 관리요소이다.

③ 최근의 공급체인 POS 시스템을 이용하여 리얼타임의 주문이 이루어지고 있으며 공급자도 Push방법보다 Pull방식으로 판매가 이루어지기 때문에, 필요한 시점에 정확히 배송이 이루어지지 않으면 결품으로 판매기회를 상실하는 등의 문제가 발생한다.

④ 배송업무는 실질적으로 운행에 소요되는 시간이 검품, 상차, 화물의 인계 및 입고 등 화물의 취급과 관련된 시간보다 더 많이 소요된다.

⑤ 도시 내 예측할 수 없는 교통상황의 변화는 배송업무를 어렵게 한다. 따라서 배송경로와 스케줄은 이러한 변화하는 교통상황들을 충분히 검토하여 시스템에 반영해야 한다.

해설 ④ 배송업무는 실질적으로 운행에 소요되는 시간보다는 검품, 상차, 화물의 인계 및 입고 등 화물의 취급과 관련된 시간이 더 많고 이 부분의 원가가 더 크다. 따라서 작업과정과 화물의 인계인수과정 등을 시스템화하고 표준화시키는 것이 절대적으로 필요하다.

60 다음은 국제택배에 관한 내용이다. (   )에 들어갈 내용을 순서대로 나열한 것은?

• 「항공사업법」상 (   )이란 타인의 수요에 맞추어 유상으로 「우편법」 제1조의2 제7호 단서에 해당하는 수출입 등에 관한 서류와 그에 딸린 견본품을 항공기를 이용하여 송달하는 사업을 말한다.
• 관세법령상 과세가격이 미화 (   )달러 이하인 물품으로서 견품으로 사용될 것으로 인정되는 물품은 관세가 면제된다.

① 상업서류송달업, 200
② 상업서류송달업, 250
③ 상업서류송달업, 300
④ 국제특송업, 250
⑤ 국제특송업, 300

해설 • 항공사업법 제2조 제28호 "상업서류송달업"이란 타인의 수요에 맞추어 유상으로 「우편법」 제1조의2 제7호 단서에 해당하는 수출입 등에 관한 서류와 그에 딸린 견본품을 항공기를 이용하여 송달하는 사업을 말한다.

- **관세법 제94조**(소액물품 등의 면세) 다음 각 호의 어느 하나에 해당하는 물품이 수입될 때에는 그 관세를 면제할 수 있다.
  1. 우리나라의 거주자에게 수여된 훈장·기장(紀章) 또는 이에 준하는 표창장 및 상패
  2. 기록문서 또는 그 밖의 서류
  3. 상업용견본품 또는 광고용품으로서 기획재정부령으로 정하는 물품
  4. 우리나라 거주자가 받는 소액물품으로서 기획재정부령으로 정하는 물품
- **관세법 시행규칙 제45조**(관세가 면제되는 소액물품) ① 법 제94조 제3호의 규정에 의하여 관세가 면제되는 물품은 다음 각 호와 같다.
  1. 물품이 천공 또는 절단되었거나 통상적인 조건으로 판매할 수 없는 상태로 처리되어 견품으로 사용될 것으로 인정되는 물품
  2. 판매 또는 임대를 위한 물품의 상품목록·가격표 및 교역안내서 등
  3. 과세가격이 미화 250달러 이하인 물품으로서 견본품으로 사용될 것으로 인정되는 물품
  4. 물품의 형상·성질 및 성능으로 보아 견본품으로 사용될 것으로 인정되는 물품
  ② 법 제94조 제4호의 규정에 의하여 관세가 면제되는 물품은 다음 각 호와 같다.
  1. 물품가격이 미화 150달러 이하의 물품으로서 자가사용 물품으로 인정되는 것. 다만, 반복 또는 분할하여 수입되는 물품으로서 관세청장이 정하는 기준에 해당하는 것을 제외한다.
  2. 박람회 기타 이에 준하는 행사에 참가하는 자가 행사장안에서 관람자에게 무상으로 제공하기 위하여 수입하는 물품(전시할 기계의 성능을 보여주기 위한 원료를 포함한다). 다만, 관람자 1인당 제공량의 정상도착가격이 미화 5달러 상당액 이하의 것으로서 세관장이 타당하다고 인정하는 것에 한한다.

61 택배표준약관(공정거래위원회 표준약관 제10026호)의 내용에 관한 설명으로 옳지 않은 것은?

① 운송물이 포장당 50만원을 초과하거나 운송상 특별한 주의를 요하는 것일 때에는 사업자는 할증요금을 청구할 수 있다.
② 사업자는 운송물 1포장의 가액이 300만원을 초과하는 경우 운송물의 수탁을 거절할 수 있다.
③ 고객이 운송장에 운송물의 가액을 기재하지 않은 경우 사업자의 손해배상한도액은 50만원으로 하되, 운송물의 가액에 따라 할증요금을 지급하는 경우의 손해배상한도액은 각 운송가액 구간별 운송물의 최고가액으로 한다.
④ 운송물의 일부 멸실 또는 훼손에 대한 사업자의 손해배상책임은 수하인이 운송물을 수령한 날로부터 21일 이내에 그 일부 멸실 또는 훼손에 대한 사실을 사업자에게 통지를 발송하지 아니하면 소멸한다.
⑤ 운송장에 인도예정일의 기재가 없는 도서 및 산간벽지의 경우 운송장에 기재된 운송물 수탁일로부터 3일 이내에 운송물을 인도한다.

[해설] 운송물의 일부 멸실 또는 훼손에 대한 사업자의 손해배상책임은 수하인이 운송물을 수령한 날로부터 14일 이내에 그 일부 멸실 또는 훼손에 대한 사실을 사업자에게 통지를 발송하지 아니하면 소멸한다.

62 택배표준약관(공정거래위원회 표준약관 제10026호)상 운임의 청구와 유치권에 관한 설명으로 옳지 않은 것은?

① 수화인이 운임을 지급하지 않는 때에는 사업자는 운송물을 유치할 수 있다.

② 운송물이 포장당 50만원을 초과하거나 운송상 특별한 주의를 요하는 것일 때에는 사업자는 따로 할증요금을 청구할 수 있다.

③ 고객의 사유로 운송물을 돌려보내는 경우, 사업자는 따로 추가요금을 청구할 수 있다.

④ 운임 및 할증요금은 미리 약관의 별표로 제시하고 운송장에 기재한다.

⑤ 사업자는 고객과의 합의가 있더라도 운송물을 인도할 때 수화인에게 운임을 청구하는 것은 불가능하다.

> [해설] ⑤ 사업자는 운송물을 수탁할 때 고객에게 운임을 청구할 수 있다. 다만, 고객과의 합의에 따라 운송물을 인도할 때 수화인에게 청구할 수도 있다(택배표준약관 제6조 제1항).

63 택배표준약관(공정거래위원회 표준약관 제10026호)의 포장에 관한 설명으로 옳은 것을 모두 고른 것은?

> ㄱ. 고객(송화인)은 운송물을 성질, 중량, 용량에 따라 운송에 적합하도록 포장하여야 한다.
> ㄴ. 사업자가 운반하는 도중에 운송물의 포장이 훼손되어 재포장하는 경우, 운송물을 인도한 후 고객(송화인)에게 그 사실을 알려야 한다.
> ㄷ. 사업자는 운송물의 포장이 운송에 적합하지 아니한 때, 고객(송화인)의 승낙을 얻어 운송 중 발생될 수 있는 충격량을 고려하여 포장을 하여야 한다.
> ㄹ. 사업자는 운송물을 수탁한 후 포장의 외부에 운송물의 종류와 수량, 인도예정일(시), 운송상의 특별한 주의사항을 표시한다.
> ㅁ. 사업자는 운송물의 포장이 운송에 적합하지 아니한 때, 고객(송화인)의 승낙을 얻어 포장을 한 경우에 발생하는 추가 포장비용은 사업자가 부담한다.

① ㄱ, ㄴ   ② ㄱ, ㄷ, ㄹ

③ ㄴ, ㄷ, ㄹ   ④ ㄴ, ㄹ, ㅁ

⑤ ㄱ, ㄷ, ㄹ, ㅁ

> [해설] ㄴ. 사업자가 운송물을 운반하는 도중 운송물의 포장이 훼손되어 재포장을 한 경우에는 지체 없이 고객(송화인)에게 그 사실을 알려야 합니다(제9조 제4항).
> ㅁ. 사업자는 운송물의 포장이 운송에 적합하지 아니한 때에는 고객(송화인)에게 필요한 포장을 하도록 청구하거나, 고객(송화인)의 승낙을 얻어 운송 중 발생될 수 있는 충격량을 고려하여 포장을 하여야 합니다. 다만, 이 과정에서 추가적인 포장비용이 발생할 경우에는 사업자는 고객(송화인)에게 추가요금을 청구할 수 있습니다(제9조 제2항).

정답 62 ⑤ 63 ②

64 다음과 같은 상황이 발생했을 때 택배표준약관(공정거래위원회 표준약관 제10026호)에 근거한 보상내용으로 옳은 것은?

> • 홍길동은 설 명절에 해외 출장 때문에 고향에 가지 못하게 되었다.
> • 평소 등산을 좋아하는 부모님을 위해서 설 명절 선물로 등산화 2켤레(110만원)를 구입하고 등산화 속에 60만원(10만원 × 6장)의 A백화점 상품권을 넣었다.
> • B 택배 회사에 택배의뢰시 운송물(등산화, 상품권) 금액에 대해서는 별도로 알리지 않고 등산화만 송장에 표기를 하고 부모님께 택배를 보냈다.
> • 그 다음날 택배회사로부터 해당 택배물품을 운송 중에 잃어버렸다는 통보를 받았다.

① 등산화 가격 110만원을 보상받는다.
② 등산화 가격 110만원과 A 백화점 상품권 60만원을 모두 보상받는다.
③ 등산화 가격 110만원과 A 백화점 상품권 60만원의 각각 50%까지 보상받는다.
④ A 백화점 상품권 60만원 중 40만원까지 보상받는다.
⑤ 등산화 가격 110만원 중 50만원까지 보상받는다.

해설 • **손해배상(택배표준약관 제22조 제3항)** : 고객이 운송장에 운송물의 가액을 기재하지 않은 경우에는 사업자의 손해배상은 다음 각 호에 의한다. 이 경우 손해배상한도액은 50만원으로 하되, 운송물의 가액에 따라 할증요금을 지급하는 경우의 손해배상한도액은 각 운송가액 구간별 운송물의 최고가액으로 한다(택배표준약관 제22조 제3항).
1. **전부 멸실된 때** : 인도예정일의 인도예정장소에서의 운송물 가액을 기준으로 산정한 손해액
2. **일부 멸실된 때** : 인도일의 인도장소에서의 운송물 가액을 기준으로 산정한 손해액
3. **훼손된 때**
   가. **수선이 가능한 경우** : 수선해 줌
   나. **수선이 불가능한 경우** : 제2호에 준함
4. **연착되고 일부 멸실 및 훼손되지 않은 때** : 제2항 제3호를 준용함
5. **연착되고 일부 멸실 또는 훼손된 때** : 제2호 또는 제3호에 준하되, '인도일'을 '인도예정일'로 함

65 택배표준약관(공정거래위원회 표준약관 제10026호)의 운송물 사고와 사업자책임에 관한 내용으로 옳은 것은?

① 사업자는 운송 중에 발생한 운송물의 멸실, 훼손 또는 연착에 대하여 고객(송화인)의 청구가 있으면 그 발생일로부터 6개월에 한하여 사고증명서를 발행한다.

② 사업자는 운송장에 운송물의 인도예정일의 기재가 없는 경우, 도서·산간지역은 운송물의 수탁일로부터 5일에 해당하는 날까지 인도한다.

③ 운송물의 일부 멸실 또는 훼손에 대한 사업자의 손해배상책임은 고객(수화인)이 운송물을 수령한 날로부터 10일 이내에 그 사실을 사업자에게 통지를 발송하지 아니하면 소멸한다.

④ 운송물의 일부 멸실, 훼손 또는 연착에 대한 사업자의 손해배상책임은 고객(수화인)이 운송물을 수령한 날로부터 6개월이 경과하면 소멸한다.

⑤ 사업자가 운송물의 일부 멸실 또는 훼손의 사실을 알면서 이를 숨기고 운송물을 인도한 경우, 사업자의 손해배상책임은 고객(수화인)이 운송물을 수령한 날로부터 5년간 존속한다.

해설 ① 사업자는 운송 중에 발생한 운송물의 멸실, 훼손 또는 연착에 대하여 고객(송화인)의 청구가 있으면 그 발생한 날로부터 1년에 한하여 사고증명서를 발행합니다(제19조).

② 사업자는 다음 각 호의 인도예정일까지 운송물을 인도합니다(제14조 제1항).
  1. 운송장에 인도예정일의 기재가 있는 경우에는 그 기재된 날
  2. 운송장에 인도예정일의 기재가 없는 경우에는 운송장에 기재된 운송물의 수탁일로부터 인도예정 장소에 따라 다음 일수에 해당하는 날
    가. 일반 지역 : 수탁일로부터 2일
    나. 도서, 산간벽지 : 수탁일로부터 3일

③ 운송물의 일부 멸실 또는 훼손에 대한 사업자의 손해배상책임은 고객(수하인)이 운송물을 수령한 날로부터 14일 이내에 그 일부 멸실 또는 훼손에 대한 사실을 고객(송화인)이 사업자에게 통지를 발송하지 아니하면 소멸합니다(제25조 제1항).

④ 운송물의 일부 멸실, 훼손 또는 연착에 대한 사업자의 손해배상책임은 고객(수하인)이 운송물을 수령한 날로부터 1년이 경과하면 소멸합니다. 다만, 운송물이 전부 멸실된 경우에는 그 인도예정일로부터 기산합니다(제25조 제2항).

정답 **65** ⑤

CHAPTER 05

수 · 배송합리화의 이해

01 수송수요 · 공급모형

1 수송수요모형

(1) 자료의 형태에 따른 모형

① 집계모형(Aggregate Model)
   ㉠ 국가단위, 도·시·군·구·동 등 일정구역의 운송수요를 예측할 경우에 주로 사용되는 모형이다. 해당 공간의 집단화된 자료(Aggregate Data)를 바탕으로 모형을 설정하고 결과를 추정한다.
   ㉡ 수요예측 4단계 추정법
      ⓐ 화물발생 예측
      ⓑ 화물분배 예측
      ⓒ 수송수단분담 예측
      ⓓ 노선배정
② 비집계모형(Disaggregate Model)
   개별화주를 관측단위로 삼아 화주의 형태를 바탕으로 수송수단의 선택에 대한 화주들의 의사결정을 세부적으로 분석하는 기법이며, 그 종류에는 프로핏모형과 로짓모형 등이 있고 대표적인 것은 로짓모형이다.

◀ 자료의 형태에 따른 모형의 분류 ▶

자료의 형태	수요예측의 대상	세부모형의 종류
집계자료	화물발생	회귀모형
	화물분배	중력모형, 선형계획법
	수송수단 분배	회귀모형, 선형로짓모형
	노선배정	네트워크 균형모형
비집계자료	수송수단 선택	로짓모형, 프로핏모형

집계모형과 비집계모형의 차이점
가장 큰 차이점은 집계모형이 보편적인 경우 국가나 도 · 시 · 군 등 일정구역을 대상으로 삼는
데 비해, 비집계모형은 보다 좁은 지역 내의 개별화주들을 대상으로 수송에 관련된 의사결정
을 파악한다는 점이다.

(2) 수송수요의 분석모형

① 화물발생

ㄱ 표본조사로부터 모집단의 특성을 나타낼 수 있는 전수화 계수를 적용하여 분석대상 연도의
지역별 · 품목별 발생량 및 도착량과 사회 · 경제적 변수와의 관계를 통하여 장래 화물의 발
생량과 도착량을 추정한다.

ㄴ 장래 화물의 발생량과 도착량을 산정할 경우 회귀분석법, 원단위법, 카테고리 분석법, 성장
률법 등의 적용이 가능하다.

ⓐ 회귀분석법(Regression Model) : 화물발생량 및 도착량과 해당 지역의 사회 · 경제적
변수와의 상관관계를 회귀분석법을 이용하여 회귀식을 구하고, 이 모형식을 통하여 해
당 지역의 장래 발생량과 도착량을 추정하는 방법이다.

ⓑ 원단위법(Trip Rate Method) : 화물발생량(도착량)과 품목별 출하액(입하액) 간의 상관
관계로서 통행발생(유인)에 관한 원단위를 계산한 후, 품목별 매출액과 지역별 인구 등
의 단위지표를 이용하여 연간 화물수송구조를 추정한다.

ⓒ 카테고리 분석법(Category Method) : 조사대상을 일정변수(화물통행 수요 및 공급변
수)의 특성 및 규모를 기준으로 몇 개의 그룹으로 분류한 후 각 그룹별 통행발생 원단위
를 추정하여 평균적인 화물통행 발생량과 도착량을 산출한다.

ⓓ 성장률법(Growth Rate Method) : "존(Zone)별 화물통행 발생량과 도착량은 화물통행 수
요 및 공급변수의 증감에 따라 정비례하여 변화한다."라는 가정에 토대를 두는 모형이다.

◀ 화물발생 및 도착모형 ▶

구 분	모형의 구조
회귀분석법	측정자료를 이용하여 추정된 회귀방정식 (화물통행 발생량 / 도착량) = f(화물통행 수요 / 공급변수)
원단위법	(목표연도에 대한 화물통행 수요 / 공급변수의 추정량) × (추정 또는 추정된 화물통행 발생 / 유인 원단위)
카테고리 분석법	Σ(목표연도에 대한 그룹별 화물통행 수요 / 공급변수의 추정량) × (측정 또는 추정된 그룹별 화물통행 발생 / 유인 원단위)
성장률법	(기준연도의 화물통행 발생량) × (목표연도에 대한 성장률)

② 화물분포

   ㉠ 화물분포단계는 화물발생단계에서 산정된 화물발생량과 도착량을 이용하여 기종점 물동량 (물동량 O/D)을 추정하는 과정이다.

   ㉡ 화물분포모형에는 중력모형, 성장인자법, 엔트로피 극대화모형 등이 있다.

      ⓐ **중력모형**(Gravity Model) : 기종점 물동량은 발생 및 도착지역의 경제활동 패턴의 잠재력에 비례하며, 거리에 따른 통행시간 및 통행비용에 반비례한다는 경험에 토대를 두는 모형이다. 중력모형에는 무제약모형, 단일제약모형, 이중제약모형 등이 있다.

      ⓑ **성장인자법**(Growth Factor Method) : 기준연도의 존(Zone) 간 물동량 배분 패턴이 장래에도 그대로 일정하게 유지된다는 가정 하에 존 간의 장래 물동량을 예측하는 방법이다. 적용방법에 따라 무제약 성장인자법, 단일제약 성장인자법, 이중제약 성장인자법 등으로 구분한다.

      ⓒ **엔트로피 극대화모형**(Entropy Maximization Model) : 존 간 물동량의 공간적 분산 정도를 엔트로피로 정의하고 주어진 제약조건을 만족시키며 엔트로피를 극대화하는 화물 배분모형이다. 총통행비용에 대한 제약조건, 화물발생량 또는 도착량 제약조건을 갖는 비선형 최적화모형(Non-linear Optimization Model)으로 목적함수의 유형과 제약조건의 선정에 따라 다양한 형태의 수요분석모형을 도출해 낼 수 있는 모형이다.

◀ 화물분포모형의 분류 ▶

모 형	모형의 특성
중력모형	• 물리학의 중력이론을 이론적 근거로 함. • 존별 통행발생 및 도착량을 만족시키며 통행비용을 최소화하는 통행분포모형 • 통행저항계수에 따라 배분되는 통행량의 분포가 변함.
성장인자법	• 존 간의 통행비용 미고려 • 존별 통행발생 및 도착량의 추정성장률을 적용하는 방법 • 휴리스틱(Heuristic) 기반모형으로 모형구조가 비교적 단순 • 기준연도의 O/D표를 근거로 하여 추정하므로 부정확함.
엔트로피 극대화모형	• 중력모형의 일반형태로 변환된 모형 • 존별 통행발생량 또는 도착량을 만족시키며 엔트로피를 극대화하는 통행분포모형

③ 수단분담

   ㉠ 수단분담단계는 전수화된 물동량 조사자료(화물발착사업소 조사 중심)를 바탕으로 각 운송수단별 분담을 예측하는 과정이다.

   ㉡ 수단분담모형에는 통행교차모형, 통행단모형이 대표적이며 그 외 통합모형 등이 있다.

   ㉢ 수단분담과정에서는 계산이 용이한 로짓모형(Logit Model)을 이용하여 수단분담률을 추정한다.

ⓐ **통행교차모형**(Trip-interchange Model) : 조사된 물동량 O/D에 의해 교통량을 수단과 교통망에 따라 시간, 비용 등을 고려하여 효율적으로 배분하는 모형이다. 통행교차모형에는 전환곡선법(Diversion Curve Method), 로짓모형(Logit Model), 프로빗모형(Probit Model) 등이 있다.

- **로짓모형** : 개인의 효율극대화에 대한 확률이론을 이용한 모형으로 단기적 정책효과의 예측시 우수하고 분석비용이 저렴하며 타 지역에 전용이 가능한 것이 장점이다.

ⓑ **통행단모형**(Trip-end Model) : 통행교차모형과는 달리 통행분포과정을 수행하기 전에 존별 통행발생 및 도착량을 수단별로 배분하는 모형이다. 즉, 통행교차모형과는 달리 존 간 교통체계의 공급특성보다는 존별 사회·경제적 특성에 보다 더 큰 비중을 두고 있는 모형이다.

④ **통행배정**

㉠ 통행배정과정은 예측된 화물교통량을 여객교통량과 함께 구축되어 있는 교통망에 배정하여 각각 통행망의 교통량을 추정하는 과정이다.

㉡ 화물기반모형을 이용하여 수요분석을 할 경우에는 물동량자료를 통행자료로 전환시켜 향후 교통네트워크를 이용하여 통행량을 예측하며, 이 단계에서는 차량적재모형을 이용한다. 차량적재모형(Vehicle Loading Model)은 화물차량 전환계수(화물차량 톤급별 적재톤수)를 적용하여 물동량자료를 화물자동차 통행량자료로 전환한다.

㉢ 통행배정모형은 교통시설의 용량에 대한 제약 유무에 따라 용량비제약모형과 용량제약모형으로 구분하고, 경로선택의 확률적 요소에 대한 유무에 따라 확률적 모형(Stochastic Model)과 결정적 모형(Deterministic Model)으로 구분한다.

◀ 화물통행배정모형의 분류 ▶

구 분	경험적 모형	수학적 모형
용량비제약모형	• 전량배정법	• Dial 모형
용량제약모형	• 반복배정법 • 분할배정법 • 수형망단위 분할배정법	• 교통망 평행배정모형

2 수송공급모형

다수의 공급지와 다수의 수요지 간에 동일화물이 동일한 단위수송비용으로 수송된다는 가정 하에, 각 공급지의 공급 가능량과 각 수요지의 수요량 등 조건들을 고려한 후 수송비용과 수송시간, 수송거리가 최소화되는 방향으로 각 공급지와 각 수요지 간 등 운송구간별 운송량의 효율적인 분배방법을 결정하기 위해 사용되는 모형이다.

02 배송합리화 모형

1 고정다이어그램 시스템

일정한 지역에 정기적으로 화물을 배송할 때, 과거의 통계치나 경험을 통하여 주된 배송경로와 시각을 정해 두고 적재효율이 다소 감소되더라도 고객에 대한 적시배달과 업무의 간편성을 중시하여 배송차량을 고정적으로 운영하는 시스템이다.

2 변동다이어그램 시스템

계획시점에서의 물동량, 가용차량의 수, 도로사정 등의 정보를 감안하여 컴퓨터로 가장 경제적인 배송경로를 도출해서 적재 및 운송지시를 내리는 방식을 채용하는 시스템이다. 많은 외국기업이 사용하는 기법으로 VSP, SWEEP, TSP 등이 있다.

(1) 스위프(SWEEP)법

극좌표상에서 한 지점을 선택하여 그 지점을 배송센터(P)인 기준점으로 선정한다. 본 점과 기준지점을 연결한 선을 시계 방향 혹은 반시계 방향으로 돌린다. 그 선이 휩쓸고 지나간 지점들을 하나의 경로에 하나씩 추가되는데, 그 경로에 포함된 거래선의 전체 물량이 차량의 적재용량을 초과하지 않을 때까지 계속 휩쓸고 지나간다. 만일 적재용량을 초과하게 되면 맨 마지막 추가된 거래선이 그 다음 경로를 형성하기 위한 기준지점이 된다. 이와 같은 요령으로 모든 수요 거래선이 포함될 때까지 반복한다.

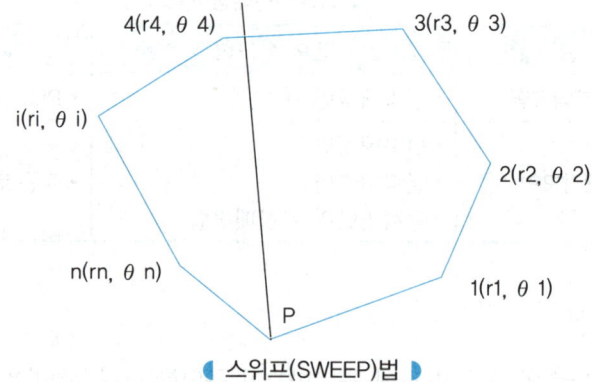

◀ 스위프(SWEEP)법 ▶

(2) VSP(Vehicle Schedule Program)기법에서의 Saving법

① 배송루트를 설계하기 위해 컴퓨터 소프트웨어로 도로 네트워크상 복수의 배송센터에서 다수의 고객에게 배송하는 데 필요한 보유차량 대수, 소요시간, 도로거리, 배송량 등 입력시 차량의

운행효율을 최대로 하는 배송루트와 필요한 차량 대수를 계산한다.

② 이는 모든 방문처를 경유해야 하는 차량수를 최소로 함과 동시에 차량의 총 수송거리를 최소화하는 기법이다. Saving(절약)기법은 먼저 개별 차량을 각 방문처로 보내고 출발지로 돌아오는 것으로 거리나 시간을 파악하고, 다음으로 거래처를 묶어서 하나의 경로로 만들어 순회배송을 하는, 즉 차량수를 줄일 경우 거리나 시간을 검토하여 어느 쪽이 절약되는지를 파악하여 배송 경로를 결정하는 것이다.

③ 수십에서 수백 개의 배송처 모두에 대해 상호간의 최단거리표를 작성하고 세이빙표를 만든 후 세이빙차의 크기 순으로 루트를 결부시켜 효율적인 배송루트를 결정한다. 계산이 간단하고 대규모 배송처일 경우 계산시간이 다른 방법보다 짧은 것이 장점이다.

④ 차량의 통행시간, 적재능력 등이 제한되는 복잡한 상황에서 차량의 노선 배정 및 일정계획 문제의 해결방안을 구하는 방법이다. 배차되는 각 트럭의 용량은 총수요보다 커야 하고, 특정 고객의 수요보다 커야 한다. 세이빙이 큰 순위로 차량 운행 경로를 편성한다. 경로 편성시 차량의 적재 용량 등의 제약을 고려해야 한다.

(3) TSP(Travelling Salesman Program)기법

① TSP기법은 차량이 지역배송을 위해 배송센터를 출발하여 되돌아오기까지 소요되는 거리 또는 시간을 최소화하기 위한 기법이다. 이 기법은 Karl Thompson(1964)이 제시한 휴리스틱 해법의 예를 통하여 쉽게 이해할 수 있다. TSP는 최단경로법을 이용하여 풀 수 있다.

② **최종 운송루트** : T ⇨ A ⇨ B ⇨ C ⇨ D ⇨ E ⇨ T, T ⇨ E ⇨ D ⇨ C ⇨ B ⇨ A ⇨ T로 되돌아 오는 경우로서 27

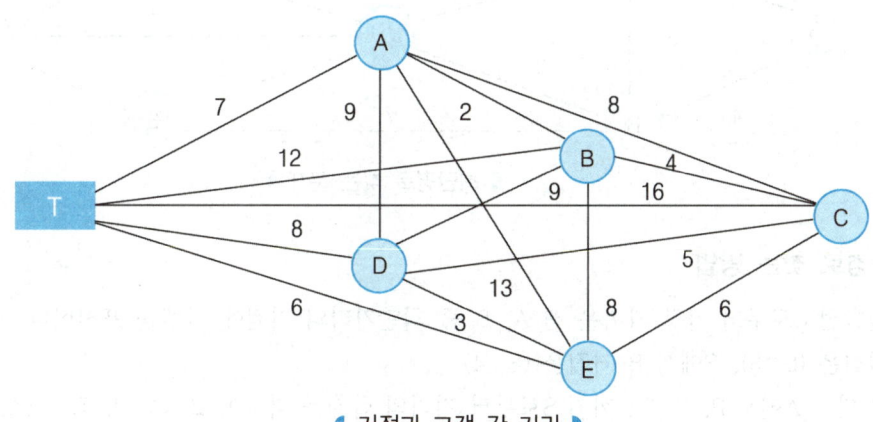

◖ 거점과 고객 간 거리 ◗

03 수·배송 네트워크모형

- 수·배송 네트워크모형은 2개 이상의 운송경로(Link)가 있고, 복수의 운송거점(Node)이 운송경로로 연결되는 운송망과 관련하여 가능한 한 각 운송구간별로 단위운송비용 또는 단위운송량을 최적으로 배분하기 위한 방법이다.
- 수·배송 네트워크모형은 크게 최단경로법, 최대운송량 계획법, 네트워크 최소화법 등으로 구분한다.

1 최단경로법(Shortest Route Problem)

(1) 최단경로법의 특성

① 운송망이 있을 때 출발점에서 도착지까지 최단거리의 경로 또는 최소비용을 도출하기 위해 사용하는 방법이다.

② 각 운송구간별로 운송거리 또는 단위운송비용 등이 제시된 운송망이 있을 때 출발지와 도착지 간 등 그 운송망 위에 있는 두 교점(Node) 사이의 최단거리 또는 최소비용을 도출한다.

③ S, A, B, C, D, E, F는 운송거점을 나타내고, 각 운송거점 간의 숫자는 거리를 나타내며, 단순한 직선거리를 의미하는 것은 아니다.

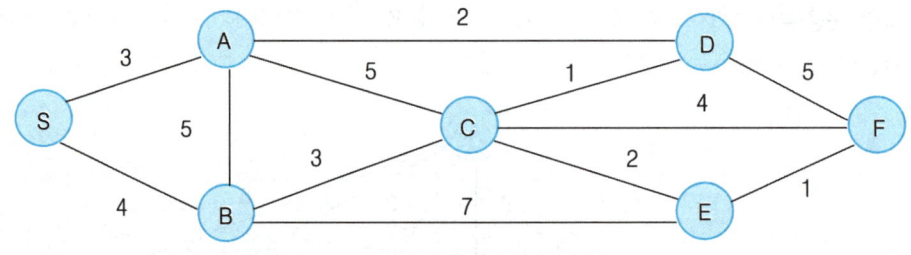

◀ 최단경로 찾는 문제 ▶

(2) 최단경로 찾는 방법

① 출발점 S로부터 가장 가까운 점 A, B 중 최단거리의 거점에 라벨을 표시한다. 즉, S에서 A 거점은 (S, 3), S에서 B 거점은 (S, 4)

② 그 다음 A에서 B, C, D점까지 S로부터 거리의 합계를 더하여 표시하면, 각각 (A, 8), (A, 8), (A, 5). 다시 B에서 A, C, E점까지 S로부터 거리의 합계를 더하여 표시하면, 각각 (B, 9), (B, 7), (B, 11). 총 6개의 거리 중 가장 최소의 거리를 찾으면 5(S ⇨ A ⇨ D)

③ 그 다음 D에서 접근가능한 C, F점까지 S로부터 거리의 합계를 더하여 표시하면, 각각 (D, 6), (D, 10)로 표시할 수 있다. 여기에서 S ⇨ A ⇨ D ⇨ C의 경로를 거쳐 최종 목적지 F까지 갈 경우 거리는 10

④ 그 다음 C점에서 접근가능한 E, F점까지 S로부터 거리의 합계를 더하여 표시하면 각각 (C, 8), (C, 10). 여기에 S ⇨ A ⇨ D ⇨ C ⇨ E의 경로를 거쳐 최종 목적지 F까지 갈 경우 거리는 9이며, 이는 S ⇨ A ⇨ D ⇨ F로 가는 거리 10보다 작으므로 S ⇨ A ⇨ D ⇨ C ⇨ E가 최단경로

⑤ 최종적으로 E에서 접근가능한 F점까지 S로부터 거리의 합계를 더하여 표시하면 (E, 9). 따라서 S에서 F까지의 최단경로는 S ⇨ A ⇨ D ⇨ C ⇨ E ⇨ F로 거리가 9

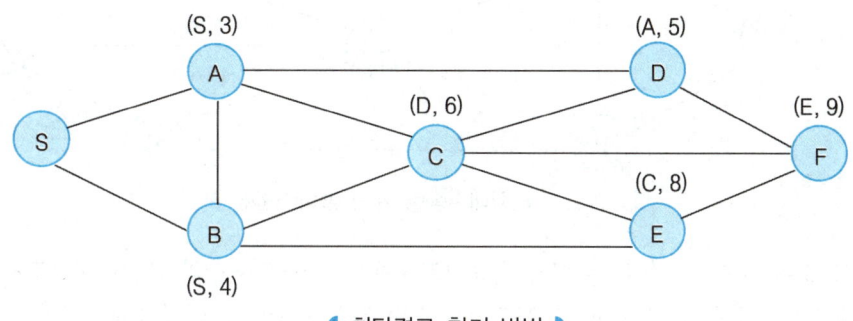

◀ 최단경로 찾기 방법 ▶

2 최대수송량 계획

(1) 최대수송량 계획법의 특성

① 구간별 운송경로마다 운송량이 정해진 운송네트워크상 한 거점(출발지)에서 다른 거점(도착지)까지 총수송량을 최대화하기 위해 필요한 경유지와 운송경로를 결정하는 방법이다.

② 출발점 S에서 목적지 F까지의 운송량을 최대로 보내려 할 때 운송량을 어떻게 배분하여 어떤 운송경로를 이용해야 하는가를 찾는 방법이다.

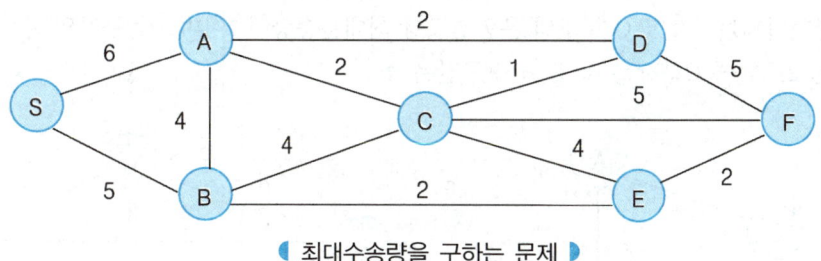

◀ 최대수송량을 구하는 문제 ▶

(2) 최대수송량 계획방법

① 출발점 S로부터 도착점 F까지 연결되는 운송경로 중 최대로 운송할 수 있는 운송량을 구하고, 보내진 운송량을 차감한다. 먼저 S ⇨ A ⇨ D ⇨ F의 운송경로상에서 A ↔ D구간의 운송량이

2로서 다른 구간의 운송량을 제한한다. 각 운송경로에서 가장 제한적인 A ↔ D구간의 운송량을 차감하여 최대운송량을 도출한다. 따라서 S ⇨ A ⇨ D ⇨ F의 운송경로상 최대운송량은 2이며, 각 구간의 운송량은 S ↔ A구간은 4, A ↔ D구간은 0, D ↔ F구간은 3

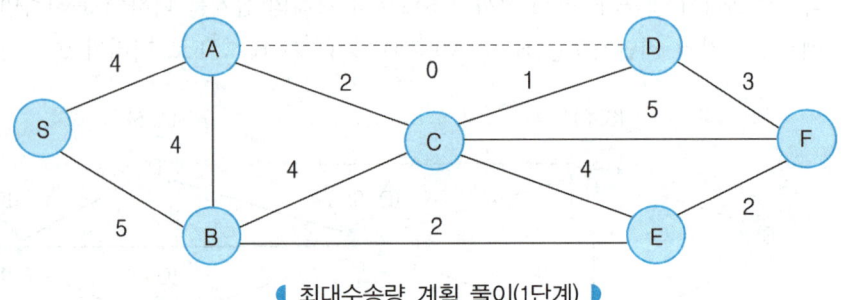

◀ 최대수송량 계획 풀이(1단계) ▶

② 다음 S ⇨ A ⇨ C ⇨ D ⇨ F의 운송경로상에서 C ↔ D구간의 운송량이 1로서 다른 구간의 운송량을 제한한다. S ⇨ A ⇨ C ⇨ D ⇨ F의 운송경로상 최대운송량은 1이며, 각 구간의 운송량은 S↔A구간은 3, A↔C구간은 1, C ↔ D구간은 0, D ↔ F구간은 2

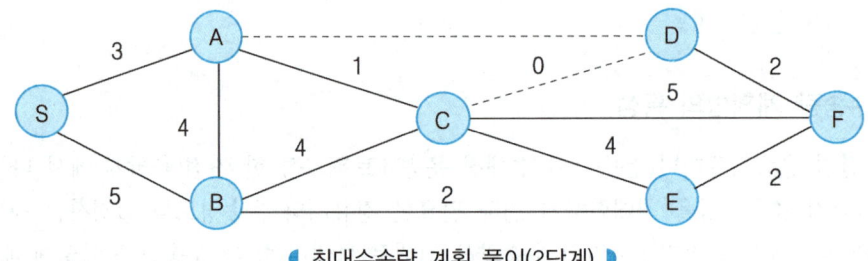

◀ 최대수송량 계획 풀이(2단계) ▶

③ S ⇨ A ⇨ C ⇨ F의 운송경로상에서는 A ↔ C구간의 운송량이 1로서 다른 구간의 운송량을 제한한다. S ⇨ A ⇨ C ⇨ F의 운송경로상 최대운송량이 1이며, 각 구간의 운송량은 S ↔ A구간은 2, A ↔ C구간은 0, C ↔ F구간은 4

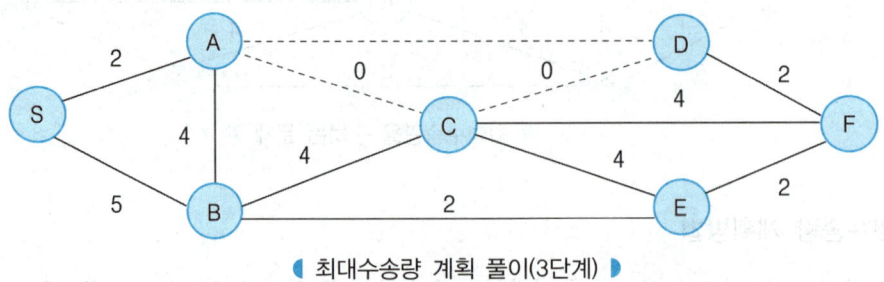

◀ 최대수송량 계획 풀이(3단계) ▶

④ S ⇨ A ⇨ B ⇨ C ⇨ F의 운송경로상에서는 S↔A구간의 운송량이 2로서 다른 구간의 운송량을 제한한다. S ⇨ A ⇨ B ⇨ C ⇨ F의 운송경로상 최대운송량이 2이며, 각 구간의 운송량은 S↔A구간은 0, A↔B구간은 2, B↔C구간은 2, C↔F구간은 2

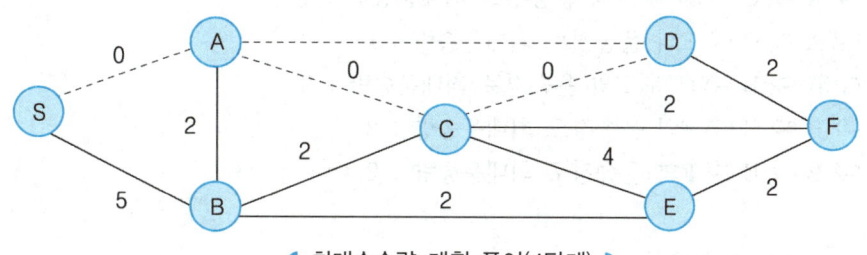

◀ 최대수송량 계획 풀이(4단계) ▶

⑤ S ⇨ B ⇨ C ⇨ F의 운송경로상에서는 B ↔ C구간의 운송량이 2로서 다른 구간의 운송량을 제한한다. S ⇨ B ⇨ C ⇨ F의 운송경로상 최대운송량이 2이며, 각 구간의 운송량은 S ↔ B구간은 3, B ↔ C구간은 0, C ↔ F구간은 0

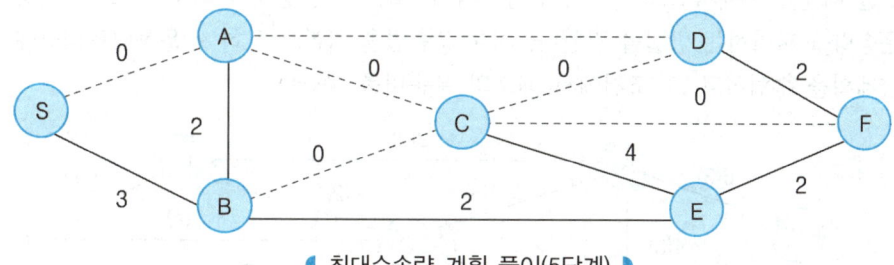

◀ 최대수송량 계획 풀이(5단계) ▶

⑥ S ⇨ B ⇨ E ⇨ F의 운송경로상에서는 B ↔ E구간의 운송량이 2로서 다른 구간의 운송량을 제한한다. S ⇨ B ⇨ E ⇨ F의 운송경로상 최대운송량이 2이며, 각 구간의 운송량은 S ↔ B구간은 1, B ↔ E구간은 0, E ↔ F구간은 0

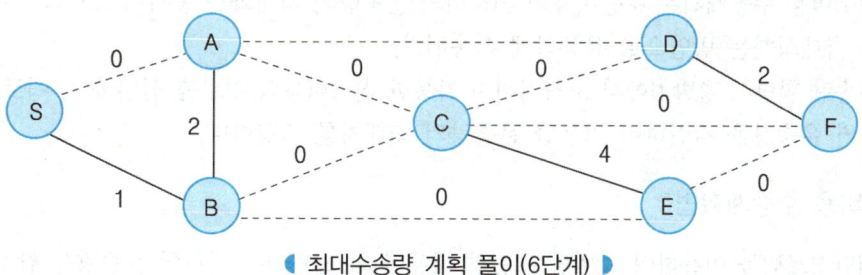

◀ 최대수송량 계획 풀이(6단계) ▶

⑦ 아직 운송할 운송로는 4개 구간(S ↔ B, A ↔ B, C ↔ E, D ↔ F)이 남아 있으나 더 이상 운송은 곤란하다. 각 6개 운송경로별 최대운송량을 각각 더하면 최대운송량은 10

S ⇨ A ⇨ D ⇨ F의 운송경로 최대운송량 : 2

S ⇨ A ⇨ C ⇨ D ⇨ F의 운송경로 최대운송량 : 1

S ⇨ A ⇨ C ⇨ F의 운송경로 최대운송량 : 1

S ⇨ A ⇨ B ⇨ C ⇨ F의 운송경로 최대운송량 : 2

S ⇨ B ⇨ C ⇨ F의 운송경로 최대운송량 : 2

S ⇨ B ⇨ E ⇨ F의 운송경로 최대운송량 : 2

3 최소비용 수송계획

(1) 최소비용 수송계획법의 특성

① 각 운송네트워크의 구간별 최대운송가능량과 단위당 운송비용 및 운송방향이 정해진 운송망이 있을 때 출발지에서 도착지까지의 임의의 두 교점 간 운송시에 최소비용으로 가능한 최대한의 운송량을 파악하는 방법을 말한다. 최대 운송법을 기본으로 하여 운송네트워크에서 최대운송량계획을 수립하고 그 조건에서 최소의 운송비를 구한다.

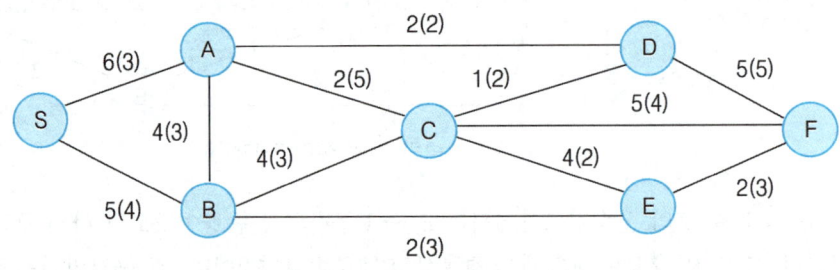

◀ 최소비용을 구하는 문제 ▶

② 최소비용 수송계획은 운송비용의 최소화와 운송량의 최대화를 동시에 도모함으로써 운송효율을 극대화하는 방안으로 유용하게 활용된다.

③ 운송량 할당시 출발지에서 도착지까지 가능한 최소비용의 경로를 선택하고, 경로상에 있는 구간별 운송량을 감안하여 가능한 운송량의 최대치를 할당한다.

(2) 최소비용 수송계획법

① 최단경로법을 이용하여 단위당 운송량 비용이 최소가 되는 경로의 운송량을 감소시키는 방식으로 최소비용 수송계획을 수립한다. 단위운송량 비용이 최소가 되는 경로는 S ⇨ A ⇨ D ⇨ F의 운송경로이며, 이 운송경로를 이용하는 운송량은 2. 따라서 S ⇨ A ⇨ D ⇨ F 운송경로의 비용은 10

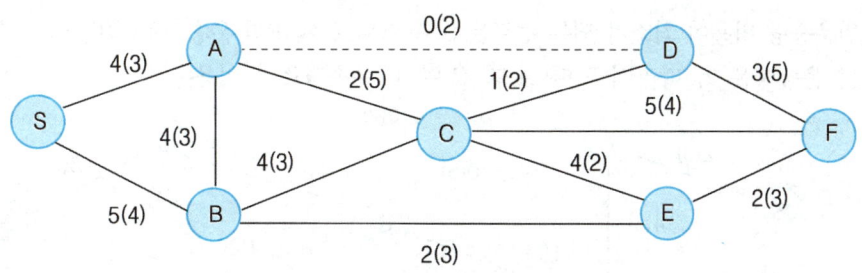

◀ 최소비용 운송량을 구하는 문제 ▶

② 단위운송량 비용이 최소가 되는 경로는 S ⇨ B ⇨ E ⇨ F의 운송경로이며, 이 운송경로를 이용하는 운송량은 2. S ⇨ B ⇨ E ⇨ F 운송경로의 비용은 10

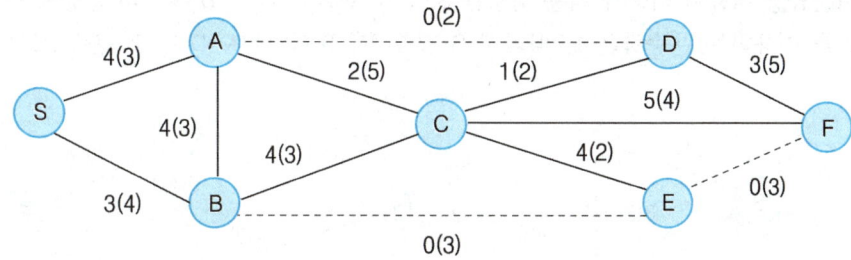

◀ 최소비용 운송량을 구하는 문제 ▶

③ 단위운송량 비용이 최소가 되는 경로는 S ⇨ B ⇨ C ⇨ F의 운송경로이며, 이 운송경로를 이용하는 운송량은 3. S ⇨ B ⇨ C ⇨ F 운송경로의 비용은 11

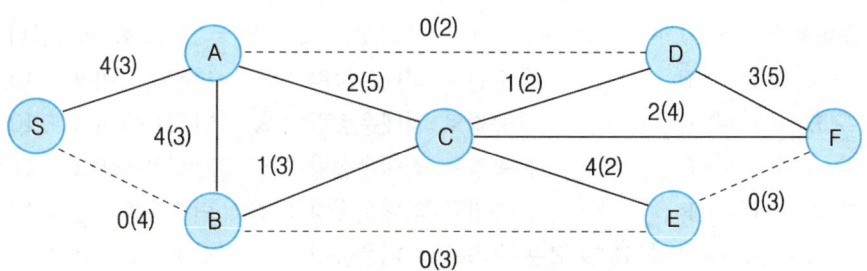

◀ 최소비용 운송량을 구하는 문제 ▶

④ 단위운송량 비용이 최소가 되는 경로는 S ⇨ A ⇨ C ⇨ F의 운송경로이며, 이 운송경로를 이용하는 운송량은 2. 따라서 S ⇨ A ⇨ C ⇨ F 운송경로의 비용은 12

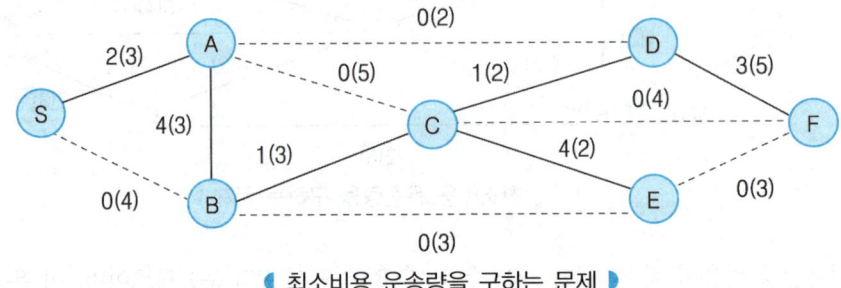

◀ 최소비용 운송량을 구하는 문제 ▶

⑤ 단위운송량 비용이 최소가 되는 경로는 S ⇨ A ⇨ B ⇨ C ⇨ D ⇨ F의 운송경로이며, 이 운송경로를 이용하는 운송량은 1. 따라서 S ⇨ A ⇨ B ⇨ C ⇨ D ⇨ F 운송경로의 비용은 16

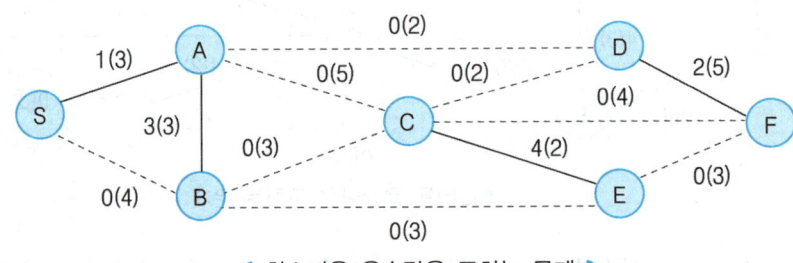

◀ 최소비용 운송량을 구하는 문제 ▶

⑥ 각 5개 운송경로별 최대운송량은 10이며, 이때의 총비용은 113

운송비용은 $2 \times 10 + 2 \times 10 + 3 \times 11 + 2 \times 12 + 1 \times 16 = 113$으로 계산한다.

S ⇨ A ⇨ D ⇨ F	운송경로 최대운송량 : 2,	단위운송비용 : 10
S ⇨ B ⇨ E ⇨ F	운송경로 최대운송량 : 2,	단위운송비용 : 10
S ⇨ B ⇨ C ⇨ F	운송경로 최대운송량 : 3,	단위운송비용 : 11
S ⇨ A ⇨ C ⇨ F	운송경로 최대운송량 : 2,	단위운송비용 : 12
S ⇨ A ⇨ B ⇨ C ⇨ D ⇨ F	운송경로 최대운송량 : 1,	단위운송비용 : 16
합계	10	113

4 Clarke－Wright법(외판원 문제)

발견적 기법(휴리스틱)의 하나로서 기본개념은 절약(Saving)에서 출발한다. dij(i거래에서 j거래처까지의 거리), dk(각 거래처의 배달요구량)로 할 때 (1)의 경우 차량 1대는 i점에서 1대는 j점에 차량을 배차하는 방법이고 (2)의 경우 차량 한 대가 i를 거쳐 j까지 모두 순회하여 운송하는 경우를 나타낸다. (2)의 경우가 (1)의 경우보다 차량의 운행거리가 짧다.

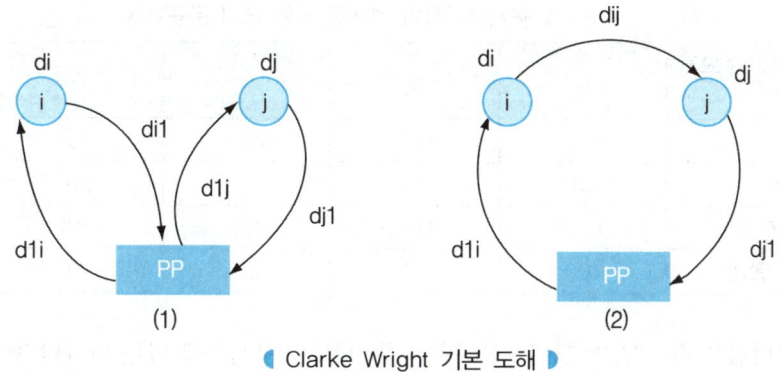

◀ Clarke Wright 기본 도해 ▶

(1)의 경우 총거리 = d1i + di1 + dlj + dj1

(2)의 경우 총거리 = d1i + dij + dj1

(1)과 (2)의 차이 Sij(절약)는 di1 + dlj − dij, 이것은 양수

04 수·배송문제 해법

1 북서코너법(North − West Corner Method)

(1) 북서코너법의 개념

① 북서코너법은 위치만을 고려하여 최초 실행가능기저해를 구하는 가장 단순한 기법이므로, 최초 실행가능기저해는 쉽게 구할 수 있으나 수송비용을 고려하지 않아 총수송비용이 많이 든다는 단점이 있다.

② 북서코너법은 운송비용을 전혀 고려하지 않고 하나의 실행가능한 해를 신속하게 구하는 방법이다.

③ 북서코너법은 운송표의 칸을 채울 때 북서쪽의 칸부터 가능한 최대의 값을 할당하는 방법이다.

(2) 북서코너법을 이용한 문제해결

다음의 초기 운송표와 같은 운송조건이 주어졌을 때 북서코너법을 이용하여 각 구간별 물동량을 할당하는 방법은 다음과 같다.

◀ 북서코너법의 적용을 위한 초기 운송표 ▶

수요지 공급지	A	B	C	D	공급 합계
X	(10)	(12)	(13)	(15)	50
Y	(13)	(10)	(7)	(9)	90
Z	(14)	(11)	(8)	(10)	160
수요 합계	100	80	50	70	300

① 북서코너법은 각 구간별 단위운송비용은 무시하고, 북서쪽에 있는 칸부터 할당량을 배정하므로 X 공급지-A 수요지 칸에 X 공급지의 최대공급량인 50을 할당한다.
② A 지역의 수요량 50(100-50)이 충족되지 않았으므로 수요량 50을 Y 공급지-A 수요지 칸에 할당한다.
③ Y 공급지의 남은 공급가능량 40(90-50)은 Y 공급지-B 수요지 칸에 할당한다.
④ B 지역의 수요량 40은 Z 공급지-B 수요지 칸에 할당한다.
⑤ Z 공급지의 남은 공급가능량 120(160-40)은 Z 공급지-C 수요지에 C 수요량인 50을 할당하고, Z 공급지-D 수요지에 D 수요량인 70을 할당한다.
⑥ 총운송비는 각 구간별 할당량과 각 구간별 단위운송비용을 곱하여 산출한다.
총운송비 : $10 \times 50 + 13 \times 50 + 10 \times 40 + 11 \times 40 + 8 \times 50 + 10 \times 70 = 3,090$원

◀ 북서코너법을 이용한 최종 운송표 ▶

수요지 공급지	A	B	C	D	공급 합계
X	(10) 50	(12) −	(13) −	(15) −	50-50=0
Y	(13) 50	(10) 40	(7)	(9)	90-50-40=0
Z	(14)	(11) 40	(8) 50	(10) 70	160-40-50-70=0
수요 합계	100=50+50	80=40+40	50-50	70-70	300

2 보겔의 추정법(VAM ; Vogel's Approximation Method)

(1) 보겔의 추정법 개념

① 보겔의 추정법은 최선의 수송경로를 선택하지 못했을 때 추가 발생되는 비용을 고려하여 손실을 최소화하며 초기해를 구하는 방법이다. 즉, VAM의 기본적 아이디어는 높은 비용을 수반하는 수송은 피하자는 것이다.

② 최소비용으로 수송하지 못했을 경우, 발생하게 되는 기회비용(Opportunity cost)을 고려하여 추가비용이 가장 큰 행, 열을 먼저 계산하게 된다.

③ 보겔의 추정법은 기회비용의 개념을 활용, 총운송비용이 최소화되도록 물동량을 할당하는 탐색적 기법이다.

④ 각 행과 각 열별로 가장 낮은 수준의 단위운송비용과 두 번째로 낮은 수준의 단위운송비용을 찾아 그 운송비용의 차이를 계산, 기회비용이 가장 크게 발생하는 곳부터 운송량을 배정해 나간다.

(2) 보겔의 추정법을 이용한 문제해결

X 공급지에 화물을 발송할 때에는 A 수요지에 발송하는 것이 운송비를 절감할 수 있어 바람직하나, 만일 A 수요지가 이미 다른 공급자로부터 화물을 받았을 경우 X 공급지에서는 차선책으로 B 수요지에 화물을 발송하는 것이 바람직하다. 따라서 단위운송비의 차이(12원－10원＝2원)만큼 추가 운송비용이 소요된다. 이러한 기회비용의 개념(가장 저렴한 운송비와 두 번째 저렴한 운송비의 차이)으로 수요지와 공급지의 물동량을 할당하는 기법이다.

◀ 보겔 추정법의 적용을 위한 초기 운송표 ▶

수요지 / 공급지	A	B	C	D	공급 합계	기회비용
X	(10)	(12)	(13)	(15)	50	2
Y	(13)	(10)	(7)	(9)	90	2
Z	(14)	(11)	(8)	(10)	160	2
수요 합계	100	80	50	70	300	
기회비용	3	1	1	1		

① 기회비용이 가장 큰 것은 A 지역이며, 그 칸에서 단위운송비용이 최소인 곳은 X 공급지－A 수요지 칸이므로 X 공급지의 공급가능량인 50을 모두 할당한다.

◀ 보겔 추정법의 적용을 위한 두 번째 운송표 ▶

수요지 / 공급지	A	B	C	D	공급 합계	기회비용
X	(10) 50	(12)	(13)	(15)	50－50＝0	
Y	(13)	(10)	(7)	(9)	90	2
Z	(14)	(11)	(8)	(10)	160	2
수요 합계	100－50＝50	80	50	70	300	
기회비용	3 ⇨ 1	1	1	1		

② 각 행과 열의 기회비용을 수정하며, 공급량 또는 수요량이 0인 행과 열은 표에서 제외한다. 위의 두 번째 표의 경우 A 지역 수요량은 50(100−50)이 되며, 기회비용 또한 공급량이 0이 된 X 수요지는 무시되므로 1(14−13)로 수정하여 위의 두 번째 표와 같은 결과를 얻는다.

③ 두 번째 표에서 기회비용은 Y, Z 공급지 모두가 동일한 2원이며, 단위운송비용이 최소인 곳은 C 수요지−Y 공급지이므로 Y 공급가능량인 90을 공급할 수 있으나 C 수요지의 수요가능량이 50에 불과하므로, C 수요지−Y 공급지에는 50만 할당한다. 그리고 나머지 40은 단위운송비용이 가장 저렴한 D 수요지−Y 공급지 칸에 할당한다. 각 칸별 기회비용을 정리하면 다음과 같은 세 번째 운송표가 작성된다.

◀ 보겔 추정법의 적용을 위한 세 번째 운송표 ▶

공급지＼수요지	A	B	C	D	공급 합계	기회비용
X	(10) 50	(12)	(13)	(15)	50−50＝0	
Y	(13)	(10)	(7) 50	(9) 40	90−90＝0	
Z	(14)	(11)	(8)	(10)	160	1
수요 합계	100−50＝50	80	50−50＝0	70−40＝30	300	
기회비용	1	1		5		

④ 세 번째 운송표에서 D 수요지의 기회비용은 다른 지역보다 높다. 따라서 D지역의 운송가능량 30을 Z 공급지−D 수요지 칸에 할당한다.

◀ 보겔 추정법의 적용을 위한 네 번째 운송표 ▶

공급지＼수요지	A	B	C	D	공급 합계	기회비용
X	(10) 50	(12)	(13)	(15)	50−50＝0	
Y	(13)	(10)	(7) 50	(9) 40	90−90＝0	
Z	(14)	(11)	(8)	(10) 30	160	3
수요 합계	100−50＝50	80	50−50＝0	70−40＝30	300	
기회비용	1	1				

⑤ Z 공급지의 공급가능량은 130(160−30)인데 A 수요지와 B 수요지의 기회비용이 동일, 수요량 만큼만 할당이 가능하므로 Z 공급지−A 수요지에 50을 할당하고, Z 공급지−B 수요지에 80을 할당하면 모든 공급량과 수요량이 0이 된다.

◀ 보겔 추정법의 적용을 위한 최종 운송표 ▶

수요지 공급지	A	B	C	D	공급 합계
X	(10) 50	(12)	(13)	(15)	50−50
Y	(13)	(10)	(7) 50	(9) 40	90−50−40
Z	(14) 50	(11) 80	(8)	(10) 30	160−30−80−50
수요 합계	100−50−50	80−80	50−50	70−40−30	300

⑥ 총운송비는 각 구간별 할당량을 각 구간별 단위운송비용을 곱하여 산출한다.

총운송비 : 10 × 50 + 14 × 50 + 11 × 80 + 7 × 50 + 9 × 40 + 10 × 30 = 3,090원

3 최소비용법(Least Cost Method)

(1) 최소비용법의 개념

① 보겔의 추정법과 유사하나 단위당 수송비용이 가장 낮은 칸에 우선적으로 할당하되, 그 행의 공급능력과 그 열의 필요량을 감안하여 가능한 한 최대의 양을 할당하는 방법이다.

② 최소비용법은 공급지로부터 수요지까지 수송비가 가장 적은 수요지부터 물량을 할당한다.

(2) 최소비용법을 이용한 문제해결

모든 칸 중 단위운송비용이 가장 낮은 칸을 찾아 그 칸이 포함된 행의 공급가능량과 열의 수요량을 감안하여 할당이 가능한 최대량을 배정한다. 또한 그 칸을 교차하는 행과 열 중 공급량이 완전 충족되었거나 수요량이 완전히 충족된 경우 해당 행 또는 열에 포함되는 칸들을 이후 고려대상에서 제외한다.

◀ 최소비용법의 적용을 위한 초기 운송표 ▶

수요지 공급지	A	B	C	D	공급 합계
X	(10)	(12)	(13)	(15)	50
Y	(13)	(10)	(7)	(9)	90
Z	(14)	(11)	(8)	(10)	160
수요 합계	100	80	50	70	300

① 단위운송비용이 가장 낮은 칸은 Y 공급지−C 수요지 칸(단위운송비용은 7원)이다. 이 칸에 할당가능량의 최대치인 50을 할당하며, Y 공급지의 공급량은 40(90−50)으로 수정한다.

◀ 최소비용법의 적용을 위한 두 번째 운송표 ▶

수요지 공급지	A	B	C	D	공급 합계
X	(10)	(12)	(13)	(15)	50
Y	(13)	(10)	(7) 50	(9)	90−50=40
Z	(14)	(11)	(8)	(10)	160
수요 합계	100	80	50−50	70	300

② 두 번째 운송표에서 단위운송비용이 가장 낮은 칸은 Y 공급지−D 수요지 칸(단위운송비용은 9 원)이다. 이 칸에 할당가능량인 40을 할당하며, D 수요지의 수요량은 30(70−40)으로 수정한다.

◀ 최소비용법의 적용을 위한 세 번째 운송표 ▶

수요지 공급지	A	B	C	D	공급 합계
X	(10)	(12)	(13)	(15)	50
Y	(13)	(10)	(7) 50	(9) 40	90−50−40
Z	(14)	(11)	(8)	(10)	160
수요 합계	100	80	50−50	70−40=30	300

③ 세 번째 운송표에서 단위운송비용이 가장 낮은 칸은 Z 공급지−D 수요지 칸(단위운송비용은 10원)과 X 공급지−A 수요지 칸(단위운송비용은 10원)이다. Z 공급지−D 수요지 칸에는 30을 할당하면 D 수요지의 수요량은 모두 충족한다. 또한 X 공급지−A 수요지 칸에는 X 공급지의 공급가능량인 50을 할당하면 A 수요지의 수요량은 50(100−50)으로 수정한다.

◀ 최소비용법의 적용을 위한 네 번째 운송표 ▶

수요지 공급지	A	B	C	D	공급 합계
X	(10) 50	(12)	(13)	(15)	50
Y	(13)	(10)	(7) 50	(9) 40	90−50−40
Z	(14)	(11)	(8)	(10) 30	160−30=130
수요 합계	100−50	80	50−50	70−40−30	300

④ 네 번째 운송표에서 단위운송비용이 가장 낮은 칸은 Z 공급지−B 수요지 칸(단위운송비용은 11원)이다. 이 칸에 B 수요지의 할당가능량의 최대치인 80을 할당하며, Z 공급지의 공급량은 50(130−80)으로 수정한다.

◀ 최소비용법의 적용을 위한 다섯 번째 운송표 ▶

공급지＼수요지	A	B	C	D	공급 합계
X	(10) 50	(12)	(13)	(15)	50
Y	(13)	(10)	(7) 50	(9) 40	90−50−40
Z	(14)	(11) 80	(8)	(10) 30	160−30−80
수요 합계	100−50	80−80	50−50	70−40−30	300

⑤ 다섯 번째 운송표에서 A 수요지의 수요량을 충족시키지 못한 물동량을 할당하면 최소비용법에 의한 최종 결과를 얻을 수 있다.

◀ 최소비용법의 적용을 위한 최종 운송표 ▶

공급지＼수요지	A	B	C	D	공급 합계
X	(10) 50	(12)	(13)	(15)	50−50
Y	(13)	(10)	(7) 50	(9) 40	90−50−40
Z	(14) 50	(11) 80	(8)	(10) 30	160−30−80−50
수요 합계	100−50−50	80−80	50−50	70−40−30	300

⑥ 총운송비는 각 구간별 할당량을 각 구간별 단위운송비용을 곱하여 산출한다.
총운송비 : $10 \times 50 + 14 \times 50 + 11 \times 80 + 7 \times 50 + 9 \times 40 + 10 \times 30 = 3,090$원

01 다음 중 수 · 배송모형과 가장 관련이 적은 것은?

① 스위프(SWEEP)기법
② 휴리스틱(Heuristic)기법
③ 선형계획법
④ 파레토(Pareto)기법
⑤ 비용 · 편익기법

> **해설** 수 · 배송모형
> • 운송문제 : 선형계획법, 비선형계획법, 동적 계획법
> • 배송문제 : 분기한계법, 휴리스틱기법

02 수송 문제를 해결하기 위하여 최소비용법(least-cost method)을 적용하고자 한다. 아래와 같은 운송조건 하에서 최소비용법을 적용할 때 첫번째 운송구간 할당 후, 두 번째로 할당되는 운송구간과 할당량을 순서대로 나열한 것은? (단, 공급지에서 수요지까지의 운송비는 각 셀의 우측 상단에 제시되어 있음.)

(단위 : 천원, 톤)

공급지＼수요지	1	2	3	공급량
A	4	3	5	20
B	7	6	9	50
C	8	5	10	30
수요량	35	20	45	100

① A-1, 20톤
② B-1, 35톤
③ B-2, 20톤
④ C-1, 30톤
⑤ C-2, 20톤

해설 최소비용법에 따른 수송할당은 공급지에서 수요지로의 운송비용이 가장 최소인 공급지 – 수요지를 먼저 선택하므로, 주어진 문제에서 공급지 A 공급량 20을 수요지 2에 할당한다. 이 경우 공급지 A의 공급량은 할당이 모두 종료되었고 수요지 2의 수요량도 할당이 종료되었으므로, 두 번째 할당은 공급지 B와 C 중에서 공급지 B의 공급량 50을 수요지 1에 35를 할당하고, 나머지 15는 수요지 3에 할당한다. 마지막으로 공급지 C의 30을 수요지 3에 할당하면 최소비용법에 의한 수송할당이 모두 이루어지게 된다.

✱ 최소비용법에 의한 수송할당

(단위 : 천원, 톤)

공급지 \ 수요지	1	2	3	공급량
A	4	3 (20)	5	20
B	7 (35)	6	9 (15)	50
C	8	5 (30)	10	30
수요량	35	20	45	100

03 다음 표와 같이 각 지점별 수요량과 공급량, 그리고 지점 간 수송비용이 주어졌을 때, 북서코너법에 의하여 공급지와 수요지 간의 수송량을 결정하려고 한다. 이 방법에 의하여 총수송비용을 산출하면 그 비용은 얼마인가? (각 셀의 비용은 톤당 수송단가이다.)

공급지 \ 수요지	서 울	부 산	대 전	공급량
인천공장	3원	5원	4원	15톤
수원공장	4원	6원	5원	10톤
대구공장	8원	7원	9원	10톤
수요량	20톤	10톤	5톤	

① 155원 ② 165원
③ 175원 ④ 185원
⑤ 195원

해설 인천 → 서울 : 15톤   수원 → 서울 : 5톤
수원 → 부산 : 5톤   대구 → 부산 : 5톤
대구 → 대전 : 5톤
∴ 총수송비용 = (3 × 15) + (4 × 5) + (6 × 5) + (7 × 5) + (9 × 5) = 175원

정답 **03** ③

04 (주)백두산에서는 도매점 A, B, C 3개 지점에 각각 청량음료 900kg, 700kg, 600kg을 공급하고자 한다. 이 제품을 각 도매점에 공급하는 데 직접 공장에서 도매점까지 직송하거나, 중간물류창고를 경유하여 타 제품과 혼재하여 운송할 경우, 직송과 혼재공급시 소요되는 비용과 운임이 아래와 같다면, 어느 방법이 얼마나 유리한가?

도매점	제품량(kg)	직접운송비 (원)	공장과 물류창고 간 수송비(원)	물류창고료(원)	공장과 도매점 간 수송비(원)
A	900	8,000/kg	4,000/kg	1,000/kg	2,000/kg
B	700	5,000/kg	2,000/kg	1,000/kg	2,000/kg
C	600	4,000/kg	1,000/kg	1,000/kg	2,000/kg

① 직송이 90만원 유리하다.   ② 직송이 50만원 유리하다.
③ 혼재운송이 50만원 유리하다.   ④ 혼재운송이 90만원 유리하다.
⑤ 직송이 100만원 유리하다.

해설
- 직접수송비 : (900 × 8,000) + (700 × 5,000) + (600 × 4,000) = 13,100,000원
- 혼재수송비 : (900 × 7,000) + (700 × 5,000) + (600 × 4,000) = 12,200,000원

05 3개의 공급지와 3개의 수요지를 지닌 수송문제를 보겔추정법을 적용하여 해결하려고 한다. 총운송비용과 공급지 B에서 수요지 Z까지 운송량은? (단, 공급지와 수요지 간 톤당 단위운송비용은 셀의 우측 상단에 표시됨)

(단위 : 천원, 톤)

공급지 \ 수요지	X	Y	Z	공급량
A	12	6	13	250
B	8	4	5	150
C	7	9	9	200
수요량	100	300	200	600

① 3,600,000원, 50톤   ② 3,700,000원, 50톤
③ 3,700,000원, 100톤   ④ 3,800,000원, 50톤
⑤ 3,800,000원, 100톤

해설 • A공급지 기회비용 : 6천원, B공급지 기회비용 : 1천원, C공급지 기회비용 : 2천원
• X수요지 기회비용 : 1천원, Y수요지 기회비용 : 2천원, Z수요지 기회비용 : 4천원
따라서 A공급지 공급량 250톤을 Y수요지에 250톤 운송. Y수요지 기회비용 5천원으로 변화
따라서 Y수요지에 먼저 공급을 하되 공급지 C보다는 공급지 B의 단위운송비용이 저렴하므로, B공급지 공급량 150톤을 Y수요지에 먼저 50톤 운송, 그리고 Z수요지에 100톤 운송한다.
그리고 C공급지 공급량 200톤을 Z수요지에 100톤, X수요지에 100톤 운송
총운송비용 = 250 × 6,000 + 50 × 4,000 + 100 × 5,000 + 100 × 7,000 + 100 × 9,000
= 3,800,000원
공급지 B에서 수요지 Z까지의 운송량 : 100톤
(괄호는 공급지와 수요지 간 톤당 단위운송비용)

	X	Y	Z	공급량	기회비용
A	(12)	(6) 250	(13)	250	6
B	(8)	(4)	(5)	150	1
C	(7)	(9)	(9)	200	2
수요량	100	300	200	600	
기회비용	1	2	4		

	X	Y	Z	공급량	기회비용
A	(12)	(6) 250	(13)	250	–
B	(8)	(4) 50	(5) 100	150	1
C	(7)	(9)	(9)	200	2
수요량	100	300	200	600	
기회비용	1	5	4		

	X	Y	Z	공급량	기회비용
A	(12)	(6) 250	(13)	250	–
B	(8)	(4) 50	(5) 100	150	–
C	(7) 100	(9)	(9) 100	200	2
수요량	100	300	200	600	
기회비용	1	–	4		

06 "차량이 지역배송을 위해 배송센터를 출발하여 되돌아오기까지 소요되는 거리 또는 시간을 최소화하기 위한 기법"은?

① 스위프(SWEEP)기법 ② 다이어그램 배송방법
③ 루트배송방법 ④ VSP(Vehicle Schedule Program)기법
⑤ TSP(Travelling Salesman Program)기법

해설 지문은 TSP기법에 대한 내용이다.

정답 **06** ⑤

07 북서코너법(north-west corner method)과 보겔추정법(Vogel's approximation method)을 적용하여 총운송비용을 구할 때 각각의 방식에 따라 산출된 총운송비용의 차이는? (단, 공급지에서 수요지까지의 톤당 운송비는 각 셀의 우측 상단에 제시되어 있음)

(단위 : 천원, 톤)

공급지＼수요지	A	B	C	공급량
X	20	7	15	100
Y	42	13	28	150
Z	4	11	17	200
수요량	120	170	160	450

① 1,190,000원 ② 1,370,000원
③ 2,560,000원 ④ 2,830,000원
⑤ 2,920,000원

해설 • 북서코너법 : $100 \times 20 + 20 \times 42 + 130 \times 13 + 40 \times 11 + 160 \times 17 = 7,690,000$
• 보겔추정법 : $150 \times 13 + 20 \times 7 + 80 \times 15 + 120 \times 4 + 80 \times 17 = 5,130,000$
• 총운송비 차이 : $7,690,000 - 5,130,000 = 2,560,000$

※ 북서코너법 공급량 배정

(단위 : 천원, 톤)

공급지＼수요지	A	B	C	공급량
X	20 100	7	15	100
Y	42 20	13 130	28	150
Z	4	11 40	17 160	200
수요량	120	170	160	450

✱ 보겔추정법 공급량 배정

(단위 : 천원, 톤)

공급지 \ 수요지	A		B		C		공급량	기회비용
X	20	20	7	80	15		100	8
Y	42		13	150	28		150	15
Z	4	120	11		17	80	200	7
수요량	120		170		160		450	
기회비용	16		4		2			

08 운송회사는 공급지 A, B, C에서 수요지 W, X, Y, Z까지 화물을 운송하려고 한다. 최소비용법에 의한 총운송비용과 공급지 B에서 수요지 X까지의 운송량은? (단, 공급지와 수요지 간 톤당 단위운송비용은 셀의 우측 상단에 표시됨)

(단위 : 천원, 톤)

공급지 \ 수요지	W	X	Y	Z	공급량
A	20	11	3	6	50
B	5	9	10	2	100
C	18	7	4	1	150
수요량	30	30	120	120	300

① 1,210,000원, 30톤
② 1,210,000원, 40톤
③ 1,210,000원, 50톤
④ 2,050,000원, 30톤
⑤ 2,050,000원, 40톤

해설 최소비용법은 공급지와 수요지 간에 톤당 단위운송비용이 적은 수요지에 화물을 우선 운송하는 것이므로, 공급지 C에서 수요지 Z에는 공급량 150톤 중에 120톤을 운송하는 등의 순으로 이루어진다.
총운송비 : 30 × 5 + 30 × 9 + 50 × 3 + 40 × 10 + 30 × 4 + 120 × 1 = 1,210,000원
공급지 B에서 수요지 X까지의 운송량은 30톤이다.

정답 **08** ①

09 다음 수·배송 네트워크 디자인기법에 관한 설명 중 잘못된 것은?

① 최적화기법과 Post-optimality Analysis를 이용해 몇 개의 대안을 찾아내고, 이에 대해 세밀한 시뮬레이션 분석을 하여 가장 좋은 대안을 찾아낼 수 있다.

② 시뮬레이션 : 수리적인 방법의 적용이 곤란하거나 불가능할 때 최후적인 수단으로 이용되는 기법이다.

③ 혼합정수법 : 수요 등에 관련된 불확실성에 대한 고려, Dynamic Analysis 등이 가능하므로 언제나 최적의 해를 제시할 수 있다.

④ 비선형계획법 : 규모의 경제효과를 고려할 수 있다.

⑤ 선형계획법 : 정해진 네트워크상에서의 적절한 배분 및 통합계획을 수립할 때 사용한다.

해설 혼합정수법은 네트워크를 디자인할 때, 각종 시설물들의 적절한 위치를 선정하기 위하여 사용하는 기법이다.

10 공급지 1, 2에서 수요지 1, 2, 3까지의 수송문제를 최소비용법으로 해결하려 한다. 수요지 1, 수요지 2, 수요지 3의 미충족 수요량에 대한 톤당 패널티(penalty)는 각각 150,000원, 200,000원, 180,000원이다. 운송비용과 패널티의 합계는? (단, 공급지와 수요지 간 톤당 단위운송비용은 셀의 우측 상단에 있음.)

(단위 : 원)

공급지 \ 수요지	수요지 1	수요지 2	수요지 3	공급량(톤)
공급지 1	25,000	30,000	27,000	150
공급지 2	35,000	23,000	32,000	120
수요량(톤)	100	130	70	

① 10,890,000원 ② 11,550,000원

③ 11,720,000원 ④ 12,210,000원

⑤ 12,630,000원

해설 ④ 최소비용법 공급지 2와 수요지 2가 최소비용으로 공급지 2의 공급량 120톤을 수요지 2에 할당

$23,000 \times 120 = 2,760,000$

수요지 2의 미충족 수요량 10톤. 패널티 $200,000 \times 10 = 2,000,000$

공급지 1의 150톤 중 100톤을 수요지 1에 100톤, 수요지 3에 50톤 각각 할당

$25,000 \times 100 = 2,500,000$, $27,000 \times 50 = 1,350,000$

수요지 3의 미충족 수요량 20톤. 패널티 $180,000 \times 20 = 3,600,000$

운송비 합계 6,610,000, 패널티 합계 5,600,000, 전체 합계 12,210,000

	수요지 1	수요지 2	수요지 3	공급량(톤)
공급지 1	100 (25,000)	(30,000)	50톤 (27,000) (20톤 부족)	150
공급지 2	(35,000)	120톤 (23,000) (10톤 부족)	(32,000)	120
수요량(톤)	100	130	70	

11 다음 네트워크 디자인기법에 관한 설명 중 잘못된 것은?

① 선형계획법 : 정해진 네트워크상에서의 적절한 배분 및 통합계획을 수립할 때 사용한다.

② 비선형계획법 : 규모의 경제효과를 고려할 수 있다.

③ 혼합정수법 : 네트워크를 디자인할 때, 각종 시설물의 적절한 위치를 선정하기 위하여 사용한다.

④ 시뮬레이션 : 수요 등에 관련된 불확실성에 대한 고려, Dynamic Analysis 등이 가능하므로 언제나 최적의 해를 제시할 수 있다.

⑤ 최적화기법과 Post-optimality Analysis를 이용해 몇 개의 대안을 찾아내고 이에 대해 세밀한 시뮬레이션 분석을 하여 가장 좋은 대안을 찾아낼 수 있다.

해설 시뮬레이션은 수리적인 방법의 적용이 어렵거나 불가능할 때 최후 수단으로 이용되는 기법이다.

정답 11 ④

12 8곳의 물류센터를 모두 연결하는 도로를 개설하려 한다. 필요한 도로의 최소길이는?

(단위 : km)

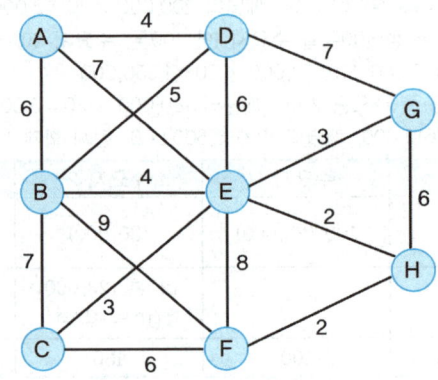

① 19km   ② 21km
③ 23km   ④ 25km
⑤ 27km

[해설] A–D–B–E–C(4 + 5 + 4 + 3), E–G(3), E–H(2), H–F(2) = 23

13 3개 공장에 3명의 자재 공급자들이 자재를 각각 공급할 수 있다. 톤당 운임과 공급량, 수요량이 다음 표와 같을 때, 최소비용법(Least Cost Method)에 의하여 수송문제의 초기해를 구하였다. 틀린 것은?

FROM \ TO		공 장			공급량(톤)
		1	2	3	
공급자	A	4원/톤	7원/톤	6원/톤	400
	B	5원/톤	6원/톤	7원/톤	500
	C	9원/톤	7원/톤	8원/톤	500
1톤차		600	500	300	1,400

① 총수송비용은 8,500원   ② 공급자 A에서 공장 1로 400톤 수송
③ 공급자 B에서 공장 1로 200톤 수송   ④ 공급자 B에서 공장 2로 300톤 수송
⑤ 공급자 C에서 공장 3으로 300톤 수송

[해설] 총수송비용 : 공급자 A에서 공장 1로 400톤, 공급자 B에서 공장 1로 200톤, 공급자 B에서 공장 2로 300톤, 공급자 C에서 공장 2로 200톤, 공급자 C에서 공장 3으로 300톤 각각 수송한다.
∴ 4원 × 400톤 + 5원 × 200톤 + 6원 × 300톤 + 7원 × 200톤 + 8원 × 300톤 = 8,200원

정답 **12** ③ **13** ①

14 유통센터에서 납품처 A, B까지의 배송시간은 각각 45분, 55분이며, 납품처 A에서 납품처 B까지의 배송시간은 25분이다. 기존의 방식은 유통센터에서 납품처 A를 갔다 온 후 다시 납품처 B까지 갔다 오는 배송방식을 사용한다. 유통센터에서 납품처 A, B를 순차적으로 경유한 후 유통센터로 돌아오는 세이빙(Saving) 기법에 의한 배송 절약 시간은?

① 3시간 20분   ② 3시간

③ 2시간 5분   ④ 1시간 15분

⑤ 55분

> **해설** • 개별 배송시간 : 90분 + 110분 = 200분
> • 순회 배송시간 : 45분 + 25분 + 55분 = 125분
> ∴ 200분 − 125분 = 75분 = 1시간 15분

15 수·배송을 위한 지역물류센터의 개수에 비례하여 고객서비스의 수준은 향상되는 반면, 안전재고·시설 및 노동력 등의 비용은 증가한다. 따라서 수·배송관리의 중요한 목적 중 하나는 양질의 고객서비스를 제공하는 최소의 지역물류센터를 운영하는 것이다. 최적의 지역물류센터의 수를 구하는 분석기법으로 가장 합당한 것은?

① 게임이론   ② 델파이법

③ 시뮬레이션   ④ 동적계획법

⑤ 대기행렬이론

> **해설** 대기행렬이론은 고객과 서비스시설과의 관계를 확률이론을 이용하여 모형화하며, 목표는 상호 상충관계인 대기비용과 서비스비용을 합한 총비용을 최소화하는 데 있다.

16 물류네트워크 분석기법이 아닌 것은?

① 지도, 자, 컴퍼스를 이용하는 기법   ② 시뮬레이션(Simulation)모형 기법

③ 최적화(Optimization)수리모형 기법   ④ 탐색적(Heuristic) 모형 기법

⑤ 파레토(Pareto) 기법

> **해설** 파레토 기법은 경제학에서 소득의 불균형 정도를 분석하는 방법이다.

17 서울에서 부산까지 화물운송을 위한 최대 운송가능량 및 운송비가 아래와 같이 주어질 경우, 최소비용운송계획법(Least Cost Flow Problem)에 따른 서울에서 부산까지의 최소 총 운송비용은? (단, 각 경로에 표시된 숫자는 구간별 최대 운송가능량, (　　)는 해당 경로의 단위당 운송비임)

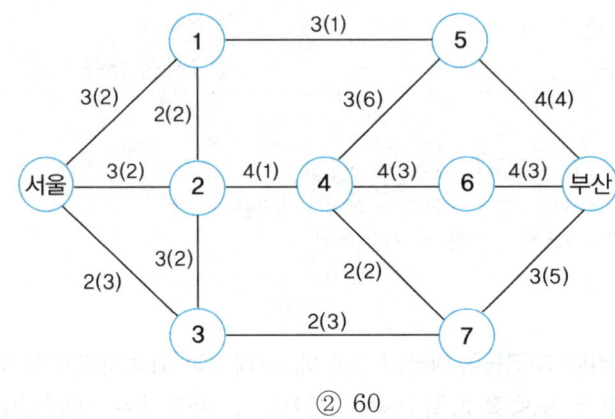

① 50
② 60
③ 70
④ 80
⑤ 90

해설 최소비용운송계획법에 의한 총운송비용 산출을 위해서는 (　) 안의 단위당 운송비가 가장 적은 경로를 먼저 확인해야 한다.

- 여기서는 서울 – 1 – 5 – 부산 경로의 구간별 단위당 운송비 합계가 7로 가장 적다.
  이 경로의 최대운송량 3이므로 운송비용은 3 × 7 = 21이 된다.
- 다음으로 단위당 운송비 합계가 적은 경로는 서울 – 2 – 4 – 6 – 부산이며 운송비는 9이다.
  이 경로의 최대운송량은 3이므로 운송비용은 3 × 9 = 27이 된다.
- 남아 있는 경로는 서울 – 3 – 7 – 부산이며 운송비는 11이다.
  이 경로의 최대운송량은 2이므로 운송비용은 2 × 11 = 22. 이상 3개 경로의 총 운송비용은 70이다.

18 3개 산지의 원재료 공급량이 각각 100, 110, 60이고, 4개 공장의 원재료 수요량이 각각 80, 110, 40, 40인 운송계획이 있다. 산지에서 공장까지의 운송비는 운송표 각 칸의 우측하단에 제시되어 있다. 보겔추정법(Vogel's Approximation Method)으로 초기해를 구하면 최소 총 운송비용은?

(단위 : 원, 톤)

수요지 공급지	공장 1	공장 2	공장 3	공장 4	공급량
산지 1	9	1	18	11	100
산지 2	12	8	10	19	110
산지 3	2	12	15	20	60
수요량	80	110	40	40	270 / 270

① 1,650　　　　　　② 1,670

③ 1,690　　　　　　④ 1,700

⑤ 1,730

해설 보겔추정법에 따라 기회비용을 산출하면 아래와 같이 된다. 표에서 산지 3의 기회비용이 가장 크므로 산지 3의 공급량 60톤을 운송비가 가장 낮은 공장 1에 보내고, 다음으로는 산지 1의 기회비용이 크므로 공급량 100톤을 운송비가 가장 낮은 공장 1에 보내고, 남아 있는 산지 2의 공급량 110톤 가운데 공장 2에 10톤, 공장 3에 40톤, 공장 4에 40톤, 공장 1에 20톤을 각각 보내면 총운송비용은 $(100 \times 1) + (20 \times 12) + (10 \times 8) + (40 \times 10) + (40 \times 19) + (60 \times 2) = 1,700$

수요지 공급지	공장 1	공장 2	공장 3	공장 4	공급량	기회비용
산지 1	9	100 1	18	11	100	8
산지 2	20 12	10 8	40 10	40 19	110	2
산지 3	60 2	12	15	20	60	10
수요량	80	110	40	40	270	270
기회비용	7	7	5	8		

정답 **18** ④

19 수송 수요분석에 사용하는 화물분포모형에 해당하는 것은?

① 성장인자법(Growth Factor Method)

② 회귀분석법(Regression Model)

③ 성장률법(Growth Rate Method)

④ 로짓모형(Logit Model)

⑤ 다이얼모형(Dial Model)

> **해설** ① 화물분포모형에는 성장인자법, 중력모형, 엔트로피 극대화모형 등이 있으며, 회귀분석법, 성장률법은 화물발생모형, 로짓모형은 비집계자료의 분석모형, 다이얼모형은 전자회로모형의 일종이다.

20 네트워크 문제와 관련된 설명으로 옳지 않은 것은?

① 네트워크는 공간적·지리적 위치나 시간적 상태를 나타내는 노드(node)와 이를 연결하는 링크(link) 또는 아크(arc)에 의해 표현된다.

② 최단경로문제는 비용, 거리, 시간의 관점에서 최단경로를 찾는 문제로서 외판원의 경로선택문제 등이 이에 해당한다.

③ 최소걸침나무문제는 네트워크상의 모든 마디를 가장 적은 비용 또는 짧은 시간으로 연결하는 방법을 찾는 문제이다.

④ 최대흐름문제는 네트워크상의 한 지점에서 다른 지점으로 보낼 수 있는 최대유량을 찾는 문제이다.

⑤ 네트워크문제를 해결하는 대표적인 기법은 선형계획법이다.

> **해설** 수·배송 네트워크모형은 2개 이상의 운송경로가 있고, 복수의 운송거점이 운송경로로 연결되는 운송망과 관련하여 가능한 한 각 운송구간별로 단위운송비용 또는 단위운송량을 최적으로 배분하기 위한 방법이다. 네트워크 문제를 해결하는 대표적인 기법으로 최단경로법, 최대수송량법, 최소비용법, 클라크 라이트(Clarke-Wright)법이다. 선형계획법은 정해진 네트워크상에서 적절한 배분 및 통합계획을 수립할 때 사용된다.

정답 **19** ① **20** ⑤

21 다음과 같은 수송표가 주어졌을 때 북서코너법(North-West Corner Method)으로 초기해를 구하고, 디딤돌법(Stepping Stone Method)에 의해 초기해를 개선할 여지가 있는지 검토하려고 한다. 초기해에서 수송경로 (나, 1)에 할당할 수 있는 최대할당량은? (단, 괄호는 단위당 수송비용이다.)

공급지 \ 수요지	1	2	3	공급량
가	(12)	(9)	(5)	15
나	(6)	(10)	(18)	10
다	(2)	(25)	(12)	20
수요량	15	12	18	45

① 8
② 10
③ 12
④ 15
⑤ 17

> **[해설]** 초기해를 북서코너법으로 구하면, 가의 공급량 15를 수요지 1에 할당하는 것이다. 하지만 초기해에서 수송경로 (가, 1)에 할당하는 것보다는 수송경로 (나, 1)에 할당하는 것이 수송비용이 적다. 따라서 초기해에서 디딤돌법에 의해 수송경로 (나, 1)에 할당할 수 있는 최대 할당량은 10이다. 나아가 디딤돌법에 의하면 (나, 1)보다는 (다, 1)에 할당하는 것이 수송비용이 더욱 적다. 이 경우 (다, 1)에 할당할 수 있는 최대 할당량은 15이다.

22 수송문제에서 초기해에 대한 최적해 검사기법으로 옳은 것은?

① 디딤돌법(Stepping Stone Method)
② 도해법(Graphical Method)
③ 트리라벨링법(Tree Labelling Algorithm)
④ 의사결정수모형(Decision Tree Model)
⑤ 후방귀납법(Backward Induction)

> **[해설]** ① 최소비용법을 적용하여 수송문제의 최초의 실행가능해를 구한 후에는 디딤돌법(Stepping Stone Method)을 적용하여 초기해를 개선할 여지가 있는지를 검토하여 최적해를 구한다. 디딤돌법이란 현재의 해에서 할당량이 없는 빈칸(비기본변수) 하나하나에 대해 할당량이 있는 칸에서 한 단위를 옮겨 할당할 때 기회비용이 얼마인가, 즉 총비용에 미치는 효과가 어떤지를 평가하기 위하여 현재의 할당된 칸을 디딤돌로 이용하는 방법이다. 만일 비용을 감소시킬 수 있는 빈칸이 발견될 때에는 이 칸에 할당함으로써 현재의 해를 향상시킬 수 있는 것이다.

정답 21 ② 22 ①

245

23 다음 행렬의 셀 내의 숫자는 해당 두 지점 간의 최대 운송용량(톤)을 나타낸다(예 : A–C 간의 운송로가 존재하고 최대 2톤의 운송이 가능하며, 숫자가 없는 셀은 운송로가 존재하지 않음을 의미함). 이 경우 출발지 S에서 목적지 F로 운송할 수 있는 최대 운송량은?

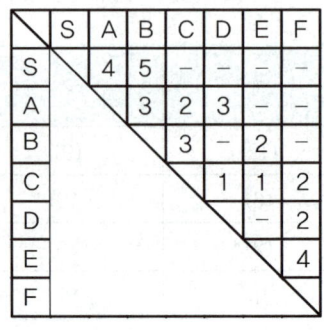

	S	A	B	C	D	E	F
S		4	5	–	–	–	–
A			3	2	3	–	–
B				3	–	2	–
C					1	1	2
D						–	2
E							4
F							

① 5   ② 6

③ 7   ④ 8

⑤ 9

해설 주어진 행렬을 운송네트워크 모형으로 전환하면 다음과 같다.

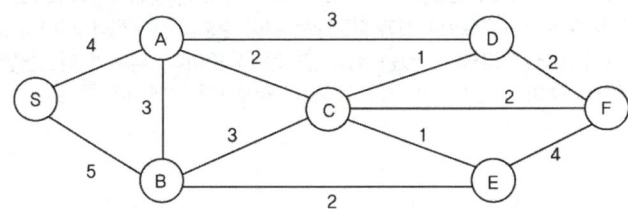

㉠ S → A → D → F(최대 4를 보낼 수 있지만 2만 받을 수 있음) : 2
㉡ S → A → C → F(최대 2를 보낼 수 있고 2까지 받을 수 있음) : 2
㉢ S → B → C → E → F(최대 5를 보낼 수 있으나 1만 받을 수 있음) : 1
㉣ S → B → E → F(최대 4를 보낼 수 있으나 2까지만 받을 수 있음) : 2
∴ 2 + 2 + 1 + 2 = 7

24 다음 네트워크에서 출발지 S로부터 도착지 F까지 최단경로의 거리는 얼마인가? (단, 경로별 숫자는 km임)

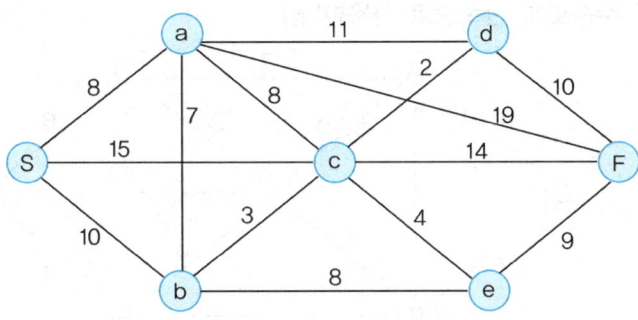

① 23km ② 24km
③ 25km ④ 26km
⑤ 27km

[해설] 최단경로 : S – b – c – d – F = 10 + 3 + 2 + 10 = 25

25 보겔의 추정법에 관한 설명으로 옳지 않은 것은?

① 보겔의 추정법은 최선의 수송경로를 선택하지 못했을 때 추가 발생되는 비용을 고려하여 손실을 최소화하며 초기해를 구하는 방법이다.
② 단위당 수송비용이 가장 낮은 칸에 우선적으로 할당하되 그 행의 공급능력과 그 열의 필요량을 감안하여 가능한 한 최대의 양을 할당하는 방법이다.
③ 최소비용으로 수송하지 못했을 경우, 발생하게 되는 기회비용(Opportunity cost)을 고려하여 추가비용이 가장 큰 행, 열을 먼저 계산하게 된다.
④ 보겔의 추정법은 기회비용의 개념을 활용, 총운송비용이 최소화되도록 물동량을 할당하는 탐색적 기법이다.
⑤ 각 행과 각 열별로 가장 낮은 수준의 단위운송비용과 두 번째로 낮은 수준의 단위운송비용을 찾아 그 운송비용의 차이를 계산, 기회비용이 가장 크게 발생하는 곳부터 운송량을 배정해 나간다.

[해설] ② 최소비용법에 관한 설명이다.

정답 24 ③ 25 ②

26 다음과 같은 수·배송 네트워크가 주어져 있을 때 출발지 S에서 목적지 F까지의 최대 수송량을 목적으로 할 때 용량이 남는 구간은? (단, 각 경로에 표시된 숫자는 경로별 수송용량을 의미하며 모든 수송로를 단독으로 사용한다.)

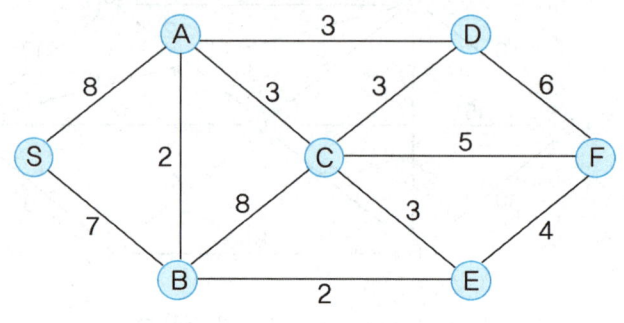

① A → B
② B → C
③ C → F
④ B → E
⑤ E → F

해설 최대수송량 해법은 일반적으로 맨 위 경로부터 선택해서 순차적으로 풀어 나간다.
S−A−D−F : 3(S−A는 5, A−D는 0, D−F는 3)
S−A−C−D−F : 3(S−A는 2, A−C는 0, C−D는 0, D−F는 0)
S−A−B−C−F : 2(S−A는 0, A−B는 0, B−C는 6, C−F는 3)
S−B−C−F : 3(S−B는 4, B−C는 3, C−F는 0)
S−B−C−E−F : 3(S−B는 1, B−C는 0, C−E는 0, E−F는 1)
S−B−E−F : 1(S−B는 0, B−E는 1, E−F는 0)
따라서 최종적으로 용량이 남는 구간은 B−E로 1이다.

27 화물차량이 물류센터를 출발하여 배송지 1, 2, 3을 무순위로 모두 경유한 후, 물류센터로 되돌아가는 데 소요되는 최소시간은?

(단위 : 분)

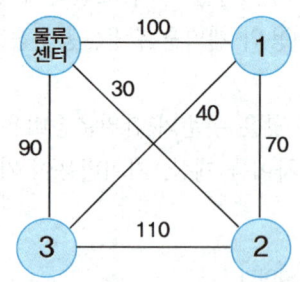

① 210분   ② 230분   ③ 240분   ④ 260분   ⑤ 280분

해설 ② 물류센터–2–1–3–물류센터(30 + 70 + 40 + 90) = 230

정답 26 ④ 27 ②

28 A공장에서 B물류창고까지 도로망을 이용하여 상품을 운송하려고 한다. 최소비용수송계획법에 의한 A공장에서 B물류창고까지의 총운송비용 및 총운송량은? (단, 링크의 첫째 숫자는 도로용량, 둘째 숫자는 톤당 단위운송비용임)

(단위 : 톤, 천원)

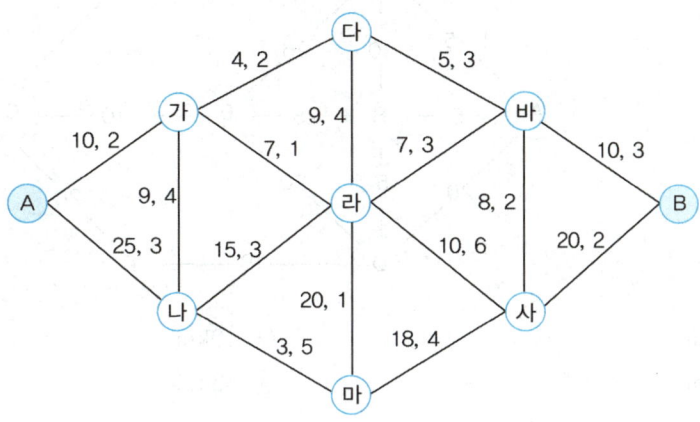

① 330,000원, 26톤
② 330,000원, 27톤
③ 330,000원, 28톤
④ 346,000원, 29톤
⑤ 346,000원, 30톤

해설
• A-가-라-바-B : 최대수송량 7, 운송비용 14+7+21+21=63
• A-가-다-바-B : 최대수송량 3, 운송비용 6+6+9+9=30
• A-나-라-마-사-B : 최대수송량 15, 운송비용 45+45+15+60+30=195
• A-나-마-사-B : 최대수송량 3, 운송비용 9+15+12+6=42
• A-나-가-다-바-사-B : 최대수송량 1, 운송비용 3+4+2+3+2+2=16
• 총운송비용 = 346,000원
• 총운송량 = 29톤

정답 **28** ④

29 다음 네트워크에서 A에서 G까지 최단거리의 경로를 선택하여 도착할 경우, 총 소요거리는 얼마나 되는가? (단, 경로(Route)별 숫자는 km임)

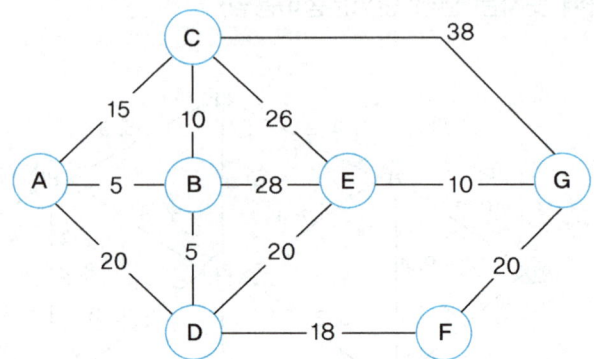

① 38km   ② 40km

③ 43km   ④ 48km

⑤ 51km

해설 최단거리의 경로(40km) : A → B → D → E → G

30 배송센터 L로부터 모든 수요지점 1~6까지의 최단 경로 네트워크를 구성하였을 때, 구성된 네트워크의 전체 거리는? (단, 각 구간별 숫자는 거리(km)를 나타냄)

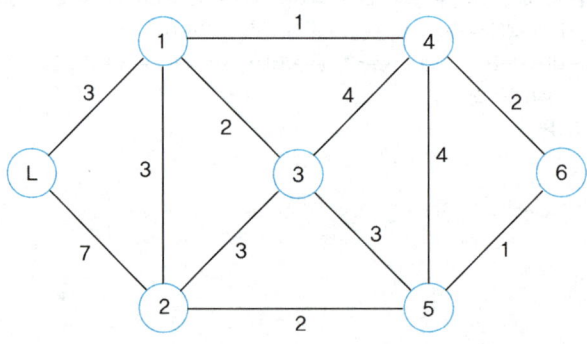

① 11km   ② 12km

③ 13km   ④ 14km

⑤ 15km

해설 L → 1 → 4 → 6 → 5 → 2 → 3 = 3 + 1 + 2 + 1 + 2 + 3 = 12

정답 **29** ② **30** ②

31 다음 그림에서 숫자는 인접한 노드 간의 용량을 의미한다. 현재 노드 간(c → d)의 용량은 7이다. 만약, 노드 간(c → d)의 용량이 7에서 2로 감소한다고 가정할 때, S에서 F까지의 최대 유량의 감소분은?

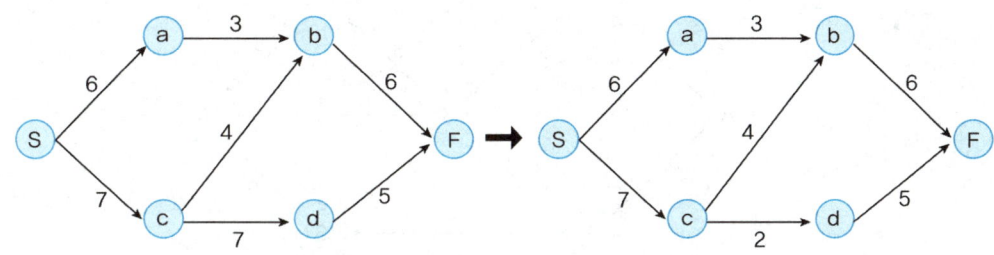

① 1   ② 2

③ 3   ④ 4

⑤ 5

해설 • 왼쪽 유량 : S – a – b – F : 3, S – c – b – F : 3, S – c – d – F : 4 = 10
• 오른쪽 유량 : S – a – b – F : 3, S – c – b – F : 3, S – c – d – F : 2 = 8

32 운송회사는 공장에서 물류창고 E, G, I까지 각각 1대씩의 화물차량을 배정하려고 한다. 최단 거리로 운송할 경우에 합산한 총운송거리는? (단, 링크의 숫자는 거리이며 단위는 km임)

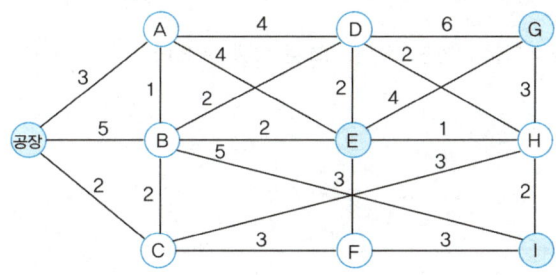

① 19km   ② 20km

③ 21km   ④ 22km

⑤ 23km

해설 공장–C–B–E : 6km
공장–C–H–G : 8km
공장–C–H–I : 7km
21km

정답 **31** ② **32** ③

251

33 A 플랜트에서 B 지점까지 파이프라인을 통하여 가스를 보내려 한다. 보낼 수 있는 최대 가스량은? (단, 각 구간별 숫자는 파이프라인의 용량을 톤으로 나타냄)

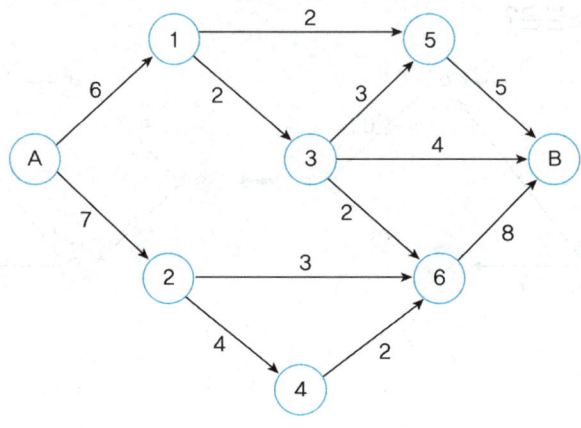

① 9톤
② 10톤
③ 11톤
④ 12톤
⑤ 13톤

[해설] A → 1 → 5 → B : 2
A → 1 → 3 → 5 → B : 2
A → 2 → 6 → B : 3
A → 2 → 4 → 6 → B : 2
2 + 2 + 3 + 2 = 9
✽ 유의사항 : 화살표 방향으로만 가스를 보낼 수 있다.

34 다음 통행배정모형 중 용량비제약모형을 모두 고른 것은?

> ㄱ. 반복배정법 　　　　　　　　 ㄴ. 분할배정법
> ㄷ. Dial 모형 　　　　　　　　　 ㄹ. 교통망 평행배정모형
> ㅁ. 전량배정법

① ㄱ, ㄴ　　　　　　　　　　② ㄱ, ㄹ
③ ㄴ, ㄷ　　　　　　　　　　④ ㄷ, ㅁ
⑤ ㄹ, ㅁ

> **해설** 화물통행배정모형의 분류
>
> | 구 분 | 경험적 모형 | 수학적 모형 |
> |---|---|---|
> | 용량비제약모형 | • 전량배정법 | • Dial 모형 |
> | 용량제약모형 | • 반복배정법
• 분할배정법
• 수형망단위 분할배정법 | • 교통망 평행배정모형 |

35 화물분포모형이 아닌 것은?

① 평균인자법　　　　　　　　② 프래타법
③ 중력모형　　　　　　　　　④ 엔트로피 극대화모형
⑤ 로짓모형

> **해설** 화물분포모형에는 중력모형, 성장인자법, 엔트로피 극대화모형 등이 있다.
> ㉠ **중력모형**(Gravity Model) : 무제약모형, 단일제약모형, 이중제약모형 등이 있다.
> ㉡ **성장인자법**(Growth Factor Method) : 적용방법에 따라 무제약 성장인자법, 단일제약 성장인자법, 이중제약 성장인자법 등으로 구분한다. 화물발생량과 도착량을 모두 만족시키는 이중제약 성장인자법은 평균인자법(Average Factor Method), 평형인자법(Balancing Factor Method)으로 분류된다. 평형인자법은 프래타법과 디트로이트법으로 나뉜다.
> ㉢ **엔트로피 극대화모형**(Entropy Maximization Model) : 비선형 최적화모형(Non-linear Optimization Model)
> ⑤ 로짓모형은 수송수단 선택 모형이다.

36 수송수요모형에 관한 내용으로 옳은 것은?

① 중력모형 : 지역 간의 운송량은 경제규모에 비례하고 거리에 반비례한다는 가정에 의한 분석모형

② 통행교차모형 : 화물 발생량 및 도착량에 영향을 주는 다양한 변수 간의 상관관계에 대한 복수의 식을 도출하여, 교차하는 화물량을 예측하는 모형

③ 선형로짓모형 : 범주화한 운송수단을 대상으로 운송구간의 운송비용을 이용하여 구간별 통행량을 산출하는 모형

④ 회귀모형 : 일정구역에서 화물의 분산정도가 극대화한다는 가정을 바탕으로 분석한 모형

⑤ 성장인자모형 : 화물의 이동형태 변화를 기반으로 인구에 따른 화물 발생단위를 산출하고, 이를 통하여 장래의 수송수요를 예측하는 모형

해설 ② 통행교차모형(Trip-interchange Model) : 조사된 물동량 O/D에 의해 교통량을 수단과 교통망에 따라 시간, 비용 등을 고려하여 효율적으로 배분하는 모형이다. 통행교차모형에는 전환곡선법(Diversion Curve Method), 로짓모형(Logit Model), 프로빗모형(Probit Model) 등이 있다.

③ 로짓모형(Logit Model) : 수단분담률을 추정한다. 개인의 효율극대화에 대한 확률이론을 이용한 모형으로 단기적 정책효과의 예측시 우수하고 분석비용이 저렴하며 타 지역에 전용이 가능한 것이 장점이다.

④ 회귀모형(Regression Model) : 화물발생량 및 도착량과 해당 지역의 사회·경제적 변수와의 상관관계를 회귀분석법을 이용하여 회귀식을 구하고, 이 모형식을 통하여 해당 지역의 장래 발생량과 도착량을 추정하는 방법이다.

⑤ 성장인자모형(Growth Factor Method) : 기준연도의 존(Zone) 간 물동량 배분 패턴이 장래에도 그대로 일정하게 유지된다는 가정하에 존 간의 장래 물동량을 예측하는 방법이다.

정답 36 ①

PART 03

철도 · 연안 · 항공 운송 시스템

물류관리사

CHAPTER 06

철도운송의 이해

01 철도운송의 기초

1 철도운송의 의의

① 철도운송은 기본적으로 철도역과 철도역 간 간선운송구간에서 대량으로 화물을 운송하고 철도역에서 화주문전 간 집화와 배송, 그리고 하역작업과 보관 등의 기능을 수행한다. 과거 철도운송은 곡물, 석탄, 광석, 목재 등 대량화물인 벌크화물을 중심으로 운송하였으나, 최근 소비재, 자동차, 시멘트, 유류, 컨테이너 등 다양한 품목을 철도로 운송하기 위한 노력이 이루어지고 있다.

② 우리나라의 철도운송은 정부조직이었던 철도청이 철도시설과 운영을 함께 담당하였으나 한국철도공사로 전환 후 철도운영부문은 한국철도공사가 담당하고 있다. 한국철도공사는 철도역과 철도역 간 간선운송부문의 운영만 담당하고, 철도역에서 집화, 배송, 하역, 보관 등의 기능은 한국철도공사에 등록한 철도이용운송(화주)업체들이 담당한다.

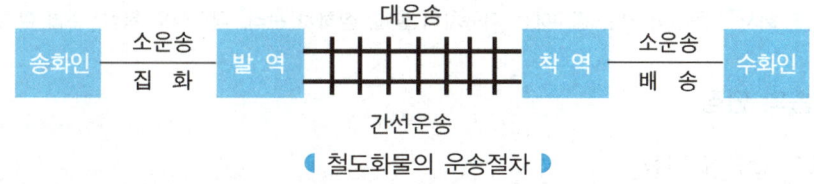

◀ 철도화물의 운송절차 ▶

> 💡 **TIP** 철도노선의 궤간
>
> 철도노선의 궤간은 폭에 따라 표준궤·광궤·협궤 등으로 구분되며, 이 중 우리나라에서는 표준궤를 이용하고 있다. 광궤(廣軌, Broad gauge)는 표준궤보다 폭이 넓은 궤간을 가진 철도선로를 말한다. 광궤는 특정한 궤간을 직접 일컫는 표현은 아니며, 표준궤보다 폭이 넓은 궤간을 통틀어 부르는 표현이다. 우리나라의 철도노선은 표준궤(1,435m)이다. 협궤(狹軌)는 표준궤보다 폭이 좁은 궤간을 가진 철도선로를 말한다.

2 철도운송의 특징과 장단점

(1) 철도운송의 특징

① 철도운송은 일반적으로 장거리, 대량화물의 운송수단으로 인식되고 있다. 철도가 대표적인 운송수단으로 이용되고 있는 사례는 미국의 2단적 컨테이너 열차나 석탄, 곡물, 광석을 수송하는 운

송수단과, 대륙 횡단철도로서 시베리아 횡단철도나 중국 횡단철도 등을 들 수 있다.
② 도로운송에 비해 이산화탄소 배출량이 적어 친환경적인 운송수단으로 각광을 받고 있고, 일시에 대량운송이 가능하기 때문에 에너지 효율성 측면에서도 다른 운송수단에 비해 우수하다. 선진국들은 도로운송 중심에서 철도와 연안운송체제로 운송수단의 전환을 추진하고 있으며 우리나라도 마찬가지이다.
③ 화차 및 운송장비 구입비 등과 같은 고정비용은 높지만 윤활유비, 연료비 등과 같은 변동비용은 고정비용에 비해서 상대적으로 낮은 편이다.

(2) 철도운송의 장점

① 장거리, 대량화물의 운송에 적합
② 계획운행 가능
③ 저렴한 운임과 운송비 저렴
④ 안전도가 높고, 친환경적인 운송수단
⑤ 전국적인 네트워크 보유
⑥ 고객유치를 위한 시설 등 제공
⑦ 기존 시설의 이용가능

> **TIP** 철도역에는 창고업자의 보관시설이 있어 화물보관이 편리하다.

⑧ 회사 전용선의 이용

> **TIP** 회사 전용선이 있는 경우에는 자동차의 출입, 상하차 관리, 작업상의 복잡, 주변 환경문제 등이 적다.

(3) 철도운송의 단점

① 서비스 완결성 미흡
② 문전운송 애로
③ 열차편성에 시간이 소요됨.
④ 환적작업 필요
⑤ 배차의 탄력성이 없음.
⑥ 운임설정의 경직성
⑦ 적재중량당 용적이 적음.
⑧ 화주의 부대비용 부담
⑨ 기동성이 낮음.

> **TIP** 화차를 바꾸거나 열차편성에 시간이 소요되므로 화물자동차운송 대비 기동성이 떨어진다.

철도화물운송 서비스의 결정요소

- 운송비용과 운송시간 : 경쟁수단과의 가격 및 시간경쟁력 수준을 나타냄.
- 유연성 : 화주의 운송요구 시간대, 물동량 변화에 대한 탄력적 대응 정도
- 정시성 : 운송화물을 요구시간 내에 목적지까지 전달하는 서비스의 신뢰성
- 서비스 적합성 : 제공서비스가 운송화물의 특성, 즉 대량운송화물, 장거리 운송화물, 특수운송장비의 필요 등에 부합하는 정도
- 접근성 : 출발지 또는 목적지로부터 철도선로망, 철도화물취급역, ICD, CY 등 운송서비스망에의 공간적 연결 정도
- 화물정보 제공성 : 운송화물의 위치, 상태 관련 정보제공 수준
- 안전성 : 운송서비스 과정에서 화물의 분실, 파손 정도

02 우리나라 철도운송 현황

① 철도운송량의 분담률은 3% 이하로 낮은 실정이다.
② 컨테이너화물의 경우 철도운송이 장거리, 일시 대량운송으로 도로운송보다 운송원가가 낮으나, 공로운송과는 달리 화주공장이나 창고에서 항만까지 직접 연결되지 못하고 철도터미널을 거쳐야 하기에 운송의 즉시성(卽時性)이 상대적으로 낮은 편이다.
③ 컨테이너 철도운송은 수도권의 의왕 ICD와 부산항, 의왕 ICD와 광양항 간에 가장 활발하게 이루어지고 있고, ICD와 철도CY 간 컨테이너 철도운송이 이루어지고 있다.

03 철도운송의 종류 및 형태

1 철도운송의 종류

철도운송의 종류는 화물량의 규모에 따라 대량화물용(화차급, 컨테이너)과 소량화물용(혼재차급, 화물취급)으로 구분되고, 화물취급은 KTX 이용 특송서비스와 수화물취급으로 세분된다.

◀ 철도운송의 종류 ▶

철도운송	대량화물용	화차 취급
		컨테이너 취급
	소량화물용	혼재차 취급
		화물 취급 KTX 이용 특송서비스

(1) 화차 취급

① 화차단위 화물을 운송하는 것을 의미하며, 장거리, 대량화물운송에 이용된다. 석탄, 광석, 시멘트, 양곡, 유류 등 대부분의 벌크화물은 화차단위로 화물을 적재하여 운송한다. 화물의 종류, 특성, 중량, 용적 등에 따라 이용하는 화차의 종류가 다양하다.

② 화물의 특성에 따라 시멘트, 유류, 석탄 등은 전용화차를 이용하는 경우가 많으며, 벌크화물을 운송하는 화차 중 전용화차가 아닌 화차는 덮개가 있는 유개차(有蓋車)와 덮개가 없는 무개차(無蓋車), 그리고 코일제품을 운반하는 코일차, 자동차를 운송하는 자동차화차, 한국철도공사를 위한 자갈차 등으로 구분된다.

핵심포인트

철도화물 차량의 차종별 종류
- **유개화차** : 지붕이 있는 화차. 유개차, 철재유개차, 냉장차, 통풍차, 가축차 등
- **무개화차** : 지붕이 없는 화차. 무개차, 컨테이너차, 장물차, 대물차 등
- **탱커(tanker)화차** : 탱크로리를 장착한 화차. 탱크차 등
- **호퍼(hopper)화차** : 호퍼차, 석탄차 등
- **평판차(Flat Car)** : 장물차(長物車)로 바닥판만 있는 화차를 말한다. 필요에 따라서 화물을 고정하기 위한 측면보나 돌기, 로프 등의 체결구를 설치할 수 있는 구조가 많다. 목재나 레일, 강관과 같은 긴 화물, 철판 코일, 자동차 등 차량, 컨테이너, 혹은 변압기나 기계류와 같은 크기가 큰 화물(특대화물)을 적재하는 데 사용한다.
- **곤돌라화차(Gondola Car)** : 무개화차(無蓋貨車)로 벽체와 바닥만 있고 위가 트여있는 화차를 말한다. 가장 고전적인 화차로 적재가 비교적 용이하고, 구조가 간단하여 광물이나 금속류, 목재, 고철 같은 원자재, 기타 비에 젖어도 상관없는 잡화를 적재하는 데 사용한다. 간혹 컨테이너를 적재하기도 한다.

③ 최근 시멘트, 컨테이너, 유류 등의 화주는 화차를 직접 제작하여 화물운송에 투입하는 사유화차의 수가 증가하고 있다. 사유화차가 증가하는 이유는 철도운영자의 투자재원 부족으로 적기에 화물운송의 수요에 적합한 화차를 제작하여 투입하기 곤란한 경우가 많기 때문에 화주가

직접 화차를 제작하여 투입하는 대신 철도운임의 일부를 감면받는 형태로 운영하는 데 따른 것이다.

④ **화물차급**(컨테이너 차급도 포함) **운송시 장점**

　　㉠ 화물을 대절한 화차단위로 운송

　　㉡ 화물별로 전용열차 형태로 운행

　　㉢ 주로 벌크화물의 장거리운송에 이용

　　㉣ 운임은 운송화물이 아닌 화차를 기준으로 책정

　　㉤ 발착역에서의 상하차 등 하역작업은 화주 책임

　　㉥ 사유화차 이용시 할인혜택 부여

(2) 컨테이너 취급

① 화차 취급과 동일한 개념으로 20피트, 40피트, 45피트 컨테이너를 화차에 적재하여 운송하는 것을 의미한다. 벌크화물운송용 화물열차와 마찬가지로 컨테이너를 적재하는 화차 25량 내외로 구성된 컨테이너 열차를 운행한다.

② 컨테이너 열차는 현재 항만(부산항, 광양항)과 ICD(의왕 ICD, 양산 ICD), 또는 지역별 소규모 철도CY 간 운행을 한다. 컨테이너 운송량이 많은 구간은 역시 부산항 및 광양항과 의왕 ICD구간이며, 25량 내외의 화차로 구성된 컨테이너 전용열차를 정기적으로 운행한다.

③ 컨테이너 화차는 대체로 일반컨테이너를 주로 운송하나, 육류, 야채, 과일 등 냉동컨테이너 화물의 증가로 냉동기를 부착한 냉동컨테이너를 운행하기 위한 발전기가 부착된 전용화차도 운행하고 있다.

　　㉠ **오픈 탑 카**(Open Top Car) : 곤돌라(gondola)와 같이 덮개가 없는 상자형 화차로서 대차 (bogie)가 없으며, ISO 표준규격 컨테이너의 적재가 가능하다. 우리나라에서는 현재 거의 사용하지 않는다.

　　㉡ **플랫 카**(Flat Car) : 장척화물이나 대형화물의 운송용으로 화차 상부가 평평하며 측면도 지게차, 리치 스태커 등의 하역장비로 하역작업이 가능한 구조이다. 보통 플랫 카는 ISO 표준규격의 대형 컨테이너를 적재할 수 있는데 20피트형 컨테이너 2개 또는 3개, 40피트 컨테이너 1개를 적재 가능하다. 플랫 카에 컨테이너 적재시 컨테이너의 이동방지를 위하여 4개 모서리에 콘(cone)을 설치하여 컨테이너를 고정시킨다.

　　㉢ **컨테이너 카**(Container Car) : 컨테이너 전용형으로 제작된 화차로 화차 상부에 20피트 컨테이너 2개 또는 3개, 40피트 또는 45피트 컨테이너 1개를 적재할 수 있으며 고정장치가 부착되어 있다. 플랫 카와 컨테이너 카의 구별은 모호하다. 플랫 카는 컨테이너 외에 장척물, 군수물자 등의 운송에도 널리 사용된다.

　　㉣ **더블 스택 카**(Double Stack Car) : 1980년대 초부터 미국 철도회사인 Southern Pacific사가 북미의 복합운송에 사용한 컨테이너 전용화차이다. 차체가 가볍고 분절형 플랫폼으로 구성되어 있는 더블 스택 카는 컨테이너를 2단적할 수 있는 전용 오픈 탑 카로서 1단적 화

차보다 2배의 운송능력을 가지고 있다. 이단적 열차는 20피트 컨테이너 2개 또는 45피트 컨테이너 1개를 2단으로 적재할 수 있는 5개 화차가 1단위이며, 통상 20단위 화차로 구성된다. 우리나라에서는 터널의 높이가 4.5m로서 이단적 열차를 운행하려면 5.4m 이상을 확보해야 하기 때문에 이단적 열차를 운행할 수 없다. 다만, 일부 구간에서는 운행이 가능하다. 이단적 열차를 운행하기 위해서는 터널의 높이를 높이기 위한 보수공사를 시행해야 하며, 아울러 2단적으로 인한 하중 증가로 교량 등의 보수공사도 병행되어야 한다.

(3) 혼재차 취급

① 혼재차 취급이란 소 운송업자가 화주와 철도의 중간에서 화주가 탁송하여야 할 여러 개의 작은 화물을 혼재한 후에 운임을 수수하고, 혼재된 화물을 다시 철도에 일반차 취급운임을 지급하여 운송되는 방법을 말한다. 즉, 철도이용운송(화주)업체가 일반화주들로부터 소화물의 운송을 위탁받고 이를 행선지별로 화차 취급이나 컨테이너 단위로 재취합하여 철도의 화차 취급이나 컨테이너 취급으로 운송함으로써 그 운임의 차액을 취득하는 방식을 의미한다.

② 일반적으로 화주는 철도이용운송(화주)업체와 운송계약을 체결하면 철도이용운송(화주)업체는 철도운영자와 운송계약을 체결하여 화물을 운송한다.

③ 「철도소운송업법」은 물류환경의 변화에 따라 시장경쟁체계를 통한 철도물류 활성화를 촉진하기 위하여 철도청이 한국철도공사로 전환된 2005년 1월 1일에 폐지되었다.

> **TIP** 철도이용운송업
>
> 철도운송물품의 자기 또는 타인 명의로 운송알선 및 인도행위, 철도운송 물품의 집화, 배달행위, 철도를 이용하는 물품운송행위, 철도운송물품의 철도차량에 적재·양화하는 행위

(4) 화물 취급 : KTX 특송서비스

① KTX 특송서비스는 KTX 열차를 이용하여 소규모 소화물과 서류 등을 신속히 배송하는 초고속 배송서비스이다.

② KTX 특송은 전국 15개 주요 KTX역에 소화물을 배송하는 것을 기본으로 하고 있다. 도착예정시간 30분 이상 지체시 50%, 1시간 이상 지체시 100%의 운임을 반환하는 제도를 시행하고 있다.

③ KTX 특송으로 보낼 수 있는 물건의 크기 및 중량

  ㉠ 포장을 포함한 운송물의 크기가 세변합 220cm 이하, 최장변 180cm 이하

  ㉡ 포장을 포함한 운송물의 무게 30kg 이하

  ㉢ 운송물의 가격이 50만원을 초과하는 경우나 기준을 벗어난 운송물에 대해서는 별도의 추가 요금이 부과되거나 접수가 제한되고 있다.

  ㉣ 운송물이 분실되거나 파손시 보상의 범위는 기본적으로 50만원을 한도로 하고 있다. 300만원까지 보상이 가능하지만 50만원을 초과하는 물건일 경우에는 접수시 추가비용을 부담해야 한다(참고 : KTX 특송약관 – 인터넷 검색).

2 | 철도운송의 형태

(1) 직행운송

직행운송은 특정 발역과 착역을 결정하고 철도역 사이를 직행운송하는 방식이다. 철도역 간 운송 외에 공장과 공장 간의 전용열차, 그리고 석탄과 시멘트 등 생산지와 소비지 또는 가공거점 간 직행운송 등도 직행운송에 해당한다.

(2) 컨테이너운송(프레이트 라이너)

컨테이너운송도 직행운송의 형태를 가지고 있다. 컨테이너 운송량이 많은 주요 항만과 ICD 간 간선운송구간에서 출발역과 도착역 간을 전용컨테이너 열차로 직행운송하는 것을 의미한다. 우리나라에서는 많이 보편화되어 있지 않지만 외국에서는 고속운송과 컨테이너를 결합하고 하역작업시간을 단축함과 동시에 문전에서 문전까지 운송이 가능한 서비스 제공을 위해 노력하고 있다.

(3) 쾌속화물운송

쾌속화물운송은 화차 취급 화물운송의 하나이며, 주요 소비지 또는 물류거점 지역별로 중심역을 정하고 그 중심역 사이를 쾌속열차로 연결하여 운송하는 방식을 의미한다. 직행운송이나 컨테이너운송은 대체로 단위전용열차를 중심으로 운행된다.

(4) 야드(조차장)집결운송

① 거점역을 중심으로 소규모 철도역에 화물을 집결하여 거점역 간 간선운송을 하고, 거점역과 소규모 철도역 간 셔틀운송 등을 통하여 소규모 철도역까지 화차를 연계하는 일종의 Hub & Spokes 방식이다. 소규모 화물을 적재한 화차를 거점역 철도 야드에 집결하고, 거점역에서 행선지별로 화차를 구분한 후, 열차를 행선지별로 편성하여 간선구간을 운행하며, 도착역과 가장 가까운 거점역 철도 야드에서 다시 화차를 분류한 후 그 야드에서 도착역까지 운송하는 방식을 의미한다.

② 우리나라에서는 소규모 철도CY와 거점철도역 간에 이러한 유형의 집결운송이 이루어지고 있으며, 북미나 유럽과 같이 장거리, 여러 국가에 걸쳐 철도운송이 이루어지는 경우에는 집결운송방식이 상당히 보편화되어 있다.

　㉠ 열차종류에 따른 서비스 형태

　　ⓐ 블록 트레인(Block Train) : 고속컨테이너 화차로 스위칭 야드(Switching Yard)를 이용하지 않고 철도화물역이나 터미널 간을 직접 운행하는 열차로, 화차의 수와 형태가 고정되어 있지 않다. 물량이 충분하고 조차장이 적은 철도망의 경우에 블록 트레인이 효율적인 서비스의 형태이다. 중간역을 서지시 않고 출빌역으로부터 도칙역까지 직송서비스를 제공하며, 운송시간 단축으로 중장거리 운송구간에 있어 도로운송과의 경쟁력 확보, 철도-공로 복합운송에 많이 이용된다.

TIP 유닛 트레인(Unit Train)

블록 트레인이 컨테이너화물의 전용화차라면 유닛 트레인은 주로 벌크화물의 전용화차로 중간역을 거치지 않고 직행운송하는 방식이다.

ⓑ **셔틀 트레인(Shuttle Train)** : 철도역이나 터미널에서 화차조성비용을 경감하기 위해 화차의 수와 형태가 고정되어 있다. 출발지 – 목적지 – 출발지를 연결하는 루프형 구간에서 서비스를 제공하며, 블록 트레인보다 단순화한 형태로 화차의 수와 구성이 고정되어 있어 터미널에서의 화차 취급(조성)비용을 절감한다.

ⓒ **Y-셔틀 트레인(Y-Shuttle Train)** : 한 개의 중간 터미널을 경과하는 것 이외에 셔틀 트레인과 동일한 형태의 서비스를 제공한다.

ⓓ **Coupling & Sharing Train** : 중단거리수송이나 소규모 터미널에서 이용 가능한 소형열차(Modular Train) 형태이다. 기존 Single-Wagon Train의 개선 대안, 중간역에서 화차 취급을 단순화하여 열차조성을 신속하게 할 수 있다.

ⓔ **Single-Wagon Train(Liner Train)** : 복수의 중간역이나 터미널을 경과하면서 운행한다. 철도화물운송에서 가장 높은 비중, 목적지까지 열차운행을 위한 충분한 물량이 확보된 경우에만 운행한다. 화물의 대기시간이 매우 높고, 운송경로상의 모든 종류의 화차, 화물을 운송하지만 모든 야드에서 화주가 원하는 시간에 따라 서비스를 제공하지 않으며, 열차편성이 가능한 물량이 확보되는 경우에 서비스를 제공한다.

ⓛ **철도운송서비스망 운영전략**

ⓐ **셔틀 트레인 기반 운송축(Corridor) 전략** : 물동량이 많은 화물축에 적용되는 네트워크 운영전략으로 물량이 충분하고 변동폭이 적은 구간에 셔틀 트레인을 이용한다.

ⓑ **게이트웨이(Gateway) 전략** : 소형터미널 등 다수의 출발지에서 대형터미널로 집송한 후 대형터미널에서 몇 개의 간선철도망과 연결하는 운송전략이다. 셔틀 트레인으로 서비스하기에 물량이 적은 경우 채택하며, 대형터미널이 일종의 게이트 역할을 수행한다. 셔틀 트레인, Y-트레인, 블록 트레인 등 다양한 열차서비스를 이용한다.

ⓒ **Hub and Spokes 운송전략** : 다수의 기종점을 가진 운송망에서 허브터미널에 물량을 집중시킴으로써 규모의 경제를 이용해 운송망 전체의 효율성을 제고한다. 기종점별로 이용물량 규모에 편차가 많이 나더라도 융통성 있게 운송서비스를 제공한다.

유개차(비료, 양곡 등 운송)

일반 평판차(기계, 장비 등 운송)

일반 무개차(무연탄, 광석 운송)

컨테이너차(컨테이너 운송)

자갈차(광석, 자갈 등 운송)

자동차 수송차(자동차 운송)

조차(유류, 황산 등 운송)

열연 코일차(강판 운송)

홉파형 무개차(무연탄, 광석 운송)

벌크 양회 조차(벌크 시멘트 운송)

차장차(차장 및 호송인 탑승)

곡형 평판차(특수화물 운송)

냉연 코일차(냉연코일강판 수송)

파렛트(Pallet) 화물차

고속 컨테이너차(Block Train)

더블 스택카(Double Stack Car)

◀ 화차의 종류 ▶

04 컨테이너 철도운송

1 컨테이너 철도운송의 확대

컨테이너 철도운송은 1960년대부터 컨테이너화(Containerization)가 추진된 이후 지속적으로 발전하였다. 특히 북미나 유럽에서 철도를 이용한 컨테이너 복합운송은 비약적인 발전을 해왔으며, 그 중심에 철도가 커다란 역할을 담당하였다. 우리나라는 1970년대 초 부산진역과 용산역 간 컨테이너 전용열차가 최초로 운행되면서 컨테이너운송이 시작되었다.

2 컨테이너 철도운송 준비

컨테이너를 철도로 운송하기 위해서는 컨테이너 전용화차(또는 평판화차)를 확보해야 하고, 컨테이너 취급 철도역은 컨테이너를 처리할 수 있는 CY 확보, 지게차나 트랜스테이너 등의 하역장비를 확보해야 한다. 컨테이너 정보를 입력하기 위한 정보시스템 구축, 컨테이너 전용화차에 컨테이너를 고정시키는 콘과 콘작업을 수행할 인력 확보, 철도CY와 화주문전 간 배송작업을 수행할 운송업체, 그리고 ICD 등 철도거점에는 세관, 검역, 검수검량 등 관련 기관 등이 참여하는 등 준비가 이루어져야 한다.

컨테이너에 적입된 화물이 운송 중 이동하지 않도록 컨테이너 내에 고정시켜 주는 것을 Securing이라고 하며 보통 다음의 방법을 사용한다.

쇼어링 (Shoring)	각촌(角寸) 등의 지주를 써서 고정
초킹 (Chocking)	화물 사이, 화물과 컨테이너 벽면 사이를 각재 등의 지주로 수평방향으로 고정시키는 방법으로 때로는 쿠션 등을 고정
래싱 (Lashing)	컨테이너 고정용 고리를 이용하여 로프, 밴드 또는 그물 등을 사용하여 화물을 고정

3 철도역에서 컨테이너 하역방식

(1) TOFC(Trailer On Flat Car)**방식**

롤온 / 롤오프방식으로 컨테이너를 적재한 트레일러 자체를 철도화차에 상차하거나 화차로부터 하차하는 방식이다. 철도역에서 별도의 하역장비 없이 선로 끝부분에 설치된 램프(경사로)를 이용하여 컨테이너를 적재한 트레일러를 화차에 적재하거나 하역하는 방식이다. TOFC방식은 다시 캥거루방식과 피기백방식으로 구분한다.

① **캥거루방식** : 프랑스에서 처음으로 채택한 방식으로 컨테이너 운송단위가 크지 않은 유럽에서 보편화되었다. 장거리 정기노선에 있어서 운송의 효율성을 높이고 트럭을 이용하여 지역 간

신속한 집화와 인도를 위하여 두 운송업체가 결합한 형태이다. 정시인도(On-Time Delivery)와 열차배차의 규칙성, 하역장비의 불필요, 연료의 효율성 등의 장점이 있다.

② **피기백방식** : 트레일러나 트럭으로 컨테이너를 운송할 경우 화물열차의 대차 위에 트레일러나 트럭을 컨테이너 등 화물과 함께 실어 운송하는 방법이다. 피기백방식은 화물자동차의 기동성과 철도의 장거리, 신속성을 결합한 복합운송방식이다. 화물적재의 단위가 크고, 장거리일수록 편리하게 이용할 수 있으나 하대가 평판으로 되어 있어 세로 방향의 홈과 피기패커(Piggy Packer) 등의 하역장비가 필요한 것이 단점이다.

> **TIP** 피기패커(Piggy Packer)
>
> 트레일러에 적재된 컨테이너를 철도의 무개화차에 트레일러와 함께 지게차로 들어 올리거나 내리는 작업을 하는 하역장비이다. 캥거루방식과 달리 화차의 측면에서 싣고 내릴 수 있기 때문에 피기백방식의 능률을 현저하게 증대시킨다.

③ **프레이트 라이너**(Freight Liner) : 프레이트 라이너 운송이란 영국 국철이 개발된 정기적 급행 컨테이너 열차로서, 대형 컨테이너를 적재하고 터미널 사이를 고속의 고정편성으로 정기적으로 운행하는 화물컨테이너 운송을 의미한다. 프레이트 라이너 회사는 터미널과 터미널 간의 요율 시행 및 문전에서 문전까지 운송을 요구하는 화주에게는 공로운송과 철도를 포함한 일관 요율을 적용한다.

(2) COFC(Container On Flat Car)**방식**

COFC는 컨테이너 자체만을 철도화차에 상차하거나 철도화차로부터 하차하는 방식을 의미한다. TOFC방식은 트레일러를 철도화차에 적재하기 때문에 철도운송의 중량이 커지나, COFC방식은 컨테이너만을 적재하기 때문에 TOFC방식에 비해 하역작업도 용이하고, 화차중량이 가볍기에 일반적으로 보편화된 철도하역방식이다. 우리나라에서도 COFC방식을 활용하고 있다. 철도화차에 컨테이너를 상차·하차하기 위해서는 크레인, 지게차 등 하역장비가 필수적이다.

① **지게차에 의한 방식** : 컨테이너 터미널에서 널리 이용되고 있는 리치 스태커(reach stacker)나 지게차(fork lift)를 이용하여 컨테이너를 트레일러 또는 철도화차에 상하차작업을 수행한다. 세로 - 가로 이동방식이라고도 한다.

② **매달아 싣는 방식** : 트랜스퍼 크레인 또는 일반 크레인을 이용하여 컨테이너를 트레일러 또는 철도화차에 신속하게 상하차작업을 수행한다. 일반적으로 지게차나 리치 스태커에 비해 시간당 처리하는 컨테이너 물동량이 많다.

③ **플렉시 밴**(Flexi-van) **방식** : 세미 트레일러의 주행부분을 없애고 컨테이너만을 턴 테이블로 설치한 전용화차로 수송하는 방식이다. 트럭이 화물열차에 대해 직각으로 후진하여 무개화차에 컨테이너를 적재하는 방식이다.

TOFC(Trailer On Flat Car)	COFC(Container On Flat Car)
캥거루(Kangaroo) 방식	피기백(PiggyBack) 방식

TIP 바이모달(Bi-modal)

- 문전에서 문전까지 일관운송하는 방식으로서, 철도에서는 철재차륜으로 선로 위를 달리고, 도로에서는 고무바퀴로 달릴 수 있는 양용 수송시스템이다.
- 바이모달(Bi-modal, Roadrailer)은 트레일러 자체를 선로 및 도로 모두 주행할 수 있도록 bogie를 연결하거나 탑재하여 철도에서는 화차로, 도로에서는 트레일러의 기능을 한다.

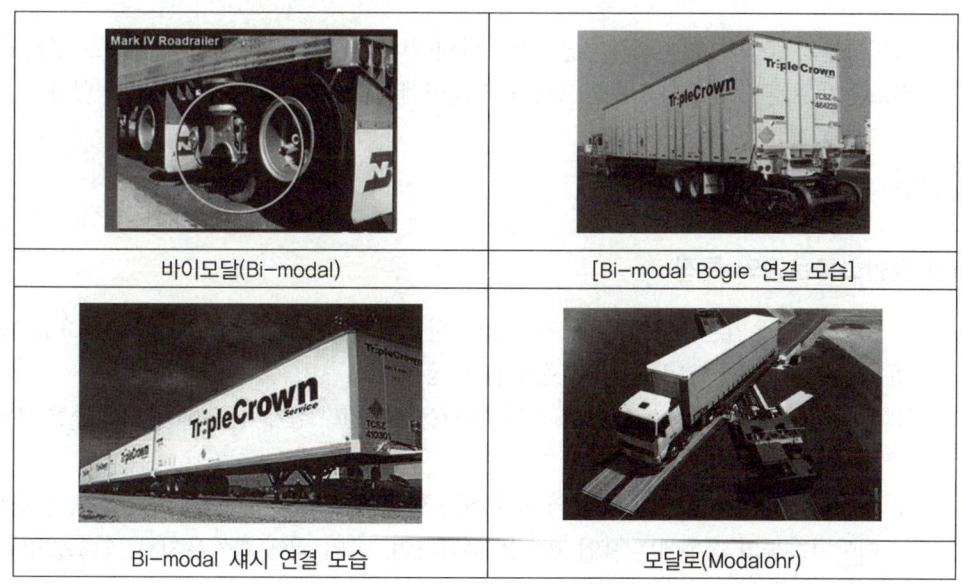

바이모달(Bi-modal)	[Bi-modal Bogie 연결 모습]
Bi-modal 섀시 연결 모습	모달로(Modalohr)

4 우리나라 컨테이너 열차운행노선

(1) 의왕 ICD ↔ 부산항

의왕 ICD와 부산항의 신선대부두, 자성대부두, 감만부두, 신감만부두, 부산진역 등과 연계하여 컨테이너 열차를 운행한다.

(2) 의왕 ICD ↔ 광양 터미널

① 의왕 ICD와 광양항의 현대상선 터미널, 세방기업 터미널, 대한통운이 운영하는 컨테이너부두와 연계하여 컨테이너 열차를 운행한다.
② 고속철도 개통 전에는 주로 컨테이너 열차를 야간에 운행하였는데 고속철도 개통 후에는 약 2분의 1 정도의 주간열차가 컨테이너를 운송한다. 과거보다 신속하게 선적스케줄에 맞춰 운행할 수 있으며, 컨테이너 열차운행시간도 과거보다 훨씬 단축되었다.
③ 1997년 말부터 냉동·냉장 컨테이너 전용화차가 운행하는데, 이는 세계 최초의 Reefer Container 전용화차이다.

05 철도운임

철도화물의 운임체계는 화차 취급운임, 컨테이너 취급운임, 혼재운임 등으로 구분되며, 우리나라 철도운임은 톤당, 거리당 운임으로써 거리비례제를 원칙적으로 채택하고 있다.

1 화차 취급운임

(1) 일반화물운임의 특징

① 화차 취급운임은 레일운임을 기본으로 하는 철도운임과 발착양단의 통운요금으로 구성된다.
② 차급화물은 화차 1량 단위로 운임을 적용한다.
③ 철도운임은 철도역 간 거리에 톤당 운임을 곱하고, 실제 운송하는 화물중량(운임계산톤수)을 곱하여 산정한다.
④ 특대화물, 위험물, 귀중품 등의 경우에는 할증 요율을 부과하고, 사유화차, 대량화물, 일부 컨테이너화물의 경우에는 할인 요율을 부과하며, 운임 외에 화차유치료, 인도증명료 등 특별요청사항에 대한 제반 부대요금을 병과한다.

⑤ 통운요금은 발송료, 도착료 및 특별의뢰사항에 대한 제반 요금으로 구성되고, 정형대량운송이나 일관파렛트화의 경우에는 할인요금을 적용한다.

⑥ 통운요금의 계산방법은 화차 취급운임과 동일하며, 냉동 컨테이너 등의 사용에는 할증요금이 부과되고, 특별한 요청사항이 있는 때에는 그에 따른 중계료와 제반 요금이 부과된다.

⑦ 품목할증, 특대할증제도가 적용되고, 혼재화물의 운임은 발착 혼재기지 간의 철도운임에 대한 고객운임과 발착기기 양단의 집화료 및 배달료로 구성된다.

(2) 일반화물 화차 취급운임의 산정

운임 = 운송거리(km) × 운임률(1km당 운임) × 화물중량(톤)

① 운임산정시 1km 미만의 거리와 1톤 미만의 화물중량은 반올림하여 계산한다.

② 운송거리는 철도노선의 최단거리를 적용하고, 화물중량은 실제 적재중량에 의하나 1량의 최저중량에 부족할 경우, 별도로 정한 중량을 적용한다.

③ 화차 1량에 대한 최저운임은 사용화차의 화차표기하중톤수의 100km에 해당하는 운임이다. 예를 들면, 화차 1량을 70km 운송하더라도 최저운임은 100km를 적용한다.

(3) 컨테이너 취급운임의 산정

운임 = 운송거리(km) × 컨테이너 종류별 운임률(1km당 운임)

① 운임산정방식은 화차 취급운임 산정방식과 거의 동일하며, 1km 미만의 거리는 반올림하여 계산하며, 운송거리는 철도노선의 최단거리를 적용한다.

② 컨테이너의 크기와 적재컨테이너, 공컨테이너 등에 따라 1km당 운임률은 달라진다. 화물을 넣지 않은 공컨테이너의 운임률은 적재컨테이너 운임률의 74%를 적용한다.

③ 컨테이너 화차 1량에 대한 최저운임은 컨테이너 규격별로 100km에 해당하는 운임, 즉 컨테이너 화차 1량을 80km 운송하더라도 최저운임은 100km를 적용한다.

(4) 운임할인제도

① 왕복수송하는 화물에 대해서는 복편 화물운임의 일정비율을 할인(컨테이너화물은 제외)한다.

② 운송거리 300km 이상 399km까지 운송시 1%를, 400km 이상 운송화물 등 장거리운송화물은 운임의 2%를 할인(컨테이너화물은 제외)한다.

③ 화주가 직접 사유화차를 제작하여 운송하는 경우에는 운임을 할인한다.

④ 컨테이너 사유화차 할인율 이외에 컨테이너 화차보유량에 따라 추가 할인한다.

⑤ 사유화차 할인율은 화차제작비 및 운영경비 등 투자비보전을 위한 다른 운임할인과 겹칠 경우 중복할인이 가능하고, 최저운임의 경우에도 사유화차 할인율을 적용한다.

⑥ 대량화물 : 연간 계약량에 따라 할인한다.

⑦ 정형운송 : 컨테이너화물의 경우 기본운임의 일정 비율을 할인한다.

TIP 화물운송세칙

제3조(용어의 정의)

4. "열차·경로지정"이란 고객이 특정 열차나 수송경로로 운송을 요구하거나, 철도공사가 안전수송을 위해 위험물 및 특대화물 등에 특정 열차와 경로를 지정하는 경우를 말한다.

5. "전세열차"란 고객이 특정 열차를 전용으로 사용하는 열차를 말한다.

제8조(화물의 적하시간)

1. 화약류 및 컨테이너화물은 3시간

2. 그 밖의 화물은 5시간. 다만, 당일 오후 6시 이후부터 다음 날 오전 6시까지 적하통지를 한 화물은 다음 날 오전 11시까지

제17조(화차의 봉인) ① 약관 제23조에 따른 화차의 봉인은 내용물의 이상유무를 검증하기 위한 것으로 송화인의 책임으로 하여야 한다.

화물운임·요금(제26조)

② 기본운임은 1건마다 일반화물은 중량, 거리, 임률을 곱하여 계산하고, 컨테이너화물은 규격별·영공별 임률, 거리를 곱하여 계산한다. 이 경우 1건 기본운임이 최저기본운임에 미달할 경우에는 약관 제45조의 규정에서 정한 최저기본운임을 기본운임으로 한다.

1. 기본임률(화물운송세칙 [별표 1])

    가. 일반화물

적용단위	임률
1톤 1km마다	45.90원

    나. 컨테이너 화물

적용구분	규격별	20'	40'	45'
1km마다	영컨테이너	516원	800원	946원
	공컨테이너	규격별 영컨테이너 임률의 74%		

2. 최저기본운임

    가. 일반화물
    - 화차표기하중톤수의 100km에 해당하는 운임
    - 하중을 부담하지 아니하는 보조차와 갑종철도차량은 차량표기자중톤수의 100km에 해당하는 운임

    나. 컨테이너화물
    - 규격별, 영·공별 컨테이너의 100km에 해당하는 운임

    다. 전세열차
    - 전세열차 최저운임은 3,798,600원

    라. 특정운임
    - 50km 미만의 무연탄은 최저기본운임의 30% 할인. 다만, 묵호항으로 수입되어 동서화력발전용으로 수송되는 유(무)연탄에 대하여는 최저기본운임의 50% 할인 적용

2 　혼재운임

혼재화물의 운임은 발착 혼재기지 간의 철도운임에 대한 고객운임과 발착기지 양단의 집화료 및 배달료로 구성된다. 품목할증, 특대할증제도가 적용되고, 특별한 요청사항이 있는 때에는 그에 따른 중계료와 제반 요금이 부과된다.

3 　기타 철도운송요금

기타 철도운송요금에는 화차유치료, 화물유치료 등이 부과된다.

(1) 화차유치료

화물의 적하작업과 화차운용의 효율화를 위하여 수취하는 요금이다. 적하시간이 경과하였거나 인도불능화물의 처리, 탁송을 취소한 차급화물의 화차유치료, 지시에 응한 경우 착역에서의 화차유치료 등이다.

(2) 화물유치료

송화인이 탁송 전 유치화물을 탁송하지 않은 경우, 화물도착 후 수화인이 인도받을 화물을 반출하지 않고 역 구내에서 유치시키는 경우, 또는 탁송취소 후 그 화물을 역구내에 유치시키는 경우, 철도의 구내를 정리하기 위한 반출을 촉진하기 위하여 징수하는 요금이다.

◀ 화차유치료와 화물유치료의 비교 ▶

화차유치료	화물유치료
화차의 회전율 향상을 위한 제도 • 적하시간이 경과한 경우 • 인도불능화물의 처리 • 탁송을 취소한 차급화물	역구내에서 화물의 신속한 반출을 위한 제도 • 유치화물을 탁송하지 않은 경우 • 화물도착 후 화물을 반출하지 않은 경우 • 탁송취소 후 화물을 구내에 유치시킨 경우

(3) 하치장사용료

철도역 구내의 하치장을 일시 또는 장기간 사용시 헛간, 야적장 등에 따라서 하치장사용료를 징수한다.

(4) 화차전용료와 화차대여료

화차를 전용으로 사용시 뚜는 화차를 대여시 1일 1량마다 화차 적재중량에 따라서 화차전용료 또는 화차대여료를 징수한다.

06 철도운송의 문제점과 개선방안

1 철도운송의 문제점

(1) 기반시설의 부족

① 그동안 도로 중심의 인프라 투자가 지속되었고, 상대적으로 철도에 대한 투자는 미흡하여 선로시설, 물류거점 등의 확충이 미흡하다.

② 정부는 2004년부터 교통시설특별회계예산 중 도로부문의 예산을 축소하고 철도 등 다른 부문의 예산을 확대하였다.

(2) 탄력적인 경영 미흡과 다양한 서비스 개발 미흡

① 성수기에 시멘트 등의 화물을 적기에 운송할 수 있는 화차가 부족하고, 철강 등 화물의 수요처까지 철도망 구축이 제대로 이루어지지 않아 철도이용에 어려움이 많다.

② 아울러 철도 하역, 수송, 보관 등 일관운송체계가 구축되어 있지 않고, 주요 철도역에서 연계운송이 효율화되어 있지 않다.

(3) 운임의 경직성 및 운임의 비효율성

① 철도는 장거리, 대량화물운송에 적합한 운송수단으로서 장거리, 대량화물운송시 규모의 경제를 통한 저렴한 운임이 장점이다. 그러나 우리나라 철도운임체계는 거리비례제를 채택하고 있어 도로와의 경쟁에서 불리하다.

② 철도운임이 경직적으로 적용된 것은 한국철도공사가 공익성을 내세워 운임인가제를 운영하였고, 탄력적인 조직운영이나 마케팅 인식이 부족하였기 때문이다. 특히 철도화물 유치를 위한 인센티브 제시나 철도역과 화주문전 간 신속한 집배송 등을 포함한 운임제 도입 등에 대한 인식이 부족하였다.

(4) 철도화물 운영과 관련한 전문인력 부족

① 국내 전문대 이상의 교육기관에서 물류인력을 양성하고 있으나 철도화물에 대한 전문인력양성이 부족하다.

② 한국철도공사의 직원도 순환근무체제로 근무하기에 철도물류에 대한 전문화가 제대로 이루어지지 못하고 있다.

(5) 철도물류기지의 확보 미흡과 비효율적 운영

① 물류기지를 운영하는 철도역은 70여 개 이상에 이르며, 이 중 시멘트를 취급하는 사일로가 운영되는 철도역 30여 개, 컨테이너를 취급하는 CY가 운영되는 철도역 30여 개, 이외에 곡물사

일로, 지류센터, 자동차 하치장 등을 운영하는 역이 있다.

② 철도운송이 활성화되려면 철도물류기지를 중심으로 다양한 부가가치를 물류서비스로 제공해야 하는데 우리나라는 철도물류기지 확보가 상당히 미흡하고, 물류기지가 효율적으로 운영되지 않아 철도화물을 유치하는 데 어려운 실정이다.

(6) 운송수단 전환 추진 미흡

① 철도는 다른 운송수단에 비해 여러 가지 장점을 가지고 있으며, 특히 에너지 절감과 친환경적인 운송수단으로 인식된다. 따라서 북미나 유럽 등 주요국들은 도로 중심의 운송체계에서 철도운송과 연안운송체계로 운송수단을 전환하기 위해 다각적인 노력을 진행하고 있다.

② 우리나라는 아직까지 철도나 연안운송으로 전환하기 위한 인식이 부족하고, 운송수단 전환을 추진하기 위한 정책이 미흡한 실정이다.

2 철도운송의 개선방안

- 2004년 4월 경부고속철도 개통 후 철도를 통한 대량운송과 연계망 확충을 위하여 기존 철도노선을 화물중심 노선으로 단계적 전환을 하고, 경부·호남선과 연결하는 서부·남부·동부 간선철도망 구축 및 간선철도망에서 항만·산업단지·복합물류터미널을 연계하는 지선·인입선 건설 등을 계획하는 등 21세기 동북아 물류중심국가로 도약을 위해 노력하고 있다.
- 장기적으로는 남북한 철도연결과 더불어 중국 횡단철도(TCR), 시베리아 횡단철도(TSR) 등을 통해 유라시아 대륙과 연결하는 철의 실크로드 구축도 추진 중이다.
- 철도화물을 원활히 수송하기 위한 철도네트워크의 확대, 철도화물의 고속화, 이단적재열차, 피기백 및 바이모달(Bi-modal) 등의 새로운 운송수단의 도입, 항만 및 산업단지 인입선 건설, 남북 및 동북아 철도네트워크 연결을 위한 투자 등이 필요하다.

(1) 기반시설 확충

경부축 외에 서해안축, 동서축 철도망을 확충하고 남북철도 및 대륙철도와 연계할 수 있도록 동해안축 철도망을 가능한 조기에 확충이 필요하다. 주요 철도거점역을 육성하여 복합물류기지로서의 기능을 수행하도록 해야 하며, 철도시설은 물론 주요 철도거점역에 창고, 물류센터 등 물류기지를 확보하여 다양한 부가가치서비스를 제공하도록 해야 한다.

(2) 운송수단 전환의 적극 추진

① 북미, 유럽, 일본은 이미 친환경적이고 에너지 절감형 운송수단인 철도와 연안운송으로 운송수단 전환을 적극 추진하고 있다. 전 세계적으로 환경공해에 대한 규제가 강화되고, 2012년부터 우리나라도 이산화탄소 배출에 대한 규제를 받게 되는 등 친환경적인 철도운송의 확대를 적극 추진하고 있다.

② 트럭들이 내뿜는 이산화탄소로 인한 공기오염과 환경파괴, 소음공해, 교통사고로 인한 인적·물적 피해 등을 고려하면, 도로 중심의 물류체계는 환경친화적인 철도와 연안운송으로 일정한 수송분담의 전환이 필요하다.

(3) 철도운임체계의 개선

① 철도수송은 장거리 운송비용을 인하하는 거리체감제를 적용하는 것이 바람직하고, 철도 본선 운송뿐 아니라 철도역과 화주문전 간 집배송구간의 운임까지 고려한 운임체계를 설정할 필요가 있다.

② 도로와 경쟁할 수 있는 운임수준 설정이 필요하며, 철도화물 유치를 위해 운임할인제, 마일리지(mileage)의 다각적인 검토와 확대가 필요하다.

(4) 영업활동의 강화

① 한국철도공사는 포워더를 통한 영업활동 외에 고객과 직접적인 영업을 한층 강화해야 한다. 장기고객과 대형화주를 고객으로 확보하여 일정수준 이상의 철도화물을 유치하며, 대형화주에게는 물동량에 따라 할인혜택을 도입하고 마케팅 활동의 강화도 필요하다.

② 철도운송의 핵심화물인 컨테이너, 시멘트, 일반화물의 운송체계를 개편하고, 정보화를 통한 인원감소와 비용절감 추진이 필요하다.

(5) 일관운송체제의 구축

철도운송의 약점인 운송의 완결성을 갖추기 위하여 철도역과 화주문전 간 집배송 서비스를 제공할 필요가 있다. 화물자동차운송사업자 등과 아웃소싱 계약을 통하여 적기에 신속하고 안전한 집배송 서비스를 제공하도록 함으로써 철도운송의 일관운송체제를 구축하고, ICD나 복합물류터미널의 철송장 등 주요 철도거점역은 24시간 상시 하역서비스가 가능한 체제로 개편한다.

(6) 고속화물열차 등 철도신기술 도입 확대

① 고속 내수컨테이너 열차를 적극 활용한다. 견인량의 수를 줄이지 않기 위해서는 고성능 기관차를 확보, 현대화되고 첨단화된 표준 하역장비나 기기를 확보하여 활용한다.

② 철도역에서 하역시간의 단축과 철도역과 화주문전 간 신속한 집배송을 위하여 컨테이너화차에 트레일러를 적재하는 TOFC방식을 도입하고, 외국에서 검토되고 시험운행된 바이모달 등도 검토되어야 한다.

(7) 남북철도 및 대륙철도 연계

① 남북철도 연결을 통한 대륙철도 연결시 선로효율화와 경영효율화의 장점을 극대화하는 것이 가능하다.

② 컨테이너 물동량이 증가추세에 있는 우리나라 노선에서 새로운 화물운송방식으로서의 이단적 재열차에 대한 도입을 적극 검토해야 한다.

(8) 정보시스템

컨테이너운송 등 철도화물운송의 화물정보 시스템 구축은 필수적이다. 현재 KROIS가 가동 중이며 정보의 생산공급과 물류정보의 신속한 입수를 위한 정보시스템의 개발이 실용화되도록 지속적인 노력이 필요하다. 그리고 화물인도관리, 화물운임관리, 화물수탁관리 등 화물업무에 대한 전산화를 토대로 해운물류망 등 종합물류망과 연계를 추진하여 해상, 철도화물이 유기적으로 연결운송되도록 한다.

> **TIP** 국토교통부에서 추진 중인 제2차 국가철도망 구축계획
> ① 철도중심의 교통·물류체계로의 전환을 통해, 저탄소 녹색성장 기반을 마련
> ② 주요 추진과제로서 2020년까지 전국 모든 광역시를 고속 KTX망으로 연결하고, 대도시권 30분대 광역·급행 철도망을 구축하며, 녹색 철도물류체계를 구축하고, 편리한 철도 이용환경을 조성
> ③ 철도망을 통해 국토를 통합·다핵·개방형 구조로 재편하는 것을 비전으로, 전국 주요거점을 일상 통근시간대인 1시간 30분대로 연결하여, 하나의 도시권으로 통합
> ④ 전국 주요 도시가 1시간 30분대로 연결되어 접근성의 획기적 개선으로 실질적인 지역균형발전을 지원
> ⑤ 산업단지·물류거점을 연결하는 대량수송·고속철도 물류네트워크를 구축하기 위해서 화물수송비율이 높은 경부선을 중심으로 주요 선로·구간의 선로용량 증대와 철도화물 수송능력을 확충. 호남선은 서해안축, 동서축 철도망을 확충하고 남북철도, 대륙철도와의 연계를 위해 동해안 철도망을 확충

3 철도운송의 확대방안

(1) 철도물류거점의 대규모화

ICD 등 주요 철도물류거점을 갖추고, 철도물류거점에는 원활한 컨테이너 처리를 위한 CY, CFS, 컨테이너 열차 작업선, 회송선, 조차선 등 대규모화된 부지를 가지고 있어야 하며, 화주문전과 원활한 집배송을 위한 트럭주차장 정비소, 주유소 등 확보

(2) 정기급행 화물열차망의 네트워크화

컨테이너 전용열차는 대체로 컨테이너선의 입출항 스케줄에 맞추어 신속하고 원활한 항만터미널 반출입 작업, 그리고 입출항 수속을 통하여 본선에 적재되거나 본선에 하역되어 철도로 운송되도록 해야 하며, 신속한 선박의 입출항 시간과 연계시키기 위해서는 정기급행 컨테이너 전용열차를 운행해야 하고, 주요 항만과 ICD 간 네트워크를 구축

(3) 단위정기열차를 축으로 한 효율석인 중계운송체제의 징비

주요 철도거점역과 소규모 철도CY가 설치된 철도역 간 효과적인 연계운송 또는 중계운송이 이루어지도록 해야 하며, 주요 철도거점역에 연계운송을 위한 CY나 열차조성선 등을 확보하고, 철도

거점역에서 소규모 철도CY역까지 신속하게 중계운송할 수 있도록 기관차 운영이나 열차운행 스케줄 조정 등이 효과적으로 이루어져야 함.

(4) On/Off rail운송의 합리적인 운용

거점철도역과 철도역 간 간선운송은 철도로 운송하고, 거점철도역과 화주문전 또는 소비지·생산지 간 집배송은 트럭을 이용하여 신속하게 수행한다. 또한 거점철도역과 소규모 철도역 간 셔틀철도운송 또는 트럭운송을 통하여 신속하게 집화서비스 또는 배송서비스를 제공

(5) 컨테이너 철도운송을 위한 정보관리체제의 정비

철도 컨테이너운송에서도 각 철도거점역은 물론 철도거점역과 항만 그리고 ICD 등과 정보시스템으로 연계하여 실시간으로 철도 컨테이너에 대한 상하차, 반출입정보를 교환할 수 있도록 해야 함.

01 다음 중 철도운송의 특성과 거리가 먼 것은?

① 배차의 탄력성이 적어 적합한 차량을 적절한 시기에 배차하기가 어렵다.

② 중·장거리의 경우 운임이 비교적 저렴하다.

③ 운송의 특성상 왕복운송에 따른 운송할인제도는 없다.

④ 계획적인 운송이 가능하고 전국적인 운송망을 이용할 수 있다.

⑤ 열차를 새로 편성하는 데 많은 시간이 소요되어 기동성이 떨어진다.

해설 철도운송은 왕복운송에 따른 운임할인제도를 운영하고 있다.

02 철도사업법 및 철도산업발전기본법상 용어에 관한 설명으로 옳지 않은 것은?

① 사업용철도란 다른 사람의 수요에 따른 영업을 목적으로 하지 아니하고 자신의 수요에 따라 특수목적을 수행하기 위하여 설치하거나 운영하는 철도를 말한다.

② 철도사업이란 다른 사람의 수요에 응하여 철도차량을 사용하여 유상으로 여객이나 화물을 운송하는 사업을 말한다.

③ 철도운수종사자란 철도운송과 관련하여 승무 및 역무서비스를 제공하는 직원을 말한다.

④ 철도사업자란 한국철도공사 및 철도사업 면허를 받은 자를 말한다.

⑤ 선로란 철도차량을 운행하기 위한 궤도와 이를 받치는 노반 또는 공작물로 구성된 시설을 말한다.

해설 철도사업법 제2조(정의)

4. "사업용철도"란 철도사업을 목적으로 설치하거나 운영하는 철도를 말한다.

5. "전용철도"란 다른 사람의 수요에 따른 영업을 목적으로 하지 아니하고 자신의 수요에 따라 특수 목적을 수행하기 위하여 설치하거나 운영하는 철도를 말한다.

정답 01 ③ 02 ①

03 다음 중 철도컨테이너 수송능력을 향상시키기 위한 방안과 가장 거리가 먼 것은?

① 선로용량이 허용하는 점 위에서 컨테이너 전용열차 운행수를 증설한다.
② 철도의 장대열차운행이 필요하다.
③ 컨테이너수송용 신형화차의 개발이 필요하다.
④ 우리나라의 지리적 특성상 철도컨테이너 터미널을 모든 역에 조성할 필요가 있다.
⑤ 컨테이너전용 철도수송기지의 확충이 요구된다.

> [해설] 철도운송과 도로운송의 효율적인 운영을 위해 철도컨테이너 터미널을 중심으로 도로운송의 집화기능을 강화하고 철도역의 주요 역에 컨테이너 터미널이 설치되어야 한다. 모든 철도역에 철도컨테이너 터미널을 조성할 필요는 없다.

04 철도화물운송운임에 관한 다음 설명 중 옳지 않은 것은?

① 운임구조는 거리비례제를 채택하고 있다.
② 운임계산의 단위는 일반차급화물의 경우 화차단위이다.
③ 운임계산의 단위는 컨테이너화물의 경우 1컨테이너 단위이다.
④ 철도 소운송요금은 화주로부터 수수할 수 있는 최고한도액 요금이다.
⑤ 컨테이너화물의 최저운임은 원칙적으로 적재 컨테이너와 공컨테이너의 구별 없이 규격에 따라서 100km에 해당하는 운임이다.

> [해설] 철도 소운송요금은 화주에게 유리한 것으로 되어 있으므로 최고한도액은 아니며 경우에 따라 추가요금을 요구할 수 있다.

05 전용열차에 의해 화물을 대량수송하는 철도수송방식에서 주로 벌크화물수송에 활용되는 방식은?

① Freight Liner
② Unit Train
③ Double Stack Train
④ COFC
⑤ TOFC

> [해설] 유닛 트레인(Unit Train)은 동일 물자를 열차 하나로 일정 발착역 간에 피스톤 전송하는 것을 말한다. 대량 정형 수송방식으로 원자재 수송에 주로 이용되고 있다.

06 철도화물운송 방식에 관한 설명으로 옳은 것은?

① Kangaroo : 철도의 일정구간을 정기적으로 고속운행하는 열차를 편성하여 운송하는 방식이다.

② TOFC : 화차에 컨테이너만을 적재하는 방식이다.

③ Freight Liner : 트레일러 바퀴가 화차에 접지되는 부분을 경사진 요철 형태로 만들어 적재높이가 낮아지도록 하여 운송하는 방식이다.

④ COFC : 화차 위에 컨테이너를 적재한 트레일러를 적재한 채로 운송을 한 후 목적지에 도착하여 트레일러를 견인장비로 견인, 하차한 후 트랙터와 연결하여 운송하는 방식이다.

⑤ Piggy Back : 화차 위에 화물을 적재한 트럭 등을 적재한 상태로 운송하는 방식이다.

> **해설** ① Freight Liner에 대한 설명이다.
> ② COFC에 대한 설명이다.
> ③ Kangaroo에 대한 설명이다.
> ④ TOFC에 대한 설명이다.

07 철도하역방식인 COFC(Container On Flat Car)에 관한 설명으로 옳지 않은 것은?

① 컨테이너를 적재한 트레일러를 철도화차에 상차하거나 철도화차로부터 하차하는 것이다.

② 컨테이너 자체만 철도화차에 상차하거나 하차하는 방식이다.

③ 철도운송과 해상운송의 연계가 용이하다.

④ 하역작업이 용이하고 화차중량이 가벼워 보편화된 철도하역방식이다.

⑤ 철도화차에 컨테이너를 상·하차하기 위해서는 크레인 및 지게차 등의 하역장비가 필요하다.

> **해설** 컨테이너를 적재한 트레일러를 철도화차에 상차하거나 철도화차로부터 하차하는 것은 TOFC(Trailer on Flat Car) 방식이다.

08 철도화물을 운송할 경우 화차취급 운송에 관한 설명으로 옳지 않은 것은?

① 화물을 대절한 화차단위로 운송한다.

② 운임은 화차를 기준으로 정하여 부과한다.

③ 일반화물의 단거리 운송에 많이 이용한다.

④ 발·착역에서의 양·하역작업은 화주책임이다.

⑤ 특대화물, 위험물 등의 경우에는 할증제도가 있다.

해설 ③ 일반화물의 단거리 운송에 이용되는 것은 혼재차이다.

✽ **화차취급**

화차단위 화물을 운송하는 것을 의미하며, 장거리, 대량화물운송에 이용된다. 석탄, 광석, 시멘트, 양곡, 유류 등 대부분의 벌크화물은 화차단위로 화물을 적재하여 운송한다. 화물의 종류, 특성, 중량, 용적 등에 따라 이용하는 화차의 종류가 다양하다.

화차취급 운송의 장점으로는 ㉠ 화물을 대절한 화차단위로 운송, ㉡ 화물별로 전용열차 형태로 운행, ㉢ 주로 벌크화물의 장거리운송에 이용, ㉣ 운임은 운송화물이 아닌 화차를 기준으로 책정, ㉤ 발착역에서의 상하차 등 하역작업은 화주 책임, ㉥ 사유화차 이용시 할인혜택 부여 등이 있다.

09 철도복합운송방식에 대한 설명으로 적합한 것은?

① 철도·도로겸용 운송시스템(Roadrailer)은 TOFC방식에 비하여 터미널 비용 및 트레일러 견인료에서 경제적이다.

② 국내에서는 2단 적재열차(Double Stack Train)를 도입, 운행효율화를 추구하고 있다.

③ TOFC방식의 피기백 시스템은 총중량이 크나 철도터미널의 다단적이 가능하여 공간의 소요가 적어 철도터미널에서 선호하는 방식이다.

④ 철도·도로겸용 운송시스템은 장거리 간선수송에서 2단 적재열차보다 경제적인 운송수단이다.

⑤ 트레일러에 컨테이너를 함께 적재하여 운송하는 피기백(Piggy-Back) 방식은 COFC 방식이다.

해설 ① **철도·도로겸용 운송시스템**(Roadrailer) : 철도의 약점인 문전에서 문전까지 일관성의 불완전을 해결하는 방법으로서, 철도에서는 선로 위로 달리고 도로에서는 바퀴를 이용하여 달릴 수 있는 양용방식의 운송시스템이다. 이 시스템은 화차를 필요로 하지 않으며 철도운송과 도로운송을 직접 연결할 수 있고, 철도터미널에 대형 하역기계가 필요하지 않는 등의 이점이 있어 터미널 비용 및 트레일러 견인료(drayage)가 거의 발생하지 않는다.

② 국내에서는 터널높이 등으로 2단 적재열차의 운행이 사실상 불가능하다.

③ TOFC 방식은 컨테이너가 트레일러에 적재된 상태로 화차에 적재되어 운행하므로 철도터미널의 다단적재가 불가하고 공간 소요가 많이 필요하다.

④ 철도·도로겸용 운송은 2단 적재열차보다 경제성은 떨어진다.

⑤ 트레일러에 컨테이너를 함께 적재하여 운송하는 피기백 방식은 TOFC(Trailer On Flat Car) 방식이다.

정답 **09** ①

10 다음에서 각각 설명하는 철도화물 운송용 차량은?

> ㄱ: 포대화물(양회, 비료 등), 제지류 등을 수송하기 위한 차량으로 양측에 슬라이딩 도어를
>   구비하여 화물하역이 용이하다.
> ㄴ: 중앙부 저상구조로 되어 있으며 대형변압기, 군장비 등의 특대형 화물수송에 적합하도록
>   제작되어 있다.

① ㄱ: 유개차   ㄴ: 곡형평판차
② ㄱ: 컨테이너차   ㄴ: 곡형평판차
③ ㄱ: 곡형평판차   ㄴ: 유개차
④ ㄱ: 곡형평판차   ㄴ: 컨테이너차
⑤ ㄱ: 무개차   ㄴ: 곡형평판차

> 해설 유개차는 비료·양곡, 곡형평판차는 특대형 화물, 무개차는 무연탄·광석, 컨테이너차는 컨테이너 운송용
> 화차이다.

11 복합운송인 피기백(Piggy-Back) 시스템에 관한 설명 중 틀린 것은?

① 별도의 분류작업이 필요하다.
② 화물열차의 대차 위에 트레일러나 트럭에 적재된 컨테이너를 함께 적재하여 운송하는 방식
   이다.
③ 수송경비, 하역비의 절감효과를 가져온다.
④ 다른 나라에서는 캥거루수송이라는 방식으로 운용하고 있다.
⑤ 자동차의 기동력과 철도의 대량수송의 이점을 살린 복합수송방식이다.

> 해설 피기백방식은 컨테이너가 트레일러에 적재된 상태로 철도운송이 이루어지므로 별도의 분류작업이 필요 없다.

12 우리나라의 철도운송에 관한 설명 중 옳지 않은 것은?

① 1화차당 운송량이 많고 인건비도 상대적으로 싸다.
② 북한의 철도운송 분담률은 우리나라의 철도운송 분담률보다 높다.
③ 완결성이 떨어지기 때문에 집배송비용 등을 화주가 추가부담해야 한다.
④ 한반도 종단철도(TKR)를 이용해 유럽이나 아시아와 연결가능한 철도노선은 TCR, TSR,
   TMR 등이다.
⑤ 타 운송수단에 비해 친환경적인 저공해와 고안전도를 가지고 있다.

정답 **10** ① **11** ① **12** ①

> 해설 철도운송은 1화차당 운송량이 많은 것이 아니라 1회당 운송량이 많다.

13 다음 철도화물운송에 대한 설명 중 옳지 않은 것은?

① 화물영업선이라 함은 화물취급을 위하여 선로를 부설하고, 화물의 발송 및 도착, 취급에 제공하는 선로를 말한다.

② 화물의 넓이와 길이는 화차의 옆판 및 머리판으로부터 외방으로 튀어나오게 할 수 없다.

③ 화차단위로 화물을 취급하는 것을 차급화물이라 한다.

④ 유개화차는 용적제한을 받으므로 장, 폭, 고 등에 관하여 따로 규정하여야 하며, 무개화차의 경우에도 적재제한을 받는다.

⑤ 사유화차는 고객이 자기비용으로 제작한 차량을 말하며, 운임할인은 별도로 없다.

> 해설 사유화차는 제작비 보전의 형태로 운임할인이 적용되고 있다.

14 다음은 철도화차의 형태를 열거한 것이다. 다음 설명 중 적합하지 않은 것은?

① 오픈 탑 화차(Open Top Car)는 곤돌라와 같이 생긴 것으로 표준규격 컨테이너를 적재하는 데 편리하게 구성되어 있는 화차를 말한다.

② 2단 적재화차(Double Stack Car)는 컨테이너 화차의 일종으로 컨테이너를 2단으로 적재하여 운송할 수 있도록 설계된 화차를 말한다.

③ 컨테이너 화차는 컨테이너를 운송하기에 적합하도록 평면의 철도화차 상단에 컨테이너를 고정할 수 있는 장치를 장착하고 있는 컨테이너 전용화차를 말한다.

④ 탱커화차(Tanker Car)는 원유 등과 같은 액체화물의 운반에 적합하도록 일체형으로 설계된 화차를 말한다.

⑤ 플랫화차(Flat Car)는 철도화차의 상단이 평면을 이루고 있는 화차로 소(小)중량 및 소(小)용적화물, 길이가 비교적 짧은 화물 등을 운반하기에 적합하도록 설계된 화차를 말한다.

> 해설 플랫화차(Flat Car)는 철도화차의 상단이 평면을 이루고 있는 화차로 기계류, 건설장비 등과 같은 대(大)중량 및 대(大)용적화물, 장척화물 등을 운반하기에 적합하도록 설계되어 있다.

정답 **13** ⑤ **14** ⑤

15 철도역의 컨테이너 하역방식에 대한 설명 중 그 내용이 옳지 않은 것은?

① COFC방식은 별도의 하역기기를 필요로 한다.

② COFC방식은 화차 위에 컨테이너만을 적재하는 방식이다.

③ TOFC방식은 COFC방식보다 일반화되어 있지 않다.

④ TOFC방식은 컨테이너를 실은 트레일러 채로 화차 위에 적재하는 운송방식이다.

⑤ COFC방식은 피기백방식, 캥거루방식, 프레이트 라이너 등으로 구분된다.

> **해설** TOFC방식은 피기백방식, 캥거루방식, 프레이트 라이너 등으로 구분된다.

16 철도운송에 관한 설명으로 옳은 것은?

① 이단적열차(Double Stack Train) : 컨테이너가 적재된 트레일러를 무개화차 위에 그대로 적재하여 운송하는 열차

② 철도·도로겸용시스템(Bimodal System) : Box Car, Hopper Car, 곤돌라화차 등의 각종 철도차량을 전기 또는 디젤기관차에 직접 연결하여 화물을 운송하는 방식

③ 곤돌라화차(Gondola Car) : 날씨 또는 기후로부터 화물이 보호될 수 있도록 상자형태로 제작된 화차

④ 덮개형 개저식화차(Covered Hopper Car) : 천장부분에 적재용 뚜껑이 부착되어 있고, 밑부분에 중력양륙 또는 공기양륙장치가 부착되어 있는 화차

⑤ 무개화차(Flat Car) : 상면이 평평하여 가공되지 않은 곡물 등의 산화물을 운송하는 데 적합한 화차

> **해설**
> ① 이단적열차(Double Stack Train)는 컨테이너 두 개를 무개화차 위에 그대로 적재하여 운송하는 열차이며 트레일러는 적재되지 않는다.
> ② 철도·도로겸용시스템(Bimodal System)은 Roadrailer라고도 하는데, 철도의 약점인 문전에서 문전까지 일관성의 불완전을 해결하는 방법으로서 철도에서는 선로 위로 달리고 도로에서는 바퀴를 이용하여 달릴 수 있는 양용방식의 운송시스템이다. 이 시스템은 화차를 필요로 하지 않으며 철도운송과 도로운송을 직접 연결할 수 있다.
> ③ 곤돌라화차(Gondola Car)는 무개화차(無蓋貨車)로 벽체와 바닥만 있어 위가 트여있는 화차를 말한다. 가장 고전적인 화차로 적재가 비교적 용이하고, 구조가 간단하여 광물이나 금속류, 목재, 고철 같은 원자재, 기타 비에 젖어도 상관없는 잡화를 적재하는데 사용한다. 간혹 컨테이너를 적재하기도 한다.
> ⑤ Flat Car는 평판차(平板車) 또는 장물차(長物車)로 바닥판만 있는 화차를 말한다. 필요에 따라서 화물을 고정하기 위한 측면보나 돌기, 로프 등의 체결구를 설치할 수 있는 구조가 많다. 목재나 레일, 강관과 같은 긴 화물, 철판 코일, 자동차 등 차량, 컨테이너, 혹은 변압기나 기계류와 같은 크기가 큰 화물(특대화물)을 적재히는데 사용한다.

> **정답** 15 ⑤ 16 ④

17 다음 중 철도와 화물자동차가 결합되어 운송하는 복합운송방식은?

① Piggy-back System　　　　② Fishy-back System

③ Birdy-back System　　　　④ Land Bridge System

⑤ Train-Water System

> 해설 TOFC 방식으로 트레일러에 컨테이너가 적재된 상태로 도로운송과 철도운송이 연결된다.
> ① 피기백(Piggy-Back) 방식은 철도와 화물자동차를 함께 사용하여 수송하는 방식을 말한다.
> ② 피시백 방식은 도로운송과 선박운송의 결합이다.
> ③ 버디백 방식은 도로운송과 항공운송의 결합이다.
> ④ 랜드브리지 방식은 철도운송이 해상운송과 해상운송을 연결하는 방식이다.
> ⑤ 트레인 워터 방식은 철도운송과 수상운송의 결합이다.

18 철도운송에 관한 설명으로 옳지 않은 것은?

① 초기 구축비용 등 고정비용이 많이 든다.

② 국제적으로 표준화된 Rail Gauge(철도노선의 폭)를 사용하고 있다.

③ 대단위 화물을 육로를 통해 장거리 운송할 때 적합한 운송수단이다.

④ 터널과 다리 등을 통과하기 때문에 적재화물의 크기에 대한 제한이 있다.

⑤ 철도운송은 해상운송과 연계한 다양한 경로(Route)가 개발되어 있다.

> 해설 철도노선의 폭은 광궤, 표준궤, 협궤 등 국가, 지역에 따라 다르다. 광궤(廣軌, broad gauge)는 표준궤보다
> 폭이 넓은 궤간을 가진 철도선로를 말한다. 광궤는 특정한 궤간을 직접 일컫는 표현은 아니며, 표준궤보다
> 폭이 넓은 궤간을 통틀어 부르는 표현이다. 우리나라의 철도노선은 표준궤(1,435m)이다. 협궤(狹軌)는 표준
> 궤보다 폭이 좁은 궤간을 가진 철도선로를 말한다. 협궤는 특정한 궤간을 의미하는 용어가 아니라, 표준궤보
> 다 폭이 좁은 궤간을 일괄하여 부르는 호칭이다. 대표적인 협궤간으로는 1,067mm(케이프 궤간), 1,372mm
> (스코틀랜드 궤간), 1,000mm, 891mm, 763mm, 610mm 등이 있다.

19 다음에서 설명하는 전용열차의 종류는?

- 스위칭 야드(Switching Yard)를 이용하지 않고 철도화물역 또는 터미널 간을 직행 운영하는 전용열차의 형태이다.
- 화차의 수와 타입이 고정되어 있지 않은 열차 형태이다.
- 중간역을 거치지 않고 최초 출발역에서 최종 도착역까지 직송서비스를 제공하는 것이 장점이다.
- 철도-공로 복합운송에 많이 이용되는 서비스이다.

① 셔틀 트레인(Shuttle Train)
② 커플링앤세어링 트레인(Coupling & Sharing Train)
③ 싱글웨곤 트레인(Single-Wagan Train)
④ 블록 트레인(Block Train)
⑤ 유닛 트레인(Unit Train)

해설 ① 셔틀 트레인(Shuttle Train) : 철도역이나 터미널에서 화차조성비용을 경감하기 위해 화차의 수와 형태가 고정되어 있다. 출발지 – 목적지 – 출발지를 연결하는 루프형 구간에서 서비스를 제공하며, 블록 트레인보다 단순화한 형태로 화차의 수와 구성이 고정되어 있어 터미널에서의 화차취급(조성)비용을 절감한다. 블록 트레인보다는 15~20%의 화차취급비용 절감이 가능하며, 양 터미널 간의 수송수요가 충분하면서 안정적이어야 하고, 비교적 단거리 구간에서 유용하다.

② 커플링앤세어링 트레인(Coupling & Sharing Train) : 중단거리수송이나 소규모 터미널에서 이용 가능한 소형열차(Modular Train) 형태이다. 기존 Single-Wagon Train의 개선 대안으로, 중간역에서 화차취급을 단순화하여 열차조성을 신속하게 할 수 있다.

③ 싱글웨곤–트레인[Single-Wagon Train(Liner Train)] : 복수의 중간역이나 터미널을 경과하면서 운행한다. 철도화물운송 서비스 부문에서 가장 높은 비중, 목적지까지 열차운행을 위한 충분한 물량이 확보된 경우에만 운행한다. 화물의 대기시간이 매우 높고, 운송경로상의 모든 종류의 화차, 화물을 운송하지만 모든 야드에서 화주가 원하는 시간에 따라 서비스를 제공하는 것이 아니며, 열차 편성이 가능한 물량이 확보되는 경우에 서비스를 제공한다.

④ 블록 트레인(Block Train) : 고속컨테이너 화차로 스위칭 야드(Switching Yard)를 이용하지 않고 철도화물역이나 터미널 간을 직접 운행하는 열차이다. 화차의 수와 형태가 고정되어 있지 않아 물량이 충분하고 조차장이 적은 철도망의 경우에 블록 트레인이 효율적인 서비스의 형태이다. 중간역을 거치지 않고 출발역으로부터 도착역까지 직송서비스를 제공하며, 운송시간 단축으로 중장거리 운송구간에 있어 도로운송과의 경쟁력 확보, 철도–공로 복합운송에 많이 이용된다.

⑤ 유닛 트레인(Unit Train) : 블록 트레인이 컨테이너화물의 전용화차라면, 유닛 트레인은 주로 벌크화물의 전용화차로 중간역을 거치지 않고 직행운송하는 방식이다.

20 COFC(Container On Flat Car)방식에서 스프레드(Spread)지게차 또는 리치 스태커(Reach Stacker)를 이용하여 처리하는 경우는?

① 플래시 밴(Flexi-Van)방식   ② 매달아 싣는 방식
③ 세로 – 가로 이동방식   ④ 적·양화방식
⑤ 컨테이너 이동방식

해설 지게차에 의한 방식 : 컨테이너 터미널에서 널리 이용되고 있는 리치 스태커(reach stacker)나 지게차(fork lift)를 이용하여 컨테이너를 트레일러 또는 화차에 상하차작업을 수행한다. 세로–가로 이동방식이라고도 한다.

21 철도운송 서비스 형태에 관한 설명으로 옳지 않은 것은?

① Block Train : 스위칭 야드(Switching Yard)를 이용하지 않고 철도화물역 또는 터미널 간을 직행 운행하는 방식이다.

② Shuttle Train : 철도역 또는 터미널에서의 화차조성비용을 줄이기 위해 화차의 수와 타입이 고정되며 출발지 → 목적지 → 출발지를 연결하는 루프형 구간에서 서비스를 제공하는 방식이다.

③ Single-Wagon Train : 복수의 중간역 또는 터미널을 거치면서 운행하는 방식이다.

④ Train Ferry : 중·단거리 수송이나 소규모 터미널에서 이용할 수 있는 소형 열차서비스 방식이다.

⑤ Y-Shuttle Train : 한 개의 중간터미널을 거치는 것을 제외하고는 셔틀트레인(Shuttle Train)과 같은 형태의 서비스를 제공하는 방식이다.

해설 ④ Train Ferry는 열차페리로 선박 내의 선로를 이용하여 육상철도의 화차를 선박에 적재하여 철도운송과 해상운송을 연결하는 운송시스템이다.

22 국내 철도화물 운임체계에 관한 설명으로 옳은 것은?

① 철도화물 운임은 별도의 할인제도를 운영하고 있지 않다.

② 철도화물 운임체계는 일반화물, 특수화물로 구분하여 운영하고 있다.

③ 일반화물 운임은 운송거리(km) × 운임단가(운임/km) × 화물중량(톤)으로 산정한다.

④ 일반화물의 최저기본운임은 사용화차의 최대 적재중량에 대한 10km에 해당하는 운임이다.

⑤ 1km 미만의 거리와 1톤 미만의 일반화물은 실제 거리와 중량으로 계산한다.

해설 ① 할인제도를 운영하고 있다.
② 일반화물, 컨테이너화물로 구분하고 있다.
④ 최저기본운임은 100km에 해당하는 운임이다.
⑤ 1km 미만의 거리와 1톤 미만의 일반화물은 반올림하여 운임을 계산한다.

23 국내의 철도운송에 관한 설명으로 옳지 않은 것은?

① 철도에 의한 경부 간 컨테이너 화물운송은 주로 야간에 이루어진다.

② 철도운송은 시간의 절감과 수송력 제고를 위해 Block Train과 Double Stack Train을 운행하고 있다.

③ 철도노선의 궤간은 폭에 따라 표준궤·광궤·협궤 등으로 구분되며, 이 중 우리나라에서는 표준궤를 이용하고 있다.

④ 경부 간 컨테이너 철도운송을 위해 의왕과 양산에 내륙 컨테이너기지를 두고 있다.

⑤ 국내 화물운송시장에서 철도운송은 도로운송에 비하여 수송분담률이 낮다.

> **해설** 국내 철도운송에 있어 운송시간의 절감과 수송력 제고를 위해 Block Train은 2008년 4월부터 시행되고 있으나, 컨테이너 2개를 동시에 화차에 적재운송하는 이단적화차(Double Stack Train)는 운행되지 않고 있다.

24 우리나라 철도운송의 특징에 관한 설명으로 옳은 것은?

① 철도화물의 운송시 필요한 화차는 형태에 따라 유개화차, 무개화차 등이 있다.

② 2009년 기준, 국내 철도화물의 운송실적은 화물자동차의 운송실적보다 많다.

③ 우리나라 철도노선의 궤간 폭은 1,524mm인 광궤를 이용하고 있다.

④ 철도운송의 분담률을 높이기 위해 Block Train과 Double Stack Train을 운행하고 있다.

⑤ 철도운송은 대량화물운송 및 문전운송 측면에서 다른 운송수단보다 유리하다.

> **해설** 국내 화물운송실적(영업용, 비영업용 포함)의 약 90%는 화물자동차가 담당하고 있다.
> 광궤(廣軌, Broad Gauge)는 표준궤보다 폭이 넓은 궤간을 가진 철도선로를 말한다. 광궤는 특정한 궤간을 직접 일컫는 표현은 아니며, 표준궤보다 폭이 넓은 궤간을 통틀어 부르는 표현이다. 우리나라의 철도노선은 표준궤(1,435m)이다.
> 협궤(狹軌)는 표준궤보다 폭이 좁은 궤간을 가진 철도선로를 말한다. 협궤는 특정한 궤간을 의미하는 용어가 아니며, 표준궤보다 폭이 좁은 궤간을 일괄하여 부르는 호칭이다. 대표적인 협궤간으로는 1,067mm(케이프 궤간), 1,372mm(스코틀랜드 궤간), 1,000mm(미터 궤간), 891mm, 763mm, 610mm 등이 있다.
> 우리나라에서는 터널의 높이 등의 문제로 이단적열차(DST)는 운행하지 않고 있다. 대량화물운송은 철도운송보다 선박운송이 유리하다.

정답 23 ② 24 ①

25 **다음 설명에 해당하는 열차서비스 형태는?**

> 스위칭 야드(Switching Yard)를 이용하지 않고 철도화물역 또는 터미널 간을 직행 운행하는
> 전용열차의 한 형태로 화차의 수와 타입이 고정되어 있지 않다.

① Shuttle Train　　　　　　　② Single-Wagon Train

③ Y-Shuttle Train　　　　　　④ Liner Train

⑤ Block Train

> 해설　블록 트레인은 대량화주가 사유화차로 전용열차를 편성하여 중간역을 거치지 않고 출발역과 도착역 간을
> 직행 운행하는 열차를 말한다.

26 **현재 우리나라에서 운영 중인 철도화물 운송방법에 관한 것으로 옳지 않은 것은?**

① 소화물 취급　　　　　　　② 화차 취급

③ 컨테이너 취급　　　　　　④ 혼재차 취급

⑤ KTX 이용 특송서비스

> 해설　철도 소화물운송은 택배사나 정기화물운송사와 비교할 때 가격은 물론 서비스면에서도 경쟁이 매우 어려워,
> 소화물을 취급할수록 손실이 발생하는 운영적자의 누적으로 인해 소화물운송 서비스를 폐지한 상태이다.

CHAPTER 07

연안운송과 카페리운송의 이해

01 연안운송

1 연안운송의 의의

① 외항화물선과 연계하여 수출입화물의 국내항 간 운송은 물론 내수용 화물을 국내항 간에 운송하는 것이다. 연안운송을 통해 운송되는 화물은 석유, 시멘트, 철강제품, 모래 등 국가기간산업에 필요한 화물들이다. 도서지역에 대한 생필품의 운송은 연안화물선이 전담하며, 국가 연안운송의 경제성은 다른 수송수단에 비해 탁월하고, 운송비용이 가장 적게 들며 환경친화적인 운송수단이다.

② 일본, EU, 미국, 호주 등 해운선진국들은 연안운송의 장점인 에너지 고효율, 저비용, 친환경성에 주목하여 정책적으로 면세유, 선박건조자금, 선원복지, 선박운항 등을 국가적으로 지원하고 있다.

③ 우리나라는 선박건조자금 융자와 유류세액의 일부 등을 보조한다.

2 연안운송의 필요성

(1) 운송비의 절감

① 화물의 특성상 기 · 종점이 일정지역에 편중되어 있고, 화물의 출발지와 목적지가 임해지역이거나 항만과 근거리에 위치한 화물을 운송할 경우 연안운송이 유리하다.

② 일반적으로 선박을 이용하는 연안운송이 장거리, 대량화물운송에 보다 더 적합하나, 화물의 특성이나 1회 운송하는 화물량 그리고 공장이나 생산지 또는 목적지에 따라 철도운송 또는 연안운송을 선택적으로 활용이 가능하다.

(2) 도로의 교통혼잡 완화(교통난 해소로 대량화물의 연안운송 유도)

① 연안운송은 철도와 함께 교통혼잡을 완화시킬 수 있는 중요한 운송수단으로 인식된다.

② 연안운송은 철도운송과 함께 도로 중심에서 운송수단의 전환을 추진함으로써 고속도로, 국도, 지방도의 교통혼잡의 완화를 도모하여 혼잡비용의 축소와 삶의 질을 높일 수 있도록 해야 한다. 특히 중량물, 대량화물의 장거리운송시 연안운송으로 전환하도록 함으로써 도로파손과 교통혼잡을 완화시켜야 한다.

(3) 철도운송의 한계

장거리, 대량화물의 운송수단으로 철도운송과 연안운송이 적합하다. 연안운송은 철도운송보다 장
거리, 대량화물을 운송하는 데 유리한 운송수단이며, 특히 우리나라의 철도망은 경부축과 일부
호남축을 중심으로 구축되어 있고, 연계운송체계가 미흡하여 도로운송에 비해 경쟁력을 확보하고
있지 못하다.

(4) 에너지 절약

고유가 행진이 지속되는 한, 현행 에너지 다소비형 도로운송 위주의 물류체계는 개선되어야 한다.
세계적으로 고유가 행진이 지속되고 있는 가운데, 연안해운은 다른 운송수단보다 에너지 효율성
이 높은 것으로 인식되고 있다.

(5) 남북 물자교류 활성화에 대비

남북 간 경제교류가 확대되고, 개성공단의 건설과 운영, 남북 간 도로와 철도의 연결 등 남북 물자
교류 활성화에 대한 기대가 가시화되고 있다. 남북교류가 확대되면 도로와 철도를 이용한 거래도
확대되겠지만 인프라 부족과 보안시설에 대한 접근금지 등 육상교통의 한계로 남북 간 연안운송
이 한층 확대될 것으로 전망된다.

3 연안운송의 장점

(1) 물류비 절감형 운송수단(각종 운송수단에 비해 톤·km당 비용이 가장 저렴)

연안운송은 장거리, 대량화물운송에 적합한 운송수단으로서 다른 운송수단에 비해 톤·킬로미터
당 운임이 저렴하다.

(2) 대량화물의 국내수송에 적합한 운송수단

선박을 이용하는 연안수송은 1회에 운송하는 화물량이 육상의 트럭이나 열차에 비해 수십 배 내지
수백 배 이상으로 운송할 수 있기 때문에 규모의 경제효과를 거둘 수 있다.

(3) 도서지역에 안정적인 생필품 공급과 여객운송

연안운송선박은 섬이 많은 도서지역에 안정적으로 생필품을 공급하고 있으며, 카페리선 등은 도
서주민과 관광객을 운송하는 역할을 담당한다.

(4) 국가안보와의 관계(국가위기상황에 군사용 선박으로)

해운은 전쟁이나 분쟁발생시 필요한 군수물자를 운송하고, 병력을 운송하는 역할을 수행하며, 연
안해운도 국가안보와 관련하여 필요한 보급물자와 인력을 공급하거나 해상로를 차단하기 위한 수
단으로 활용된다.

(5) 중요 자원재의 안정적 운송수단

연안해운은 국가기간산업의 발전에 필수적인 원자재, 즉 유류, 가스, 시멘트, 철제품, 모래, 컨테이너 등을 안정적으로 운송함으로써 적기에 수출 및 내수용 원자재를 투입하고 산출물을 적기에 수출할 수 있도록 지원한다.

4 연안운송의 현황과 문제점

(1) 연안운송의 현황

① 컨테이너 연안운송
　㉠ 부산 – 인천 간 연안운송시 운송단계는 다른 운송수단에 비해 복잡한 절차를 거치게 되고, 그에 따라 운송시간도 더 소요된다.
　㉡ 국적 외항선과 내항선의 국내항 간 컨테이너화물 연안운송의 가격경쟁력을 비교하면 내항선이 크게 불리한 실정이다. 정부는 2002년 12월 「해운법」을 개정하여 국적 외항선의 내항운송을 허용하였고, 2006년에는 외국적선사에 대해 자가화물에 한정하여 일부 국내항 간 화물운송(인천 / 광양 간 머스크사)을 허용하였다.

② 벌크화물 연안운송
　㉠ 선적시간이 급하지 않은 수출화물이나 원자재 수급에 시간적 여유가 있는 수입화물의 운송에 연안해송을 적극 활용할 경우, 도로운송에 비해 다소 저렴한 운임으로 화물의 운송이 가능하다.
　㉡ 시멘트, 유류, 철강제품 등은 연안운송선을 이용하는 것이 비용상 유리하며, 모래의 경우 연안운송선을 이용할 수밖에 없다.

(2) 연안운송의 문제점

① 업체의 영세성과 경영실태의 부실 : 업체당 보유선박은 평균 2척 미만, 척당 선형은 평균 700톤 정도에 불과하며, 연안운송업계 전체의 70% 정도가 자본금 3억원 미만이고, 개인이 운영하는 생계형 사업체가 절반에 달하는 등 영세하다.
② 외항화물선과의 차별적인 세제 및 혜택의 부족 : 외항선에 비해 경쟁력이 취약한 연안운송선에 대해 관세, 지방세, 유류세 등 세제혜택 등이 미흡하다.
③ 선원의 부족 및 확보지원책의 부족 : 연안해운업체의 영세성 때문에 선원에 대한 대우가 좋지 않아 우수한 선원을 확보하기도 어렵고, 자질이 부족하거나 미숙한 선원, 고령의 선원이 승선하면서 안전운항이나 오염사고 등에 노출될 가능성이 높다.
④ 항만운영의 경직성 및 민영화 지연 : 항만 입출항 신고, 비관리청 항만공사 시행허가 등에 장시간이 소요되고, 절차가 복잡하며, 도선과 예산운영에 대해서도 불만을 제기하는 경우가 많다.

⑤ **비효율적인 항만노무공급제도** : 항만노무공급은 항운노조가 상당 부분 공급하고 있다.

⑥ **중고선 도입의 제한** : 조선산업의 보호를 위해서 또한 해양오염이나 해난사고 방지를 위해서 연안운송에 중고선 도입을 제한하고 있다.

⑦ **내항선박 확보자금의 지원부족** : 최근 대부조건이 다른 지원자금보다 불리하여 계획조선 자금 이용을 기피하는 실정이며,

⑧ **내항해운항만시설의 부족** : 연안운송 컨테이너선은 규모가 작기 때문에 수심, 크레인 인양 높이 등이 상이하며, 이들 연안운송 컨테이너선이 접안하여 하역작업을 용이하게 할 수 있는 부두와 시설이 부족하다.

⑨ **연안운송으로 운송수단 전환시 인센티브 미흡** : 도로로 운송하던 장거리, 대량화물을 연안운송 으로 전환할 경우 외국과 같이 인센티브를 부여하고, 시범사업을 선정하여 대대적으로 홍보하는 등 활동이 미흡하다.

5 　 연안운송의 활성화 방안

- 연안해운 혁신을 위해서 연안해운지원체제 확립, 연안해운 관련 물류인프라 개선, 연안해운 중심의 복합물류체계 구축 등이 시급한 과제이다.
- 정부는 연안해운의 활성화를 위한 워킹(Working)그룹들을 운영하였는데, 워킹그룹의 주요 추진 과제는 내항화물선 등록기준 강화에 따른 후속조치 방안, 공선운항 및 외국적선 용선 최소화를 위한 연안운송정보망 활성화 방안, 유조선이중선체구조 개선에 따른 대응방안, 여객선면허제도 개선방안, 연안해운업계 표준화 재무시스템 적용방안 등이다.

(1) 연안운송선의 등록기준 강화

① 현행 연안운송사업의 등록기준은 선박 1척 이상이며 누구나 사업참여가 가능하도록 되어 있어 업계의 영세화는 물론 경쟁력 약화를 초래하였다.

② 업계의 대형화를 통한 자본력 확대 및 규모의 경제성을 확보하여 경쟁력을 가질 수 있도록 보유톤수를 상향하는 것이 필요하다.

> 🔵 **TIP**　해운법 시행규칙 제19조 제1항 해상화물운송사업의 등록기준(시행규칙 별표 3)에 내항 화물운송사업의 등록기준으로 '선박이 1척 이상이 있을 것'으로 규정되어 있다.

(2) 신규진입선박에 대한 선령제한

신규진입선박에 대한 선령제한이 추진 중이다. 종전에는 외국에서 선박을 수입할 경우 선령을 제한해 왔으나 규제완화 차원에서 이 제도가 폐지된 후 선박을 건조하는 대신 저가의 중고 노후선을 수입하는 사례가 증가하고 있다.

(3) 적정선박량 공표제 도입

① 정부는 적정선박량 유지를 위한 선박량 공표제를 도입할 계획이다.

② 선박량 과잉을 막기 위해 선종별 적정선박량을 산출하여 공표함으로써 시장진입의 판단기준을 제공할 계획이며, 적정선박량 산출을 위한 방안이 추진되고 있다.

(4) 선·화주 상생협력

① 연안화물의 대부분을 차지하는 대량화물은 화주와 선사 간 장기간의 운송계약을 유지하고 있다는 점에서 장기운송계약(COA ; Contract Of Affreightment)에 가깝다. 그러나 화주의 전용선대에 포함된 선사의 경우, 외형적으로는 장기운송계약의 형태를 취하고 있으나 실제 운송계약기간은 짧으면 3개월, 길어야 1년으로 계약기간을 연장하는 형태로 장기운송계약을 유지하고 있다.

② 연안화물선의 분야 역시 해상안전 확보가 가장 중요시 되어야 하며, 이를 위한 정책적 지원방향으로는 건전하고 튼실한 연안화물선 업계 시장질서 확립과 형평성 있는 지원체계 확립이다. 무엇보다 건전한 연안해운 시장질서 확립으로 연안화물선의 주요 화주기업인 정유사, 철강사, 조선소 및 발전소 등과 선·화주 상생협력을 강화할 수 있는 상생협의회 구성 및 운영, MOU 체결, 표준계약기준 마련 적용 등을 시행하는 것이다.

(5) 연안화물선 선박금융지원의 대폭 강화

① 연안선사를 위한 실효적인 선박금융기법을 개발하는 것이 중요하다. 특히 가칭 '선박담보보증기금'의 설립을 검토하여 선박투자를 촉진하는 것이 필요하다. 선박금융 활용도를 높이기 위한 연안선사의 경영합리화 추진이 필요하다.

② 정부의 직접적인 선박확보자금 지원대책으로 현행 선대구조개선자금을 신조선가의 급증으로 선사들이 선박신조에 곤란을 겪고 있는 점을 고려하면 확대하여 제공하는 방안의 검토가 필요하다.

(6) 연안해운 조세지원제도 정비

① 연안해운은 친환경적 운송수단으로서 육상운송에 비해 톤·마일당 단위원가가 저렴하여 국가 물류비를 절감할 수 있을 뿐만 아니라, 간접적인 사회적 비용도 육상수송에 비해 적게 들기 때문에 연안화물운송에 세제상의 지원이 필요하다.

② 현재 연안화물선의 경유 유류세 보조금 지원제도와 관련하여 Smart-유류세 보조금 관리시스템 구축을 통해 부정수급 방지 및 보조금업무 전산화 등 체계적인 유류세 보조금 관리체계의 마련이 필요하다.

③ 경영환경이 날로 악화되고 있는 연안화물선 업계 지원을 위해 일몰제로 운영 중인 경유 유류세 보조금 지원사업, 지방세 면제제도, 항만시설사용료 감면제도, 육상화물의 해송전환을 촉진하

는 전환교통 보조금 지원사업, 연안화물선 현대화를 위해 운영 중인 연안선박 현대화 이차보전 사업의 연장과 예산 증액 등이 필요하다.

(7) 선사 간 자율적 구조조정지원

① 선사들의 자본력 및 선대 확대는 경쟁력 강화는 물론 대화주 협상력을 강화하여 적정운임을 받을 수 있는 최선의 방안이다.

② 연안화물선 업계의 구조조정은 단기적으로 대형선사 및 중소형선사 간 업무제휴 또는 운송네트워크를 통합하여 통합효과를 높여나가고, 중·장기적으로 선사 간 인수합병을 통하여 경영의 단일화를 추진하는 것이 바람직하다.

(8) 연안선사의 사업확대

① 내항선사들은 규모나 경영능력에 있어 외항선사에 비해 열악하므로 외항선사들이 서비스하지 않는 틈새시장을 포착하여 시장에 진출하고, 점차 외항운송사업을 증가시키는 점진적 시장진출이 필요하다.

② 도서지역 주민의 생활여건 및 정주여건 개선을 위한 LPG, 등유 등 생활필수품에 대한 해상운송 지원방안으로 지자체와 매칭하여 생필품 운송 화물선 건조 및 물류비 지원 등이 필요하다.

02 페리(Ferry)운송 시스템

1 페리운송의 의의

페리운송 시스템이란 육지와 도서지역 간 또는 육지와 바다를 낀 육지 간을 운항하는 여객용 선박에 승객의 차량을 동시에 선적하여 이동시켜 주는 운송시스템을 말한다. 초기에는 승객의 차량을 운송시켜 주는 것이 주목적이었으나 점차 화물운송의 중요성과 페리운송의 장점이 인식되면서 페리선에 화물차량을 선적하여 운송하는 방법으로 운송서비스가 확대되고, 대량의 화물이동이 발생하는 지역 간의 페리운송이 활발하게 이용되고 있다.

2 페리운송의 운영방법

(1) 유인(有人)도선방법(제1방법)

유인도선방법이란 화물자동차를 운전하는 기사가 직접 그 선박에 탑승하여 부두에 선박이 도착하면 직접 차량을 운전하여 운송하는 방식으로 주로 단거리운송에 많이 이용된다.

(2) 무인도선방법(제2방법)

유인도선과 같이 화물자동차를 페리를 이용하여 도선하는 방법이나 해당 선박에 운전기사가 탑승하지 않고 차량만 선적한 후, 목적지에 도착하면 다른 운전기사가 운행을 하는 방식이다.

(3) 무인트레일러방법(제3방법)

무인도선방법과 유사하나 일반 화물자동차를 도선시키는 방법이 아니라 화물을 적재한 트레일러만을 도선시키는 방법이다. 트레일러만을 도선시키기 때문에 견인차(트랙터)와 운전기사가 운항시간 동안 불필요하게 운휴하는 시간이 삭감되며, 트랙터가 도착지에 운행함으로써 발생할 수 있는 각종 문제(운행허가, 타 운전기사의 운전에 따른 고장발생 등)를 방지할 수 있다.

(4) Train−ship 피기백방법(제4방식)

활발하게 이용되고 있는 방법은 아니지만 철도운영회사가 철도운송을 활성화하기 위하여, 양단의 페리부두에 인접하여 대규모의 철도역을 설치하고, 피기백 시스템에 의하여 운송된 트레일러나 화물자동차를 페리부두에서 페리로 환적하고, 도착지에서도 차량을 하역 후 다시 철도를 이용하여 최종 목적지까지 운송하는 방식이다.

3 페리운송의 이점

기본적으로 페리운송은 화물의 운송을 일반 해상운송방식으로 처리해야 할 구간에서 상하역작업을 하지 않고 차량과 화물을 하나의 화물로 간주하여 운송하는 개념임과 동시에 화물의 상하역작업을 Lift-on, Lift-off 방식이 아닌 Roll-on, Roll-off 방식으로 처리함으로써 운송에 많은 이점을 주고 있다.

(1) 상하역비 절감

페리운송에서는 차량이 화물을 적재한 상태로 직접 배에 적재되기 때문에 화물 자체의 하역작업이 필요 없게 된다. 따라서 별도의 상하역비가 발생하지 않는다.

(2) 신속한 운송

페리운송에서는 차량이 선박에 직접 적재되기 때문에 하역시간과 운송시간이 단축된다.

(3) 화물의 안전성 향상

부두에서 별도로 화물의 상하역작업이 없기 때문에 화물의 파손 및 분실가능성이 감소한다.

(4) 운행거리 단축

도서지역이 아닌 협만(峽灣)지역을 운항하는 페리선의 경우에는, 차량으로 원거리를 돌아 운행하는 비효율성을 제거하고 직선거리로 운행을 함으로써 전체적인 운행거리와 시간을 단축한다.

(5) 차량의 고정비 절감

무인트레일러방식에서는 견인차를 적재하지 않고 타 화물운송에 투입함으로써 견인차량의 고정비를 절감할 수 있게 된다.

(6) 차량운전기사의 인건비 절감

무인도선방법에서는 운전기사가 승선하지 않기 때문에 선박의 운항시간 동안 운전기사는 다른 운송업무를 수행할 수 있게 되어 결국 인건비를 절감할 수 있게 된다.

4 페리운송의 종류

(1) 차량페리

페리선 중 주로 승객과 일반화물, 일반승용차 및 화물차량을 적재하고 운항하는 페리선을 말한다.

(2) 열차페리

페리선 중 철도화차를 적재하고 운항할 수 있는 특수설비를 갖춘 선박이다. 선박 안에 화차가 진입할 수 있는 레일이 설치되어 있으며 부두와 선박을 유연하게 연결시킬 수 있는 특수한 설비들이 요구된다.

03 카페리운송

1 카페리운송의 의의

① 카페리(Car Ferry)는 자동차와 여객을 동시에 운송할 수 있는 선박이다. 기존 카페리는 도서지방을 연결하는 주요 운송수단으로 활용되었지만, 최근 장거리 카페리는 한일항로, 한중항로 등에 취항함으로써 차량과 컨테이너를 동시에 운송한다.
② 카페리항로에는 대체로 컨테이너선과 카페리가 경쟁관계를 형성하고 있으며, 운임수준은 카페리선이 컨테이너선보다 다소 높고, 운송시간은 카페리선이 컨테이너선보다 빠르다. 카페리는 적은 인력으로도 운항이 가능하며, 산업단지와 섬 등 관광지를 연결하여 지역개발에 기여하고, 생동물과 생선, 과일 등의 직송이 가능하여 상품의 수급조절과 가격안정에 기여하고 있다.

2　카페리의 경제적 이점

① 상하역비 절감
② 화물의 안정성 향상
③ 차량의 고정비 절감
④ 차량운전기사 인건비 절감
⑤ 신속한 운송
⑥ 운행거리 단축

04　열차페리

1　열차페리

① 선박 내부에 설치된 선로와 육지의 선로를 연결하고, 화물열차가 기관차의 동력으로 바로 선내로 들어갈 수 있도록 설계된 선박이다.
② 육지의 선로와 선내의 선로는 램프(진입로・경사로)로 연결하며, 페리에 철로를 설치하여 컨테이너나 일반화물을 적재한 화차를 선박에 적재하고 항만과 항만 간 페리로 운송하며, 항만에 도착 후 철로를 이용하여 내륙지역까지 철도운송이 가능한 복합운송이다.

2　열차페리 운항시 장단점

(1) 장 점

① 물류상의 이점
　㉠ 대량화물운송에 적합
　㉡ 수요기간이 짧은 물품운송에 적합
　㉢ 항만 하역시간의 단축으로 비용절감 및 화물의 손해발생 저하
　㉣ 포장비의 절감가능
　㉤ 통관의 간이화
② 비용상의 이점
　㉠ 포장의 간이화에 따른 운임절감
　㉡ 일반해상운송에 비해 보험료 저렴
　㉢ 하역의 처리빈도가 적어 도난 및 파손위험의 발생 낮음.

ㄹ 비상시 손해의 최소화

ㅁ 보관장소와 보관기간이 짧아 재고품 창고시설의 투자자본, 임차료, 관리비 등의 절감가능

(2) 단 점

① 항만인입철도, 항만 내 철도시설 투자

② 양국 간 물동량 균형과 운송화물의 유사성 필요

③ 신속한 하역체계와 손해발생시 책임체계 미흡 등

> **TIP** 열차페리 운송은 철도운송 후 선박운송이 연결되는 복합운송으로, 2개 이상의 서로 다른 운송구간이 연결
> 되어 운송되는 경우의 일반적 현상인 손해발생시 책임소재가 명확하지 않다.

01 다음 중 연안해송 및 연안선박의 운항활성화를 위한 정책방향과 가장 거리가 먼 것은?

① 선박확보자금의 정부지원 확대

② 연안선에 대한 세제감면지원을 외항선 수준으로의 조정

③ 대량연안화물에 대한 하역등록요건의 완화

④ 외국적선 용선의 이용 장려

⑤ 경인운하 건설을 통한 경인 간 연안해송량의 증대

> **[해설]** 우리나라를 비롯 대부분의 국가에서 국가안보와 자국민의 영세한 연안운송을 보호하기 위해 외국적선의 자국 연안운송을 허용하지 않고 있다.

02 연간 선박운항의 생산성을 나타내는 지표로 활용되는 것은?

① 톤 – 마일

② 선박당 적재율

③ 선박당 가용시간

④ 선박당 운항시간

⑤ 톤 – 해리

> **[해설]** 운항 생산성은 적재량(톤)과 운항거리(마일)로 나타난다.

03 카페리의 특징에 관한 설명으로 옳지 않은 것은?

① 생동물, 과일, 생선 등을 산지로부터 신속하게 직송하여 화물을 유통시킨다.

② 육상의 도로혼잡을 감소시킨다.

③ 상·하역비를 절감할 수 있다.

④ 컨테이너선에 비해 운임수준이 다소 낮아 매우 경제적인 운송수단이다.

⑤ 불특정 다수를 대상으로 사람과 화물을 동시에 운송할 수 있다.

> **[해설]** 카페리는 여객과 차량을 동시에 운송하는 해상운송수단으로 도서의 생동물, 과일, 생선 등을 육지로 신속하게 운송한다. 카페리로 연안운송을 확대하면 도로혼잡을 줄일 수 있으며, 로로(RO–RO)운송으로 상·하역비를 절감할 수 있다. 하지만 컨테이너선에 비해 운임수준은 다소 높은 것이 일반적이다.

정답 01 ④ 02 ① 03 ④

04 연안해운에 대한 설명 중 틀린 것은?

① 선원의 자질이 부족하고 확보가 어렵다.
② 외국의 중고선 도입으로 노후선박이 많다.
③ 정부의 지원 부족으로 선박자금을 확보하기 어렵다.
④ 항만노무공급은 항운노조가 대부분 독점하고 있어 비효율적이다.
⑤ 항만시설이 부족하다.

> **해설** 외국의 중고선 도입은 제한을 받고 있다.

05 연안해상운송을 선택하는 이유로 가장 적절하지 않은 것은?

① 운송비의 절감   ② 운송의 신속성
③ 공로의 혼잡   ④ 철도운송의 한계
⑤ 도로운송의 한계

> **해설** 연안해상운송은 도로운송이나 철도운송에 비해 신속성이 낮은 것이 단점이다.

06 열차페리 운송방식은 해상운송과 철도운송이 가지는 장점을 효과적으로 접목시킨 복합일관
운송 방식이다. 열차페리 운송의 장점으로 옳지 않은 것은?

① 하역처리의 빈도가 감소된다.
② 포장의 간이화에 따른 비용이 절감된다.
③ 손해발생시 책임소재가 명확하다.
④ 항만하역시간의 단축이 가능하다.
⑤ 파손위험의 발생이 저하된다.

> **해설** 열차페리 운송은 철도운송 후 선박운송이 연결되는 복합운송으로, 2개 이상의 서로 다른 운송구간이 연결되
> 어 운송되는 경우의 일반적 현상인 손해발생시 책임소재가 명확하지 않다. 손해발생시 책임 소재를 가리기
> 위해 이종책임체계, 단일책임체계, 변형단일책임체계 등의 복합운송 책임체계가 있다.

07 우리나라 연안해운의 활성화 방안에 관한 설명으로 옳지 않은 것은?

① 선사와 화주 간 지속적인 관계 개선 및 서비스 향상을 통한 진정한 의미의 장기용선계약 체결이 필요하다.

② 연안 선사를 위한 실효성 있는 선박금융기법 개발을 통해 연안 선사의 경영합리화 추진이 필요하다.

③ 연안 해운은 육상운송수단에 비해 친환경적인 운송수단으로 세제상의 지원이 필요하다.

④ 현행 연안운송사업의 등록기준은 선박 3척 이상으로 규정되어 있어 등록 기준의 완화가 필요하다.

⑤ 선복량 과잉을 방지하고 적정 선박량의 유지를 위한 방안이 필요하다.

> **해설** 해운법 제19조 제1항 해상화물운송사업의 등록기준(시행규칙 별표 3)에 내항 화물운송사업의 등록기준으로 '선박이 1척 이상이 있을 것'으로 규정되어 있다.

08 열차페리 운송방식은 해상운송과 철도운송이 가지는 장점을 효과적으로 접목시킨 복합일관 운송 방식이다. 열차페리 운송의 장점으로 옳지 않은 것은?

① 하역처리의 빈도가 감소된다.

② 포장의 간이화에 따른 비용이 절감된다.

③ 손해발생시 책임소재가 명확하다.

④ 항만하역시간의 단축이 가능하다.

⑤ 파손위험의 발생이 저하된다.

> **해설** 열차페리 운송은 철도운송 후 선박운송이 연결되는 복합운송으로, 2개 이상의 서로 다른 운송구간이 연결되어 운송되는 경우의 일반적 현상인 손해발생시 책임소재가 명확하지 않다. 손해발생시 책임 소재를 가리기 위해 이종책임체계, 단일책임체계, 변형단일책임체계 등의 복합운송 책임체계가 있다.

정답 **07** ④ **08** ③

CHAPTER 08

항공운송의 이해

01 항공운송의 개요

1 항공운송의 발달배경과 성장요인

(1) 발달배경

① 고급품에 속하는 상품점유율의 증가(대상 수요상품의 증가)
② 정보화 발달, 유행에 민감한 상품의 신속한 유통
③ 국제분업의 가속화 및 재고정책의 변화
④ 고부가가치 품목의 증가
⑤ 세계교역량의 증가
⑥ 운송합리화에 의한 시간가치의 상승
⑦ 운송서비스의 질적 향상
⑧ 화주의 인식 변화
⑨ 운임의 저렴화
⑩ 수요개발 노력 및 대리점의 역할 증대
⑪ 항공기의 대형화

(2) 성장요인

① 대형항공기의 출현으로 운임인하의 경제성
② 화물전용기의 정기운항으로 운송계획성의 확보
③ 물류전용 터미널 건설로 전문성
④ 다품종 소량생산에 따른 고부가가치 상품의 운송 증가
⑤ 운송서비스의 질 향상
⑥ 화주의 인식변화
⑦ 마케팅의 고도화

2 항공운송의 특징

(1) 항공운송의 특징

① 신속성
② 정시성
③ 안전성
④ 경제성
⑤ 비계절성
⑥ 편도운송성
⑦ 야간작업경향

(2) 항공운송의 장점

① 물류상
 ㉠ 긴급화물, 소형화물 운송에 적합
 ㉡ 수요기간이 짧은 물품운송에 적합
 ㉢ 운송시간 단축으로 비용절감 및 화물의 손해발생 기회 감소
 ㉣ 포장비의 절감
 ㉤ 통관의 간이화
② 비용상
 ㉠ 포장의 경량화에 따른 운임절감
 ㉡ 신속·안전하여 육상운송에 비해 보험료 저렴
 ㉢ 운송 중인 상품에 대한 재고유지비용과 투자자본비용 절감
 ㉣ 적기·적량을 신속·빈번하게 발송 가능하여 보관비 절감
 ㉤ 하역의 처리빈도가 적어 도난 및 파손위험의 발생률 저하
 ㉥ 비상시 손해의 최소화
 ㉦ 보관장소, 보관기간이 짧아 재고품 창고시설의 투자자본, 리스비 등의 절감
③ 서비스상
 ㉠ 고객서비스 향상에 의한 매출 증대 가능
 ㉡ 긴급 수요에 대한 대처 가능
 ㉢ 변질성 상품의 시장확대 가능
 ㉣ 판매기간이 짧은 상품도 시장경쟁력 보유 가능
 ㉤ 재고품의 진부화, 변질 등에 의한 손실률 감소
 ㉥ 운송 중 상품의 위치파악 용이
 ㉦ 신속운송으로 투자자본의 높은 회전율

(3) 항공운송의 단점

① 대량수송 애로

> **TIP** 중량과 규격 제한으로 중량물, 장척물 운송에 애로

② 비교적 높은 운임
③ 공항이 없거나 항공화물편이 없는 경우 운송에 애로
④ 높은 에너지 소비량
⑤ 소음공해의 발생으로 규제 가능성
⑥ 항공운송은 기후의 영향을 많이 받는다.

3 항공운송화물

(1) 급송요구품목

① 긴급수요 발생 물품 : 선박, 항공기, 공장 등의 공장부품의 예비품, 대체품, 혈청, 이식장기 등 의학상 급송요구물품, 상품견본품, 납기지연상품, 계절유행상품, 투기상품, 재해지역에 대한 긴급구호물자 등
② 단기간 운송을 요하는 물품 : 생선식료품(선어, 활어), 생동물, 생화, 방사성물질 등
③ 판매시기가 중요한 물품 : 뉴스필름, 신문, 잡지, 정기간행물 등
④ 여객의 별송(別送)품 등 : 이삿짐, 샘플 등

(2) 중량 대비 고액, 중요 품목으로 운임부담력이 있는 물품

귀금속, 미술품, 시계, 전자제품, 광학제품, 약품, 각종 부품, 반도체 관련 기기, 컴퓨터, 통신기기 등

(3) 기타 물품

① 항공 운송수단이 다른 운송수단보다 저렴하거나 동일한 정도의 물품
② 물류관리나 마케팅 전략상 물품
③ 안전성과 확실성이 요구되는 물품

02 항공기와 항공운송장비

1 항공기의 종류

(1) 크기에 의한 분류

① Conventional Aircraft(Narrow Body Aircraft) : 재래식 소형 기종으로 하부의 격실에는 ULD (Unit Load Device)를 탑재할 수 없고 날개로는 화물의 적재가 가능하다. A320, B707, B737, B757, DC-10, DC-9, MD-80 등

② High Capacity Aircraft(Wide Body Aircraft) : 대형기종으로 화물실에 단위탑재용기를 탑재한다. A300, B747, B767, DC-10, MD-11 등

(2) 용도에 의한 분류

① 화물기(Air Cargo) : 화물전용기로 상하부 격실에 화물만 탑재한다. B707F, B747F, DC-8F, DC-10F 등

② Combi(Mixed/Combination) : 상부 격실에 여객과 화물을 각각 탑승·탑재한다.

③ 여객기(Passenger) : 상부 격실에 여객을, 하부 격실에 수화물, 우편물, 기타 화물을 적재한다. B727, B747, DC-10, DC-8 등

(3) 전환가능성에 의한 분류

① 화물전용기(Freighter)
② 화객혼용기(Combi Aircraft, Convertible Aircraft)
③ 화객겸용기(Rapid or Quick Change)

2 항공화물용 단위탑재용기(ULD ; Unit Load Device)

(1) 파렛트(Pallet)

1인치 이하의 알루미늄 합금으로 만들어진 평판으로 화물실 바닥의 Attachment System을 사용하여 항공기에 고정한다. 표준사이즈는 88″ × 108″, 88″ × 125″

(2) 컨테이너(Certified Aircraft Container)

별도의 보조장비 없이 화물실에 적재·고정이 가능한 용기이다.

(3) 이글루(Igloo)

유리섬유, 알루미늄 등의 재질로 비행기의 동체모양에 따라 제작된 덮개로 파렛트와 함께 사용하며, 항공기 내부구조에 맞게 모서리를 둥글게 제작한다.

(4) 특수 ULD

Car Transporter(자동차운송용), Horse Stall(말운송용), Cattle Pen(가축운송용), GOH(Garment on Hanger, 의류운송용)

① 신속한 항공기 탑재 및 하역작업으로 항공기의 가동률을 제고한다.
② 항공기의 적재 위치별로 내부공간이 다르면 동일한 항공기 내일지라도 다른 형태를 갖는다.
③ 항공화물운송에 사용되는 컨테이너 파렛트, 이글루 등 항공화물 탑재용구의 총칭이다.
④ 외면표기(Markings)는 IATA의 규정에 의해 ULD Type code, Maximum Gross Weight, The Actual Tare Weight를 반드시 표기하도록 하고 있다.
⑤ 항공기 간의 호환 여부에 따라 Aircraft ULD와 Non-Aircraft ULD로 구분한다.
⑥ 항공탑재용기(ULD)의 종류

항공형 컨테이너	항공기 화물실 동체 모양에 맞게 제작되어 화물실 공간을 최대로 활용하여 화물을 넣을 수 있게 만든 단위탑재용기	
항공형 파렛트	금속으로 편 평판. 그 위에 화물을 적재한 후 net(그물)이나 이글루를 사용하여 화물을 고정시키고 항공기에 탑재함.	
이글루 (igloo)	항공기 동체모양에 따라 만든 항공화물을 덮는 특수한 덮개로 파렛트 위에 덮음.	
GOH (Garment on Hanger)	의류운송용 GOH(Garment on Hanger)는 특수 ULD의 하나로서 고급의류 전문품을 운송하기 위해서 제작된 항공탑재용기에 해당	

3 ULD의 장단점

(1) 장 점

① 지상조업시간, 하역시간의 단축으로 항공기의 가동률을 향상시킨다. 컨테이너의 경우 운송화물의 안전성을 제고한다.
② 운송화물의 단위화로 하역시간의 단축, 하역비용의 절감 등 하역합리화를 실현한다.
③ 냉동 컨테이너 등 특수 컨테이너를 사용하여 냉동화물, 냉장화물, 생동물 등 특수화물을 운송한다.

(2) 단 점

① ULD의 구입과 수리에 대한 자본이 소요된다.
② ULD의 자체 중량만큼 화물탑재량이 감소한다.
③ 사용된 ULD의 회수 등 관리상의 애로가 있다.
④ 기종별 규격의 비표준화로 ULD의 기종 간 호환성이 낮고 항공운송의 특수성으로 선박 등 다른 운송수단과의 호환성이 낮다.

4 항공기 화물실의 구조와 지상조업설비

(1) 화물실의 구조

① Deck : 항공기의 바닥이 2개 이상인 경우 Deck에 의해 항공기 내부공간이 Upper Deck, Main Deck, Lower Deck로 구분된다.
② Hold : 천장과 바닥, 격벽으로 구성된다.
③ Compartment : Hold 내에 Station별로 지정된 공간이다.
④ Section : 격실 중 단위적재용기(ULD)가 탑재불가능 공간이다.
⑤ Bay : 격실 중 ULD 탑재가능 공간이다.

(2) 지상조업설비

① Transporter : 적재작업이 완료된 항공화물의 단위탑재용기를 터미널에서 항공기까지 수평이동하는 장비이다.
② Dolly : Transporter와 동일작업에 사용하며, 자체의 기동성이 없고 견인차와 연결하여 사용한다.
③ Self-Propelled Conveyor : 수화물, 소형화물을 항공기 내에 낱개로 탑재 또는 하역할 때 사용한다.

④ Fork Lift Truck : 중량화물을 소형기의 Belly에 탑재 또는 하역하거나 단위탑재용기에 적재작업시 사용한다.

⑤ High Loader : 단위탑재용기를 대형기에 탑재하거나 하역시 사용한다.

⑥ Work Station : 항공화물터미널에서 화물을 파렛트에 적재(Build-up)하거나 해체(Break down)할 때 사용되는 설비이다.

⑦ Tie-Down Equipment : ULD에 화물이 적재된 형태를 유지하는 네트(Net) 및 연결장치로써, 항공기 운항 도중 또는 이착륙시 발생하는 흔들림에 의한 화물의 파손 및 화물의 위치이탈에 따른 항공기의 내부파손을 방지한다.

⑧ Tug Car : 탑재용기에 적재된 화물을 운반할 수 장비로써 Dolly와 연결되어 Dolly를 이동시키는 차량이다.

5 항공화물의 탑재방식

(1) 산화물(Bulk Cargo) 적재방식

항공기의 하부 화물실(Belly)작업과 같이 화물전용기나 한정된 공간에 적재효율을 높이기 위하여 인력으로 개별화물을 직접 화물실에 적재하는 경우에 활용된다.

(2) 파렛트 적재방식

파렛트 위에 화물을 올려놓고 이글루를 파렛트 위에 올려 놓아 고정시켜 탑재한다.

(3) 컨테이너 적재방식

화물실 입구의 Control Box를 조작하여 화물실 바닥의 전동식 롤러를 통해 자동으로 컨테이너를 적재한다.

> **TIP** 항공기의 중량
> ① 자체중량(empty weight)은 기체구조, 엔진, 고정 장비 및 내부 장비 등의 중량이다.
> ② 운항중량(operating weight)은 승무원, 엔진의 윤활유, 여객 서비스용품, 식음료 등의 중량이다.
> ③ 유상중량(payload)은 항공기에 탑재한 유상 여객, 화물, 우편물 등의 중량이다.
> ④ 착륙중량(landing weight)은 항공기가 착륙할 때 총중량으로 최대착륙중량을 초과할 수 없다. 즉, 비행기가 착륙할 수 있도록 허가가 된 중량의 최대값이다. 착륙 공항의 활주로 여건에 따라 법적으로 착륙이 가능한 중량이 있다. 기본적으로는 착륙 공항의 활주길이에 의한 변수이지만, 활주로 바닥 조건과 공항의 기압고도 및 Wind Factor 등의 영향을 받게 된다.
> ⑤ 이륙중량(take-off weight)은 항공기가 이륙할 때 총중량으로 최대이륙중량을 초과할 수 없다.

03 항공운송사업

항공운송사업은 고정비가 상대적으로 높은 자본집약적 산업이며, 전문인력이 필요하므로 생산량을 단기간에 증가시키기 어렵다. 또한 운송량 감소에 따라 운항횟수, 즉 생산량을 줄이는 것도 여타 운송수단 대비 상대적으로 어렵다. 따라서 항공운송사업은 생산탄력성이 낮은 편이다.

1 항공운송사업의 유형

(1) 항공운송사업

타인의 수요에 응하여 항공기를 사용하여 유상으로 여객 또는 화물을 운송하는 사업이다. 여기에는 국내항공운송사업자, 국제항공운송사업자 및 소형항공운송사업자가 있다.

(2) 항공기 사용사업

타인의 수요에 응하여 항공기를 사용하여 유상으로 여객과 화물의 운송 이외의 업무를 행하는 사업이다. 항공화물운송에서는 항공운송사업자의 항공기를 이용하여 타인의 화물을 유상으로 자기의 명의로 운송하는 사업으로 '항공화물포워더업'이라고 한다.

(3) 항공운송총대리점업

항공운송사업자를 위하여 유상으로 항공기를 이용한 여객이나 화물의 국제운송계약 체결을 대리하는 사업이다.

(4) 상업서류 송달업(Courier)

타인의 수요에 응하여 유상으로 수출입 관련 서류와 그에 부수적인 견본품 등을 항공기를 이용하여 송달하는 사업으로 국제택배업으로 불린다.

> **핵심포인트**
>
> **항공사업법 제2조 제28호**
> - "상업서류송달업"이란 타인의 수요에 맞추어 유상으로 「우편법」 제1조의2 제7호 단서에 해당하는 수출입 등에 관한 서류와 그에 딸린 견본품을 항공기를 이용하여 송달하는 사업을 말한다.
> - 관세법령상 과세가격이 미화 250달러 이하인 물품으로서 견품으로 사용될 것으로 인정되는 물품은 관세가 면제된다.

> **관세법 시행규칙 제45조(관세가 면제되는 소액물품)**
>
> ① 법 제94조 제3호에 따라 관세가 면제되는 물품은 다음 각 호와 같다.
>
> 　1. 물품이 천공 또는 절단되었거나 통상적인 조건으로 판매할 수 없는 상태로 처리되어 견본품으로 사용될 것으로 인정되는 물품
>
> 　2. 판매 또는 임대를 위한 물품의 상품목록·가격표 및 교역안내서 등
>
> 　3. 과세가격이 미화 250달러 이하인 물품으로서 견본품으로 사용될 것으로 인정되는 물품
>
> 　4. 물품의 형상·성질 및 성능으로 보아 견본품으로 사용될 것으로 인정되는 물품
>
> ② 법 제94조 제4호의 규정에 의하여 관세가 면제되는 물품은 다음 각 호와 같다.
>
> 　1. 물품가격이 미화 150달러 이하의 물품으로서 자가사용 물품으로 인정되는 것. 다만, 반복 또는 분할하여 수입되는 물품으로서 관세청장이 정하는 기준에 해당하는 것을 제외한다.
>
> 　2. 박람회 기타 이에 준하는 행사에 참가하는 자가 행사장안에서 관람자에게 무상으로 제공하기 위하여 수입하는 물품(전시할 기계의 성능을 보여주기 위한 원료를 포함한다). 다만, 관람자 1인당 제공량의 정상도착가격이 미화 5달러 상당액 이하의 것으로서 세관장이 타당하다고 인정하는 것에 한한다.

(5) 항공기 취급업

항공기의 정비, 급유, 하역, 기타 지상조업을 하는 사업이다.

2　항공기 사용사업의 유형

(1) 항공화물운송대리점(Air Cargo Agent)

항공사 또는 총대리점을 대리하여 항공사의 운송약관, 규칙, 운임률표와 일정에 따라 항공화물의 판매, 항공화물운송장(Master AWB)의 발행 등의 운송서비스를 판매하는 사업자이다.

① 항공화물운송대리점의 주요 업무

　㉠ 수출입 항공화물의 유치 및 계약체결

　㉡ 운송을 위한 준비(Shipper's Letter of Instruction, 상업송장 작성 등)

　㉢ 수출입 통관절차 대행

　㉣ 화물자동차 운송주선(내륙운송 ; Pick-up, Delivery)

　㉤ 화주 상대 수출입규정 등 무역상담

　㉥ 항공운송 중 화물의 분실·손실 대비 부보업무, 화물의 위치추적 등

② 항공화물운송대리점의 업무절차

　항공사와 화물대리점계약 체결 → 대리점은 송화인에게 항공운송장(AWB) 공급 항공사의 정보, 스케줄, Traffic 공급 등 송화인에 대한 판매교섭에 의한 항공운송판매, 화물 Pick-up,

화물자동차운송, 화물의 포장, 통관서류 작성, 점검, 보완 등의 업무 수행 → 송화인과 항공화물대리점 간의 운송을 위한 화물운송장의 발행 및 예약 → 통관업자의 주선으로 통관수속 대행 → 운송준비가 완료된 화물 및 화물운송장, 화물운송 관련 서류를 공항에서 항공사에 인도 → 송화인 또는 수화인으로부터 운임을 징수하여 항공사에 지불

💡 TIP RFC(Ready For Carriage : 발송준비)

- 대리점의 고유업무로서 수출화물 및 관련 서류 등이 모두 작성 완료되어 즉각적인 운송이 가능한 상태로서 아래의 작업을 수행
- Air WayBill Issuing, Packing, Labelling, Documentation, Marking of Package 등

(2) 항공운송주선사업(Air Freight Forwarder, Consolidator)

혼재업자나 포워더로서 타인의 수요에 응하여 유상으로 자기의 명의로써 항공사와 항공기를 이용하여 화물을 혼재운송하는 사업자이다. 즉, 다수 화주로부터 화물을 집화하여 화주의 입장에서 항공사와 운송계약을 체결하여 운송을 위탁하는 사업자이다.

① 항공화물운송주선사업자의 주요 업무

- ㉠ 항공사 발행 화물운송장(Master Air WayBill)에 의거 자체 운송약관과 운임률표를 갖고서 송화인과 운송계약을 체결하기 위해 혼재업자용 화물운송장(House Air WayBill)을 발행
- ㉡ 화물을 집화, 혼재하여 항공사에 운송을 의뢰
- ㉢ 화물의 출발, 환적, 도착 등 일련의 화물이동 추적
- ㉣ 벌크화물을 단위화하여 파렛트 또는 컨테이너화하여 단위화물로 만듦.
- ㉤ 통관업무수행과 문전서비스를 위한 조치
- ㉥ 제반서류 작성과 운송수단 결정 및 운송의뢰
- ㉦ 보세운송이 필요하면 보세운송 주선 및 통관절차 주선

💡 TIP 혼재화물 인수대리점(Break Bulk Agent)

혼재업자가 각 목적지에 지정한 대리점으로서 혼재화물을 수화인 단위로 분류 또는 해체하는 사업자

② 항공화물운송주선업자의 업무절차

항공사의 운송수단을 이용하여 항공사와 동일한 입장으로 송화인에게 판매교섭 → 송화인과 혼재업자 간의 운송계약을 체결하기 위해 혼재업자용 운송장(HAWB) 발행 → 통관업자를 통해 통관수속 추진 → 다수 화물을 목적지별로 하나의 화물로 혼재 → 혼재업자를 송화인으로 한 항공회사 운송장(Master AWB)을 발행하고 혼재화물을 공항의 항공사에 인도 → 각 목적지에 있는 혼재업자를 수화인으로 한 화물발송 → 목적지의 Break Bulk Agent가 수화인별로 혼재화물을 분류작업 후 인도

◀ 항공화물운송대리점과 항공화물운송주선업자의 차이점 ▶

구 분	항공화물운송대리점	항공화물운송주선업자
활동영역	• 국내 수출입 관련 컨테이너 만재화물 취급 • 컨테이너 미만 소화물은 운송주선업체에 혼재 의뢰	국내외 수출입 컨테이너 미만 소화물 취급
운 임	항공사 운임률표 사용	자체 운임률표 사용
화주에 대한 책임	항공사 책임	주선업자 책임
운송약관	항공사 약관 사용	자체 약관 사용
수화인	매 건당 화물수취	Break Bulk Agent가 화물수취
수 입	국제항공운송협회의 5% 취급수수료 외 기타	국제항공운송협회의 5% 수수료 외에 중량절감에 의한 수령운임과 지불운임과의 차액
항공운송장	항공사의 Master AWB 사용	자체의 House AWB 사용

3 항공물류업자의 종류

(1) 복합운송업자

2가지 이상의 운송수단을 이용하여 운송·보관·하역·통관 등의 과정을 통해 화주의 문전에서 문전까지 일관운송을 목표로 한다. 포워더의 자가운송장(House AWB)이 중간에 개입하는 운송수단에 관계없이 송화주와 수화주 사이를 하나로 대표한다.

(2) 항공화물대리점업

항공기로 화물을 운송코자 하는 고객을 위해 항공사를 대신해서 항공사의 이름으로 업무를 수행하고 항공사에 대해서는 고객을 대신해서 항공사의 요건을 수행하는 '발송준비(RFC)'를 완료해줌으로써 항공사로부터 일정 수수료를 받는 것을 목적으로 하는 사업을 의미한다. 화주와 항공사 사이에서 '거래상의 편의'만을 제공해 주는 사업이다.

(3) 혼재업자(Consolidator)

콘솔리데이터(Consolidator)란 비슷한 시기에 동일한 방향의 목적지로 운송되는 다수의 소규모 화물들을 집하해서 대형화한 후 "중량단계의 낮은 요율을 적용받아 이익을 취하는 사업이다. 목적지가 동일하지 않더라도 장거리 구간에 유사한 방향이면 혼재를 통해 운송코스트를 절감할 수 있다. 이처럼 콘솔은 포워더의 기능 중 화주의 경제부문에 기여할 수 있어 가장 명분있는 역할로 인정받고 있다. 콘솔리데이터는 화물요율을 사전에 공표하고 판매함으로써 운송업자로서의 역할을 수행하기 때문에 NVOCC(Non Vessel Operating Common Carrier)라 칭한다. 혼재업자는 항공사와 달리 화주가 지정한 장소에서 픽업하여 지정한 장소에 배달하기까지의 전 과정을 책임지므로 화주에게는 수송 중 참여하는 다수의 운송업자를 일일이 상대하지 않아도 된다. 우리나라의 포워더는 자체적으로 화물을 집하해서 콘솔하는 일이 쉽지 않아 영세한 포워더를 대상으로 일정한 지역의 혼재를 전문으로 하는 지역전문 콘솔리데이터를 이용한다. 우리나라의 전문 혼재업자는 일반화주가 아닌 – 화물집화량이 적어 이익을 만들어낼 수 없는 – 군소 포워더를 대상으로 재혼재(Reconsolidating)를 전문으로 하고 있다.

(4) 중간운송주선업자

화물의 출발지(주로 외국)와 목적지의 중간 지점에서 통과화물의 재발송 업무(Reforwarding)를 수행하는 기능을 의미한다. 타 지점에서 들어와 통과하는 과정에서 그 중간지점을 출발지로 하는 다른 화물들과 함께 혼재함으로써 대형화된 단일화물의 이점을 이용하는 것이다. 항공화물요율이 (지역에 따라서는) 높은 요율이 적용되는 낮은 중량단계(45kg 미만) 밖에 없으므로, 콘솔서비스가 활발한 중간의 어느 한 지점을 정해서 적절한 요금을 제시하는 전문 콘솔리데이터를 이용하는 경우를 말한다. 업무의 내용이나 절차는 혼재업무와 동일하나 다만 다른 지역(주로 외국)으로부터 들어온 화물(환적통과화물 Transfer Shipment)을 그 지점의 화물로 형성된 혼재화물에 혼재하는 것으로 통관 및 보세운송 등의 특별한 절차가 따른다.

(5) 도착화물분류업자(B/B : Break-Bulk Agent)

타 지점으로부터 입하된 혼재화물을 분류해서 개별수화주에게 도착사실을 통보해 주고, 운송료를 징수해서 출발지점의 포워더에게 송금해줌으로써 일정한 수수료 또는 이익금의 일정액을 분배받는 것을 목적으로 하는 사업을 의미한다. 외국포워더의 현지 대리인으로 역할을 수행한다. 국내로 수입하는 화물만을 대상으로 판매활동하며 수입된 혼재화물을 항공사로부터 인수하여 이를 개별화물별로 분류해서 수입업자에게 인도한다.

(6) 인테그레이터(Integrator : 통합운송업자)

인테그레이터라는 용어는 포워딩 기능과 운송 기능을 통합운영하는 사업자라는 의미로 붙여진 이름이다. 원래는 쿠리어(Courier)라 하였으나, 1978년 미국 규제철폐(Deregulation)가 선포된 이후 대형 익스프레스(상업서류송달업)들이 항공기를 직접 보유하기 시작하면서 인테그레이터로 바뀌게 되었다. 대표적인 인테그레이터인 Fedex, DHL, UPS, TNT 등은 소형화물을 전문으로 주선역할을 수행하는 한편, 화물기(Cargo-only Aircraft)를 통해 일반화물도 함께 취급한다. 우리나라에는 인테그레이터는 없으며, 다만 쿠리어 형태의 '상업서류송달업'이 존재한다.

(7) 쿠리어(Courier : 상업서류 송달업자)

에어프레이트포워더(복운업)는 화물의 창고에서 창고까지를 책임운송하며, 대리점(Agent)은 송화주 창고에서 공항까지 그리고 도착지 공항에서 수화주창고까지는 B/B Agent가 책임을 진다. 전문 콘솔리데이터는 공항에서 공항까지 엄밀히 말하면 포워더가 이용하는 항공화물터미널에서 도착지의 포워더까지 책임을 진다.

> **🔵 TIP** 단일화물혼재와 합동혼재
>
> ① **단일화물혼재**(Back-to-Back Shipment)
> 단일화물을 혼재형식으로 발송하는 형태로서 '원하우스/원마스터'(One HWB/One MAWB)라고도 한다. 콘솔의 이점은 다수의 소량화물을 집합해서 대형화하여 운임의 차액을 겨냥하는 것인데 한 개의 화물을 혼재형식으로 운송하는 것은 별 의미가 없어 보이지만, 여러 가지 이유로 혼재하는 것이 유리한 경우가 많다.
> ② **합동혼재**(Co-Loading)
> Co-Loading이란 복수의 포워더가 함께 하나의 혼재화물을 만들어 운송하는 형태를 말한다. 혼자서 혼재를 하는 것보다는 화물을 더 크게 대형화함으로써 얻을 수 있는 운임상의 이점이 있기 때문이다. 그러나 Co-Loading은 경쟁자와의 혼재이기에 – 한쪽의 거래처 정보가 노출되기 쉽기 때문에 – 상당한 이익이 보장되지 않는 한 성사되기가 쉽지 않다.

04 항공화물운임

1 항공화물 운임결정의 일반규칙

* 우리나라는 IATA의 규칙에 따라 항공화물운임을 산출한다.
① 요율·요금 및 그와 관련된 규정적용은 운송장(AWB) 발행 당일에 유효한 것을 적용한다.
② 항공화물의 요율은 공항에서 공항까지의 운송만을 위하여 설정된 것, 출발지국의 현지통화로 설정한다.
③ 별도로 규정이 설정되어 있는 경우를 제외하고는 요율과 요금은 가장 낮은 것으로 적용한다.
④ 운임은 출발지의 중량에 kg/Lb당 적용요율을 곱하여 산출한다.
⑤ 모든 화물요율은 kg당 요율로 설정되어 있으나 미국 출발 화물요율은 Lb(파운드)당 및 kg당 요율로 설정한다.
⑥ 운임 및 종가요금은 선불이거나 도착지 지불이어야 한다.
⑦ 화물의 실제경로는 운임산출시 근거로 한 경로와 반드시 일치할 필요는 없다.
⑧ IATA규칙에서 결의하는 각 구간별 요율은 해당 정부의 승인을 얻은 유효한 것이어야 한다.
⑨ 항공화물의 요율은 공항에서 공항끼리의 운송만을 위하여 설정된 것으로 부수적으로 발생되는 서비스에 대한 요금은 별도로 계산된다.

2 항공운임요율의 종류

(1) 일반화물요율(GCR ; General Cargo Rate)

항공화물운송요금 산정의 기본이 되는 요율이다. 품목분류요율과 특정품목 할인요율의 적용을 받지 않는 모든 항공화물운송에 적용된다. 운임은 선불이거나 도착지 지불이다.

① **최저운임**(Minimum Charge) : 화물의 중량운임이나 부피운임이 최저운임보다 낮은 경우에 적용하며, 요율표에 'M'으로 표시한다.

② **기본요율**(Normal Rate) : 기본요율은 모든 화물에 적용되는 요율로 45kg 미만의 화물에 적용하며, 요율표에 'N'으로 표시한다. 일반화물요율의 기준이 된다.

③ **중량단계별 할인요율**(Chargeable Weight) : 45kg 이상의 화물일 경우 기본요율보다 약 25% 정도 낮게 설정하며, 지역별로 100kg, 200kg, 300kg, 500kg 이상의 중량단계에 대해 점차 더 낮은 요율을 설정한다. 요율표에 'Q'로 표시한다.

> [사례] 450kg의 화물을 한국 인천에서 미국 시카고까지 항공운송하려 한다. 이때 부과되는 항공운임은?
> • 500kg 미만의 요율은 kg당 4,000원
> • 500kg 이상의 요율은 kg당 3,500원
>
> [해설] 항공운송은 B/L상에 중량을 기록한다. 기준은 G.W.(실제무게)와 C.W.(운임부과 무게)인데, 두 가지를 기록하고 최종 C.W.로 확정하여 운임을 계산한다. 따라서 경계상 근처의 중량인 경우에는 B/L에 G.W.는 450kg으로 하고, C.W는 500kg으로 임의로 정하여 500 × 3500 = 1,750,000원으로 운임을 낮추는 것이 관례이다. 즉, 높은 중량단계의 낮은 요율을 적용하여 운임이 낮아질 경우에는 그대로 이 운임을 적용하는 방법이다. 450 × 4000보다 500 × 3500이 저렴하여 이 값인 1,750,000원을 운송요금으로 채택한다. 오히려 중량을 높여 운임을 낮추는 것이다.

(2) 특정품목 할인요율(SCR ; Specific Commodity Rate)

특정구간에서 반복적으로 운송되는 특정품목에 대하여 일반품목보다 낮은 요율을 설정한 차별화된 특정품목 할인요율을 적용한다. 주로 해상운송화물을 항공운송으로 유치하기 위해 설정된 요율이다.

(3) 품목분류요율(CCR ; Commodity Classification Rate)

일부 특정품목에만 한정하여 적용하며, 특정 지역 간 또는 특정 지역 내에서만 적용되기도 한다. 일반화물요율의 백분율에 의한 할인 또는 할증에 의해 결정한다. 할증품목(Surcharge Item)은 특별취급이 요구되는 품목(S), 할인품목(Reduction Item)은 수송빈도가 잦은 품목(R)에 적용한다.

① 신문, 잡지, 정기간행물, 책, 카탈로그 등(R)

② 비동반수화물(R) : 개인의류, 개인용품(악기, 운동기구)

③ 생동물(S)

④ 귀중화물(S)

⑤ 시체, 유골(S)

⑥ 자동차(S)

> **TIP** CASS(Cargo Accounts Settlement System)
>
> ① IATA의 절차에 따라 항공사와 대리점 간에 발생하는 항공화물판매대금을 직접 당사자 간에 결제하는 대신에 운임정산은행을 중개인으로 하여 대금을 일괄청구, 일괄정산하는 항공화물운임정산제도
> ② Tariff에 M요금이 설정되어 있지 아니한 경우, TACT Rule Book의 국가별 M요금을 적용한다.

3 항공화물운임의 산정방법

통상 항공운임의 경우 Space 및 무게의 제한으로 인해 부피, 무게 중 큰 값을 적용, 즉 무게는 가벼우나 부피가 큰 경우 부피로 운임을 적용하고 반대의 경우 무게로 운임을 적용한다. 이를 운임산출중량(Chargeable Weight)이라고 한다.

(1) 실제중량에 의한 운임산출

미국 출발 화물을 제외하고 kg으로 측정한다. kg, Lb 모두 0.1단위까지 정확하게 실제중량을 측정하며, 0.5kg 미만이면 0.5kg, 0.6kg 이상 1kg 미만이면 1kg으로 계산하고, Lb는 소수점 이하를 절상하여 1Lb 단위로 절상한다.

> **TIP** 실제중량과 용적중량 중 숫자가 큰 중량이 운임산출의 기준중량이 된다.

(2) 용적중량에 의한 방법

각 단위치수를 반올림하여 정수로 만든 후 '가로 × 세로 × 높이'의 방식으로 계산한다. 즉, 최대용적(가로 × 세로 × 높이)에 단위용적당 기준중량을 곱한다. 단, 최대용적은 곱하기 전 소수점 첫째 자리에서 반올림한다.

부피를 운임부과 중량으로 환산하는 기준
- $1kg = 6,000cm^3 = 166inch^3$
- $1CBM = 1m^3 = (100 \times 100 \times 100cm) = 166.66kg$(약 167kg)
- $1\ell\ b = 166inch^3$

예 ① 가로 150cm, 세로 120cm, 높이 30cm의 화물용적중량은

1단계 : 화물중량은 91kg(Actual Weight)

2단계 : $150cm \times 120cm \times 30cm = 540,000cm^3$

$540,000cm^3/6,000 = 90kg$(Volume Weight)

90kg(Volume Weight) < 91kg(Actual Weight)이므로 Chargeable Weight는
91kg이 되어 91kg에 해당하는 운임을 지불하게 된다.
② 화물의 실제치수가 162.2cm × 155.6cm × 141.4cm인 경우 운임부과중량은
반올림한 후 정수화 162cm × 156cm × 141cm = 3,563,452cm^3
용적으로 중량환산 3,563,452cm^{3}을 6,000cm^{3}로 나누면 593,892kg ≒ 594kg

4 항공운임의 종류

(1) 최저운임(Minimum Charge)

극소량 화물에 대해 운임이 일정액 이하로 산출될 때 톤수에 관계없이 징수되는 최소운임이다.

(2) 중량운임(Weight Charge)

화물중량에 근거하여 산출되는 요금이다.

(3) 용적운임(Volume Charge)

화물의 용적에 기초하여 산출한 운송요금으로 6,000m^{3}를 1kg으로 한다.

(4) 착불운임(Charges Collect)

항공운송장의 요금란에 수입업자로부터 운임이 수취되는 것을 말한다.

(5) 종가운임(Valuation Charge)

① 운송화물의 중량 또는 용적이 아닌 가격에 따라 부과하는 운임이다.
② 유가증권, 귀금속 등의 고가의 물품은 가격을 기준으로 운임을 수수, 손해배상과 직접적인 관련을 가진 화물

(6) 단위탑재용기운임(BUC ; Bulk Unitization Charges 또는 Unit load device Charge)

ULD(Unit Load Device)별로 부과되는 운임이다.
① ULD(적재용기)당 요금을 부과하는 방식
② 747기 등 제트기 출현으로 벌크탑재에서 BUC탑재로 전환
③ BUC를 적용할 경우 최대 적재중량을 설정하고 이를 초과시 추가운임을 부과
④ BUC서비스는 운송인이 화주에게 향상된 서비스를 제공하는 차원에서 활용
⑤ 단위탑재용기(ITT,T)별 중량을 기준으로 요금을 미리 정해 놓고 판매하는 방식(기본운임과 초과중량요율로 구성)

TIP BUC(Bulk Unitization Charges)

① **BUC의 장점**

항공사 입장에서는 ULD적재작업에 소요되는 인력과 장소에 대한 투자비 절감, 항공기 스페이스 활용의 극대화, Door-to-Door 서비스 가능 등의 이점이 있고 포워더 입장에서는 크고 작은 화물의 배합, 부피화물과 중량화물의 혼합적재 등을 통한 공간 활용으로 부가수익을 기대할 수 있다.

② **BUC의 구성**

BUC는 타입별로 기준중량(Pivot Weight)과 기준요금(Pivot Charge)으로 구성되어 있으며, 기준중량을 초과하는 경우 초과중량(Over Pivot WT)에 대해 지불하는 초과요금(Over Pivot Rates)으로 구성된다.

③ **BUC 관련 용어**

㉠ **기준중량**(Pivot Weight) : 기준중량이란 BUC 타입별로 정해 놓은 최저중량을 뜻하며, 기준중량을 축으로 이하는 요금에 변동이 없으니 이를 초과할 때는 초과요금을 지불해야 한다.

㉡ **기준요금**(Pivot Charges) : BUC의 기준중량에 적용하는 최저요금으로써 전체 중량이 기준중량에 미달하더라도 정해진 기준금액을 지불한다.

㉢ **초과기준중량**(Over Pivot Weight) : 적재작업을 완료한 후 실제 작업된 화물의 중량이 기준중량을 초과한 경우를 일컫는다. 초과한 양에 대해서는 별도의 요율을 적용한다.

㉣ **초과기준요율**(Excess Pivot Rate) : Over Pivot Weight에 대해 적용하는 kg당 요율이다.

㉤ **외부화물**(Outside Cargo) : ULD를 다 채우고 밖에 낱개(Loose Pieces)로 남아있는 화물로써, 다른 BUC 타입에 작업할 만한 양이 못되어 그냥 일반화물로 취급되는 경우를 말한다.

㉥ **ULD 자중**(Tare Weight) : 화물을 적재하지 아니한 상태의 ULD 자체중량이다. 자중은 오랜 기간 사용하면서 마모되거나 일부가 파손되어 중량이 감소되거나 수리함으로써 중량이 추가되는 등 항공사가 초기에 정해놓은 중량과 달라질 수 있다.

④ **BUC 요금 산출 과정**

㉠ **요금중량**(Chargeable Weights)**의 결정**

ⓐ **사용된 BUC타입의 Pivot Weight보다 같거나 미달인 경우** : Pivot WT를 요금중량으로 한다.

ⓑ **사용된 BUC타입의 것을 초과하는 경우** : Pivot WT와 Over Pivot WT를 함께 요금중량으로 한다.

ⓒ 사용된 ULD가 복수이면 타입별 Pivot WT를 합산하고 실 중량을 합산해서 요금중량을 결정한다. 따라서 일부는 초과되고 일부는 미달되는 것이 상쇄되는 효과를 갖는다.

예 아래 표에 의하면 최종적으로 초과중량은 10kg이다.

사용된 ULD	Pivot Weights	Actual Weights	Excess Weights
A ULD (T2)	2,530kg	2,590kg	+60kg
B ULD (T5)	1,690kg	1,640kg	−50kg
Total	4,220kg	4,230kg	+10kg

ⓓ 미 적재된 요금중량은 GCR방식으로 결정한다.

㉡ **요금산출**

ⓐ 요금중량이 Pivot WT인 경우는 Pivot Charge를 적용한다.

ⓑ **Pivot WT를 초과하는 경우** : Pivot Charge + (Over Pivot WT x Over Pivot Rates)

ⓒ **Outside Cargo** : GCR, SCR 및 CCR 중 해당 요율로 산정한다.

(7) 기타 요금

① 업체지불 수수료 : 송화인의 요청에 따라 항공사, 송화인 또는 그 대리인이 선불한 비용을 수화인으로부터 징수하는 금액이다.

> **TIP 입체서비스**
>
> 항공화물운송에 있어서 입체서비스란 Consignee가 지불해야 할 출발지의 부대서비스비용을 항공사가 대신 변제함을 의미한다. 예컨대, 무역조건이 FOB(본선인도조건)인 경우 출발지에서 항공기에 탑재하기까지의 모든 비용은 Shipper가 책임을 지지만, EXW인 경우에는 Shipper의 책임이 공장 혹은 창고까지만이므로 공장이나 창고로부터 공항까지 포워더에 의해 수행된 서비스의 비용발생은 Consignee가 지불해야 한다. 포워더의 파트너가 개입되어 있지 않은 경우 Consignee로부터 FOB비용을 수금하는 것은 항공사이며, 항공사는 현지에서 수금할 것을 전제로 그 비용을 출발지의 포워더에게 미리 지불해준다. 따라서 입체서비스는 운임조건이 착불(Collect)인 경우에만 해당하며, 항공사는 수금해 주는 조건으로 Consignee로부터 수수료를 징수한다. 이처럼 항공사의 변제행위를 입체서비스라 하며, 변제금액을 입체금액이라 하고, 수수료를 입체수수료라 부른다.

② 위험품취급 수수료 : 위험품으로 명시된 품목에 대하여 부과되는 취급 수수료이다.

③ 착지불 수수료 : 운송장에 운임과 종가요금을 수화인이 납부하도록 되어 있는 화물에 대하여 동 금액의 일정 비율에 해당하는 금액이다.

(8) 부대비용

① 화물취급 수수료 : 항공화물대리점과 혼재업자가 수출입화물의 취급에 따라 서류발급비용, 도착통지, 통신 등에 소요되는 통신비용 등 제반 서비스 제공에 대한 대가로 징수하는 수수료이다.

② 운송장작성 수수료 : 항공사 또는 대리점이 화주를 대신하여 운송장을 작성할 경우 부과되는 수수료이다.

③ Pick-up Service Charge : 항공화물대리점과 혼재업자가 화물의 인수를 위해 화주의 지정장소로부터 화물을 집화하는 경우 발생하는 차량운송비용이다.

(9) 국제택배와 일반항공화물운송의 기본요금 조건 비교

구 분	국제택배	일반항공화물운송
운임구간	국가와 국가 간	공항도시와 공항도시 간
중량구분	1~40kg과 그 이상 kg당	최저 / 45kg / 100kg / 300kg / 500kg
요금결정	개별회사	IATA와 각국 정부
적용구간	송화인과 수화인	공항과 공항운송
운임내용	지상 / 항공 / 통관 / 부대비용	항공운송요금
중량제한	없 음	없 음
배송약속시간	있음(2~3일)	없 음

운임수준	항공화물보다 고가	선박보다 고가
운임할인	연간계약과 일회적 유연성	연간계약 또는 일회성
통상품목	시간에 민감한 제품, 샘플 등	전자제품, 유행성 제품 등

05 특수화물의 취급

1 중량, 대형화물(Heavy/Out-sized Cargo ; HEA/BIG)

① 중량화물(Heavy Cargo ; Hea) : 1개의 포장단위당 무게가 150kg을 초과하는 화물
② 대형화물(Out-sized Cargo ; BIG) : ULD사이즈를 초과하는 화물

2 부패성 화물(Perishables ; PER)

부패, 변질되기 쉽거나 운송도중에 가치가 손상되기 쉬운 화물로 우유, 버터 등의 냉장식품과 화훼, 백신 등의 화물로 냉동·보냉컨테이너 등에 작업해야 하는 화물로 각각의 포장에 "Perishable"이라는 라벨을 부착한다.

3 귀중화물(Valuable Cargo ; VAL)

신고가격이 미화(USD) 1,000$를 초과하는 화물로서 보석, 화폐, 유가증권 등이 있다.

4 생동물(Live Animals ; AVI)

생동물은 건강상태가 양호하고 IATA 생동물 규정에 따라 포장이 되어 있고 수송 전구간에 대한 예약이 확인된 후에 수송이 가능하다.

5 위험품(Dangerous Goods ; DGR)

화물 자체의 속성으로 인하여 수송 중의 상태변화에 따라 인명, 항공기 및 기타 화물에 손상을 줄 수 있는 수송제한품목, 일반화물과는 별도의 특별취급을 요하는 화물이다.

06 항공화물운송장(AWB ; Air WayBill)

1 개 념

항공화물운송장은 항공사와 화주 간에 체결한 일종의 화물운송계약증명서를 의미하며, "화물을 항공으로 운송하는 데 있어 화물의 접수, 수송의 계약, 운송료 징수 및 보험의 상태를 표시 또는 증명하는 일종의 증권"으로 Air WayBill(AWB) 또는 Air Consignment Note라 한다.

2 기능과 성격

① 운송계약서
② 화물수취증(작성은 원칙적으로 송화인)
③ 요금계산서(운임계약서) 또는 송장(통지서)
④ 보험계약증서
⑤ 수출입신고서 및 수입통관자료
⑥ 운송인에 대한 송화인의 화물운송지시서
⑦ 사무정리용 서류
⑧ 화물인도증서

3 법적 성질

① 비유통성(상환증권이 아님, 기명식으로 발행)
② 지시증권 및 처분권
③ 증거증권
④ 면책증권
⑤ 요식증권

> **TIP** 항공화물운송장은 화물수취증으로 화물에 대한 권리증권이 아니기에 유통이 되지 않는 반면에, 선하증권은 화물수령증으로 권리증권이기에 유통이 된다.

◀ 항공화물운송장과 선하증권의 비교 ▶

항공화물운송장(AWB)	선하증권(B/L)
• 단순한 화물수취증	• 유가증권
• 비유통성(Non-negotiable)	• 유통성(Negotiable)
• 기명식	• 지시식(무기명식)
• 수취식(창고에서 수취 후 발행)	• 선적식(본선선저 후 발행)
• 송화인이 작성	• 운송인이 작성

4 종 류

① 발행주체에 따른 구분

  ㉠ 항공사 AWB : Carrier's AWB이라고도 하며, 특정 항공사 전용으로 해당 항공사의 Logo가 인쇄되어 있는 일반화물과 혼재화물(Consolidated shipments)에 대한 운송장이다.

  ㉡ 포워더 AWB : 포워더의 Logo가 인쇄된 운송장으로 혼재화물의 개별화물(Individual shipments)에 대한 자가운송장이다.

  ㉢ Express Waybill : Integrator's AWB. 쿠리어사업자들이 사용하는 급송품운송장을 말한다.

  ㉣ AV7 : 항공우편에 대해 우편주체가 발행하는 일종의 운송장이다.

② 혼재수송의 주종에 따른 구분

  ㉠ 마스터 AWB : Carrier's AWB. 항공사가 포워더에게 발행하는 경우를 Master Air WayBill (MAWB)이라고도 한다. 이 경우 운송업자가 Principal(主)로 Master가 된다.

  ㉡ 자가운송장 : House Air WayBill(HAWB)은 포워더 소유의 운송장이다. 포워더가 고객에 대해 운송인으로서의 책임과 권리를 갖는 증표가 된다.

  ㉢ 하우스마스터 AWB : Consolidator's AWB. 만일 포워더가 또 다른 포워더와 합동혼재하는 경우, 운송인의 입장에서 Principal이 되는 쪽의 자가운송장을 House Master Air WayBill (HMAWB)이라 일컫는다.

③ 공급주체에 따른 구분

  ㉠ 항공사 AWB : 항공사가 Stock을 관리하고 포워더에게 직접 발행하는 항공사 AWB이다.

  ㉡ Neutral AWB : CASS AWB이라 부르기도 한다. 은행이 Stock을 관리하고 CASS 가입 포워더에게만 발급하는 AWB이다. 특정 항공사의 Logo가 없기에 중립(Neutral) AWB이라 부른다. 은행이 발급하는 AWB은 다수의 항공사를 함께 취급하는 포워더가 전산시스템을 이용해서 발행하며, 발행시 해당 항공사의 코드를 입력하면 AWB에 항공사의 로고가 프린트된다.

5 구성과 용도

AWB은 원칙적으로 화주의 책임으로 작성하게 되어 있다. 그러나 전문적인 지식 없이는 작성이 어려워, 보통은 포워더를 통해 작성하되 작성에 필요한 정보는 화주가 전해주어야 한다. 이러한 AWB은 전면에 운송내용을 기입할 박스와 AWB 번호가 있고 뒷면에 화물운송약관의 내용이 인쇄되어 있다. 전체 매수(Copies)는 원본(Original Copy)이 3부, 부본(Duplicate Copy)이 6부로 구성되어 있으나 항공사의 필요에 따라 부본을 추가하여 총 12부로 구성하고 있다. 각 부분별 사용내용은 다음과 같다.

① Original 1 (Green) ; for Issuing Carrier 계약서 및 항공사회계처리

② Original 2 (Red) ; for Consignee 목적지에서 인도시

③ Original 3 (Blue) ; for Shipper 화물접수 영수증 및 운송계약서

④ Copy 4 (Yellow) ; for Delivery Carrier 화물인도증명서(수화인 서명)

⑤ Copy 5 (White) ; for Arrival station 세관업무에 사용
⑥ Copy 6 – 8(White) ; for 2nd 3rd.... Carrier 운임정산용
⑦ Copy 9 (White) ; for Issuing Forwarder
⑧ Copy 10 – 12 (White) ; for Extra

07 항공화물의 수출입절차

1 수출절차

① 항공대리점을 통해 육로운송으로 화물터미널에 도착 및 장치장 반입
② 화물의 검사 실시 및 수출화물 반입계 발급
③ 세관에 반입계 제출 후 보세구역장치 지정 및 승인
④ 제출서류 첨부하여 수출신고
⑤ 수출면허
⑥ 항공사에 운송장 및 화물 인계
⑦ 단위적재용기에 적재작업 실시

2 수입절차

① 도착 전문접수
② 기내 검역 후 운송장, 출발지 출발허가, 적하목록 등 인수 후 세관에 적하목록, 기내용품목록 등 제출
③ 입하허가 취득, 운송장과 적하목록 대조
④ 물품 여부 확인 및 작업지시
⑤ 창고 배정 및 입고
⑥ 수화인에게 도착 통지 및 송부
⑦ 운송장 인도
⑧ 보세운송

08 항공화물운송사고의 유형

1 항공화물운송사고의 유형

사고의 유형		내 용
화물손상 (Damage ; DMG)		운송도중 상품의 가치가 저하되는 상태로의 변화 • Mortality : 수송 중 동물이 폐사되었거나 식물이 고사된 상태 • Spoiling : 내용물이 부패되거나 변질되어 상품의 가치를 잃게 되는 경우 • Wet : 빗물에 노출되거나 다른 습성화물과의 접촉에 의해 내용물이 젖어 있는 상태 • Breakage : 외부와의 충돌로 깨어지거나 부서진 상태
지연 (Delay)	Short-shipped (SSPD)	적하목록에는 기재되어 있으나 화물이 탑재되지 않은 경우
	Off-load (OFLD)	출발지나 경유지에서 탑재공간 부족으로 인하여 의도적이거나, 실수로 탑재되지 않거나 하기된 경우
	Over-carried (OVCD)	하역지점을 지나서 운송된 화물
	Short-landed (STLD)	적하목록에는 기재되어 있으나 화물이 도착되지 않은 경우
	Cross-Label	실수로 인해서 라벨이 바뀌거나 운송장번호, 목적지 등을 잘못 기재한 경우
	Miss-connected (MSCN)	다른 목적지로 보낸 화물
분실(Missing ; MSSG)		탑재 및 하기, 창고보관, 화물인수, 타 항공사 인계시에 분실된 경우
불인도 화물 (Undelivered Consignment or Non-Delivery)		수화주로부터 수취거절되거나 주소불명 등의 이유로 도착 후 14일 이내에 인도할 수 없게 된 화물

2 항공화물의 유형

① **연착화물**(DLY ; Delayed Cargo) : 항공기가 지연 혹은 기타 이유로 늦게 도착한 화물로써 손해배상청구(Claim)가 예상되는 화물

② **파손화물**(DMG ; Damaged Cargo) : 화물이 파손된 상태로 발견된 화물로써 클레임(Claim)이 예상되는 화물

③ 분실화물(MSSG ; Missing Cargo) : 화물의 일부 또는 전부가 분실된 화물로써 클레임(Claim)이 예상되는 화물

④ 오송화물(MSCN ; Mis-connected Cargo) : 다른 목적지로 보낸 화물

⑤ 미송화물(SSPD ; Short-shipped Cargo) : 예정된 항공편에 발송하지 못한 화물

⑥ 하기화물(OFLD ; Off-loaded Cargo) : 예정된 항공편으로부터 내려진 화물

⑦ 예약불이행화물(NOSH ; No-Show Cargo) : 예약된 항공편에 나타나지 않은 화물

⑧ 무(無)예약탑재화물(GOSH ; Go-Show Cargo) : 예약되지 않은 항공편에 발송된 화물

09 운송인에 대한 손해배상(Claim) 청구

1 클레임 제기기간 : 규정된 기간 내에 서면으로

(1) 화물파손 및 손상

화물을 인수한 날로부터 14일(2주) 이내

(2) 지 연

도착통지를 받아 물품의 인수권을 가진 사람이 처분하에 있는 날로부터 21일(3주) 이내

(3) 분 실

항공운송장 발행일로부터 120일(4개월) 이내

(4) 제소기한(提訴期限)

운송화물의 사고에 관한 소송을 제기할 수 있는 기한은 항공기 도착일 또는 항공기의 운송중지일로부터 2년 이내

2 클레임 제기에 필요한 서류

항공운송장 원본 및 운송인 발행 항공운송장, 상업송장 및 포장명세서, 검정증명서, 파손·지연·손실계산서와 클레임이 청구된 총계, 지연으로 인한 손해비용 명세, 기타

10 상용화주제도

① 상용화주제도는 일정한 화물운송실적을 가지고 정부나 항공운송사업자로부터 등록화주 및 대리점으로 인정받은 상용화주가 화물에 대한 보안을 책임지고, 항공운송사업자로부터 보안검색 일부 또는 전부를 면제받을 수 있는 제도이다.

② 우리나라의 상용화주제도는 2004년 '항공화물보안기준'의 도입과 함께 2006년 삼성전자로지텍(주)을 최초 상용화주로 인정함으로써 상용화주제도가 운영되기 시작하였다.

③ 상용화주에 대한 높은 보안기준 자체보안검색과 항공운송사업자의 상용화주 보안점검·협약 체결문제, 상용화주에 대한 인센티브 부족 등의 이유로 상용화주제도가 원활하게 운영되지 못하고 있다.

11 항공운송의 주요 내용

1 항공운송사업의 종류

① 정기항공운송사업(Scheduled Carrier)
② 부정기운송사업(Non-scheduled Carrier) : 전세항공(Charter)
③ 항공기취급업(Ground Handling) : 지상조업
④ 항공기정비업(Aircraft Maintenance)
⑤ 상업서류송달업(Courier Express) : 수출입 관련 서류, 견본품 송달사업
⑥ 항공운송대리점(General Sales Agency)
⑦ 도심공항터미널업

2 항공화물의 운송업무

(1) 수출화물의 취급절차(O/B Cargo Handling Procedure)

> 화물접수(Acceptance) → 화물적재작업(Unitizing) → 서류작업(Documentation) → 탑재작업(Loading) → 사후처리(Expost disposal)

(2) 수입화물의 취급절차(I/B Cargo Handling Procedure)

> 화물분류(Break Down) → 입고(Warehousing) → 도착통보(Arrival Notice) → 배송(Delivery)
> → 사후처리(Expost disposal)

(3) 통과화물의 취급절차(T/S Cargo Handling Procedure)

> I/B 절차 → T/S 입고 → 환적적재신고 → O/B 절차

3   전세운송(Charter)업무

(1) 개 념

① 화주가 일정조건의 계약을 통해 항공기 스페이스의 전부 또는 일부를 확보하는 것
② IATA 운임에 상관없이 화물, 기종 등에 따라 다양하게 결정됨
③ 항공사에 대해서는 가동률을 높이는 역할을 함
④ 전세운송을 위해서는 필요한 조치가 많으며 상대국의 규정을 감안하여 시간적 여유를 두고 항공사와 협의를 해야 함
⑤ 중간 기착지에 대해서도 해당 국가의 허가를 얻어야 함
⑥ 전세자가 사용하고 남은 공간은 항공사의 동의하에 다른 사람이 사용할 수 있음

(2) 차터면허

① 자국기 우선
② 외국 항공기는 No Objection Fee(일종의 로열티) 지불조건부 면허

(3) 차터계약

① 계약조건
  ㉠ 항공기 기종, 유상 탑재의 최대 중량과 부피, 운항일시, 예정공항
  ㉡ 가격 및 기타 요금, 전세인의 취소료
  ㉢ 지체금(Demurrage)
  ㉣ **편도운항(Dead leg)조건** : 항공기를 빈 채로 운항하는 구간
② 계약시 유의사항
  ㉠ 차터요금은 출발 전 완납
  ㉡ 유상 탑재, 초과 물량 추가 비용 확보
  ㉢ 제시된 스페이스와 유상 탑재 화물목록 확보, 책임문제 대비

4 항공협정

(1) 항공협정

운송 당사국 간에 이루어지는 상업용 항공운송의 권리와 국제항공에 있어서 허가의 범위와 내용을 협상한 국제협정

① **시카고회의**(1944년)

　㉠ 최초의 민간항공조약

　㉡ 제2차 세계대전 이후 국제항공의 운송체계 및 질서 확립을 위해 체결된 다자간의 항공조약

　㉢ '하늘의 자유' 개념이 확립됨.

② **버뮤다협정**(1946년)

　㉠ 최초의 양자 간의 항공협정

　㉡ 미국과 영국 간에 맺어진 항공협정으로 이후 많은 국가 간의 항공협정의 틀이 됨.

　㉢ 공급, 요금, 노선 등 조건에 관한 내용을 포함

③ **상무협정** : 항공사 간에 운송권을 행사하기 위한 구체적인 조건 또는 방법 등을 정한 협약이나 협정, 계약을 의미

(2) 바르샤바조약(Warsaw Convention)

① 제1차 세계대전 이후의 항공산업 발달

② 항공운송인의 책임에 대한 통일된 규칙을 제정(1929.10.12.)

③ 항공기 사고로 인해 여객과 화물에 미친 손해배상의 범위와 책임한도를 설정

④ 운송인과 여객 또는 화주의 이익을 조정하는 공평의 원칙을 견제하기 위한 목적

서명일	1929년 10월 12일
발효일	1933년 2월 13일
가맹국	미·영·소 등 101개국
책임한도액	• 여객 : 1인당 US \$10,000 • 위탁수화물 : kg당 US \$20 • 휴대수화물 : 1인당 US \$400 • 화물 : kg당 US \$20
적용원칙	유한책임·과실추정주의
청구기한	• 파손 및 손상 : 위탁수화물 – 수취일 후 3일 / 화물 – 수취일 후 7일 • 화물지연 : 위탁수화물 – 처분가능일자 / 화물 – 14일

(3) 헤이그의정서(Hague Protocol)

① 바르샤바조약 체결 후 25년이 지나는 동안 항공기술 등의 발달
② 항공산업 보호의 필요성 감소
③ 운송인의 책임한도액을 현실에 적응시킬 수 있게 개정

서명일	1955년 9월 8일
발효일	1963년 8월 1일
가맹국	한·영·러 등 77개국(미국·중국은 미가입)
책임한도액	• 여객 : 1인당 US $ 20,000 • 위탁수화물 : kg당 US $ 20 • 휴대수화물 : 1인당 US $ 400 • 화물 : kg당 US $ 20
적용원칙	유한책임·추정과실주의
청구기한	• 파손 및 손상 : 위탁수화물 – 수취일 후 7일 내 / 화물 – 수취일 후 14일 내 • 화물지연운송 : 위탁수화물 – 처분가능일 후 / 화물 – 21일

(4) 몬트리올협정

① 미국의 바르샤바조약 탈퇴(여객의 책임한도액 문제, 1965. 11. 15.)
② 여객에 대한 책임한도액의 과소문제
③ 미국 경유 발착 항공사회의에서 합의한 협정(국제항공운송협회와 미국 정부 간)
④ 여객에 대한 책임한도 US$75,000(소송비 및 제비용 포함시)
⑤ 소송비 및 제비용에 대한 별도규정 존재시 US$58,000
⑥ 운송인의 절대책임주의
⑦ 항공운송인의 책임배제규정 적용 불가

서명일	1966년 5월 16일
발효일	1966년 5월 16일
가맹항공사	미국 : 573사, 외국 : 112사
책임한도액	• 여객 : 1인당 US $ 75,000(소송비용 포함시) 1인당 US $ 58,000(소송비용 불포함시) • 위탁수화물 : kg당 US $ 20 • 휴대수화물 : 1인당 US $ 400 • 화물 : kg당 US $ 20
적용원칙	유한책임·무과실책인
청구기한	바르샤바조약과 동일

5 항공자유화

(1) 항공자유화

① 항공사가 노선구조와 운항횟수에 제한 없이 자유로운 항공운송을 보장하는 것을 의미한다.
② 넓은 의미에서는 항공운송업계에 대한 정부의 인·허가나 규정 등 기업환경의 제한을 완화하는 범위까지 포함한다.

(2) 항공자유화의 레벨(단계)

① 1레벨(3/4자유 허용) : 상대국 내 어떠한 지점으로도 운항이 가능하고 공급력에 제한이 없음
② 2레벨(5자유 허용) : 상대국 간 제3국의 도시(중간 또는 이원지점) 간 운항 허용
③ 3레벨(7자유 허용) : 상대국 내 공항에 항공기를 두고 제3국 간 운항이 가능
④ 4레벨(8자유 또는 9자유 허용) : 상대국 내 국내 2개 지점 이상 상품판매가 가능

6 국제조약의 비교

구 분		바르샤바조약	헤이그의정서	몬트리올협정
목 적		국제항공운송의 통일규칙, 항공운송인의 책임규정	바르샤바조약의 현실화, 책임한도액 증액	미국 경유 발착 항공사의 별도책임한도액 책정
여 객		1인당 US$10,000	1인당 US$20,000	1인당 US$58,000~78,000
위탁수화물		kg당 US$20(1kg당 250포앙카레프랑)		
휴대수화물		1인당 US$400		
화 물		kg당 US$20		
적용원칙		유한책임·과실추정주의		유한책임·무과실책임
파 손	위탁수화물	수취일 후 3일 이내	수취일 후 7일 이내	바르샤바조약과 동일
파 손	화 물	수취일 후 7일 이내	수취일 후 14일 이내	
지 연	휴대수화물	처분가능일	처분가능일 후	
지 연	화 물	14일	21일	

🔵TIP 국제조약

① **과다라하라**(Guadalajara)**조약**

국제민간항공기구(ICAO)는 항공기의 임차, Charter, 상호 Charter의 증가에 따라 새로운 조약의 필요성을 느껴 1961년 9월 멕시코의 과다라하라 조약을 채택하였다. 바르샤바조약을 보충하는 조약이라 할 수 있다. 1964년 5월 1일 발효되었고 우리나라와 미국은 가입하지 않았다.

② **과테말라**(Guatemala)**의정서**

1965년 7월에 개최된 ICAO총회에서 책임한도의 개정 필요성이 제기되어 1971년 과테말라 외교회의에서 과테말라(Guatemala)의정서를 통과시켰다. 이 의정서는 승객의 사상에 대한 운송인의 절대책임, 책임한도액의 절대성, 한도액의 정기적 자동수정, 화해촉진조항의 신설, 국내적 보호조치의 허용 및 재판관할 원인의 확대 등 바르샤바 체제의 개정을 목적으로 하고 있다.

③ **몬트리올 제1·제2·제3·제4 추가의정서**

1972년 9월에 개최된 몬트리올회의에서 바르샤바조약, 헤이그 및 과테말라의정서에 표시된 통화단위를 프랑스의 푸앵카레(Poincare Franc)에서 IMF의 SDR(Special Drawing Rights) 기준의 US$로 변경하는 제안을 채택한 것이다.

12 항공운송 국제기구

1 IATA

(1) 국제항공운송협회(IATA)

국제항공운송협회(IATA ; International Air Traffic Association)는 1919년 헤이그에서 최초로 설립되었으며, 고객의 편익과 안전을 위한 최초의 항공사 간 협조 매체로 등장하였다.

(2) 목 표

① 안전하고 정규적이며 경제적인 항공운송을 촉진
② 국제항공운송에 직간접으로 참여하고 있는 항공운송기업들의 협력수단 제공
③ UN의 국제민항공기구 및 여타 국제기구에 협조

(3) IATA의 회원 자격

① 정회원 : 국제선 정기항공사(INT'l Scheduled Carriers)
② 준회원 : 국내선 항공사 및 부정기 항공사(Non-Scheduled Carriers)

2 FIATA

(1) FIATA

① FIATA는 불어로 "Federation Internationale des Association de Transitaires et Assimiles" 의 약어이며, 영어로는 "International Federation of Freight Forwarders Associations"로 표기하고, 1926년 5월 31일 오스트리아의 비엔나에서 설립되었다.

② FIATA는 비정부기구로서 오늘날 "운송의 설계자"로 알려진 4만 이상의 포워딩회사를 관장하는 산업을 대표한다.

③ 정부기구, 정부당국, 국제상공회의소(ICC), IATA, 국제철도연합(UIC), 국제육상운송연합(IRU), 세계세관기구(WCO) 등과 같은 국제기구로부터 포워딩산업을 대표하는 단체로 인정받았으며, FIATA는 운송분야에서 세계에서 가장 큰 비정부기구이다.

(2) FIATA의 목적

① 전 세계 화물 포워딩산업의 연합

② 운송 관련 국제단체회의에 전문가로서 참여, 포워딩산업의 이익을 보호 촉진 및 대표

③ 간행물배포 및 정보확산을 통한 무역 포워딩산업 및 일반 대중에의 포워더 서비스 홍보

④ 포워딩 서류통일, 표준거래조건 등의 개발과 촉진 및 포워더 서비스의 질 개선

⑤ 포워더 직업훈련, 책임보험문제, EDI(전자자료교환)와 바코드 포함 전자상거래도구 지원

3 TIACA

(1) 국제항공화물협회(TIACA)

① 국제항공화물협회(TIACA ; The International Air Cargo Association)의 역사는 1960년대에 미국 SAE(자동차 엔지니어협회)의 한 위원회가 국제항공화물포럼을 통해 점증하는 항공화물을 원활하게 수행하기 위해서는 무엇이 필요한지를 탐색한 데서부터 연유한다. 새롭게 대두되고 있는 항공화물산업의 장점을 개발하고 발전시킬 필요를 느낀 관계자들은 항공화물장비, 지상조업 및 항공화물의 업무처리절차에 대한 표준을 개발하는 작업에 착수하였다. 그 후 1990년 SAE를 탈퇴 국제항공화물포럼협회(Int'l Air Cargo Forum Association)로 명칭이 바뀌었고, 1994년 조직이 재정비되면서 지금의 TIACA가 탄생하였다.

② TIACA는 "항공사(airlines), 포워더(forwarders), 공항(airports), 지상조업사(ground handlers), 화물전용항공사(all-cargo carriers), 자동차운송업자(motor carriers), 통관사(customs brokers), 물류업자(logistics), 통합운송업자(intergrators), 송화주(shippers), 복합운송업자(multi-modal), 세관(customs), 교육기관(educational institutions) 및 항공화물훈련생(students involved in air cargo training) 등을 회원으로 하는 세계적 조직이며, "항공물류(Air Logistics)"산업을 대표하는 국제조직이다.

(2) 임무(Mission)

① 항공화물산업을 이끌고 세계무역 확대에 대한 기여를 강화시킨다.
② 세계시장의 자유화와 개발도상국과 개발국 사이의 거래 제고를 지원한다.

(3) 목표(Objectives)

① **시장접근의 확대** : 여객서비스에 초점을 맞춘 운수권 쌍방계약이 항공화물운송에까지 적용되는 문제를 제거함으로써 시장접근통로를 확대시킨다.
② **비효율적 법규 제거** : 항공화물 업무비용을 증가시키거나 혹은 업무수행을 방해할 수 있는 법규를 찾아내고 반대하는 활동을 편다.
③ **환경과 경제발전의 조화** : 항공화물 서비스를 통해, 개발국의 지속적인 경제성장과 환경정책이 조화를 이루게 하는 전략과 원칙을 수립·증진시킨다.
④ **항공화물작업 표준** : 항공화물산업의 서비스 수행기준을 높인다.
⑤ **교육훈련** : 적절한 교육훈련과 지식프로그램을 개발한다.

4 ICAO

(1) ICAO

① 제2차 세계대전 후 영공통과 문제, 항해기술 등의 문제를 해결할 목적으로 1944년 11월 미국 시카고에서 55개 동맹국 및 중립국 중 52개국만이 서명한 가운데 국제민간항공조약(ICAO ; Convention on International Civil Aviation)을 체결하였으며, 1947년 4월 4일 26개국이 비준하면서 정식 ICAO가 발족되었고, 같은 해 10월 UN의 경제사회이사회(ECOSOC)의 전문기관으로 편입되었다.
② 설립 목적은 "국제민항의 발전은 국제 간의 우의와 총화를 확보하는데 도움이 되지만 그 남용은 일국의 안보에 위험이 될 수 있으며, 세계평화의 문제가 달려있는 국가 간의 협조는 촉진하되 마찰은 피하는 것이 바람직하다는 사실을 인식하고, 국제민항이 안전하고 질서있게 발전되고, 국제 항공수송 서비스가 기회균등의 바탕 위에 설립되어 건전하게 운영"하는 데 있다.
③ 회원 자격은 각 나라 정부만 가능하며, 우리나라는 1952년 12월 11일 가입하였다. 본부는 캐나다 몬트리올에 있다.

(2) ICAO의 목표

① 국제민간항공의 발전
② 항공기 설계 및 운항기술 상려
③ 항공로, 공항 및 항공보안 시설의 장려
④ 안전 정확 능률적 경제적인 항공운송 촉진

⑤ 불필요한 경쟁으로 인한 경제적 낭비방지
⑥ 체약국의 국제항공기업 육성에 공정한 기회부여
⑦ 비행안전 증진
⑧ 국제민간항공의 전 분야에 대한 발전 촉진

(3) ICAO의 주요 업무

① **표준화**(Standardization) : ICAO 부속서에 반영할 국제표준과 권고사항을 채택
② **항공운송** : 정기·부정기 항공운송에 관한 국제협정, 국제항공운송의 간편화, 과세정책, 국제항공, 우편, 공항과 항로시설 관리, 통계, 경제분석, 계획수립을 위한 예측, 항공운송과 운임의 규제, 항공운송에 관한 간행물 발간 등
③ 특정 항공운항 서비스에 대한 공동재정 지원
④ **법률문제** : 시카고협약 해석과 개정, 국제항공법, 국제민간항공에 영향을 미치는 사법 관련 문제
⑤ **기술지원** : 항공기 사고 조사 및 방지, 항공통신과 장비, 항공 기상업무, 공항기술, 정비, 공항 구조 및 진화, 항공보안, 언어 등
⑥ 국제민간항공에 대한 불법적 방해
⑦ 기술, 경제, 법률부문에 대한 간행물 발간

01 항공운송사업에 관한 설명으로 옳지 않은 것은?

① 항공운송사업은 생산탄력성이 매우 높다.
② 항공운송사업은 고정자산이 많아 고정비가 차지하는 비율이 비교적 높다.
③ 항공운송사업은 고가의 항공기 구입 등 방대한 규모의 선행투자가 필요하다.
④ 항공운송사업의 운송 서비스는 재고로 저장할 수 없는 특성이 있다.
⑤ 항공운송사업은 조종사, 객실승무원, 정비사, 운항관리사 등 전문 인력이 필요하다.

> **해설** 항공운송사업은 고정비가 상대적으로 높은 자본집약적 산업으로, 전문인력이 필요하므로 생산량을 단기간에 증가시키기 어렵다. 또한 운송량 감소에 따라 운항횟수, 즉 생산량을 줄이는 것도 여타 운송수단 대비 상대적으로 어렵다. 따라서 항공운송사업은 생산탄력성이 낮은 편이다.

02 450kg의 화물을 한국 인천에서 미국 시카고까지 항공운송하려 한다. 이때 부과되는 항공 운임은?

> • 500kg 미만의 요율은 kg당 4,000원
> • 500kg 이상의 요율은 kg당 3,500원

① 1,575,000원   ② 1,687,500원
③ 1,750,000원   ④ 1,800,000원
⑤ 2,000,000원

> **해설** 항공운송은 B/L상에 중량을 기록한다. 기준은 G.W.(실제무게)와 C.W.(운임부과 무게)인데, 두 가지를 기록하고 최종 C.W.로 확정하여 운임을 계산한다. 따라서 경계상 근처의 중량인 경우에는 B/L에 G.W.는 450kg으로 하고, C.W는 500kg으로 임의로 정하여 500 × 3500 = 1,750,000원으로 운임을 낮추는 것이 관례이다. 즉, 높은 중량단계의 낮은 요율을 적용하여 운임이 낮아질 경우에는 그대로 이 운임을 적용하는 방법이다. 450 × 4000보다 500 × 3500이 저렴하여 이 값인 1,750,000원을 운송요금으로 채택한다. 오히려 중량을 높여 운임을 낮추는 것이다.

정답 **01** ① **02** ③

03 항공운송에 관한 설명 중 잘못된 것은?

① 제품의 고가화, 소량화에 따라 수요가 증가한다.

② 물류관리에 있어서 JIT 개념이 강조될수록 수요가 증가한다.

③ 과거에는 긴급품 등 특수화물을 중심으로 하였으나, 오늘날 전략적 물류관리상 필요한 화물이 증가하고 있다.

④ 소득수준이 증가할수록 항공운송의 수요가 증가한다.

⑤ 운임요율은 무게와 용적을 기준으로 설정되어 있다.

> 해설 오늘날 항공화물의 대상은 크게 확대되고 있는 추세이다.

04 20개의 공항을 보유하고 있는 국가가 허브 앤드 스포크(Hub and Spoke) 네트워크를 구축하려고 한다. 20개의 공항 중 4개를 허브로 선택하여 운영할 경우 총 몇 개의 왕복노선이 필요한가?

① 16개   ② 18개

③ 20개   ④ 22개

⑤ 24개

> 해설 20개 공항 중 4개 공항이 허브(hub)이므로 16개는 스포크(spoke)이다. 스포크 왕복노선은 16개. 허브 4개 공항의 왕복노선은 6개(4×3/2). 필요한 왕복노선은 22개

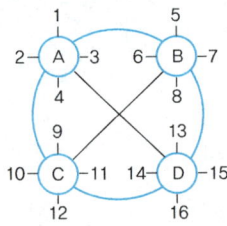

• Hub 공항 : A, B, C, D
• Spoke 공항 : 1부터 16
• 왕복노선 : 허브공항 간 6개
　　　　　　　허브-스포크 간 16개
∴ 총 22개 노선

05 항공특수화물의 약어 연결 중 틀린 것은?

① 중형·대형화물 − HEA·BIG   ② 부패성 화물 − PER

③ 귀중화물 − VAL   ④ 생동물 − NAQ

⑤ 위험품 − DGR

> 해설 생동물은 AVI(Live Animal)이다.

정답 **03** ③ **04** ④ **05** ④

06 항공화물 운송에 필요한 지상조업장비의 하나로 적재작업이 완료된 항공화물의 단위탑재용기를 터미널에서 항공기까지 견인차에 연결하여 수평이동하는 장비는?

① 하이 로더(high loader)

② 포크리프트 트럭(forklift truck)

③ 트랜스포터(transporter)

④ 달리(dolly)

⑤ 셀프 프로펠드 컨베이어(self propelled conveyor)

> **해설** ① **하이 로더**(high loader) : 단위탑재용기를 대형기에 탑재하거나 하역시 사용한다.
> ② **포크리프트 트럭**(forklift truck) : 중량화물을 소형기의 Belly에 탑재 또는 하역하거나 단위탑재용기에 적재작업시 사용한다.
> ③ **트랜스포터**(transporter) : 적재작업이 완료된 항공화물의 단위탑재용기를 터미널에서 항공기까지 수평이동하는 장비이다.
> ⑤ **셀프 프로펠드 컨베이어**(self propelled conveyor) : 수화물, 소형화물을 항공기 내에 낱개로 탑재 또는 하역할 때 사용한다.

07 다음 중에서 항공운송의 대상품목으로 가장 부적절한 품목은?

① 납기가 임박한 화물, 계절유행상품, 투기상품 등 긴급수요품목

② 장기간 운송시 가치가 상실될 우려가 있는 품목

③ 부가가치, 운임부담력이 낮고 중량대비 가격이 낮은 품목

④ 해상 또는 육상운송 등 다른 운송수단의 이용불가능으로 인해 운송되는 품목

⑤ 물류관리나 마케팅 전략에 의해 경쟁상품보다 신속한 서비스 체제 확립을 위한 품목

> **해설** 항공화물은 부가가치, 운임부담력이 높고 중량대비 가격이 높은 품목일수록 운송경쟁력이 있다.

08 항공화물운송장(AWB)에 대한 설명으로 옳지 않은 것은?

① 화물수취증의 역할을 하며 유가증권에 해당한다.

② 항공운송계약의 성립을 입증하는 항공운송계약서의 성질을 지닌다.

③ 원본 1(녹색)은 발행항공사용이며 원본 2(적색)는 수화인용이다.

④ 원칙적으로 수화인은 기명식으로서 기재되어야 한다.

⑤ 양도성이 없어 비유통서류이며 송화인이 작성할 수 있다.

> **해설** 항공화물운송장(AWB)은 선하증권(B/L)이 유가증권인 것과는 달리 단순한 화물운송장에 해당한다.

정답 06 ④ **07** ③ **08** ①

09 항공화물운송과 관련된 운임에 대한 설명 중 옳지 않은 것은?

① 최저운임(Minimum Charge)은 일정기간 동안에 운송한 화물의 총 실중량에 적용 요율을 곱한 결과, 일정액에 도달하지 않은 경우 적용되는 운임이다.

② 용적운임(Volume Charge)은 화물의 용적에 기초하여 산출한 운송요금으로 6,000cm^{3}를 1kg으로 적용한다.

③ 착불운임(Charges Collect)이란 항공운송장의 요금란에 수입업자로부터 운임이 수취되는 것을 의미한다.

④ 종가운임(Valuation Charge)은 운송화물의 중량 또는 용적이 아닌 가격에 따라 부과하는 운임이다.

⑤ 중량운임(Weight Charge)은 화물중량에 근거하여 산출되는 요금이다.

> **해설** 항공화물의 최저운임은 화물의 중량운임이나 부피운임이 최저운임보다 낮은 경우에 적용하며, 요율표에 'M' 이라 표시한다.

10 항공화물운송의 특성으로 옳지 않은 것을 모두 고른 것은?

> ㉠ 항공운송은 해상운송에 비해 신속하다.
> ㉡ 항공운송은 정시성을 가진다.
> ㉢ 항공운송은 운항시간의 단축으로 위험발생률이 낮다.
> ㉣ 항공화물은 대부분 주간에 집중되는 경향이 있다.
> ㉤ 항공화물은 여객에 비해 계절에 대한 변동이 크다.

① ㉠, ㉡   ② ㉠, ㉢

③ ㉡, ㉣   ④ ㉢, ㉤

⑤ ㉣, ㉤

> **해설** ㉣ 항공화물은 대부분 야간에 집중되는 경향이 있다.
> ㉤ 항공화물은 여객에 비해 계절에 대한 변동이 적다.

11 항공운송용 단위탑재용기(ULD : Unit Load Device)와 관련된 설명으로 옳지 않은 것은?

① 종류에는 파렛트, 컨테이너, 이글루, GOH(Garment on Hanger) 등이 있다.

② 기종별 규격의 비표준화로 ULD의 기종 간 호환성이 낮다.

③ 지상조업시간, 하역시간을 단축할 수 있다.

④ 운송화물의 안전성이 제고된다.

⑤ 초기 투자비용이 적게 든다.

> **해설** 단위탑재용기를 사용하면 하역시간의 단축 등 효과가 있지만, 용기는 물론 이에 필요한 하역장비 등의 필요로 초기 투자비용이 많이 든다.

12 항공화물운송 운임에 관한 설명으로 옳은 것을 모두 고른 것은?

> ㄱ. 일반화물 요율은 최저운임, 기본요율, 중량단계별 할인요율로 구성되어 있다.
> ㄴ. 기본요율은 요율표에 "M"으로 표시된다.
> ㄷ. 항공운임은 선불(Prepaid)과 도착지불(Charges Collect)이 있다.
> ㄹ. 기본요율은 45kg 미만의 화물에 적용되는 요율로 일반화물 요율의 기준이 된다.
> ㅁ. 특정품목할인 요율은 최저중량 제한 없이 할인요율을 적용한다.

① ㄱ, ㄴ, ㄷ   ② ㄱ, ㄴ, ㄹ

③ ㄱ, ㄷ, ㅁ   ④ ㄱ, ㄷ, ㄹ

⑤ ㄴ, ㄷ, ㄹ

> **해설** ㄴ. 항공운임의 기본요율(Normal Rate)은 'N'으로 표시된다.
> ㅁ. 최저중량에는 할인요율이 적용되지 않는다.

13 항공운송과 관련된 바르샤바조약과 헤이그의정서에서 규정하고 있는 이의신청기간에 대한 내용이다. (㉠), (㉡)에 알맞은 것은?

구 분	바르샤바조약	헤이그의정서
화물훼손(Damage)이 있는 경우	7일 이내	(㉡)일 이내
화물연착(Delay)이 있는 경우	(㉠)일 이내	21일 이내

① ㉠ 7, ㉡ 14   ② ㉠ 14, ㉡ 14

③ ㉠ 7, ㉡ 21   ④ ㉠ 14, ㉡ 21

⑤ ㉠ 7, ㉡ 28

> **정답** **11** ⑤ **12** ④ **13** ②

구 분	바르샤바조약	헤이그의정서
화물훼손(Damage)이 있는 경우	7일 이내	14일 이내
화물연착(Delay)이 있는 경우	14일 이내	21일 이내

14 다음에서 설명하는 항공운임요율은 무엇인가?

> 항공사는 화물운송 도중 사고가 발생하여 배상해야 할 때는 일반적으로 IATA(International Air Transport Association)의 규정에 따라서 배상한다. 그러나 화주가 고가의 화물에 대하여 정해진 배상기준금액을 초과하여 배상받고자 할 경우에는 항공사에 신고를 하고 일정률의 추가 운임을 지불한다.

① Valuation Charge
② Bulk Unitization Charge
③ Commodity Classification Rate
④ Specific Commodity Rate
⑤ General Cargo Rate

해설 고가의 화물에 대해 추가운임을 부과하는 것은 가액기준운임이다.

15 항공운임에 관한 설명으로 옳지 않은 것은?

① 일반화물요율(GCR)은 최저운임, 기본요율, 중량단계별 할증요율로 구성된다.
② 특정품목할인요율(SCR)은 주로 해상운송화물을 항공운송으로 유치하기 위해 설정된 요율이다.
③ 종가운임(Valuation Charge)은 항공화물운송장에 화물의 실제가격이 기재된 경우에 부과된다.
④ 종가운임이 부과되면 항공운송인의 책임제한이 적용되지 않고 화주는 항공화물운송장에 기재된 가격 전액을 배상받을 수 있다.
⑤ 단위탑재용기운임(BUC)은 파렛트 또는 컨테이너 단위로 부과된다.

해설 ① 항공운임은 중량단계별 할인요율이 적용된다.

16 항공화물운송장에 관한 설명으로 옳지 않은 것은?

① 운송 위탁된 화물을 접수했다는 수령증이다.

② 송화인과의 운송계약 체결에 대한 문서증명으로 사용할 수 없다.

③ 화물과 함께 목적지로 보내 수화인의 운임 및 요금 계산 근거를 제공한다.

④ 세관에 대한 수출입 신고자료 또는 통관자료로 사용된다.

⑤ 화물 취급, 중계, 배송과 같은 운송 지침의 기능도 수행한다.

해설 항공화물운송장은 송화인과 운송계약 체결에 대한 문서증명으로 사용된다.

17 항공운송에 가장 적합한 화물은?

① 대량화물

② 저가화물

③ 원자재 혹은 반제품

④ 신속배송을 요구하는 고가의 화물

⑤ 부피에 비해 무거운 화물

해설 항공운송에 적합한 화물의 첫 번째 특징은 신속이며, 그 다음으로 고가이다.

18 항공화물운송장(AWB)과 선하증권(B / L)을 비교 설명한 것으로 옳지 않은 것은?

① 항공화물운송장은 화물수령증이고 선하증권은 권리증권의 성격을 가진다.

② 항공화물운송장은 송화인이 작성하는 것이 원칙이고 선하증권은 통상 운송인이 작성한다.

③ 항공화물운송장의 발행시기는 화물인도시점이고 선하증권은 선적 후에 발행한다.

④ 항공화물운송장과 선하증권은 각각 원본 2장을 발행하는 것을 원칙으로 한다.

⑤ 항공화물운송장은 수화인을 기명식으로 기재하여 발행되고 선하증권은 통상 지시식으로 발행된다.

해설 ④ 원본은 3장이다.

정답 16 ② 17 ④ 18 ④

19 항공화물운송에 관한 설명으로 옳은 것은?

① 항공화물운송은 여객운송에 비해 일방성(directional imbalance)이 적은 특성을 가지고 있다.

② 전 세계 항공화물 포워더의 이익을 보호하고, 대표하는 단체는 ICAO이다.

③ 항공사가 포워더에게 발행하는 운송장을 HAWB이라 한다.

④ 운임산출시 근거로 한 운송경로는 실제의 화물운송경로와 반드시 일치할 필요는 없다.

⑤ 항공화물의 파손 및 손상에 대한 클레임은 화물인수 후 7일 이내에 서면으로 해야 한다.

> [해설] ① 항공화물운송도 여객운송과 같이 일방성이라는 특성을 갖고 있다.
> ② 항공화물 포워더의 이익을 보호하고 대표하는 단체는 FIATA이다.
> ③ 항공사가 포워더에게 발행하는 운송장은 MAWB(Master Air WayBill)이다. HAWB(House Air WayBill)는 포워더가 실화주에게 발행하는 운송장이다.
> ⑤ 항공화물의 파손 및 손상에 대한 클레임은 화물인수 후 14일 이내에 서면으로 해야 한다.

20 단위탑재용기(ULD : Unit Load Device)에 관한 설명으로 옳은 것을 모두 고른 것은?

> ㄱ. 지상 조업시간이 단축된다.
> ㄴ. 전기종 간의 ULD 호환성이 높다.
> ㄷ. 냉장, 냉동화물 등 특수화물의 운송이 용이하다.
> ㄹ. 사용된 ULD는 전량 회수하여 사용한다.

① ㄱ   ② ㄱ, ㄷ

③ ㄴ, ㄷ   ④ ㄴ, ㄹ

⑤ ㄱ, ㄷ, ㄹ

> [해설] ㄴ. 기종 간에 ULD의 호환성은 높지 않다.
> ㄹ. 사용된 ULD가 전량 회수되는 것은 아니다.
> ＊ ULD의 장단점
> • 장점
> 　－ 지상조업시간, 하역시간의 단축으로 항공기의 가동률을 향상시킨다. 컨테이너의 경우 운송화물의 안전성을 제고한다.
> 　－ 운송화물의 단위화로 하역시간의 단축, 하역비용의 절감 등 하역합리화를 실현한다.
> 　－ 냉동 컨테이너 등 특수 컨테이너를 사용하여 냉동화물, 냉장화물, 생동물 등 특수화물을 운송한다.
> • 단점
> 　－ ULD의 구입과 수리에 대한 자본이 소요된다.
> 　－ ULD의 자체 중량만큼 화물탑재량이 감소한다.
> 　－ 사용된 ULD의 회수 등 관리상의 애로가 있다.
> 　－ 기종별 규격의 비표준화로 ULD의 기종 간 호환성이 낮고 항공운송의 특수성으로 선박 등 다른 운송수단과의 호환성이 낮다.

정답 **19** ④ **20** ②

21 항공운송 관련 사업에 관한 설명으로 옳지 않은 것은?

① 국제항공운송사업은 타인의 수요에 맞추어 항공기를 사용하여 유상으로 여객이나 화물을 운송하는 사업이다.

② 항공운송총대리점업은 항공운송사업자를 위하여 유상으로 항공기를 이용한 여객이나 화물의 국제운송계약 체결을 대리하는 사업이다.

③ 항공운수사업자는 국내항공운송사업자, 국제항공운송사업자 및 소형항공운송사업자를 말한다.

④ 국제물류주선업자(Freight Forwarder)는 항공기를 가지고 있지 않지만 독자적인 운송약관과 자체 운임요율표를 가지고 있으며 자체 운송장인 MAWB(Master Air Waybill)를 발행하는 자이다.

⑤ 상업서류송달업은 타인의 수요에 맞추어 유상으로 수출입 등에 관한 서류와 그에 딸린 견본품을 항공기를 이용하여 송달하는 사업이다.

> **해설** 항공운송주선사업(Air Freight Forwarder, Consolidator) : 혼재업자나 포워더로서 타인의 수요에 응하여 유상으로 자기의 명의로써 항공사와 항공기를 이용하여 화물을 혼재운송하는 사업자이다. 즉, 다수 화주로부터 화물을 집화하여 화주의 입장에서 항공사와 운송계약을 체결하여 운송을 위탁하는 사업자이다. 항공사 발행 화물운송장(Master Air WayBill)에 의거 자체 운송약관과 운임률표를 갖고서 송화인과 운송계약을 체결하기 위해 혼재업자용 화물운송장(House Air WayBill)을 발행한다.

22 항공화물운송대리점(air cargo agent)과 항공운송주선인(air freight forwarder)에 관한 설명으로 옳은 것을 모두 고른 것은?

구 분	항공화물운송대리점	항공운송주선인
㉠ 활동영역	주로 FCL 화물 취급	LCL 화물 취급
㉡ 운임률표(Tariff)	자체 운임률표 사용	항공사 운임률표 사용
㉢ 운송약관	항공사 약관 사용	자체 약관 사용
㉣ 항공화물운송장	House Air Waybill 발행	Master Air Waybill 발행

① ㉠, ㉡　　　　② ㉠, ㉢
③ ㉡, ㉣　　　　④ ㉠, ㉡, ㉢
⑤ ㉡, ㉢, ㉣

> **해설** ㉡ 운임률표(Tariff) : 항공화물운송대리점은 항공사 운임률표를 사용하고, 항공운송주선인은 자체 운임률표를 사용한다.
> ㉣ 항공화물운송장 : 항공화물운송대리점은 Master Air Waybill을 발행하고, 항공운송주선인은 House Air Waybill을 발행한다.

정답 **21** ④ **22** ②

23 다음은 항공화물의 수입절차이다. 절차를 순서대로 옳게 나열한 것은?

> 가. 수입통관절차 수행 및 물품 반출
> 나. 발송통지서 접수
> 다. 수화인에게 화물도착 통지
> 라. 적하목록 세관 제출
> 마. 하기(下機)신고 및 보세구역 물품 반입

① 나 → 라 → 마 → 다 → 가　　② 나 → 다 → 라 → 마 → 가
③ 마 → 나 → 가 → 다 → 라　　④ 다 → 나 → 가 → 라 → 마
⑤ 가 → 라 → 마 → 나 → 다

> **해설** 항공화물의 수입절차 : 수입화물 발송통지서 접수 → 적하목록 세관 제출 → 하기(비행기에서 화물 양하)
> 신고 및 보세구역 물품 반입 → 수화인에게 화물도착 통지 → 수입통관절차 수행 및 물품 반출

24 실제중량이 5kg이며, 가로, 세로, 높이가 각각 30.5cm, 55cm, 24.5cm의 박스 3개를 항공화물로 운송하고자 할 때 운임적용중량은? (단, 계산 결과는 반올림하여 정수로 산정하시오.)

① 15kg　　② 20kg
③ 21kg　　④ 42kg
⑤ 45kg

> **해설** 용적중량(Volume Weight)에 의한 계산방법의 산출은 계산 전의 각 단위 치수를 사사오입하여 정수로 만든 후 가로 × 세로 × 높이의 방식으로 계산하나, 직육면체나 정육면체가 아닌 경우에는 최대 가로 × 최대 세로 × 최대 높이로 계산한다.
> 이때 부피를 운임부과 중량으로 환산하는 기준은 $1kg = 6,000cm^3 = 166inch^3$와 $1Lb = 166inch^3$으로 한다.
> 본 문제는 $30.5cm^3 × 55cm^3 × 24.5cm^3 × 3 = 123,296.25cm^3$
> ∴ 운임적용중량 = $123,296.25cm^3 ÷ 6,000cm^3 = 20.549375kg = 21kg$

25 다음은 항공화물의 운송절차 중 일부이다. 수출운송절차의 순서로 옳은 것은?

> ㉠ 운송장 접수 ㉡ 화물반입 및 접수
> ㉢ 장치통관 ㉣ 적 재
> ㉤ 탑 재

① ㉠ – ㉡ – ㉢ – ㉣ – ㉤   ② ㉠ – ㉡ – ㉢ – ㉤ – ㉣
③ ㉠ – ㉡ – ㉣ – ㉢ – ㉤   ④ ㉡ – ㉠ – ㉢ – ㉣ – ㉤
⑤ ㉡ – ㉠ – ㉣ – ㉢ – ㉤

[해설] 항공화물의 수출운송절차 : '장치장 반입 → 운송장 접수 → 화물반입 및 접수 → 장치통관 → 적재 → 탑재' 의 순서이다.

26 항공화물사고의 유형에 관한 설명으로 옳지 않은 것은?

① 화물사고의 유형은 크게 화물손상(damage), 지연(delay), 분실(missing) 등으로 나눌 수 있다.

② 화물손상 중 Mortality란 수송 중 동물이 폐사되었거나 식물이 고사된 상태를 의미한다.

③ 화물손상 중 Spoiling이란 내용물이 부패되거나 변질되어 상품의 가치를 잃게 되는 경우를 의미한다.

④ 지연 중 OVCD(Over-carried)란 예정된 목적지 또는 경유지가 아닌 곳으로 화물이 수송되었거나 발송준비가 완료되지 않은 상태에서 화물이 실수로 발송된 경우를 의미한다.

⑤ 지연 중 SSPD(Short-shipped)란 예정된 항공편의 적하목록에는 표기되어 있지 않으나 화물의 일부가 탑재되는 경우를 의미한다.

[해설] SSPD(Short-shipped)란 예정된 항공편의 적하목록(Manifest)에는 표기되어 있으나 실제로 화물이 탑재되지 않은 경우를 말한다.

정답 **25** ① **26** ⑤

27 항공운송에 관한 설명으로 옳은 것을 모두 고른 것은?

> ㉠ 몬트리올협약상 제소기한은 2년이며, 중재에 의한 분쟁해결을 허용하고 있다.
> ㉡ ICAO는 항공화물운송장의 표준양식을 제정하고 있다.
> ㉢ 바르샤바협약은 국제 간 항공운송으로서 운송계약상 발송지 및 목적지가 모두 체약국에 있는 경우 적용된다.
> ㉣ 화주가 항공운송인(실제운송인)과 항공운송계약을 체결한 경우, 운송계약체결의 증거로서 항공운송인은 화주에게 House Air WayBill을 발행한다.
> ㉤ 항공화물운송장은 복수로 발행되며, 제1원본은 운송인용으로 송하인이 서명한다.

① ㉠, ㉡, ㉢   ② ㉠, ㉢, ㉣
③ ㉠, ㉢, ㉤   ④ ㉡, ㉣, ㉤
⑤ ㉢, ㉣, ㉤

해설 ㉡ ICAO는 항공운송의 질서와 안전을 위한 국제기구이다. 항공화물운송장의 표준양식은 IATA에서 제정하고 있다.
㉣ 항공운송인은 화주에게 Master Air WayBill을 발행한다. 항공화물운송 주선인은 화주에게 House Air WayBill을 발행한다.

28 항공운송의 전세운송(charter)에 관한 설명으로 옳지 않은 것은?

① 전세운송은 IATA 운임(tariff)에 상관없이 화물, 기종 등에 따라 다양하게 결정된다.
② 전세운송은 항공사에 대해서도 항공기 가동률을 높이는데 큰 역할을 한다.
③ 전세운송을 위해서는 필요한 조치가 많다는 점과 상대국의 규정을 감안하여 시간적 여유를 두고 항공사와 협의해야 한다.
④ 항공사는 전세운송을 할 때 중간 기착지에 대해서도 해당 국가의 허가를 얻어야 한다.
⑤ 전세자가 사용하고 남은 공간은 전세자의 동의에 상관없이 누구도 사용할 수 없다.

해설 ⑤ 항공운송의 전세운송은 전세자가 사용하고 남는 공간은 전세자의 동의하에 다른 사람이 사용할 수 있다.

29 운송주선인이 취급할 수 있는 업무에 관한 설명으로 옳지 않은 것은?

① 운송주선인은 화주에게 화물의 성질에 따라 가장 적절한 포장형태 등 각종 조언을 한다.

② 운송주선인은 송화인의 위탁에 의해 수출화물을 본선에 인도하거나, 수화인의 위탁에 의해 수입화물을 본선으로부터 인수하는 자이다.

③ 운송주선인은 화주를 대신해서 화물의 운송에 따르는 보험을 처리해 줄 수 있다.

④ 우리나라의 경우, 운송주선인은 화주의 의뢰에 따라 관세사가 행하는 업무인 수출입신고를 이행할 수 있다.

⑤ LCL 화물인 경우, 운송주선인은 혼재업자로서 업무를 수행한다.

> **해설** 우리나라의 경우 운송주선인은 화주의 의뢰에 따라 통관업무를 대행은 하지만 수출입신고는 관세사가 한다. 즉, 운송주선인이 화주를 대신하여 관세사에게 수출입신고를 의뢰는 할 수 있지만, 수출입신고 자체는 관세 사 자격증 소지자만이 할 수 있다.

30 항공화물운송대리점의 업무에 해당하지 않는 것은?

① 수출입항공화물의 유치 및 계약체결

② 내륙운송주선

③ 항공운항 스케줄 관리

④ 수출입통관절차 대행

⑤ 항공화물 부보업무

> **해설** 항공운항 스케줄 관리는 항공기를 소유·운항하는 항공사의 업무이다.

31 항공기에 관한 설명으로 옳지 않은 것은?

① High Capacity Aircraft는 소형기종의 항공기로서 데크(deck)에 의해 상부실 및 하부실로 구분되며 하부실은 구조상 ULD의 탑재가 불가능하다.

② 항공기는 국제민간항공조약에 의해 등록이 이루어진 국가의 국적을 보유하도록 되어 있다.

③ 여객기는 항공기의 상부 공간은 객실로 이용하고 하부 공간은 화물실로 이용한다.

④ Convertible Aircraft는 화물실과 여객실을 상호 전용할 수 있도록 제작된 항공기이다.

⑤ 항공기 블랙박스는 비행정보 기록장치와 음성 기록장치를 통칭하는 이름이다.

> **해설** ① High Capacity Aircraft는 대형기종으로 데크에 의해 상부와 하부로 격실이 구분되며, 하부격실에 단위탑 재용기(ULD)를 탑재한다.

PART 04

단위운송 시스템

CHAPTER 09

컨테이너운송의 이해

01 컨테이너운송의 기초

1 컨테이너와 컨테이너화

(1) 컨테이너의 개념

① 컨테이너(Container)란 화물의 단위화(Unitization)를 목적으로 하는 운송도구로서, 육상·해상·항공을 통한 화물운송에 있어 경제성, 신속성, 안전성의 이점을 갖고 물적 유통 부문의 운송·보관·포장·하역 등의 전 과정을 가장 합리적으로 일관운송할 수 있는 혁신적인 운송용구이다.

② 국제해상운송 컨테이너는 전 세계적으로 표준화되어 운송 도중 화물의 이적 없이 일관복합운송이 가능하다.

③ 컨테이너는 반복적으로 사용이 가능하도록 규격화된 운송도구이며, 단위적재(unit load)운송을 실현시켜 주는 운송용구이다.

④ 국제표준화기구(ISO : Intenational Orgainzation for Standardization)는 "컨테이너란 다음의 조건을 만족하는 운송설비의 용구를 말한다."라고 규정하고 있다.

　㉠ 내구성을 지니고 반복 사용에 적합한 충분한 강도를 지닐 것

　㉡ 운송 도중 내용화물의 이적 없이 하나 또는 그 이상의 운송형태에 의해 화물의 운송을 용이하도록 설계

　㉢ 운송형태의 전환시 신속한 취급이 가능한 장치구비

　㉣ 화물의 적입 및 적출이 용이하게 설계되어 있는 것

　㉤ 1m^3 이상의 내부용적을 가지고 있는 것

⑤ 우리나라의 관세청 고시 제50호(1974. 12. 6.) 「컨테이너 및 내장화물통관요령」에 의하면 "화물의 단위화를 목적으로 한 운송용 용기로서 이질적인 기관에 대해 적합성에 중점을 두고 필요한 용적을 가지고 용도에 적응하는 강도를 구비하며, 또한 반복 사용할 수 있는 용기"라고 정의하고 있다.

　㉠ 일정한 크기 이상의 용적구비

　㉡ 반복사용이 가능한 제 조건 구비

　㉢ 운송수단의 전환시 내용물의 이적 없이 안전하고, 신속한 운반 가능

　　ⓔ 화물의 적재·적출시 필요한 구조 및 봉인장치 완비
　　ⓜ 무거운 하중에도 견딜 수 있는 충분한 강도

(2) 컨테이너화

① 선진국을 중심으로 컨테이너화가 전 세계적으로 확대되고 있다.
② 컨테이너화를 통하여 화주나 물류기업은 총물류비를 최소화하고, 고객서비스를 향상하고자 노력한다. 즉, 컨테이너화는 물류시스템을 구성하는 구성요소의 유기적인 결합을 도모하기 위하여 표준화하고 단위화된 컨테이너를 적극 활용하여 하역·포장의 기계화·자동화를 유도하고, 대형 운송기관에 의한 대량운송으로 규모의 경제를 도모하며, 육상·해상·항공의 일관운송체계를 구축함으로써 총물류비의 최소화를 도모한다.

2 컨테이너 화물운송의 장단점

(1) 컨테이너 화물운송의 장점

컨테이너 화물운송은 화주, 선사, 도로운송업자, 철도운송업자, 항공사 등 여러 부문의 이용자에게 상당한 이점을 제공한다. 컨테이너선사의 입장에서 이점은 컨테이너 전용부두와 갠트리 크레인 등 전용장비를 활용하여 신속한 하역이 가능하므로 하역시간의 단축이 가능하여 선박회전율을 향상시키고, 표준화된 컨테이너를 사용함으로써 안전하게 운송할 수 있어 보험료를 절감할 수 있다. 고정식 기계하역시설이 갖추어지지 않은 항만에도 이동식 장비로 하역작업이 가능하다.
① 문전운송으로 운송시간 단축
② 적·양하 능률의 향상과 적양비용 절감
③ 화물운송비용 절감
④ 서류의 간소화
⑤ 선박대형화 가능
⑥ 노동생산성 향상
⑦ 창고보관 및 재고비용의 절감
⑧ 내륙터미널 이용가능
⑨ 특수화물 취급가능
⑩ 화물의 손상과 도난 감소
⑪ 포장 및 장비사용의 효율화
⑫ 보험료 절감

(2) 컨테이너 화물운송의 단점

① 컨테이너 터미널 기지설비 등 투자비가 큼.
② 컨테이너 하역시설이 갖추어진 항만에만 입항가능
③ 선박운항관리와 경영에 고도의 전문적인 지식과 기술이 필요
④ 컨테이너에 적재할 수 있는 화물의 제한
⑤ 거대자본이 필요. 척당 수천만 달러에 달하는 고가의 선대보유, 최소한 2세트의 컨테이너 보
   유, 터미널과 각종 장비의 확보, 컴퓨터망 등에 막대한 자본이 요구된다.
⑥ 특수컨테이너의 개발로 컨테이너화가 점차 확대되고 있으나, 근본적으로 모든 화물을 컨테이
   너화할 수는 없다.
⑦ 컨테이너선의 용량이 커서 소량화물의 경우 혼재를 하여야 하는 불편이 있다.
⑧ 컨테이너화에는 거액의 자본도 필요하지만, 선사직원 및 항만노무자의 교육·훈련, 관련 제도
   개선, 기존설비의 교체 등에 장기간의 노력과 투자가 요구된다.
⑨ 공컨테이너의 회수문제, 왕복항 간 물동량의 불균형으로 컨테이너선의 경우 재래선과는 달리
   반드시 공컨테이너 회수문제가 발생한다.
⑩ 항상 유휴 컨테이너가 없도록 설비의 효율적 활용에 관심을 기울여야 한다.
⑪ 손상이 발생할 때 수리비가 많이 소요된다.
⑫ 컨테이너선의 항만 내 체류시간이 20시간 또는 1일 이내로 단축되기 때문에 신속하게 컨테이
   너와 트레일러 배치, 선적과 하역, 야드작업 등을 처리해야 하는 등으로 업무부담이 가중된다.
⑬ 만선시 갑판적 화물이 30% 정도를 차지하는 경우에는 갑판적재화물은 할증보험료를 내야 하
   므로 안전성과 비용부담이 커진다.

3 컨테이너화물의 종류

컨테이너화의 적합도에 따라 컨테이너화물의 종류를 다음과 같이 구분한다.

(1) 최적합화물(Prime Containerizable Cargoes)

운임부담력이 대체적으로 높은 고가의 건화물로서 주류, 의약품, 가전제품, 시계 등의 비교적 부
피가 크지 않은 화물이 여기에 해당한다. 이들 화물은 운임보다는 편리성·안전성·신속성 등이
중요하기에 컨테이너를 이용하여 운송한다.

(2) 적합화물(Suitable Containerizable Cargoes)

최적합화물보다는 운임부담력이 낮고, 한계화물보다는 운임부담력이 높은 화물로서 전선, 포대커
피, 피혁제품 등이 여기에 해당한다.

(3) 한계화물(Marginal Containerizable Cargoes)

컨테이너로 운송하는 데에는 문제가 없으나 운임부담력이 적합화물보다 낮고 도난의 위험이 없는 화물로서 목재, 펄프, 면화 등이 여기에 해당한다. 이들 화물은 컨테이너 회수시 공컨테이너로 회수하는 것보다는 운임이 저렴해도 적재상태로 회수하는 것이 경제적이라고 판단되는 경우에 컨테이너로 운송될 수 있는 것이다.

(4) 부적합화물(Unsuitable Containerizable Cargoes)

컨테이너운송을 위한 운임부담력이 너무 낮아 운송의 경제성이 없거나 물리적으로 컨테이너 자체에 적재가 불가능하거나 또는 위험물질 또는 다른 적재화물을 오손시키거나 강한 악취를 내어 전문적 시설이 별도로 필요한 화물이다. 컨테이너에 적재가 부적합한 석탄, 광석, 골재 등의 벌크화물(bulk cargo), 대형 터빈, 철탑, 교량 등 매우 무겁거나 장척의 화물, 원유, 액화가스 등의 위험물이 여기에 해당한다.

4 컨테이너의 종류

(1) 크기별 구분

① 20ft(20′ × 8′ × 8′6″), 40ft(40′ × 8′ × 8′6″)가 가장 많이 사용된다. 즉, 우리나라는 물론 전 세계적으로 가장 많이 사용되는 컨테이너는 국제표준화기구가 제정한 20feet와 40feet이다.

② 그 다음으로 40ft high cubic(40′ × 8′ × 9′6″), 45ft(45′ × 8′ × 9′6″) 등이 주로 사용된다.

③ 20ft 컨테이너를 TEU(Twenty-foot Equivalent Unit)라 하여 컨테이너 물동량의 산출을 위한 표준적 단위로 이용하고 있으며, 40ft 컨테이너를 FEU라 약칭하여 사용한다.

(2) 재질별 구분

① **플라스틱 컨테이너** : 컨테이너의 몸체가 플라스틱으로 되어 있는 것으로 일반적으로 소형컨테이너에 적용한다.

② **FRP(Fiber Reinforced Plastics) 컨테이너** : 컨테이너의 몸체가 합판에 강화플라스틱을 접합시킨 재료로 되어 있는 것으로 강화플라스틱 컨테이너는 두께가 얇고, 부식이 적으며, 열전도율이 낮으며, 결로현상이 없고, 소재가 다루기 용이하다는 장점이 있으나, 판넬의 재료비가 비싸다는 단점이 있다.

③ **철재 컨테이너** : 컨테이너의 몸체가 철재로 되어 있는 것으로 대다수 수출입용 컨테이너는 철재 컨테이너이다. 방수효과가 우수하고 제조단가가 저렴하여 파손시 수리가 용이하다는 장점이 있으나, 무거운 것이 주된 단점이다.

④ **알루미늄 컨테이너** : 컨테이너의 몸체가 알루미늄으로 제작된 것으로 가볍고 외관이 아름답고 내구성이 강한 장점이 있으나, 제작단가가 비싸고 파손시 수리가 어렵다는 것이 단점이다.

⑤ **폴리프로필렌 컨테이너** : 반복운송 목적이 아닌 중요 화물의 포장용으로 활용하며, 1회용 컨테이너이므로 Oneway Flexible Container라고 한다.

(3) 공간별 구분

① **수출입용 컨테이너** : 수출입화물의 운송에 이용되는 컨테이너로서 ISO 규정에 적합해야 하고, 국제 컨테이너조약의 규정에 의한 규격과 장치 등이 부착되어야 한다. ISO가 규정한 규격판(Marking Plate), CSC 안전승인판(CSC Safety approval Plate), 세관승인판(Customs approval Plate), 방충처리명판(Immunization Plate or Rating Plate), 검사기관실(inspection seal) 등이 부착되어야 한다.

② **국내운송용 컨테이너** : 국내화물의 운송에 이용되는 것으로 ISO나 국제 컨테이너조약의 규정의 제한을 받지 않는다.

(4) 용도별 구분

① **납품용 컨테이너** : 부품, 소형제품 등을 포장하지 않은 상태로 컨테이너에 적재하여 납품하기 위해 사용되는 것으로 주로 소형 컨테이너이며, 플라스틱 컨테이너, 메시 컨테이너 등이 여기에 해당한다.

② **일반화물 컨테이너(Dry Cargo Container)** : 온도조절이나 특수보호장치가 없는 일반화물(잡화)의 운송에 이용되는 것으로 가장 널리 사용된다.

③ **통풍·환기 컨테이너(Ventilated Container)** : 통풍이나 환기를 필요로 하는 수분성 화물 등을 운송하는 데 사용한다. 컨테이너 윗부분에 공기구멍을 갖춘 것을 통기 컨테이너, 컨테이너 윗부분과 아래 부분에 공기구멍을 갖춘 것을 환기 컨테이너라 하며, 기계적 환기장치가 있는 것도 있다. 가축용 또는 동물용 컨테이너 등이 여기에 해당한다.

④ **건화물 컨테이너(Dry Bulk Container, Solid Bulk or Buck Container)** : 소맥분, 사료, 양곡 등의 분말과 철물 및 화학제품을 운송하는 데 사용한다. 컨테이너 상부에 화물을 적재할 수 있는 구멍과 후면부에 화물을 양하할 수 있는 배출구가 있다.

⑤ **방열(온도관리용) 컨테이너(Thermal Container)** : 온도관리를 필요로 하는 화물운송에 주로 사용되는 컨테이너로서 벽은 단열재로 되어 있다. Reefer Container, Insulated Container, Insulted and Ventilated Container, Heated Container 등이 여기에 속한다.

⑥ **냉동 컨테이너(Reefer Container)** : 생선, 육류, 과일, 야채 등 냉동이 필요한 식품이나 약품류의 운송에 사용한다. 컨테이너에 냉동기가 부착되어 있어 일반적으로 −28℃에서 26℃까지 온도조절이 가능하며, 선박, 차량, CY 등에 전원공급장치를 설치하고 냉동기 가동에 지장이 없도록 되어 있다. 냉동 컨테이너 이용료 및 운송료는 비싼 편이다.

⑦ **단열 컨테이너(Insulated Container)** : 냉각 또는 가열장치가 없는 컨테이너이다.

⑧ **단열통풍 컨테이너(Insulated and Ventilated Container)** : 컨테이너 외부를 단열재로 하고

통풍장치를 부착한 컨테이너로서 내부 온도변화가 거의 없으므로 정밀기계, 페인트 등을 운송하는 데 적합하다.

⑨ **가열 컨테이너**(Heated Container) : 가열장치를 갖춘 컨테이너이다.

⑩ **가축용 컨테이너**(Live Stock Container or Pen Container) : 소, 말, 양 등 생동물 운송용 컨테이너로서 좌우 옆면과 전후 양면에 창문이 있으며, 옆면 아래에 청소구와 배수구가 있다. 통상 상갑판에 적재한다.

⑪ **자동차용 컨테이너**(Auto or Car Container) : 자동차를 효율적으로 적재 · 운송하기 위해 제작된 컨테이너이다.

⑫ **오픈 탑 컨테이너**(Open Top Container) : 컨테이너의 상부가 가동식, 착탈식 또는 캔버스(Canvas)로 되어 있는 개폐식 컨테이너로서, 장척화물, 중량물, 기계류 가운데 화물을 컨테이너의 후면에서 적재할 수 없어 크레인 등으로 상부에서 적재해야 할 경우에 이용된다.

⑬ **사이드 오픈 컨테이너**(Side Open Container) : 컨테이너 옆면이 개방되어 있다.

⑭ **플랫폼 컨테이너**(Flat Form Container) : 컨테이너의 지붕, 기둥, 벽이 없고 바닥과 모서리 쇠만으로 구성된 것으로 중량물이나 부피가 큰 화물을 후면 적재보다는 측면 및 상부 적재에 적합한 경우에 사용한다.

⑮ **플랫랙 컨테이너**(Flat Rack Container) : 플랫폼 컨테이너에 기둥이 있는 것으로 목재, 승용차, 기계류 등의 중량물을 운송하는 데 적합하다.

⑯ **탱크 컨테이너**(Tank Container) : 유류, 화학물질 등 액체화물을 운송하는 데 적합하며, 컨테이너 안에 탱크가 들어 있다.

⑰ **행거 컨테이너**(Hanger Container) : 컨테이너 내부에 의류 등을 매달아 운송할 수 있는 설비를 갖춘 것으로 행잉가먼트(Hanging Garment)라고도 불린다.

Dry Container

Reefer Container

Open Top Container

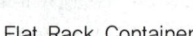
Flat Rack Container

Tank Container

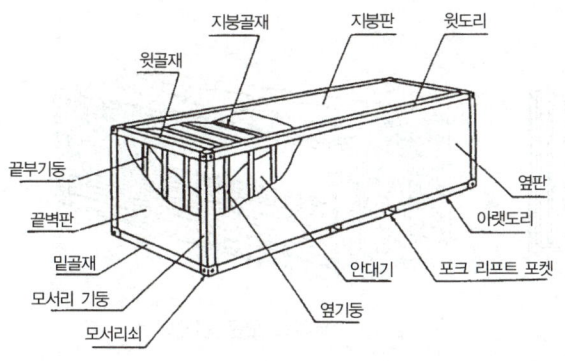

일반용도 컨테이너

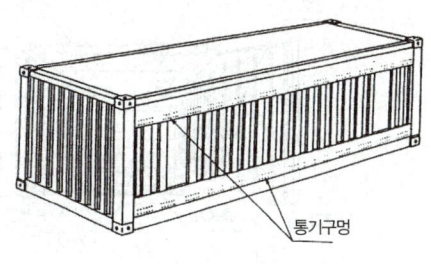

통풍 · 환기 컨테이너

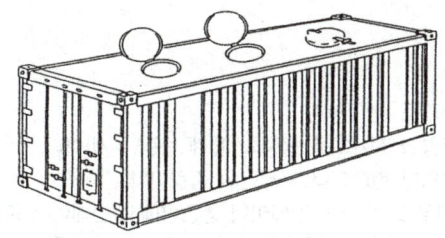

드라이 벌크 컨테이너

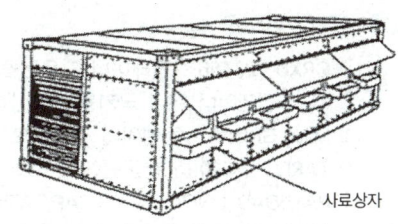

가축용 컨테이너

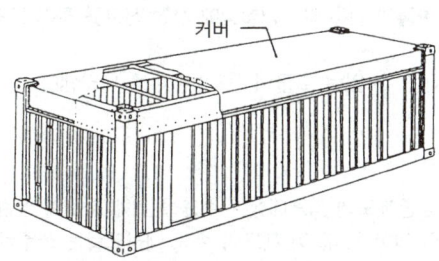

오픈 탑 컨테이너

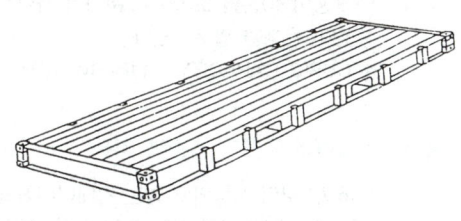

플랫폼 컨테이너

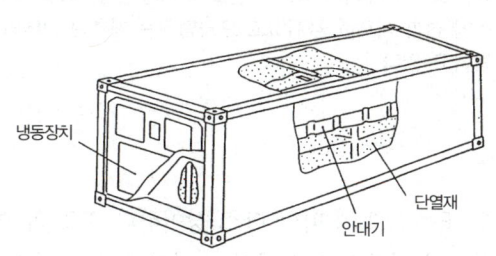

냉동 컨테이너 1

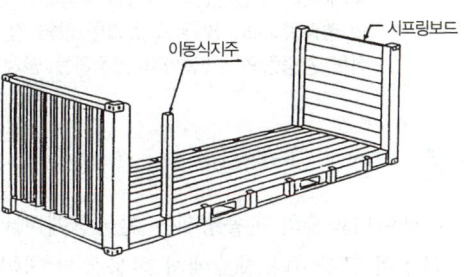

플랫랙 컨테이너

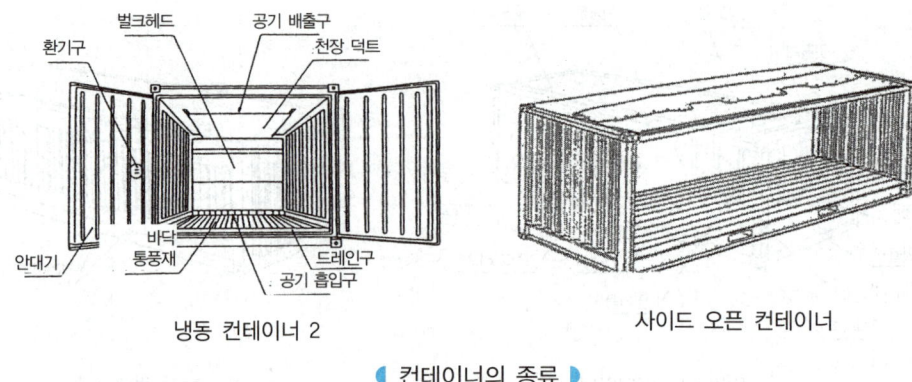

냉동 컨테이너 2   사이드 오픈 컨테이너

◀ 컨테이너의 종류 ▶

TIP 컨테이너 뒷문 표시 내용

① CRXU 123456 : 컨테이너 고유번호를 나타낸다.
② KR : 컨테이너 제작 국가를 나타낸다. KR이면 한국을 의미한다.
③ MAX GROSS : 컨테이너 총중량으로 컨테이너 중량과 적재화물 중량의 합계 중량(무게)이다.
④ TARE : 컨테이너 총중량에서 적재화물 중량을 제외한 컨테이너 자체만의 중량이다.
⑤ PAYLOAD : NET CAPA, CAP, WT로 표현되는 경우도 있는데, 컨테이너 총중량에서 컨테이너 중량을 제외한 적재화물의 중량이다. 즉, 컨테이너가 실을 수 있는 화물의 총무게이다. 국내 「도로교통법」 상 총중량이 40톤을 초과하면 운행시 과적으로 벌금을 부과하고 있어, 일반적으로 차량 무게 14.5톤, 공컨테이너(20피트 : 2.3톤, 40피트 4톤)를 고려하면, 실제 적재가능한 화물의 무게는 21.5~23.2톤 정도이다. 총중량이 40톤을 초과하고 분리가 사실상 어려운 화물의 경우에는 경찰청에 사전 신고를 하여 운행허가를 받아 운행을 할 수 있다.
⑥ CUBIC CAPACITY : 컨테이너 내부공간에 적재할 수 있는 화물의 용적(부피)을 나타낸다.

TIP 컨테이너 화물의 총중량 검증(Verified Gross Mass of Container)제도

2016.7.1.부터 시행되고 있는 컨테이너화물 총중량 검증제도의 적용대상은 수출을 위해 화물이 실린 컨테이너로, 공 컨테이너와 환적 컨테이너는 대상에서 제외 되어 있다. 이 제도의 주요 내용으로는 화주가 수출용 컨테이너 화물의 총중량을 계측함은 물론 화주가 컨테이너 내에 수납된 모든 개별화물, 화물 고정장비 등이 포함된 컨테이너 자체의 중량값을 합산하는 방식으로 검증하고, 수출용 화물이 수납된 개별 컨테이너가 터미널에 반입된 시점과 선석 예정선박의 입항 24시간 전 중 더 빠른 시점까지 정보를 제공해야 한다는 내용의 국제해상인명안전협약 사항을 수용해야 한다는 것이다. 또한 컨테이너 총중량 정보 미제공시, 컨테이너 화물의 총중량이 오차범위를 초과한 값인 경우, 컨테이너의 선박 적재를 금지하고 오차범위는 계측된 컨테이너 화물 총중량의 ±5%까지 인정하는 단서조항을 포함하고 있다.

5 컨테이너화물의 운송형태

컨테이너화물의 운송형태는 화물량에 따라, 즉 FCL 또는 LCL에 따라 다소 상이하다. FCL의 경우 화주의 공장이나 창고에서 화물을 컨테이너에 적입하여 내륙 ICD나 항만 내외의 CY로 운송되며, LCL 화물은 ICD나 항만 내의 CFS 또는 영업용 창고에서 화물을 집화한 후 다른 화물과 혼재하여 FCL화하여 ICD 또는 항만 내외의 CY로 운송된다.

(1) CY / CY(FCL / FCL) : Door to Door

컨테이너의 장점을 최대한 이용하는 가장 이상적인 복합운송의 형태로 Door to Door Service이다. 컨테이너에 적재된 화물이 운송중에 컨테이너의 개폐 없이 수출업자의 공장 또는 창고에서부터 수입업자의 공장 또는 창고까지 운송하는 일관수송 형태이다. 이는 수송의 경제성, 신속성, 안전성을 최대한 충족시키며, FCL/FCL 운송이라고도 한다.

(2) CFS / CFS(LCL / LCL)

선적항의 CFS에서 목적항의 CFS까지 컨테이너에 의해서 운송되는 가장 기본적인 운송방법이다. CFS/CFS운송은 Pier to Pier 또는 LCL/LCL운송이라고도 부르며 운송인이 여러 화주로부터 컨테이너에 가득 채울 수 없는 소량화물(LCL)을 목적지별로 분류하여 한 컨테이너에 혼재(Consolidation)운송하여 목적항의 CFS에서 여러 수화인에게 화물을 인도하는 운송방법이다. 혼재업무는 프레이트 포워더들이 수행하므로 이를 **Forwarder's Consolidation**이라 하며, 주로 대형 백화점 또는 대형 유통업체들이 상품을 구매하는 방식이다.

(3) CFS / CY(LCL / FCL)

운송인이 지정한 선적항의 CFS로부터 목적지 CY까지는 컨테이너에 의해 운송되는 형태로서, 운송인이 여러 송화인(수출업자)들로부터 화물을 CFS에서 집화하여 목적지의 수입업자 창고 또는 공장까지 운송하는 것으로, **Buyer's Consolidation**이라고도 한다. 이 운송형태는 CFS/CFS에서 발전한 운송방법으로서, 대규모 수입업자가 여러 송화인들로부터 각 LCL 화물들을 인수하여 일시에 자기지정창고까지 운송하고자 하는 경우에 이용한다. LCL/FCL 운송 또는 Pier to Door 운송이라고도 한다.

(4) CY / CFS(FCL / LCL)

선적항의 CY에서 목적항의 CFS까지 컨테이너에 의해서 운송되는 방법으로서, 선적지에서 수출업자가 FCL 화물로 선적하여 목적지 항만까지 운송한 후 목적지 항만의 CFS에서 컨테이너를 개봉, 화물을 분류하여 여러 수입업자에게 인도한다. 이 방법은 한 수출업자가 수입국의 여러 수입업자에게 일시에 화물을 운송하고자 할 때 이용하는 데, **Shipper's Consolidation**이라 하며, 실제로는 널리 이용되지 않고 있다. FCL/LCL 운송 또는 Door to Pier 운송이라고도 한다.

02 컨테이너선의 종류

1 선형에 의한 분류

컨테이너 전용선 (Full Container Ship)	갑판과 선창이 컨테이너만 적재할 수 있도록 설계된 컨테이너 전용선박
세미 컨테이너선 (Semi-Container Ship)	재래형 정기선의 선창 중앙 또는 갑판에 컨테이너를 적재할 수 있도록 컨테이너 적재장치를 설치하거나 갑판을 개조하여 컨테이너를 적재할 수 있도록 개조한 선박이다. 컨테이너와 일반화물을 동시에 적재가 가능하다.
재래형 컨테이너선 (Container Ship)	재래형 정기선의 선창에 일반화물과 컨테이너를 혼재하여 운송하는 선박이며, 일반화물선이라고도 한다.

2 하역방식에 의한 분류

LO-LO (Lift on / Lift off) 방식	본선 또는 육상에 설치된 갠트리 크레인 등의 하역장비를 이용하여 컨테이너를 상하로 들어올리거나 내리는 하역방식이다. 즉, 컨테이너를 선박 또는 육상의 갠트리 크레인이나 지게차를 이용하여 선박, 트럭, 화차로부터 들어올리거나 내리는 하역작업이다.
RO-RO (Roll on/Roll off) 방식	자동차나 철도를 운송하는 페리선박의 하역방식으로 트랙터(트레일러 견인)가 램프를 통하여 본선에 적재되거나, 본선에서 램프를 이용하여 하역하는 방식이다. 즉, 컨테이너를 크레인 등을 이용하여 직접 들어올리거나 내리는 것이 아니라 컨테이너가 적재된 트레일러를 선측, 선수 또는 선미의 램프를 이용하여 컨테이너선에 적재하거나 컨테이너선으로부터 끌어내리는 방식이다. 롤온/롤오프방식은 트레일러에 컨테이너를 적재한 채로 본선에 적재하거나 하역하는 방식이다.
FO-FO (Float on/Float off) 방식	바지에 컨테이너나 일반화물을 적재하여 본선에 장착된 크레인으로 바지 자체를 적재 또는 양하하는 하역방식으로 대표적으로 LASH 하역방식이다. 즉, 부선(barge)에 컨테이너를 적재하고, 부선에 설치되어 있는 크레인이나 엘리베이터로 하역하는 방식이다.

> **TIP** LASH(Lighter Aboard Ship)
>
> 부선 자체를 선박에 탑재하여 수송하는 방식의 선박이다. 이 경우 반드시 안벽 등의 항만시설을 필요로 하는 것은 아니며, LASH선에서 내린 부선을 접안하여 우천시에도 하역을 가능하게 하는 항만시설을 갖춘 항구도 있다.

03 컨테이너 터미널

1 컨테이너 터미널의 개요

① 컨테이너 터미널은 해상과 육상의 연결점이자 운송경로상의 종착점이라는 의미로서가 아니라, 전체 운송과정에 있어서 서로 다른 운송기관의 운송기능을 이어주는 연결점 내지 접점의 기능을 수행한다.

② 컨테이너 터미널은 컨테이너운송에 있어서 해상 및 육상운송의 접점인 부두에 위치하고 본 하역, 화물보관, 육상운송기관에 컨테이너 및 컨테이너화물의 인수·인도를 행하는 장소를 말하며, CY 및 CFS가 여기에 해당한다.

2 컨테이너 터미널의 구비요건

① 컨테이너선의 안전한 접안 및 계류가 가능해야 하고, 컨테이너 하역용 갠트리 크레인이 다수 설치되어 신속하게 하역할 수 있어야 한다.

② 컨테이너를 육상운송수단에 신속, 정확하게 연계할 수 있는 야드장비와 시설을 갖추고 있어야 한다.

③ 대량의 컨테이너를 신속하고 정확하게 처리할 수 있는 정보시스템을 기반으로 하여 갠트리 크레인 기사와 운영실, 야드장비 기사와 운영실 등이 신속하게 정보를 교환하고 정확하게 하역작업을 하도록 해야 한다.

④ 도로망이나 운송능력을 갖춘 철도 등과 직접 연결한다. 배후연계운송망을 구축하여 수입 컨테이너를 적기에 배후의 소비지나 고객에게 인도하고, 산업단지나 공단의 수출화물을 선박 입항시간에 맞춰 정확하게 선적될 수 있도록 연계운송망을 구축한다.

⑤ 대량의 컨테이너를 동시에 수용할 수 있는 넓은 CY와 CFS를 갖추어야 한다. 컨테이너 터미널은 단순히 컨테이너의 하역작업을 수행하는 공간이 아니라 부가가치 물류활동을 수행하는 공간으로 활용한다. 특히 초대형 컨테이너선이 취항한다면 일시에 많은 수량의 컨테이너를 처리해야 하기 때문에 더 넓은 CY와 CFS를 확보해야 한다.

3 컨테이너 터미널의 시설

(1) Berth(선석)

컨테이너선이 접안하여 화물하역작업을 수행할 수 있도록 만든 구조물이다. 컨테이너선이 만재시에도 충분히 안전하게 부상할 수 있는 수심의 유지와 암벽의 적정길이 등의 확보기 필요하다. 8,000TEU급 컨테이너선이 접안하려면 약 350m의 안벽길이가 필요하며, 11,000TEU급 컨테이너선이 접안하려면 최소한 400m 이상의 안벽길이가 필요하다. 안벽길이는 선박길이보다 선박 앞과 뒤로 20~30m 여유공간이 필요하다.

(2) Apron(에이프런)

안벽에 접한 야드부분에 일정한 폭으로 나란히 뻗어 있는 공간으로서 컨테이너의 적재와 양륙작업을 위하여 임시로 하치하거나, 크레인이 통과·주행할 수 있도록 레일을 설치한 곳이다. 갠트리 크레인 등 하역시설에 따라 다르지만 보통 에이프런 폭은 30m 내외이며, 에이프런에는 안벽당 2~4대 이상의 갠트리 크레인이 작업할 수 있도록 되어 있다.

(3) Marshalling Yard(화물집화장)

컨테이너선에 선적해야 할 선적예정인 컨테이너를 미리 입안된 선내적부계획(Stowage Planning)에 의거하여 순서대로 쌓아 올려 놓거나, 컨테이너선에서 하역하는 컨테이너를 임시적으로 내려 놓는 장소로서 보통 에이프런과 접해 있다. 컨테이너선의 입항 전에 선적해야 하는 컨테이너를 하역순서에 따라 정렬시키고 동시에 컨테이너선으로부터 양륙되는 컨테이너에 필요한 장소를 준비하는 곳이다. Marshalling Yard에는 컨테이너의 크기에 맞추어 바둑판처럼 백색 또는 황색의 구획선이 그어져 있는데 그 한 칸을 슬롯(Slot)이라고 한다.

(4) Container Yard(CY, 컨테이너 장치장)

① 화물이 적재된 컨테이너를 인수·인도·보관하는 장소이다. 터미널 내의 CY는 On-Dock CY라 하며 터미널 밖에 있는 CY는 Off-Dock CY라 한다. 컨테이너 한 개에 가득차는 FCL의 인도와 인수는 이곳에서 이루어지고 해상운송인으로서의 책임은 여기에서 개시 또는 종료한다.

② Container Yard는 컨테이너를 인수·인도하고 보관하는 야적장으로, 넓게는 Marshalling Yard, Apron, CFS 등을 포함하는 컨테이너터미널의 의미로도 사용되지만 좁게는 컨테이너 터미널의 일부 공간을 의미하기도 한다.

Apron

Container Yard, Marshaling Yard, TGS

(5) Container Freight Station(CFS, 컨테이너화물 조작장)

① 트럭 또는 철도로 반입된 LCL 화물을 보관, 분류해서 통관수속을 마친 후 FCL 화물로 만드는 작업장이다. 컨테이너 1개를 채울 수 없는 소량화물의 인수·인도·보관 또는 LCL 화물을 컨테이너 안에 적입(stuffing, vanning)하거나 끄집어 내는(unstuffing, devanning) 장치작업을 하는 장소를 CFS라 한다.

② CFS는 수출하는 LCL화물을 집하하여 FCL화물로 만들거나, 수입하는 혼재화물을 컨테이너에서 적출하는 등의 화물취급 작업을 하는 장소를 말한다.

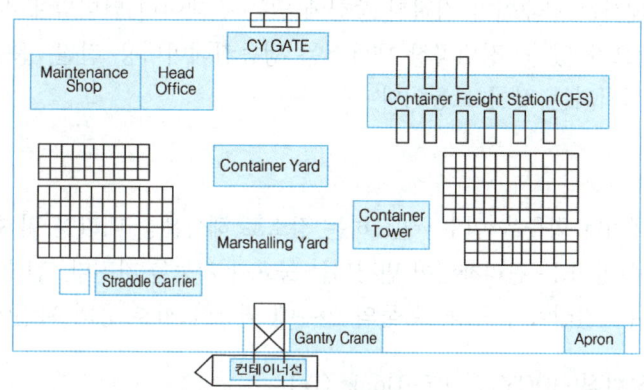

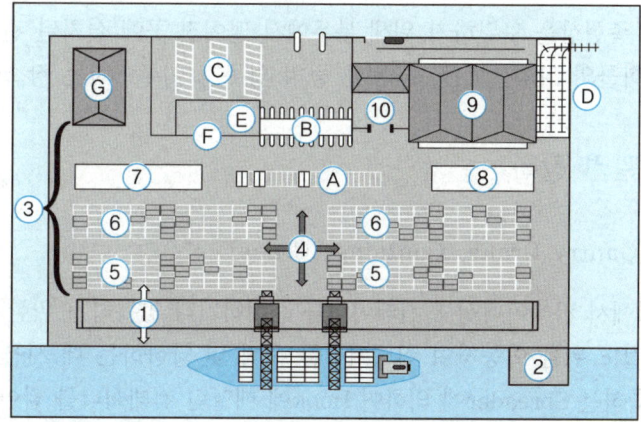

① Apron
② Ramp
③ Container Yard
④ 교차지역
⑤ 수출컨테이너지역
⑥ 수입컨테이너지역
⑦ 공컨테이너지역
⑧ 공컨테이너지역
⑨ Container Freight Station
⑩ 통관지역

Ⓐ Interchange Area
Ⓑ Gate
Ⓒ 트럭 대기지역
Ⓓ 철도 인입선
Ⓔ 사무동
Ⓕ 컨트롤센터
Ⓖ 수리소

◀ 컨테이너 터미널 구성도 ▶

(6) Control Tower

컨테이너 야드 전체를 내려다보는 곳에 위치하여 컨테이너 야드의 작업을 통제하는 사령실로, 본선 하역작업에 대한 계획, 지시, 감독과 컨테이너 야드 내의 배치 등을 담당한다.

(7) Maintenance Shop

메인트넌스 숍은 컨테이너 자체의 검사, 보수, 사용 전후의 청소 등을 포함하여 컨테이너 터미널 내에서 사용하는 모든 기기의 정비공장이다. 세계 각지를 이동하고 있는 컨테이너를 완전한 상태로 유지하기 위해서는 컨테이너 집적기 중심에 있는 컨테이너 터미널에서 철저히 점검하여 신속한 수리를 할 필요가 있다. 정비공장 내에서는 냉동컨테이너용 전원, 용접기 및 충전에 필요한 여러 기계류가 설치되는 것이 보통이다.

(8) CY Gate

컨테이너 및 컨테이너 화물을 인수·인도하는 장소로 해상운송 대리인 및 화주, 수화인 또는 육상운송인과의 운송확인 또는 관리책임이 변경되는 중요한 기능을 가진다. 컨테이너의 이상 유무, 통관 봉인(Seal)의 유무, 컨테이너 중량, 화물의 인수에 필요한 서류 등의 확인이 이루어진다.

(9) 컨테이너 밖 장치장(ODCY ; Off-Dock CY)

부두 내 CY의 부족현상을 보완하기 위해 부두에서 떨어진 곳에 설치된 컨테이너 장치장으로, 수출입 컨테이너 화물의 장치, 보관 및 통관 등의 업무가 이루어지는 장소이다.

4 컨테이너 관련 장비

(1) 갠트리 크레인(Gantry Crane, Container Crane)

컨테이너 터미널에서 컨테이너선에 컨테이너를 선적하거나 양륙하기 위한 전용 크레인으로, 에이프런에 부설된 철도 위를 이동하여 컨테이너를 선적 및 양하하는 데 사용하는 대형 기중기이다. 유압에 의해 신축하는 Spreader에 의하여 Hook에 매달린 컨테이너를 감아 올려 적·양하는 작업을 수행한다.

(2) 스트래들 캐리어(Straddle Carrier)

컨테이너를 마샬링 야드로부터 에이프런으로 또는 CY에 운반 및 적재하는 데 사용한다. 컨테이너 야적장에서 컨테이너를 양 다리 사이에 끼우고 운반하는 차량으로서 기동성이 좋은 하역장비이다. 스트래들 캐리어는 트랜스테이너보다 이용하는 터미널이 많지는 않다.

(3) 야드 트랙터(Yard Tractor)

CY 내에서 트레일러를 이동하는 견인차량으로 보통 Head라고 한다. 컨테이너 야적장에서 Chassis를 끄는 트럭을 Tractor라 한다. 야드 내의 작업용 컨테이너 운반트럭으로 일반 컨테이너 트럭과 같으며, 다른 점은 작업의 간소화를 위해 섀시의 랜딩기어를 주행시 유압으로 약간 올려 이동한다.

(4) 트랜스테이너(Transtainer, Transfer Crane)

컨테이너를 차곡차곡 쌓거나 컨테이너를 내리는 일 또는 섀시(Chassis)나 트레일러에 싣고 내리는 작업을 수행한다.

(5) 윈치 크레인(Winch Crane)

컨테이너를 Chassis 또는 트럭에 적재 또는 양하할 때 사용하는 기중기로서 좌우 회전이 가능하고 작업장까지 자력으로 이동한다.

(6) 포크 리프트(Fork Lift)

지게차(Fork Lift)는 컨테이너 터미널에서 컨테이너화물을 트럭에 적재하거나 또는 트럭에서 양하할 때 사용하는 기중기로서 대형과 소형 두 가지가 있다. 즉, Fork Lift는 차체의 뒤에 화물적재용 Fork 또는 하역취급용 부속시설(Attachment)을 갖추고 이것을 승강시키는 유압장치로 화물을 운반하는 대형 하역기계이다.

(7) 스프레더(Spreader)

스프레더는 컨테이너를 전용으로 하역하기 위하여 갠트리 크레인 또는 지게차 등에 매달아 컨테이너를 들어 올리거나 내리는 장비이다. 보통 유압으로 작동하며, 컨테이너 모서리에 있는 콘에 잠금장치를 하여 들어 올릴 때에는 잠금장치를 하고, 내려서는 잠금장치를 풀어 컨테이너를 해제한다.

컨테이너 크레인

Transfer Crane

Straddle Carrier

지게차

리치 스태커

Yard tractor

Chassis

◀ 컨테이너 장비 ▶

5 컨테이너 하역시스템

(1) 섀시방식(Chassis System)

① 컨테이너를 육상의 갠트리 크레인이나 선상의 크레인으로 컨테이너선에서 직접 섀시 위에 컨
테이너를 적재하므로 보조 하역기기가 필요 없는 하역방식이다. 미국에서는 여러 단적수로 컨
테이너를 적재하지 않고, 1단적 섀시방식으로 장치하였다가 필요시 트랙터로 즉시 견인하여
화주문전까지 운송한다.

② 섀시방식은 1단적만 가능하므로 넓은 CY나 터미널 면적이 필요하며, 많은 섀시와 트레일러가 필요하다. 그러나 컨테이너를 필요시 별도의 하역장비를 이용한 작업이 없이도 즉시 견인해갈 수 있다는 것이 장점이다.

(2) 스트래들 캐리어방식(Straddle Carrier System)

① 컨테이너를 갠트리 크레인으로 에이프런에 직접 내리고 스트래들 캐리어로 CY까지 운반하는 방식이다. 스트래들 캐리어방식은 컨테이너를 2~3단적할 수 있어 토지이용효율이 섀시방식보다 훨씬 높으며, 스트래들 캐리어는 이송작업이나 하역작업 모두 가능하다.
② 스트래들 캐리어는 비교적 고장이 많아 장비보수비용과 시간이 많이 소요되며, 장비와 컨테이너의 파손율이 다소 높다는 것이 단점이다.

(3) 트랜스테이너방식(Transtainer System)

① 트랜스테이너는 갠트리 크레인과 거의 유사한 기능을 수행하며, 4~5단적 이상 적재가 가능하여 스트래들 캐리어방식보다 토지이용효율이 높으며, 높게 장치할 수 있기 때문에 좁은 면적의 야드를 가진 터미널에 가장 적합한 방식으로 아시아, 유럽 국가의 터미널이 대부분 트랜스테이너방식을 이용한다.
② 트랜스테이너방식은 안전도가 높고 운영비가 스트래들 캐리어방식보다 적게 소요되나 다단적 CY에서 필요한 컨테이너를 집어내는 데 많은 작업이 필요하고 신속하게 대응하기 어려워 대기시간이 발생하는 등 단점이 있다.

(4) 혼합방식(Mixed System)

스트래들 캐리어방식과 트랜스테이너방식을 결합한 것으로, 수입 컨테이너를 이동시킬 때에는 스트래들 캐리어방식을 이용하고, 수출 컨테이너를 야드에서 선측까지 운반할 때에는 트랜스테이너방식을 이용하여 효율적인 작업을 수행하는 방식이다.

6 ICD(Inland Container Depot)의 개요

(1) ICD의 개념

① ICD는 내륙 컨테이너기지로 항만 또는 공항이 아닌 내륙지역에 CY, 철도시설을 갖추고 이송된 컨테이너화물의 일시적 저장과 취급서비스를 제공하고 있으며 세관을 통한 수출입화물의 장치, 보관, 통관, 운송 등을 담당하는 컨테이너 터미널의 하나이다.
② ICD는 기본적으로 항만과 거리가 먼 내륙지역에서 통관과 LCL 화물의 혼재와 분류작업을 수행하기 위한 공간이나. 내륙지역에서 항만지역까지 컨테이너화물을 운송하여 통관하기보다 ICD에서 통관 후 보세운송을 하는 것이 화주입장에서 훨씬 편리하다.

③ 수입화물을 반출한 공컨테이너를 항만까지 운송했다가 다시 수출화주에게 운송하기보다는 ICD에 일시보관했다가 다수 수출화주에게 보내주는 것이 운송비도 절감하고, 효율적으로 공컨테이너를 활용할 수 있다.

④ 항만 내에서 이루어져야 할 본선 선적 및 양하작업과 마샬링 기능을 제외한 장치보관기능, 집하분류기능, 통관기능을 가지는 내륙의 특정 구역으로, 선사 및 대리점, 포워더, 하역회사, 관세사, 트럭회사, 포장회사 등이 입주하여 물류 관련 활동을 수행할 수 있는 장소를 말한다.

(2) ICD의 주요 기능

ICD는 항만에서 이루어져야 할 본선작업과 마샬링 기능을 제외한 장치보관, 집화, 분류, 통관, 혼재기능 등과 같은 전통적인 항만기능을 수행한다. ICD는 철도와 도로가 연결되는 복합운송거점으로서 대량운송 실현, 공차율 감소, 운송회전율 향상 등을 도모하여 운송합리화에 기여한다.

① 통관기능
② 장치보관기능
③ 집화분류(혼재)기능
④ 포장기능
⑤ 내륙운송기능

04 컨테이너 공로운송 시스템

(1) 내륙 컨테이너 운송경로

국내에서의 컨테이너 주요 육상이동경로(부산항 ↔ 수도권 간)

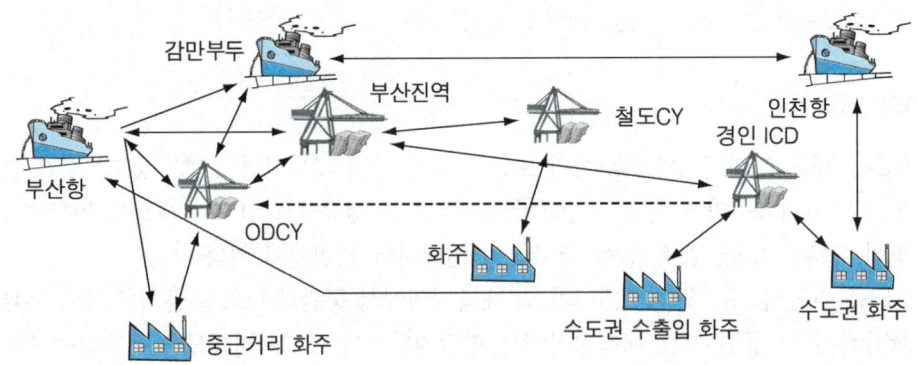

◀ 국내 컨테이너 주요 운송경로 ▶

(2) 컨테이너 공로운송사업의 운영요건

① 컨테이너 선사 또는 대형화주와 내륙운송에 관한 원청운송계약을 하고 효율적으로 사업을 운영하기 위해서는 다음과 같은 시설 또는 장비의 확보와 운영이 필요하다.

② 대규모 컨테이너 취급을 위한 터미널부지의 확보 : 컨테이너 운송물량을 충분히 그리고 안정적으로 확보하기 위해서는 컨테이너를 선적 및 양하하고, 공컨테이너를 보관하고 수급관리할 수 있는 컨테이너 터미널 및 CY, ICD 등을 적절하게 확보하고 있어야 한다.

  ㉠ 부두 내 컨테이너 터미널 : 부두 내에 설치되는 컨테이너 터미널은 컨테이너선에 직접 컨테이너를 선적하고 양하하며 이들 컨테이너를 보관·관리할 수 있는 CY를 갖춘 터미널이 필요하다. 이러한 컨테이너 관리업무까지 많은 자금이 필요하기 때문에 국내에서도 일부 운송기업만이 직접 투자를 하여 운영권을 확보하고 있다.

  ㉡ ODCY : ODCY(Off-dock CY)란 부두 내에 설치된 CY가 아닌 부두 밖(인근지역)에 설치된 컨테이너 야드이다. 이러한 CY는 On-dock이 부족하고 혼잡할 때에는 완충지대 역할을 하며 공컨테이너의 보관 및 공급기지의 역할을 한다.

  ㉢ ICD 운영권 확보 : 컨테이너의 내륙운송의 주기능은 철도가 담당한다. 특히 수도권에 설치된 경인 ICD는 컨테이너의 내륙운송의 중추적인 역할을 하고 있다. 따라서 컨테이너 운송물량을 확보하기 위해서는 ICD 내의 철도작업선(作業線)별 운영권을 확보하는 것이 필요하다.

  ㉣ 철도 CY 운영권 확보 : 수도권 및 부산지역 이외의 지역에 운송되는 컨테이너를 철도운송으로 처리하기 위해서는 주요 거점 철도역에 컨테이너 취급이 가능한 CY가 설치되어야 한다. 현재 국내의 주요 거점역에는 각 컨테이너 운송업체들이 한국철도공사와 계약을 체결하고 필요한 시설을 갖춘 후 일정기간 동안 독점운영하고 있다.

  ㉤ 철도 외 지역 CY 확보(Depot) : 철도역 CY를 확보하지 못한 운송기업들은 일정지역의 컨테이너운송을 관리하고 공컨테이너의 보관과 회수를 담당할 수 있는 선외(線外)지역 CY를 확보·운영할 필요가 있다.

(3) 트랙터 및 컨테이너 섀시

컨테이너를 전문적으로 운송할 수 있는 트랙터(견인차)와 트레일러의 확보가 필요하다. 특히 컨테이너운송용 트레일러는 컨테이너 섀시(Chassis)라고 칭하며, 섀시는 차체의 무게를 최소화하기 위하여 프레임(Frame)과 크로스바(Cross bar)로만 구성된 심플한 구조이다. 운송되는 컨테이너의 규격에 따라 20피트, 40피트 섀시로 구분되며 화주문전에 장치되는 컨테이너 수를 감안하여 트랙터 1대에 수대의 트레일러를 확보한다. 또 전용 컨테이너 섀시가 부족하면 일반 평트레일러나 카고트럭을 이용하는 경우도 있다.

  ① 트랙터

  ㉠ 트랙터는 후축이 2개인 6 × 4방식과 후축이 1개인 4 × 2방식이 주로 이용되고 있다.

ⓒ 4 × 2방식은 트랙터가 부담할 수 있는 하중이 적기 때문에 비교적 가벼운 화물을 운송할 때 이용하게 되며, 6 × 4방식은 하중부담 능력과 견인력이 크기 때문에 중량 컨테이너를 운송할 때 이용된다. 4 × 2방식의 트랙터를 이용하는 이유는 차량의 구입가격이 낮고 연료가 적게 소요되기 때문(차량가격면에서 10~20% 정도 차이)이다.

② 40피트 섀시

㉠ 40피트 컨테이너 1개 또는 무거운 20피트 컨테이너 1개를 운송하거나 가벼운 20피트 컨테이너 2개 또는 20피트 공컨테이너 2개를 운송할 때 사용하는 섀시이다.

ⓒ 20피트 2개를 운송할 때에는 화주의 물류센터에 컨테이너를 하차할 수 있는 대형 하역장비가 있어야 하며, 이러한 장비가 없을 때에는 앞부분에 적재된 컨테이너의 문을 열 수 없기 때문에 컨테이너의 무게가 가볍더라도 2개를 동시에 운송하는 것은 제한을 받는다.

③ 20피트 섀시

㉠ 20피트 섀시는 주로 중량화물이 적입된 20피트 컨테이너 하나를 운송하기 위해 이용되는 섀시이다.

ⓒ 비록 40피트에 비해 부피는 1/2이지만 적재되는 화물이 중량물이어서 실질적인 중량은 40피트와 비슷한 경우가 많다. 그리하여 운송료율도 40피트 컨테이너의 90%를 받는다.

ⓒ 20피트 섀시에는 일반형과 구즈넥형이 있다.

④ 40피트 평판트레일러

㉠ 전용 컨테이너 섀시가 부족할 때 또는 다른 일반 장척·중량화물을 운송하다가 운송이 종료되었거나 운송물량이 부족할 때 이용되는 트레일러이다.

ⓒ 특히 경인 ICD에서 공컨테이너를 부산 또는 광양항으로 회송시킬 때 회송운송료를 절감하기 위하여 해당 지역으로부터 도착한 후 귀로물량 확보가 안 된 트레일러를 저렴하게 이용하기 위하여 많이 활용되기도 한다. 평판트레일러는 컨테이너를 운송할 수 있도록 컨테이너 Locking장치가 설치되어 있으며, 적재대의 무게 때문에 전용 섀시보다 축중제한을 더 받으므로 적재 컨테이너를 운송시는 내용물의 중량이 가벼운 것을 운송해야 한다.

⑤ 풀카고트럭 및 풀트레일러

㉠ 풀카고트럭은 견인차부분과 피견인차부분 양쪽에 컨테이너를 적재할 수 있는 장점이 있다. 즉, 견인차에 20피트 컨테이너 1개, 풀트레일러 부분에 20피트 컨테이너 1개를 적재하고 운행할 수 있다. 이는 기본적으로 풀카고 및 풀트레일러의 적재함 규격이 측문을 개방하지 않고 컨테이너를 적재할 수 있도록 적재함 폭이 내측기준 2,438mm 이상으로 제작되어야 한다. 실제로 풀카고의 적재함 내측규격 2,480mm인 차량이 일부 운행되고 있다.

ⓒ 풀카고트럭은 컨테이너의 안전운송에 필수적인 Locking장치가 없기 때문에 실제 운송시에는 스틸와이어 또는 체인 등을 이용하여 안전하게 결박해야 하며 비교적 가벼운 컨테이너나 공컨테이너의 운송에 활용해야 축중제한을 받지 않는다.

⑥ 야드용 트레일러

　　㉠ 야드에 컨테이너 정리 또는 부두와 CY 간 셔틀운송에 이용되는 트레일러는 신속한 상하차 작업이 운영효율화의 관건이다.

　　㉡ 그러나 일반적인 전용 섀시는 섀시프레임과 Locking장치에 정확하게 컨테이너를 안치시켜야 하며, 이러한 작업을 하기 위해 상하차장비나 차량을 조정하는 시간이 많이 소요된다.

　　㉢ 이러한 비효율적인 점을 개선하기 위하여 제작한 컨테이너 섀시로서 섀시 적재대의 가장자리 부분에 가이드(Guide)장치를 설치하여 컨테이너를 적재할 때 약간의 부정확한 적재가 되어도 강제적으로 가이드에 의해 정위치로 안치될 수 있도록 만든 섀시를 말한다.

⑦ 일반카고트럭

　　㉠ 일반카고트럭은 대형트럭일지라도 적재함 내측 폭이 2,340m 정도 밖에 안 되기 때문에 적재함 측문을 개방하지 않으면 운송할 수 없으며, 경찰서에 신고하지 않고 측문을 개방한 채 운행을 하게 되면 교통법규 위반이 되어 안전운송면에서 문제가 있다.

　　㉡ 비상시에는 경찰서에 신고를 하고 측문을 개방한 채 운송하는 것도 대안이 될 수 있다.

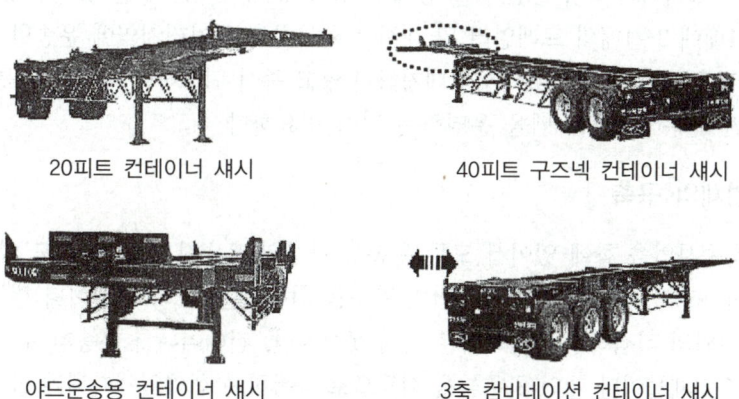

20피트 컨테이너 섀시　　40피트 구즈넥 컨테이너 섀시

야드운송용 컨테이너 섀시　　3축 컴비네이션 컨테이너 섀시

◀ 다양한 컨테이너 운송장비 ▶

(4) CFS의 확보와 운영

① CFS는 수입되는 LCL 화물을 이곳에서 적출(Devanning, 화물을 끄집어 냄)하고 통관을 시킨 후 화주에게 인계해야 하며, 수출되는 LCL 화물은 이곳에서 집합시켜 도착지별로 또는 수화주별로 분류 후 컨테이너에 적입(Stuffing, 화물을 집어 넣음)한 후 컨테이너 선사에 인계하여 운송되게 해야 한다.

② 컨테이너운송사업을 위해서는 CFS의 확보가 필수적인 사항이라고 할 수 있으며, CFS를 운영하기 위해서는 컨테이너 선사와 영업대리점 계약을 하는 것이 필요하다(대리점 계약을 하지 않으면 도착지에서의 Devanning 및 통관에 어려움을 겪게 됨).

(5) 컨테이너 회수관리를 위한 정보시스템의 운영

① 컨테이너는 적기에 화주문전에 공급하고 적재가 완료된 컨테이너는 출항시간에 늦지 않게 회송해야 하며, 수입 컨테이너는 하역이 완료되면 지체없이 공컨테이너를 회수해야 컨테이너 이용률이 향상될 수 있고 섀시의 운영대수를 감축시킬 수 있다.

② 컨테이너운송시에는 컨테이너와 섀시의 배차계획을 수립하고 지시한 내용과 회수예정일 등 컨테이너 및 섀시의 회수관리에 필요한 정보를 입력해야 하며, 컨테이너가 게이트를 통과할 때 컨테이너번호, 섀시번호, 화주명 등을 입력하고 매일 컨테이너 및 섀시의 회수상황을 점검관리하는 등 실제로 컨테이너 및 섀시가 배치되고 회수되었는지를 관리할 수 있는 정보시스템을 구축하고 운영해야 한다.

(6) 멀티트레일러 시스템 운영의 필요성

① 컨테이너 운송업무를 효율적으로 하기 위해서는 트랙터의 회전율을 극대화시켜야 하는데 이를 위해서는 트랙터가 화주문전, CY 등에서 상하차 대기시간이 발생하지 않도록 해야 한다.

② 트랙터 1대에 3~4대의 트레일러 및 섀시를 확보하여 근거리지역에 운송할 때 작업대기시간이 발생할 경우에는, 작업완료시까지 대기하지 않고 즉시 귀소하여 다른 업무를 수행한 후 작업이 완료되면 회수하는 시스템을 운영하는 것이 필요하다.

(7) 운송협력업체의 구축

컨테이너 운송사업을 함에 있어서 모든 운송을 자사의 운송장비로 할 수도 있지만, 보다 저렴한 운송을 실현하고 성수기 등에 운송능력의 확충을 위해서는 CY와 컨테이너 핸들링 장비를 확보하지 못해 선사와의 직접적인 운송계약은 하지 못하지만, 컨테이너를 운송할 수 있는 차량을 확보하고 있는 운송업체들이나 개인 차주들을 회원으로 등록하여 협력업체화해야 할 필요가 있다. 또한, CFS 물량을 운송하기 위한 일반카고트럭 운송업체를 협력업체화하는 것도 필요하다.

(8) 컨테이너에 관한 통관조약

① 컨테이너 통관협약(CCC ; Customs Convention on Containers) : 1956년 유럽경제위원회의 채택으로 등장한 것으로, 컨테이너 자체가 관세선, 즉 국경을 통과할 때 관세, 통관방법 등을 협약해야 할 필요성에 의해 도입된 것이다. 일시적으로 수입된 컨테이너를 적재수출조건으로 면세하고, 국제보세운송에 있어서 체약국 정부 세관의 봉인을 존중하는 것 등을 규정하고 있다. 우리나라는 1973년에 조건부 서명을 하고 1981년 10월에 정식 가입하였다.

② 화물의 국제운송에 관한 관세협약(TIR ; Trailer Interchange Receipt, 1959) : 차량에 적재되어 환적 없이 국경을 통과하는 운송화물의 관세면제에 관한 협약이다. TIR은 컨테이너에 적재된 화물을 대상으로 하는 협약으로 경유지 세관에서의 수입세·수출세 및 경유지 세관에서의 세관검사가 면제된다. TIR은 도로 주행차량 및 적재 컨테이너에 대한 협약이다.

③ 화물의 국제운송에 관한 통관협약(ITI ; Customs Convention on the International Transit of Goods, 1971) : 관세협력이사회가 1971년 신(新)국제도로운송통관조약 작성과 병행하여 새로 채택한 조약으로, 국제도로운송통관조약(TIR)이 도로주행차량 또는 적재된 컨테이너의 도로운송을 대상으로 하고 있는데 비해, 본 조약은 각종 운송기기에 의한 육·해·공 모든 운송수단을 대상으로 하고 있다.

④ 위험물 컨테이너 점검제도(CIP ; Container Inspection Program) : 컨테이너에 적재되어 해상으로 운송되는 위험화물에 의한 사고를 예방하고자 수입되는 위험물 컨테이너의 적재, 수납, 표찰 등에 관한 국제해상위험물규칙(IMDG Code) 준수 여부를 점검하고, 위험물 운송 중 사고를 예방하기 위해 우리나라에서 도입한 제도로, 2002년 부산항과 광양항에 도입하고, 이후 울산항 등으로 확대해 나가고 있다.

⑤ CSI는 미국 세관원을 미국으로의 수출물량이 많은 외국항만에 파견하여 미국향발 컨테이너화물에 대한 위험도를 사전에 평가하고 주재국 세관 직원의 화물검사에 입회하기 위해 도입된 제도로, 미국 세관은 미국향발 화물 및 항만에 기항하는 모든 수출화물에 대해 선적 24시간 전까지 적하목록(manifest)의 제출을 의무화하였다.

⑥ 컨테이너 안전협약(CSC ; International Convention for a Safe Containers, 1972) : 컨테이너 안전협약은 UN이 정부 간 해사기구(IMO)와 협동으로 1972년에 채택한 '안전한 컨테이너를 위한 국제협약이다. 이 협약의 목적은 컨테이너의 취급, 적취 및 수송에 있어서 컨테이너 구조상의 안전요건을 국제적으로 공통화하는 것을 목적으로 하고 있다. 본 협약은 1977년 9월 6일부터 발효되고, 우리나라는 1978년 12월 18일에 동 협약비준서를 IMO 사무총장에 기탁, 1979년 12월 18일부터 발효되었다.

01 컨테이너화에 따른 경제적 효과 중에서 화주가 얻는 이익이 아닌 것은?

① 내륙터미널 시설 이용

② 보험료의 증대

③ 포장비의 절감

④ 복합운송의 실시로 인한 편리성과 운임의 절감

⑤ 수송기간의 단축으로 인한 상품금융비용의 감소

> [해설] 컨테이너화는 운송화물의 유닛화로 보험료의 절감을 가져온다.

02 다음 설명에 해당하는 혼재서비스(Consolidation Service) 형태는?

> • 수입자는 한 사람이지만 같은 국가에 상품의 공급자(수출자)가 다수인 경우 수출국에 있는 포워더(Fowarder)를 지정하여 운송 업무를 전담하도록 하는 것이다.
> • 한 사람의 포워더(Fowarder)가 수입자로부터 위탁을 받아 다수의 수출자로부터 화물을 집화하여 컨테이너 혼재한 후 이를 수입자에게 운송하는 형태이다.
> • 수입화물이 소량(LCL)이고 여러 수출자로부터 수입이 이루어지는 경우에 활용한다.

① Buyer's Consolidation   ② Shipper's Consolidation

③ Consigner's Consolidation   ④ Co-loading service

⑤ Sellers Consolidation

> [해설] • **CFS / CY**(LCL / FCL) : 운송인이 지정한 선적항의 CFS로부터 목적지 CY까지는 컨테이너에 의해 운송되는 형태. 운송인이 여러 송화인(수출업자)들로부터 화물을 CFS에서 집화하여 목적지의 수입업자 창고 또는 공장까지 운송하는 것으로, Buyer's Consolidation이라고도 한다. 이 운송형태는 CFS/CFS에서 발전한 운송방법으로서, 대규모 수입업자가 여러 송화인들로부터 각 LCL 화물들을 인수하여 일시에 자기지정창고까지 운송하고자 하는 경우에 이용한다. LCL/FCL 운송 또는 Pier to Door 운송이라고도 한다.
> • **CY / CFS**(FCL / LCL) : 선적항의 CY에서 목적항의 CFS까지 컨테이너에 의해서 운송되는 방법으로서, 선적지에서 수출업자가 FCL 화물로 선적하여 목적지 항만까지 운송한 후 목적지 항만의 CFS에서 컨테이너를 개봉, 화물을 분류하여 여러 수입업자에게 인도한다. 이 방법은 한 수출업자가 수입국의 여러 수입업자에게 일시에 화물을 운송하고자 할 때 이용하는 데, Shipper's Consolidation 또는 Consigner's Consolidation 또는 Seller's Consolidation이라 하며, 실제로는 널리 이용되지 않고 있다. FCL/LCL 운송 또는 Door to Pier 운송이라고도 한다.

- **합동혼재**(Co-Loading) : 복수의 포워더가 함께 하나의 혼재화물을 만들어 운송하는 형태를 말한다. 혼자서 혼재를 하는 것보다는 화물을 더 크게 대형화함으로써 얻을 수 있는 운임상의 이점이 있기 때문이다. 그러나 Co-Loading은 경쟁자와의 혼재이기에 한쪽의 거래처 정보가 노출되기 쉬워 상당한 이익이 보장되지 않는 한 성사되기가 쉽지 않다.

03 ICD(Inland Container Depot)의 주요 기능이 아닌 것은?

① 통관기능 ② 장치보관기능
③ 집화분류 및 포장기능 ④ 에이프런기능
⑤ 내륙운송기능

> **해설** 에이프런 기능은 내항인 ICD의 기능이 아니라 외항의 기능이다. ICD의 기능으로는 운송기지 또는 운송거점, 컨테이너화물의 통관·적재 및 하역·배송·보관·집화, 컨테이너 수리, 화물주선, 재고관리, 포장, 내륙운송 등을 들 수 있다.

04 컨테이너 터미널에서 컨테이너를 취급하는 운송장비에 관한 설명으로 옳지 않은 것은?

① 야드 트랙터(Yard Tractor)는 야드 내의 작업용 컨테이너 운반트럭이다.
② 지게차(Fork Lift)는 컨테이너 터미널에서 컨테이너선에 양·적하하는 하역장비이다.
③ 윈치 크레인(Winch Crane)은 크레인 자체를 회전시키면서 컨테이너 트럭이나 무개화차로부터 컨테이너를 양·적하하는 하역장비이다.
④ 리치 스태커(Reach Stackers)는 컨테이너 운반용으로 주로 사용되며 컨테이너의 적재 및 위치이동, 교체 등에 사용되는 하역장비이다.
⑤ 섀시(Chassis)는 컨테이너를 탑재하여 운반하는 대차이다.

> **해설** Fork Lift는 컨테이너 터미널에서 컨테이너화물을 트럭에 적재하거나 또는 트럭에서 양하 할 때 사용하는 기중기로서 대형과 소형 두 가지가 있다. 즉, Fork Lift는 차체의 뒤에 화물적재용 Fork 또는 하역취급용 부속시설(Attachment)을 갖추고 이것을 승강시키는 유압장치로 화물을 운반하는 대형 하역기계이다. 컨테이너 터미널에서 컨테이너선에 양·적하하는 하역장비는 컨테이너 크레인 또는 갠트리(gantry) 크레인이다.

05 컨테이너 취급시설과 관련된 약어로 거리가 먼 것은?

① CFS ② ICD
③ COA ④ CY
⑤ Marshalling

> **해설** 해상운송에 있어 COA는 장기(수량) 운송계약을 의미한다.

06 다음은 컨테이너 종류별 그 운반대상 화물을 연결한 것이다. 적절하지 않은 것은?

① Hanger Container – 소맥분, 가축사료
② Reefer Container – 과일, 채소, 냉동화물
③ Open Top Container – 장척화물, 중량물, 기계류
④ Flat Rack Container – 목재, 기계류, 승용차
⑤ Tank Container – 화학품, 유류

> 해설 • Hanger Container – 의류, 봉제품
> • Solid Bulk Container – 소맥분, 가축사료

07 다음 컨테이너 화물운송방법 중 단일송화인이 지정한 장소에서 화물적입작업 후 단일수화인의 지정장소까지 운송하는 형태는 무엇인가?

① CFS/CY   ② CY/CFS
③ CY/ICD   ④ CFS/CFS
⑤ CY/CY

> 해설 CY/CY는 컨테이너화물의 혼재 없이 단일송화인과 단일수화인 간의 컨테이너화물을 운송하는 형태이며, CFS/CFS는 컨테이너화물의 혼재작업이 이루어지는 관계로 다수송화인과 다수수화인 간의 운송형태이다.

08 다음은 용도에 따른 컨테이너의 분류에 관한 설명이다. 무엇에 관한 설명인가?

컨테이너의 지붕, 기둥, 벽이 없고 바닥과 모서리쇠만으로 구성된 것으로 중량물이나 부피가 큰 화물을 후면 적재보다는 측면 및 상부 적재에 적합한 경우에 사용된다.

① 플랫랙 컨테이너(Flat rack Container)
② 플랫폼 컨테이너(Flat form Container)
③ 오픈 탑 컨테이너(Open top Container)
④ 행거 컨테이너(Hanger Container)
⑤ 사이드 오픈 컨테이너(Side open Container)

> 해설 플랫랙 컨테이너는 플랫폼 컨테이너에 기둥이 있는 것으로 목재, 승용차, 기계류 등의 중량물을 운송하는 데 적합하다.

09 내륙 컨테이너기지(ICD ; Inland Clearance Depot)의 설명과 거리가 먼 것은?

① 장치보관기능, 집화분류 등의 전통적인 항만기능을 수행한다.

② ICD는 원래 컨테이너기지를 뜻하는 Inland Container Depot의 의미로 쓰였다.

③ 정보시스템의 구축을 기반으로 항만과 국내의 수출·수입지를 연계하는 시스템으로 운송, 하역, 보관, 포장, 통관의 기능도 수행한다.

④ 세관 통관 하에 수출입 및 연계운송을 위하여 일시적인 장치, 창고보관, 재수출, 일시상륙 등의 기능을 담당하는 장소이다.

⑤ 운송의 거점으로서 대량운송의 실현, 공차율의 감소, 운송회전율의 증가 등을 통한 운송의 합리화를 실현하고 있다.

> **해설** ICD는 원래 내륙통관기지를 의미하는 Inland Clearance Depot로 쓰였는데, 오늘날 Inland Container Depot 로 널리 사용되고 있다.

10 다음은 LCL(Less-than Container Load) 화물의 수출흐름에 대하여 설명한 것이다. 수출 흐름순서를 차례대로 옳게 나열한 것은?

> 가. FCL(Full Container Load) 화물과 동일한 절차를 수행한다.
> 나. 내륙 데포(Depot)에 도착한 후 화물을 행선지별로 분류하여 공컨테이너에 적입한다.
> 다. 트럭회사는 CFS(Container Freight Station) 또는 내륙 데포까지 일반트럭이나 트레일 러로 운송한다.
> 라. 트럭회사는 화주와의 운송계약에 따라 발송지에서 화물을 싣는다.
> 마. 화주로부터 CFS나 내륙 데포까지 운송주문을 접수한다.

① 마 → 가 → 나 → 다 → 라

② 마 → 나 → 다 → 라 → 가

③ 마 → 다 → 라 → 가 → 나

④ 마 → 라 → 가 → 나 → 다

⑤ 마 → 라 → 다 → 나 → 가

> **해설** LCL 화물의 수출흐름은 '마 → 라 → 다 → 나 → 가'의 순서이다.

정답 09 ② 10 ⑤

11 한국 부산의 A 마트는 베트남 호치민의 B, C, D 업체로부터 매월 식품 및 식자재 약 30 CBM을 컨테이너로 수입하고 있다. 이때 혼재방식과 운송형태가 바르게 짝지어진 것은?

① Buyer's consolidation, CY – CFS
② Seller's consolidation, CY – CFS
③ Buyer's consolidation, CFS – CY
④ Seller's consolidation, CFS – CFS
⑤ Co-loading, CY – CY

> [해설] A 마트는 B, C, D 업체로부터 수입하므로 수입자는 1명이고, 수출자는 다수이다. 따라서 수입자 혼재방식, 즉 Buyer's consolidation이며, 수출지는 CFS, 수입지는 CY 이용이다.

12 다음 중 컨테이너운송의 단점이 아닌 것은?

① 대규모의 자본 필요
② 관리 및 경영에 있어 전문적인 지식·기술 필요
③ 컨테이너 적입가능한 화물의 제한
④ 낮은 노동생산성과 창고 및 재고관리비 증가
⑤ 컨테이너에 대한 하역시설이 갖추어지지 않은 항구는 하역작업시간이 연장될 수 있음.

> [해설] 컨테이너운송은 화물을 유닛화하여 운송하는 형태로 일반화물운송방식에 비해 노동생산성이 높고 창고와 재고관리비의 절감을 가져다준다.

13 다음의 내용에 적합한 시설은?

> 본선 입항 전에 미리 입안된 선내 적치계획에 따라 선적예정 컨테이너를 순서대로 쌓아 두기 위한 곳으로, 컨테이너 터미널 운영에 있어 중심이 되는 중요한 장소이다.

① 에이프런(Apron)   ② 컨트롤 타워(Control Tower)
③ 마샬링 야드(Marshalling Yard)   ④ CFS(Container Freight Station)
⑤ 안벽(Quay)

> [해설] 마샬링 야드(Marshalling Yard)는 본선 입항 전에 적재할 컨테이너를 쌓아 두는 장소이다. 즉, 에이프런 바로 뒤쪽으로 본선에 선적할 컨테이너 또는 양하된 컨테이너를 배치하는 장소이다.

14 컨테이너 화물에 관한 설명으로 옳지 않은 것은?

① FCL은 하나의 컨테이너에 만재되어 운송되는 화물을 의미한다.

② 컨테이너 하역시스템으로는 스트래들 캐리어방식, 트랜스테이너방식 등이 있다.

③ Feeder Charge는 FCL이 CY(off-dock CY 포함)에 반입되는 순간부터 반출될 때까지의 모든 비용을 말한다.

④ CFS 또는 CY로부터 화물 또는 컨테이너를 무료장치기간(Free Time) 내에 반출하지 않으면 보관료(Storage Charge)를 징수한다.

⑤ 20ft 컨테이너 1개를 1TEU라 하며, TEU를 컨테이너 물동량 산출단위로 이용한다.

> **해설** 컨테이너선이 직접 기항하지 않는 지역에는 Feeder Service가 이뤄진다. 이때 Main Port까지의 해상운임 또는 육상운임에 상당하는 Feeder Charge가 부과된다.

15 항만 내 컨테이너 터미널 시설과 관계가 없는 것은?

① 안벽(Berth)

② 에이프런(Apron)

③ 마샬링 야드(Marshalling Yard)

④ 컨테이너 야드(Container Yard)

⑤ ODCY(Off Dock Container Yard)

> **해설** ODCY는 부두 밖 컨테이너 장치장으로 항만 밖에 있는 시설이다.

16 컨테이너 한 개를 채울 수 없는 소량화물(LCL 화물)을 인수, 인도하고 보관하거나 컨테이너에 적입(Stuffing) 또는 적출(Unstuffing, Devanning)작업을 하는 장소는?

① 컨테이너 야드(Container Yard)

② Container Transit Station

③ CFS(Container Freight Station)

④ 에이프런(Apron)

⑤ 보세창고

> **해설** 만재(풀) 컨테이너화물은 컨테이너 장치장(CY), 소량 컨테이너화물은 컨테이너화물 조작장(CFS)에서 각각 처리 또는 장치된다.

정답 **14** ③ **15** ⑤ **16** ③

17 다음 중 중량화물이나 장척화물운송에 적합하도록 천장이나 측면이 개방된 컨테이너를 모두 고른 것은?

> ㉠ Reefer Container   ㉡ Open Top Container
> ㉢ Flat Rack Container   ㉣ Pen Container

① ㉠, ㉡   ② ㉠, ㉢
③ ㉡, ㉢   ④ ㉡, ㉣
⑤ ㉢, ㉣

> **해설** ㉠ Reefer Container는 냉동·냉장화물의 운송용으로 밀폐되어 있다.
> ㉣ Pen Container는 통풍이 되는 것으로 동물운송용이다.

18 컨테이너 화물의 운송형태에 관한 설명으로 옳지 않은 것은?

① CY/CY 운송은 수출자의 공장에서 컨테이너를 만재한 상태에서 수입자의 창고까지 운송하는 형태를 말하며, Door-to-Door 운송이라고도 한다.
② CFS/CFS 운송은 주로 다수의 수출자와 다수의 수입자 간에 이용된다.
③ CY/CFS 운송은 하나의 수출자가 둘 이상의 수입자의 화물을 한 컨테이너에 적입한 경우에 이용된다.
④ CFS/CY 운송은 수입업자가 여러 송하인으로부터 물품을 수입할 때 주로 이용된다.
⑤ CFS/CFS 운송은 Pier-to-Door 운송 또는 Seller's Consolidation이라고도 한다.

> **해설** CFS/CFS 운송은 LCL/LCL 운송으로 Pier-to-Pier 또는 ICD-to-ICD 운송이며 Forwarder's Consolidation 이라고도 한다.

19 선박의 측면 또는 선미에 설치된 램프를 이용하여 트레일러에 의해 컨테이너를 싣고 내리는 하역방식은?

① Lo-Lo(Lift on/Lift off)방식   ② Fo-Fo(Float on/Float off)방식
③ Ro-Ro(Roll on/Roll off)방식   ④ Semi-Container방식
⑤ Full-Container방식

> **해설** Ro-Ro방식은 선박의 측면 또는 선미에 설치된 램프를 이용하여 트레일러로 컨테이너를 싣고 내리는 것으로 크레인을 사용하지 않는다.

20 ICD에서의 1일 컨테이너 처리물량이 20피트형 400개, 40피트형 300개, 10피트형 200개일 때 월 25일간 작업할 경우 연간 컨테이너 처리물량은 몇 TEU인가?

① 220,000TEU

② 270,000TEU

③ 330,000TEU

④ 440,000TEU

⑤ 550,000TEU

[해설] TEU는 20피트이므로 연간 처리량 = (400 + 600 + 100) × 25 × 12 = 330,000TEU

21 컨테이너에 관한 설명으로 옳지 않은 것은?

① 화물의 단위화를 목적으로 하는 운송용기로서 육상·해상·항공을 통한 화물운송에 있어 경제성, 신속성, 안정성의 이점을 갖고 있다.

② 물적유통 부문의 운송·보관·포장·하역 등의 전 과정을 일관운송할 수 있는 혁신적인 운송용기이다.

③ 반복사용이 가능한 운송용기로서 신속한 하역작업을 가능하게 하고 이종운송수단 간 접속을 원활하게 하기 위해 고안된 화물수송용기이다.

④ 화물을 운송하는 과정에서 재포장 없이 사용할 수 있도록 설계되어 취급이 용이하며, 해상운송방식에만 사용할 수 있도록 고안된 운송용기이다.

⑤ 환적작업이 신속하게 이루어질 수 있는 장치를 구비하여야 하며, 화물의 적입 및 적출이 용이하도록 설계된 $1m^3$ 이상의 용기이다.

[해설] 컨테이너는 해상운송방식 이외에 여타의 운송방식에도 사용되고 있다.

22 다음 컨테이너 관련 조약에 해당되는 것은?

관세협력이사회가 1971년 신(新)국제도로운송 통관조약 작성과 병행하여 새로 채택한 조약으로 국제도로운송통관조약이 도로주행차량 또는 적재된 컨테이너의 도로운송을 대상으로 하고 있는데 비해, 본 조약은 각종 운송기기에 의한 육·해·공 모든 운송수단을 대상으로 하고 있다.

① CCC(Customs Convention on Containers)

② CIP(Container Inspection Program)

③ ITI(Customs Convention on the International Transit of Goods)

④ CSI(Container Security Initiative)

⑤ CSC(International Convention for a Safe Containers)

정답 **20** ③ **21** ④ **22** ③

③ ITI(Customs Convention on the International Transit of Goods)는 국제통과화물에 관한 통관협약으로 육·해·공 모든 운송수단을 대상으로 한다.

① CCC는 컨테이너 통관협약으로 1956년 유럽경제위원회의 채택으로 등장하였으며, 컨테이너 자체가 관세선, 즉 국경을 통과할 때 관세, 통관방법 등을 협약해야 할 필요성에 의해 도입된 것이다. 일시적으로 수입된 컨테이너를 적재수출조건으로 면세하고, 국제보세운송에 있어서 체약국 정부 세관의 봉인을 존중하는 것 등을 규정하고 있다. 우리나라는 1973년에 조건부 서명을 하고 1981년 10월에 정식 가입하였다.

② CIP는 컨테이너에 적재되어 해상으로 운송되는 위험화물에 의한 사고를 예방하고자, 수입되는 위험물 컨테이너의 적재, 수납, 표찰 등에 관한 국제해상위험물규칙(IMDG Code) 준수 여부를 점검하고 위험물 운송 중 사고를 예방하기 위해 우리나라에서 도입한 제도로 2002년 부산항과 광양항에 도입 후 울산항 등으로 확대해 나가고 있다.

④ CSI는 미국 세관원을 미국으로의 수출물량이 많은 외국항만에 파견하여 미국향발 컨테이너화물에 대한 위험도를 사전에 평가하고 주재국 세관 직원의 화물검사에 입회하기 위해 도입된 제도로, 미국 세관은 미국향발 화물 및 항만에 기항하는 모든 수출화물에 대해 선적 24시간 전까지 적하목록(manifest)의 제출을 의무화하였다.

⑤ CSC는 컨테이너안전협약으로 UN이 정부 간 해사기구(IMO)와 협동으로 1972년에 채택한 '안전한 컨테이너를 위한 국제협약'이다. 이 협약의 목적은 컨테이너의 취급, 적취 및 수송에 있어서 컨테이너 구조상의 안전요건을 국제적으로 공통화하는 것을 목적으로 하고 있다. 본 협약은 1977년 9월 6일부터 발효되고, 우리나라는 1978년 12월 18일에 동 협약비준서를 IMO 사무총장에 기탁, 1979년 12월 18일부터 발효되었다. 2015년 7월에 UN 산하 국제해사기구(IMO)의 사무총장에 임기택(부산항만공사 사장)이 선출되었다.

01 유닛로드 시스템(Unit Load System)

1 유닛로드 시스템의 정의

(1) 일반적인 정의

화물을 일정한 표준의 중량 또는 용적으로 단위화시켜 일관해서 기계를 이용하여 하역·수송·보관하는 시스템이다.

① 효과 : 하역작업의 기계화 및 작업화, 화물의 파손방지, 적재의 신속화, 차량회전율의 향상이 가능하다.

② 방법 : 파렛트를 이용하는 방법, 컨테이너를 이용하는 방법

(2) 한국산업표준(KS)의 정의

① 유닛로드 : 수송, 보관, 하역 등의 물류활동을 합리적으로 처리하기 위하여 복수의 물품 또는 포장화물을 기계·기구에 의한 취급에 적합하도록 하나의 단위로 정리한 화물을 일컫는다. 또한, 이 용어는 하나의 대형물품이 위 목적에 합치하는 경우에도 사용된다.

② 유닛로드 시스템 : 유닛로드를 도입함으로써 하역을 기계화하고, 수송·보관 등을 일관하여 합리화시키는 시스템이다.

③ 유닛로드 시스템은 화물의 취급단위에 대한 단위화와 표준화를 통하여 기계하역을 용이하게 하며 하역능력의 향상과 비용절감의 이점이 있다.

(3) 유닛로드의 목적

① 화물취급단위의 단순화와 표준화

② 기계하역의 용이화와 하역능력의 향상, 하역비용의 절감

③ 수송 및 보관업무의 효율적인 운용

④ 수송포장의 간소화

유닛로드의 기본요건
- 단위규모의 적정화
- 단위화 작업의 원활화
- 협동운송체제의 확립

(4) 유닛로드의 형태

① 파렛트
② 컨테이너
③ 밴드포장
④ 집합포장

> 🔵 **TIP** 트럭, 트레일러, 스왑보디, 화차(화물열차), 거룻배 등이 유닛로드화되어 대형 수송기관에 적재·운송되는 경우도 있다.

2 유닛로드 시스템의 3원칙

① 기계화의 원칙 : 하역과 반송(搬送)의 기계화
② 표준화의 원칙 : 적재화물의 포장치수와 하역작업 등의 표준화
③ 하역의 최소원칙 : 하역횟수의 최소화

유닛로드 시스템은 '연결의 기술'
생산공장 → 창고 혹은 배송센터 → 도매업 등 물류흐름에 이음새가 없도록 연결하는 기술

3 유닛로드 시스템의 구성

(1) 파렛트를 이용하는 방법

① 지게차(Fork Lift)의 개발로 파렛트로드(Pallet Load) 상태로 파렛트화(Palletization)한다.
② 포장의 표준화에 의해 포장비의 절감 및 화물파손의 감소 등 물리적·경제적 양면에서 상당한 효과가 기대된다.
③ 파렛타이저를 사용하여 생산라인에 직접 연결, 생산된 제품을 파렛트 위에 적재한 다음 이를 곧바로 자동창고에 입고하여 보관(보관합리화 및 출하관리)한다.

핵심포인트

파렛트
- 1940년경 미국에서 최초로 개발
- 한국산업표준에서는 팰리트와 팰릿으로 규정, 업계에서는 파렛트로 사용
- 정의 : 하역운반기기에 의한 물품의 취급을 편리하게 하기 위해 물품을 싣는 면을 가진 것 (KST-0001)
- 규격(KS)
  - 일관수송용 : 1,100mm × 1,100mm(높이 1,440mm, 적재하중 1톤)(T-11형), 1,200mm × 1,000mm(T-12형)
  - 구내용 : 800mm × 1,100mm
         900mm × 1,100m
         1,100mm × 1,300mm
         1,100mm × 1,400mm
         1,200mm × 800mm
- 국제표준 파렛트(ISO 6780)
  - 정사각형 : 1,140mm × 1,140mm, 1,100mm × 1,100mm, 1,067mm × 1,067mm
  - 직사각형 : 1,200mm × 800mm, 1,219mm × 1,016mm, 1,200mm × 1,000mm
- T-12형 파렛트는 ISO 컨테이너에 적합하고 중국, 일본에서도 표준규격으로 사용
- T-11형 파렛트는 8톤 미만의 화물차에는 2열 적재가 불가하여 중소형 트럭의 광폭화 필요

(2) 컨테이너를 이용하는 방법

① 1920년대 미국 철도회사들이 육상수송에 컨테이너를 활용하기 시작하였다.
② 해상 컨테이너의 사용은 1956년, 미국 SEA LAND SERVICE사에서 미국 내 화물의 연안수송에 이용한 것이 시초이다.
③ 항공의 영역까지 확대되어 국제 간 화물수송의 주류를 형성
④ 육로에서는 대형트럭, 철도에서는 컨테이너의 전용화차, 해상운송에서는 컨테이너 전용선, 항공운송에서는 보잉 747 등의 대형화물전용기

> **TIP** 단위화 용기의 취득은 이동용기이므로 고정자산이 아닌 변동비 계정으로 계산한다.

4 유닛로드 시스템의 특징

(1) 파렛트 이용시

① 인건비의 절감
② 수송비의 절감
③ 제한된 공간을 최대한 이용
④ 수송기구의 회전기간 단축
⑤ 재고조사의 편의성
⑥ 도난과 파손의 감소
⑦ 인력의 절감
⑧ 단위포장으로 포장의 용적 감소
⑨ 서류의 간소화
⑩ 화물의 적재효율 향상
⑪ MH(Materials Handling) System에 의한 신속한 수송 도모
⑫ 파렛트와 지게차 외 별다른 장비 불필요
⑬ 하역시간 단축
⑭ 여러 가지 형태의 수송수단에 대한 높은 적응성
⑮ 과잉포장 방지

(2) 컨테이너 이용시

① 포장비 절약
② 신속한 선하증권의 발급으로 금리 절약
③ 생산능률의 향상
④ 운송비의 절약
⑤ 항만하역비의 절약
⑥ 보험료의 절약
⑦ 안전한 수송

5 유닛로드 시스템의 장단점

(1) 장 점

① 하역의 기계화가 가능
② 하역시 파손, 분실, 오손 등 방지

③ 포장비 절감

④ 운송수단(트럭, 기차, 선박, 항공기 등)의 높은 운용효율

⑤ 높게 적재할 수 있어 적재공간의 효율성 제고

(2) 단 점

① 컨테이너와 파렛트 확보에 경비가 소요

② 하역기기 등 고정시설투자가 필요

③ 컨테이너와 파렛트의 관리에 시간과 비용이 추가

④ 포크 리프트로 작업할 수 있는 넓은 공간 확보

6 유닛로드 시스템의 전제조건

① 수송장비 적재함의 규격 표준화

② 포장단위 치수 표준화

③ 파렛트 표준화

④ 운반하역장비의 표준화

⑤ 창고보관설비의 표준화

⑥ 거래단위의 표준화 등

02 일관파렛트 시스템

1 일관파렛트화의 의의

(1) 유닛로드 시스템과 일관파렛트화

① 유닛로드 시스템은 크게 파렛트에 적재하는 유닛화와 컨테이너에 적재하는 유닛화의 2가지로 대별된다.

② 파렛트에 적재한 상태로 화물을 환적하지 않고 출발지에서 도착지까지 운송·보관·하역하는 방법이 일관파렛트화, 컨테이너에 의해 유닛화된 것이 컨테이너화이다.

> **핵심포인트**
>
> **파렛트 수송이 보급되지 않는 이유**
> • 파렛트의 분실 우려
> • 파렛트수송의 장점이 송화주에게 환원되지 않음.
> • 하청회사가 육체적 중노동을 유지
> • 파렛트의 규격치수가 수송기관의 적재함과 맞지 않아 적재효율이 낮고 수송경비의 증대 초래
> • 파렛트의 중량분 또는 체적분만큼 적재할 수 없어서 적재효율 감소
> • 수송 후 공파렛트의 회수에 경비 발생
> • 회수시스템의 구축 애로
> • 화물붕괴방지 애로 등

(2) 물류합리화와 일관파렛트화

① 물류의 환경조성 : 3D 환경 → 3S(Safely, Simply, Smartly) 환경

② 유닛로드 시스템을 위한 일관파렛트화

  ㉠ 일관파렛트화 → 유닛로드 시스템 → 3S

  ㉡ 수하역 제거, 불필요한 장소, 불필요한 일, 자원의 낭비, 불필요한 시간낭비 제거 등

> **핵심포인트**
>
> **일관파렛트화를 저해하는 요인**
> • 파렛트 회수 애로
> • 회수, 반송이 귀찮음.
> • 반송비용 다소 과다
> • 화물 붕괴
> • 파렛트 규격이 적음.

(3) 일관파렛트화의 효과와 장점

① 효 과

  ㉠ 기업의 이미지 상승

  ㉡ 안전수송력의 확보

  ㉢ 작업안전의 확보

  ㉣ 하역비의 절감

  ㉤ 상품의 보호

  ㉥ 입출하장의 혼잡 완화

② 장 점

　ㄱ 하역인원의 절감

　ㄴ 하역시간의 단축

　ㄷ 수송효율의 향상

　ㄹ 노동조건의 향상

　ㅁ 화물파손의 감소

　ㅂ 포장비의 절감

　ㅅ 운임 절감

(4) 자사 파렛트

① 장 점

　ㄱ 필요할 때 편리하게 사용

　ㄴ 필요한 규격을 임의로 선택, 도입 가능

　ㄷ 자체 내 파렛트 풀제 도입의 용이

② 단 점

　ㄱ 비용 과다 발생

　ㄴ 공파렛트의 회수 애로와 고비용

　ㄷ 규격 파렛트의 보급 곤란

　ㄹ 성수기와 비수기의 양적 조정 곤란

(5) 임대 파렛트

① 장 점

　ㄱ 공파렛트의 회수 불필요

　ㄴ 성수기, 비수기의 양적 조정 가능

　ㄷ 경비 절감

　ㄹ 표준파렛트 도입 용이

② 단 점

　ㄱ 급히 필요할 경우 공급 애로

　ㄴ 모든 포장단위를 임대 파렛트에 맞추어야 함.

　ㄷ 회사 간 이동시 회수 애로

2 일관파렛트화 추진의 선행조건

(1) 파렛트 치수의 표준화

① 파렛트 규격 통일 및 표준화의 선행
② KS규격(1,100mm × 1,100mm, 1,200mm × 1,000mm)에 의한 파렛트 규격 통일
③ 국제적 교환 고려

(2) 적정설비기기의 개량 및 개발

① 일관파렛트화에 적정한 수송기기의 개발 및 개량
　　㉠ 파렛트 쌓기에 적합한 트럭의 개발 필요
　　㉡ 중형트럭의 적재함에 T-11형 파렛트를 2열로 적재할 수 있는 광폭트럭의 확대보급 필요
② 시설과 관련기기의 개량 및 개발 : 파렛트와 지게차의 사용이 어려운 구식건물의 개선은 KST-0006(유닛로드 시스템)과 KST-2010(보관창고의 시설기준), KST-2004(물류시설의 설비기준)에 의거 개량화가 요구된다.

(3) 화물붕괴방지책 강구

① 윙보디차량, 고무밴드, 랩에 의한 커버, 스트레치 필름 등 이용
② 에어백 테스트

(4) 적재효율의 감소대책

① 파렛트 이용 화물자동차운송의 적재효율 감소이유
　　㉠ 파렛트 자체의 용적과 중량
　　㉡ 수송기기(트럭, 컨테이너)와 파렛트 사이즈의 부적합으로 빈 공간 발생
② 적재효율 향상 대책
　　㉠ 수송포장 모듈과 파렛트 사이즈와의 적합
　　㉡ 파렛트와 수송기기의 규격치수와의 적합

3 파렛트 풀 시스템

(1) 파렛트 풀 시스템(PPS ; Pallet Pool System)의 정의

표준파렛트로 다수 화주대상 물류업체가 파렛트를 공동으로 이용하는 제도이다. 파렛트의 다량 확보자인 풀 조직이 파렛트에 대한 납품, 회수관리, 수리 등을 담당한다.
① 파렛트 풀 등장의 배경
　　㉠ 파렛트 회수에 다수 시간 또는 경비의 소요

　　　ⓛ 다량 파렛트 준비로 투자비 부담의 가중
　　② 파렛트 풀 도입의 경제적 효과
　　　㉠ 보관작업의 효율화
　　　㉡ 하역작업의 효율화
　　　㉢ 운송비와 부대비용의 물류비 절감
　　　㉣ 포장비 절감
　　　㉤ 파렛트 회수비용 절감
　　　㉥ 파렛트 회수관리의 일원화

(2) 파렛트 풀 시스템의 특징

　　① 전국적인 파렛트 집배망
　　② 표준파렛트 다량 보유
　　③ 불특정 다수 화주 대상으로 파렛트 공급
　　④ 공파렛트 회수 네트워크

(3) 파렛트 풀 시스템의 필요성

　　① 일관파렛트화의 실현
　　② 지역 간 파렛트 수급 해결
　　③ 계절적 파렛트 수요에 대응
　　④ 회수관리 시스템 구축
　　⑤ 설비자금의 절감
　　⑥ 보관관리 불필요
　　⑦ 분실률 감소
　　⑧ 사회자본 절약
　　⑨ 규격화 촉진
　　⑩ 표준화 촉진 등

(4) 파렛트 풀 시스템의 활성화 방안

　　① 파렛트, 지게차, 포장용기, 적재함 등 물류설비표준인증제 확대
　　② 인증물류설비에 대한 금융세제지원 확대
　　③ 국가 간 호환성 확대
　　④ 표준파렛트 구입자금 지원
　　⑤ 파렛트의 규격 통일화

(5) 파렛트 풀 시스템의 운영방식

① 교환방식

　　㉠ 송화주가 파렛트화물을 국철에 위탁시 동수의 파렛트를 국철에서 인수, 착화주는 파렛트화물 인수시 동수의 파렛트를 국철에 인도하는 방식이다.

　　㉡ 도입지역 : 유럽(철도 중심)

　　[장점] 파렛트의 즉시 교환으로 파렛트의 분실과 회수 방지

　　[단점] • 파렛트 교환을 위해 항시 파렛트 준비

　　　　　 • 보수가 필요한 파렛트나 품질이 불량한 파렛트 교환 가능

　　　　　 • 수송기관의 이용 복잡시 또는 그 수가 많을 경우 운영상 장애발생 가능

② 리스·렌털방식

　　㉠ 송화주가 파렛트 렌털회사의 데포(depot)로부터 파렛트를 대여받고, 착화주는 파렛트 렌털회사의 데포에 파렛트를 반납하는 방식이다.

　　㉡ 도입지역 : 오스트레일리아

　　[장점] 이용자가 파렛트 교환을 위해 동질 동수의 파렛트 준비 불필요

　　[단점] • 파렛트 반환시 렌털료 계산 등의 사무처리 필요

　　　　　 • 화주의 편재로 파렛트가 쌓이는 곳 발생

　　　　　 • 렌털회사 데포에서 화주공장까지의 공 파렛트 수송 필요

③ 교환·리스방식

　　㉠ 교환방식과 리스·렌털방식의 단점을 보완

　　㉡ 송화인·수화인, 운송회사가 각각 가까운 파렛트 렌털회사의 데포에서 파렛트를 대여받는다. 송화인은 화물적재시 운송회사의 공파렛트와 교환하고 운송회사는 수화인의 공 파렛트와 교환한다. 송화인·수화인, 운송회사는 공파렛트 회수시 파렛트 렌털회사의 데포에 반납한다.

　　[장점] 교환방식과 리스·렌털방식보다 편리

　　[단점] 운송회사가 파렛트를 렌털하여 반환해야 하는 책임의 추가로 교환파렛트와 대여파렛트 둘 모두 관리해야 하며, 운영상 어려움이 많아 활성화에 애로가 있다.

④ 대차결제방식

　　㉠ 교환방식 단점을 보완

　　㉡ 국유철도역에서 파렛트화물 도착 후 3일 이내에 반환하여야 하고, 소정일수를 초과하여 반납이나 분실시 변상하는 방식으로, 국유철도역에서 파렛트를 즉시 교환할 필요가 없다.

　　㉢ 도입지역 : 스웨덴

(6) 파렛트 풀 시스템의 운송형태

① **기업단위** : 기업이 파렛트 대여전문업체로부터 일괄 대여를 받아 자사거래처의 유통단계까지 독점적으로 이용하는 시스템이다.

　[단점] • 반송파렛트의 이용에 애로

　　　　• 생산활동에 따라 파렛트의 이용에 정체 발생

② **업계단위** : 각 기업이 파렛트를 소유한다. 업계는 일정한 규율 하에 공동으로 이용하며, 파렛트 화물은 기업 간 공동 유통창고를 통해 소비단계에까지 확대·이용된다.

　[장점] 기업단위방식에 비해 파렛트 반송면에서 유리

③ **개방식** : 제3자 소유 파렛트를 공동사업소에서 렌털하여 공동으로 이용한다.

　[장점] • 파렛트의 유통범위 극대화

　　　　• 기업의 수요 변동에 따른 일시적 유휴파렛트 감소

　　　　• 공파렛트의 회수율 증대

01 파렛트를 통한 일관수송에 대한 설명으로 적합하지 않은 것은?

① 컨테이너운송의 전(前)단계로서 컨테이너에서 취급하지 못하는 화물을 취급한다.

② 도로와 철도운송에서 효율성을 높인다.

③ 우리나라 표준(KS)은 1,100mm × 1,100mm 및 1,200mm × 1,000mm이다.

④ 유럽의 철도화폭에 따른 1,200mm × 800mm는 국제표준 중의 하나이다.

⑤ 국제표준화기구(ISO)의 일관수송용 파렛트에 관한 사항은 TC51에서 관장하고 있다.

> **해설** 일관파렛트는 화물을 파렛트에 적재된 상태로 취급하는 것이지 컨테이너에서 취급하지 못하는 화물을 취급하는 것은 아니다.

02 다음은 일관파렛트화(Palletization)에 관한 기술이다. 적절하지 않은 것은?

① 일관파렛트화는 화물이 송화인으로부터 수화인에게 인도될 때까지 전 운송과정을 일관하여 파렛트로 운송하는 것을 말한다.

② 일관파렛트화는 화물의 이동을 시스템적으로 관리하기 때문에 파렛트의 규격화·표준화가 꼭 필요하다.

③ 일관파렛트화는 특히 복합운송을 하는 경우에 하역의 합리화로 물류비를 절감시킨다.

④ 일관파렛트화는 미국에서 처음으로 시작하였기 때문에 미국식 운송방식이라고도 부른다.

⑤ 일관파렛트화의 활성화를 위해서는 관련 업체 간의 긴밀한 협조와 정부의 지원이 필요하다.

> **해설** 일관파렛트는 스웨덴에서 처음 시작되었기에 스웨덴 운송방식이라고도 한다.

03 파렛트 풀 시스템(Pallet Pool System)의 특징이 아닌 것은?

① 전국적인 파렛트 집배망 설치

② 물류센터 재고의 편재 방지

③ 공파렛트의 회수를 전문적으로 시행

④ 파렛트의 계절적 수요파동 조정

⑤ 표준파렛트의 다량 대여 가능

정답 01 ① 02 ④ 03 ②

> **해설** 파렛트 풀 시스템의 필요성으로는 일관파렛트화의 실현, 지역 간 수급해결, 계절적 수요에 대응, 회수관리시스템 구축, 설비자금의 절감, 파렛트 보관관리 제거, 파렛트 분실률의 감소 등을 들 수 있으며, 물류센터 재고의 편재를 방지하기 위해 도입된 것은 아니다.

04 유닛로드 시스템(Unit Load System)의 장점을 설명한 것으로 틀린 것은?

① 하역의 기계화를 통하여 작업의 생산성을 높일 수 있다.
② 하역기기 등의 고정시설에 대한 투자가 필요 없다.
③ 물류시스템화가 용이하다.
④ 운송수단의 효율성을 높일 수 있다.
⑤ 포장비를 절감할 수 있다.

> **해설** 유닛로드 시스템을 구축하기 위해서는 하역기기 등 고정시설에 대한 투자가 필수적이다.

05 파렛트 풀 시스템(Pallet Pool System)의 운영방식 중에서 리스·렌털방식에 대한 설명이 아닌 것은?

① 일명 호주방식으로 불리며, 호주에서 시작하여 미국, 캐나다 등에서 도입한 방식이다.
② 이 방식은 이용 성수기가 다른 기업 간의 수급조절이 가능하다.
③ 기업에서 파렛트를 보유하지 않고, 파렛트 풀 기업으로부터 일정한 양의 파렛트를 임대하여 이용하는 제도이다.
④ 운영 측면에서 사무처리가 복잡한 단점이 있다.
⑤ 최소한의 예비 파렛트를 보유해야 하며, 회수를 위하여 책임소재를 분명히 해야 하는 단점이 있다.

> **해설** 리스·렌털방식에서는 예비 파렛트를 보유할 필요가 없다. 교환방식에서는 예비 파렛트를 보유해야 한다.

06 우리나라 KS규격의 일관수송용 표준파렛트에 해당하는 것은?

① 800mm × 1,000mm
② 1,000mm × 1,000mm
③ 1,100mm × 1,200mm
④ 1,100mm × 1,100mm
⑤ 1,200mm × 1,200mm

> **해설** 우리나라의 표준파렛트는 1,100mm × 1,100mm, 1,200mm × 1,000mm이다.

07 단위적재 구성을 위해 사용할 파렛트의 종류와 크기를 결정하는 데 고려해야 하는 요소 중 거리가 가장 먼 것은?

① 취급할 물동량　　　　　　　　② 적재품목의 크기와 무게
③ 수송장비의 크기　　　　　　　④ 공파렛트를 쌓았을 때의 소요공간
⑤ 사용한 파렛트의 회수 여부

〔해설〕 ① 파렛트의 종류와 크기를 결정하는 데 고려하는 요소로 취급할 물동량과는 관계가 적다.

08 파렛트 풀 시스템(Pallet Pool System)에 관한 설명 중 틀린 것은?

① 화주와 유통업자의 물류비 부담을 경감시킨다.
② 공파렛트의 회수가 용이하며 작업능률이 향상된다.
③ 우리나라에서는 교환방식을 주로 사용한다.
④ 운송형태는 기업단위, 업계단위 시스템 등으로 구분된다.
⑤ 파렛트의 규격 및 척도 등을 통일하여 상호 교환함으로써 수송의 합리화를 기한다.

〔해설〕 우리나라에서는 교환방식보다는 호주방식을 채택하고 있다.

09 적재함의 크기가 폭 2.3미터, 길이 6.2미터인 윙바디 트럭이 있다. T-11형 파렛트를 1단으로 적재할 경우와 T-12형 파렛트를 1단으로 적재할 경우에 각각 적재 가능한 파렛트 수는?

① T-11형 10개, T-12형 10개　　　② T-11형 10개, T-12형 11개
③ T-11형 10개, T-12형 12개　　　④ T-11형 11개, T-12형 10개
⑤ T-11형 11개, T-12형 11개

〔해설〕 • 적재함 크기 : 2300mm × 6200mm
　　　• T-11형 : 1100mm × 1100mm. 2줄 × 5열 = 10개
　　　• T-12형 : 1200mm × 1000mm. 폭 1200mm 길이 1000mm 6개, 폭 1000mm 길이 1200mm 5개, 따라서 총 11개

〔정답〕 07 ① 08 ③ 09 ②

10 파렛트 풀 시스템(Pallet Pool System)은 파렛트의 규격, 척도 등을 표준화하고 상호 교환이 가능하도록 하여 공동사용하게 함으로써 물류효율성을 제고시키고자 하는 제도이다. 다음 중 파렛트 풀 시스템 도입의 필요성에 관한 설명으로 맞지 않는 것은?

① 구매와 유통의 촉진
② 지역 간 파렛트 수급의 조정
③ 일관파렛트화의 실현
④ 물류 관련 요소의 표준화 촉진
⑤ 계절별 파렛트 수요에 대응

> **해설** 파렛트 풀 시스템은 화물운송의 단위화를 촉진하고 각 유통단계의 효율화를 도모하여 물류비의 절감을 가능하게 한다.

11 파렛트 풀 시스템의 운영방식으로 화주가 개별적으로 파렛트를 보유하는 대신 특정회사의 파렛트를 공동으로 이용하는 것은?

① 교환방식   ② 리스·렌털방식
③ 교환·리스병용방식   ④ 대차결제방식
⑤ 리스·대차결제방식

> **해설** 화주가 개별적으로 파렛트를 보유하면서 공동으로 이용하는 것은 교환방식이며, 특정 회사의 파렛트를 공동으로 이용하는 것은 리스·렌털방식이다.

12 다음 중 유닛로드 시스템의 효과와 거리가 먼 것은?

① 표준화된 단위로 포장, 하역, 수송, 보관되어 물류작업의 표준화가 가능하다.
② 수송장비의 상하차작업이 신속히 이루어져 하역작업의 대기시간이 단축된다.
③ 물동량을 단위화함으로써 자동화설비나 자동화장비의 이용이 가능하다.
④ 파렛트화, 컨테이너화 등의 단위화로 인력이 절약된다.
⑤ 물동량을 단위화된 크기로 작업이 가능하나 포장자재 비용의 절감이 어렵다.

> **해설** 유닛로드 시스템을 도입하면 물동량을 단위화된 크기로 작업이 가능하고 이는 포장자재 비용의 절감도 가져다 준다.

정답 **10** ① **11** ② **12** ⑤

13 운송합리화를 위한 체계로서 화물을 일정한 표준의 중량 또는 용적으로 단위화하여 기계적인 힘에 의하여 일관적으로 운송하는 물류시스템은 무엇인가?

① 창고자동화 시스템
② 적기배송 시스템
③ 파렛트 풀 시스템
④ 컨테이너 회수시스템
⑤ 유닛로드 시스템

> **해설** 유닛로드 시스템은 화물을 일정 표준의 중량 또는 용적으로 단위화하여 기계적인 힘에 의하여 일관적으로 운송하는 물류시스템을 말한다.

14 다음의 파렛트 규격 중 한국산업표준(KST-2033)에서 정하고 있는 '아시아 일관수송용 평파렛트'의 크기에 해당되는 것을 모두 고른 것은?

> ㉠ 1,067mm × 1,067mm
> ㉡ 1,100mm × 1,100mm
> ㉢ 1,140mm × 1,140mm
> ㉣ 1,200mm × 800mm
> ㉤ 1,200mm × 1,000mm
> ㉥ 1,219mm × 1,016mm

① ㉠, ㉡, ㉢
② ㉡, ㉤
③ ㉣, ㉤
④ ㉡, ㉣, ㉤
⑤ ㉣, ㉤, ㉥

> **해설** 아시아 일관수송용 평파렛트의 크기는 1,100mm × 1,100mm(한국, 일본, 중국)
> 1,200mm × 1,000mm(중국) 등이 있다.

15 유닛로드 시스템에 관한 설명으로 옳은 것을 모두 고른 것은?

> ㉠ 기업의 특정 기능을 외부의 전문사업자로 하여금 수행하게 하는 시스템이다.
> ㉡ 하역 및 운반의 단위적재를 통하여 운송의 합리화를 추구하는 시스템이다.
> ㉢ 화물을 일정한 표준의 중량과 용적으로 단위화시키는 시스템이다.
> ㉣ 화물의 현재 위치나 상태 및 화물이 이동한 경로를 파악할 수 있는 시스템이다.

① ㉠, ㉡
② ㉠, ㉢
③ ㉡, ㉢
④ ㉡, ㉣
⑤ ㉢, ㉣

> **해설** 유닛로드 시스템(Unit Load System)의 핵심은 중량과 용적의 단위화, 단위적재이다.
> ㉠ 기업의 특정 기능을 외부의 전문사업자로 하여금 수행하게 하는 것은 아웃소싱을 의미한다.
> ㉣ 화물의 현재 위치나 상태 및 화물이 이동한 경로를 파악할 수 있는 것은 위치추적을 말한다.

> **정답** 13 ⑤ 14 ② 15 ③

국제운송

01 해상운송

1 선박의 제원

(1) 길이(Length)

① **전장**(全長, Length Over All ; LOA)
- ㉠ 선수의 최전단에서 선미의 최후단까지의 수평거리, 즉 선박의 최대길이를 말한다.
- ㉡ 선체에 고정적으로 붙어 있는 모든 돌출물을 포함한 배의 맨 앞부분부터 맨 뒷부분까지의 수평거리를 의미한다.
- ㉢ 조선·수리 등을 위한 입거시나 접안 및 파나마 운하 통과시 이 길이를 고려해야 한다.

② **수선 간 길이**(Length Between Perpendiculars ; LBP or LPP)
- ㉠ 계획만재흘수선에 있어서 선수재의 전면과의 교점을 지나는 수선(垂線, Fore per- pendicular)과 선미의 타주(舵柱, Rudder post)가 있는 경우는 그 후면, 타주가 없는 때에는 타주의 중심을 지나는 수선(After perpendicular)과의 사이의 수평거리이다.
- ㉡ 전장(LOA)보다 짧고 선박의 길이는 일반적으로 이것을 사용한다.

③ **수선상의 길이**(Length on the Load Waterline ; LWL) : 하기만재흘수선상의 선수재 최전단에서 선미 최후단까지의 수평거리이다.

④ **등록장**(登錄長, Registered Length) : 상갑판 가로들보의 선수재 전면으로부터 타주 후면까지의 수평거리를 말하며 선박원부에 등록되는 길이이다.

(2) 선폭(Breadth or Beam ; B)

① **전폭**(Extreme Breadth)
- ㉠ 선체의 폭이 가장 넓은 부분에서 측정한 것으로, 외판의 외면에서 다른 쪽 외판의 외면까지 이르는 수평거리를 말한다.
- ㉡ 입거(入渠, Docking)시 이용한다.

② **형폭**(Moulded Breadth ; MB)
- ㉠ 선체의 폭이 가장 넓은 부분에서 측정한 것으로, 프레임(frame)의 외면으로부터 다른 쪽 프레임의 외면까지의 수평거리를 말한다.

ⓛ 강선구조 규정, 만재흘수선 규정 및 선박법상의 배의 폭은 이 형폭을 의미하며 B로 표시되고 단위는 m로 표시한다.

(3) 형깊이(Depth Moulded ; DM)

수선 간의 길이 중앙에 있어서 상갑판 빔(beam)의 현측 상면으로부터 용골(keel)의 상면을 수평으로 연장한 선까지의 수직거리를 말하며, 형심이라고도 한다.

(4) 건현(乾舷, Freeboard)

① 배의 중앙부 현측에서 갑판 윗면으로부터 만재흘수선(Load line) 마크 윗단까지의 수직거리이다.

② 선박의 안전운항을 위해서는 어느 정도의 예비 부력(浮力)이 있어야 하는데, 예비 부력은 선박이 수중에 잠기지 않는 선박 길이의 중앙 부분의 높이, 즉 건현으로 정한다.

(5) 흘수(吃水, Draft, Draught)

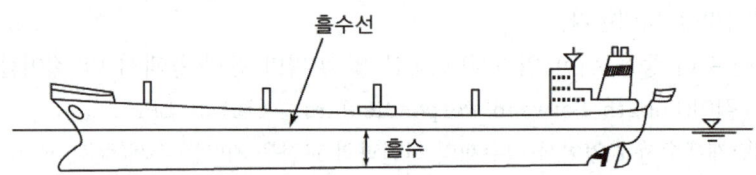

① 수면에서 선박의 용골 밑바닥에 이르는 수직거리, 즉 선박이 수중에 잠기는 깊이이다. 흘수는 도선료(Pilotage), 예선료(Towage)의 기준이 된다.

② 형흘수(型吃水, Moulded draught) : 수선 간 길이의 중앙에 있어서 용골의 상면으로부터 만재흘수선까지의 수직거리이다. 만재흘수선의 표시에 필요한 흘수이다.

③ 기선흘수(Keel draft) : 용골(keel)의 최하면에서 수면까지의 수직거리로서, 보통 흘수는 이를 의미한다. 이것은 조선(操船)상 또는 선적량의 산출상 직접 필요한 것이며 「선박법」상 그 표시를 정하고 있다.

> **TIP** 선수 및 선미에 있어서 각 흘수의 평균을 평균흘수(Mean draft), 연료, 선용품 등을 적재하지 않고 의장품만이 선박에 있을 때의 흘수를 공선흘수(Light draft), 연료, 화물 등을 법정 만재흘수선까지 적재한 때의 흘수를 만재흘수(Loaded draft)라고 한다.

(6) 만재흘수선(Load Water Line ; LWL)

① 흘수에 용골의 두께를 더한 것을 말한다.

② 선박의 항행 및 해상에 있어서의 인명의 안전을 도모하고, 화물의 과적(Overloading)에서 생

기는 해난을 방지하며 선박의 감항성(Seaworthiness)을 확보하기 위하여 설정된 최대한도의 흘수이다.

③ 선박이 적화를 무제한으로 싣고 항해하는 것은 위험하므로, 선박이 감항능력의 확보에 필요한 최소한도의 건현을 가지도록 최대한도의 흘수를 정하고 있다.

④ 만재흘수선은 선박의 종류, 구조, 항행구역 및 계절에 따라 지정되며 선박의 중앙 양 현측에 만재흘수선표(Load Line Mark)를 표시하며, 이것은 최소건현을 나타내기에 건현표(Freeboard Mark)라고도 하며, 때로는 1876년 영국에서 이의 법제화에 노력한 Samuel Plimsoll 의원의 이름을 따서 'PLIMSOLL Mark'라고도 한다.

⑤ 법률로 만재흘수선의 표시가 강제되는 선박은 원양구역 또는 근해구역을 항행하는 선박과 연안구역을 항행하는 길이 24m 이상의 선박이다.

⑥ 만재흘수선의 표시

영문 약어	영문 내용	영문 해석
S	Summer load line	하기만재흘수선
W	Winter load line	동기만재흘수선
T	Tropical load line	열대만재흘수선
F	Fresh water line	담수만재흘수선
TF	Tropical Fresh water load line	열대 담수만재흘수선
WNA	Winter North Atlantic load line	동기 북대서양만재흘수선
KG	Korean Government	대한민국정부

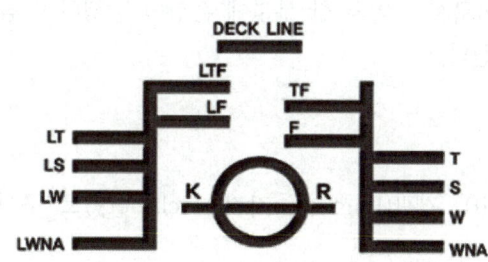

◀ 만재흘수선 ▶

- LT : 열대목재 만재흘수선
- T : 열대 만재흘수선
- LS : 하기 목재 만재흘수선
- S : 하기 만재흘수선
- LW : 동기 목재 만재흘수선
- W : 동기 만재흘수선
- LTF : 열대 담수 목재 만재흘수선
- TF : 열대 담수 만재흘수선
- LF : 하기 담수 목재 만재흘수선
- LWNA : 동기 북대서양 목재 만재흘수선
- WNA : 동기 북대서양 만재흘수선

(7) 선내 적재용적

① 선박에 용적화물(Measurement Cargo)을 실을 수 있는 총용적이며, 선창 내의 전용적을 ft^3 또는 m^3로 측정한 것이다.

> **TIP** 용적화물(Measurement Cargo)과 중량화물(Weight Cargo) 간에 확실한 구분은 없으나, 통상적으로 중량에 비해 용적이 큰 화물을 용적화물, 그리고 용적에 비해 중량이 큰 화물을 중량화물이라고 한다. 해운동맹의 운임료율표(Tariff)에는 이를 확실하게 구분하여 기재하고 있다.

② 벌크화물용적(Grain Capacity)과 포장화물용적(Bale Capacity)의 두 가지가 있다.

(8) 적화계수(Stowage Factor ; SF)

① 화물 1톤이 차지하는 선박용적을 ft^3 단위로 표시한 수치이다.
② 적화계수는 화물의 모양이나 중량에 따라 다르지만 동일화물일지라도 그것을 적재하는 장소와 방법에 따라 변한다.

(9) 방형계수(Block Coefficient)

선박의 주요 치수와 흘수가 정해지면 소요배수량을 얻기 위해 선체를 어느 정도 홀쭉하게 할 것인가를 파악할 수 있는데, 이와 같이 선체의 야윈 정도를 방형계수라고 한다.

> **TIP** 선박의 만재배수량(kg) = 선박의 길이(m) × 선폭(m) × 흘수(m) × 방형계수 × 해수의 비중

(10) 격벽(Bulk Head)

① 격벽은 수밀과 강도 유지를 위해 선창 내부를 수직으로 분리하는 구조물을 의미한다.
② 선박의 수직 칸막이로서 선박의 한 부분에 손상이 발생하여 침수될 경우 다른 부분의 침수를 방지하는 역할을 한다.

2 선박의 구성

선박은 크게 선체(Hull), 기관(Engine), 기기(Machinery)로 구성되어 있다.

① 앵커(Anchor)
 ㉠ 선박의 정박을 위한 필수장비로 닻이라고 한다.
 ㉡ 통상 Windlass라 불리는 Winch에 의해 조작되며 대형선의 경우 Capstan으로 조작한다.

② 발라스트(Ballast) : 화물을 선적하지 않고 운항할 때 선박에 일정한 배의 흘수(draft)나 트림(trim)을 조정하기 위하여 해수 등을 적재함으로써 선박의 감항성을 유지한다.
선박의 안정을 유지하기 위하여 적재하는 중량물이며, 이전에는 모래, 자갈 등을 사용했으나 오늘날에는 해수(sea water)를 사용하고 있다. 공선(빈배)이거나 화물량이 적을 경우, 선박운항이 안전하지 못하여 화물칸 아래, 즉 선박 밑바닥에 ballast tank가 있고 여기에 해수를 싣는

데 이를 ballast cargo라고 한다. ballast는 선체를 물속에 더욱 잠기게 하여 선박의 복원력을 향상시키고 추진기를 물속에 충분히 잠기도록 하여 선박의 안전한 항해를 가능하게 해준다.

③ 빌지(Bilges)

㉠ 각 칸막이 방마다에 만들어진 폐수, 기름 등 폐기물을 말한다.

㉡ 펌프로 퍼낼 수 있도록 되어 있다.

㉢ 선미의 이중저탱크(Double Bottom Tanks)를 이용하는 경우가 많다.

㉣ 각 선박은 화물선적 전, 특히 식량선적 전에 검사를 받아야 한다.

④ 데릭(Derricks)

㉠ 일반화물선의 적·양하용 장비이다.

㉡ 이들의 용량은 통상 5~10톤의 양력을 가진다.

㉢ 경우에 따라 중량물 취급에 용이한 데릭(Derricks) 또는 크레인(Cranes)을 가진다.

⑤ 창구(Hatch Way) : 선박의 갑판에 있는 개구를 말하며, 이곳을 통하여 선창에 화물을 적재하거나 양하한다.

⑥ 더니지(Dunnage) : 나뭇조각, 고무주머니 등으로 화물 사이에 끼워 화물손상을 방지하기 위한 재료이다.

⑦ 이중저(Double Bottom) : 선저의 이중구조를 말하는 것으로 좌초시의 안전을 위한 장치이다.

⑧ Shaft Tunnel : 엔진과 프로펠러를 연결하는 프로펠러 축을 보호하기 위해 만든 터널이다.

⑨ Starboard Side, Port Side : 선미방향에서 선수방향을 바라보면 왼쪽은 Port Side라 하고, 오른쪽을 Starboard Side라 한다.

3 선박의 톤수

선박의 크기를 표시함에 있어서는 옛날부터 톤수(Tonnage)가 단위로 사용되었으며, 종류로는 선박의 중량을 표시하는 배수톤수, 선박의 용적을 표시하는 총톤수와 순톤수, 화물의 중량을 표시하는 재화중량톤수, 화물의 용적을 표시하는 재화용적톤수 등이 있다.

(1) 총톤수(Gross Tonnage ; GRT, G/T)

① 선박 내부의 총용적을 100세제곱피트(ft^3)(1,000/353m³)를 1톤으로 하여 표시한 것이다.

② 선수미를 전통(全通)하는 갑판의 하나를 측도(測度)갑판(보통 상갑판)으로 정하여 이 갑판 이하의 적량에 측도갑판 이상의 밀폐된 장소의 적량을 가산한 것을 100 Cubic Feet를 1톤으로 하여 표시한 것이다.

③ 선박의 안전, 위생, 항해 등에 필요한 장소로서 상갑판 위에 있는 것, 예를 들면 조타실(Wheelhouse), 취사실, 화장실, Steering Gear Space, 출입구 등은 총적량에서 제외된다.

④ 선박의 크기를 나타내는 가장 표준적인 석량이며, 조신량, 해운력을 대비하거나 선박에 대하 과세(관세, 등록세) 및 수수료(도선료, 입거료, 계선료, 각종 검사료 등)를 산정하는 기준이 되며, 각종 통계의 기준으로 사용한다.

(2) 순톤수(Net Tonnage ; NRT, N/T)

① 총톤수로부터 선박운항에 직접 사용되는 다음 장소를 공제한 용적톤수로 총톤수와 마찬가지로 100세제곱피트(ft^3)를 1톤으로 표시한다.

② 선원거주구역, 해도실, Ballast Tank, 엔진실, 기구실(조타, 계선, 양묘기구에 사용되는 장소), 보조 보일러 및 Donkey-engine 공간, 갑판장 창고(Boatswain's Store), 기타 선박의 안전, 위생 혹은 이용상 위에 열거한 것에 준한다고 인정되는 장소(예컨대, 무전기구실, 통풍기구실 등)이다.

③ 여객이나 화물을 적재할 수 있는 용적으로, 선박의 수익능력을 표시한다.

④ 톤세, 항세, 연안사용료, 부표사용료, 등대사용료, 항만시설사용료, 운하통과료 등의 산정기준이 된다.

⑤ 수에즈(Suez) 및 파나마(Panama)의 양 운하를 통항하는 선박에 대해서는 운하통과료(통항료)가 부과되며, 그 기준은 각국의 운하톤수(Canal Tonnage)의 측정방법에 따른 순톤수에 의거한다.

> **🔵 TIP** 운 하
>
> ① **파나마 운하** : 선박대형화 추세에 대응하기 위해 현재 운하 확장공사가 진행 중이며 완공되면 10,000 TEU급 이상 초대형 컨테이너 선박의 운항이 가능하게 된다.
> ② **수에즈 운하** : 150년 넘게 이집트 경제의 중심 역할을 해 왔으며 제2의 수에즈 운하를 건설하여 2015년 8월 운하 개통식을 갖고 운영에 들어갔다.
> ③ **니카라과 운하** : 니카라과의 산 후안 강(San Juan River)을 통과하여 태평양과 대서양을 연결하는 바닷길이다. 2013년 6월 니카라과 국회는 홍콩 HKND Group과 50년 양도권에 관한 법률안을 통과 (50년을 추가연장 가능)시켰다. 공사는 2014년 12월 22일 착공하였고, 5년 이내에 완공할 예정이다. 니카라과 운하의 건설주체인 홍콩 HKND Group의 배후에는 중국 정부가 있을 것으로 판단된다.

(3) 배수톤수(Displacement Tonnage)

① 선박이 배제한 물의 중량을 배수량(Displacement)이라고 하며 그것을 톤수로 표시하면 선박의 중량이 된다.

② 선체의 수면 아래에 있는 부분의 용적(배수용적)과 대등한 물의 중량을 배수량 또는 배수톤수라고 한다.

③ 해수(海水) 1톤의 용적은 $35ft^3$이므로 ft^3로 나타낸 배수용적을 35로 나누면 선박의 중량, 즉 배수량을 얻을 수 있다. 이것이 2,240파운드를 1톤으로 하는 영국식 톤수인데, Long Ton이라 하고, 배수용적을 ft^3로 나타내어 여기에 1.025(해수의 비중)를 곱하면 Metric Ton이 된다.

④ 상선의 경우는 항상 적화의 양이 변하므로 배수톤수도 언제나 변화하기에 상선의 크기를 나타내는 데에는 사용되지 않으나 화물의 적재량을 계산하는 데에는 이용된다. 상선의 배수톤수가 가장 큰 때에는 흘수가 만재흘수선에 있을 경우이며, 통상 총톤수의 2배를 조금 넘는 수치가 된다.

⑤ 군함의 경우는 적화량의 변화가 거의 없으므로 오로지 배수톤에 의하여 그 크기를 표시한다. 군함이 완성되어 승무원, 병기, 탄·화약, 식량 등을 탑재하고, 연료와 청수는 적재하지 아니한 상태의 배수량을 기준배수 톤수라고 하며, 군함의 대소를 표시하는 데 있어 국제적으로 통일하여 사용하고 있다.

(4) 경하배수톤수(Light Displacement Tonnage ; LDT)

① 선박 자체와 기계류, 부속품 등의 무게, 즉 경하상태에 있는 선박의 무게이다.
② 승무원, 병기, 탄약, 식량 등을 적재하지 않는 상태에서의 배수량 또는 선박의 무게이다.
③ 선박을 해체하여 매각할 경우 지급하는 선가의 기준으로 사용한다.

(5) 재화중량톤수(Dead Weight Tonnage ; DWT)

① 만재배수량(만재시의 배수량)으로부터 경하중량(Light Weight, 공선시의 배수량)을 공제한 톤수로 2,240Lbs(또는 1,000kg)를 1톤으로 하여 산출한다.
② 보통 중량톤수라고 하면 하기만재흘수선까지 적재한 경우의 하기중량톤수를 말한다.
③ 공선상태로부터 만선이 될 때까지 실을 수 있는 화물, 여객(주로 승무원이며, 가끔 승무원 이외에 업무나 연구 등의 목적으로 수 명 이내의 여객이 승선), 연료, 식료, 음료수 등의 합계 중량이다.
④ 중량톤수라고도 하며, 선박이 실을 수 있는 화물의 중량을 표시하는 톤수의 일종이다.
⑤ 재화중량톤수에는 연료(Fuel oil), 식료품(Provisions), 식수(Drinking water), 보일러 물(Boiler water), 더니지(Dunnages), 선원 및 소지품(Men & Effects), 선용품(Stores), 콘스턴트(Constant) 등의 중량이 포함되어 있으므로, 선박의 실질적인 화물운송능력(순수한 화물의 중량)은 중량톤수로부터 10% 내외를 공제한 것과 같으며, 이를 순재화중량(Net Dead Weight) 또는 운송능력(Carrying Capacity)이라고 한다.
⑥ 재화중량톤수는 화물선의 최대 적재능력을 표시하므로 선박의 매매, 용선료 산정 등의 기준으로 사용하는 상업상 가장 중요한 톤수이다.
⑦ 일반화물선에 있어서 재화중량은 총톤수의 약 1.5배이다.

> **TIP 순재화중량톤수(Net DWT)**
> 재화중량톤수(Dead Weight Tonnage)에서 연료중량, 청수, 식수, 선용품 등의 무게를 제외한 톤수로 순수하게 화물만을 중량으로 적재할 수 있는 선박의 적재능력을 의미한다.

(6) 재화용적톤수(Measurement Tonnage)

① 재화용적톤수 또는 재화용적(Cargo Capacity)이라 함은 선박이 적재할 수 있는 화물의 최대용적을 표시하는 톤수이다.
② 화물을 실을 수 있는 선창(Hold) 속의 용적을 $40ft^3(1.133m^3)$ = 1톤의 단위로 표시한다.

③ 40ft³를 1톤으로 하는 단위는 무겁지도 않고 가볍지도 않은 화물로 예를 들면, 석탄 같은 것을 기준으로 해서 정한 것이다.

④ 최근에는 이 톤수는 거의 사용되지 않고 있으며 선박의 용적을 m³로 표시한다.

(7) 톤수의 종류와 1톤의 크기

구 분	용 도	톤수의 종류	1톤의 크기
선박의 크기	중 량	(경하)배수톤수	2,240Lbs(1,016kg)
	용 적	총톤수 / 순톤수	100ft³(2,832m³ CBM)
적재물량	중 량	재화중량톤수	2,240Lbs, MT, LT, ST
	용 적	재화용적톤수	40ft³=1.133m³

TIP MT ; Metric Ton, LT ; Long Ton, ST ; Short Ton, Lbs = pounds

4 선박의 종류

(1) 일반화물선(General Cargo Vessel)

재래선(Conventional Vessel), 세미컨테이너선(Semi-containership), 컨테이너 전용선(Full Containership) 등

(2) 전용선

① 광석전용선(Ore Carrier), 석탄전용선(Coal Carrier), 곡물전용선(Grain Carrier), 목재전용선(Timber Carrier), 자동차전용선(Car Carrier) 등

② 단점 : 공선항해 발생

(3) 겸용선

광석/유류 겸용선(Ore / Oil Carrier), 자동차/살물 겸용선(Car / Bulk Carrier), 광석/살물/유류 겸용선(Ore / Bulk / Oil Carrier)

(4) 특수선

냉장선(Refrigerating Ship), 중량물운반선(Heavy Cargo Carrier), LASH선(Lighter Aboard Ship), 가축운반선 등

TIP LASH선

화물이 적재된 부선(Barge 또는 Lighter)을 운송하는 선박

(5) 탱 커

원유유조선(Crude Tanker), 제품유조선(Product Tanker), 화학약품운반선(Chemical Tanker), LPG(Liquified Petroleum Gas) Tanker, LNG(Liquified Natural Gas) Tanker 등

> **TIP**
> - **수중익선** : 선체가 물속에 잠기는 부분을 최소화되도록 건조된 선박이다. 즉 선체 밑부분에 비행기의 날개 같은 구조물을 설치하여 선박의 속도가 일정 수준에 달하면 양력에 의해 선박이 물 위로 치솟아서 물속에는 비행기 날개 모양의 구조물만 남게 된다. 수중익선은 조파저항이 최소화되어 속도는 향상되며, 운항성능의 안정이 실현된다. 우리나라의 부산 – 여수를 운항하는 엔젤(Angel)호는 처음 속도가 낮을 때는 일반 선박과 비슷하지만, 일단 선박이 물 위로 떠오르게 되면 선박이 파도에 의해 출렁거리는 요동(pitching 또는 rolling)도 거의 없어지고 속도가 빨라지게 된다. 엔젤호는 크기에 비해 파도에 대한 안정도가 매우 커서 작은 선체의 크기에도 불구하고 3m 등의 파고를 견딜 수 있다.
> - **공기부양선** : 선체 밑 부분에 강력한 공기의 압력을 주입하여 선체를 물 위로 띄우는 선박을 말한다. 즉 선체와 물 사이에 얇은 공기층이 형성되는 것으로 파도의 저항을 최소화시킬 수 있다. 공기부양선은 속도의 향상 이외에도 굴곡이 없는 육지나 습지에서도 다닐 수 있는 장점이 있다. 예로는 호버크래프트(hovercraft)를 들 수 있다.
> - **위그선** : WIG(Wing–In Ground effect)선은 수면 위에서 1~5m 정도를 떠서(날아서) 다니는 선박으로, 시속 200km 이상을 가는 고속운항 선박이다. 선체가 전혀 물에 닿지 않을 때가 많고 외모도 기존의 비행기와 비슷해서 선박이라는 표현이 적절한 지 논란이 있다. 항공기와 선박의 경계선에 있는 선박이라고 할 수 있다.
> - **Barge선** : 자항능력이 없는 선박으로서 예인선에 의해 예인되는 선박이다.

5 선박의 크기에 따른 분류

(1) 건화물선

① Handysize : 30,000~35,000DWT의 Tanker
② Handymax : 35,000~50,000DWT의 Tanker
③ Panamax : 파나마 운하를 통과할 수 있는 최대 선형(60,000~75,000DWT)의 벌크운반선이다. 컨테이너선은 4,000~4,500TEU 정도의 선박이며, Post Panamax Container Ship은 5,000~7,000TEU 정도의 선박을 말한다. 또한 60,000~70,000DWT의 탱커선을 말하기도 한다.
④ Capesize : 파나마 운하를 통과하기에 큰 100,000DWT 이상의 선박으로 남아메리카 남단의 Cape Horn을 돌아서 운항하는 Bulk Carrier[원광석과 석탄을 운반하는 광탄선(VLOC ; Very Large Ore Carrier) 등]. 현재 170,000~180,000DWT

> **TIP** Handymax보다 큰 선박을 Panamax, Panamax보다 큰 선박을 Capesize로 분류하기도 한다.

(2) 유조선

① Aframax : 80,000~120,000DWT 정도의 탱커선으로 약 5,000만 배럴의 오일 수송

> **TIP** 영국 런던의 World Association에서 작성하는 탱커선의 용선 운임지수(Average Freight Rate Assessment ; AFRA)에서 유래

② Suezmax : 120,000~200,000DWT 정도의 수에즈 운하를 통과할 수 있는 크기의 탱커선, 약 100만 배럴의 오일 수송 가능

③ VLCC(Very Large Crude oil Carrier) : 200,000DWT 이상의 오일 수송 탱커선

> **TIP** 선박법 제1조의2(정의)
>
> ① 이 법에서 "선박"이란 수상 또는 수중에서 항행용으로 사용하거나 사용할 수 있는 배 종류를 말하며, 그 구분은 다음 각 호와 같다.
>   1. 기선 : 기관(機關)을 사용하여 추진하는 선박[선체(船體) 밖에 기관을 붙인 선박으로서 그 기관을 선체로부터 분리할 수 있는 선박 및 기관과 돛을 모두 사용하는 경우로서 주로 기관을 사용하는 선박을 포함한다]과 수면비행선박(표면효과 작용을 이용하여 수면에 근접하여 비행하는 선박을 말한다)
>   2. 범선 : 돛을 사용하여 추진하는 선박(기관과 돛을 모두 사용하는 경우로서 주로 돛을 사용하는 것을 포함한다)
>   3. 부선 : 자력항행능력(自力航行能力)이 없어 다른 선박에 의하여 끌리거나 밀려서 항행되는 선박
> ② 이 법에서 "소형선박"이란 다음 각 호의 어느 하나에 해당하는 선박을 말한다.
>   1. 총톤수 20톤 미만인 기선 및 범선
>   2. 총톤수 100톤 미만인 부선

6　해상운송합리화를 위한 주요 제도

(1) 부두운영회사제도

① 종래 국가가 운영하던 부두(선석, 야적장, 창고, 하역시설 등 포함)를 항만의 생산성을 향상할 목적으로 선박회사, 하역회사 등의 민간기업이 일정기간 동안 임대받아 전담·운영하는 제도이다.

② **시행상 효과** : 부두혼잡의 해소, 하역장비의 가동률 향상, 하역시간의 단축, 선박의 가동률 향상, 하역 및 야적장의 화물처리능력 향상

(2) 부두직통관제도(On-dock System)

① 수출입 컨테이너화물의 유통체계를 단순화하기 위해 도입된 제도로서, 수출입 컨테이너 화물을 부두 밖 컨테이너장치장(ODCY)을 경유하지 않고 부두에서 직접 수출입통관을 하거나 보세운송신고를 수리하는 제도이다.

② **장점** : 화물운송상의 효율성 제고, 물류비용의 절감, 도로파손, 소음공해 등 사회적 비용절감, 통관소요시간 단축 등

(3) 항만공사(Port Authority ; PA)제도

① 항만관리운영상의 효율성 제고, 적극적인 항만투자 실현, 항만정책의 민주성과 투명성의 강화, 균형적 항만개발 등이 가능하다.

② 부산항, 인천항, 울산항 등에 도입 시행 중이다.

(4) 편의치적제도(Flag of Convenience)

① 선주가 속한 국가의 엄격한 요구조건(선원의 고용 등)과 의무부과를 피하기 위하여 자국이 아닌 파나마, 온두라스 등과 같은 국가의 선박 국적을 취하는 제도를 말한다. 이는 세금, 인건비 등 절감 혜택이 있으나 해운의 불황시 자국으로부터 지원을 받지 못하는 불리한 점이 있다.

② 각국은 자국선의 편의치적 방지를 위해 자국의 일정지역을 치적으로 정하여 편의치적과 유사한 혜택을 부여하는 제도를 만들었는데, 이를 국제선박등록제도 또는 제2치적제도라고 하며, 우리나라는 제주도를 선박등록특구로 지정·운영하고 있다.

(5) OECD의 해운자유주의 규칙(Code of Liberalization)

① 정부는 화물을 운송할 선박의 선택에 대해 화주들에게 어떠한 압력을 가해서도 안 된다.

② 정부는 외국선박으로 운송하기를 원하는 수입 또는 수출업자들에게도 수입 또는 수출면허를 발급해 줌으로써 그들에 대해 차별을 가해서는 안 된다.

③ 정부통제를 받는 단체나 기관조차도 정상적인 상업원칙을 토대로 하여 자신들의 업무를 수행해야 한다.

> **TIP** 해운정책 개요
>
> 해운자유화는 선박에 게양되는 국기에 상관없이 해상운송의 자유 및 공정한 경쟁 원칙을 적용하는 데에 있다. 해운자유주의는 화주가 국적선이든 외국적선이든 운송인 선정의 자유를 갖도록 하는데 있다. 해운 보호주의는 외부경쟁으로부터 국내 해운산업을 보호하기 위한 정책이다.
> 카보타지(Cabotage)는 국가 내에서 여객 및 화물을 운송하는 권리를 외국선박에는 주지 않고 자국 선박이 독점하는 것으로 해운자유주의 정책과 상반되는 개념이다. 우리나라에서는 선박법에서 국내항간 운송을 한국적 선박으로 제한하고 있다.
> 해운의 국가통제는 정부가 직접 해운에 개입하는 것을 말하며 우리나라의 경우 계획조선제도가 대표적인 예이다.

(6) 정기선 Waiver제도

① 국적선 불취항증명제도는 1965년 교통부고시로 법제화되어 시행된 제도로, 국적 외항선 이용을 적극 장려하여 수출입 정기화물의 수송에 있어 국적선이 취항하지 않는 항로나 해당 화물선적 시점에 운항 중인 국적선이 없는 경우에는, 이 사실에 관한 증명(Waiver)을 받아서 외국적 선박을 이용할 수 있게 하는 제도이다.

② 이 제도는 부정기화물에서의 지정화물제도와 함께 국적선을 보호하기 위한 대표적인 제도였다. 이 법의 시행으로 1969년부터 1973년까지 정부에서 외항해운에 대한 장려금 및 외항정기 항로 결손보조금을 일부 지원하였다.

③ 우리니리 정부는 우루과이 라운드(UR) 협상을 통해 '국적선 이용 면제 등에 관한 업무처리요령' 고시를 발표하여 1995년 1월부터 정기선 항로의 국적선 이용 의무를 폐지한다는 계획에 따라 사실상 이 제도를 폐지하였다.

④ 그러나 외국항만에서 한국적 선박이 Waiver를 적용받을 경우에는, 그 대항조치로서 해당국 선박이 국내에 입항하여 정기화물을 선적하는 경우에는 Waiver를 적용받도록 하는 근거는 남아있다.

(7) 지정화물제도

① 특정 화물의 대량운송에 있어서 국적선에 대해 장기운송계약(COA ; Contract of Affreightment)을 통하여 적화보증을 해 주어 장기간 안정적으로 해당 화물을 운송할 수 있도록 수송권을 확보하는 제도이다.

② 1996년 OECD 가입을 추진하면서 1997년부터 원유, 비료원료, 곡물, 석유화학공업 원료(케미컬 포함) 등을 지정품목에서 개방하여 기초원자재인 원유, 제출원료, LNG류만 존속시키기로 하고, 해운산업육성법을 1996년 12월 31일에 개정·공포하였다. 1998년 12월에는 이들 3개 품목에 대해서도 지정품목에서 제외하고 1999년 4월 15일에는 해운산업육성법을 폐지하였다.

(8) 선박톤세제도

톤세(Tonnage Tax)란 해운기업의 영업이익이 아닌 운항선박의 순톤수와 운항일수를 기준으로 산출한 개별 선박 표준이익에 법인세율을 곱하여 법인세를 산출하는 제도이다.
우리나라는 2004년 12월 31일에 「조세특례제한법」 개정법률안이 공포되어 2005년 1월 1일부터 시행되었다.

① **특 징**
　㉠ 영업이익이 아닌 운항선박의 순톤수를 기준으로 산출한 추정이익을 과세대상으로 한다.
　㉡ 톤세는 이를 선택한 해운기업에만 적용된다. 즉, 톤세는 강제로 적용하지 않으며, 해운기업은 법인세와 톤세 중 유리한 세제를 선택할 수 있다.
　㉢ 확정세이다. 산출된 톤세는 세진이익 축소를 위한 감가상각, 손실이월, 투자금액 공제, 특별이익 유보, 그룹 간 손실상계 등 일체의 상계가 허용되지 않으며 세액감면조치도 없다.
　㉣ 조세부담 예측이 가능하다.
　㉤ 환 리스크를 벗어날 수 있다.

② **적용 업종** : 톤세제도는 외항화물 운송사업 및 외항여객 운송사업을 영위하는 기업만 선택할 수 있다.

③ **적용 선박** : 톤세는 정기·부정기 외항화물선 및 정기·부정기 외항여객선에 적용된다. 그리고 톤세기업이 소유선박을 대선하거나 국내외 선박을 용선하는 경우에도 톤세가 적용된다.

④ **적용 톤수** : 국제톤수증서 상의 순톤수가 적용된다.

⑤ **톤세 적용 기간** : 5년 단위

⑥ **톤세 산출** : 개별 선박 표준이익에 법인세율을 곱하여 산출된다. 그리고 개별 선박 표준이익은 선박의 순톤수, 톤당 1운항일 이익(톤세율), 운항일수, 사용률 등을 곱하여 산출한다.

(9) 국적선사의 선박 확보 현황

① 계획조선제도

조선과 해운산업 연계 육성을 위해 해운산업육성법 등에 따라 선박건조 자금의 실수요자로 선정받은 국적선사가, 정부의 재정 또는 금융지원을 받아 국내 조선소에서 선박을 건조하는 제도로, 1976년부터 시행되었다. 외항선에 대한 계획조선제도는 WTO의 보조금 금지 규정으로 1998년에 폐지되었고, 현재 내항선에 대해서는 고정금리 8%로 매년 30~50억원 정도의 계획조선 자금이 지원되고 있다.

② 국적취득조건부나용선(BBC HP)

선박건조 자금확보를 위한 금융의 한 형태로서 금융기관이 해외에 SPC(Special Purpose Company)를 설립하여 선박을 취득하도록 하고 해운회사에 대해 선박을 소유권 이전 조건부 나용선 방식으로 운항·사용을 허용하는 방식이다.

③ 한국은행 외화자금(KFX)

한국은행은 1994년 1월에 국적 외항선사의 중고선 도입을 지원하기 위해 외화대출제도를 마련하여 시행하였다. 한국은행의 외화대출 자금은 중소기업기본법에 따라 중소기업에 한해 일시적 지원되었는데 1997년부터 한국은행의 보유외화 부족으로 자금지원이 중단된 상태이다.

④ 선박리스금융

이는 조선소와 선박 수요자인 해운회사 사이에 리스회사가 중개인 또는 금융을 공급하는 제3자로 참여하는 제도이다. 리스회사는 국제금융시장에서 자금을 조달하여 중고선박과 조선소에 신조선을 발주하며 대금을 지불한 후, 선박을 인도받아 선박운영전문회사인 해운회사와 선박리스계약을 체결하고, 선사는 리스료를 부담하고 선박을 리스하여 사용하는 금융구조이다.

⑤ 수출연불금융

그동안 수출연불금융은 우리나라 조선소에서 신조선을 건조하는 외국선사에게만 지원되었으나, 2002년 12월 경제장관회의에서 국적 외항선사들도 수출입은행의 금융을 이용할 수 있도록 금융지원방침을 확정하고, 수출입은행의 내부규정을 정비하여 2003년 1월 3일부터 자금지원을 개시하였다. 수출입은행의 자금으로 선박을 건조하고자 할 경우, 해당선사는 수출입은행과의 협의를 거쳐 자금을 융자받을 수 있다.

⑥ 선박투자회사

이는 1997년말 IMF 외환위기 이후 선박금융 여건 악화로 국적선사의 신규 선박확보가 어려워 이를 해결하기 위해 민간자본을 이용한 뮤추얼펀드 형식으로 도입된 것이다. 이 제도를 시행하기 위해 2002년 5월 13일 「선박투자회사법」이 제공·공포되었고, 이 제도의 활성화를 위해 시중자금을 선박건조 자금으로 유인하기 위해 2003년 8월에 「선박투자회사법」을 개정하였으며, 세제지원 등을 위해 2004년 1월에 「조세특례제한법」 및 「법인세법」을 개정하였다. 2004년에 처음으로 선박펀드가 출시되었다.

7 해상운송방식

(1) 개품운송(Affreightment in a General Ship)

① 여러 화주로부터 개개의 화물운송을 인수하는 계약이다.

② 잡화, 소량화물 등 보통화물(General Cargo, 일반적으로 포장화물)이면 정기선(Liner)에 적재한다.

> **상 법**
> **제791조(개품운송계약의 의의)**
> 개품운송계약은 운송인이 개개의 물건을 해상에서 선박으로 운송할 것을 인수하고, 송하인이이에 대하여 운임을 지급하기로 약정함으로써 그 효력이 생긴다.
> **제792조(운송물의 제공)**
> ① 송하인은 당사자 사이의 합의 또는 선적항의 관습에 의한 때와 곳에서 운송인에게 운송물을 제공하여야 한다.
> ② 제1항에 따른 때와 곳에서 송하인이 운송물을 제공하지 아니한 경우에는 계약을 해제한 것으로 본다. 이 경우 선장은 즉시 발항할 수 있고, 송하인은 운임의 전액을 지급하여야 한다.

(2) 용선계약(Charterparty)

① 특정의 상대방(화주)과 특약하여 선복을 대절제공하여 운송을 인수하는 계약이다.

② 항해구간으로 정하여 계약하는 경우에 항해용선계약, 기간으로 정하여 계약하는 경우에 정기용선계약이라 한다.

③ 만재화물 내지 대량화물인 경우에는 부정기선(Tramp)에 적재한다.

◀ 개품운송과 용선운송의 비교 ▶

구 분	개품(정기선)운송	용선(부정기선)운송
형 태	여러 화주로부터 개별적으로 선적요청을 받은 개개화물을 운송, 선박이 화물을 부르는 관계, 규칙적·반복적 운항	특정 화주의 특정 화물을 싣기 위해 선박(복)의 일부 또는 전부를 빌려주는 형태로 운송, 화물이 선박을 부르는 관계, 불규칙적 운항
운송인	보통(공공)운송인(Common Carrier) 공중(타인)운송인(Public Carrier)	계약(자기)운송인(Contract Carrier) 전용(사적)운송인(Private Carrier)
선 박	주로 정기선(특정 항로 운항), 컨테이너선	주로 부정기선(불특정 항로 운항, 전용선은 정기적), 벌크선
화 물	주로 단위(Unit)적재의 포장화물(주로 고가품), 이종화물	철광석, 석탄, 곡물 등의 대량화물(주로 저가품), 동종화물
선 형	주로 대형	주로 중형 내지 소형(전용선은 대형)
속 력	주로 고속	주로 저속

계약서	선하증권(B/L ; Bill of Lading, 운송계약서에 해당)	용선계약서(C/P ; Charter Party, 운송계약서)
운 임	Tariff Rate(공표, 고정운임)	Open 또는 Spot Rate(변동, 경쟁, 시장운임)
경 쟁	불완전경쟁	완전경쟁
조 직	대형조직(본사, 해외지점, 대리점)	소형조직
집 화	영업부 직원(Solicitor)	중개인(Broker)
하역조건	Berth Term(Liner Term)(선주부담)	FIO, FI, FO
여 객	제한적(카페리 등)	없 음

(3) 용선계약의 종류

① **일대용선계약**(Daily Charter) : 본선이 계약된 적재지에 도착하여 화물이 인도된 일시부터 기산하여 양륙지에서 양하완료할 때까지 하루(24시간)에 대해 얼마 또는 1일당·1DWT당 얼마로 정하여 선복을 매일 빌리는 계약이다.

② **선복용선계약**(Lump Sum Charter) : 운임을 실제적량과 관계없이 전선복 대절로 1항해에 대해 운임총액 얼마로 정하여 계약한다. 선복운임(Lump Sum Freight)은 용적톤 또는 중량톤으로 표시된 적재능력(Carrying Capacity)에 운임률을 곱하여 산정한다. 목재, 석탄, 광석, 곡물류 등을 일반화물과 혼재만선하여 정확한 적량산정이 어려운 경우에 선박운항업자(Operator)에게 유리한 계약방식이다.

③ **항해용선계약**(Voyage Charter Party, Trip Charter Party) : 한 항구에서 다른 항구까지의 항해(왕복항해 아님)에 한해서 체결되는 운송계약으로, 선주가 모든 장비와 선원을 갖춘 선박을 대여하고 운항에 필요한 모든 비용을 부담하는 계약이다. daily charter, lump sum charter 는 trip charter 또는 voyage charter의 종류이다.

④ **일부용선**(Partial Charter) : 선박의 물품운송에 이용될 수 있는 선복(船腹) 중 일부만을 대절, 사용하는 용선방식이다. 보통 선복의 일정부분(선창의 번호를 지정)을 지정하여 대절한다. 용선은 대개 한 선박의 전 선복을 이용하는 것을 목적으로 하는 것이나 일부용선에 있어서는 한 선박에 대하여 2인 이상의 독립적 용선자가 존재하게 되므로 개품운송(個品運送)과 전부용선(全部傭船)의 중간적 성격을 가지고 있는 방식이라 할 수 있다.

⑤ **정기용선계약**(Time Charter) : 모든 장비를 갖추고 선원이 승선해 있는 선박을 일정기간 정하여 사용하는 계약이다.

⑥ **나용선계약**(Bare Boat 또는 Demise Charter) : 용선자가 선박만을 임차하여 장비 및 선원 등 인적·물적요소, 그리고 운항에 필요한 모든 비용을 부담하며 선박에 대한 실질적인 지배권을 획득하는 계약이다. 용선자는 용선기간 중에 선주의 지위를 취득하며, 선용품 등을 선박에 공급하고 선장 및 승무원을 고용한다.

(4) 장기운송계약(COA : Contract Of Affreightment)

① 일정량의 화물을 계약시 정해진 항로에서 장기간 운송하는 화물운송계약
② 대량 화주와 부정기선 해운회사 간에 발생
③ 최소 10년에서 15년간 장기계약
④ 화주 : 화물의 안정적인 운송 및 저운임계약
⑤ 선주 : 운송물량의 안정적 확보 및 선박 신조 가능

8 수출입 운송절차

(1) 컨테이너화물 수출운송절차

① 송화주가 선사나 대리점에 선복신청서(Shipping Request ; S/R) 제출
② 선사가 운송계약예약서(Booking Note ; B/N)를 송화주에게 발급
③ 선사가 적화예약목록(Booking List ; B/L)을 CY 또는 CFS 운영업자 등에게 인도
④ 육상운송인이 선사로부터 공컨테이너 인수도를 위한 기기수도증(Equipment Receipt ; E/R)을 요청
⑤ 육상운송인은 송화인 공장 등으로부터 화물을 컨테이너 터미널까지 운송
⑥ 컨테이너 터미널의 CY 또는 CFS 운영업자는 부두수령증(Dock Receipt ; D/R)을 송화주(실무적으로는 선사)에게 송부
⑦ 송화주는 선사에 D/R을 제출하고 수취선하증권(Received Bill of Lading ; Received B/L)을 수령(실무적으로 송화주는 D/R 제출 없이 선사로부터 B/L을 발급받음)
⑧ 선사는 검량회사로부터 용적/중량증명서(Certificate of Measurement and Weight), 검수회사로부터 검수보고서(Tally Sheet)를 수령
⑨ 송화인은 세관에 수출신고서(Export Declaration)를 제출
⑩ 송화인은 수출허가서(Export Permit)를 획득
⑪ 송화인은 해상보험계약을 체결하고 해상보험증권(Marine Insurance Policy)을 획득
⑫ 선사는 송화인에게 선적지시서(Shipping Order ; S/O)를 발급
⑬ 선적완료 후 선박의 일등항해사(Chief Officer ; C/O)가 송화인에게 본선수취증(Mate's Receipt ; M/R)을 교부
⑭ 송화인은 선사에 M/R을 제시하고 선적선하증권(Shipped Bill of Lading ; Shipped B/L)을 발급받음(실무적으로는 Received B/L에 'on board'라고 표기를 하거나 체크함)
⑮ 본선은 선적완료 후 해치목록(Hatch List ; H/L), 적부계획(Stowage Plan ; S/P), 선복보고서(Space Report ; S/R), 적화감정보고서(Stowage Survey Report) 등을 선사에 제출
⑯ 선사 및 대리점은 적하목록(Manifest ; M/F)을 작성하여 본선과 도착지 대리점에 송부
⑰ 선사 및 대리점은 필요시 M/R을 근거로 선적사고화물목록(Exception List ; E/L) 또는 화물과부족 발견시 화물과부족조사서(Tracer)를 도착지에 송부

(2) 컨테이너화물 수입운송절차

① 선사는 착선예정통지서(Arrival Notice ; A/N)를 수화인에게 송부

② 수화인은 은행으로부터 B/L 원본을 입수하여 선사 또는 대리점에 선적선하증권(Shipped B/L) 또는 화물선취보증장(Letter of Guarantee ; L/G)을 제출

③ 선사 또는 대리점은 수화인에게 화물인도지시서(Delivery Order ; D/O)를 발급

④ 수화인은 D/O를 본선 또는 도착지 항만의 창고에 제출하고 화물을 인수(FCL 화물의 경우에는 CY에서, LCL 화물의 경우에는 CFS에서 각각 수령), FCL 화물의 경우에는 화물이 컨테이너 단위로 인도되므로 컨테이너 등 기기의 대출증으로서 E/R도 동시에 작성됨

⑤ 본선은 화물양륙 후 화물인수증(Cargo Boat Note), Hatch 검사보고서, 손해화물검사보고서 등의 서류를 선사에 제출

⑥ 본선은 필요시 해난보고서, 양하보고서 등을 선사나 대리점에 검사보고서와 함께 제출

⑦ 수화인은 보세구역에 양륙된 화물에 대해 세관에 수입신고서를 제출

⑧ 수화인은 수입화물심사 후 관세를 납부하고 수입허가서(Import Permit) 획득

9 정기선 운송의 주요 서류

(1) 선복요청서(Shipping Request ; S/R)

① 화주가 선사에 제출하는 화물운송의뢰서

② 선사는 S/R을 토대로 선적지시서(Shipping Order ; S/O)를 작성

③ 본선의 일등항해사(Chief Officer ; C/O)는 S/O와 검수보고서(Tally Sheet)를 대조하여 본선 수취증(Mate's Receipt ; M/R)을 작성

④ 선사는 M/R에 근거하여 선하증권(Bill of Lading ; B/L)을 작성하여 화주에게 교부

(2) 화물선적예약서(Booking Note ; B/N)

① 선사가 화주로부터 구두 또는 문서로 선적예약을 받은 때에 화물의 명세, 필요한 컨테이너의 수, 운송조건 등을 기입한 것

② 화물선적예약목록을 작성할 때 필요한 자료

③ 컨테이너의 수배를 위한 자료

④ 화물의 명세, 필요 컨테이너의 수, 위험물 여부 등 기재

(3) 화물선적예약목록(Booking List ; B/L)

① 선사가 B/N의 기재사항에 따라 선적지·양륙지별로 작성한 일람표

② 선사는 이 서류를 각 지점 또는 CY·CFS에 보내어 각종 업무의 자료로 활용

③ 선적화물의 파악이나 선복조정에 이용

④ CY 또는 CFS 운영업자에게 넘겨져 화물수취지시서의 역할을 하는 서류

(4) 기기수도증(Equipment Receipt ; E/R)

① 컨테이너, 섀시(컨테이너 전용 트레일러) 등 컨테이너운송에 필요한 기기류는 선박회사가 소유한 경우가 대부분이며, 육상운송회사가 복합운송회사의 주체인 선박회사로부터 이들 기기류를 넘겨받는 것을 증명하는 서류

② 기기수도(受渡)시 CY운영업자와 반출(또는 반입)자 쌍방에 의해 서명

③ EDO(Equipment Dispatch Order) 또는 EIR(Equipment Interchange Receipt)라고도 함

(5) 컨테이너 내 적부도(Container Load Plan ; CLP)

① 컨테이너에 들어 있는 화물에 관한 모든 명세 및 정보(인도 형태, 냉동화물의 경우 컨테이너 내부의 지정습도 등)를 기재한 서류

② 화주 또는 그의 대리인(대개 Freight Forwarder)이 화물(FCL 화물)을 컨테이너에 넣은 경우(Shipper's Pack)에는 화주 또는 그 대리인이 작성

③ CFS에서 화물(LCL 화물)을 컨테이너에 넣었을 때에는 CFS 운영업자가 작성

④ 컨테이너마다 작성

(6) 선적지시서(Shipping Order ; S/O)

① 선사 또는 그 대리점이 화주에게 교부하는 선적승낙서

② 동시에 선사가 선복요청서(S/R)와 더불어 선적화물을 확인하여 본선(일등항해사)에게 발급하는 선적지시서

③ 본선은 S/O의 기재내용과 선적화물의 상태를 점검하여 본선수취증(Mate's Receipt)을 작성하여 화주에게 교부

④ S/O는 도착항(양륙항)의 화물인도지시서(Delivery Order ; D/O)에 해당한다.

(7) 부두수취(령)증(Dock Receipt ; D/R)

① 선사가 화주로부터 화물을 수취한 때에 화물의 상태를 증명하는 서류

② 재래선(비컨테이너선)의 Mate's Receipt에 해당

③ 재래선의 경우 선사의 책임구간이 'ship's tackle to ship's tackle'인데 대해, 컨테이너선의 경우 책임구간이 'terminal to terminal'로 연장된 결과, 화물수령시 종래의 M/R에 대신하여 D/R이 발행되는 것이다.

④ 원칙적으로 D/R은 화주에게 주어야 하지만, 실무에서는 CY 또는 CFS 운영업자가 D/R을 CLP, E/P 등 여타 서류와 상호 체크하여 서명·날인 후 현장에서 회수하여 선사에 송부한다. 그러므로 이 경우 선사가 B/L을 발행할 때, 화주가 D/R을 제출하지는 않는다.

(8) 검수화물목록(Tally Sheet ; T/S)

① 하역 중인 화물의 개수, 화인, 포장상태, 화물사고 등을 기재한 서류
② 화주 또는 선주의 요청에 따라 검수인(Tallyman)이 작성

(9) 본선수취증(Mate's Receipt ; M/R)

① 본선에 화물이 M/R에 기재된 상태로 적재 또는 수취하였음을 증명하는 서류
② 선적 후 일등항해사가 검수집계표(Outturn Report)를 토대로 선적화물과 선적지시서(S/O)를 대조하여 송화인에게 교부
③ M/R 발행시 선적지시서와 선적화물의 상태에 이상이 없으면 'Shipped in apparent good order and condition'이라고 기재하고, 만일 이상이 있으면 비고(Remark)란에 그 사실을 기재한다. 이를 'Dirty M/R'이라고 하는데 이는 사고부 선하증권(Dirty B/L)이 되어 은행에서 매입하지 않는다. 이 경우 송화인은 선사에 손상화물보상장(Letter of Indemnity ; L/I)을 제출하고 무사고 선하증권(Clean B/L)을 교부받아 은행에 매입을 요청한다.
④ L/I는 M/R의 비고란(Remarks)을 증명하는 근거서류이다.

(10) 본선적부도(Stowage Plan ; S/P)

① 본선 내의 컨테이너 적재 위치를 나타내는 도표
② 컨테이너선의 전후(Bay), 좌우(Row), 상하(Tier)별로 번호를 매겨 표시
③ 하역작업 및 본선의 안전을 위한 자료로 활용

(11) 적하목록(Manifest ; M/F)

① 선적완료 후 선사 또는 대리점이 최종적으로 작성하는 적재화물명세서
② 선사 또는 대리점은 M/F를 도착항(목적항)의 선사대리점에게 보냄
③ M/F에는 운송기관의 명칭, 선하증권번호, 도착지, 출항지, 송화인, 수화인, 화물의 품명, 수량 등이 기재
④ 도착항에서 M/F를 토대로 D/O를 발행

(12) 화물인도지시서(Delivery Order ; D/O)

① 선사 또는 대리점이 도착지에서 화물도착통지(Arrival Notice)를 받은 수화인으로부터 선하증권(B/L) 또는 보증장(L/G)을 받아 대조 후, 본선이나 터미널에 화물인도를 지시하는 서류
② D/O 발행시 B/L, M/F 등과 대조 후 선사의 책임자가 서명

(13) 수화인수취증(Boat Note ; B/N)

① 수화인, 그 대리인 또는 하역업자가 양륙화물과 적하목록을 대조 후 본선에 교부하는 화물인수증

② 본선에서 수화인에게 화물을 넘겨주었음(수도)을 증명하는 서류

③ 양륙과정에서 화물의 손상이나 부족 등 이상(Exception)이 있으면 B/N의 비고(Remark)란에 그 사실을 기재한다.

④ B/N의 비고와 M/R의 비고가 동일하면 운송도중의 화물손상은 없음을 증명하는 것이다.

(14) 화물도착통지(Arrival Notice ; A/N)

① 선사로부터 화물이 도착했거나 도착예정임을 알리는 화물도착통지서

② A/N을 받는 당사자는 도착통지당사자(Notify Party)로 대개 수입업자나 수출업자의 대리점, 전속통관사 등이다.

10 운송서류 일반

(1) 운송서류의 개념

수출업자가 환어음을 결제받기 위해, 수입업자가 계약물품을 입수하는 데 필요한 일체의 서류를 말한다.

(2) 선하증권(Bill of Lading ; B/L)

화주와 선사 간의 해상운송계약에 의하여 선사가 발행하는 유가증권을 말한다.

(3) 상업송장(Commercial Invoice)

① 수출업자가 작성하여 수입업자에게 보내는 선적안내서, 내용명세서 및 선적화물의 계산서

② 수출업자에게는 상품대금, 비용의 청구서, 화환결제서류

③ 수입업자에게는 수입계산서의 역할, 수입통관서류

④ 선적송장(Shipping Invoice), 견적송장(Pro-forma Invoice)

> **TIP** 공용송장(Official Invoice)
> 세관송장(Customs Invoice), 영사송장(Consular Invoice)

(4) 보험증권(Insurance Policy)

보험계약의 요령내용 및 조건 등을 기재한 증서를 말한다.

(5) 보험증명서(Insurance Certificate)

동종동질의 물품이 동일지역에 계속적으로 수출할 경우, 선적시마다 개별보험에 부보하지 않고, 사전에 포괄보험증권(Open Policy)을 발급받고 선적시마다 이 증권으로 부보되어 있음을 증명하는 서류이다.

(6) 기타 운송서류

포장명세서(Packing List), 원산지증명서(Certificate of Origin), 품질증명서(Certificate of Quality), 검사증명서(Inspection Certificate), 검역증(Certificate of Quarantine), 중량용적증명서(Certificate of Weight and Measurement) 등이 있다.

11 부정기선 운송(용선운송계약)

선박소유자 등이 해상운송을 위해 선박의 전부 또는 일부를 1인 또는 소수의 용선자에게 제공하고, 용선자는 그 대가로 용선료를 지급하는 형태의 운송계약이다.

(1) 나용선계약(Bare Boat 또는 Demise Charter)

① 용선자가 선박만을 임차하여 장비 및 선원 등 인적·물적요소, 그리고 운항에 필요한 모든 비용을 부담하며 선박에 대한 실질적인 지배권을 획득하는 계약이다.

② 국적취득조건부 나용선계약(Bare Boat Charter / Hire Purchase)
  ㉠ 나용선계약이 종료되는 때에 임차인이 그 선박을 인수한다는 조건이 붙은 나용선계약의 일종이다.
  ㉡ 금융기관이 Special Purpose Company를 설립, 선박소유 후 해운회사에 소유권을 이전하는 방식(연불로 지급)이다.
  ㉢ 금융기관 소유시의 선적은 편의치적
  ㉣ 해운회사가 선박대금을 완납하면 소유권의 이전과 함께 선적은 자국적으로 전환한다.

③ 나용선계약서의 주요 항목
  shipbroker, place and date, owners, charterers, vessel's name, call sign and flag, type of vessel, GT/NT, DWT, When/Where built, classification society, date of last special survey, particulars of vessel, port of delivery, time for delivery, cancelling date, port of redelivery, frequency of dry-docking, trading limits, charter period, charter hire, new class and other safety requirements, rate of interest payable, currency and method payments 등

(2) 정기용선계약(Time Charter)

① 정기용선계약의 특징
  ㉠ 일정기간 동안 선주가 용선자에게 모든 장비와 선원을 갖춘 선박을 제공하고 비용을 공동으로 부담한다.
  ㉡ 신빅의 일부 또는 전부를 일정기간 용선하는 것
  ㉢ 용선료는 적재화물의 종류나 양에 상관없이 본선의 재화중량톤수(DWT)에 대해 매월 지급한다.

ⓐ 선주는 선원비, 수선비, 감가상각비, 보험료 등 고정비를 부담한다.

ⓐ 용선자는 연료비 등 변동비를 부담한다.

> **TIP** 오프하이어(Off-Hire)
>
> 선박이 고장, 정기적인 수리 등으로 화물운송을 할 수 없어 용선료 지급이 중단되는 기간

② 정기용선계약서

  ㉠ 일반적으로 NYPE(New York Produce Exchange) Form을 사용한다.

  ㉡ 1913년 뉴욕의 물품거래소에서 사용(현재는 1946년 개정판 사용)한다.

③ NYPE의 주요 내용

  ㉠ **선박의 명세(Description of the ship)** : 선박의 명세는 선명, 화물적재능력, 국적, 소유권, 선급, 건조연도, 속력, 연료소모량

  ㉡ **선박의 인도(Delivery)와 반선(Redelivery)**

    ⓐ 선주는 계약에 의해 명기된 항구 또는 지역에 계약된 시간(laycan) 안에 선박을 용선자에게 인도한다.

    ⓑ 선박을 인도함으로써 용선계약은 개시되고 On-Hire 시간이 계산된다.

    ⓒ 용선자가 선주에게 선박을 반선함으로써 용선계약은 종료된다.

  ㉢ **항행구역(Trading Limits)**

    ⓐ 선주는 용선자가 선박을 항해할 수 있는 지역제한이 가능하다.

    ⓑ 항해제한지역을 벗어나 항해할 경우 용선자는 선주의 동의를 얻고 추가적인 보험료를 지불한다.

  ㉣ **재용선 권리(Liberty to Sublet)**

    ⓐ 용선계약상 별도의 금지조항이 없는 한 용선자는 용선한 선박의 재용선 권리를 가진다.

    ⓑ 재용선시 용선자는 선주에 의사통보를 한다.

  ㉤ **안전한 항구와 부두(Safe ports and Berths)**

    ⓐ 용선자는 용선기간 중에 선박이 기항하는 항구 및 berth의 안전성을 확보한다.

    ⓑ 선박의 사고와 관련하여 선주는 용선자에게 손해배상을 청구할 수 있다.

  ㉥ **선박연료(Bunkers)**

    ⓐ 용선계약서에 선박의 인도 및 반선시 연료의 잔량에 대해서 선주와 용선자 간에 합의된 양을 기입한다.

    ⓑ 일반적으로 용선자는 인도시점의 연료량과 같은 양만큼 선박에 공급한 후 반선한다.

    ⓒ 연료의 가격은 선주와 용선자 간에 연료시장 상황을 반영하여 적정가격을 정한다.

  ㉦ **용선기간(Charter Period)**

    ⓐ 용선자의 선박운항계획에 의해 특정 기간 동안 또는 한 항차 용선(One Trip Charter)을 결정한다.

ⓑ 통상적으로 정기용선의 경우 대부분 3개월 내지 5개월, 4개월 내지 6개월 등과 같이 월 단위로 계약한다.

◎ 용선료

ⓐ 용선료는 보통 미화로 지급되며 지급기간은 15일 또는 1개월 단위로 선불지급한다.

ⓑ 계약당사자 간의 약정에 의해 후불로 지급하는 경우도 있다.

ⓒ 용선료 지급조건이 현금(cash)으로 되어 있는 경우 입금과 동시에 선주가 바로 조건 없이 사용할 수 있어야 한다. 그렇지 못한 경우 지급기일을 위반한 것이 되어 선주는 용선자의 선박운항권을 취소하거나 철수시킬 권리를 가진다.

ⓓ **용선료 지급중지**(예외조항) : 용선료 지급의무의 예외조항, 선체나 기계류의 고장 등 해당 기간만큼 공제한다.

④ Off-Hire Clause : 정기용선계약에 있어서 선체의 고장이나 해난 때문에 용선자가 용선을 사용할 수 없게 된 경우 휴항약관(Off-Hire Clause)의 규정에 따른다.

⑤ 정기용선계약서의 주요 항목

shipbroker, place and date of charter, owners, charterers, vessel's name, GT/NT, DWT, class, cubic feet grain/bale capacity, permanent bunkers, speed capability, present position, period hire, port of delivery, time of delivery, trade limits, cargo exclusions, bunkers on redelivery, charter hire, hire payment, place of redelivery, cancelling date, dispute resolution, brokerage commission 등

◀ 용선계약서(Fixture Note) 주요 기재사항 ▶

정기용선	항해용선
선주명	선주명
선박명 및 선박명세	선박명 및 선박명세
용선 후 선박항해구간	화물량 및 화물명세
Layday / Cancelling day	선적항과 하역항(옵션항)
정기용선기간	Lay / Can
선박 인도장소 / 반환장소	선적률, 양하율, 하역조건
용선료 및 지불조건	운임 및 지불조건
용선자에게 인도될 연료량, 가격	체선료 / 조출료
Main Terms	Main Terms
용선계약서 종류	용선계약서 종류
수수료	선주측 지불수수료

(3) 항해용선계약(Voyage Charter)

① 항해용선계약의 특징

 ㉠ **선복을 위한 조회**(Inquiry for Ship's Space) : 수출업자 자신이 선박을 수배하는 경우에는 보통 해운중개인이나 용선중개인(broker)을 통해 조건에 맞는 선박중개를 의뢰, 중개인은 수출업자의 운임 등 여러 조건을 선박회사에 조회한다.

 ㉡ **선복을 위한 확정오퍼**(Firm Offer for Ship's Space) : 수출업자로부터 조회를 받은 선박회사는 화주가 요구하는 여러 가지 조건을 검토하여 조건에 합당하면, 화주에게 용선계약을 체결할 것을 신청한다.

 ㉢ **Firm Offer에 대한 Counter Offer** : 선박회사가 제시한 Firm Offer 조건을 화주가 일부 수정하여 수락하고자 하는 경우에는 화주가 희망하는 조건을 적은 Counter Offer를 선박회사에 회송한다. 새로이 용선계약조건을 제시한다는 의미이다.

 ㉣ **Sub Lift** : 용선자는 sub를 약속한 시간 내에 lift한다.

 ㉤ 지정한 Charter Party의 Detail Nego(상호 협의 하에 선택된 C/P를 Proforma C/P라 하며, 표준계약조항의 수정, 추가 및 삭제를 진행)

 ㉥ **선복확약서**(Fixture Note) : 선박회사가 제시한 신청서(Firm Offer)의 유효기간 내에 화주가 Firm Offer를 수락하면 용선계약이 성립한다. 선복확약서를 작성·서명하고 한 통씩 보관한다. 이후 정식 용선계약서(Charter Party ; C/P)를 작성하여 각 관계 당사자가 서명한 후 각자가 보관한다.

 ㉦ Fixture Note 및 Details 조항 재확인

 ㉧ **Charter Party 최종작성 및 서명**(선주 : 원본, 용선주 : 복사본)

  ⓐ 계약서는 Main body, Rider로 구분

  ⓑ 버마 쌀 용선계약서(Burma Rice Charter Party)

  ⓒ 뉴욕 농산물거래소 제정 정기용선계약서(Time Charter Party approved by the New York Produce Exchange)

② 항해용선계약의 유형

한 항구에서 다른 항구까지의 항해(왕복항해 아님)에 한해서 체결되는 운송계약으로, 선주가 모든 장비와 선원을 갖춘 선박을 대여하고 운항에 필요한 모든 비용을 부담한다.

 ㉠ **선복용선계약**(Lump Sum Charter)

  ⓐ 운임을 실제적량과 관계없이 전선복 대절로 1항해에 대해 운임총액 얼마로 정하여 계약한다.

  ⓑ 선복운임(Lump Sum Freight)은 용적톤 또는 중량톤으로 표시된 적재능력(Carrying Capacity)에 운임률을 곱하여 산정한다. 목재, 석탄, 광석, 곡물류 등을 일반화물과 혼재만선하여 정확한 적량산정이 어려운 경우에 선박운항업자(Operator)에게 유리한 계약방식이다.

ⓒ 부정 적재의 폐해를 방지하고 화물의 성질이나 적부방법으로 인한 적재량의 차이 등 예정수량의 적부불량으로 생기는 운임의 손실을 방지할 수 있다.

ⓛ 일대용선계약(Daily Charter) : 본선이 계약된 적재지에 도착하여 화물이 인도된 일시부터 기산하여 양륙지에서 양하완료할 때까지 하루(24시간)에 대해 얼마 또는 1일당·1DWT당 얼마로 정하여 선복을 매일 빌리는 계약이다.

ⓐ 적양지가 양항(良港)이 아니거나 단거리항해이면서 겨울철의 북해도 근해와 같이 날씨가 나빠서 1항해의 일수확정이 곤란한 경우, 선박운항업자는 이 계약으로 항해일수에 있어 예측하지 못하여 연장이 생기는 손해를 방지할 수 있다.

ⓑ 항해비 가운데 선내인부임(Stevedorage) 및 용선자로 인한 항로특유의 비용은 용선자의 부담이다.

③ 항해용선 표준계약서

㉠ 용선계약 : 운송계약의 목적이 만선(滿船) 화물의 운송이나 선복(船腹) 제공인 경우 당사자 사이에 이루어지는 것

㉡ 화물과 항로에 따라 다름

㉢ GENCON(Uniform General Charter) 서식

㉣ 발틱 국제해운회의소의 인정, 권장서식 36종

㉤ BIMCO 공인화물별 전용용선계약서

핵심포인트

항해용선계약서식
㉠ 표준서식과 사적서식으로 구분
㉡ 영국해운회의소가 공인한 서식은 석탄운송용 16종, 목재운송용 7종, 곡물운송용 11종 등
㉢ 일반용 용선계약서 표준서식
• Gencon : 발틱국제해사위원회가 제정, 화물과 항로가 한정없으며, 운송인에게 유리
• Warshipvoy : 미국의 전시해운관리국 제정

④ GENCON C/P

㉠ GENCON Charter Party 항해용선 표준계약서로 일반적 사용

㉡ BIMCO에서 1922년 제정, 1974년, 1976년 개정, 1994년 보완

㉢ Part I, Part II로 구성

㉣ Part I : 계약내용 서술(26개 소조항)

ⓐ 용선중개인(shipbroker), 선주(owner), 용선자(charterer)의 명칭

ⓑ 용선계약장소 및 날짜(place and date)

ⓒ 선명(vessel's name)(예 미기새 – TBN : to be nominated)

ⓓ 선박의 총톤수(GRT), 순톤수(NRT), 재화중량톤수(DWT ; DWT all told on summer load line in metric tons : 여름철 만재흘수선 기준의 만재중량톤으로 표시)

    ⓔ 선박의 현재 위치(present position)(ex : Now trading – 항진중)

    ⓕ 선적준비 예정일(expected ready to load), 선적항 또는 장소(loading port or place)

    ⓖ 양하항 또는 장소(discharging port or place), 화물의 종류와 수량(cargo 수량 및 선주
       의 재량범위 기재)

    ⓗ 운임률(freight rate)과 운임지급조건(freight payment)

    ⓘ 하역비 부담조건(loading and discharging costs)

    ⓙ 정박기간(laytime)

    ⓚ 화주 명칭과 주소(shippers), 체선료(demurrage rate)

    ⓛ 취소날짜(cancelling date), 중개수수료(brokerage commission)

    ⓜ Shipbroker : 중개회사, 중개인명

  ⓝ Part Ⅱ : 공통된 19개 조항 서술(계약당사자의 권리와 의무)

> **💧TIP** 운임결정방식의 분류
>
> ① **항차용선계약** : 톤당 화물의 실제 선적량, 중량용선계약
> ② **선복용선계약** : 일정 선복에 대한 운임 결정
> ③ **일부용선계약** : 1일 운임을 정하는 용선계약

 ⑤ 용선운임의 종류

  ㉠ **선불운임**(Prepaid Freight) : 출항 전 운임의 일부 또는 전부를 지급

  ㉡ **선복운임**(Lump sum Freight) : 화물의 수량에 관계없이 운임지불을 조건으로 계약할 때
    계약된 운임, 수량산정이 곤란할 때 선주에게 유리한 운임제도

  ㉢ **비율운임**(Pro rate Freight) : 계약목적지까지 운송을 못하고 중도에서 화물을 인도하는
    경우 선주가 받는 운임으로 계약서상의 명기가 반드시 필요

  ㉣ **공적운임**(Dead Freight) : 실선적량이 계약물량보다 적은 경우 부족분에 대해 지불하는 운
    임, 용선자에게 불리

  ㉤ **반송운임**(Back Freight) : 화물인수 거부로 목적항에서 반송되는 경우 지불하는 운임

 ⑥ 하역비 및 항비부담방식의 분류

  ㉠ Gross term charter : 적양항에서 선주가 하역비, 항비 부담조건(특수비용은 용선주 부담)

  ㉡ Net term charter : 용선인이 본선 입항시부터 출항시까지 일체 항비를 부담

  ㉢ FIO charter : 선적 및 양륙이 화주의 책임과 비용으로 이루어지는 조건 → FI, FO, FOB,
    FIOST : FIO + (Stowage + Trimming)

 ⑦ 항해용선계약의 주요 내용

  ㉠ Freight rate : 중량톤당 또는 용적톤당 운임률

  ㉡ Freight payment : 운임의 결제통화, 지불방법, 수령인 및 은행계좌 기재

  ㉢ 하역기기 사용 여부

  ㉣ Laytime : 정박기간 – 양적항 별산, 양적항 합산, 정박기간의 개시

ⓐ 하역비부담 : WWD, SHEX, SHINC

ⓑ 하역조건 : 관습적 하역, Running layday

ⓜ Shipper / Place of business : 송화인명과 주소

ⓗ Agent : 선적항과 양륙항에 자기 대리인 지정

ⓢ 선적항 및 양륙항에서 선하역비 계산 및 지불방법

ⓞ Canceling Date : 해약선택일

항해용선계약에서 본선이 이전항차(Previous Voyage)기간 중에 발생한 지연 사유 등으로 발행 당시에(Approach Voyage 시작) 선적항의 ETA 혹은 Cancelling Date 이내에 도착하지 못할 것으로 예상되었다면, 이는 선주의 C/P Breach로 인정되어 선주는 용선주의 손실에 대하여 배상책임이 있다.

ⓩ 공동해손 정산장소

ⓒ Freight tax : 선주 부담 세금

ⓚ 중개료 부담자 : 원칙적으로 선주 부담

ⓣ 준거법 및 중재장소 : (a), (b), (c) 중 선택 (a) - 영국법 적용, (c) - 중재장소 기재

ⓟ 추가약관 설정

⑧ Not Before Clause

선박운항에 있어서는 흔히 도착예정일보다 지연되거나 조기에 도착하는 경우 부선료나 하역대기료 등 화주에게 손실이 발생하게 되는데, 이 경우 본선이 선적준비완료 예정일 이전에 도착하여도 하역을 하지 않는다는 요지의 내용을 용선계약서에 포함시킨 조항이다.

⑨ 항해용선계약서의 주요 항목

shipbroker, place and date, owners, charterers, vessel's name, GT/NT, DWT, present position, expected ready to load, loading port, discharging port, cargo, freight rate, freight payment, laytime, shippers, agents, demurrage rate, cancelling date, freight tax, brokerage commission, law and arbitration 등

핵심포인트

정박기간의 시기와 종기

- 하역준비완료 통지서(Notice of Readiness ; N/R) : 하역준비완료 통지서가 통지된 후 일정 기간이 경과하면 정박기간이 개시되며, 하역준비완료 통지서가 오전 영업시간 내에 통지된 경우에는 오후 1시부터, 오후 영업시간 내에 통지된 경우에는 다음날 오전 6시부터 기산한다.
- S/D(Shipping Date) : 선적일
- ETA(Expected Time of Arrival) : 도착예정일
- ETD(Expected Time of Departure) : 출항예정일
- ETR(Estimated Time of Readiness) : 하역준비완료 예정시각

◀ 하역비 등 부담조건의 종류 ▶

구 분	내 용
Liner or Berth Term Charter	선내인부임과 항비를 선주가 부담, 선적비와 양하비는 용선자 부담(적·양하비를 선주의 부담으로 하는 경우도 있음)
FIO(Free In and Out) Charter	용선자가 선내인부임을 부담, 항비는 선주가 부담
FI Charter	적하시는 용선자가 선내인부임을 부담, 양하시는 선주가 부담, 항비는 선주가 부담
FO Charter	적하시는 선주가 선내인부임을 부담, 양하시는 용선자가 부담, 항비는 선주가 부담
Gross Term Charter	항비, 적·양하비 등 전 비용을 선주가 부담
Net Term Charter	항비, 적·양하비 등 전 비용을 용선자가 부담

🔵TIP 항 비

부두사용료, 안벽사용료, 등대료, 부표사용료, 도선료 등을 말한다.
Berth Term 또는 FIO일지라도 벌크화물(Bulk Cargo)인 경우 하균비(荷均費, Trimming Charge)는 별도이며, Free Trimmed(화주부담 ; FIOT) 또는 Steamer Trimming(선주부담)을 명시해야 한다.

◀ 용선계약 형태별 비교 ▶

구 분	항해용선계약	정기용선계약	나용선계약
계약의 본질	운송행위의 제공	운송능력의 제공	운송수단의 제공
운송주체 및 감독, 항해지휘권자	선박소유자	선박소유자	선박임차인, 나용선자
선장, 선원교체 청구권자	선박소유자가 판단처리	용선자의 요청시 선박 소유자는 필요시 교체(불만약관)	선박소유자의 승낙을 필요로 하며 선박소유자의 요청시 용선자는 즉시 교체
운송물의 종류, 수량의 결정	항해용선자	정기용선자	관련 약관 없음
용선기간	선적항에서 선적준비완료되어 양륙지에서 양륙 완료될 때까지	약정기일의 용선개시일부터 반선 때까지	약정기간의 용선 인도시부터 반선 때까지
용선료	운송행위의 보수선적량 또는 총액운임	운송행위능력에 관한 보수기간운임(월단위)	운송수단인 선박의 임차료
용선자의 부담항목	없 음	운항비	직접선비, 운항비나 용선계약의 경우 선박보험료

감항능력 유지시기	선적항 출항시	용선계약 개시 및 용선기간 중	선박인도시
선하증권의 발행	선박소유자, 선장, 그 대리인인 용선인의 지시에 따라 서명한 경우 보상약관의 적용을 받음	선박소유자, 선장, 그 대리인인 용선인의 지시에 따라 서명한 경우 보상약관의 적용을 받음	임차인, 용선인, 선장, 대리인
선박정비	선박소유자	선박소유자	임차인, 보험수선에 관해서는 선박소유자의 승낙 필요
선장고용책임	선주가 선장임명 및 지휘·감독	선주가 선장임명 및 지휘·감독	임차인이 선장임명 및 지휘·감독
책임한계	용선자는 선복을 이용, 선주는 운송행위	용선자는 선복을 이용, 선주는 운송행위	임차인이 선박을 일정 기간 사용 및 운송행위
운임결정기준	선복 또는 1일 기준으로 결정	기간에 의하여 결정	임차료는 기간을 기초로 결정
감항담보	용선자는 재용선자에 대하여 감항담보책임이 없음	용선자는 재용선자에 대하여 감항담보책임이 없음	임차인은 화주 또는 용선자에 대하여 감항담보책임이 있음
선주의 비용부담	선원급료, 식대, 윤활유, 유지비 및 수선료, 보험료, 감가상각비, 항비, 하역비, 예선비, 도선료 등	선원급료, 식대, 윤활유, 유지비 및 수선료, 보험료, 감가상각비	감가상각비, 보험료
용선자의 비용부담	부담비용 없음	연료, 항비, 하역비, 예선비, 도선료	항해용선비 중 감가상각비 이외의 비용

12 해운운임지수

(1) 발틱운임지수(Baltic Dry Index ; BDI)

① 1999년부터 발표
② 발틱해운거래소의 건화물시황 운임지수로 종래는 'Baltic Freight Index'라고 했다.
③ 석탄, 철광석, 곡물 등을 운송하는 벌크선(Bulker)의 시황
④ 전 세계 26개 주요 항로의 선박유형별 화물운임과 용선료 등을 종합해서 전 세계 교역량을 평가한다.
⑤ BCI(Baltic Capesize Index), BPI(Baltic Panamax Index), BHI(Baltic Handy Index)

(2) BPI(Baltic Panamax Index)

① 1998년부터 발표
② 항해용선항로 3개, 정기용선항로 4개, 총 7개 항로로 구성

> **TIP** 해운거래소(Shipping Exchange)에는 주로 부정기선 운송시장 정보가 집중되어 있다.

(3) MRI(Maritime Research Index)

① 미국의 Maritime Research Inc.가 세계 해운시장에서 체결되는 용선계약을 토대로 매주 산정, 발표하는 해상운임지수
② 발표항목은 종합운임지수, 곡물운임지수, 정기용선료지수, 주간성약(Fixture)지수

(4) WS(World Scale Rate)

① 1969년부터 World Scale Association이 제정
② 유조선의 운임단위, 매년 1회 발표
③ Worldwide Tanker Nominal Freight Scale이 정확한 명칭

(5) HR 컨테이너선 종합용선지수(Howe Robinson Container Index)

① 영국의 Howe Robinson C.I.사가 1997년부터 발표
② 세계 컨테이너선 용선시장에서 거래되는 12개 선형별 지수 및 종합지수

13 정기선 운임과 부정기선 운임

(1) 정기선 운임의 종류

① **선불운임**(Freight prepaid) : 수출업자가 선적지에서 운임을 지불하는 것을 말하며, 주로 선하증권이 발행될 때 운임을 지불한다. 운임포함 인도조건(CFR ; Cost and Freight), 운임보험료 포함 인도조건(CIF ; Cost, Insurance and Freight) 등의 매매계약에서 사용된다.
② **후불운임**(Freight collect) : 화물이 목적지에 도착한 후 수화주(Consignee) 또는 그 대리인이 운임을 지불하는 것으로, 화물수취를 위하여 화물인도지시서 또는 양하지시서(Delivery)가 발급될 때 지불된다. 선측인도조건(FAS ; Free Alongside Ship), 본선인도조건(FOB ; Free on Board) 등의 매매계약에서 사용된다.
③ **자유운임**(Open rate) : 해운동맹에서 제정·공포하는 운임요율표에는 거의 대부분의 화물이 포함되어 있으나, 모든 화물을 포함시킬 수 없어 운임요율표에서 제외된 운임이며, 선주와 화주 간에 협의를 통해 결정되는 운임이다. 자유운임은 경쟁운임이라고도 하는데, 선적 단위가 큰 화물이거나 운임부담력이 특히 낮은 품목은 품목별 요율을 별도로 정하지 않고, 동맹 선사가 임의로 적용할 수 있도록 한다. 이는 비동맹선사와의 경쟁을 용이하게 하는 데 목적이 있다.

④ **할증운임**(Surcharge rate) : 화물의 성질, 형상, 운송방법 등에 따라 기준운임만으로 불충분할 경우에 적용한다. 중량·장척·산적화물 할증료(Heavy·Lengthy·Bulky cargo surcharge)가 여기에 해당하며, 중량화물, 장척화물에 대해 기본운임에 할증하여 부과하는 운임이다.

⑤ **정책운임** : 특정 화물에 예외적으로 저렴하게 적용한다. 대량화물 우대운임(Time/Volume rate)이 여기에 해당하며, 선사가 일정기간 화주가 제공한 물량의 과다에 따라 차등 적용하는 운임이다.

⑥ **컨테이너운임** : 협정요금이며 항로에 따라 각 해운회사가 설정한 운임을 적용하는 경우도 있다.

⑦ **위험물운임** : 폭발, 발화, 유독성 등 위험이 있는 화물에 부과한다.

⑧ **종가운임**(Ad valorem rate) : 보석, 예술품, 희귀품 등의 고가품에 대해서는 가격을 기초로 운임이 산출되며, 보통 상품가격의 2~5% 정도의 일정비율을 할증 추가하여 운임으로 결정하는 경우도 있다. 운송 중에 특별한 관리와 주의를 필요로 하는 귀금속 등의 고가품에 대해 송장가격에 일정율의 운임을 부과하는 것을 말하며, 가격운임이라고도 한다. 정기선 운임에만 통용되는 계산기준이다.

⑨ **특별운임**(Special rate) : 수송조건과는 별개로 해운동맹 측이 비동맹선과 적취 경쟁을 하게 되면 일정 조건 하에서 정상요율보다 인하한 특별요율을 적용하는 운임이다. 해운동맹이 화주의 요청이나 특정 화물의 유치, 대량화물의 우대 및 맹외선에 대한 대항수단으로 특정품목의 운임을 일정기간 또는 조건이 충족되면 할인해서 적용한다.

⑩ **최저운임**(Minimum charge) : 화물을 용적이나 중량이 이미 설정된 운임산출 톤 단위에 미달하는 경우 부과되는 운임. 1톤 미만의 소량화물에 적용하는 운임으로, 이 경우 운임은 1톤에 해당하는 운임이 적용된다.

⑪ **차별운임** : 화물, 장소 또는 화주에 따라 차별적으로 부과되는 운임이다.

⑫ **등급운임**(Class rate) : 화물, 장소 또는 화주에 따라 운송 거리를 기준으로 부과되는 운임이다.

⑬ **독자운임**(Independent action rate) : 운임동맹 내에서 선사가 일반운임(Common rate) 대신에 특별한 화주의 특별한 품목에 대해 독자적인 재량권으로 할인운임을 제공하는 경우에 사용되는 운임을 IA rate라고 한다.

⑭ **통운임**(Through rate) : 통운송(Through transport)에 있어서 각 운송구간의 운임과 접속비용을 합하여 산출한 운임이다.

⑮ **피더료**(Feeder charge) : 컨테이너선이 직접 기항하지 않는 지역에는 Feeder service가 이루어진다. 이때 Main Port까지의 해상운임 또는 육상운임에 상당하는 부과운임이 Feeder charge이다.

⑯ **유류할증료**(BAF ; Bunker Adjustment Factor) : 유류가격의 변동에 따른 선사의 부담을 보전하기 위해 부과되는 할증운임이다.

⑰ **통화할증료**(CAF ; Currency Adjustment Factor) : 운임표시 통화이 가치 하락에 따른 선사이 부담을 보전하기 위해 부과되는 할증운임이다.

⑱ **항구변경료**(Diversion charge) : 당초 양륙항을 선적완료 후에 변경하는 경우, 양륙항 변경화물에 부과하는 것이다.

⑲ **양륙항선택할증료**(Optional surcharge) : 양륙항을 정하지 않은 상태에서 운송 도중에 양륙항이 정해지는 경우에 부과하는 할증운임이다.

⑳ **지체료**(Detention charge) : 선사에서 컨테이너가 CY에 머무는 일정기간은 무료로 하는데, 이를 Free time이라고 한다. 이 기간을 초과하는 경우에 선사는 화주에게 사용료를 부과하며 이를 지체료라고 한다. 화주가 무상으로, 즉 사용료 없이 대여받은 컨테이너나 트레일러를 규정된 기간(무료사용 기간) 내에 반환하지 않는 경우에 선사에 지불하는 비용을 말한다.

㉑ **체화료**(Demurrage charge) : 화주가 허용시간(Free time)을 초과하여 화물을 터미널에서 반출해 가지 않을 경우에 선사에 지불하는 비용이다.

㉒ **외항**(차별항)**운임**(Outport arbitrary) : 정기항로 기항 항구 이외에 화주의 요청으로 기항하는 항구가 추가될 경우 부과되는 운임이다. 즉, 원래 계획된 기항지(base port) 이외의 지역에서 적·양화되는 화물에 부과되는 것을 말한다.

㉓ **전쟁위험 할증료**(War risks premium) : 전쟁위험지역이나 전쟁지역에서 하역되는 화물에 대하여 부과하는 운임이다.

㉔ **체항료**(Congestion surcharge) : 도착항의 항만 혼잡으로 신속히 하역할 수 없어 손실이 발생할 경우 이를 보전하기 위해 부과하는 운임이다. 즉, 항구에서 선박의 폭주로 선박이 장시간 대기할 경우에 부과하는 것을 말하며, 체화할증료(Port congestion surcharge)라고도 한다.

㉕ **기본운임**(General rates) : 주로 화물의 중량과 용적 단위로 책정되며, 그중 높은 쪽이 실제 운임부과의 기준이 되고, 실제 운임의 단위는 R/T(Revenue Ton)이다. 정기선사들의 운임인상은 기본운임인상(GRI ; General Rate Increase)으로부터 시작한다. GRI는 정기적으로 전 품목을 대상으로 일시에 운임을 인상하는 것을 말하며, 일괄운임인상이라고도 한다.

㉖ **품목별 운임**(Commodity rates) : 운임표에서 화물의 유형별로 명시한 품목에 대하여 적용되는 운임으로 해상운송화물의 운송코스트, 운임부담력(경쟁력), 화물의 상태, 재질 및 성질 등을 감안하여 품목별로 운임율을 설정하여 운임을 정하는 방법이다. 이 운임적용을 위한 품목분류는 항로사정, 화물량 등에 따라 다르며, 개품운송을 대상으로 하는 해운동맹체계의 컨테이너 화물에서의 협정요율(Tariff rate) 결정에 가장 많이 이용하는 운임체계 방식이다.

㉗ **보통운임**(Common rates) : 운임동맹이 공통운임표에 의하여 동일 품목을 가진 모든 화주에게 동일하게 부과하는 운임이다.

㉘ **등급별 운임**(Commodity classification rates) : 화물을 그룹 또는 등급별로 분류하여 적용하는 운임이며 기본적으로는 항공화물에 적용하는 운임의 일종으로, 특정 지역이나 구간에 대하여 45kg 이하의 일반화물운임(General cago rates)과 비교하여 할증, 할인을 % 단위로 표시하여 적용하는 운임이다. 예를 들면, 신문, 잡지 등에 대해서는 50% 할인운임을 적용하고, 지폐, 귀금속 등은 100% 할증운임을 적용하는 방법이다.

㉙ **품목무차별운임**(Freight all kinds rate ; FAK rate) : 품목에 관계없이 동일하게 적용하는 운임으로 선사가 LCL 화물의 혼재업(Consolidation)을 주로 하는 무선박운송인(NVOCC ; Non-Vessel Operating Common Carrier) 또는 해상화물운송 주선업자(Ocean freight forwarder)의 화물을 위하여 설정한 운임이다. 화물의 중량은 용적에 대응되게 설정하여 운임을 정하도록 되어 있으나 화물의 종류, 내용은 일체 문제 삼지 않고 컨테이너 1개당, 트레일러 1대당, 하차당 등의 방법으로 운임을 정하는 것을 말한다. 과거에는 트럭, 철도, 항공 등에서 중량을 운임의 단위로 사용하였으나 최근 미국의 경우 철도는 FAK Rate를 운임 설정 기준으로 사용하고 있다.

㉚ **전통운임**(Through rates) : 복합운송화물에 적용하는 운임으로 전체 구간을 통틀어서 하나의 운임으로 정하는 것을 말한다.

㉛ **공동운임**(Joint rates) : 2개 이상의 운송업자가 공동구간에서 해상운송을 위하여 설정한 운임을 말한다.

㉜ **구간운임**(Local rates) : 단일운송업자의 구간운송을 위한 운임으로 구간 내 운송 전이나 운송 후에 대해서는 적용하지 않는다.

㉝ **북미접속운임**(OCP rates) : 아시아 지역에서 미국의 로키산맥 이동(以東)지역(Overland common point)향 화물에 대하여 적용하는 특별운임으로, 북미서안과 북미동안 운항선사와 집화경쟁을 위한 것이다.

㉞ **IPI**(Inland Point Intermodal)**운임** : 이는 미국 중부지역 방향의 화물에 부과하는 운임을 말한다.

㉟ **MLB**(Mini Land Bridge) **운임** : 미국서안의 경우 미국동안 방향의 화물에 대해 부과하는 운임을 말한다.

㊱ **우대운송계약운임**(Service contract rates) : 선사가 계약기간 중 일정량의 화물선적을 약속한 화주에게 운임요율표 상의 운임보다 저렴하게 적용하는 운임을 말한다.

㊲ **대량화물우대운임**(Time/volume rates) : 선사가 일정기간 화주가 제공한 물량의 과다에 따라 차등제로 적용하는 운임을 말한다.

㊳ **이중운임**(Dual rates) : 운임동맹이 저운임의 비동맹선사와 경쟁하기 위해 운임동맹과 운송계약을 체결한 화주에게는, 비계약 화주에게 적용하는 일반운임보다 약 9.5% 낮은 운임을 적용하는 것을 말한다.

㊴ **특별견적운임**(Special quotation rates) : 화주와의 유대관계를 고려하여 대형 화주에게 일반운임보다 낮은 운임을 적용하는 것으로, 구주운임동맹(FEFC ; Far Eastern Freight Conference)에서 채택하고 있다. FEFC는 1879년에 유럽항로에서의 유럽선사와 일본선사 간의 경쟁 격화 및 폐쇄동맹 횡포에 대해 안정적이고 합리적인 항로 운영, 각 회원사에 대한 연간 물량 제한, 지역적취 제한, 선박의 공동배선, 항로안정화 유지 등을 목적으로 결성되었으며, '극동 – 유럽 항로 운임동맹'이라고도 한다.

㊵ **수에즈 운하 할증료**(Suez canal surcharges) : 유럽행 선박이 수에즈 운하가 막힐 경우에 희망봉 경유로 인해 추가로 발생하는 비용을 보전하기 위하여 부과하는 것을 말한다.

④ 성수기 할증료(PSS ; Peak Season Surcharge) : 매년 6월 1일부터 9월 30일까지 최대 성수기 기간에 부과하는 비용을 말한다.

④ 환적료(Transshipment charges) : 선박이 최종 목적항에 직접 기항하지 않기 때문에 화물의 환적으로 인해 추가로 발생하는 비용을 보전하기 위해 부과하는 것을 말한다.

④ Berth term : 운송인인 선박운항자(Operator)가 화물 적재항의 선측에서부터 양하항의 선측 (from tackle to off tackle) 간에서 발생하는 제반비용과 위험부담을 책임지는 하역조건을 말하며, 주로 정기선 운항에서 많이 적용하는 하역비 부담조건이다.

(2) 부정기선 운임의 종류

부정기선으로 운송되는 광석, 곡물, 석탄, 목재 등 대량화물을 대상으로 계약 당시의 해운시황에 따라 선사와 화주 사이의 자유계약에 의해 결정되는 자유운임이 원칙이며, 선박의 수요·공급과 관련하여 크게 변동하는 것이 특징이다.

① 경쟁운임(Spot Freight) : 운송계약 직후, 짧은 기간 내에 선적이 개시될 수 있는 상태에서 시장의 운임으로 선박을 용선하고 지불하는 현물운임이다.

② 선복운임(Lump Sum Freight) : 선복이나 항해를 단위로 하여 포괄적으로 정해지는 운임이다.

③ 비례운임(Pro Rata Freight) : 선박이 항해 중 불가항력, 기타 원인에 의하여 항해의 계속이 불가능하게 되어 운송계약의 일부만을 이행하고 화물을 인도한 경우, 그때까지 행한 운송비율에 따라 선주가 취득하는 운임으로 거리운임(Distance Freight)이라고도 한다.

④ 공적운임(Dead Freight) : 용선시 일정량의 화물을 계약했는데 그 계약량을 선적하지 못했을 경우, 선적하지 않은 화물량에 대해 지급하는 운임이다. 이는 용선인이 실제 지급하는 것이 아니라 용선료에서 되돌려 받지 못하기에 발생하는 운임이다.

⑤ 선물운임(Forward Rate) : 미래 특정 시기에 특정 상품을 운송할 경우의 운임이다. 선물거래 중개인을 통해 미래시점에 일정한 해상운송 서비스를 계약 당시 미리 결정된 운임으로 당사자가 제공하기로 한 운임이다. 용선계약으로부터 실제 적재시기까지 오랜 기간이 있는 조건의 운임으로, 선주와 화주는 장래 시황을 예측하여 운임으로 결정한다.

⑥ 일대용선운임(Daily Charter Freight) : 본선이 지정 선적항에서 화물을 적재한 날로부터 기산하여 지정 양륙항까지 운송한 후 화물인도 완료시점까지의 1일(24시간)당 용선요율을 정하여 부과하는 운임이다.

⑦ 연속항해운임(Consecutive Voyage Contract Freight) : 어느 특정의 항로를 반복 또는 연속하여 항해하는 경우에 약정한 연속 항해의 전부에 대해 적용하는 운임이다. 반복되는 항해에 의하여 화물을 운송하는 경우에 항해 수에 따라 기간이 약정되어 있는 운임이다.

⑧ 장기계약운임(Long Term Contract Freight) : 몇 년간에 몇 항해, 몇 년간에 걸쳐 연간 몇 만톤 등으로 약정, 장기운송계약은 COA(Contract Of Affreightment)라고 하며, 특정선박을 연속 투입할 필요 없이 계약기간 내에 화물을 운송하면 된다.

⑨ **체선료**(Demurrage Money) : 하역일수가 약정된 정박기간(Laydays, Laytime)을 초과하는 경우에 용선자가 선사에게 지불하는 것으로, 1일 또는 1톤당 얼마로 지불한다.

⑩ **조출료**(Despatch Money) : 하역일수가 약정된 정박기간보다 짧을 경우에 선사가 용선자에게 반환하는 금액이다.

14 해운원가의 구성

(1) 간접선비

선박을 보유하는 데 발생하는 비용이다. 선박감가상각비, 금리, 선박보험료, 선박세(고정비용)

(2) 직접선비

선박을 항시 운항(가동)할 수 있는 상태로 유지·관리하는 데 소요되는 비용(준고정비 성격)이다. 선원비, 수선비, 선용품비, 윤활유비, 일반관리비, 기타(해난비, 공동해손정산비, 선주상호보험조합의 분담금 등)

(3) 운항비

선박을 실제로 운항하는 데 발생하는 비용(가변비용)이다. 연료비, 항비, 화물비, 기타(보일러물, 발라스트 등의 운항잡비, 통신비, 초과시간 근무수당 등)

15 미국 외항해운개혁(OSRA)상의 운임

(1) 독자운임결정권(Independent Action ; IA)

① 미국항로에 취항하는 선사들에게 Tariff에 신고된 운임률이나 기타 조건에 관계없이 독자적인 운임률을 설정할 수 있도록 허용한 것이다.

② 선사는 효력발생 10일 전까지만 FMC(미연방해사위원회)에 신고하면 IA를 행사할 수 있다.

(2) 우대운송계약(Service Contract ; S/C)

① 화주 또는 화주단체가 정기선 화물운송을 위해 동맹선사 또는 비동맹선사와 체결하는 계약이다. 화주는 계약기간(보통 1년) 동안 일정화물(수량)을 제공할 것을 보증한다.

② 선사는 선복, 운송기간, 기항지 등과 같은 일정한 서비스뿐만 아니라 Tariff Rate상의 운임보다 저렴한 운임을 제공한다.

(3) 기간물량운임(Time Volume Rate ; TVR)

선박회사 또는 해운동맹이 일정기간 동안 정해진 품목을 선적한다는 조건부로, 화주에게 할인혜택을 주는 운임이다.

외항해운개혁법(OSRA)의 주요 내용
① 개별선사의 비밀계약 허용
② 선사의 운임률 신고의무 폐지
③ 가맹선사의 독자행동권 강화
④ 임의의 화주그룹결성 인정
⑤ 무선박운송인(NVOCC)의 법적지위 축소
⑥ 외국적선 규제 강화

16 해운비용

(1) 해운비용의 부담 구분

	Bareboat	Time/Trip	FIO*	GL/FD**	Liner
하역비용	용선자	용선자	용선자	용선자	선주
선적비용	용선자	용선자	용선자	선주	선주
항해비용	용선자	용선자	선주	선주	선주
운항비용	용선자	선주	선주	선주	선주
자본비용	선주	선주	선주	선주	선주

▨▨▨ 선주 비용부담   ╱╱╱ 용선자 비용부담

해운비용은 선박용선의 형태와 화물의 적·양하조건에 의해 비용부담의 주체가 변화
① 선박자본비는 용선형태에 관계없이 선주가 모두 부담
② 나용선·항해용선, 정기용선의 경우 운항비용의 부담주체가 변화
③ Free In Out
④ Gross Load / Free Discharge
⑤ Trimming / Stowage 비용 포함
⑥ Trimming : 철광석, 석탄, 밀 등을 컨베이어 벨트로 선박의 선창(船艙) 안으로 적재할 경우 화물이 선창(船艙) 가운데에만 쌓이게 된다. 이때 이 화물을 인력으로 편편하게 골라주는 선창 내 화물고르기 작업을 말한다.
⑦ Stowage : 크레인 등으로 선박에 내려진 화물을 일정한 장소에 적부하는 것을 말한다.

(2) 해상운임의 종류

① 선불운임 : 선적지에서 수출업자가 B/L 수령시 지불 – CFR, CIF 무역조건
② 후불운임 : 화물의 도착지에서 수입업자가 지불 – FOB 무역조건
③ 용적기준 : 부피로 운임을 산정하는 단위(measurement) R/T와 관련
　　㉠ 1CBM(Cubic meter) = 1m(가로) × 1m(세로) × 1m(높이) =1m^3
　　㉡ 해상화물 1CBM = 1,000kg
④ 종가운임 : 고가화물, 운임부담력이 있는 화물(ad valorem)
⑤ 품목별 운임(Commodity rate)
⑥ 품목별 무차별운임(FAK ; Freight All Kinds)
⑦ 차별항 운임 : 기지항 이외의 항구에서 적·양하시에 발생
　　㉠ 환적료 : Transhipment Charge
　　㉡ 선택항 : Optional Charge

(3) 항구변경료 : 선적 이후 항구변경시 부과

① Container Tax
② DOC fee : Documentation fee
③ DDC : Destination Delivery Charge(북미수출의 경우 최종 목적지까지의 내륙운송비)
④ CY 내에서의 화물에 적용되는 유치료(Demurrage)와 지체료(Detention)
⑤ 항만에서 선박에 적용되는 체선료(Demurrage)와 조출료(Despatch)

(4) 선박운항의 채산성

① 부정기선 운항의 경우, 시황에 따라 변동하는 운임과 운송원가에 따라 채산성이 결정된다.
② 통상 항차단위로 채산성을 분석하고 이것을 1개월 또는 하루단위로 환산, 수치화하여 검토한
　다. 여기에 이용되는 개념이 Hire Base(H/B)와 Charter Base(C/B)이다.
③ 1920년대 일본에서 개발된 계산방식으로, 각 선박의 기초원가 및 항차별 채산성 산출
④ 서구에서 H/B는 time charter equivalent, unit fixed cost, running cost
⑤ C/B는 minimum required rate 등의 용어로 표현
⑥ 모두 경제학의 한계개념(marginal concept)을 실용화한 것
⑦ C/B는 한계수익(marginal revenue)이고 H/B는 한계비용(marginal cost)
⑧ 선주 및 운항업자는 다음과 같은 의사결정의 수단으로 H/B와 C/B를 이용한다.
　　㉠ 자사 선박을 직접 운항할 경우(선박운항비/운임수입 비교)
　　㉡ 타사 선박을 용선하여 운항할 경우(운임수입/용선료 비교)
　　㉢ 선주가 운항업자에게 선박을 용선할 경우(선박운항비/용선료 비교)

(5) 해상운송 화물운임의 산정방법

일반적으로 화물은 단위당 용적 CBM을 무게 M/T 기준으로 운임을 산정한다. CBM은 Cubic Meter 의 약자로 화물의 용적을 표시하는 단위를 말하며, 가로, 세로, 높이 각각 1m인 화물의 CBM은 1m × 1m × 1m = 1CBM이 된다.

예 가로 110cm × 세로 120cm × 높이 90cm인 화물의 CBM은 1.1m × 1.2m × 0.9m = 1.188CBM

M/T란 Metric Ton의 약자로 Kilo Ton이라고 부르며 화물의 중량(무게)을 표시하는 단위, 즉 1M/T = 1,000kg을 의미한다.

해상운임, 창고료 등 물류 관련 요금산정시 사용되는 단위는 R/T(Revenue Tonnage)로써 용적과 중량 가운데 비용이 많은 쪽을 적용한다.

> **TIP** 물류 관련 요금은 부피 및 중량에 따른 요금이 정해져 있으며, 화물에 따라 부피와 중량에 따른 요금이 다를 경우 비싼 쪽을 적용한다.

17 항만시설

(1) 기본시설

① **수역시설** : 항로, 정박(묘박)지, 선회장(선박이 방향을 회전할 수 있는 장소) 등
② **외곽시설** : 방파제, 방사제, 도류제, 제방, 수문, 갑문 등
③ **계류시설** : 부두(Wharf), 안벽(Quay), 잔교(Pier) 등
④ **임항교통시설** : 인입도로, 교량, 철도, 궤도, 운하 등

> **TIP** 항만시설 보완
>
> Lining : 항만 또는 부두에서 본선의 입출항(접이안)시 선박을 고정시키는 줄잡이 업무를 제공하는 사업을 말한다.

(2) 기능시설

① **항행보조시설** : 항로표지, 신호, 조명, 항무통신시설 등
② **하역시설** : 하역장비, 화물이송시설, 소화물취급소 등
③ **화물유통시설** : 창고, 야적장, CY, CFS, 사일로(Silo), 물류터미널 등
④ **선박보급시설** : 급유시설, 급수시설 등
⑤ 항만관제, 홍보, 보안시설

(3) 항만시설 용어

① **항만(Port)** : 항만, 선박/육상 간 연결을 위한 시설 및 세관시설을 갖고 있는 도시
② **항만(Harbour)** : 자연적 또는 인공적으로 선박을 위한 보호공간

③ 부두(Dock) : 인공적으로 해상운송을 위해 만들어진 보호공간. 만일 조수 간만이 있다면, 아마도 선박의 입장을 위한 여러 개의 갑문(locks)을 갖고 있는데, 이는 선박이 조수 간만이 어떤 상태이든 물 위에 떠 있을 수 있도록 해준다.

④ 부두(Wharf) : 육지를 따라 만들어진 구조물로 선박은 이 구조물을 따라 접안할 수 있다. 부두의 하역과 여객들의 승하선을 위한 구조물

⑤ 부두 또는 잔교(Pier 또는 Jetty) : 이는 선박의 접안을 위해 육지 또는 강둑에서 밖으로 만들어진 구조물이며, 그 기둥은 석조물, 강철 또는 목재로 되어 있다. 이것은 견고한 구조물은 아니지만 조수 또는 해류의 흐름에 크게 방해를 받지 않아야 한다. 이들 용어는 보통 상당히 달리 사용되고 있다.

⑥ 안벽(Quay) : 해안, 하안 등에 평행하게 축조된 선박의 접안을 위하여 해저로부터 수직으로 만들어진 벽

⑦ 돌핀(Dolphin) : 이것은 선박의 접안 또는 조종을 돕기 위해 기둥이나 석조물로 이루어진 해상에 고립되어 있는 작은 물체이다. 육지에서 상당히 떨어진 난바다(off-shore)의 해저에 기둥을 박아 윗부분이 콘크리트로 되어 있는 계류시설이다. 육지의 Silo와 파이프라인으로 연결해서 액체, 분말화물의 하역에 이용

⑧ 묘박지(Anchorage) : 선박이 닻(anchor)을 내리고 접안(berthing)을 위해 기다리는 수역

⑨ Stevedore : 선박 안밖으로 화물을 이동시키는 작업에 고용된 사람

⑩ 선회장(船回場) : 선박의 입출항을 위해 방향을 바꾸기 위한 수역. 일반적으로 본선 길이 3배의 직경, 예선 길이의 2배를 직경으로 하는 수역

⑪ 펜더(Fender) : 선박의 접안시 선박 측면 보호용

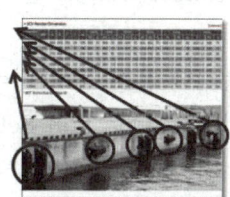

⑫ 계선주(Bitt, Bollard, Mooring post) : 선박의 접안시 부두에 고정시키는 용도

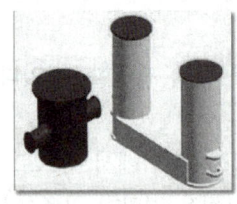

⑬ Lining : 항만 또는 부두에서 본선의 입출항(접이안)시 선박을 고정시키는 줄잡이 업무를 제공하는 사업
⑭ Launching : 선박진수업, Tallying : 화물검수업, Ship Cleaning : 선박청소업
⑮ Bunkering : 선박급유업

18 선하증권

(1) 선하증권(B/L)의 개념

① 선하증권이란 화주와 선박회사 간의 해상운송계약에 의하여 선박회사가 발행하는 유가증권이다. 즉, 선주가 자기 선박에 화주로부터 의뢰받은 운송화물을 적재 또는 적재를 위해 그 화물을 영수하였음을 증명하고, 동 화물을 도착항에서 일정한 조건 하에 수화인 또는 그 지시인에게 인도할 것을 약정한 유가증권이다. B/L상에 기재된 화물의 권리를 구체화하는 B/L의 양도는 화물에 대한 권리의 이전을 의미한다. 화물을 처분하고자 할 때에는 관련 B/L을 가지고 있어야 한다.

② 선하증권은 국제무역 대차결제수단인 화환어음(documentary bill)의 취결에 필요한 상업송장, 해상보험증권과 함께 기본이 되는 서류로서 다음의 기능을 수행한다.
   ㉠ 권리증권(Entitled Document) : 선하증권의 소유자나 피배서인은 해당 상품의 인도를 주장할 수 있다. 즉, 운송화물의 인도청구권을 나타내는 유가증권(valuable securities)이다.
   ㉡ 계약의 증빙(Evidence of Contract) : 선주와 화주 간 운송계약이 체결된 것을 증명하는 역할을 한다.
   ㉢ 화물수령증(Receipt of Goods) : 선사의 화물수령증이다. 송화인이 화물을 본선에 선적하고 본선수취증(Mate's receipt)을 교부받아 이를 운임과 함께 선박회사에 제출하면 선하증권이 발행된다. 운임이 도착지 지불(collect freight)인 경우에는 운임지불을 하지 않아도 선하증권이 발급된다.

③ 선하증권 원본의 발행은 1통으로도 가능하나 분실 등에 대비하여 그 이상을 한 세트로 하여 발행할 수도 있다. 일반적으로 3통을 한 세트(One Full Set)로 발행하는 데 각 통은 내용이 동일하고, 동등한 효력을 가지기 때문에 화물인도에는 한 통의 제시로 타 B/L은 무효가 된다.

(2) 선하증권의 발행절차

① 송화인은 운송인에게 Invoice, Packing List, Shipping Request 등을 각각 1부씩 작성하여 제출하고 각 사본을 소지하고 있다가 선하증권 발행시 대조한다.

② 운송인은 등록검량회사에 검량한 후 검량회사 측의 증명서를 받는다.

③ 운송인은 적하예약목록을 작성하여 본선과 선적업자에게 통지한다.

④ 운송인은 선적업자 또는 송화인에게 선적지시서(Shipping Order)를 교부한다.

⑤ 송화인은 선적이 완료되면 본선수취증(M/R : Mate's Receipt)을 본선에서 수취하여 운송인에게 제출한다.

⑥ 운송인은 M/R에 의하여 선하증권을 송화인에게 교부한다.

⑦ 송화인은 선하증권 등 제반서류를 갖추어 거래은행에 제출하고 대금을 회수한다.

⑧ 송화인은 거래은행을 통해 L/C 개설은행에 선하증권 및 선적서류를 송부하고 상품대금을 회수한다.

⑨ L/C 개설은행은 수화인에게 선하증권을 교부하고 대금을 회수한다.

⑩ 수화인은 교부받은 선하증권을 운송인에게 제출하고 화물인도지시서를 교부받아 화물을 인도받는다.

(3) 선하증권의 기능

① 권리증권
   ㉠ 화물을 대신하는 권리증권 : 소지인에게 화물인도, 배서함으로써 권리가 제3자에게 양도(정당한 권리자에 의해)된다.
   ㉡ 선하증권의 양도가 정당한 것이라면 현 소지인이 화물에 대한 처분권을 행사할 수 있다.
   ㉢ **불완전한 유통증권** : 선의의 양수인이라 하더라도 해당 화물의 진정한 소유자에게 대항할 수 없다.

② 영수증(Receipt for Goods)
   ㉠ 본선이 선하증권에 표기된 화물을 수령하였음을 인정하는 영수증이다.
   ㉡ 선하증권에 명시되어 있는 화물을 운송인이 인수하였다는 우선적 증거서류이다.

③ 운송계약의 증거(Evidence of Contract) : 선주와 화주 사이의 운송계약 체결의 증거이다.

(4) 선하증권의 법적 성질

① 요인증권 : 운송계약에 의해 화물의 선적을 전제로 하여 발행

② 대표증권 : 운송화물을 대표

③ 채권증권 : 소지인이 화물의 인도를 청구

④ 처분증권 : 운송화물의 처분에는 반드시 선하증권 사용

⑤ 요식증권 : 「상법」에 규정된 법적 기재사항의 기재 필요

⑥ 문언증권 : 해상운송계약에 따른 선주와 화주의 의무이행이나 권리주장은 증권상에 기재된 문언에 따름

⑦ 유통증권 : 배서 또는 인도에 의해 소유권 이전

⑧ 지시증권 : 선하증권의 발행인이 배서금지의 뜻을 기재하지 않는 한 배서에 의해 양도

(5) 선하증권(B/L)의 종류

① 선적시기에 따른 분류

　㉠ 선적선하증권(Shipped B/L) : 화물이 특정 선박에 적재되었음을 명시한 선하증권으로 'On board B/L'이라고도 한다. 비록 선적 전에 선하증권을 발행했더라도, 즉 수취선하증권을 발행한 경우라도 선적 후 'shipped' 또는 'on board'라는 문언과 날짜를 기재하고, 발행자가 서명하면 선적선하증권이 된다. 이것을 적재(선적)부기(on board notation or on board endorsement)라고 한다. 컨테이너 운송시 선적선하증권을 요구할 경우 이러한 절차를 필요로 한다. 화물이 본선에 선적이 된 이후에 발행한다.

　㉡ 수취선하증권(Received B/L) : 본선이 항 내에 정박 중이거나 아직 입항하지는 않았으나, 선박이 지정된 경우에 선사가 화물을 수령하고 선적 전에 발행한 선하증권이다. 이러한 선하증권에는 'shipped'라는 문언 대신에 'received for shipment'라고 기재되며 수취선하증권 발행 후 그 선하증권에 실제 선적일을 기입하여, 선사 또는 그의 대리인이 서명하면 선적선하증권과 같은 효력을 갖는다.

　　컨테이너 화물은 터미널에 반입된 후(FCL) 또는 컨테이너에 적입된 후(LCL) 발행된 부두수취증(D/R) 또는 혼재선하증권(House B/L)과 상환하여, 선적 전에 선하증권을 발행하기 때문에 수취선하증권이 된다. 그런데 수취선하증권으로 결제를 할 경우, 은행은 이후에 화물이 반드시 선적된다는 보장이 없으므로 신용장이 이를 허용하지 않으면 수리를 하지 않았으나, 제4차 개정 신용장통일규칙(UCP 400 ; 1983)부터 신용장이 특별히 선적선하증권을 요구하지 않는 한, 수취선하증권도 은행에서 수리하게 하였다.

　　ⓐ 선적을 위해 수취되었다(received for shipment)라는 문언을 넣은 수취선하증권을 발행한다.

　　ⓑ 송화인은 수취선하증권의 경우 화물의 선적을 기다리지 않고 은행으로부터 수출대금의 회수가 가능하다.

　　ⓒ 선박회사는 미리 화물을 확보할 수 있는 이점이 있다.

　　ⓓ 선적완료 후 on board notation 표기(선적선하증권)

② 화물사고 유무에 따른 분류

　㉠ 무사고 선하증권(Clean or Unclaused B/L) : 선하증권에 특정 단서의 부가(supplement) 또는 유보(reservation)문언 등이 없는 선하증권을 말한다. 선적시 선복신청서(S/R)와 대조, 화물 및 상태를 점검한 일등항해사는 선적완료 후 본선수취증(M/R ; Mate's Receipt)의 비고란(remark)에 화물사고의 유무를 기재하고, 선사는 이를 근거로 B/L을 발행한다. 선적시

외관상 화물에 아무 이상이 없으면, 일등항해사는 M/R의 비고란에 단서·부가·유보문언 없이 M/R을 송화인에게 교부한다. B/L은 M/R에 기초하여 발행되기 때문에 B/L도 '외관상 양호상 상태로 선적되었음(shipped on board in apparent good order and condition)'으로 기재되어 발행된다. 이것을 무사고 선하증권이라 한다.

제5차 개정 신용장통일규칙(UCP 500 ; 1993) 및 Incoterms (2010)에는 "무사고 운송서류는 물품 또는 포장에 하자가 있음을 명시적으로 표시해 주는 부가문언 또는 단서가 없는 운송서류이다."라고 정의하고 있다. 그러나 1970년대 이후 컨테이너 운송의 활성화로 화물의 명세가 기재되지 않고 'shipper's load and count' 또는 'said by shipper to contain'과 같은 이른바 부지약관(unknown clause)이 있어도 은행에서는 이를 'Clean B/L'로 간주하여 수리하고 있다.

ⓒ 사고부 선하증권(Foul/Claused/Unclean/Dirty B/L) : 선적 당시 화물의 포장이나 수량 등에 결함 또는 이상이 있어 그 사실이 본선수취증(M/R)의 비고란에 기재되어 있는 경우, 그 내용이 선하증권에 그대로 이기되어 발행된 선하증권을 말한다. 이러한 선하증권을 은행에 제시하면, 은행은 신용장통일규칙(UCP 500) 제32조 b항에 의거 매입을 거절하므로, 수출업자는 선적시 화물에 이상이 발견되면, 즉시 대체 또는 재포장해야 한다. 선박이 곧 출항하거나 선적 기일이 임박하여 대체 또는 재포장이 곤란한 경우에는, 선사에 보상장(L/I ; Letter of Indemnity)을 제시하고 무사고 선하증권을 교부받을 수 있다.

> **TIP 운송인의 운송책임**
> ① 운송인의 운송책임은 화물이 선적됨과 동시에 개시되는 것이므로 선적 당시 이미 화물에 있었던 고장 혹은 적요는 운송인의 책임은 아니다.
> ② 그러므로 본선에서는 화물수취의 직접적인 책임자인 일등항해사는 만일의 경우에 대비하여 책임의 귀속관계 및 책임의 정도를 명확히 해 두기 위해 선적종료 이후 적요의 유무 및 범위를 Mate's Receipt에 명기하여 송화인에게 교부해야 한다.
> ③ Shipped on board in apparent good order and condition
> ④ 화주가 선사에 보상장(Letter of indemnity ; L/I) 제출시 Foul B/L을 Clean B/L로 발행(신용장통일규칙 UCP 500)

③ 수화인의 표시방법에 따른 분류

㉠ 기명식 선하증권(Straight B/L) : 선하증권의 수화인란에 수화인의 상호 및 주소가 기재된 선하증권이다. 이 경우 화물에 대한 권리가 기재된 수화인에게 귀속되기 때문에 선하증권의 유통에 제한을 받는다. 따라서 상품대금이 이미 결제되었거나 신용장을 요구한 경우가 아니면 이러한 식으로 발행되지 않는다.

기명식 선하증권은 선적된 화물이 목적지에 도착했어도 선하증권에 기명된 당사자만이 그 화물을 인수할 수 있기 때문에 운송 중 화물의 전매나 유통이 제한을 받는다. 그러나 기명식도 선하증권에 배서금지 문언이 없으면 배서양도가 가능하나 이때 기명된 특정인만이 배서양도할 수 있다.

우리나라 「상법」 제130조, 제820조에도 선하증권에 양도금지 문언이 없으면, 배서에 의해 양도할 수 있게 하고 있다. 일반적으로 전매가 필요 없는 화물, 즉 다국적 기업의 내부거래, 소량화물, 이사화물 등에 이용되고 있다.

㉡ **지시식 선하증권(Order B/L)** : 수화인란에 수화인의 상호 및 주소를 기재하지 않고, 단순히 'to order' 또는 'to order of … Bank'라고 기재한 선하증권이다. 이는 유가증권인 선하증권의 유통·전매를 자유롭게 하기 위한 방법이다. 동시에 선사가 목적지에서 누구에게 화물을 인도할 것인가에 관한 사항도 된다. 'to order'인 경우 선사는 누군가(현재는 알 수 없지만 B/L소지인)의 지시를 받아 화물을 인도해야 한다. 'to order of … Bank'의 경우 '… Bank'는 거의 대부분 L/C발행은행 또는 확인은행(확인신용장일 경우)이 되며, 선사는 동 은행이 지정한 자에게 화물을 인도하라는 의미가 된다.

지시식 선하증권은 배서를 통해 양도가 가능하며, 이 선하증권의 소지인은 화물의 소유권자가 된다. 통상 신용장은 "운임선불, 통지처 수입업자, 지시식으로 작성된 무사고 선적선하증권 전통(full set of clean on board bill of lading made out to order, marked freight prepaid and notify accountee)"을 요구한다.

화물이 운송 중 자유롭게 전매 또는 유통될 수 있도록 선하증권을 지시식으로 발행하는 것은 현대의 신속한 유통제도에 부합되는 것이며, 특히 은행의 개입으로 결제가 이루어지는 신용장 제도와 조화를 이루는 방식이다.

> **TIP** 지시식(Order) 선하증권과 기명식(Straight) 선하증권
>
> ① 증권면상의 수화인을 누구로 하느냐에 따라 수화인을 특정하는 기명식과 송화인이 지시하는 자에게 양도해야 한다는 취지를 기입하는 지시식이 있다.
> ② 지시식은 단지 "to order of (A)"라고 기재
> ③ 배서에 의해 유통되는 것이 보통이기 때문에 대부분 지시식이지만 때로는 기명식인 경우도 있다.
> ④ 기명식은 증권면상에 수화인의 성명을 기입한 것을 말하며 "consigned to ……."로 증권면상에 인쇄되어 있다. 그러나 기명식이더라도 이서를 금지하는 취지의 문언이 기재되지 않는 한, 배서에 의해 양도가 가능하다.
> ⑤ 기명된 특정인만이 배서양도

④ **유통성 여부에 따른 분류**

㉠ **유통가능 선하증권(Negotiable B/L)** : 유통가능이란 선하증권을 전매·양도할 수 있다는 의미이다. 이는 선하증권이 화물의 소유권을 나타내는 표창(embody)하는 유가증권으로서 물권적 효력(B/L의 인도는 화물을 인도한 것과 같은 효력)을 발휘하기 때문에, 운송 중인 화물의 선하증권을 전매하여 매매당사자가 신속하게 자금을 융통할 수 있게 한 것이다. 해상운송의 경우 장기간을 요하기 때문에, 선사로부터 선하증권을 입수한 수출업자는 이를 거래은행에 매도하고, 또 수입업자는 발행은행에 수입대금을 지불하고 수취한 선하증권을 갑에게 이윤을 붙여 팔고, 갑은 을에게, 을은 병에게 유통하는 것이다. 이때 선하증권은 배서를 통해 갑·을·병의 순으로 권리가 이전한다. 자유로이 유통가능한 선하증권은 앞서의 지시식 선하증권을 말하고, 기명식 선하증권도 배서금지의 문구가 없으면 배서·양도가 가

능하다.

한편 선사는 통상 3통의 선하증권 원본을 발행하는데, 이들 중 원본만 화물과 상환이 가능하며, 은행 또한 이들 원본만을 정당한 선하증권으로 인정하여 매입(negotiate)을 하게 되어 이들 원본만을 유통가능 선하증권(Negotiable B/L)이라 하기도 한다.

ⓒ 유통불능 선하증권(Non-Negotiable B/L) : 유통불능은 전매·양도가 허용되지 않는 선하증권이다. 즉, 기명식에 배서금지의 문언이 있는 선하증권이다. 해상운송에 의한 무역화물의 경우 유통불능 선하증권은 드물고, 이삿짐 등을 운송할 때 이용된다.

⑤ 계약의 성격에 따른 분류

㉠ 용선계약서부 선하증권(Charter party B/L, B/L under C/P) : 곡물, 석탄, 철광석, 기타 산물의 경우 선하증권은 통상 매우 간단하다. 그것은 수령증으로서의 기능과 함께 10가지 법적 기재사항을 담고 있는 것에 지나지 않는다. 거기에 화물이 양호한 상태로 적재되었다는 사실과 본선은 화물에 대해 송화인이 기재한 내용을 인정하지만, 화물의 상태에 대해서는 직접 확인하지 못했다는 단서, 즉 "중량 또는 수량, 가액과 품질은 알 수 없음"이라는 문언 등을 추가약관으로 부기한다.

그리고 본 선하증권에는 용선계약서의 약관이 선하증권에 편입(incorporate)된다는 문언과, 선하증권 통일조약(1924년 헤이그규칙 또는 1968년 헤이그 비스비 규칙)이 선하증권에 편입되어 원용된다고 기재된다.

한편 운항선사가 본선을 정기 용선하거나, 선복 전체를 항해 용선하여 다수의 소량화물 화주에게 선복을 재용선(sublet)할 경우, 만약 용선선주가 선하증권에 원래 용선계약서 약관이 편입된다는 점을 명시하지 않으면, 화주들은 선하증권을 용선선주와의 사이에 체결된 유일한 운송계약서로 간주할 수 있다.

ⓒ 정기선 선하증권(Liner Bills of Lading) : 선하증권은 정기선사가 발행하는 유일한 운송계약의 증거(sole evidence)이므로, 부정기선에 이용되는 선하증권보다 훨씬 포괄적이다. 앞에서 언급한 모든 정보와 특별약관에 더해, 통상 C/P에서 볼 수 있는 면책약관(exception clause), 이른바 보호약관(protective clause)과 항해의 성격 또는 화물의 특성상 요구되는 추가조항(additional provisions)들을 포함한 모든 특수조건을 포함하고 있다.

⑥ Destination B/L

㉠ 일반적으로 선하증권은 선적지에서 발행한다.

ⓒ 화주의 요구에 의해 목적지 또는 화주가 희망하는 장소에서 발행한다.

ⓒ 단거리 운송시에 서류보다 화물이 먼저 도착하는 경우를 대비 - Stale B/L 방지

ⓔ Stale B/L은 은행에서 수리거절 : "Stale B/L acceptable"문언 - 은행 수리

ⓜ Letter of Guarantee(L/G) 대체수단으로 사용한다.

ⓗ 은행의 보증장(L/G)은 화물수령 예정자가 신하증권을 운송인에게 제시하지 않고 화물인도를 요구할 경우, 은행이 그 인도에 대해 모든 책임을 진다는 내용의 보증서이다.

ⓐ 운송인이 은행 L/G를 수락 혹은 거부하는 것은 선택사항이다.

◎ 운송인이 수화인에게 물건을 내줄 때 위 운송증권을 반환받지 않고 인도하여 생기는 문제에 대해 은행이 책임진다는 각서와 같으므로 A는 그 각서를 인정할 수도 인정하지 않을 수도 있는 것이다.

⑦ Surrendered B/L
  ㉠ 정식 선하증권은 아니며 L/G 대체용으로 사용한다.
  ㉡ **송화인이 교부받은 선하증권 원본에 배서 후 운송인에게 반환 : 선하증권의 유통성 소멸**
  ㉢ 운송인은 수화인이 원본이 아닌 복사본을 제출하여도 화물을 인도한다.
  ㉣ 송화인이 서류를 송부하는 데 시간이 지체되거나 운송인이 수화인을 잘 알고 있을 때 사용한다.

⑧ Hitchment B/L
  ㉠ 2개 이상의 선적항에서 화물을 선적할 때 하나의 B/L로 통합하는 경우
  ㉡ 동일선박에 선적될 것
  ㉢ 목적지가 동일할 것
  ㉣ 송화인과 수화인이 1인일 것
  ㉤ 선적일자는 화물의 전량이 선적된 날짜로 사용
  ㉥ 화물의 명세는 선적항별로 구분하여 명시
  ㉦ 운임은 각 선적항에서 적용되는 요율로 적용
  ㉧ Hitchment B/L Charge 징수
  ㉨ 신용장규칙에서는 분할선적을 금지 – 동일선박, 동일항로로 분할선적에 해당 안 됨.

⑨ 특수 선하증권
  ㉠ **통선하증권(Through B/L)** : 복수의 운송인이 관여한 통운송에 대한 운송증권으로, 1인의 운송인이 2종 이상의 운송수단으로 운송하는 경우와 2인 이상의 운송인이 공동으로 운송할 경우, 운송인 간에 승계운송계약이 체결되기 때문에 최초의 운송인이 전 구간에 대하여 발행하는 선하증권이다.
  통선하증권은 보통 1차 운송인만이 서명하지만, 2차 이후의 운송인은 각각 독립적으로 각각 담당구간의 운송을 인수(부분운송)하는 것이라서 연대책임을 지지 않으며, 2차 이후의 운송인이 하청의 지위에 있는 것도 아니다. 따라서 2차 이후의 운송인에 대한 1차 운송인은 송화인의 운송대리인에 불과하며, 2차 이후의 운송인과의 계약체결 등의 의무가 완료된다.
  ㉡ **복합운송증권(Combined/Multimodal/Intermodal Transport Document)** : 화물의 출발지로부터 목적지까지 육상·해상·항공 등 적어도 두 가지 이상의 다른 운송방법에 의해 일관운송(Through Transport)되는 경우에 발행되며, 복합운송인이 전 구간의 운송을 책임지고 발행하는 운송증권이다.
  복합운송증권은 주로 문전에서 문전까지(Door to Door) 일관운송되는 컨테이너 화물에 사용되는데 통선하증권과는 약간의 차이가 있다. 오늘날 많은 화물들이 실제로 복합운송 형태로 운송되고 있고, 이들 화물에 대해 단순한 해상선하증권(Ocean B/L)이 아닌 복합운송

증권이 발행되고 있다.

이들 복합운송증권은 해상구간만 커버하는 해상선하증권에서 약간씩 변형된 것들로, 그 명칭은 Multimodal Transport B/L, Combined Transport B/L 또는 Intermodal Transport B/L이라 하거나 B/L 대신에 Document를 사용하여 Multimodal Transport Document 등으로 사용되고 있다. 복합운송증권은 복합운송으로 운송되는 화물에 대하여 발행하며 복합운송인의 계약체결 형태에 따라 책임구간이 구분된다.

ⓒ **집단선하증권**(Groupage B/L)**과 혼재선하증권**(House B/L) : 집단선하증권은 수송할 화물이 컨테이너 1개 분량이 안 되어(LCL cargo) 포워더가 같은 목적지로 가는 화물을 하나의 운송그룹으로 구성하여 선적해 보낼 때 선사가 포워더에게 교부하는 B/L을 말한다. 이것을 혼재(consolidation)라 하는데, 이것은 화주에게 포장비의 절감, 신속한 수송, 저렴한 운임, 손상감소 등의 이점이 있다. 따라서 혼재를 주선한 포워더는 선사로부터 정상적인 선하증권(Master B/L ; Groupage B/L)을 받고, 각각의 화주들에게는 일종의 선적증명서(Certificate of Shipping)를 발급해 주는데 이것이 바로 House B/L이다.

House B/L은 다수 화주의 화물을 그룹으로 모으는 Forwarder가 화주에게 발행하는 증권이다.

ⓡ **운송주선인 선하증권**(Forwarder's B/L) : 운송주선인(Freight Forwarder)이 발행하는 선하증권을 말한다. 운송주선인은 계약운송인으로서 운송수단(선박, 항공기, 철도, 트럭 등)을 보유하지 않으면서도 실제운송인(Actual Carrier)처럼 운송주체로 활약하고 책임도 진다. 즉, 운송인에게는 화주입장에서 화주에게는 운송인의 입장에서 책임을 지고 의무를 이행한다. 1993년 제5차 개정 신용장통일규칙(UCP 500) 제30조에 은행이 수리할 수 있는 Forwarder's B/L 발행조건이 명시되어 있다. 이전에는 FIATA FBL만 수리하도록 규정되어 있었으나, UCP 500에서는 삭제되었으므로 FIATA FBL이 아니더라도 수리조건을 충족하면 어떤 포워더 B/L도 수리한다.

House B/L은 LCL화물에 한정되지만 포워더 B/L은 FCL 및 LCL을 모두 포괄하므로 House B/L은 포워더 B/L의 일부이다.

ⓜ **약식선하증권**(Short Form B/L) : 선하증권으로서의 필요한 기재사항은 갖추고 있으나 일반선하증권(Long Form B/L)에서 볼 수 있는 이면약관이 없는 간이식으로서 최근에 미국을 중심으로 많이 이용되고 있다. 그러나 일단 분쟁이 생기면 Long Form B/L의 화주 및 선주의 권리나 의무에 준거하도록 되어 있다. 이 같은 선하증권은 용선계약서부 선하증권을 발행할 때 많이 이용된다.

ⓗ **기간경과 선하증권**(Stale B/L) : 선하증권의 종류라기보다는 선적 후 일정기간(5~10일) 내에 은행에 선하증권을 제시해야 하는데, 그 기간이 경과된 선하증권을 말한다. 즉, 시효가 지나 효력을 상실한 선하증권이다.

시효가 지나면 매입은행은 신용장 발행은행에 문의해 매입 여부를 결정한다. 신용장통일규칙(UCP 500) 제43조에는 선하증권 또는 기타 운송서류를 제시할 때까지 지급(payment), 인수(acceptance) 또는 취결을 위해 발행일로부터 일정기간을 명시하도록 규정하고 있어, 통상 5~10일로 명시된다.

신용장에 제시기간이 명시되어 있지 않은 경우, 선하증권 또는 기타의 운송서류가 발행일로부터 21일이 경과되면, Stale B/L이 된다. 따라서 21일이 경과한 뒤에 제시하면, 은행은 신용장에 'Stale B/L acceptable'이란 문언이 없으면 수리하지 않는다.

⊗ 전자식 선하증권(Electronic Bill of Lading) : 선하증권의 종류라기보다는 기존의 선하증권을 EDI(Electronic Data Interchange ; 전자문서교환) 시스템으로 전환한 것이다. 즉, 선사가 선하증권을 발행하는 대신 그 내용을 컴퓨터에 입력시켜 보존하고, 송화인 또는 수화인에게 EDI로 통신하여 화물에 대한 권리의 이전 및 화물을 인도하는 방법이다. 국제해법회(CMI)는 1980년 6월에 전자식 선하증권에 관한 CMI 규칙(CMI Rules for Electronic Bill of Lading)을 채택하였다.

ⓐ 특 징
- 종이선하증권을 발행하는 대신, 내용을 컴퓨터에 보존
- 운송 이해당사자들의 약정으로 비밀 key 등을 정함
- Key의 소지가 선하증권을 소지한 것과 동일시
- Key의 이전이 곧 화물권리의 이전과 동일하게 인정함
- 운송 중의 화물을 전매 등의 처분을 할 때도 'key'의 이전으로 인정함
- 운송인에 대하여 화물인도청구권을 행사할 때도 동 key의 소지 여부로 확인하는 방식

ⓑ BOLERO(Bill Of Lading Electronic Registry Organization) Project
- 종이선하증권(다른 무역관계서류 포함) 기능을 전자식으로 실현하려는 구상
- 볼레로사가 통제기구 역할 담당(CMI규칙에서는 운송인 중심임)
- 메시지의 진정성, 보안성을 위해 한 쌍의 암호(Private & Public key)를 사용
- BOLERO Rulebook에 따르기로 상호 협정 → 법적 장애극복 대책

ⓒ 운 영
- 선하증권의 기능을 전자식으로 운영하기 위한 적정모형 개발
- 전자식 선하증권의 운용을 위한 법제의 뒷받침
- 전자식 선하증권의 운영을 위한 Network 등 전자적 환경·여건 구비
- 선하증권 정보의 보호방안 강구
- 신뢰성 있는 운영·관리기관의 설정 등

🔵TIP 볼레로(Bill Of Lading Electronic Registry Organization ; BOLERO)
① 전자식 선하증권 등이 기존의 종이형식으로 된 서류들과 동일한 효력을 갖고 있음을 인증하는 시스템
② 전자식 선하증권의 발행과 유통을 관리·통제하는 기구
③ 볼레로는 은행 간의 세계적 금융전산망인 SWIFT와 국제복합운송업계의 TT클럽에 의해 주도

◎ **컨테이너 선하증권(Container B/L)** : 컨테이너(Container) 적재 설비를 갖추고 있는 선박에 선적한 경우에 발행되는 선하증권을 Container B/L이라 한다. 컨테이너에 의한 운송의 경우 화주는 생산공장 또는 창고에서 Container Yard까지 자기 책임 하에 운송하여 선박회사에 인도한다. 따라서 선박회사는 인수받은 화물이 화주가 포장하고 봉인한 것이기 때문에 그 내용을 알 수 없다는 뜻으로 'shipper's load and count' 또는 'said by shipper to contain'이라는 문언을 Container B/L상에 기재하고 있다.

신용장통일규칙 제32조에는 신용장상 별도의 규정이 없는 한 운송서류에 "shipper's load and count" 또는 "said by shipper to contain" 또는 이와 비슷한 내용의 유보문언이 표시되더라도 이를 수리할 수 있다고 규정하고 있고, 신용장통일규칙 제26조에는 신용장상에 별도의 명시가 없는 한 컨테이너나 파렛트 화물과 같은 단위화물을 취급하는 운송인이나 그 대리인이 발행한 서류(선하증권)는 수리한다고 규정되어 있다. 따라서 Container B/L은 Clean B/L로 인정되고 있다.

◎ **적색선하증권(Red B/L)** : 적색선하증권이란 보통 선하증권의 기능에다 보험증권의 기능까지도 겸하고 있는 선하증권을 말한다. 즉, 선하증권에 기재된 화물이 항해 중에 해상사고로 인하여 입은 손해에 대하여 선박회사가 보상해 주는 선하증권이다. 선박회사는 미리 보험회사에 Red B/L이 기재된 화물에 대하여 일괄 또는 개별적으로 보험계약을 체결하게 되므로 해상사고로 인한 손해는 보험회사가 부담하고, 선박회사는 보험료를 운임에 가산하므로 결국 보험료는 송화인이 부담하는 것이다. 선하증권에 부보내용을 표시하는 문언이 붉은색으로 되어 있기 때문에 Red B/L이란 이름이 붙게 된 것이다.

◎ **해양선하증권(Ocean B/L)과 내국선하증권(Local B/L)** : 대양항로(Maritime Traffic)에 의한 운송에 관한 선하증권을 Ocean B/L이라 하며 일반적인 선하증권은 Ocean B/L을 말한다. 외국환은행은 신용장조건에서 On Board Ocean Bill of Lading을 요구하고 있다. Local B/L은 내륙운송에서 발생하는 철도화물상환증이나 Inland Waterway B/L을 말한다. 또한 부산에서 인천으로 국내해상을 통해서 운송할 때 발행되는 선하증권도 Local B/L이라 한다. Local B/L은 내륙화물, 일관운송시 각각의 운송인이 운송구간에 대하여 발행한다.

㉠ **부서부 선하증권(Counter-sign B/L)** : 선하증권상의 운임이 도착지 지급으로 되어 있거나 이 밖에 다른 채무가 부수되어 있는 경우, 수화인은 운임과 채무액을 선박회사에 지급하고 화물을 인수하는데, 이때 선박회사는 결제를 끝낸 것을 증명하기 위해 선하증권에 'Please deliver upon endorsement'라고 기재하고 선박회사의 책임자가 배서, 즉 부서한다. 이와 같이 부서가 되어 있는 선하증권을 Counter-sign B/L이라 한다.

㉣ **Port B/L과 Custody B/L** : Port B/L은 Custody B/L과 같이 수취선하증권의 일종으로서 선적될 화물이 선박회사의 보관하에 있고, 지정된 선박은 입항해 있으나 화물이 본선에 적재되지 않은 경우 발행되는 선하증권을 말한다. Custody B/L은 Port B/L과 같이 화물이 선박회사에 인도는 되었으나 지정된 선박이 아직 화물이 준비되어 있는 항구에 도착되지 않았을 때 발행되는 선하증권을 말한다.

　　ⓜ 제3자 선하증권(Third Party B/L 또는 Neutral B/L) : 물품이 제3자에게 전매되는 과정에서 신용장 발행의뢰인이 수익자의 성명을 제3자에게 비밀로 하고 싶을 때 이용하는 선하증권으로서, 선하증권상의 송화인이 수익자가 아닌 제3자로 기재된 선하증권이다. 1993년 개정 신용장통일규칙 제31조 제3항에 의거하여 은행은 신용장의 수익자 이외의 자가 물품의 송화인으로 표시한 B/L, 즉 Third Party B/L을 수리하도록 되어 있다.

(6) 선하증권의 기재사항(상법상 기재사항)

　① 법적 기재사항(표면약관) : 법률적 기재사항
　　㉠ 선박의 명칭, 국적 및 톤수 : 선박의 특정성 부여, 국적의 기재는 국제법상의 문제와 관련
　　㉡ 운송물의 종류, 중량 또는 용적, 포장의 종별, 개수와 기호(화물의 명세)
　　㉢ 운송물의 외관상태 : 사실에 기초하지 않고 외관상 양호한 상태(apparent good order and condition)의 문언을 넣어선 안 된다. 이 경우, 선적 당시 상태가 양호하였다는 추정적 증거를 제시(prima facie evidence), 의심스러울 때에는 송화인으로부터 보상장(letter of indemnity)을 받아두는 것이 좋다. 실무적으로는 외관상 양호한 상태로 선적되었다(shipped in apparent good order and condition)는 문언을 삽입한다.
　　㉣ 용선자 또는 송화인의 성명이나 상호 : 화물의 발송자
　　㉤ 수화인 또는 통지수령인의 성명이나 상호
　　㉥ 선적항 : 화물을 선적한 항
　　㉦ 양륙항 : 선적항과 양륙항은 해상운임계약에 있어서 중요한 조건
　　㉧ 운 임
　　㉨ 발행지와 그 발행연월일 : 서명을 한 지점이며 반드시 선적지와 일치하지는 않는다.
　　㉩ 여러 통의 선하증권을 발행한 때에는 그 발행통수 : 몇 통을 발행할 것인가는 송화인이 결정하며, 여러 통이 발행되는 경우 Original, duplicate, triplicate, quadruplicate 등으로 표시, 실무에서는 3통을 발행한다.
　　㉾ 운송인의 성명 또는 상호
　　㉿ 운송인의 주된 영업소 소재지
　② 임의기재사항(이면약관) : 운송인과 송화인 사이의 특약사항, 증권의 이면에 기재
　　㉠ 임의기재사항은 주로 운송물의 선적으로부터 양륙, 인도에 이르기까지 계약당사자 간의 권리와 의무를 특약한 것으로 운송약관이라고도 한다.
　　㉡ 보통(일반)약관과 특별약관
　　　ⓐ 보통약관은 선박회사가 사용하는 선하증권 용지의 이면에 인쇄되어 있는 이른바 이면약관으로 모든 화물에 대하여 공통
　　　ⓑ 특별약관은 개개의 화물에 대하여 필요에 따라 두는 약관으로 기입하거나 고무도장으로 찍으며, 이들 대부분은 선주의 면책사항을 특약한 것임

ⓒ **통지선(Notify party)** : 양륙항에서의 연락처, 도착통지는 운송인의 의무는 아님. 수화인 또는 이해관계인은 본선의 도착에 유의하여 필요한 조치

ⓔ **본선항해번호(Voy. No.)** : 서류의 보관상 참조용

ⓜ **운임 지불지 및 환율, 선적일자**(선적일자는 법적 기재사항이 아님에 유의)

ⓗ **선하증권번호** : 선적화물의 정리상 또는 서류취급의 편의상

ⓢ **보통약관 또는 면책약관**

ⓞ **스탬프약관** : 면책약관을 강조하기 위하여, 예를 들면 청과물 등 특수화물에 생기기 쉬운 면책사항을 고무도장으로 날인

ⓩ **사고적요(Remark)** : 본선수취증에 적요로서 기입, 선하증권에도 원칙적 기입, 그러나 Foul 선하증권이 되어 화환어음의 취결이 되지 않음

(7) 선하증권상의 면책약관

① **천재 및 해난** : 해상고유의 위험(perils of the sea : 예 폭풍, 좌초, 유빙), 순수한 자연력에 의한 천재(act of god)

ⓐ **전쟁위험** : 어뢰나 폭탄 등의 폭발, 나포, 봉쇄

ⓑ **제3자의 행위에 기인하는 위험** : 검역, 억류 등의 관규에 기인하는 손해 또는 파업, 폭동, 절도 등

② **과실약관** : 항해기술상의 과실 이른바 항해과실에 대하여는 선주의 면책사항

ⓐ **상업과실** : 화물의 선적, 보관, 하역, 인도 등에 관한 과실로 인한 손해는 면책이 안 됨.

ⓑ **잠재하자약관(Latent defect clause)** : 선주가 충분한 주의를 하여 검사를 하여도 발견하지 못하는 하자로 인한 손실 - 감항성 주의와 관련

ⓒ **이로약관** : 인명 및 재산 혹은 선박구조, 피난, 화객의 적양, 연료, 식료품 등의 보급을 위한 이로(정당한 이유가 있는 이로)

ⓓ **부지약관** : 운송물의 내용물이나 중량, 용적, 수량, 품질, 명세, 하인, 부하인 및 가격에 대하여는 면책

ⓔ **이손약관** : 화물 고유의 성질상 손해, 운송인은 면책, 화주가 거증책임

ⓕ **고가품조항** : 책임한도까지만 배상(포장단위당 US$ 500) 운임을 종가율로 신고하지 않은 경우 면책

> **TIP** 국제해상물품운송법에 근거한 용선계약서나 선하증권에서 운송인의 면책사항
> ① 불가항력에 기인한 손해
> ② 폭동, 내란, 파업 등에 의한 손해
> ③ 화물의 성질 또는 하자에 의해서 생긴 손해
> ④ 송화인의 과실에서 생긴 손해
> * 국제해상물품운송법(함부르크규칙)에서는 항해과실면책제도와 화재면책제도가 폐시되었으며, 더 니 아가서 화물의 물리적 손상에 대한 운송인의 책임한도액이 높게 책정된다.

(8) 선하증권과 해상화물운송장

구 분	선하증권	해상화물운송장
기 능	운송물품에 대한 권리증권	물품적재사실 통지서
운송계약	가능	가능
영수증	가능	가능
유가증권	유가증권, 권리증권	유가증권이 아님, 권리증권이 아님
권리행사	적법한 소지자	수화인
유통성	유통 가능	유통 불가능
수화인	변경 가능	변경 불가능
결제담보	매입은행 결제의 물적 담보	물적 담보 불가능, 은행은 무담보어음 매입
사용용도	일반적 거래	소량, 견본거래, 본사와 지사 간의 거래
UCP 400	허용	불허
UCP 500	허용	허용
출현동기	해당 사항 없음	Incoterms 1990 수용 및 운송업계 요청

※ UCP : Uniform Customs and Practice for Documentary Credits

TIP 해상화물운송장(Sea WayBill)

① 해상화물운송장은 대개 기명식으로 발행된다.
② 해상화물운송장을 이용한 화물의 전매는 불가능하다.
③ 해상화물운송장에 관한 통일된 국제규범은 1990년 CMI Uniform Rules for the Sea WayBill이다.
④ 해상화물운송장은 UCP 600 제21조에 의거 일정조건하에 은행이 수리할 수 있는 운송서류이다.
⑤ 양륙지에서 수화인이 운송인에 의해 화주임이 확인된 경우, 수화인이 화물의 인도청구권을 행사하기 위해 운송인에게 반드시 해상화물운송장을 제시하여야 하는 것은 아니다.

(9) 선하증권 관련 국제규칙

① 영국 선하증권법(The Bills of Lading Act, 1855)
  ㉠ 선하증권 관련 최초의 입법으로 배서에 의한 선하증권의 양도 인정
  ㉡ 선하증권상의 권리의무가 선하증권의 양도로 양수인 이전 가능 규정
  ㉢ 선하증권의 유통성 인정
② Harter Act, 1893
  ㉠ 기존 유가증권상의 선주면책조항에 대한 화주보호를 위하여 제정
  ㉢ 선박의 감항성 유지의무 및 항해과실과 상업과실을 분리
③ Hague Rules, 1921
  ㉠ 선주, 화주, 은행, 보험사 간의 선하증권에 관한 규칙을 제정
  ㉡ 선진국 입장 옹호

④ Hague-Visby Rules, 1968 : 시대적 변화 상황을 반영

⑤ Hamburg Rules, 1978

　㉠ 개도국의 입장 반영, 운송인의 책임을 강화, 화주의 권리보호

　㉡ 운송인 면책조항 삭제, 책임한도액의 상향 조정

> **TIP** 함부르크 규칙의 주요 내용을 기존 조약(헤이그/비스비 규칙)의 내용과 비교해 볼 때 그 중 특히 달라진
> 사항은 다음과 같다.
> ㉠ 선하증권 기재사항의 상세 규정
> ㉡ **규칙 적용범위의 확대** : 함부르크 규칙은 헤이그/비스비 규칙이 그 적용을 제외시켰던 생동물, 갑판
> 　적 화물도 포함하고 있어서, 선하증권의 발행유무에 관계없이 용선계약에 의한 살물(撒物)운송을 제
> 　외한 모든 개품(個品)운송에 적용하도록 하고 있다.
> ㉢ **운송인의 책임기간의 확대** : 헤이그/비스비 규칙의 책임기간은 화물의 선적부터 양륙까지인 데 비하
> 　여, 함부르크 규칙은 운송인이 화물을 수령한 때부터 인도까지로 확대하였다.
> ㉣ **면책사유 열거주의(소위 면책 카탈로그)의 폐지** : 함부르크 규칙의 가장 두드러진 특징은 항해과실
> 　을 운송인의 면책사유로 인정하지 않는 것을 포함하여 선박취급상의 과실 면책, 선박화재 면책 조항
> 　등 헤이그/비스비 규칙에서 규정한 16가지의 운송인의 면책사유를 폐지한 것이다.
> ㉤ 인도지연에 대한 책임조항의 신설
> ㉥ **운송인의 책임제한액의 인상** : 화물이 멸실 또는 훼손된 경우 헤이그/비스비 규칙에서는 포장당
> 　666.67SDR 또는 kg당 2.00SDR 중 높은 쪽을 취하여 산출된 금액을 운송인의 책임제한액으로 할
> 　수 있도록 규정한 데 비하여, 함부르크 규칙에서는 이를 835SDR 또는 kg당 2.5SDR로 인상하였다.
> ㉦ 상기 외 손해통지기한 및 제소기한의 연장, 송하인의 보상각서에 관한 조항의 신설, 재판관할 및 중
> 　재신청 장소에 관항 조항의 신설 등이 있다.

⑥ Rotterdam Rules, 2009

　㉠ 2008년, 유엔 상거래법위원회(UNCITRAL)에서 제정

　㉡ 해상운송에 관한 헤이그-비스비 규칙을 대체하는 조약

19 해상운송 관련 국제기구

(1) 국제해사기구(International Maritime Organization ; IMO)

① 개요 : UN해사위원회에 의해 1958년 설립되었다. 설립 당시 명칭은 IMCO였으나 1982년 IMO
로 변경하였고, 가입대상은 총톤수 100만톤 이상의 선복량을 가진 국가로 한정한다.

② 설립목적

　㉠ 해사기술에 관한 정부 간의 협력 증대

　㉡ 국제적 해사안전 및 해양오염방지대책의 수립

　㉢ 국제적 해운 관련 법률분쟁의 해결

　㉣ 개발노상국에 대힌 해시기술의 지원 및 국제해사협약의 준수 권고

　㉤ 정부 간 해운 관련 차별조치의 철폐

　㉥ 불공정한 해운관행에 대한 문제 심의

ⓐ STCW(International Convention on Standards of Training, Certification and Watchkeeping for Seafarers)는 '선원훈련, 자격증명 및 당직근무에 관한 국제협약' 채택

(2) 국제연합무역개발회의(UN Conference on Trade & Development ; UNCTAD)

① 개요 : 1964년 UN총회의 결의에 의거하여 국제무역과 경제발전을 촉진할 목적으로 설립된 UN산하의 전문기구이다. 회원국은 약 170여 개국으로서 대부분 개발도상국이나 후진국이다.
② UNCTAD가 채택한 주요 협약
  ㉠ 1974년 정기선동맹의 행동규범에 관한 협약
  ㉡ 1978년 유엔해상화물운송조약(Hamburg Rule)
  ㉢ 1980년 유엔국제복합운송조약

(3) 아시아·태평양 경제사회위원회(UN Economic & Social Commission for Asia & Pacific ; ESCAP)

① 개요 : 1947년 극동지역 국가들의 경제부흥을 목적으로 설치된 UN경제사회이사회 산하의 경제위원회 중 하나이다.
② 주요 역할 : 각 국가의 경제부흥을 위한 경제기술의 조사와 연구 및 통계정리 등(해운부문에 대해서도 상설위원회를 설치하여 지역 내의 해운발전 도모)
③ 주요 추진사업 : 아시아횡단 철도망, 아시아횡단 고속도로망

(4) 국제해법회(Committee Maritime International ; CMI)

① 개요 : 해사관계법규, 관행, 관습 및 해사실무의 국제적 통일에 기여할 목적으로 1987년에 창립된 국제민간기구이다. 정회원은 국제해법회와 같은 목적으로 각국의 해법회로 구성되어 있으며 국가당 하나의 해법회에만 가입할 수 있다.
② 국제해법회가 채택한 주요 해운 관련 조약
  ㉠ 1924년 선하증권 통일조약(Hague Rule)
  ㉡ 1968년 선하증권 통일조약 개정안(Visby Rule)
  ㉢ 1974년 York-Antwerp Rule
  ㉣ 1990년 CMI Uniform Rules for the Sea Waybill, CMI Rules for Electronic B/L

(5) 국제해운회의소(International Chamber of Shipping ; ICS)

① 각국의 선주협회들이 선주들의 권익 옹호 및 상호 협조를 목적으로 1921년 런던에서 설립된 국제민간기구이다. 한국선주협회는 1979년에 정회원으로 가입하였다.
② 국제해운의 기술적 및 법적 분야에서 제기된 문제점에 대해 국제적으로 통일된 선주의 의견을 반영하여 선주의 이익을 도모한다.

(6) 국제해운연맹(International Shipping Federation ; ISF)

① 선주들의 권익 보호와 선주들에 대한 자문을 목적으로 각국의 선주협회들이 1919년에 결성한 국제민간기구이다. 본부는 런던, 한국선주협회는 1980년에 정회원으로 가입하였다.
② 해운업체의 불공정한 제한적 관행문제를 심의

(7) 발틱 국제해사위원회(The Baltic and International Maritime Conference ; BIMCO)

① 1905년 발트해와 백해(러시아의 북서쪽 해안에 있는 바렌츠 해의 만)지역의 교역에 주로 참여하던 선주들의 공동이익을 위해 코펜하겐에서 창설된 순수 민간기구이다.
② 1906년 기간용선계약서식 Baltime Form을 제정하였다.

(8) 국제선급협회연합회(International Association of Classification Societies ; IACS)

① 각국 선급협회의 공통목적을 달성하고자 상호 협력하고 여타 국제단체와의 협의를 위해 1968년 10월에 결성되었다.
② 정회원 : 한국, 미국, 영국, 프랑스, 독일, 노르웨이, 이탈리아, 일본, 러시아, 중국, 폴란드(11개국, 한국은 1988년 6월에 가입)

20 해운동맹(Shipping Conference, Shipping Ring)

해운동맹(운임동맹, 해운연맹 ; Shipping conference, Freight conference, Shipping ring)은 해운업 특히 정기선 운항에 있어서의 국제적인 기업연합(international cartel)이다. 즉, 동일한 항로에 배선하고 있는 2개 이상의 정기선 회사가 대내적으로 상호간의 불필요한 경쟁을 규제하여 이익을 도모하고, 대외적으로는 독점력을 획득·강화함으로써 가맹자의 경제적 지위를 향상시키기 위하여 그 정기항로의 운임, 기타의 수송조건을 협정하는 협조조직이다.
선박회사 간에 협정된 각 동맹은 일정한 항로 또는 특정 항만 간의 운송업무에만 적용되는 것이므로, 한 회사가 여러 동맹에 동시에 가입할 수 있다. 그러므로 그 중 한 동맹의 협약은 다른 동맹의 협약과 별도임은 물론이다.

(1) 대내적인 경쟁규제

운임협정(Rate Agreement), 항해협정(Sailing Agreement), 공동계산협정(Pooling Agreement), 공동운항(Joint Service), 중립감시기구(Neutral Body ; N/B)는 해운동맹의 대내적 경쟁제한수단에 해당한다.
① 운임협정(Rate Agreement) : 해운업의 경쟁이란 결국 운임경쟁으로 귀착하게 되므로, 동맹원 간의 운임협정은 가장 기본적이고도 보편적인 협정이다. 이에는 확정운임률협정(Fixed Rate Agreement)과 최저운임률협정(Minimum Rate Agreement)이 있는데, 사실상의 효과는 어느 것이나 동일하며, 이러한 협정운임률의 변경은 동맹원의 동의를 필요로 한다. 이 외에 항로사

정에 따라서는 협정운임에서 제외되는 자유운임[open rate ; 자유화물(open cago)에 대해 적용되는 운임]도 있는 것이다. 협정운임은 운임률표에 표시되므로 표정운임(tariff rate)이라고도 한다.

② **항해도수 및 화물의 제한** : 이에는 동맹원 사용선박의 척수제한, 발착일시 및 항해도수의 일정화, 발항지 및 기항지의 협정, 적취화물의 종류, 수량에 대한 할당, 제한 등이 포함된다. 이런 의미에서 볼 때 동맹은 생산제한카르텔이며 공급할당카르텔이기도 하다.

③ **공동계산제**(합동계산제, Pooling System, Pooling Agreement) : 이는 각 사가 일정 기간 내에 수득한 운임에서 화물비 등의 소요비용 또는 일정예정액을 공제한 잔여인 순운임수입을 미리 정한 배분율(pool point)에 의하여 동맹원 간에 배분하는 방법이다. 이 경우 특정 화물(pool cargo), 특정 항구(pool port)에 대해 공동계산하는 경우도 있다.

④ **기타 방법** : 상기 방법 이외에 화주에 대한 특전제공을 금지하는 협정체결, 공동판매카르텔과 같은 화물의 공동인수 또는 동맹원의 일부 혹은 전부가 당해 항로의 경영만을 합동 통일하는 방법(공동경영으로 경쟁배제, 합리적 배선 목적) 등이 있다.

(2) 대외적인 경쟁배제

동맹에 가입하지 않고 해당 항로에 배선하고 있는 맹외선(비가맹선주, outsider)에 대항하고, 계약화주를 동맹에 구속하여 두기 위해서 동맹은 다음과 같은 수단을 실시한다.

① **경쟁대항선**(투쟁선, Fighting Ship) : 경쟁대항선이란 동맹이 맹외선의 취항을 방해하는 대단히 노골적인 수단이다. 즉, 동맹원의 소속선박 중에서 특정선을 선정하여, 맹외선의 기항지를 동일한 일시에 따라 다니며 채산을 무시한 저운임으로 경쟁하여, 그 맹외선으로 하여금 동맹항로에의 배선을 단념하게 하는 방법이다. 이 방법은 공정치 못하다 하여 미국에서는 법적으로 금지되어 있다.

② **운임환급제**(운임연환제, 운임연루제, Deferred Rebate System) : 이 제도는 화주가 일정기간(보통 6개월 : 계산기간) 맹외선에 일체 선적하지 않았을 때에 화주는 그 기간 내 지불운임 총액의 일정부분(보통 10%)을 되찾을 자격을 얻게 되며, 계속하여 다음 일정기간(보통 6개월 : 유보기간)에도 동맹선만을 이용하였을 때 그 금액을 화주에게 환급하는 방법이다. 이 제도에 따르면, 어떤 탁송시점은 그 화물의 계산기간인 동시에 그 전 기간의 선적분에 대한 유보기간에도 해당된다. 만약 화주가 단 1회라도 맹외선을 이용하면, 화주는 그 기간 선적분 뿐만 아니라 그 전 기간분까지 계속되는 2개 기간의 환급금 청구권을 상실하게 된다. 따라서 이 제도는 동맹에 대한 화주의 충성(loyalty)을 확보하는 힘이 강하여 맹외선의 진출을 방지하는 효과도 크다. 미국의 수출입항로에 있어서는 위법으로 금지되어 있다.

③ **이중운임제**(계약운임제, Dual Rate System, Contract Rate System) : 이 제도는 동맹선에만 전적으로 선적한다는 계약(Exclusive patronage Contract)을 동맹과 체결한 계약화주에게는 일반적인 비계약운임(non-contract rate)보다도 저렴한(보통 10% 내외) 계약운임(contract rate)을 적용하는 제도이다. 동맹의 운임요율표가 계약율과 비계약율의 이중으로 되어 있으므로

이중운임제라고도 하는데, 이는 운임환급에 대한 현금할인제도에 해당하는 것이다. 무역의 증대와 더불어 운임환급제는 동맹측에나 화주측에나 번잡하므로 많은 동맹이 이중운임제를 채택하는 경향이 있다.

④ **성실보상제(충실보상제, Fidelity rebate System)** : 이 제도는 동맹과 미리 계약함이 없이 일정기간(보통 4개월) 화주가 맹외선을 이용하지 않았을 때, 소정양식의 선적명세서를 제출하면 동맹은 그것을 확인한 다음, 수령운임의 일부를 화주의 청구에 따라 그 기간종료 후 화주에게 환급하여 주는 방식이다.

⑤ **기타 방법** : 상기 방법 이외에 어떤 항구에서 환적운송되는 화물의 운임을 직송운임과 같게 되도록 관계동맹 간에 협정한다든가, 화주가 동맹선에만 선적하는 대신 동맹이 일정기간 일정운임률로써 운송한다는 보증계약제 같은 맹외선의 침입을 방지하는 방법이 있다.

(3) 해운동맹의 운영과 조직

① **폐쇄적인 동맹(Closed Conference)** : 동맹의 선복 증가가 당해 항로의 물동량과 공급선복량 간의 균형을 깨뜨려 동맹원 간의 과당경쟁을 초래하고, 항로의 불안정이 당해 무역의 발전을 저해하게 된다는 상황에서 동맹에의 신규가입을 거부할 때, 그 동맹은 폐쇄적인 성격을 띠게 된다.

② **개방적인 동맹(Open Conference)**

   ⊙ 미국은 독점금지적인 해상운송법을 운용하는 데에 있어, 해운동맹의 자유로운 활동을 여러 가지로 규제하고 있다. 그 하나로서, 동맹에의 가입거부는 기업의 자유경쟁원칙에 위배된다는 것이다.

   ⓒ 해당 항로에서 과거에 취항한 정기선 실적을 언급하는 것은 문제가 되지 않으며, 또한 그 항로의 선복과잉도 가입거부의 정당한 이유가 될 수 없다는 입장에서 공동운송인(common carrier)이면 가입을 신청할 경우 누구도 거부되어서는 안 된다는 것이다. 북미항로의 여러 동맹은, 그 성격상으로 볼 때 동맹에의 가입 또는 탈퇴가 자유로운 개방형 동맹이다.

③ **동맹운영상의 주요 조항**

   ⊙ **동맹의 목적과 관할지역 및 대상화물** : 대다수의 동맹은 운임 및 기타 사항의 확립, 안정을 통하여 동맹원 상호간의 이익을 도모하고, 당해 무역의 증진에 기여함을 목적으로 하고 있다. 동맹의 관할지역은 항구 또는 구역 단위로 타 동맹과의 충돌이 없도록 조절되어 있고, 대상화물은 일반잡화, 산적화물 및 특정 품목 등으로 규정된다. 그리고 항로가 동일하더라도 왕항(outbound voyage)과 복항(inbound voyage)은 무역의 형태, 화물의 종류 등이 상이하므로 별개의 동맹이 결성된다.

   ⓒ **해운동맹의 협정사항** : 해운동맹의 권한은 운임률의 협의 설정, 품목별 운임의 자유화(이른바 open rate) 또는 기타의 수송조건, 중개수수료(brokerage) 및 기타 요율의 협정, 맹외선 사의 대리점수탁 금지, 화주에 대한 각종 부당·차별·특전제공행위의 금지 등을 규정하고 있다.

ⓒ 해운동맹에의 가입, 탈퇴 및 가입금 규정 : 기존 해운동맹에 신규가입을 함에 있어서는 준회원(associated member)으로서 일정기간 경과 후 정회원(regular member)이 되는 것이 보통이다. 준회원은 정회원에 비하여 권리와 의무가 일부 제약되어 있는데, 동맹운임률을 준수하여야 하지만 가입금의 납입은 없다.

(4) 해운동맹의 장단점

① 장 점

ㄱ 장기간에 걸쳐 운임률의 안정을 기하고 있어 화주로 하여금 선적시마다 운임을 절충하는 불편을 덜어 주고 있다.

ㄴ 취항의 규칙성이 증가하여 계획적인 수출입무역을 증진시킨다.

ㄷ 해운기업의 안정성이 증대됨으로써 항로사정에 적합한 고성능선을 투입하여 서비스를 향상시킬 수 있다.

ㄹ 동맹원 간의 경쟁, 낭비를 조절하고 배선의 합리화를 기하여 수송원가를 절감시킨다.

ㅁ 대화주, 소화주를 막론하고 균일한 운임이 공평하게 적용된다.

ㅂ 동일한 외국시장에 대하여 각 생산지로부터의 운임은 경쟁적으로 유지되고 있다.

② 단 점

ㄱ 폐쇄형 동맹에서는 신규가입을 희망하는 선주를 과도하게 엄격한 태도로 배척할 뿐 아니라, 회원 간의 내부적인 화물적취율 할당(share)에 있어서도 기존 회원이 신규 회원을 비합리적으로 압박하기 쉽다.

ㄴ 운임환급제, 이중운임제 등 각종 방법을 남용하여 화주를 불필요할 정도로 강력하게 구속하려는 경향이 있다.

ㄷ 동맹운임률은 공개시장의 운임률에 비하여 독점이윤을 과다하게 추구하기 쉽고, 운임변경의 통지를 태만히 하며, 클레임처리에 있어서는 선주의 독단적인 태도 및 화주에 대한 보복적인 차별대우 등을 초래할 소지가 있다.

ㄹ 해운동맹은 가급적 기항지 수를 줄이려는 경향이 있을 뿐 아니라, 맹외항(out ports)에 대한 할증률은 자의적이기 쉽다.

ㅁ 부정기선시장을 압도하게 된다.

핵심포인트

해운동맹

- 일정한 항로에 정기선을 취항시키고 있는 2개 이상의 선박회사에 의하여 결성된 국제카르텔 (cratel)의 일종으로서 운임의 안정유지, 부당경쟁의 배제 등을 목적으로 한다.
- 동맹은 가입 및 탈퇴의 자유 유무에 따라 개방동맹과 폐쇄동맹으로 분류한다.
- 동맹은 공동합의를 전제로 하기에 시장환경의 변화에 탄력적 대응이 어렵다.
- 컨테이너화의 확산으로 운송서비스의 동질화로 동맹선의 비교우위가 없어지고 있다.
- 가장 막강한 폐쇄동맹이었던 극동/구주운임동맹(FEFC)은 해체되었다.

TIP 해운협력의 유형

협정 형태	주요 특징
Joint Scheduling	최소한의 공동운항
Deck Chartering	컨테이너, 벌크선 상호 선복 교환
Slot Chartering	피기백 서비스
Vessel Sharing	선박의 공동사용
Rationalization	장치·장비의 공동사용
Cost Pooling	회계시 공동계정 운영
Joint Venture	시장에 대한 단일서비스 제공

(6) 컨테이너 정기선 운항방식

① **단독운항(Independent Operation)** : 정기선 항로에서 개별선사가 단독으로 필요한 선단을 구성하여 운항스케줄, 기항지(calling port), 영업정책 등 독자적으로 결정·실시하는 것을 말한다. 주로 항행거리가 짧은 항로에서 널리 이용되는 것으로 선사가 독자적으로 운항 및 영업정책 수립이 가능하여 정기선 시장의 변화에 신속히 대처할 수 있는 장점이 있지만, 단독에 의한 선단구성이 선박확보를 위한 과도한 자본투자가 필요한 단점도 있다.

② **전략적 제휴 운항(Strategic Alliance Operation)**

　㉠ **컨소시엄(Consortium)** : 정기선 항로에서 일정기간 동안 선박의 운항제휴를 통하여 채산성을 유지하기 위한 정기선 선사들의 연합체이다. 일부 컨소시엄은 해운동맹에 가입한 경우도 있지만, 비동맹 형태로 운항하는 컨소시엄도 있다. 컨소시엄에서는 각 해운선사가 각기 자사선을 운항하지만 선박의 공동스케줄 작성, 스페이스의 상호교환, 운송장비(컨테이너 박스, 트레일러)의 공동 사용, 사무국 운영, 터미널의 공동 사용, 운임수입과 화물 수송량의 공동배분(Pooling) 등은 컨소시엄에서 통합적으로 운영되고 있으며, 운임결정권을 행사하는 컨소시엄은 거의 없다.

ⓛ **공동운항**(Joint Service) : 정기선 항로에서 2개 이상의 선사가 선박을 합작기업(Joint venture)의 형태로 운항하기 위한 것을 말한다. 공동운항은 일반적으로 1개 선사의 선복량으로는 부족하여 정기적인 운항을 할 수 없는 경우에 수개의 선사가 선박을 공동으로 투입하여 선박 내 스페이스는 배분비율에 따라 공동으로 사용하며, 운항스케줄도 공동으로 작성한다.

ⓒ **스페이스 차터**(Space Charter) : 슬롯 차터(Slot Charter)라고도 하며, 이것은 넓은 의미의 개념으로 공동운항에 속한다. 이 협정을 체결한 선사는 보상 또는 서비스를 받는 조건으로 다른 선사에게 자신의 선박 내 스페이스 일부를 제공한다.

21 물류보안제도

(1) 컨테이너 안전협정(Container Security Initiative ; CSI)

① 미국 세관원을 미국으로의 수출물량이 많은 외국항만에 파견하여 미국향발 컨테이너화물에 대한 위험도를 사전에 평가하고 주재국 세관직원의 화물검사에 입회(2002년 1월 시행)
② 미국 세관은 미국향발 화물 및 항만에 기항하는 모든 수출화물에 대해 선적 24시간 전까지 적하목록 제출을 의무화(24 Hour Advance Manifest Rule)

(2) 확산방지구상(Proliferation Security Initiative ; PSI)

① 대량살상무기 확산방지구상(Weapons of Mass Destruction Proliferation Security Initiative)
② 대량살상무기(WMD)의 국제적 확산을 막기 위해 2003년 6월 미국 주도로 발족한 국제 협력체제
③ **목적** : 국제 테러 및 대량살상무기의 확산 방지
④ 2010년 현재 PSI에 참여하고 있는 국가는 미국·영국·호주·캐나다·프랑스·독일·이탈리아·네덜란드·일본·노르웨이·포르투갈·싱가포르·스페인·러시아·한국 등 95개국

(3) 반테러민관협력제도(Customs-Trade Partnership Against Terrorism ; C-TPAT)

① 2002년 미국 CBP(US Customs and Border Protection, 세관국경보호국)가 도입한 반테러민관파트너십제도
② **적용대상** : 미국 수입업자, 선사, 항공사, 터미널운영사, 포워더, 통관중개인 등

(4) 국제선박 및 항만시설보안규칙(International Ship and Port Facility Security Code ; ISPS Code)

① 2004년 7월 11일부터 적용
② 각국 정부와 항만관리당국, 선사들이 갖추어야 할 보안 관련 조건 명시
③ 국제무역에서 사용되는 선박 및 항만시설에서의 보안에 대한 위험물 감지방법과 보안사고 예방방법에 대한 가이드라인 제시

④ 국제항해에 종사하는 총톤수 500톤 이상의 화물선과 국제여객선, 국제항만시설 등에 대해 적용

(5) 항만보안법(Safe Port Act ; SPA)

① 2006년 10월 13일 부시 대통령이 공포
② 대량살상무기(Weapons of Mass Destruction ; WMD) 차단과 테러예방 등 대부분의 보안조치 망라
③ 컨테이너로 이동하는 WMD 등 위험화물을 사전 통제하는 데 필요한 조치를 포함한다.

(6) 물류보안경영 시스템(ISO 28000)

① 기술표준원이 국제적 인증기준을 우리나라의 실정에 맞게 조정한 제도
② 제조, 서비스, 보관, 운송 등 공급사슬의 모든 단계의 조직을 인증대상으로 한다.
③ 보안경영 시스템을 수립, 실행, 유지, 개선하고, 그 운영실태를 제3자가 인증
④ 인증기관으로부터 ISO 28000 인증을 취득한 항만이나 기업은 국제표준에 적합한 물류보안체계를 갖춘 것으로 국제적으로 공인받을 수 있다.

(7) 공인경제운영인(Authorized Economic Operator ; AEO)

① 9·11테러사태 이후 미국의 무역안전조치를 세계관세기구(World Customs Organization ; WCO) 차원에서 수용하면서 무역안전과 원활화를 조화하고자 도입된 인증제도
② 화주, 선사, 운송인, 창고업자, 관세사 등의 물류주체들 중 각국 세관 당국에 의해 성실성을 공인받은 자
③ 국가 간 상호 인증절차를 갖고 있다.

(8) 위험물컨테이너점검제도(Container Inspection Program ; CIP)

① 2002년 부산항과 광양항에 도입하여 이후 인천항과 울산항 등으로 확대
② 컨테이너에 적재되어 해상으로 운송되는 위험화물에 의한 사고를 예방하고자 수입되는 위험물 컨테이너의 적재, 수납, 표찰 등에 관한 국제해상위험물규칙(IMDG Code) 준수 여부를 점검하고 위험물 운송 중 사고를 예방하기 위한 제도
③ 주요 점검내용 : 선적서류와 컨테이너 적재 위험물의 일치 여부와 컨테이너의 안전승인판 및 외관상태 등을 확인

> **⏱ 핵심포인트**
>
> **IMDG(International Maritime Dangerous Goods) Code**
> 국제해사기구(International Maritime Organization ; IMO)에서 제정, 2004년 1월 1일부터 강제적용, 2011년부터 이 코드를 IMSBC(International Maritime Solid Bulk Cargo) Code로 변경하여 강제적용

💡 TIP 위험화물의 해상운송

① 위험물이란 물질 특성에 따라 건강, 안전, 재산 또는 환경에 위험을 야기하는 물질이나 제품을 말하며, 해상으로 운송되는 경우 그 성상이나 형태에 따라 4가지로 구분한다. 산적고체위험물, 산적액화가스, 산적액체화물, 포장위험물(자동차, 페인트, 폭약 등). 포장위험물에는 이전의 위험화물을 담았던 세정되지 아니한 빈 포장용기도 포함된다.

② 위험물 선적 서류에 요구되는 위험물 명세정보에는 UN 번호, 품명, 급 및 등급, 포장 등급이 포함된다.

③ IMDG코드에는 위험물을 여러 등급으로 구분하고 있다. 1급은 화약류, 2급은 가스류, 3급은 인화성 액체류, 4급은 가연성 물질류, 5급은 산화성물질 및 유기과산화물, 6급은 독물 및 전염성물질, 7급은 방사성물질, 8급은 부식성물질, 9급은 유해성물질이다.

④ 위험물 운송 전문가 위원회가 위험물에 부여한 고유 번호는 technical name이며, 정식운송품명(PSN)은 Class number에 부여된 번호이다.

⑤ 위험물 포장화물에는 화물의 위험성을 나타내는 표시 및 표찰을 부착해야 한다.

(9) Greenlane 해상화물보안법(The Greenlane Maritime Cargo Security Act)

① 미국 세관·국경보호국(Customs and Border Protection ; CBP)이 C-TPAT 가입 송화인들의 서류만을 검토하여 검사단계를 완화하는 것에 대해 비판 제기, 컨테이너에 테러위험 화물이 적재되어 있는지를 쉽게 파악하고 송화인 스스로 보안에 대해 책임을 지도록 하는 절차 마련

② 화물의 보안유지에 대한 보다 엄격한 기준을 요구, 공급망 보안에 참가한 기업에 대한 인센티브 도입 등 기존의 화물보안 프로그램을 강화

③ 2005년 11월 미 상원에서 제안

(10) 미관세청의 적하목록 시스템(Automatic Manifest System ; AMS)

① 미국 입항화물을 사전에 전자문서로 신고하는 제도

② 신속한 통관을 목적으로 도입되었으나 최근 테러방지와 사전 화물검사기능 강화

(11) 위험화물 자동선별 시스템(Automated Targeting System ; ATS)

화물 및 승객의 정보를 사전에 입수·분석하여 테러 위험이 있는 화물 및 승객을 가려내는 미국의 컴퓨터 시스템

(12) 항만국통제(Port State Control ; PSC)

① 항만 당국이 자국의 항만 및 계류시설에 있는 외국적 선박에 대하여 자국 연안에서의 사고를 방지하고 해운산업을 보호할 목적으로 행하는 선박검사를 말한다.

② 외국적 선박의 상태를 점검하여 결함사항에 대한 시정조치를 요구하고 그러한 결함사항이 해양오염이나 안전에 심각한 우려가 있을 경우에는, 시정조치가 완료될 때까지는 물론, 출항까지도 통제할 수 있는 권한이 있다.

> **핵심포인트**
>
> **웨이버(Waiver)제도**
> 화주가 해상화물을 수송함에 있어 외국적선사를 이용하고자 하는 경우, 해당 지역 또는 항로에 취항하는 국적선이 없음을 증명하는 것으로 국적선불취항증명을 말한다.

(13) 10 + 2 Rule

① 운송인은 미국으로 향하는 선박에 적재된 컨테이너에 관한 내용과 선박 적부계획을 제출하여야 한다. 미국은 9 · 11테러사태 이후에 ISF(Importer Security Filling)제도를 도입하였는데 '10 + 2 Rule'이라고도 한다.

② 2010년 1월부터 본격 시행된 이 제도는 보안과 수입자의 책임을 강화하기 위해 선적지에서 출항 24시간 전 미국 세관에 전산으로 신고를 하도록 한 제도이다.

③ ISF제도는 수입자가 신고해야 할 사항이 10가지, 운송사가 신고할 사항이 2가지로 되어 있어 '10 + 2 Rule'이라 부르기도 한다.

(14) Trade Act of 2002 Final Rule

해상뿐만 아니라 항공, 철도, 트럭 등의 운송수단을 통해 미국으로 수입되는 화물에 대한 정보를 미국 관세청(세관)에 제출하도록 규정하고 있다.

> **TIP 해운항만산업의 변화**
>
> ① 선사 간의 경쟁이 심화됨에 따라 선사 간의 전략적 제휴가 증가하고 있으며, 선사를 대형화하여 해상운송은 물론, 일관운송인 문전운송 등으로 화주들의 다양한 수요에 부응하고 경쟁에 신속하게 대응하려는 움직임이 커지고 있다.
> ② 미국의 신해운법(Shipping Act, 1984)이 제정되면서 운임동맹의 가격카르텔 기능이 약화되어 선사 간 운임경쟁이 가속화되었다.
> ③ 세계 주요 선사들은 초대형선을 다투어 건조하여 선박건조비와 운항비의 단가를 낮추는 규모의 경제를 추구하게 되었다.
> ④ 각국 정부의 적극적인 지원에 따라 세계 도처의 여러 항만이 첨단화, 고생산화되는 현상이 나타나고 있다.
> ⑤ 부가가치 물류가 진전됨에 따라 화주, 선사, 항만, 항만배후지를 연계하는 공급사슬의 중요성이 부각되고 있다.

02 복합운송

1 복합운송의 개념

복합운송인(MTO ; Multimodal Transportation Operator)이 화물을 자기 책임 하에 인수한 어떤 일정지점으로부터 다른 지점까지 하나의 운송계약(이를 '복합운송계약'이라 함)에 의거하여 적어도 2종류 이상의 운송수단에 의한 운송을 의미한다.

2 복합운송의 유형

(1) 피기백(Piggy-Back)방식

철도의 대차 위에 장거리 운송용 트레일러를 대량으로 적재하여 운송하는 철도운송과 도로운송의 복합운송방식이다.

(2) 피시백(Fishy-Back)방식

도로운송수단과 해상운송수단을 혼합하여 운송하는 방법으로 자동차와 선박의 장점을 혼합하여 운송비 절감, 운송시간의 절약, 운송능률의 증대 등의 효과가 있다.

(3) 트럭 – 항공방식

도로와 항공을 혼합하여 이용하는 운송방법이다.

> **TIP** 최근 한·일, 한·중 간 트럭페리 복합운송 시스템이 운영 또는 추진 중에 있다.

(4) 철도 – 수운방식

철로를 갖춘 특수선박에 화차를 적재하고 항구와 항구 사이를 운송하며 육상운송은 철도가 담당하는 방법이다.

(5) 선박 – 부선방식

심해와 내륙수로를 통하여 화물운송을 필요로 할 때 사용되는 운송방법이다.

3 복합운송의 특성

(1) 운송책임의 단일성

복합운송인이 화주와 운송계약을 체결하고 전 운송구간에 대하여 단일책임을 지는 것으로 책임의 일원화를 달성할 수 있다.

① 복합운송인이 전 운송구간에 걸쳐 화주에 대하여 단일책임을 부담한다.

② 복합운송은 하나의 계약으로 다수의 구간 운송행위가 결합한다.

③ 복합운송인은 자기명의로 계약을 체결한 당사자이다.

④ 전체 운송을 계획하고 여러 운송구간을 적절히 연결 및 총괄하여 운송한다.

⑤ 복합운송인에게 책임을 집중시킨다.

(2) 복합운송증권의 발행

① 복합운송인이 화주에 대하여 전 운송구간을 나타내는 유가증권으로서의 복합운송서류(Combined Transport B/L)를 발행한다.

② 복합운송서류는 화주로 하여금 금융기관에서 금융의 편의를 제공한다.

(3) 단일운임의 설정

① 복합운송인은 복합운송의 서비스 대가로서 각 운송구간마다 분할된 운임이 아닌 전 운송구간이 단일화된 운임(through rate)을 부과한다.

② 전 운송구간에 대한 책임이 복합운송인에게 집중되어 있으므로 이에 대한 반대급부도 하나로 통합된다.

(4) 운송방식(수단)의 다양성

① 복합운송은 반드시 2가지 이상 서로 다른 운송수단에 의하여 이행된다.

② 운송방식은 운송인의 다수가 중심이 되는 것이 아니라 운송수단이 중심이 된다.

③ 운송방식은 각각 다른 법적 규제를 받는 것이어야 한다.

④ 다양한 운송방식의 이용은 반드시 계약상에 명시되어야 하는 것은 아니며, 운송구간의 제반 여건으로 보아 여러 운송수단의 사용이 불가피할 경우에는 복합운송으로 취급한다.

4   복합운송의 경제적 이점

(1) 화물유통의 신속성 제고

화물의 인도 지연 회피, 통관의 간소화, 화물혼재의 가능성 등

(2) 화물유통의 안전성 제고

운송 중 손상이 거의 없음, 밀수품 감소, 인도불능으로 인한 클레임 감소, 오손의 회피 등

(3) 화물유통의 저렴성 확보

자금회전의 신속으로 보험료의 감소, 상품매입가격의 인하, 포장비의 절감, 화물혼재의 가능화 등

(4) 운송서류의 간소화

서류작성과 확인의 감소 등

(5) 노동력 부족 해소와 하역설비의 자동화

운송비의 감소, 하역의 신속화 등

(6) 무역의 확대 촉진

상품인도시 상품가격의 견적 용이화, 재고의 감소, 자금조달의 필요 감소 등

5 복합운송계약의 종류

(1) 하청운송

① 최초의 운송인이 육·해·공의 다수의 운송구간에 관하여 운송계약을 체결한다.
② 후속의 운송인이 그 하청운송인으로서 그 운송계약의 이행에 관여한다.
③ 최초 운송계약자가 운송의 전부 또는 일부를 다른 운송인에게 하청 또는 도급한다.
④ 하청운송인들은 원운송인(복합운송인)의 이행보조자에 불과하므로 각 하청운송인은 자신이 인수한 운송구간에 대해서만 최초 운송인에 대하여 중간운송서류를 발행한다.
⑤ 원청운송인은 자신이 화주에게 발행한 복합운송서류에 따라서 책임을 부담한다.
⑥ 하청운송인은 B/L상에 자신이 현실적으로 담당하고 있는 운송구간에만 자신의 책임을 한정시키는 취지의 약관을 삽입한다.
⑦ 복합운송서류의 소지인은 하청운송인에게 손해배상을 청구하는 경우, 최초 운송인으로부터 중간운송서류를 배서 등에 의해 그 권리를 수리하는 방법 이외에는 직접 청구할 방법이 없다.
⑧ 하청운송인과 송화인 사이에는 직접적인 법률관계는 존재하지 않는다.

(2) 공동운송(동일운송)

① 각 구간의 운송인과 구간에 관하여 운송계약을 동시에 체결하는 형태이다.
② 각 운송인은 현실적으로 각 구간에 운송을 담당하고 있지만 운송인 상호간의 내부적 결정에 불과하다.
③ 실정법상 상행위에 의한 연대채무관계가 성립하기 때문에 운송인은 당연히 연대적인 책임을 부담한다.
④ 선하증권은 운송인이 함께 서명한 공동일관 선하증권이 발행된다.

(3) 순차운송(연계운송)

① 후속의 운송인이 최초의 운송인과 송화인 간의 전체 운송에 대한 운송계약을 증명하는 1통의 운송증권에 따라 순차적으로 운송품을 운송한다.

② 2번째 이후의 운송인이 순차적으로 최초 운송인과 송화인 사이의 운송계약에 개입하고 어느 운송인이나 전체 운송을 인수함을 인정하는 운송형태이다.

③ 송화인에게는 최초 운송인에게 운송을 위탁함으로써 다른 운송인도 함께 이용할 수 있는 계약 방식이다.

④ 각 운송인은 상호간에 운송상 연락관계를 유지하기 때문에 중계지에서의 운송품의 인도는 운송인 간에 직접적으로 수행된다.

03 국제복합운송

1 국제복합운송의 개념

(1) 국제복합운송의 개념

① 국제복합운송이란 적어도 종류가 다른 2가지 이상의 운송수단에 의한 운송물의 수령지와 인도지가 다른 2국 간의 운송을 하나의 운송계약으로 운송하는 것을 말한다.

② 국제복합운송의 기본요건은 일관운임(through rate) 설정, 일관선하증권(through B/L) 발행, 단일운송인 책임(single carrier's liability) 등이다.

(2) 국제복합운송인

① CTO(Combined Transport Operator)

② MTO(Multimodal Transport Operator)

③ ITO(Intermodal Transport Operator)

(3) 복합일관운송의 연결형태

① Piggy-Back(철도와 트럭)

② Fishy-Back(해운과 트럭)

③ Birdy-Back(항공과 트럭)

④ Train-Ship(철도와 해상)

⑤ Sky-Rail(항공과 철도)

⑥ Ship-Back(대양과 연해내수)

⑦ Sea-Air(해운과 항공)

2 복합운송인의 유형

(1) 실제운송인형(Actual Carrier : 운송인형 복합운송인)

① 자신이 직접 운송수단을 보유하면서 복합운송인의 역할을 수행하는 형태이다.

② Actual Carrier형 복합운송인

③ 선박회사, 철도회사, 트럭회사, 항공회사

(2) 계약운송인형(Contracting Carrier)

선박, 트럭, 항공기 등의 운송수단을 직접 보유하지 않으면서도 실제운송인처럼 운송주체자로서 기능과 책임을 다하는 운송인(해상운송주선인, 항공운송주선인, 통관업자)이다.

(3) 운송주선인형 복합운송인

① 운송수단을 보유하지 않고 자신은 다만 계약운송인으로서 운송책임을 지는 형태로 해상운송주선인, 항공운송주선인(Air Freighter Forwarder) 등이 있다.

② 무선박운송인(NVOCC ; Non-Vessel Operating Common Carrier)

  ㉠ 1984년 미해운법

  ㉡ NVOCC란 해상운송에 있어서 자기 스스로 선박을 직접 운항하지 않으면서 해상운송인 (Ocean Common Carrier)에 대해, 화주의 입장이 되는 자라고 정의하고 있다(미국 신해운법 제3조 제17항).

  ㉢ 공중운송인(Common Carrier)이란 보수를 받고 미국과 타국 간에 해상운송업무를 수행할 것을 일반인에게 공시하는 자를 의미한다.

  ㉣ 공중운송인은 NVOCC 외에 VOCC가 있고, NVOCC는 VOCC에 대하여 화주의 입장이 되며 화주에게는 공중운송인의 입장이 된다.

  ㉤ 프레이트포워더형 복합운송인을 실제화시킨 개념으로 1963년 미국이 최초이다.

◀ 미국의 Freight Forwarder와 NVOCC와의 비교 ▶

구 분	Domestic Freight Forwarder	Ocean Freight Forwarder	NVOCC
근거법률	Interstate Commerce Act	Shipping Act	Shipping Act
관장기관	STB(구 ICC)	FMC	FMC
제도의 형태	자유제(1986년 이전에는 ICC의 면허제)	FMC의 면허제	FMC의 면허제
운송구간	미국 내 주와 주 사이	미국과 다른 국가 간	미국과 다른 국가 간
B/L 발행	자기명의 B/L 발행	자기 B/L 발행 불가	자기명의 B/L 발행
운송책임	있음	없음	있음
Tariff	자체 운임표 있음	자체 운임표 없음	자체 운임표 있음
Carrier	Common Carrier 기능	운송인이 아님	Common Carrier 기능
주요 업무	소량화물 혼재	선복예약, 서류작성	LCL 혼재, 선적

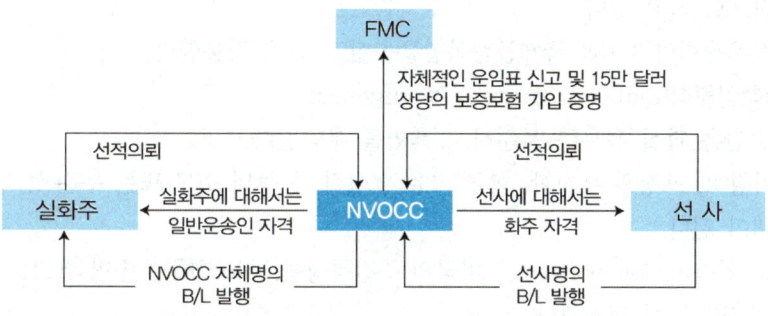

◀ NVOCC와 실화주 및 실제운송인과의 관계 ▶

(4) 국제물류주선업자(Freight Forwarder)의 업무

① 운송에 대한 전문적인 조언
② 본선과 화물의 인수 또는 인도
③ 운송관계서류의 작성
④ 통관절차의 수행
⑤ 보험업무 대행
⑥ 소량화물의 혼재 및 분류
⑦ 복합운송
⑧ 운송계약의 체결 및 선복의 예약
⑨ 포장 및 창고 보관업무
⑩ 운임 및 기타 비용 지불

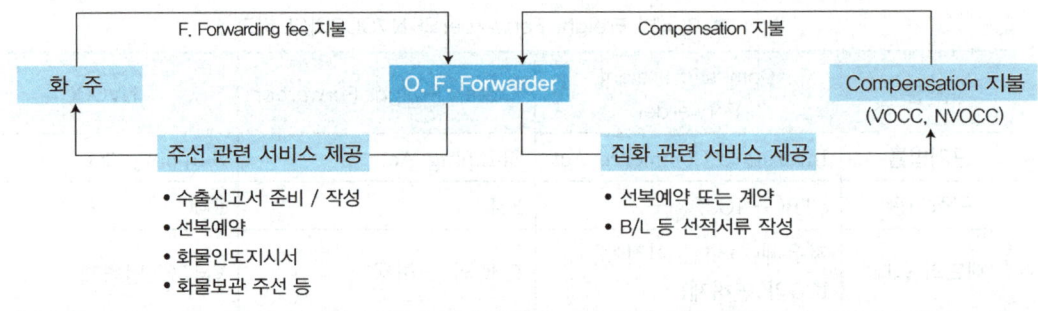

◀ 오션 프레이트 포워더와 화주, 운송인과의 관계 ▶

3 **국제복합운송인의 책임원칙 및 책임체계**

(1) 국제복합운송인의 책임원칙

① **과실책임원칙**(Liability for Negligence)
   ㉠ 선량한 관리자로서 적절한 주의의무를 전제로 성립, 운송인의 과실은 화주가 입증하는 것을 원칙으로 하고 있다.
   ㉡ 해상운송협약과 UN 국제물품복합운송협약 등에 적용한다.

② **무과실책임원칙**(Liability Without Negligence)
   ㉠ 운송인은 과실 유무를 불문하고 책임을 부담한다.
   ㉡ 불가항력, 포장의 부적합, 화물 고유의 성질, 통상의 소모 또는 누손 등으로 발생한 손해는 면책이 된다.
   ㉢ 이는 영미의 Common Law, 미국의 주간통상법, 철도화물운송협약(CIM), 도로화물운송협약(CMR) 등에 적용된다.
   ㉣ 헤이그규칙, 바르샤바조약 등에서 채택한다. 바르샤바조약은 추정과실책임주의로, 무과실을 입증하지 못하면 책임을 진다. 즉, 과실이 없더라도 이를 입증하지 못하면 책임을 진다.

   💡**TIP** B/L상의 면책사항
      ① 해상 고유의 위험(Perils of the sea), 천재지변(Acts of god)
      ② 전쟁위험
      ③ 제3자의 행위에 기인하는 위험
      ④ 잠재하자약관(Latent defect clause)
      ⑤ 화물 고유의 성질상 손해(Inherent defect)

③ **엄격(절대)책임원칙**(Strict Liability)
   ㉠ 손해의 결과에 대하여 절대적으로 책임을 지는, 즉 면책의 항변이 일체 용인되지 않는 제도이다.
   ㉡ 항공운송에 관한 국제협약인 몬트리올협정과 과테말라의정서에서는 여객의 사상에 대해 항공사는 절대책임을 지게 되어 있다.

(2) 국제복합운송인의 책임체계

① 이종책임체계(Network Liability System)

㉠ 화주에 대해 운송계약의 체결자인 복합운송인이 전 운송구간에 걸쳐서 책임을 지지만 그 책임은 운송구간 고유의 원칙에 따른다(Tie-up과 동일).

㉡ 손해발생구간이 확인된 경우와 그렇지 않은 경우를 나누어서 각각 다른 책임을 운송인에게 적용하는 방법이다. 즉, 손해발생구간이 확인된 경우에는 손해발생구간에 적용할 국내법이나 국제협약을 적용하고, 그렇지 않은 경우에는 헤이그규칙을 적용하거나 또는 별도로 정해진 기본책임을 적용한다(Tie-up과 차이점).

㉢ 해상운송구간에서는 헤이그규칙 또는 헤이그 – 비스비규칙, 항공운송구간에서는 바르샤바조약, 도로운송구간에는 도로화물운송조약(CMR) 또는 각국의 일반화물자동차 운송약관, 철도운송구간에는 철도화물운송조약(CIM)에 의하여 결정하는 책임체계이다.

㉣ 손해발생구간이 확인되지 않은 경우 운송구간이 가장 긴 해상운송구간에서 발생한 것으로 간주하여 헤이그규칙 또는 헤이그 – 비스비규칙을 적용한다.

㉤ 강행법규가 없는 경우 혹은 불명손해(concealed damage)에 대해서는 새로운 책임원칙을 적용, 통상 계약약관의 적용을 인정하지 않는다.

> **TIP** Tie-up(Pure Network) System
>
> ① 화주가 각 운송구간의 운송인과 개별적으로 운송계약을 체결한 경우, 각 운송인은 각 운송구간에 적용되는 책임원칙에 따라 운송책임을 부담하는 책임체계이다.
> ② **해상운송 중 사고발생** : 헤이그규칙
> ③ **항공운송 중 사고발생** : 바르샤바조약
> ④ **강행법규의 부재시** : 통상의 계약약관에 따른 책임
> ⑤ 각 구간에 대하여 기존에 존재하는 책임원칙을 조화시킨 책임제도

② 단일책임체계(동일책임체계, Uniform Liability System)

㉠ 운송물의 멸실·손상, 지연손해가 복합운송의 어느 구간에서 발생하느냐에 관계없이 복합운송인은 동일한 원칙에 따라 책임을 부담한다.

㉡ 화주에 대해 운송계약의 체결자인 복합운송인이 전 운송구간에 걸쳐서 전적으로 동일 내용의 책임을 부담하는 책임체계이다.

㉢ 운송품의 손해가 복합운송인이 화물을 인수한 운송구간에서 발생한 경우, 운송구간과 운송수단을 불문하고 동일한 운송원칙에 따라 책임을 부담한다.

㉣ 헤이그규칙, 바르샤바조약 등의 국제조약을 전부 배제한다. 가장 철저한 책임체계이다.

㉤ 면책사유는 불가항력이다.

③ **변형단일책임체계**(절충책임체계, Modified Uniform Liability System)

㉠ 이종책임체계와 단일책임체계의 절충방식으로, 화주에 대하여 운송계약의 당사자인 운송인이 인수한 전 운송구간에 걸쳐서 전적으로 동일한 내용을 책임지는데, 책임한도액은 이종책임체제에 의거하여 각 구간에 적용되는 법률 등에 따라 결정한다.

ⓛ UN 국제물품복합운송협약에서는 손해발생구간의 확인 여부에 관계없이 동일한 책임원칙을 적용하고 있으나, 손해발생구간이 확인되어 그 구간에 적용될 법에 규정된 책임한도액이 UN 국제물품복합운송협약의 책임한도액보다 높을 경우에는 높은 한도액을 적용한다.
ⓒ UN 국제복합운송조약이 채택하고 있는 책임체계이다.
ⓡ 손해발생구간의 확인 여부에 관계없이 동일한 책임규정을 적용한다는 점에서 단일책임체계이다.

핵심포인트

UN 국제물품복합운송조약
- 유엔무역개발회의(UNCTAD)의 무역개발위원회 내에 설치된 국제복합운송조약의 결성을 위한 정부 간 준비그룹에서 초안을 마련하고 1979년과 1980년에 제네바에서 소집된 국제복합운송조약의 결성을 위한 UN회의에서 정식으로 채택
- 복합운송인의 책임체계 : 절충책임체계(Modified Uniform Liability System)
- 복합운송인의 책임원칙 : 과실책임주의(복합운송인의 거증책임을 지도록 되어 있음)

TIP 국제복합운송인의 위험부담의 분기점

송화인이 물품을 내륙운송인에게 인도하는 시점

핵심포인트

프레이트 포워더(Freight Forwarder, 복합운송주선인)의 기능
전문적인 조언자, 운송계약의 체결 및 선복예약, 운송관계 서류작성, 통관업무의 수행, 운임 및 기타 비용의 일괄지불, 포장 및 창고보관, 보험업무 대행, 본선과 화물의 인수·인도, 화물의 집화·분배·혼재서비스, 시장조사, 운송수단의 수배

TIP Co-Loading Service와 Hanging Garment Service

① **Co-Loading Service**
ⓐ Consolidator(Forwarder)가 자체적으로 집화한 소량화물(LCL)을 FCL로 단위화하기에 부족한 경우 또는 소량초과하는 경우, 동일 목적지의 LCL을 많이 확보하고 있는 타 포워더에게 공동혼재(Joint Consolidation)를 의뢰하여 FCL로 만들어 선적함으로써, 소량화물의 신속·경제적인 선적을 도모하는 것이다.
ⓑ 하주로부터 선적을 의뢰받은 LCL을 자체적으로 혼재처리가 불가능한 경우, 선적이 예정된 선박의 closing time 1~2일 전에 행선지가 같은 지역의 콘솔이 용이하고 활발한 포워더를 선정하여 이 포워더에게 혼재선적을 의뢰하고, 화물이 부산항 CY나 ODCY(Off-Dock CY)의 CFS에 이미 입고되어 있을 경우에는 혼재가능한 포워더의 CFS로 이고시켜 혼재 후 선적한 다음, 이 포워더로부터 B/L을 발급받아 선적서류로 작성·처리한다.

② **Hanging Garment Service**
컨테이너에 의해 가죽 또는 모피와 같은 의류를 운송하기 위한 서비스의 형태로, 컨테이너 내부에 의류의 원형 그대로의 보존을 유지하기 위해 필요한 설비를 장착하여 제공되는 서비스이다.

◀ 각 조약(규칙)별 책임한도액 비교 ▶

조약(규칙)명	적용(운송)구간	책임한도액
Hague–Visby Rules(1968)	해 상	30 또는 10,000포앙카레프랑(2 또는 666.67SDR)
Hamburg Rules(1978)	해 상	2.5 또는 835SDR
CIM(1970)	철 도	50 제미날프랑(17SDR)
CMR(1956)	도 로	25 제미날프랑(8.33SDR)
Warsaw Convention(1933)	항 공	250포앙카레프랑
Montreal Convention(2003)	항 공	17SDR
ICC 규칙(1975)	복합운송	30 또는 10,000포앙카레프랑(2 또는 666.67SDR)
UN 복합운송조약(1980)	복합운송	2.75 또는 920SDR
UNCTAD/ICC 규칙(1992)	복합운송	2 또는 666.67SDR

4 복합운송증권

(1) 복합운송증권의 개념

① 복합운송증권은 선박, 철도, 항공기, 자동차 등 종류가 다른 운송수단 중 두 가지 이상의 조합에 의해 이루어지는 운송에 대해 복합운송인이 발행하는 증권으로, 발행자인 운송인이 운송품의 수령을 증명하고 운송계약의 증거가 되며, 유가증권으로서의 성격을 가진다.

② 오늘날 많은 화물이 컨테이너로 운송됨에 따라 1980년 UN에서는 국제복합운송조약을 채택함으로써 복합운송에 관한 통일조약을 마련하고 있으며, 또한 1983년 개정된 신용장 통일규칙(제25조)에서도 신용장에 별도의 명시가 없는 한, 은행은 이러한 복합운송서류를 거절하지 않는다고 규정하고 있다.

(2) 복합운송증권의 특징

① 화물의 멸실, 손상에 대한 전 운송구간을 커버하는 일관책임을 진다.

② 선하증권과 달리 복합운송인뿐 아니라 운송주선인에 의해서도 발행된다.

③ 화물이 본선 적재 전에 복합운송인이 수탁 또는 수취한 상태에서 발행된다.

④ 복합운송증권은 법적으로 선하증권과 같이 유통증권으로서의 기능을 갖는다. 다만, 지시식 또는 무기명식으로 발행되어야 하며, 지시식으로 발행된 경우에는 배서에 의해 양도가 가능하다.

(3) 복합운송증권과 선하증권의 비교

① 선하증권은 해상구간에 국한되며, 복합운송증권은 운송구간을 상관하지 않는다.

② 해상운송에서는 반드시 운송물품의 외관상태가 양호하다는 사실을 나타내는 무사고 선하증권이 사용되며, 복합운송에서는 송화인이 화물을 컨테이너에 직접 적재하기 때문에 운송인은 컨

테이너 내용물의 상태를 확인할 수 없는 조항이 첨부된 증권이 발급된다.

③ 대부분의 선하증권은 화물이 본선에 선적된 후 발급되는 선적선하증권이지만, 복합운송에서 복합운송증권은 수취식에 해당한다.

④ 복합운송증권은 선하증권과는 달리 운송인뿐만 아니라 운송주선인에 의해서도 발행된다.

(4) 복합운송증권의 법적 성질

① 물권적 증권
② 채권적 증권
③ 요인증권
④ 요식증권
⑤ 문언증권
⑥ 지시증권

(5) 복합운송증권의 형태

① 선하증권 형식의 복합운송증권 : Multimodal Transport B/L, Combined Transport Bill of Lading(CT B/L), Intermodal Transport B/L 등과 같은 형태의 복합운송증권을 말한다. 현재 실무에서 보편적으로 사용되는 것은 국제복합운송업협회(FIATA ; International Federation of Freight Forwarder Association)가 제정한 FIATA B/L이 있다.

② Combined Transport Document(CTD) : CTD는 국제상공회의소(ICC)가 1973년에 제정한 「복합운송증권에 관한 ICC 통일규칙」에서 규정하는 복합운송증권이다.

③ 기타 복합운송증권 : 복합운송증권은 발행인에 따라 해상운송인, 항공운송인, 육상운송인 등 실제 운송인이 발행한 증권이 있고, 운송주선인(Freight Forwarder)이 복합운송인으로서 발행한 증권이 있다.

> 💡**TIP** FIATA 복합운송증권(Multimodal Transport B/L)
>
> ① 프레이트 포워더(Freight Forwarder)는 화주의 단독위험으로 화물을 보관할 수 있다.
> ② 프레이트 포워더가 인도지연으로 인한 손해, 화물의 멸실, 손상 이외의 결과적 멸실 또는 손상에 대해 책임을 져야 할 경우, 프레이트 포워더의 책임한도는 본 FBL(Forwarder's B/L)에 의거한 복합운송계약 운임의 2배 상당액을 초과하지 않는다.
> ③ FBL에 따르면, 화물의 손상·멸실 등의 경우, 프레이트 포워더는 무과실을 입증하지 못하는 한 배상책임을 면할 수 없다.
> ④ 해상운송이나 내수로운송이 포함되지 않은 국제복합운송의 경우, 프레이트 포워더의 책임은 멸실 또는 손상된 화물의 총중량 1kg당 8.33SDR(Special Drawing Rights)을 초과하지 않는 금액으로 제한된다.
> ⑤ 프레이트 포워드의 총책임은 화물의 전손에 대한 책임을 한도로 한다.

◀ 복합운송증권 규칙 비교 ▶

구분 \ 규칙	ICC 복합운송증권 통일규칙(1975)	UN 국제복합운송 조약(1980)	UNCTAD/ICC 복합운송증권 규칙(1992)
적용범위	이 규칙에 의한 복합운송증권에 의거하여 체결된 복합운송계약에 적용된다.	복합운송인이 화물을 수취하는 지점 및 화물을 인도하는 지역 또는 'or'에 의해 연결되어 있는 경우, 자국이 이 조약의 체약국이 아니더라도 상대국이 체약국이면(반대의 경우 포함) 이 조약이 적용된다.	이 규칙을 복합운송계약에 삽입시키는 경우 이 규칙이 적용되며, 이 경우 단일운송계약 또는 복합운송계약에 관계없이 적용된다.
책임체계	이종책임체계	변형단일책임체계	변형단일책임체계
책임원칙	과실추정책임원칙 (단, 운송인의 거증책임 있음)	좌동	좌동
배상금액 및 책임한도	손해발생구간이 불명확한 경우에는 중량주의에 따라 1kg당 30포앙카레프랑(약 2SDR)을 한도로 하며, 손해발생구간이 판명된 경우에는 각 구간에 적용되어야 하는 국제조약(규칙) 또는 국내법에 따른다.	1package or 1unit당 920SDR 또는 1kg당 2.75SDR 중 높은 금액. 컨테이너, 파렛트 등을 세는 방법은 Hague-Visby Rules, Hamburg Rules과 동일하다. 복합운송에 해상운송구간이 포함되지 않은 경우 1kg당 8.33 SDR을 적용한다.	복합운송인이 물품을 인수하기 전에 송화인이 물품의 종류와 가액을 통보하고 또한 이를 복합운송증권에 기재한 경우를 제외하고 매 포장당 또는 매 단위당 666.67SDR 또는 매 kg당 2SDR 중에서 높은 쪽의 금액. 복합운송에 해상운송구간이 포함되지 않은 경우 1kg당 8.33 SDR을 적용한다.
지연손실 배상금액	지역구간에 대해 해당 운송수단의 운임액 범위 내	지연된 화물에 한해 운임의 2.5배 범위 내. 단, 총 배상금액이 운송계약상의 총운임을 초과하지 않는 금액	인도지연에 따른 간접손해에 대하여 책임이 있는 경우 총운임을 초과하지 않는 금액
책임한도 총액	해당 조항 없음	전손(全損)에 대한 책임한도액. 단 간접손실은 불포함	전손에 대한 책임한도액
책임제한권 상실	복합운송인의 고의 또는 무모하게 또는 알면서 행한 작위 또는 부작위에 대해서는 책임제한(한도)의 이익을 주장하지 못한다.	좌동	좌동

5 주요 복합운송경로

Land Bridge란 육·해 복합일관운송이 실현됨에 따라 '해상 – 육로 – 해상'으로 이어지는 운송구간 중 육로운송구간을 말한다.

(1) 미국 대륙횡단철도망(American Land Bridge ; ALB)

① 극동/미국서안 간의 태평양 항로와 미국 대륙횡단철도망 및 미국 동안항/유럽 간의 대서양 항로를 연결하여 극동/유럽 간의 화물운송에 이용될 수 있는 해륙복합운송경로로 1972년 Sea Train사에 의해 개발되었다.

② 극동발 유럽행 화물은 극동의 주요 항구로부터 미국 태평양 연안의 주요 항구(LA, Oakland, Seattle, Long Beach)까지 선박(1st Vessel)에 의해 운송된 후 그곳에서 대서양 연안의 주요 항구(New York 등) 또는 걸프만항(Huston 등)까지 철도(주로 Double Stack Train ; DST)로 운송되며, 다시 그곳에서 유럽의 항구까지는 다른 선박(2nd Vessel)에 의해 운송된다.

③ 1972년 Sea Train사가 개발한 경로로서, 극동지역에서 선적한 화물을 미국 태평양 연안의 오클랜드나 로스앤젤레스 등의 항구로 해상운송한 후, 미국 동부의 대서양 연안이나 멕시코 만의 항구까지 철도로 운송하여 이곳에서 다른 선박에 환적한 후에 유럽의 앤트워프, 함부르크, 로테르담, 브레멘 등 각 항구까지 해상운송하는 경로이다.

(2) Mini-Land Bridge(MLB)를 이용한 복합운송경로

① 극동/미국 대서양 연안항, 걸프만의 항구 간과 유럽/미국 태평양 연안 간의 해상운송경로 중 미국 대서양 연안, 걸프만항/미국 태평양 연안항 간의 운송을 미국 대륙횡단철도망을 이용한 철도운송방식을 대체함으로써 운송시간을 단축시킨 경우로서 1972년 Sea Train사에 의해 개발되었으며, 오늘날에도 활발히 이용되고 있다.

② 극동지역에서 출발한 화물은 미국 태평양 연안의 주요 항구까지 컨테이너선에 의해 운송된 후 그곳에서 화물의 종착지인 미국 대서양 연안의 항구 또는 걸프만의 항구까지는 미국 대륙횡단철도망(주로 DST)에 의해 운송된다.

(3) Micro Bridge를 이용한 복합운송경로

① 극동 미국 내륙지역 또는 구주/미국 내륙지역 간 화물운송에 이용되는 경로로서 1977년 State Steamship Lines에 의해 개발되었으며, 일명 IPI(Interior Point Intermodal) 서비스로 불리기도 한다.

② 운송의 출발지 또는 도착지가 미국의 내륙지역인 점에서 Mini-Land Bridge와 구별된다.

③ 파나마 운하를 경유하지 않는 점에서 Reverse IPI와 구별된다.

(4) Reverse IPI를 이용한 복합운송경로

① 극동/미내륙지 간 화물운송에서 IPI와 달리 극동에서 파나마 운하를 경유하며 미국의 대서양 연안항 또는 걸프만항까지 해상을 통해 운송한 후 그곳에서 내륙의 도착지까지는 철도나 화물 자동차로 운송하는 방식이다.

② 미국의 내륙지역이 화물운송의 출발지 또는 도착지인 점에서는 IPI와 동일하나 운송 중 파나마 운하를 경유하는 점에서는 IPI와 구별된다.

③ Riverse Interior Point Intermodal(RIPI)은 뉴욕·찰스턴·사바나 등의 동해안 및 걸프지역 항구까지 해상운송되어 양륙된 화물이 철도 또는 트럭에 환적되어 내륙운송되고 최종 목적지 의 철도터미널 또는 트럭터미널에서 수화인에게 인도되는 복합일관운송 서비스이다.

(5) 캐나다 횡단철도망(Canadian Land Bridge ; CLB)을 이용한 복합운송경로

① ALB System에서 힌트를 얻은 일본의 Freight Forwarder들이 1979년부터 1981년까지 한시적 으로 개발을 촉진하여 그 가능성만 확인했었던 국제복합운송경로이다.

② 현재는 이용률이 거의 전무한 실정이다.

(6) 시베리아 대륙횡단철도망(Trains Siberian Railway ; TSR)을 이용한 복합운송경로

① 극동지역의 주요 항구(부산)와 러시아의 컨테이너 전용항구인 보스토치니 간의 해상운송경로 와 시베리아 대륙철도망 및 유럽(로테르담)으로 연결된 복합운송경로(13,000km)이다.

② SLB(Siberian Land Bridge)라고도 한다.

③ 동으로는 태평양에서 서로는 발트해에 이르는 세계 최장의 단일철도 시스템이다.

④ 급행열차를 탈 경우 지구 둘레의 1/3, 7일이 소요된다.

⑤ 시간이 바뀌는 시간대만도 7개나 지난다.

⑥ 모스크바로부터 동쪽으로 9,198킬로미터 떨어진 블라디보스토크 항까지 또는 9,441km 떨어진 북쪽의 나호드카 항까지를 말하기도 한다.

(7) 중국 대륙횡단철도망(Trains China Railway ; TCR)을 이용한 복합운송경로

① 극동/구주 간 운송화물을 극동에서 중국의 연운항까지 해상운송한 후 그곳에서 TCR을 이용하 여 유럽 또는 중동 등지로 운송하는 복합운송경로이다.

② 한국을 기점으로 운송거리면에서 TCR은 TSR보다 약 2,000km 정도 단축된다.

③ 한국을 기점으로 운송비면에서 TCR은 TSR보다 약 20% 이상 절감된다.

(8) 아시아 횡단철도망(Trains Asian Railway ; TAR)

① UN ESCAP에서 동북아시아의 생산력과 유럽의 풍부한 구매력을 원활히 연결시켜 동북아시아 의 경제발전을 도모할 목적으로, 유라시아대륙 간의 기존 운송방식인 해상운송과 경쟁할 수

있는 효율적인 컨테이너 수송로의 구축을 위해, 1990년대 초반부터 건설을 추진 중인 극동지역과 유럽지역을 연결하는 새로운 국제복합운송경로이다.

② 이 경로를 이용하는 극동/구주 간 운송화물을 한반도 횡단철도(Trains Korean Railway ; TKR), 중국 횡단철도(TCR), 시베리아 횡단철도(TSR) 등의 연계를 통해 수송하게 된다.

③ 아시아 횡단철도 계획은 당초 '동남아시아 – 방글라데시 – 인디아 – 파키스탄 – 이란 – 터키'를 연결하는 남부노선만을 포함하였다.

④ 아시아 북부지역의 긴장 완화, 중국의 급속한 경제성장, 북한과의 경제교류 가능성 증가, 몽골, 카자흐스탄, 러시아연방의 시장경제체제 도입으로 인한 경제발전에 대한 기대 등으로 한반도, 중국, 러시아, 중앙아시아 등을 연결하는 북부노선을 포함한다.

⑤ 동북아지역 국가 간의 철도운영체계가 개선된다면 TAR은 유럽의 PETN(Pan European Transport Network)과 유기적인 연계운송체계를 구축할 것으로 예상된다.

> **TIP**
> • TMR(만주 횡단철도)
> • TMGR(몽골 횡단철도)
> • OCP(Overland Common Point) : 극동에서 미주대륙으로 운송되는 화물에 공통운임이 부과되는 지역으로 로키산맥 동쪽지역

(9) 한반도 철도노선(TKR) 연결

① 개 요
  ㉠ 유라시아 육상운송기반시설 개발(ALTID)프로젝트 : UN ESCAP 결정(1996)
  ㉡ 한반도 종단철도(TKR)의 선결조건 : 남북한 간의 미연결 구간(missing link) 복원

② 노 선
  ㉠ 경의선(TKR1) : 총연장 945km
  ㉡ 경원선 I (TKR2) : 1,313km
  ㉢ 경원선 II (TKR3) : 1,354km

③ 한반도 철도노선의 연장

노선명	한국 내 구간 (km)	미연결 구간 (km)	북한 내 구간 (km)	총연장 (km)
경의선 (TKR1 ; R4c)	491(부산–서울역–문산)	20(문산–개성)	434(개성–평양–신의주)	945
경원선 I (TKR2 ; R4b)	533(부산–용산역–신탄리)	31(신탄리–평강)	749(평강–청진–두만강)	1,313
경원선 II (TKR3 ; R4a)	상동	상동	790(평강–청진–회령–남양)	1,354

01 부정기선의 용선계약에 관한 설명으로 옳지 않은 것은?

① 항해용선계약(Voyage Charter)은 한 항구에서 다른 항구까지 왕복 항해를 위해 체결되는 운송계약을 의미한다.

② 선복용선계약(Lump-sum Charter)은 항해용선계약의 변형된 형태이다.

③ 일대용선계약(Daily Charter)은 항해용선계약의 변형으로 하루 단위로 용선하는 용선계약을 의미한다.

④ 정기용선계약(Time Charter)은 모든 장비를 갖추고 선원이 승선해 있는 선박을 일정기간 동안 사용하는 계약을 의미한다.

⑤ 나용선계약(Bare-boat Charter)은 선박만 용선하는 계약으로 인적·물적요소 전체를 용선자가 부담하고 운항 전반을 관리하는 계약을 의미한다.

> **해설** 항해용선계약은 왕복 항해가 아니라 한 항구에서 다른 항구까지의 편도 항해운송계약을 말한다.

02 다음의 설명 중 맞지 않는 것은?

① 웨이버(Waiver)제도 – 화주가 외국선사를 사용할 경우 해당 지역으로 취항하는 국적선이 없음을 확인하는 것으로 국적선 불취항 증명

② 감항성(Seaworthiness) – 선박이 목적항구까지 소정의 화물을 싣고 항해를 무사히 종료할 수 있는 상태 하에 있는 선박의 종합적인 항해능력

③ 선급제도(Classification societies) – 국가마다 다른 법규에 의하여 선박이 제조됨에 따라 정상적인 항해가 가능하다는 것을 객관적으로 판단할 수 있도록 만들어진 제도

④ 재화중량톤수(Dead Weight Tonnage) – 화물선의 최대 적재능력을 표시하는 기준으로 영업상 가장 중요시되는 톤수이며, 선박의 통행가능 여부와 항만의 출입가능 여부 등을 결정하는 주요 기준이 됨.

⑤ 흘수(Drafts) – 선박의 물속에 잠긴 부분을 수직으로 잰 길이로서, 종류로는 전흘수, 형흘수, 선수흘수, 선미흘수, 최대만재흘수 등이 있음.

정답 **01** ① **02** ④

> **해설** 재화중량톤수(Dead Weight Tonnage ; DWT) : 선박이 적재할 수 있는 화물의 최대중량으로 선박의 매매, 용선료 산정 등의 기준으로 사용하는 상업상 가장 중요한 톤수이다.

03 프레이트 포워더(Freight Forwarder)에 관한 설명으로 옳지 않은 것은?

① 프레이트 포워더의 유형은 크게 운송인형 프레이트 포워더와 운송주선인형 프레이트 포워더로 구분할 수 있다.
② 프레이트 포워더는 직접 운송수단을 보유하지 않은 채 고객을 위하여 화물운송의 주선이나 운송행위를 하기도 한다.
③ 프레이트 포워더는 운송주선인, 복합운송인 등으로 혼용하여 사용되고 있다.
④ 프레이트 포워더는 통상 특정 화주의 대리인으로서 화주의 명의로 운송계약을 체결한다.
⑤ NVOCC(무선박운송인)는 프레이트 포워더형 복합운송인이다.

> **해설** 프레이트 포워드는 자기의 명의로 운송계약을 체결한다. 불특정 다수의 화주에 대해서는 운송인의 입장이지만, 실제 운송인에 대해서는 화주로서 운송계약을 체결한다.

04 물류보안 및 안전에 관한 설명으로 옳지 않은 것은?

① CSI는 미국으로 운송되는 모든 수출화물에 대해 선적지에서 선적 24시간 전까지 미국세관에 적하목록 제출을 의무화하는 규정이다.
② C-TPAT은 미국 CBP가 도입한 반테러 민관 파트너십제도이다.
③ ADR은 각국 정부와 항만관리 당국, 선사들이 갖춰야 할 보안 관련 조건들을 명시한 국제해상보안규약이다.
④ 위험물컨테이너점검제도는 위험물의 적재, 수납, 표찰 등에 관한 국제규정인 국제해상위험물규칙(IMDG Code)의 준수 여부를 점검하고, 위험물 운송 중 사고를 예방하기 위한 제도이다.
⑤ 항만보안법은 컨테이너를 통해 이동하는 WMD 등 위험화물을 사전에 통제하는 데 필요한 거의 모든 조치가 포함되어 있다.

> **해설** ADR은 'American Depositary Receipt'의 약자로 미국예탁증권을 말한다.

05 선박의 톤수에 대한 설명 중 옳지 않은 것은?

① 용적톤(Space Tonnage)에는 총톤수(Gross Tonnage : GT), 순톤수(Net Tonnage : NT), 재화용적톤수(Measurement Tonnage : MT), 배수톤수(Displacement Tonnage : DT)가 있다.

② 총톤수(GT)는 선박의 크기를 나타내며 관세, 등록세, 도선료 등의 산출기준이 된다.

③ 순톤수(NT)는 상행위와 관련된 것으로 항세, 톤세, 항만시설 사용료 등의 기준이 된다.

④ 재화중량톤수(Dead Weight Tonnage : DWT)는 선박의 최대 적재능력이며, Long Ton(LT)을 주로 사용한다.

⑤ 화물톤(Cargo Ton)은 선하증권에 기재되는 톤수이며 운임 적용톤이다.

[해설] 배수톤수는 중량톤이다.

06 다음 중 해운동맹에 관한 설명으로 옳지 않은 것은?

① 해운동맹은 가입 및 탈퇴의 자유 유무에 따라 개방동맹과 폐쇄동맹으로 분류된다.

② 가장 막강한 폐쇄동맹이었던 극동/구주운임동맹(FEFC)은 현재 해체되었다.

③ 해운동맹은 공동합의를 전제로 하기 때문에 시장환경의 변화에 탄력적으로 대응할 수 있다.

④ 해운동맹은 운임에 중점을 두었기 때문에 운임동맹이라고도 한다.

⑤ 컨테이너화의 확산으로 운송서비스가 동질화되어 동맹선의 비교우위가 사실상 없어지게 되었다.

[해설] 해운동맹은 공동합의를 전제로 하기 때문에 시장환경의 변화에 탄력적으로 대응하기가 어려운 것이 단점이다.

07 국제물류주선업자의 기능으로 옳은 것을 모두 고른 것은?

ㄱ. 선박의 감항능력 유지	ㄴ. 혼재화물 취급업무
ㄷ. 컨테이너야드 관리	ㄹ. 운송계약의 체결과 선복의 예약
ㅁ. 운송서류 작성	

① ㄱ, ㄴ, ㄷ   ② ㄱ, ㄷ, ㅁ

③ ㄴ, ㄷ, ㄹ   ④ ㄴ, ㄹ, ㅁ

⑤ ㄷ, ㄹ, ㅁ

[해설] 선박의 감항능력 유지와 컨테이너야드 관리는 선박을 소유 또는 운항하는 운송인의 기능이다.

정답 05 ① 06 ③ 07 ④

08 항해용선계약에서 적재 및 하역비 부담조건에 대한 설명 중 옳지 않은 것은?

① FIO(Free In and Out)는 적하시와 양하시의 하역비를 선주가 부담하는 조건이다.

② Gross terms(Gross charter)는 항비, 하역비, 검수비를 선주가 부담하는 조건이다.

③ Net terms(Net charter)는 항비, 하역비, 검수비를 화주가 부담하는 조건이다.

④ FO(Free Out)는 적하시의 하역비는 선주가 부담하고 양하시의 하역비는 화주가 부담하는 조건이다.

⑤ FI(Free In)는 적하시의 하역비는 화주가 부담하고 양하시의 하역비는 선주가 부담하는 조건이다.

> 해설 용선계약에서 FIO조건은 적하시와 양하시 모두 하역비를 화주가 부담하는 조건이다.

09 다음 설명에 해당하는 해상운송계약의 형태는?

> • 일종의 선박 임대차 계약으로 용선자가 일시적으로 선주 지위를 취득한다.
> • 용선자가 선용품, 연료 등을 선박에 공급하고 선장 및 승무원을 고용한다.
> • 용선자가 용선기간 중 운항에 관한 일체의 감독 및 관리권한을 행사한다.

① Daily Charter ② Lump Sum Charter

③ Bareboat Charter ④ Trip Charter

⑤ Partial Charter

> 해설 ③ **나용선계약**(Bare Boat 또는 Demise Charter) : 용선자가 선박만을 임차하여 장비 및 선원 등 인적·물적요소, 그리고 운항에 필요한 모든 비용을 부담하며 선박에 대한 실질적인 지배권을 획득하는 계약이다. 용선자는 용선기간 중에 선주의 지위를 취득하며, 선용품 등을 선박에 공급하고 선장 및 승무원을 고용한다.
>
> ① **일대용선계약**(Daily Charter) : 본선이 계약된 적재지에 도착하여 화물이 인도된 일시부터 기산하여 양륙지에서 양하완료할 때까지 하루(24시간)에 대해 얼마 또는 1일당·1DWT당 얼마로 정하여 선복을 매일 빌리는 계약이다.
>
> ② **선복용선계약**(Lump Sum Charter) : 운임을 실제적량과 관계없이 전선복 대절로 1항해에 대해 운임총액 얼마로 정하여 계약한다. 선복운임(Lump Sum Freight)은 용적톤 또는 중량톤으로 표시된 적재능력(Carrying Capacity)에 운임률을 곱하여 산정한다. 목재, 석탄, 광석, 곡물류 등을 일반화물과 혼재만선하여 정확한 적량산정이 어려운 경우에 선박운항업자(Operator)에게 유리한 계약방식이다.
>
> ④ **항해용선계약**(Voyage Charter Party, Trip Charter Party) : 한 항구에서 다른 항구까지의 항해(왕복항해 아님)에 한해서 체결되는 운송계약으로, 선주가 모든 장비와 선원을 갖춘 선박을 대여하고 운항에 필요한 모든 비용을 부담하는 계약이다. daily charter, lump sum charter는 trip charter 또는 voyage charter의 종류이다.

⑤ 일부용선(Partial Charter) : 선박의 물품운송에 이용될 수 있는 선복(船腹) 중 일부만을 대절, 사용하는 용선방식이다. 보통 선복의 일정부분(선창의 번호를 지정)을 지정하여 대절한다. 용선은 대개 한 선박의 전 선복을 이용하는 것을 목적으로 하는 것이나 일부용선에 있어서는 한 선박에 대하여 2인 이상의 독립적 용선자가 존재하게 되므로 개품운송(個品運送)과 전부용선(全部傭船)의 중간적 성격을 가지고 있는 방식이라 할 수 있다.

10 해상운송에서 정기선운송과 부정기선운송에 관한 설명으로 옳은 것은?

① 해상운송계약 체결의 증거로서 정기선운송은 선화증권(Bill of Lading)을, 부정기선운송은 용선계약서(Charter Party)를 사용한다.

② 정기선운송은 벌크화물을 운송하고, 부정기선운송은 컨테이너화물을 운송한다.

③ 정기선운송인은 사적 계약운송인의 역할을, 부정기선운송인은 공공 일반운송인의 역할을 수행한다.

④ 정기선운송 운임은 수요와 공급에 의해 결정되고, 부정기선운송 운임은 공표운임(Tariff)에 의해 결정된다.

⑤ 정기선운송의 하역비 부담조건은 FI, FO, FIO 등이 있고, 부정기선은 Berth term에 의해 결정된다.

[해설] ② 정기선은 컨테이너화물 등 포장화물을 운송하고, 부정기선은 벌크화물 등 무포장화물을 운송한다.
③ 정기선운송인은 불특정다수의 화주를 대상으로 공동 일반운송인의 역할을 수행하고, 부정기선운송인은 특정 화주를 대상으로 사적 계약운송인의 역할을 수행한다.
④ 정기선운송 운임은 공표운임(Tariff)에 의해 고정 성격의 운임이고, 부정기선운송 운임은 수요와 공급에 의해 결정되는 변동 성격의 운임이다.
⑤ Berth term은 정기선운송의 하역비 부담조건이며, FI, FO, FIO 등은 부정기선운송의 하역비 부담조건이다.

11 다음 중 복합운송에 대한 설명으로 적합하지 않은 것은?

① 하나의 운송수단에서 다른 운송수단으로 신속하게 환적할 수 있는 새로운 운송기술이다.

② 어느 한 운송방식에 의한 계약의 이행을 위해 부수적으로 행해지는 집화와 인도에 의한 운송은 광의의 복합운송에 해당하지 않는다.

③ 1929년 바르샤바 조약에서부터 인정되고 있다.

④ 단순히 운송구간을 2번 이상 반복하는 통운송과는 구별된다.

⑤ 국제 간의 운송으로서 복합운송계약을 체결해야 한다.

[해설] 복합운송은 2가지 이상의 운송수단을 이용한 운송을 의미하는 것이지 국제 간의 운송으로 반드시 복합운송계약을 체결해야 하는 것은 아니다. 그리고 어느 하나만의 운송방식에 의한 계약의 이행을 위해 부수적으로 행해지는 집화와 인도에 의한 운송은 복합운송에 해당하지 않는다.

정답 10 ① 11 ⑤

12 복합운송의 서류에 반드시 포함시켜야 할 내용이 아닌 것은?

① 복합운송인의 명칭
② 화물의 용도
③ 송화인의 명칭
④ 화물의 인도지
⑤ 화물의 종류, 수, 총중량 및 위험성

> **해설** 화물의 용도는 운송서류의 필수기재사항이 아니며, 외관상태는 중요기재사항이다.

13 다음은 무선박운송인(NVOCC)에 대한 설명이다. 틀린 것은?

① NVOCC(Non-Vessel Operating Carrier Company)의 약자로 선박회사와는 경쟁관계에 있다.
② NVOCC의 출현배경은 컨테이너에 의한 해륙일관수송에 있다.
③ NVOCC는 혼재(Consolidation)에 의해 소화주에게도 규모의 경제효과를 제공할 수 있게 된다.
④ NVOCC는 미국에서 발달된 포워더의 특수한 형태라 할 수 있다.
⑤ NVOCC는 선사에 비해 화주에게 선택의 폭이 넓은 운송서비스를 제공할 수 있다.

> **해설** NVOCC는 선박회사와 경쟁관계에 있는 것이 아니라 선박회사에게 다수 소화주의 화물을 혼재화물의 형태로 제공하므로 보완관계에 있으며, 포워더(forwarder)의 일종이다.

14 선박의 종류에 관한 설명으로 옳지 않은 것은?

① LASH선은 부선(Barge)에 화물을 적재한 채로 본선에 적재 및 운송하는 선박이다.
② 전용선(Specialized Vessel)은 특정화물의 적재 및 운송에 적합한 구조와 설비를 갖춘 선박이다.
③ 로로선(RO-RO Vessel)은 경사판(Ramp)을 통하여 하역할 수 있는 선박이다.
④ 유조선(Tanker)은 원유, 액화가스, 화공약품 등 액상 화물의 운송에 적합한 선박이다.
⑤ 겸용선(Combination Carrier)은 부선(Barge)에 적재된 화물을 본선에 설치되어 있는 크레인으로 하역하는 선박이다.

> **해설** 겸용선은 두 가지 이상의 화물을 운송하는 선박을 말한다. 겸용선의 예로는 광석·유류 겸용선(Ore·Oil Carrier), 자동차·살물 겸용선(Car·Bulk Carrier), 광석·살물·유류 겸용선(Ore·Bulk·Oil Carrier) 등이 있다.

정답 **12** ② **13** ① **14** ⑤

15 다음의 설명에 해당하는 복합운송책임체계는 어느 것인가?

> • 각종 운송모드마다 강행법규에 의한 운송책임원칙이 적용된다.
> • 화주의 입장에서 내용파악이 용이하다.
> • 화주의 입장에서 불리한 책임조건이 설정될 염려가 없다.
> • 복합운송인과 하청운송인 간의 운송책임 격차를 줄일 수 있다.

① 단일책임 시스템
② 분할책임 시스템
③ 변형단일책임체제
④ 이종책임체제
⑤ 동일책임부담방식

> **해설** 복합운송에 있어서 각 운송구간별로 책임이 명확히 구분되는 경우에는 이종책임체제를 도입한다.

16 복합운송은 서로 다른 운송수단을 결합하여 운송하는 형태를 말한다. 다음 중 복합운송시스템으로 볼 수 없는 것은?

① Piggy-Back System
② Sea and Air System
③ Fishy-Back System
④ Land Bridge System
⑤ Hub and Spoke System

> **해설** Hub and Spoke System은 서로 다른 운송수단을 결합한다기보다는 국내외 화물운송에 있어서 화물이 간선 수송되어 허브기지로 집결된 후 지선(Spoke)수송이 이루어지는 방식을 말한다.

17 수출되는 FCL 화물의 해상운송 업무와 관련하여 필요한 서류들을 업무흐름의 순서대로 나열한 것은?

> ㄱ. 선하증권   ㄴ. 기기수령증   ㄷ. 선적요청서
> ㄹ. 본선수취증   ㅁ. 부두수취증

① ㄴ - ㄷ - ㅁ - ㄹ - ㄱ
② ㄴ - ㄷ - ㄹ - ㄱ - ㅁ
③ ㄷ - ㅁ - ㄴ - ㄱ - ㄹ
④ ㄷ - ㄴ - ㄹ - ㄱ - ㅁ
⑤ ㄷ - ㄴ - ㅁ - ㄹ - ㄱ

> **해설** 수출 FCL 화물의 해상운송 업무 관련 업무흐름을 서류로 나열하면 '선적요청서(Shipping order) → 기기수령증(Equipment Receipt) → 부두수취증(Dock's receipt) → 본선수취증(Mate's receipt) → 선하증권(Shipped bill of lading)'의 순이다.

18 우리나라 A상사가 중국에 있는 다수의 업자들로부터 컴퓨터, TV, 의류 등을 구매하여 1개의 컨테이너에 적입한 후 해상을 통하여 수입하려 한다. 이 경우 적합한 운송형태는?

① Shipper → CFS → CY → 해상운송 → CY → Receiver

② Shipper → CFS → 해상운송 → CY → CFS → Receiver

③ Shipper → CY → 해상운송 → CY → CFS → Receiver

④ Shipper → CY → 해상운송 → CY → Receiver

⑤ Shipper → CFS → CY → 해상운송 → CY → CFS → Receiver

> **해설** 중국의 수출업자가 다수이므로 송화인(Shipper)의 화물은 소량 컨테이너화물(LCL)을 취급하는 컨테이너화물 장치장(CFS)에서 만재 컨테이너화물(FCL)로 만들어져 FCL화물 장치장인 CY를 거쳐 선박으로 해상운송되고, 도착지에서는 수화인이 1명이므로 CFS를 거치지 않고 바로 CY를 경유하여 수화인(receiver)에게 전달된다.

19 선박에 관한 설명으로 옳지 않은 것은?

① 선박은 크게 선체(hull), 기관(engine), 기기(machinery)로 구성되어 있다.

② 흘수(吃水)란 수면에서 선저의 최저부까지의 수직거리로서, 건현(乾舷)의 반대 개념이다.

③ 형폭은 선체의 제일 넓은 부분에서 추정한 프레임의 외판에서 외판까지의 수평거리를 의미한다.

④ 격벽은 수밀과 강도 유지를 위해 선창 내부를 수직으로 분리하는 구조물을 의미한다.

⑤ 전장(全長)은 만재흘수선상의 선수수선으로부터 타주의 선미수선까지의 수평거리로 선박의 길이는 이것을 사용한다.

> **해설** 전장은 선체에 고정적으로 붙어있는 모든 돌출물을 포함한 배의 맨 앞부분에서부터 맨 끝까지의 수평거리를 말한다. 만재흘수선상의 선수수선으로부터 타주의 선미수선까지의 수평거리는 수선간장을 말하며 전장보다 짧다. 일반적으로 선박의 길이는 수선간장을 사용한다.

20 〈보기 1〉의 부정기선의 계약에 따른 운항형태에 대한 설명을 〈보기 2〉에서 찾아 모두 바르게 연결한 것은?

> **보기 1**
>
> ㄱ. 항해용선계약(Voyage Charter) ㄴ. 선복용선계약(Lump Sum Charter)
>
> ㄷ. 일대용선계약(Daily Charter) ㄹ. 정기용선계약(Time Charter)
>
> ㅁ. 나용선계약(Bare Boat Charter)

보기2

a. 한 선박의 선복 전부를 하나의 선적으로 간주하여 운임액을 결정하는 용선계약
b. 한 항구에서 다른 항구까지 한 번의 항해를 위해 체결하는 운송계약
c. 하루 단위로 용선하는 용선계약
d. 선박만을 용선하여 인적 및 물적 요소 전체를 용선자가 부담하고 운항의 전 과정을 관리하는 계약
e. 모든 장비를 갖추고 선원이 승선해 있는 선박을 일정기간 정하여 사용하는 계약

① ㄱ - a, ㄴ - c, ㄷ - b, ㄹ - e, ㅁ - d
② ㄱ - a, ㄴ - b, ㄷ - c, ㄹ - e, ㅁ - d
③ ㄱ - b, ㄴ - a, ㄷ - c, ㄹ - e, ㅁ - d
④ ㄱ - b, ㄴ - c, ㄷ - a, ㄹ - d, ㅁ - e
⑤ ㄱ - b, ㄴ - c, ㄷ - e, ㄹ - a, ㅁ - d

해설 ㄱ. **항해용선계약** : 한 항구에서 다른 항구까지 한 번의 항해를 위해 체결하는 운송계약
　　ㄴ. **선복운송계약** : 한 선박의 선복 전부를 하나의 선적으로 간주하여 운임액을 결정하는 용선계약
　　ㄷ. **일대용선계약** : 하루 단위로 용선하는 용선계약
　　ㄹ. **정기용선계약** : 모든 장비를 갖추고 선원이 승선해 있는 선박을 일정기간 정하여 사용하는 계약
　　ㅁ. **나용선계약** : 선박만을 용선하여 인적 및 물적 요소 전체를 용선자가 부담하고 운항의 전 과정을 관리하는 계약

21 항해용선 계약과 나용선 계약을 구분한 것으로 옳지 않은 것은?

구분	항해용선 계약	나용선 계약
ㄱ. 선장고용책임	선주가 감독, 임명	용선주가 임명
ㄴ. 해원고용책임	선주가 감독, 임명	용선주가 임명
ㄷ. 책임한계	선주-운송행위	용선주-운송행위
ㄹ. 운임결정	용선기간	화물의 수량
ㅁ. 용선주 비용부담	없음	전부

① ㄱ　　　　　　　　　　　　　② ㄴ
③ ㄷ　　　　　　　　　　　　　④ ㄹ
⑤ ㅁ

해설 ④ 운임결정은 나용선 계약의 경우에는 용선기간으로, 항해용선 계약의 경우에는 화물의 수량을 기준으로 한다.
　　⑤ 항해용선 계약은 용선주 비용부담이 없으며, 나용선 계약은 직접선비나 운항비 및 용선계약의 경우 선박보험료 등을 부담하니 일부 전문기의 경우 비용전부부담으로 알고 있어서 출제상 오류로 보인다.

정답 **21** ④, ⑤

22 **화물운송과 관련된 보안제도에 대한 설명으로 옳은 것은?**

① CSI(Container Security Initiative)는 미국으로의 대량살상무기 등이 밀반입되는 것을 차단하기 위한 제도로 국내의 모든 무역항이 지정되어 있다.

② 24 Hours Rule은 CSI제도의 보완조치로 미국행 컨테이너화물을 수출하는 모든 운송인을 대상으로 선적 24시간 전에 적하목록을 신고하도록 하는 제도이다.

③ AEO(Authorized Economic Operator)는 세관에서 일정자격을 갖춘 자에게 통관절차 간소화 등 혜택을 보장하는 제도로 국내에는 아직 도입되지 않고 있다.

④ 상용화주제는 세관이 화주 또는 항공화물대리점을 상용화주로 지정하고, 항공화물에 대한 보안검색을 생략할 수 있는 제도이다.

⑤ ISPS(International Ship & Port facility Security) Code는 세계관세기구에서 제정한 것으로 해상분야 보안강화를 위해 정부, 선사, 항만 당국 등이 행하여야 하는 의무를 규정하고 있다.

> **해설** ① CSI는 미국 이외의 지역에서 미국으로 수출될 컨테이너화물을 검사하는 제도를 말한다.
> ③ AEO제도는 세관 당국이 화물보안과 관련하여 화주기업이 수출입신고를 성실하게 하고, 시설안전관리기준을 준수하는가 여부를 심사하여 일정수준 이상의 기준을 충족하면, 종합인증우수업체로서 신속통관, 물품검사 면제 등 통관절차 간소화 혜택을 부여하는 인증제도이다.
> ④ 상용화주제도는 화주 또는 화물을 취급하는 기업이 정부에서 정한 보안기준을 충족시 공항 이외의 지역에서도 화물을 자체적으로 보안검색을 하는 제도를 말한다.
> ⑤ ISPS Code는 국제선박 및 항만시설 보안규약으로 각국 정부와 항만관리 당국 및 선사들이 갖춰야 할 보안 관련 조건들을 명시하고 있으며, 국제무역에 사용되는 선박 및 항만시설에서의 보안에 대한 위협을 감지하는 방법과 보안사고를 예방하는 방법에 대한 가이드라인을 제시하고 있다.

23 **선하증권에 관한 국제규칙인 함부르크 규칙(Hamburg Rules, 1978)의 주요 내용으로 옳지 않은 것은?**

① 선박의 감항능력(내항성) 담보에 관한 주의의무 규정의 삭제

② 화재면책의 폐지 및 운송인 책임한도액의 인상

③ 항해과실 면책조항의 신설

④ 면책 카탈로그(Catalogue)의 폐지

⑤ 지연손해에 관한 운송인 책임의 명문화

> **해설** 함부르크 규칙의 주요 내용을 기존 조약(헤이그/비스비 규칙)의 내용과 비교해 볼 때 그 중 특히 달라진 사항은 다음과 같다.
> ㉠ 선하증권 기재사항의 상세 규정
> ㉡ **규칙 적용범위의 확대** : 함부르크 규칙은 헤이그/비스비 규칙이 그 적용을 제외시켰던 생동물, 갑판적화물도 포함하고 있어서, 선하증권의 발행유무에 관계없이 용선계약에 의한 살물(撒物)운송을 제외한 모든 개품(個品)운송에 적용하도록 하고 있다.

정답 **22** ② **23** ③

ⓒ **운송인의 책임기간의 확대** : 헤이그/비스비 규칙의 책임기간은 화물의 선적부터 양륙까지인데 비하여, 함부르크 규칙은 운송인이 화물을 수령한 때부터 인도까지로 확대하였다.

ⓔ **면책사유 열거주의(소위 면책 카탈로그)의 폐지** : 함부르크 규칙의 가장 두드러진 특징은 항해과실을 운송인의 면책사유로 인정하지 않는 것을 포함하여 선박취급상의 과실 면책, 선박화재 면책 조항 등 헤이그/비스비 규칙에서 규정한 16가지의 운송인의 면책사유를 폐지한 것이다.

ⓜ **인도지연에 대한 책임조항의 신설**

ⓗ **운송인의 책임제한액의 인상** : 화물이 멸실 또는 훼손된 경우 헤이그/비스비 규칙에서는 포장당 666.67SDR 또는 kg당 2.00SDR 중 높은 쪽을 취하여 산출된 금액을 운송인의 책임제한액으로 할 수 있도록 규정한 데 비하여, 함부르크 규칙에서는 이를 835SDR 또는 kg당 2.5SDR로 인상하였다.

ⓢ 상기 외 손해통지기한 및 제소기한의 연장, 송하인의 보상각서에 관한 조항의 신설, 재판관할 및 중재신청 장소에 관항 조항의 신설 등이 있다.

24 다음 설명에 해당하는 선박의 톤수는?

- 선박 내부의 총 용적량으로 상갑판 하부의 적량과 상갑판 상부의 밀폐된 장소의 적량을 모두 합한 것이다.
- 선박의 안전과 위생 등에 이용되는 장소는 제외된다.
- 각국의 해운력과 보유 선복량을 비교할 때 주로 이용된다.
- 관세, 등록세, 소득세, 도선료, 각종 검사료, 세금과 수수료의 산출기준이다.

① 총톤수(Gross Tonnage) ② 순톤수(Net Tonnage)
③ 중량톤수(Weight Tonnage) ④ 배수톤수(Displacement Tonnage)
⑤ 재화중량톤수(Dead Weight Tonnage)

해설 ① **총톤수**(Gross Tonnage : GRT, G/T) : 선박 내부의 총용적을 100세제곱피트(ft^3)(1,000/353m^3)를 1톤으로 하여 표시한 것이다. 선수미를 전통(全通)하는 갑판의 하나를 측도(測度)갑판(보통 상갑판)으로 정하여 이 갑판 이하의 적량에 측도갑판 이상의 밀폐된 장소의 적량을 가산한 것을 100 Cubic Feet를 1톤으로 하여 표시한 것이다.

② **순톤수**(Net Tonnage : NRT, N/T) : 총톤수로부터 선박운항에 직접 사용되는 일정 장소를 공제한 용적톤수로 총톤수와 마찬가지로 100세제곱피트(ft^3)를 1톤으로 표시한다. 선원거주구역, 해도실, Ballast Tank, 엔진실, 기구실(조타, 계선, 양묘기구에 사용되는 장소), 일정 장소는 보조 보일러 및 Donkey-engine 공간, 갑판장 창고(Boatswain's Store), 기타 선박의 안전, 위생 혹은 이용상 위에 열거한 것에 준한다고 인정되는 장소(예컨대, 무전기구실, 통풍기구실 등)이다. 여객이나 화물을 적재할 수 있는 용적으로, 선박의 수익능력을 표시한다. 톤세, 항세, 연안사용료, 부표사용료, 등대사용료, 항만시설사용료, 운하통과료 등의 산정기준이 된다. 수에즈(Suez) 및 파나마(Panama)의 양 운하를 통항하는 선박에 대해서는 운하통과료(통항료)가 부과되며, 그 기준은 각국의 운하톤수(Canal Tonnage)의 측정방법에 따른 순톤수에 의거한다.

③ **중량톤수**(Weight Tonnage) : 재화중량톤수, 배수톤수 등과 같이 선박톤수를 무게로 나타내는 톤수를 말한다.

④ 배수톤수(Displacement Tonnage) : 선박이 배제한 물의 중량을 배수량(Displacement)이라고 하며 그것을 톤수로 표시하면 선박의 중량이 된다. 선체의 수면 아래에 있는 부분의 용적(배수용적)과 대등한 물의 중량을 배수량 또는 배수톤수라고 한다. 상선의 경우는 항상 적화의 양이 변하므로 배수톤수도 언제나 변화하기에 상선의 크기를 나타내는 데에는 사용되지 않으나 화물의 적재량을 계산하는 데에는 이용된다. 군함의 경우는 적화량의 변화가 거의 없으므로 오로지 배수톤에 의하여 그 크기를 표시한다.

⑤ 재화중량톤수(Dead Weight Tonnage ; DWT) : 만재배수량(만재시의 배수량)으로부터 경하중량(Light Weight, 공선시의 배수량)을 공제한 톤수로 2,240ℓbs(또는 1,000kg)를 1톤으로 하여 산출한다. 보통 중량톤수라고 하면 하기만재흘수선까지 적재한 경우의 하기중량톤수를 말한다. 공선상태로부터 만선이 될 때까지 실을 수 있는 화물, 여객(주로 승무원이며, 가끔 승무원 이외에 업무나 연구 등의 목적으로 수명 이내의 여객이 승선), 연료, 식료, 음료수 등의 합계 중량이다.

25 정기선운송에 필요한 서류에 관한 설명으로 옳지 않은 것은?

① 수화인수취증(B/N) : 선사 또는 대리점이 수화인으로부터 선하증권을 받아 대조 후, 본선이나 터미널에 화물인도를 지시하는 서류
② 기기수도증(E/R) : 육상운송회사가 선박회사로부터 기기류를 넘겨받는 것을 증명하는 서류
③ 본선적부도(S/P) : 본선 내의 컨테이너 적재위치를 나타내는 도표
④ 부두수취증(D/R) : 선사가 화주로부터 화물을 수취한 때에 화물의 상태를 증명하는 서류
⑤ 선적지시서(S/O) : 선사 또는 그 대리점이 화주에게 교부하는 선적승낙서

> 해설 화물선적예약서(Booking Note : B/N)는 선사가 화주로부터 구두 또는 문서로 선적예약을 받은 때에 화물의 명세, 필요한 컨테이너의 수, 운송조건 등을 기입한 서류이다.

26 부정기선 운임에 대한 설명으로 옳지 않은 것은?

① Spot 운임(Spot Rate) : 계약 직후 아주 짧은 기간 내에 선적이 개시될 수 있는 상황에서 지불되는 운임
② 선물운임(Forward Rate) : 용선계약으로부터 실제 적재시기까지 오랜 기간이 있는 조건의 운임으로 선주와 화주는 장래 시황을 예측하여 결정하는 운임
③ 일대용선운임(Daily Charter Freight) : 본선이 지정선적항에서 화물을 적재한 날로부터 기산하여 지정양륙항까지 운송한 후 화물인도 완료시점까지의 1일(24시간)당 용선요율을 정하여 부과하는 운임
④ 장기계약운임(Long Term Contract Freight) : 반복되는 항해에 의하여 화물을 운송하는 경우에 항해 수에 따라 기간이 약정되어 있는 운임
⑤ 선복운임(Lump Sum Freight) : 본선의 선복을 단위로 하여 포괄적으로 정해지는 운임

> 해설 반복되는 항해에 의하여 화물을 운송하는 경우에 항해 수에 따라 기간이 약정되어 있는 운임은 Consecutive Voyage Contract Freight이다.

27 FIATA(International Federation of Freight Forwarder Association) 복합운송증권 (Multimodal Transport Document)에 관한 설명으로 옳지 않은 것은?

① 프레이트 포워더(Freight Forwarder)는 화주의 단독위험으로 화물을 보관할 수 있다.

② 프레이트 포워더가 인도지연으로 인한 손해, 화물의 멸실, 손상 이외의 결과적 멸실 또는 손상에 대해 책임을 져야 할 경우, 프레이트 포워더의 책임한도는 본 FBL (Forwarder's B/L)에 의거한 복합운송계약 운임의 2배 상당액을 초과하지 않는다.

③ FBL에 따르면, 화물의 손상, 멸실 등의 경우, 프레이트 포워더는 무과실을 입증하지 못하는 한 배상책임을 면할 수 없다.

④ 해상운송이나 내수로운송이 포함되지 않은 국제복합운송의 경우, 프레이트 포워더의 책임은 멸실 또는 손상된 화물의 총중량 1kg당 8.33SDR(Special Drawing Rights)을 초과하지 않는 금액으로 제한된다.

⑤ 프레이트 포워더의 총책임은 화물의 전손에 대한 책임한도를 초과한다.

> **해설** ⑤ 프레이트 포워드의 총책임은 화물의 전손에 대한 책임을 한도로 한다.

28 선박의 국적(선적)에 관한 설명으로 옳지 않은 것은?

① 전통적인 선박의 국적 취득 요건은 자국민 소유, 자국 건조, 자국민 승선이다.

② 편의치적제도를 활용하는 선사는 자국의 엄격한 선박운항기준과 안전기준에서 벗어날 수 있다.

③ 제2선적제도는 기존의 전통적 선적제도를 폐지하고, 역외등록제도와 국제선박등록제도를 신규로 도입한다.

④ 편의치적제도는 세제상의 혜택과 금융조달의 용이성으로 인해 세계적으로 확대되었다.

⑤ 우리나라는 제2선적제도를 시행하고 있다.

> **해설** ③ 제2선적제도는 기존의 선적제도를 운영하면서, 신규로 도입한 국제선박등록제도를 말한다. 이는 편의치적제도 또는 역외등록제도로 자국선의 이탈을 방지하기 위함이다.
>
> ✽ 편의치적제도(Flag of Convenience)
> ㉠ 선주가 속한 국가의 엄격한 요구조건(선원의 고용 등)과 의무부과를 피하기 위하여 자국이 아닌 파나마, 온두라스 등과 같은 국가의 선박 국적을 취하는 제도를 말한다. 이는 세금, 인건비 등 절감 혜택이 있으나 해운의 불황 시 자국으로부터 지원을 받지 못하는 불리한 점이 있다.
> ㉡ 각국은 자국선의 편의치적 방지를 위해 자국의 일정지역을 치적으로 정하여 편의치적과 유사한 혜택을 부여하는 제도를 만들었는데, 이를 국제선박등록제도 또는 제2치적제도라고 하며, 우리나라는 제주도를 선박등록특구로 지정·운영하고 있다.

29 운송 관련 국제기구에 관한 설명으로 옳지 않은 것은?

① 국제해운연맹(ISF) : 선주들의 권익보호와 선주들에 대한 자문을 목적으로 각국의 선주협회들이 1919년 결성한 국제민간기구이다.

② 국제해법회(CMI) : UN경제사회이사회 산하의 경제위원회 중 하나이며, 아시아횡단 철도망, 아시아횡단 고속도로망 등을 주요 추진사업으로 하고 있다.

③ 국제선급협회연합회(IACS) : 각국 선급협회의 공통목적을 달성하고자 상호 협력하고 여타 국제단체와의 협의를 위해 1968년에 결성되었다.

④ 국제해사기구(IMO) : 국제적 해사안전 및 해상오염 방지대책의 수립, 정부 간 해운 관련 차별조치의 철폐 등을 설립목적으로 한다.

⑤ 국제해운회의소(ICS) : 각국의 선주협회들이 선주들의 권익 옹호 및 상호 협조를 목적으로 1921년 런던에서 설립된 국제민간기구이다.

> **해설** UN경제사회이사회 산하의 경제위원회 중 하나이며, 아시아횡단 철도망, 아시아횡단 고속도로망 등을 주요 추진사업으로 하고 있는 국제기구는 아시아·태평양 경제사회위원회(ESCAP)이다.

30 Charter Party B/L에 관한 설명으로 옳지 않은 것은?

① 정기용선계약에서 발행된 선하증권을 말하며, 대표적인 표준양식은 NYPE이다.

② 제3자에게 양도된 경우 용선계약서의 내용보다 선하증권의 내용이 우선한다.

③ 이면에는 용선계약서의 모든 내용이 편입된다는 문언이 포함되어 있다.

④ 약식(short form)으로 발행된다.

⑤ 신용장통일규칙(UCP 600)은 신용장에서 별도의 약정이 없는 한, 이 선하증권은 수리하지 않는다고 규정하고 있다.

> **해설** Charter Party B/L(용선계약부 선하증권)은 화주가 대량화물을 운송하기 위해 특정 항로 또는 일정기간 동안 부정기선을 용선하는 경우, 화주와 선박회사 사이에 체결된 용선계약(Charter Party)에 의하여 발행되는 선하증권을 말한다. 정기용선뿐만 아니라 항해용선의 일종인 lump sum charter 하에서도 발행된다. 이는 신용장상에 별도의 명시가 없는 한 은행에서 수리가 거절된다. 수하인이 용선계약서에 명기된 모든 조건을 수용하는 경우, 용선된 선박에 선적된 화물에 대해서 발행되는 선하증권을 말한다. 이 선하증권이 유효하기 위해서는 용선계약이 체결된 일자와 장소가 선하증권에 명시되어야 한다.
> NYPE(New York Produce Exchange)는 뉴욕산물거래소를 말하며, NYPE charter party는 뉴욕산물거래소에 의해 승인된 정기용선계약을 의미한다.

31 정기선운송의 할증료 및 추가운임에 관한 설명으로 옳지 않은 것은?

① 혼잡할증료(congestion surcharge)는 항구에서 선박 폭주로 대기시간이 장기화될 경우 부과하는 할증료이다.

② 통화할증료(currency adjustment factor)는 화폐가치 변화에 의한 손실 보전을 위해 부과하는 할증료이다.

③ 체화료(demurrage charge)는 무료장치기간(free time) 이내에 화물을 CY에서 반출하지 않을 경우 부과하는 요금이다.

④ 지체료(detention charge)는 비상사태에 대비하여 부과하는 할증료이다.

⑤ 항구변경료(diversion charge)는 선적시 지정했던 항구를 선적한 후 변경시 추가로 부과하는 운임이다.

> **해설** **지체료(detention)** : 선사에서 컨테이너가 CY에 머무는 일정기간은 무료로 하는데, 이를 Free time이라고 한다. 이 기간을 초과하는 경우에 선사는 화주에게 사용료를 부과하며 이를 지체료라고 한다. 화주가 무상으로, 즉 사용료 없이 대여 받은 컨테이너나 트레일러를 규정된 기간(무료사용 기간) 내에 반환하지 않는 경우에 선사에 지불하는 비용을 말한다.

32 다음은 수출 FCL화물의 해상운송업무에 수반되는 문서의 일부분이다. 작성되는 순서대로 옳게 나열한 것은?

> ㉠ 화물인수예약서(B/N : Booking Note)
> ㉡ 기기수령증(E/R : Equipment Receipt)
> ㉢ 부두수취증(D/R : Dock Receipt)
> ㉣ 선하증권(B/L : Bill of Lading)

① ㉠ - ㉡ - ㉢ - ㉣　　　　　② ㉠ - ㉢ - ㉡ - ㉣
③ ㉢ - ㉠ - ㉣ - ㉡　　　　　④ ㉣ - ㉠ - ㉡ - ㉢
⑤ ㉣ - ㉠ - ㉢ - ㉡

> **해설** 수출 FCL화물의 해상운송업무에 수반되는 문서는 '선적요청서(Shipping Request) – 화물인수예약서(Booking Note) – 기기수령증(Equipment Receipt) – 부두수취증(Dock Receipt) – 선적지시서(Shipping Order) – 본선수취증(Mate's Receipt) – 선하증권(Bill of Lading) – 적하목록(Manifest)' 등의 순이다.

정답 **31** ④ **32** ①

33 선화증권에 관한 설명으로 옳지 않은 것은?

① 기명식 선화증권은 선화증권의 수화인란에 수화인의 성명이 기재되어 있는 선화증권을 말한다.

② 선화증권은 운송계약서는 아니지만 운송인과 송화인 간에 운송계약이 체결되었음을 추정하게 하는 증거증권의 기능을 가진다.

③ 기명식 선화증권은 화물의 전매나 유통이 자유롭다.

④ 지시식 선화증권은 선화증권의 수화인란에 수화인의 성명이 명시되어 있지 않고 'to order of'로 표시된 선화증권을 말한다.

⑤ 기명식 선화증권은 선화증권에 배서금지 문언이 없으면 배서양도는 가능하지만, 기명된 당사자만이 화물을 인수할 수 있다.

> **해설** 기명식 선화증권은 선적된 화물이 목적지에 도착했어도 선하증권에 기명된 당사자만이 그 화물을 인수할 수 있기 때문에 운송 중 화물의 전매나 유통이 제한을 받는다.

34 선하증권 운송약관상의 운송인 면책 약관에 관한 설명으로 옳지 않은 것은?

① 잠재하자약관 : 화물의 고유한 성질에 의하여 발생하는 손실에 대해 운송인은 면책이다.

② 이로약관 : 항해 중에 인명, 재산의 구조, 구조와 관련한 상당한 이유로 예정항로 이외의 지역으로 항해한 경우, 발생하는 손실에 대해 운송인은 면책이다.

③ 부지약관 : 컨테이너 내에 반입된 화물은 화주의 책임 하에 있으며 발생하는 손실에 대해 운송인은 면책이다.

④ 과실약관 : 과실은 항해과실과 상업과실로 구분하며 상업과실일 경우, 운송인은 면책을 주장하지 못한다.

⑤ 고가품약관 : 송화인이 화물의 운임을 종가율에 의하지 않고 선적하였을 경우, 운송인은 일정금액의 한도 내에서 배상책임이 있다.

> **해설** ① 운송인(선사)은 화물의 고유한 성질에 의하여 발생하는 화물 손실에 대해서는 면책된다(화물고유의 하자약관). 선박약관의 하나인 잠재하자약관(조항)에 의해 운송인은 선박의 잠재하자(Latent Defect)로 인한 화물 손상에 대해 면책되어 보상받을 수 있다. 그러나 잠재하자로 인한 선박 자체 손해는 보상받지 못한다. 선박의 감항능력(Seaworthiness) 담보의무는 각국 법률이 운송인에게 상당한 책임을 부담지우고 있다. 그러나 복잡한 선체, 기관설비에는 기술적 결함이 잠재하여 출항 전에 충분한 주의를 하였음에도 불구하고 발견할 수 있는 것이 있으므로 이러한 잠재하자에 기인하는 손해에 대하여 운송인은 일반적으로 면책된다.

35 정기선운임에 관한 설명으로 옳지 않은 것은?

① 특정항로의 운임률표가 불특정 다수의 화주에게 공표되어 있다.

② Bunker Adjustment Factor는 유류할증료이다.

③ Congestion Surcharge는 도착항의 항만사정이 혼잡하여 선박이 대기할 경우에 내는 할증료이다.

④ Freight All Kinds Rate는 화물의 종류, 중량, 용적에 따라 차등적으로 부과되는 운임이다.

⑤ 정기선운임은 기본운임(basic rate)과 할증료(surcharge) 및 기타 추가요금(additional charge) 등으로 구성된다.

> **해설** ④ Freight All Kinds Rate는 화물의 중량과 용적 중 운임이 높은 쪽을 부과하는 방식으로 화물의 종류는 고려하지 않으며 품목무차별운임이라고도 한다.

36 NVOCC에 관한 설명으로 옳은 것을 모두 고른 것은?

> ㉠ 운송수단을 보유한 선박운송인이다.
> ㉡ VOCC에 대해서는 화주의 입장이 된다.
> ㉢ 화주에 대해서는 운송인의 기능을 수행한다.

① ㉠

② ㉡

③ ㉠, ㉡

④ ㉠, ㉢

⑤ ㉡, ㉢

> **해설** 컨테이너화가 진전되고 복합일관수송에 대한 요구가 강해지면서 NVOCC(Non Vessel Operating Common Carrier), 즉 비선박운항업자의 역할이 점차 비중을 더해가고 있다. 서로 다른 다양한 운송수단을 조화있게 연결, 신속하고 안전할 뿐 아니라 경제적인 서비스를 제공할 수 있다는 점에서 NVOCC는 고도로 진화된 운송인이라 할 수 있다.

37 랜드브리지(Land Bridge)에 관한 설명으로 옳지 않은 것은?

① 대륙과 대륙을 연결하는 데 있어서 항공운송이 교량(Bridge)역할을 하는 운송시스템이다.

② 운송시간의 단축 또는 운송비의 절감이 주요 목표이다.

③ SLB는 TSR을 이용하는 운송시스템이다.

④ ALB는 수에즈 운하가 봉쇄될 경우, 이용할 수 있는 운송시스템 중의 하나이다.

⑤ TCR은 중국 연운항을 기점으로 하는 대륙횡단철도이다.

> **해설** ① 랜드브리지는 대륙과 대륙을 연결하는 데 있어서 해상운송이 교량역할을 하는 운송시스템이다.

> **정답** 35 ④ 36 ⑤ 37 ①

38 다음 설명에 해당하는 해상운송 관련서류는?

> • 해상운송에서 운송인은 화물을 인수할 당시에 포장상태가 불완전하거나 수량이 부족한 사실이 발견되면 사고부 선하증권(Foul B/L)을 발행한다.
> • 사고부 선하증권은 은행에서 매입을 하지 않으므로, 송화인은 운송인에게 일체의 클레임에 대해서 송화인이 책임진다는 서류를 제출하고 무사고 선하증권을 수령한다.

① Letter of Credit
② Letter of Indemnity
③ Commercial Invoice
④ Certificate of Origin
⑤ Packing List

해설 ② Letter of Indemnity(L/I) : 화주가 선사 또는 운송인에게 발행하는 화물손해보상장이며, 이 경우 운송인은 선적 시 화물에 이상이 있어 발행한 사고부 선하증권(Foul B/L)을 무사고 선하증권(Clean B/L)으로 발행해 준다. 보상장(L/I)은 사고 화물에 대해서 Remark란에 사고 문언이 없이 Clean B/L을 교부받기 위하여 화주가 선사에 제출하는 각서에 해당한다.
① Letter of Credit : 신용장
③ Commercial Invoice : 상업송장
④ Certificate of Origin : 원산지증명서
⑤ Packing List : 포장명세서

39 철광석, 석탄, 밀 등을 컨베이어벨트로 선박의 선창(船艙) 안으로 적재할 경우 화물이 선창(船艙) 가운데에만 쌓이게 된다. 이때 이 화물을 인력으로 편편하게 골라주는 선창 내 화물고르기 작업을 가리키는 용어로 옳은 것은?

① Loading
② Devanning
③ Stuffing
④ Trimming
⑤ Stowage

해설 ① Loading : 적재
② Devanning : 컨테이너 안에서 화물을 끄집어 내는 것(적출)
③ Stuffing : 컨테이너 안에 화물을 집어넣는 것(적입)
⑤ Stowage : 크레인 등으로 선박에 내려진 화물을 일정한 장소에 적부하는 것

40 정기선 운송과 부정기선 운송의 특성을 비교한 것으로 옳지 않은 것을 모두 고른 것은?

구 분	정기선 운송	부정기선 운송
㉠ 형 태	불특정 화주의 화물운송	용선계약에 의한 화물운송
㉡ 운송계약	선하증권(B/L)	용선계약서(C/P)
㉢ 운임조건	FIO, FI, FO Term	Berth Term
㉣ 운임결정	수요공급에 의한 시장운임	공표운임(Tariff)
㉤ 운송인	계약운송인	공중운송인

① ㉠, ㉡, ㉢
② ㉠, ㉢, ㉣
③ ㉡, ㉢, ㉣
④ ㉡, ㉣, ㉤
⑤ ㉢, ㉣, ㉤

해설 ㉠ 정기선은 불특정 다수의 화주를 대상으로 운항일정표에 따라 정해진 항만을 순회하며, 화주가 운송인에게 화물운송을 위탁하는 형태이고, 부정기선은 대량화주가 운송인의 선박 적재공간의 일부 또는 전부를 용선하여 계약에 의해 운송하는 형태이다. 정기선은 적재공간을 빌리는 것이 아니고 부정기선은 빌리는 형태이다.

㉡ 정기선 운송에서는 선사가 화주에 대해 인쇄된 선하증권(bill of lading)을 발행하는데, 이는 당사자 간의 운송계약서에 해당한다. 부정기선 운송에서는 용선계약서(charter party)가 작성된다.

㉢ 운임조건은 정기선의 경우 화주가 다수이므로 화물의 적·양하시 비용부담은 선주이므로 berth term 조건, 부정기선의 경우 화주 1인 또는 소수의 대량화물이므로 화물의 적·양하시 화주 또는 용선자 부담으로 FIO(적·양하부담), FI(양하부담), FO(적하부담) 조건이다.

㉣ 운임결정은 정기선의 경우 대자본을 필요로 하고 화주가 다수이므로 운임요율표(공표운임)에 따르고, 부정기선의 경우는 운송인(공급)은 정기선 대비 대자본이 소요되는 것이 아니고 화주(수요)가 1인 또는 2인 등 소수이므로 협상에 의해 이루어진다. 정기선은 불완전경쟁시장에 가깝고, 부정기선은 완전경쟁시장에 가깝다. 정기선 운임은 고정(불변)운임, 부정기선 운임은 변동(가변, 시장, 경쟁, 계약)운임이라 한다.

㉤ 운송인은 정기선의 경우 불특정 다수의 화주를 대상으로 하므로 public carrier(공중운송인), 부정기선의 경우 1명 등 소수의 화주를 대상으로 하므로 contract carrier(계약운송인)이라 한다. 정기선의 경우 선하증권(bill of lading)은 운송계약서에 해당하지만 부정기선과 같이 운송인과 화주(용선자) 간에 운송건별로 계약을 체결하는 것은 아니다.

정답 **40** ⑤

41 다음 선박에 관한 설명으로 옳은 것은?

① WIG선 : 자항능력이 없는 선박으로서 예인선에 의해 예인되는 선박

② LASH선 : 화물이 적재된 부선을 본선에 적입 및 운송하는 특수선박

③ LOLO선 : 산화물의 운송을 위하여 제작된 선박

④ 산물선(Bulk Carrier) : 수면 위를 1~5m 높이로 낮게 떠서 운항할 수 있는 선박

⑤ Barge선 : 본선 또는 육상에 설치되어 있는 갠트리 크레인으로 컨테이너를 수직으로 들어 올려 적재, 양륙하는 방식의 선박

> **해설**
> ① WIG(위그)선은 수면 위 1~5m 정도 떠서 최고속력 시속 200여 km로 운항할 수 있는 선박이다.
> ③ LOLO선은 본선 또는 육상에 설치되어 있는 갠트리 크레인으로 컨테이너를 수직으로 들어 올려 적재, 양륙하는 방식의 선박이다.
> ④ 산물선(Bulk Carrier)은 유류, 철광석, 곡물 등의 산화물(bulk cargo)을 운송할 수 있도록 제작된 선박이다.
> ⑤ Barge선은 자항능력이 없는 선박으로서 예인선에 의해 예인되는 선박이다.

42 해상운임에 관한 설명으로 옳지 않은 것은?

① Discrimination Rate는 화물, 장소, 화주에 따라 차별적으로 부과하는 운임이다.

② Freight Collect는 무역조건이 CFR계약이나 CIF계약으로 체결되는 경우에 적용되는 운임이다.

③ Optional Surcharge는 양륙항을 정하지 않은 상태에서 운송 도중에 양륙항이 정해지는 경우에 부과되는 할증운임이다.

④ Terminal Handling Charge는 화물이 CY에 입고된 순간부터 본선의 선측까지와 본선의 선측에서 CY 게이트를 통과하기까지의 화물 이동에 따른 비용으로 국가 별로 그 명칭과 징수내용이 다소 상이하다.

⑤ Congestion Surcharge는 도착항의 항만이 혼잡할 경우에 부과되는 할증료이다.

> **해설**
> • 후불운임(Freight Collect) : 화물이 목적지에 도착한 후 수화주(Consignee) 또는 그 대리인이 운임을 지불하는 것으로, 화물수취를 위하여 화물인도지시서 또는 양하지시서(Delivery)가 발급될 때 지불된다. 선측인도조건(FAS : Free Alongside Ship), 본선인도조건(FOB : Free on Board) 등의 매매계약에서 사용된다.
> • 선불운임(Freight Prepaid) : 수출업자가 선적지에서 운임을 지불하는 것을 말하며, 주로 선하증권이 발행될 때 운임을 지불한다. 운임포함 인도조건(CFR : Cost and Freight), 운임보험료포함 인도조건(CIF : Cost, Insurance and Freight) 등의 매매계약에서 사용된다.

정답 **41** ② **42** ②

43 한국 부산의 A 마트는 베트남 호치민의 B, C, D 업체로부터 매월 식품 및 식자재 약 30 CBM 을 컨테이너로 수입하고 있다. 이때 혼재방식과 운송형태가 바르게 짝지어진 것은?

① Buyer's consolidation, CY - CFS
② Seller's consolidation, CY - CFS
③ Buyer's consolidation, CFS - CY
④ Seller's consolidation, CFS - CFS
⑤ Co-loading, CY - CY

해설 국내의 수입업자가 외국의 다수 수출업자로부터 화물을 한데 모아 국내로 수입하는 절차를 묻고 있으므로 CFS(수출국) → CY(수입국 : 국내)임을 알 수 있고, 이를 Buyer's consolidation이라 한다.

44 프레이트 포워더(Freight Forwarder)에 관한 설명으로 옳지 않은 것은?

① 화물의 집화, 분배, 혼재업무 등을 수행한다.
② 복합운송증권을 발행할 수 있다.
③ 운송주체로서의 역할과 기능을 수행할 수 있다.
④ 직접 운송수단을 보유하지 않은 채 화주를 대신하여 화물운송을 주선하기도 한다.
⑤ 화주를 대신하여 적하보험 수배와 관련된 업무를 수행할 수 없다.

해설 프레이트 포워더(Freight Forwarder)는 타인의 수요에 따라 자기의 명의와 계산으로 타인의 물류시설·장비 등을 이용하여 수출입화물의 물류를 주선하는 사업자를 말하며, 화주를 대신하여 적하보험 수배와 관련된 업무를 수행할 수 있다.

45 선하증권과 해상화물운송장을 비교한 내용으로 틀린 것은?

	선하증권(B/L)	해상화물운송장(SWB)
① 기능	운송물에 대한 권리증권	물품적재 통지서
② 영수증	영수증 역할	영수증 역할
③ 권리행사	적법한 소지자	송하인이 지시하는 자
④ 유통성	유통성 있음	유통성 없음
⑤ 용도	일반적 해상 화물거래	소량 견본 거래

해설 ③ 해상화물운송장은 해상운송인이 화물의 수령을 증명하고 계약조건 이행을 목적으로 송하인에게 발행하는 서류로 화물에 대한 권리행사는 수하인이 할 수 있다.

정답 43 ③ 44 ⑤ 45 ③

46 다음은 선급제도와 관련된 설명이다. 이 중 부적절한 것은?

① 오늘날과 같은 선급제도는 1760년 보험업자들이 만들었다.

② 선급제도는 선박의 감항성을 객관적이고도 전문적인 판단을 하기 위해 만든 제도이다.

③ 오늘날 Lloyd's Register는 1834년경 탄생하였다.

④ 주요 국가들이 상호 선급제도를 협력·발전시키기 위해 1968년 국제선급협회(IACS)를 창설하였다.

⑤ 우리나라도 최근 선급의 중요성을 인정, 2006년에 한국선급협회(KR)를 창설하였다.

> **해설** 선급제도는 국가마다 다른 법규에 의하여 선박이 제조됨에 따라 제조된 선박이 감항성(seaworthiness)을 가지고 있어 전문기관에 의해 정상적인 항해가 가능한지 여부를 객관적으로 판단할 수 있도록 만들어진 제도이다. 국제선급협회(IACS)는 1968년 창설되었고 우리나라는 1988년에 정회원으로 가입되었다.

47 정기선 운임에 관한 설명으로 옳지 않은 것은?

① 하역비는 선주가 부담하는 Berth Term을 원칙으로 한다.

② Diversion Charge는 양륙항변경료를 말한다.

③ CAF는 유류할증료를 말한다.

④ 화물의 용적이나 중량이 일정기준 이하일 경우 최저운임(minimum rate)이 적용된다.

⑤ Freight Collect는 FOB조건의 매매계약에서 사용된다.

> **해설** CAF는 통화할증료(Currency Adjustment Factor)를 말한다.
> ＊ **정기운임할증료**(Surcharge)
> • 중량할증운임(HLS : Heavy Lift Surcharge)
> • 유가할증료(BAF : Bunker Adjustment Factor)
> • 통화할증료(CAF : Currency Adjustment Factor)
> • 체선할증료(CS : Congestion Surcharge)
> • 장척할증료(LS : Lengthy Surcharge)

정답 46 ⑤ 47 ③

48 다음 (　　) 안에 적합한 국제복합운송 관련 용어를 순서대로 옳게 나타낸 것은?

> 이종책임체계(Network Liability System)는 화주에 대하여 복합운송인이 전 운송구간에 걸
> 쳐 책임을 부담하지만 손해발생구간이 확인된 경우 해상운송구간에서는 (　　), 항공운송구
> 간에서는 (　　), 도로운송구간에서는 (　　) 및 각국의 일반화물자동차운송약관, 그리고
> 철도운송구간에서는 (　　)에 의해서 책임체계가 결정된다.
> 가. Warsaw Convention　　　　　　　　나. CIM 조약
> 다. Hague Rules　　　　　　　　　　　　라. CMR 조약

① 다, 라, 가, 나　　　　　　　　② 나, 다, 가, 라
③ 다, 가, 라, 나　　　　　　　　④ 가, 라, 나, 다
⑤ 가, 다, 라, 나

> 해설　바르샤바조약(Warsaw Convention)은 국제항공운송에 관한 통일규칙을 위한 조약, 헤이그규칙(Hague Rules)
> 은 선하증권에 관한 법규의 통일을 위한 국제협약, CMR은 국제도로물건운송조약, CIM은 국제철도물건운송
> 조약을 각각 말한다.

49 국제복합운송에 관한 설명으로 옳은 것은?

① 대륙철도 노선으로는 TSR, TCR, TMR, TMGR 등이 있고, TCR은 중국 상해에서부터 출발
　한다.
② TAR 노선에는 한국의 부산을 잇는 동북아 노선이 아직 포함되어 있지 않다.
③ 독일의 BMW 자동차 공장에서 보다 질 좋은 서비스 제공을 위해서 블록 트레인의 운행이
　세계 최초로 개시되었다.
④ 위험부담의 분기점은 송화인이 물품을 복합운송인에게 인도하는 시점이다.
⑤ 우리나라의 복합운송수단으로서 가장 많이 사용되고 있는 것이 Rail-Water 연계운송이다.

> 해설　① TCR은 중국 연운항에서 출발한다.
> ② TAR 노선은 TKR(한반도 횡단철도) 등과 연계되어 있으므로 부산도 포함된다.
> ③ 블록 트레인(Block Train : BT)은 중간역(switching yard)을 이용하지 않고 철도화물역 간을 직접 운행하
> 　는 화차로 철도-도로 복합운송에 이용되는 것이다. 블록 트레인은 자가 화차와 자가 터미널을 가지고
> 　항구의 터미널에서 내륙 목적지의 터미널 혹은 수화인의 문전까지 남의 선로를 빌려서 Rail & Truck
> 　combined Transportation을 제공하는 새로운 국제철도물류 시스템이며, 열차단위로 계약 수송하는 정기
> 　편 컨테이너 열차로, 철도운영자는 물량을 안정적으로 확보할 수 있을 뿐 아니라 화주는 운임절감과 적기
> 　수송의 효과를 볼 수 있는 원-윈 시스템이다.
> ⑤ 우리나라에서 복합운송수단으로 가장 많이 이용되는 것은 도로-선박, 즉 Road-Water 연계운송이다.

정답　**48** ③　**49** ④

50 다음에서 설명하는 국제복합운송경로는 무엇인가?

> 극동의 주요 항만에서 북미 서안의 주요 항만까지 해상운송하며, 북미 서안에서 철도를 이용하여 미 대륙을 횡단하고, 북미 동부 또는 남부항에서 다시 대서양을 해상운송으로 횡단하여 유럽지역 항만 또는 유럽 내륙까지 일관수송하는 운송경로이다.

① CLB(Canadian Land Bridge) ② ALB(American Land Bridge)
③ MLB(Mini Land Bridge) ④ SLB(Siberian Land Bridge)
⑤ IPI(Interior Point Intermonal)

> **해설** CLB는 캐나다 횡단철도로 현재는 거의 사용되지 않고 있으며, MLB는 북미 동안의 주요 항만까지의 횡단철도, SLB는 시베리아 횡단철도, IPI는 북미 내륙(로키산맥)까지의 운송을 각각 말한다.

51 다음에서 설명하고 있는 대륙횡단 철도서비스 형태는?

> 아시아 극동지역의 화물을 파나마 운하를 경유하여 북미 동부 연안의 항만까지 해상운송을 실시하고, 철도 및 트럭을 이용하여 내륙지역까지 운송한다.

① ALB(American Land Bridge)
② MLB(Mini Land Bridge)
③ IPI(Interior Point Intermodal)
④ RIPI(Reversed Interior Point Intermodal)
⑤ CLB(Canadian Land Bridge)

> **해설**
> ① 미국 대륙횡단철도망(American Land Bridge ; ALB) : 극동/미국서안 간의 태평양 항로와 미국 대륙횡단철도망 및 미국 동안항/유럽 간의 대서양 항로를 연결하여 극동/유럽 간의 화물운송에 이용될 수 있는 해륙복합운송경로로 1972년 Sea Train사에 의해 개발되었다.
> ② Mini-Land Bridge(MLB)를 이용한 복합운송경로 : 극동/미국 대서양 연안, 걸프만의 항구 간과 유럽/미국 태평양 연안 간의 해상운송경로 중 미국 대서양 연안, 걸프만항/미국 태평양 연안항 간의 운송을 미국 대륙횡단철도망을 이용한 철도운송방식을 대체함으로써 운송시간을 단축시킨 경우이다.
> ③ Micro Bridge를 이용한 복합운송경로 : 극동 미국 내륙지역 또는 구주/미국 내륙지역 간 화물운송에 이용되는 경로로서 1977년 State Steamship Lines에 의해 개발되었으며, 일명 IPI(Interior Point Intermodal) 서비스로 불리기도 한다.
> ⑤ 캐나다 횡단철도망(Canadian Land Bridge ; CLB)을 이용한 복합운송경로 : ALB System에서 힌트를 얻은 일본의 Freight Forwarder들이 1979년부터 1981년까지 한시적으로 개발을 촉진하여 그 가능성만 확인했었던 국제복합운송경로이다.

정답 **50** ② **51** ④

저자 | **임종석**(2011, 임종길 개명)

- 한국해양대학교 경영학 박사(물류전공), 부산대학교 경제학 석사
- 해무사, 특수전문요원(석사장교)
- 한국해상교통정책연구소 연구위원
- 전국화물자동차운송사업연합회(공제조합) 연구위원
- 물류관리사 시험 출제·선정위원
- 물류산업연구원 원장
- 물류정책연구원 원장(현)
- 성결대 글로벌물류학부 교수(현)
- 한국생산성본부 물류관리사, 유통관리사 교육훈련강사(현)
- 국토교통부 NGO정책자문위원
- 한국녹색물류학회장(현)
- 화물운송연구포럼 원장(현)
- 대한상공회의소 화물운송선진화연구회 위원장
- (사)한국물류관리사협회 지도위원(현)
- 한국(통합)물류협회 물류전문컨설턴트 양성과정 지도교수
- 교통안전공단 화물운송종사자격시험 출제위원, 강사
- 부산대학교 학술상(2001), 대한민국 물류대상(2007) 수상
- 한국항해항만학회 우수논문상(1996), 한국물류학회 공로상(2008) 수상, 국토교통부장관 표창장(2011), 해양수산부장관 표창장(2013)
- 한국생산성본부 물류관리사 교육훈련강사(현)
- APEC 교통실무자그룹회의(2002~2004) 참석(정부대표단)
- WTO 물류서비스 협상회의(2005) 참석(정부대표단)
- 한·중·일 수송포장 가이드라인 제정 전문위원
- 한국물류학회 학술상 수상(2017)

[최근 주요 저서]
- 한국해운사(편저), 조선의 해운경제(임종길, 단독)
- 화물운송론(단독)
- 화물자동차운송 제도연구 1,2,3(단독)
- 화물자동차운송 시장연구 1,2,3(단독)
- 화물자동차운송 이해하기 1,2,3(단독)
- 생활물류제도연구(단독)
- 화물자동차 운송산업의 선진화와 운임제도(단독)
- 화물자동차 운송시장의 진입제도(단독)
- 화물자동차 운수시장의 실태(단독)
- 화물자동차 살펴보기(단독)
- 녹색물류활동 Best Practice(2인 공저)
- 화물자동차 운송관리전략(2인 공저)
- 유통물류시장 최신 트렌드(2인 공저)
- 택배시장 동향 및 전망(2인 공저)
- 물류센터 운영방법과 사업전략(2인 공저)
- 물류센터 투자전략(2인 공저)

[최근 주요 논문]
- 화물자동차 안전운임 메커니즘과 영향요인에 관한 연구, 한국물류학회지(2018)
- 상장물류기업의 자기자본비용 추정과 분석, 한국로지스틱스 학회지(2018)
- 화물자동차운송사업의 투자 포트폴리오를 통한 경영방식 비교에 관한 연구, 한국해운물류학회지(2018)
- 위·수탁계약에서의 갈등요인과 해소방안에 관한 탐색적 연구, 한국물류학회지(2019)
- 생활물류서비스산업발전법 제정의 파급효과에 관한 탐색적 연구, 한국물류학회지(2019) 외 다수

2026

물류관리사 화물운송론

인　쇄　2026년 1월 5일
발　행　2026년 1월 10일
편　저　임종석
발행인　최현동
발행처　신지원
주　소　07532
　　　　서울특별시 강서구 양천로 551-17, 813호(가양동, 한화비즈메트로 1차)
전　화　(02) 2013-8080
팩　스　(02) 2013-8090
등　록　제315-2014-000091호
교재구입문의　(02) 2013-8080~1

정가　　28,000원
ISBN　979-11-6633-623-2　13320